2005
中国包装年鉴

CHINA PACKAGING YEARBOOK

中国包装联合会 编

原 子 能 出 版 社

·北 京·

图书在版编目（CIP）数据

中国包装年鉴. 2005 / 中国包装联合会 编 . —北京：原子能出版社，2006.8

ISBN 7-5022-3707-0

Ⅰ.中… Ⅱ.中… Ⅲ.①包装—中国—2005—年鉴

Ⅳ.F426.89-54

中国版本图书馆 CIP 数据核字（2006）第 089177 号

ISBN 7-5022-3707-0

9 787502 237073 >

中国包装年鉴 - 2005

出版发行	原子能出版社（北京市海淀区阜成路 43 号 100037）
责任编辑	王裕新
责任校对	李晓春
技术编辑	潘玉玲
印 刷	北京市文星福利印刷厂印刷
开 本	889mm×1194mm 1/16
字 数	880 千字
印 张	30.75
版 次	2006 年 7 月第 1 版 2006 年 7 月第 1 次印刷
书 号	ISBN 7-5022-3707-0
经 销	全国新华书店
印 数	1—1000 册 定价：150.00 元

《中国包装年鉴》

目录

有关领导讲话

LEADER'S MESSAGES

石万鹏会长在中国包联六届三次理事会上的工作报告

2005年12月12日

同志们：

年末岁首，在中央经济工作会议刚刚闭幕之际，我们聚首美丽的西子湖畔，召开中国包联六届三次理事会，共商中国包装大业。首先，我代表常务理事会向一年来为中国包装业作出贡献、事业发展、蒸蒸日上的各位企业家们表示热烈的祝贺和衷心的感谢！下面，我受常务理事会的委托做工作报告，请各位理事和与会代表审议。

一、一年的工作回顾

一年来，我们包装行业认真贯彻中央十六届三中、四中全会和中央经济工作会议精神，以科学发展观统领行业的发展，经过各级包协和全体包装企业的共同努力，在调整产业结构、转变生产经营模式和经济增长方式上下功夫，取得了新的成绩。据统计，今年前三个季度包装工业总产值达2886亿元。预计到年底，全年可超过3900亿元，达到19.4%的增长率。一年来，通过我们大家的不懈努力，企业科技创新能力和抵御风险能力不断增强，包装产品的品种进一步改良，产品质量明显提高，行业发展的势头越来越好。主要表现为：

（一）以优化产业结构为龙头，进一步促进了企业综合效益的提高

由于我国包装工业起步较晚，基础较差，很多包装企业都面临资产重组和产业结构调整。今年，一些地区由政府牵头，将分散游离的包装生产企业按生产的品种进行结集组合，打造包装工业的“航空母舰”，从而使产业的集中度明显提高，品牌效应增强，不仅加强了市场竞争的能力，而且研发创新的环境和条件也得到了不同程度的改善。

有的企业通过采取兼并、收购和异地办厂等形式，扩大企业规模，减少生产和运输成本，提高了经济效益和市场竞争力；有的企业克服产品单一，回旋余地小的弊端，开发新的品种与领域，向上、下游延伸，获得了很好的效果，在这方面江苏的大亚、申达，浙江的胜达、景兴、中粮美特，广东的张家边等集团公司都取得了成功经验。在产业结构调整中，许多企业正确处理改革、稳定、发展的关系，把竞争压力转化为动力，自觉维护社会稳定大局。如中国包装总公司在改组改制和维护安定团结方面作出了很大努力。

（二）以自主创新和引进技术为动力，进一步推进了包装产品的升级换代

我国的包装产业单从工业总产值上看，现在仅次于美国和日本，世界排行第三，称得上是包装大国。但从包装产品的品种、质量以及包装机械设备的制造能力等方面衡量，还明显落后于发达国家。为了提升我国包装工业的水平，增强国际市场的竞争力，近年来不少企业通过引进国外的先进设备和技术，逐步淘汰落后的生产设备和工艺，取得了很好的效果。然而越来越多的企业家已经认识到光靠引进这一个“轮子”转动，就会受制于人，最终还是竞争不过人家。只有提高自己的科技创新和研发能力，把引进和自我创新两个“轮子”同时转动起来，才能把包装工业这辆车子不断推向前进。所以，我们一方面投入大量的资金搞引进；另一方面也敢于投入大量的人力、物力搞研发。据塑料委员会介绍，截至2004年全行业共引进双向拉伸薄膜设备152条生产线，其中引进国际一流的先进生产线134条，包括德国布鲁克纳公司73条，日本三菱重工45条，法国DMT公司16条。通过引进，现在我国薄膜的生产能力不仅可以满足国内市场的需求，而且还批量出口。特别可喜的是，有的企业在引进的基础上，消化吸收、创新，研发出我们自己的新产品。如江苏江阴申达集团，通过引进国外的设备，

自己开发出24μm明珠光膜、40μm、70μm、90μm的系列全成纸和34μm、38μm标签膜，在比重、特性，力学性能及光学性能上均已达到国际同类先进水平。杭州中亚机械有限公司研发生产的乳品灌装和封口设备，其性能已超过德国海西亚公司生产的同类产品。财政部关于建立包装工业高新科技研发资金的举措进一步鼓励和激发了企业的研发创新热情，我相信，今后我们的自我创新工作还会做得更好、更有成效。

（三）以绿色包装为目标，进一步推动行业的可持续性发展

建设节约型社会，发展环境友好型产业是科学发展战略的重要组成部分。大力发展具备安全性、经济性、适用性和废弃物可处理与再利用的绿色包装，合理利用资源，是建设包装强国的必由之路。近年来，随着国际、国内经济的发展和社会的不断进步，人们对保护生态环境的要求越来越高，国际间贸易对这方面的标准也越来越严。“高投入、高消耗、高排放、难循环、低效率”的状况，必须得到改变。首先，在节约资源和能源的开发上，我们取得了一定的成绩。杭州爱迪尔、上海紫江、丹阳大亚等集团公司分别引进德国兰宝的设备和技术，采取真空镀铝工艺生产镀铝纸，在外观和性能基本符合香烟包装、礼品包装要求的前题下，与铝箔相比，减少铝材消耗92%，而且达到可降解的环保效果。北京奥瑞金制罐有限公司通过技术改造，成功地使用了0.15毫米的马口铁薄板制造三片罐西红柿酱等食品容器。特别是，今年针对月饼过度包装的问题进行清理整顿，取得了比较好的效果。其次是开展了无毒、无害、可降解，减少对生态环境和人身健康造成不良影响的包装材料和辅料的研发工作，并取得了突破性进展。如浙江台州海正集团研制的聚乳酸塑料薄膜已进入产业化阶段。福建师范大学和福州市耀升胶粘软包装厂共同开发研制成一种以聚乙烯树脂为原料，添加复合光敏剂等助剂，经吹塑而成的塑料包装材料。这种材料废弃后具有避光降解和促进焚烧的特点，不易对环境产生不良影响。福建厦门聚富塑胶制品有限公司大量回收一次性塑料袋，经过加工处理，重新造粒，制造出各种颜色的包装塑料缠绕带，企业经济效益很好，同时也为解决城市白色污染问题开僻了一条新的途径。据了解，全国对包装废弃物的分级循环利用工作也有很大发展，包装废弃物的回收率、回收利用率逐年提高。为了深入、系统地研究绿色包装，去年底我们向国家“发改委”申请了《适应循环经济发展需要，大力发展绿色包装产业》的调研课题。最近，这个课题已通过专家评审和“发改委”的审查。课题在分析我国绿色包装现状和与工业发达国家之间的差距的基础上，结合我们包装工业实际，吸收国外的经验和好的做法，提出了我们对下一步工作的意见和建议。课题的研究将为推进绿色包装的发展产生积极的影响。

（四）以发展教育事业为后劲，进一步加大包装人才的培养力度

为了尽快提升我国包装工业的整体水平，提高自身的研发创新能力，坚持从教书育人抓起。这几年，经过教育界的共同努力，我国包装教育事业得到了新的发展，湖南株洲工业学院提升为湖南省工业大学已得到湖南省教育厅同意，正在等待国家教育部的批准。目前，全国设有包装专业学科的大专院校共有60余所，每年可培养大专以上学生3000多人。为了适应包装工业发展需要，不断提高教学质量，教育单位坚持“教学与科研相结合”、“理论与实践相结合”的教育方针，在总结以往教学经验的基础上，结合国际、国内包装工业的科技发展状况，重新编篡了第三套全国包装工程专业统编教材，用新的理论知识教育培养新时代的青年，使之更好地学以致用。实践证明，新一代的大学毕业生观念新、知识新、开拓性强，大多数走上岗位以后很快就成为企业的骨干。

（五）以外联工作为平台，进一步促进国际间的交流与合作

2005年，我们大力加强包装行业国际间的交流与合作，对外交往不断取得新硕果。首先，今年5月在巴西召开的世界包装组织理事会上，我们坚持一个中国的立场，通过深入工作取得了胜利。多年来我国台湾省一直以一个独立的理事国身份参加世界包装组织的活动，严重践踏了联合国宪章，虽几经交涉，但一直没有解决问题。去年中国包联在印度孟买出席世界包装组织理事会时，针对此事，分别向“世包”组织主席和秘书长提交了书面抗议书，并进行了口头交涉。今年巴西会议之前，我以中国“包联”会长的名义致函“世包”组织主席，郑重申明了对这一问题的立场和态度，重申世界上只有一个中国，台湾是中国不可分割的一部分，台湾省如想参加，根据目前的状况只能作为一个特殊

地区参加“世包”组织，决不能以理事国的身份参加。否则，中国包装联合会将退出世界包装组织，同时也不予承担明年四月在中国北京召开的世界包装组织理事会的任务。在中国“包联”的严正立场和强硬态度面前，世界包装组织理事会一致通过撤消台湾世界组织理事国地位，只以一个地区的成员身份，参加“世包”组织的活动。从而，在世界包装行业领域维护了祖国的统一和尊严。其次，11月份在泰国曼谷召开的亚洲包装联合会上，我当选为“亚包联”的副主席。这也是中国包装联合会首次当选“亚包联”的领导，这不仅是我个人的荣誉，更说明了中国包装行业在亚洲、在世界同行心目中的地位在不断攀升。第三，10月在捷克召开的世界包装组织理事会上，我们争取到了承办“世界大学生之星”（中国区）的评选资格。同时，在今年我国包装行业参选“世界之星”的19件作品中，共有11件获得“世界之星”称号。第四，7月20日，中国“包联”作为2005年～2007年“亚瓦联”轮值主席单位，在北京成功举办了第九次亚洲瓦楞纸箱协会全体年度大会。在这次会上，中国包联副会长王山川同志当选为“亚瓦联”主席。

此外，今年，我和淳昌、山川等同志分别应邀率团访问了瑞典、比利时和日本、韩国等国，与国外的同行广泛交流情况，共谈合作意向。同时，中国“包联”还组织了两个企业出国考察团组。并邀请了世界包装组织、亚洲包装组织领导和外国专家参加了申达集团组织的国际软包装论坛和杭州“亚包大厦”奠基仪式等。世界包装组织副主席兼“亚包联”主席达尔马·拉特纳亚克先生和世界包装组织秘书长卡尔·奥斯麦兹先生已同意担任“世界大学生之星”（中国区）和“亚洲之星”（中国区）的高级顾问，通过这些国际交往，增进了相互间的了解与友谊，促进了经济往来与合作。因此，可以说今年国际间合作硕果累累，是一个丰收的年份。

（六）以深入扎实开展党的先进性教育为契机，进一步加强中国“包联”的自身建设

根据“国资委”党委的安排，中国“包联”列为第一批开展党的先进性教育的单位。中国“包联”的领导十分重视这次教育活动，认真按照“国资委”党委的要求，紧紧扣住先进性教育必须达到的提高党员素质、加强党的基层组织、服务人民群众、促进各项工作四大目标，以邓小平理论和“三个代表”重要思想为指导，结合包装联合会党员的思想实际和工作实际，扎扎实实地抓好学习动员、分析评议、整改提高三个阶段的教育活动，取得了一定成效，顺利通过了“国资委”党委和督导小组验收。通过这次先进性教育活动，中国包联的工作有以下几个方面的改进：一是党的组织建设进一步加强。经过支部改选，健全了组织，完善了制度；二是党员的思想觉悟进一步提高。通过集中学习、对照检查和认真剖析，对新时期党的理论有了更深的理解，对新时期党员的标准有了更明确的认识，做一个合格共产党员的思想基础更加牢固；三是工作作风有了明显改进，服务意识不断提高。四是行业的专业工作得到了进一步加强。为了增强包装行业高新技术自主研发能力，积极争取国家支持。财政部107号文件下发以后，及时召开地方“包协”秘书长会议，部署高新技术研发资金的项目审核工作，并组织专家对项目进行评审。最近，财政部已下达了拨款项目通知，对我们的前期工作给予了充分的肯定。

（七）以政府中心工作为中心，进一步带动各级协会的工作

2005年，各地包装技术协会围绕本地政府的中心工作，结合本地的行业实际，积极开展工作。如北京、上海、天津、重庆、浙江、江苏、山东、福建、广东、黑龙江、湖北、深圳、昆明等省市的包装协会都为包装业的发展做了不少工作，有的根据政府的新政策、新思路，及时帮助企业“寻诊把脉”，出点子、谋发展；有的充分发挥行业协调作用，帮助企业整合资源，调整产业结构；有的充分利用市场信息多、行业情况熟的优势，帮助企业牵线搭桥，招商引资；有的急企业之所急，送企业之所需，帮助企业排忧解难，维护企业的利益，成为企业的“知心人”。

为了有力推进我国包装工业发展，加强包装行业建设，我们在全行业组织开展了“中国包装龙头企业奖”、“中国杰出包装企业家”、“中国名牌产品奖”和“全国先进包装协会奖”的评选活动；为了加强对中国“包联”分支机构的领导，充分发挥各专业委员会的作用，在去年整顿工作的基础上，今年又作了调整和充实。同时，为了适应发展循环经济需要，新成立了循环经济委员会。中国包联内部机构调整以后，在信息统计、标准化建设等方面也取得了新的进展。

同志们，2005年是我国实现“十五”计划的最后一年，也是中国包装行业飞速发展的一年，今年

的工作我归纳为三句话。第一，行业又有了新的发展；第二，中国“包联”的工作又有了新的提高；第三，整个行业的凝聚力又有了新的增强。

但是，我们也要看到，中国包装行业在发展进程中，确实还存在一些需要引起足够重视的问题。一是从总体上讲产业结构的调整还不能适应市场经济的发展；二是自主研发能力相对薄弱，尤其是制造业的技术提升不快，先进的包装设备主要还是依赖进口；三是绿色包装循环经济发展较慢，“高投入、高消耗、高排放、难循环、低效率”的问题没有从根本上得到解决；四是联合会的工作还不如人意，“三个服务”的工作思路不宽、质量不高；五是包装行业的专业技术人才、特别是一线的熟练技术工人严重短缺等。这些问题希望能在明年的工作中逐步得到改进。

二、2006年的工作安排

2006年是第十一个五年规划的开局之年。《中共中央关于制定国民经济和社会发展第十一个五年规划的建议》，在科学分析国内外政治经济形势，认真总结“十五”发展实践经验的基础上，明确了“十一五”时期我国经济社会发展的主要目标，即“在优化结构、提高效益和降低消耗的基础上，实现2010年人均国内生产总值比2000年翻一番；资源利用效率显著提高，单位国内生产总值能源消耗比“十五”期末降低20%左右；形成一批拥有自主知识产权和知名品牌、国际竞争力较强的优势企业……”，11月的中央经济工作会议又对2006年的经济工作进行了全面部署，提出了八项任务。

2006年，包装行业的工作任务很多也很重，一定要突出重点，统筹兼顾，全面推进包装行业的发展。

（一）要把我国包装行业“十一五”规划纲要制定好

包装工业是我国国民经济的支柱产业之一，也是关系国计民生及关联农业、工业、流通等领域的大产业，制定出切实可行的发展规划纲要就显得尤为重要。中国“包联”起草了包装行业“十一五”发展《规划纲要》（征求意见稿），已经发给大家，主要是“抛砖引玉”，希望大家多提意见。散会后，大家还可以把意见通过书面或口头的形式向我们反馈。我们要集中大家智慧，把这个《规划纲要》制定好。

我想，《规划纲要》的制定必须注意它的前瞻性、科学性和可操作性。“前瞻性”就是要有明确的发展目标，这些目标是由一系列指标来体现的。如到2010年我国包装工业的总产值要达到多少？产值与消耗能源、资源的比值要降低多少？资源利用率的指标是多少？循环经济包装废弃物的回收再利用的比例要达到多少？这些都属于定量指标。还有一些定性的指标，如要建设一批集约型的包装生产基地，要形成一批有自主知识产权的知名品牌和国际竞争力较强的优势企业。建立起中国包装行业的科技创新体系、信息服务体系、培训教育体系、法规标准体系等，“科学性”就是各种指标的提出必须科学合理，既不能冒进又不能保守，要符合包装行业的自身特点，并与预测的经济走势和市场前景相衔接，与其他相关行业的发展相衔接；“可操作性”，就是凡提出的原则、方法、措施等应当切实可行，便于操作。

要做到以上“三个性”，就必须注意“三个结合”。第一要结合当前国际、国内的经济社会发展形势和预期的政治经济走势。如在制定各项指标时，要参考国家的“十一五”发展《规划纲要》的各项指标，要与国家和有关行业的指标相衔接。同时还要与整个发展环境相衔接，特别是资源利用率和对环境的影响程度。资源利用率定低了，到时就会造成原材料紧缺，对生态环境的影响程度定高了，到时就会受到社会各方面的限制和对外贸易的影响，不但工厂开不了工，而且生产出来的产品也没有人要，出口更出不去。这次我们的《规划纲要》依据中央全会通过的“十一五”发展规划的建议，结合包装行业的特点和我国包装工业实际，提出在优化结构，提高效益和降低消耗的基础上，保持包装工业发展速度比国民经济发展速度略高出一点。包装工业年均增长率为9%（国家“十一五”规划是年均增长率为7.5%)，到2010年工业总产值比2000年增加1.5倍（国家“十一五” 发展规划是增长1倍），比2005年增长0.5倍。不知这个指标合不合适，大家可以讨论。关于资源能源的利用指标，对生态环境影响的指标，以及包装废弃物的回收利用指标等，在我们制定的《规划纲要》里只提出了一些原则要求，没有定量性的指标。如果大家认为需要制定，也可以在讨论时提出来。第二要结合包装工业自身的实际，认真总结“十五”的发展经验和教训，成功的要继承、要发扬；失败的要改进、要完善。如盲目引进，低水平重复建设的问题。这个问题前一段时间非常突出，不仅影响了企业的经济效益，而且还影响了整个包装工业的发展与进步，希望不要再在“十一五”期间出现。第三要结合我们包装行业“六大”提出的建设“包装强国”的总目标。“六大”提出要通过20年左右的努力，把我国建设成为包装强国，在《规划纲要》中应该体现出阶段性的目标和发展思路。

总之，在制定《规划纲要》时一定要周详，一定要瞻前顾后，统筹兼顾。希望大家开动脑筋，充分酝酿，群策群力。等一会儿淳昌同志还要就《规划纲要》作说明，我先谈这些原则意见。

（二）全力以赴，办好世界包装大会

明年4月18日～20日将在北京召开世界包装大会，有关资料已经发给大家。这次世界包装大会是我们中国“包联”第六届理事会承办的一次世界级的大会，是全体理事和全行业的一件大事，是2006年我们必须要“唱”好的一台“重头戏”。随着时间的临近，各项筹备工作正在紧锣密鼓地进行，我们决心要办成一个高水平的会议，让世界同行进一步了解中国改革开放的成就和包装行业的水平。

这次世界包装大会共有四大板块组成。一是世界包装大会的开幕式和世界包装发展论坛；二是世界包装组织理事会和“世界之星”颁奖大会；三是国际包装机械与设备展览会及研讨会；四是中国包装龙头企业奖、中国杰出包装企业家、中国包装名牌产品奖以及全国先进包装协会奖的颁奖仪式和“中国之星”、“世界大学生之星”中国区颁奖仪式。这四大板块是一次增进友谊，加强合作，拓宽国际国内市场的难得机会。

特别是在开幕式上不仅有世界包装组织的本届主席、下届主席出席，而且还要邀请国务院领导同志出席会议并作重要讲话。会议期间，我们将为国内、外包装企业提供参展平台，为赞助企业造势。因此，希望大家同心协力，踊跃参加。国际包装机械与设备展览的规模比较大，占据“国展中心”5个馆，面积为2万平米，目前，近80%展位已定出，报名参观的国际、国内专业观众达2万人。希望还要参展的企业，抓紧时间与中国“包联”展览工作部联系。为了做好会议筹备工作，我们专门成立了会议筹备领导班子和办事机构，其中除中国包联的领导和工作人员外，还请地方包协和大型包装企业的领导参加，希望大家通力合作，同心协力把大会办好。

（三）要进一步加大自主开发和科技创新力度，不断提升包装工业的整体水平和市场竞争能力

随着经济全球化的深入发展和科技进步，拥有更多的自主知识产权和知名品牌，才能使我国包装工业在国际市场上逐步从单纯的价格优势转化为科技优势，也才能不断提升我国包装工业的整体水平和市场竞争力。所以，我们必须要舍得投入人力、财力、物力搞技术革新，搞科研开发。不过，这项工作由于科技含量高，难度要比直接引进大得多，不是光靠花几个钱就能办到的。一定要注意策略、讲究方法，用科学的态度来对待。引进消化吸收，进而在人家先进设备、先进技术的基础上研发出更新、更高的技术来，这是办法之一，也是比较便捷的办法；走产、学、研相结合之路，企业与大专院校、科研单位密切配合，共同开发，也是一种好办法。当然还有其他的办法，我不再一一例举。只要我们不妄自菲薄，敢于创新，善于创新，就一定能研究开发出拥有自主知识产权的知名品牌，以及先进的包装制造设备和工艺。

今年，根据财企107号文件精神，经过财政部最终审核，把3000万元分给了28家正在从事高新技术研发工作的企业。希望这些企业一定要把这笔资金管理好、使用好，争取早出成果，出好成果，进一步推进我国包装工业上档次、上水平；明年这项工作我们也要早作准备。首先，要下功夫选准项目。研发的项目一要突出高新，要研究开发当前国际领先，国内空白的项目；二要突出有利于建设节约型社会的科研项目，通过项目的开发利用能够大大提高资源的利用率，减少能源的消耗量，或者可以用其他我国蕴藏量较为丰富、价低的资源替代我国稀有，甚至完全依赖进口的资源；三要突出有利于保护生态环境的项目。一定要重视研发无毒、无害、降低对生态环境破坏，有利于人类身心健康的包装材料和包装产品，如塑料薄膜的降解技术，包装废弃物的循环再利用技术，粘结和印刷材料的无毒化技术等；四要突出包装制造业的开发创新。当前，我国包装制造业的发展严重滞后，先进的设备大多依赖进口，严重影响了我国包装产品在国际市场上的竞争力。为了加快建设包装强国的步伐，必须重视优先发展先进制造业，发挥制造业对包装工业发展的重要支撑作用。其次，要把报送的有关资料准备全，要严格按照107号文件的要求把评审中

需要审核的资料收集齐全，装订成册。

财政部的专项资金十分有限，要搞科研开发、自主创新，主要还得依靠企业自身的力量。希望各位理事要站得高、看得远，把自主研发工作看成是壮大企业实力，发展包装工业的大事来抓。中国“包联”要加强技术咨询服务，帮助企业加强知识产权保护，共同把科技创新工作切实抓出成效。

（四）进一步推进产业结构调整，加快包装工业的现代工业化建设进程

近年来，我们通过结构调整和企业自我发展，形成了一批包装工业的骨干企业、生产基地和企业集结群体，为促进行业的发展发挥了积极的作用。但是，总体上看，绝大部分包装企业还处于小规模、低水平的状态。在新的形势下，这种状况所带来的弊端越来越突出。一是低水平的设备，低水平的管理，生产不出高水平的产品，不利于品种质量的提高；二是为了争夺市场，行业内部打价格战，利润空间越来越小，既扰乱了市场秩序，也严重影响企业自身的发展；三是研发创新的能力弱，不利于包装工业的整体发展；四是我们没有世界先进的企业品牌和名牌产品，中国的包装产品在国际市场上缺乏竞争力。因此，调整产业结构已经是免不了、拖不过，成为摆在行业面前需要紧迫解决的问题。中央在“十一五”发展规划的建议里，明确提出要推进产业结构优化升级。温家宝总理在关于《建议》的说明中，也强调，“十一五”期间，必须把经济结构的调整和经济增长方式的转变作为关系全局的重大任务。并指出，要突出抓好三个方面的工作，一是切实走新型工业化道路，加快产业结构优化升级；二是发展规模经济，实现规模效应；三是加快建设资源节约型、环境友好型社会。我们要认真按照中央《建议》的统一部署，结合包装工业的实际，抓紧做好这三个方面的工作。现在有的企业为了做大做强，正在打破地区界限寻找新的合作伙伴；有的企业为了扩大自身的发展空间，正在突破行业界限探索新的发展领域；有的企业为了达到规模效应，正在自愿组合，建立起产业集结群体；有的企业为了化解资源瓶颈和环保瓶颈的制约，适应市场对低消耗、低污染的需求，正在调整产品结构，研究开发轻量化、无公害的生产工艺和包装产品。在浙江省、杭州市人民政府的领导和支持下，“亚包中心”建设今年取得了实质性进展，“亚包中心”的标志性建筑——亚包大厦也于昨天上午在杭州钱江新城举行奠基仪式。江阴国际软包装中心、上海国际包装印刷城和中山包装基地等已初具规模，中西部地区的包装基地建设也在积极推进。总的来看，这种发展势头很好，不过一定要注意科学性。我们中国包装联合会坚决支持大家的想法、做法，如果需要中国“包联”做的事情，我们一定认真去做，为大家更好地服务。

（五）加快标准化建设，促进企业技术进步

在标准化建设上，今年取得了很大进展。结合我国包装行业发展，借鉴工业发达国家包装标准，制订了我国包装行业标准体系。根据国家“发改委”关于编制“十一五”行业标准化发展规划的通知要求，初步制订了《包装行业“十一五”标准化发展规划》。并针对包装行业的特点，制定了或正在制订一批急需的国家标准和行业的标准。

标准是现代化企业组织生产、提高产品质量的技术文件和规范，也是检验产品质量的重要手段。为了加快我国包装企业现代化建设，将我国包装企业做强，促进我国包装产品质量的提高，开发具有自主知识产权的包装技术，必须加快包装标准化建设。通过标准化，带动产业升级，带动产品更新换代。

根据科学发展观和建设节约型社会的要求，包装行业“十一五”标准化发展规划主要突出了节能、节材与环境保护、安全卫生、符合产业结构调整和高新技术研发需要的新技术、新材料、新工艺，以便得到国家的重点支持。编制的原则主要体现了可持续发展和循环经济发展的要求；标准制订的重点是产品减量化、薄壁化和无毒无害产品标准等；标准的目标是推动技术进步，增强标准的适用性和有效性，保护民族工业，加快我国包装行业发展。在这次会上，我们印发了《包装行业“十一五”标准化发展规划（征求意见稿）》，也请大家提出宝贵意见。关于企业标准和一般产品的标准，希望广大包装企业积极参与，中国包装联合会将大力支持，以推动企业和行业标准建设。

（六）要进一步推进包装教育事业，多渠道、多层次地培养合格的专业技术人才

从根本上说，加快包装行业发展，全面提高包装工业水平，都取决于劳动者素质的提高和大量高素质人才的培养。为此，我们必须大力发展包装行业的职业教育，提高包装行业高等教育质量。这里，有四个问题必须引起重视。一是教学内容一定要推

陈出新，与时俱进。这次新编的教材，吸纳了许多当今世界最前沿的科技知识，从某种程度上解决了前一阶段教学内容老化的问题，为培育包装工业的人才奠定了基础。二是教育一定要为包装行业服务，为企业培养和输送合格的专业技术人才。现在有的大学生毕业后不愿从事包装专业，这种现象说明我们在给学生灌输知识的同时，对包装行业宣传不够，学生对包装行业的作用、前景缺乏足够的认识，也说明我们企业吸引和稳定人才的生产、生活条件还需要不断改善。所以，学校的责任不仅要教书，还要育人。企业不仅是用人，还要留人、留心。要通过 4～5 年的努力，使我们包装行业的人才素质有一个较大的提高。三是大力加强职业培训工作。随着目前行业的不断发展，先进技术设备的不断引进，许多企业能够熟练掌握操作技术的一线工人严重缺乏，导致我们的先进设备不能充分发挥出它的功能，就更谈不上引进、消化、吸收、革新创造了。所以，通过不同层次的培训和教学，培养各类人才，以促进发展就显得尤为重要。以后学校可以与企业合作，编一些实用性的基础教材，以速成班或定向培训的形式教学。企业送来的培训人员企业掏钱，社会上自己报考的学生，收一点学杂费，既为学校创了收，又给企业培养了人才。这样的好事，何乐而不为呢；四是要进一步完善产学研紧密结合的机制，不断加快研发创新和科研成果产业化的进程。温家宝总理在《说明》里指出："要加快建立以企业为主体、市场为导向、产学研相结合的技术创新体系。"这是非常重要的。教学与科研必须为企业服务，为市场服务。教学为科研提供人才，科研为企业提供技术，企业为市场提供需求，这三者之间是环环紧扣，密不可分的，也是有机结合，齐头并进的。这三者的有效结合，是社会进步的原动力，也是建设包装强国的原动力。要尽快建立和完善产学研相结合的机制，加强学校、科研院所和企业之间的沟通与联系，针对市场急需，重点突破一批科研成果，使包装教育事业发出更加灿烂夺目的光彩。

（七）要进一步推进联合会的自身发展，把中国"包联"办成政府信得过，企业靠得住的行业协会

包装行业"六大"以来，中国"包联"发生了很大变化，工作一年比一年有起色，对行业发展的作用一年比一年大，发展的势头很好。但也确实存在很多不足，主要还是反映在"三个服务"上。尤其是为行业、为企业服务的现状还不如心意。这里面既有主观的原因，也有客观的原因。经过党员先进性教育，中国包联全体员工"三个服务"的意识普遍增强，不过服务的切入点还不多，服务的办法也不多，服务的水平也不高。总之，服务工作还没有做到位。在新的一年里，我们有决心，也有信心，把服务工作搞上去，并且做得更好。一是要沟通信息渠道，增强服务工作的主动性。一方面要加强与国家机关的联系，及时了解有关政策动向，主动反映包装行业的实际情况，力争把有利于行业发展和维护行业利益的工作做在事前，避免政策出台后行业有了意见，再去做工作的被动局面；另一方面要加强与企业的联系，及时了解企业的呼声，帮助企业排忧解难。二是要努力争取国家赋予联合会更多的职能。俗话说："有为才能有位"，要使联合会在行业里，在企业家的心目中占有一定的份量，得到行业的认可，就必须要为行业、为企业有所作为。今年经过努力，争取到了国家财政 3000 万元高新技术研发专项资金，并且委托中国"包联"来组织专家评审，反映很好，效果不错。大家普遍认为，中国"包联"为行业办了一件实实在在的大好事。既促进了行业的发展，又增强了行业的凝聚力。如果我们今后能争取更多的行业管理职能，服务的渠道就会更宽，抓手就会更多，联合会与企业之间的关系就会更加密切。三是要充分利用联合会广泛的对内、对外联系渠道，为企业搭建"平台"。在国内，联合会与其他的行业协会都有稳定的合作关系；在国外，联合会与世界诸多国际包装组织也都有密切的联系。今后要充分利用这种关系，为行业办大事、办实事。帮助企业牵线搭桥招商引资；帮助企业向世界推广拥有自主知识产权的知名品牌和国际竞争力较强的优势企业，努力拓宽国际、国内两个市场；协助企业协调各种经济纠纷，维护行业和企业的正当权益。为了做好联合会的各项服务工作，除加强对工作人员的教育与培训，不断增强服务意识，提高办事技能外，中国"包联"要进一步加强与地方"包协"的联系，充分发挥地方"包协"的作用，形成合力，健全为企业服务的工作网络。地方"包协"在基层，与企业贴得最近，最了解企业的实际情况，也最便于做好企业的工作。因此，地方"包协"是中国"包联"为企业服务最坚实的桥梁和最可靠的基础力量。现在这支队伍总体

是好的，不少地方“包协”活动开展得有声有色，是有战斗力的，但确实也存在一些关系不顺、机构不全、力量不足的问题。我希望中国“包联”和地方协会要进一步互相支持、互相帮助、同心同德，克服困难，为我国包装行业的发展作出我们应有的贡献。

同志们：明年是“十一五”起步之年，也是我们第六届全国包装联合会理事会成立后的第四个年头，能否圆满完成“十一五”规划和中国包联“六大”提出的各项任务，关键看明年。因此说，明年的任务很重，各位理事的责任重大。我们一定要以邓小平理论和“三个代表”重要思想为指导，认真贯彻中央十六届五中全会和中央经济工作会议精神，坚持用科学发展观统领包装行业全局，奋发努力，克服困难，开拓创新，为实现“十一五”我国包装工业的良好开局和持续、快速、健康、协调发展而不懈努力。

在中国包装联合会循环经济委员会成立大会暨2005包装废弃物与循环经济国际论坛会议上的讲话

石万鹏

2005年12月9日

女士们、先生们：

早上好！

在中国包装联合会循环经济专业委员会成立之际，我代表中国包装联合会向前来参加会议的特邀来宾国家“发改委”马力强副秘书长、国家“发改委”产业政策司刘治司长、国家“发改委”环境和资源综合利用司翟青司长、国务院“国资委”协会办公室陈国卫主任，还有全国人大环资委调研室许晓东主任、北京市工业促进局李树藩局长，以及政府有关部门代表、包装业的国际、国内专家和长期支持包装工业发展的各方来宾表示热烈的欢迎和诚挚的问候！

各位代表，在从原始社会发展到农业社会直到工业社会这一漫长历史过程中，一直到20世纪60年代环境保护才逐步被人们所重视。很多生态学家为此纷纷敲响了经济持续高速增长危害资源和环境的警钟。20世纪90年代以来，全球各国积极探索有利于本国经济发展和环境保护的新的经济模式。发展循环经济，倡导节约型社会目前已成为国际社会普遍接受的共识。

新中国成立后特别是改革开放以来，我国经济社会发展取得了举世瞩目的巨大成就，但是，在资源和环境方面我们也付出了很大代价。我国是工业文明的迟到者，过去走的是一条西方发达国家的发展老路——高物耗、高能耗、高产出、高排放、高污染。优质生态的保有量在急剧下降，人口、资源、环境面临支撑的极限，已经失去了发达国家工业化时的廉价资源条件和充裕的环境容量。我国资源已难以支撑这种粗放型的经济增长方式。资源的匮乏与环境的严重污染，直接威胁着我国的经济健康、协调、可持续发展，甚至人类的生存。

今年，中央连续出台了建设节约型社会、发展循环经济的相关政策和措施。2005年6月22日，国务院常务会议提出了加快建设节约型社会和发展循环经济的6项措施。7月2日颁布了《国务院关于加快发展循环经济的若干意见》，明确提出了到2010年要建立完善的循环经济法律法规体系、政策支持体系、技术创新体系和有效的约束激励机制。特别是《中共中央关于制定国民经济和社会发展第十一个五年规划的建议》明确提出坚持节约发展、清洁发展、安全发展，实现可持续发展的要求，这是我国政府对国际社会和我们子孙后代高度负责的庄严承诺，也是对全人类发展高度负责的表现。

包装工业作为国民经济的支柱产业之一，有其促进国民经济发展的积极作用，也有给环境带来危害的负面效应。包装工业属于资源耗用型企业，包装产品生命周期比其他工业产品短。这种大量消耗资源的生产方式必然会造成严重的环境压力。

为了更好地在包装行业开展循环经济工作，中国包装联合会获准成立循环经济专业委员会。委员会的成立标志着我国包装行业为建设一个可持续发展社会迈出了具有深远意义和实质性的一步。委员会将整合包装领域的相关资源，争取政府、科研机构及社会团体的支持，在包装行业内建立一个以资源高效利用和循环利用为核心，以“减量化、再使用、再循环”为原则，以全生命周期分析为发展载体，以清洁生产为重要手段的绿色包装生产、消费和循环再生利用系统，促进包装行业的持续、快速和健康发展。同时，将广泛吸取其他国家的成功经验，博采众长，研究出一套适合中国国情和包装行业特点的解决方案，要使包装工业在尽可能减少负面效应的前提下，持续健康地发展，不能走发达国家“先污染，后治理”和“边污染，边治理”的老路。延长包装产品生命周期，提高包装废弃物的回收率和循环利用率，在包装产品生产中以最少的资源消耗和环境成本来实现最大的社会和经济效益，这是我们这一代人应尽的责任与义务，同样也是中国包装联合会应尽的责任与义务。

今天在座的来宾中，有许多是我们的老朋友，有着良好的合作关系。对于你们的真诚合作精神，我表示由衷的赞赏与感谢！ 同时，我也热情欢迎来自各国各地区的新朋友，为有幸结识这些新朋友感到十分高兴。我希望中国包装联合会循环经济专业委员会在政府的支持下， 在相关行业和企业的配合下，为建设节约型社会，为包装工业的可持续发展做出贡献！

闪淳昌常务副会长在六届三次理事会上的总结讲话

2005 年 12 月 13 日

同志们：

中国包装联合会六届三次理事会今天就要结束了。这次会议是在全党、全国深入贯彻落实中共中央十六届五中全会和中央经济工作会议精神的大好形势下召开的，是在我国“十五”计划即将胜利完成、“十一五”新的征程即将开始的时刻召开的。在国家有关部委和浙江省政府、杭州市政府及有关部门的关心和支持下，在浙江省包协、亚洲包装中心的大力支持和精心安排下，通过全体理事和与会代表的共同努力，我们圆满地完成了六届三次理事会各项议程。在这里，我代表中国包联向与会代表表示衷心的感谢，向新当选的副会长、常务理事和理事们表示诚挚的祝贺。

在大家的共同努力下，这次会议开得很成功。与会代表对石会长的工作报告给予充分的肯定。大家一致认为，这个报告体现了十六届五中全会和中央经济工作会议精神，认真总结了一个时期特别是今年以来的工作，对我们中国包装业下一步更好地落实科学发展观，推进包装强国建设将会起到积极的作用。刚才我们一致通过了对章程的修改，章程的修改实际上表达了我们全行业的一个愿望，我们希望石万鹏会长能够在我们行业继续而且长时间的发挥他的旗帜作用、主帅作用。石万鹏同志在我们国家经济界和各地各部门中都有崇高的威望。我们包装业创始人邱老在移交工作的时候，紧紧握住石会长的手说，“就把这个事业交给你了”。所以我们在这次章程的修正案中对有关条款做了一些调整，就是希望石万鹏会长能够带领我们中国包装业更好的、持续、协调发展。下面，我根据讨论中大家的意见做一个简单的小结，谈几点意见。要说明的是所有讲的要以石万鹏会长的主要工作报告为主，讲的有不妥当的地方请在坐的副会长和同志们批评指正。

一、会议的主要收获

这次会议内容比较丰富，提供给理事们的材料也比较多，大家提出了很多很好的意见和建议，明年的目标和任务也比较具体，大家认为是符合我们包装行业实际的，对于我国包装行业作好“十一五”规划开局之年的各项工作极为重要。根据大家的讨论，概括起来，有以下几点。

（一）要倍加珍惜当前我国包装行业发展的良好态势。回顾“十五”期间这五年，我们大家应该看到，确实是很不平凡的五年。“十五”前期是亚洲金融危机，对全国的经济包括我们包装行业的影响是很大的；“十五”中期抗击“非典”的斗争，“非典”对全国的经济和我们包装行业的影响也是很大的；“十五”后期在国民经济中也出现了一些不健康、不稳定的因素，但是，党中央、国务院英明果断的决策，特别是中央的“点”调控，采取了一系列措施，使得整个经济发展势头良好，所以我们应该清楚地看到，我们包装行业能够在“十五”期间取得持续快速的发展，能够在今年取得这么多成绩，应归功于党中央、国务院的正确领导和全体包装业同仁的共同努力。我们一定要珍惜这个良好的态势，要坚持科学发展观，注重经济结构和经济增长方式的调整，深化改革和扩大开放；要坚持以人为本，全面推进小康社会建设和社会主义和谐社会建设。大家一致认为，成绩来之不易，经验十分宝贵，将按照中央经济工作会议的精神和要求，进一步维护和发展当前的好形势。

（二）要把我国包装行业发展切实转入科学发展轨道。当前，我国经济社会发展和经济体制改革进入一个关键时期。经济结构不合理、增长方式粗放和体制机制转换滞后等深层次矛盾，制约着我国经济持续快速健康发展，同时也影响到我国包装行业的健康发展。这些矛盾之所以没有得到很好的解决，关键是我们在发展观念、发展思路上还存在某些偏差。这几年的实践经验和教训，使我们更加深刻地认识到，经济社会发展必须要走科学发展的道路。只有科学发展，才能加快发展，才能持续发展。在编制和实施包装行业“十一五”规划的过程中，就必须加快改变过去那种重投入、轻效益，重生产、轻环保，重当前、轻长远的倾向，才能切实真正提高经济增长质量和效益，才能切实增强包装工业的总体竞争力和可持续发展能力。将包装行业提高到一个新的水平。

（三）要充分估计做好明年工作的艰巨性和复杂性。我们看到了形势大好的一方面，在坐的企业家和我们包装行业各部门的负责同志，更应该看到明年工作的艰巨性和复杂性。当前全球经济也存在不少隐患，除去发展不平衡加剧的问题以外，明年有一些新的问题，更加突现出来。一是石油价格仍在高位波动，不排除进一步上涨的可能，国际竞争日趋剧烈，贸易保护主义更加强化，国际投资基金频繁冲击金融商品市场，不断地引发全球市场波动，二是局部地区的动荡、自然灾害频发、禽流感等传染性疫情的蔓延，这些都给我们经济的发展带来相当多的负面影响，我们不容忽视。三是我国相当一部分行业的产能过剩，矛盾已经日益突现。根据国家发改委的统计，目前我国钢铁行业生产能力大于市场需求 1.2 亿吨，而且现在在建的还有 7000 万吨，还准备建 8000 万吨的生产能力，这是很突出的；电解铝行业目前的产能高达 1030 万吨，闲置的能力已经有 260 万吨，也是超能力的；铁合金行业现在的生产能力是 2213 万吨，企业的开工率目前全国只有 40%左右，这又是一个产能过剩的行业；电石行业现在的生产能力是 1600 万吨，一半能力现在放空；焦碳行业的产能超出 1 亿吨，目前各省还在在建和拟建的能力是 3000 万吨，这也是过剩的；再一个汽车行业，目前产量已经过剩 200 万辆，而现在还在在建 220 万辆，正在酝酿和筹备新上能力的是 800 万辆，以上这些数字，让我们这些企业家，在考虑企业发展时应该引起高度重视。此外，水泥、电力、煤炭、纺织等，也潜在着产能过剩的问题。我们包装行业在部分领域也存在着产能过剩的问题，这个产能过剩导致的后果，第一是这些产能过剩行业的产品价格要大幅回落，这些行业的产品价格大幅回落对我们包装企业来讲有喜有悲；第二是这些产能过剩行业的企业，效益将大幅回落，亏损企业增加；第三是产品的库存会增多，所以我们对明年整个形势的估计不能过于乐观。对明年工作的艰巨性大家还要注意一点，就是我们包装行业在进出口当中占有一定比重，我们很多的机械制造设备是要靠进口的，我们还有一部分包装产品是出口的，但是国家在分析经济形势时，提出明年进出口贸易不平衡的矛盾非常突出。我们今年的贸易顺差急剧扩大，前十个月顺差已经达到 804 亿美元，是去年全年顺差的 2.5 倍。全年要接近 1000 亿美元。扩大的贸易顺差会带来一些负面影响，第一个负面影响就是使国际贸易摩擦加剧，它不仅加大了我们与发达国家的贸易争端，也引发了我们与发展中国家的贸易矛盾。我们国家已经连续十年成为国际反倾销调查最多的国家；第二个负面影响是随着外汇占款大幅增加，不但加大了货币调控的难度，也加大了人民币升值的压力，很容易诱使投资基金流入；第三个就是目前我国出口商品的技术含量总体很低，包括我国包装产品出口，高能耗、高污染和资源性商品出口增长过快，也加剧了我国国内资源和环境的矛盾，不利于我国国民经济的持续发展。所以，我们一定要充分估计明年做好包装工作的艰巨性和复杂性。

多年来，我们在包装行业的发展中已经积累了一些好的经验，也有很沉重的教训。我们应该把复杂的情况和各种挑战的措施考虑得更加周全、更加深入，把各方面的工作做得更加细致、更扎实一些。这样我们才能够在明年“十一五”开局期间取得比较好的成绩。这是我想讲的第一个大问题。我们这次会议的收获主要有三点；第一是加倍珍惜我们良好的发展趋势；第二是把我们的工作切实转到科学发展观的轨道；第三是充分估计明天工作的艰巨性和复杂性。

二、统一思想，明确任务，狠抓落实，圆满完成明年的各项任务

我们包装行业明年工作的重点石会长报告已经讲了，概括起来就是一个统领，七项任务。一个统领就是用科学发展观统领包装行业，七项任务在他的报告中提得非常明确，所以我想我们应该认真地按照报告中提出的七项任务狠抓落实。有几个小的问题，我在这里再强调一下。一是进一步做好结构调整和经营方式的转变问题，这是我们包装行业提高到一个新水平的根本举措，是我们包装业实行现代化的根本途径。二是明年的世界包装大会是我们全行业的大事，需要我们各方面的支持，今天在讨论当中很多同志都提出来了，世包大会的宣传工作、组织工作还需要进一步的加强，所以我们这次会议以后，根据大家的意见我们要进一步加紧落实。明天我想跟地方包协秘书长和各专业委员会的秘书长再具体地讨论一下，组织全行业的力量把世包大会办好。三是会议讨论中同志们对中国包装联合会提出了殷切的期望。我们要按照石会长的要求把协会自身建设好，这次在规划纲要中提出了三句话，第一句话是“从严治会”，第二句话是“服务立会”，第三句话是“团结兴会”。“从严治会”的问题，刚才在小组讨论中刘永旭副会长给我们提了一些很好建议，确实应该很好地加强我们协会的自身建设；第二是“服务立会”，“三个服务”是我们协会的宗旨，搞不好这三个服务，协会就无法生存，这是我们立会的根本。第三是“团结兴会”，我们协会本部、地方协会和专业委员会，我们协会和全体包装企业，大家团结一致、同心同德，我们的事业才能兴旺，所以我想借这个机会强调这几点。很多包装行业的事情要靠大家的支持，既要靠我们包装行业自身的努力，同时也要靠上游、下游企业的参与和支持。国务院前一段时间组织我们到一些企业参观访问，一些企业的经营理念给我一个很大的启示，他们提出来的经营理念叫“五赢”。“五赢”是指中国人办事大家都要高兴，企业高兴，企业职工高兴，合作伙伴高兴、共赢，消费者、顾客满意，社会也要满意，因为我们要建立节约型社会，环境友好型社会。只有五个都赢企业才能真正兴旺、才能可持续发展。这些新的经营理念，希望在我们包装行业的企业中也逐步地树立起来，这样才能使我们的行业更好地发展。

通过这次会议，我们进一步统一了思想，对下一步的工作目标也更加明确了。我们一定根据各位理事和与会代表的意见，回去后认真地修改“十一五”规划纲要，按照石会长的要求把规划做好。同时我们也希望各地方包协、各专业委员会和各大企业对我们这个规划进一步充实完善。今天在讨论中，一些大的企业已经提出来了，他们愿意把他们自己企业集团的五年规划告诉协会，以便使协会的五年规划、措施和目标更加具体，我觉得这是对协会的最大支持。同时我们也希望各地方包协能够和中国包装联合会一起，共同把企业服务工作、行业服务工作做好。这次会上我有一个新的体会，就是我们应该把理事会办成一个为大家提供更多信息的会议，这样才能更好地起到作用。今天周政副会长提出愿意在整个产业结构调整中，把制罐行业的工作做好整合。地方包协根据本地区有哪些企业濒临破产，可以牵线搭桥提供给周政同志，这样他就可以去整合这些企业，把这些濒临破产的企业救活，而且使我们整合的企业做强做大，所以我觉得我们后续的工作很多，咱们共同努力把各方面的工作做好。

会议总结就讲这些。在与会代表大力支持下，我们圆满地完成了这次理事会会议日程。石万鹏会长中午给我打来电话，他陪中央政治局常委贾庆林同志到了温州，在那里进行调研。他中午专门打电话问同志们好，他希望我们大家要团结一致，把我们的各项工作搞好。对我们各位副会长、常务理事、理事及其他与会代表在百忙之中参加这次会议，对我们的工作给予的极大支持表示感谢。我再一次代表中国包联对浙江省政府、杭州市政府及有关部门和浙江省包协、亚洲包装中心等单位的支持，对会务工作服务的同志对我们的精心安排表示最衷心的感谢。

文件、政策、法规

FILE POLICG KEGU IATION

中国包联[2005]82号

关于印发调整、增补第六届理事会理事、常务理事和副会长人员名单的通知

中国包联第六届理事会理事及有关单位：

中国包装联合会六届三次理事会于十二月十二日审议通过了关于调整、增补第六届理事会理事、常务理事和副会长的议案。现将会议表决通过的人员名单印发给你们。

一、副会长

增　补：刘永旭　　周　政　　关玉香(女)

免　去：南昌明　　刘永福

二、常务理事

增　补：张　虹(女)　周云杰　　许晓光　　卢汉志

免　去：翟之荣

三、理事

增　补：程于德(女)　李建华　　程培华　　薛章礼　　林常明　　黄宏留　　郑健农　　张景贤　　曾晓慧(女)　符诗积　　张健儿　　刘　盛

免　去：彭学文　　曾小策　　吴哉和　　魏　群(女)　杜　深　　李建京(女)　黄　权　　徐丹林　　陈明正

二〇〇五年十二月二十三日

中国包联[2005]81号

关于编报2006年包装行业标准项目计划的通知

全国包装标准化技术委员会及分技术委员会、各省、自治区、直辖市及计划单列市包装技术协会、中国包装联合会各专业委员、分会、国家各包装产品质量监督检验中心、各有关企事业单位：

根据国家发展改革委办公厅“关于编报2006年行业标准计划的通知”（发改办工业[2005]2016号）要求，为做好行业标准项目计划的编制工作，现将编报2006年包装行业标准计划的有关事项通知如下：

一、编制原则

（一）重点突出，科学合理，按照新型工业化道路原则和科学发展观的要求，体现当今技术进步、自主创新、经济发展与对标准需求相适应的原则。

（二）协调一致、系统配套，体现结构合理、层次分明，标准间相互协调、相互补充的原则。

（三）贯彻落实有效“采标”方针，不断提高我国包装行业标准化水平，体现积极有效采用国际标准和国外先进标准的原则。

（四）突出加入世贸组织后包装行业急需制定的标准，体现国际接轨的原则。

（五）根据包装行业发展需要，积极制定包装行业标准，体现为包装行业服务的宗旨。

二、编制重点

（一）优先编制有利于实施产业政策，包装行业规划，推动包装行业技术进步，引导包装行业结构调整、结构优化、老工业基地改造，资源节约、保护环境，市场准入、规范市场经济秩序的标准项目。

（二）突出做好高新技术推广应用和科研成果产业化，推动包装行业产业升级、自主创新、促进新型工业化的标准项目。

（三）建立产品安全保障体系所需的标准项目。

（四）包装行业规划中确定的重点领域，重点产品，重大装备及先进设计、工艺等技术标准项目。

（五）有效采用国际标准和国外先进标准项目。

（六）行业标准复审需要修订的标准项目。

三、报送要求

（一）按照《行业标准制定管理办法》的规定，请你们组织好 2006 年行业标准项目的征集及筛选工作，认真做好行业标准立项计划编制工作，并于 2006 年 1 月底前将拟立项的标准制修订计划报中国包装联合会技术发展部。

（二）报送材料

1. 行业标准计划项目汇总表（一份及软盘）。

2. 行业标准计划项目建议书（一式两份）。

附件：1. 行业标准计划项目汇总表

2. 行业标准计划项目建议书

二〇〇五年十二月五日

中国包联[2005]74 号

关于“瓦楞制品回收标志”使用许可证续期换证的通知

各省、自治区、直辖市、计划单列市包装技术协会及相关企业：

为适应国际贸易和循环经济发展的需要，我国于 2003 年在国内推广使用国际瓦楞纸箱联盟（ICCA）认可的“瓦楞制品回收标志”。全国有几百家瓦楞纸箱企业（见中国包装联合会网站“瓦楞制品回收标志”栏目）参加了“瓦楞制品回收标志”认可活动，自觉遵守该标志的使用规定，促进了我国包装产品的回收利用工作。鉴于多数企业的回收标志使用期将满三年，中国包装联合会拟对这些企业进行重新审核，颁发新证。现将换证具体事宜通知如下：

1. 申报企业须填写“瓦楞制品回收标志”申报表（从中国包装联合会网站下载）一式两份，单位盖章后报送省包协或中国包联；

2. 附营业执照复印件与企业当年产品检测报告；

3. 使用标志的瓦楞制品符合没有覆膜或未经过涂蜡等处理的有关规定；

4. 经中国包联重新审批后，颁发新的许可证；

5. 申报企业缴纳申报及公告费每年 300 元，三年合计 900 元；

6. 获得标志使用权的企业将在中国包装联合会网站常年公示；

7. 未办理续延使用手续的单位不得继续使用该标志；对未经批准，非法使用该标志的企业，中国包联将会同有关部门追究其法律责任并予以经济处罚。对被吊销营业执照、提供虚假证明材料、未执行有关规定及抽样检查不合格者，中国包联将注销其标志使用资格并予以公示。

联系方式：

地　　址：北京市东城区东四西大街 46 号

邮　　编：100711

电话、传真：010-65285237

网　　址：www.cpf.org.cn

电子信箱：xinxi@cpta.org.cn

联 系 人：刘晓玫

汇款单位：中国包装联合会

开 户 行：工商银行国贸大厦分理处

帐　　号：0200041619014473894

二〇〇五年十一月十七日

中国包联[2005]60号

关于亚洲包装中心（江阴）制造中心更名为国际软包装中心的通知

江苏省包装技术协会：

申达科技工业园在当地党委、政府的领导下，坚持用科学发展观指导企业的生产经营，生产规模不断扩大，科技含量不断提高，企业实力不断增强，在建立现代工业化企业的进程中，取得了可喜成绩，在软塑包装领域已居全国首位。

为进一步促进软包装的国内和国际交流与合作，为进一步促进包装业的健康发展，经研究决定，将亚洲包装中心（江阴）制造中心更名为国际软包装中心。

二〇〇五年九月十八日

中国包联[2005]48号

关于印发《中国包装联合会分支机构管理暂行办法》的通知

中国包联各专业委员会：

《中国包装联合会分支机构管理暂行办法》（征求意见稿）经过六届二次理事会讨论，进一步征求各分支机构的意见后，经中国包装联合会各位会长修改正式通过。现将《中国包装联合会分支机构管理暂行办法》发给你们，望遵照执行。

附件：《中国包装联合会分支机构管理暂行办法》

二〇〇五年八月四日

附件

中国包装联合会分支机构管理暂行办法

第一条 为了加强对中国包装联合会（以下简称中国包联）所属分支机构的管理，更好地发挥各分支机构的作用，根据《社会团体登记管理条例》（国务院令第250号）和《社团分支机构、代表机构登记办法》（民政部第23号令）制定本办法。

第二条 根据工作需要，经会长办公会讨论同意后，可按照业务范围设立分支机构。分支机构可以称中国包联XXX分会、中国包联XXX专业委员会或中国包联XXX工作委员会。

第三条 分支机构通过履行程序，经登记机关同意登记后，方可开展活动。

第四条 分支机构开展活动应使用全称。

第五条 分支机构印章的规格、制发和管理，要严格执行《社团印章管理规定》。

第六条 分支机构是中国包联的组成部分，不具有法人资格，必须在授权的范围内依法开展活动。

第七条 分支机构应当依据中国包联章程制定相应的工作条例或工作规定。

第八条 分支机构专职人员中凡有正式党员3人以上的，应建立党的基层组织，接受中国包联或挂靠单位党组织的领导。各分支机构的纪检监察工作由中国包联或挂靠单位负责。党员干部违反党纪的处理，按有关规定办理。

第九条 分支机构应在授权范围内承担某一专业或业务领域的会员发展工作，其发展的会员属于中国包联的会员，应填写中国包联统一印制的会员登记表，并办理相关手续。

第十条 分支机构可以受中国包联的委托向相关会员收取会费。会费收据须使用中国包联提供的社会团体会费收据。其中会费的三分之二作为该分支机构活动经费，三分之一上缴中国包联。各分支机构应按照中国包联统一制定的会费标准收取会费，不得自行确定会费标准。

第十一条 分支机构所从事的重要活动及行业会议必须报中国包联审批。各分支机构向政府部门提交的报告，须经中国包联审核同意后上报。

第十二条 分支机构设立银行帐户应按国家有关规定执行，并接受中国包联的监督。

第十三条 分支机构办公地点由中国包联和分支机构协商确定。分支机构聘用人员的工资等各项费用支出均由分支机构自行解决。

第十四条 分支机构经费来源包括按比例留存的会费、资助和按照有关规定开展的有偿服务，上级或企事业单位委托的课题经费等。

第十五条 设立分支机构需提交下列材料（一式三份）：

一、分支机构设立的申请书；

二、分支机构筹备情况；

三、分支机构住所产权或使用权证明；

四、拟任主要负责人选的基本情况及其本人所在单位人事部门的意见。

第十六条 成立分支机构必须有一定数量的骨干企业或一定数量的行政事业单位（或专家）作为发起单位或发起人。

第十七条 分支机构主要负责人为理事长（主任）、副理事长（副主任）、秘书长。理事长（主任）、秘书长年龄不得超过 70 岁。

第十八条 分支机构的理事长（主任）、常务副理事长（常务副主任）和秘书长候选人须经中国包联审查后，由分支机构推荐或由中国包联提名按程序选举产生，分支机构的理事长（主任）、常务副理事长（常务副主任）、秘书长由中国包联印发正式任职通知。

第十九条 各分支机构必须在每年元月底前将上年度工作总结和本年度工作计划、上年度会员发展情况、会费收支情况及财务报表报中国包联。

第二十条 分支机构有下列情形之一的，由中国包联与登记管理机关依据《社会团体登记管理条例》第三十三条规定予以处理：

一、擅自冠以“中国”、“全国”、“中华”等名称开展活动的；二、违反规定使用印章或非法刻制印章造成严重后果的；

三、不按审批的业务范围和工作任务开展活动的；

四、擅自开立分支机构银行基本帐户的；

五、擅自以分支机构名义发展会员并收取会费的；

六、其他严重违反中国包联章程的。

第二十一条 分支机构变更名称、变更负责人、变更业务范围时，要按照国家社团管理机关的有关规定提出申请，经中国包联审核，送会长办公会审定，经国资委同意后，报送民政部办理相关手续。

第二十二条 分支机构的设立、变更、撤销、合并、考核及日常管理工作，由中国包联行业工作部负责。

第二十三条 本办法由中国包联负责解释，自颁布之日起执行。

适应循环经济发展需要　大力发展绿色包装产业

中国包装联合会

一、基本情况

改革开放以来，随着国民经济的持续、快速、健康发展和人民群众物质文化生活水平的迅速提高，我国包装工业的发展取得了巨大的成就。包装工业从 20 世纪 80 年代初期的门类短缺，分散经营、产品单一、质量低下、供给严重不足，制约国民经济发展的瓶颈行业，以平均高于 18%的年增长率快速增长。包装工业总产值在社会总产值中的比例已由 20 世纪 80 年代的 0.4%，上升到现在的 2.4%，由我国国民经济 40 个主要行业的最后一位，跃升到现在的第 15 位。目前，中国生产的瓦楞纸包装产品、复合软包装、金属桶、集装箱、塑料编织袋等产品产量已居世界前列。中国包装工业已形成一个以纸、塑、金属、玻璃、印刷、机械为主要构成，拥有一定现代化技术装备、门类比较齐全的工业体系。据统计，2004 年，我国包装行业规模以上企业共有 10868 家，资产总计 3644 亿元，从业人员 131 万人，完成工业总产值 3283 亿元，实现销售收入

3181亿元，利税235亿元。包装产品基本满足了5万多亿元国内社会消费品零售总额和6000亿美元出口商品的包装配套需求，为经济建设作出了重要贡献。我国目前已成为世界上仅次于美国、日本之后的第三个“包装大国”。

为了使我国包装工业上档次、上水平，实现质的变化，达到“包装强国”的战略目标，近年来，我国包装行业按照科学发展观，在实现经济增长方式的转变和经营管理模式的转变上下功夫、作文章，又取得了新的发展。

1. 产业结构调整取得较大进展

按照社会主义市场经济的规律，通过市场这只无形的手，调整产业结构，走现代工业化之路。以建设包装基地为龙头，在充分尊重主观意愿的基础上，兼并重组，培育出一批专业配套能力强、技术水平高、综合经济效益好的大型企业或企业集群，逐步改变了包装行业分散游离、技术水平低、经济效益差的状况，如北京的奥瑞金制罐、江苏的丹阳大亚集团、江阴的申达集团、浙江杭州的胜达、中粮美特、爱迪尔，诸暨的大东南、上峰、嘉兴的景兴，山东烟台的丽鹏，上海的紫江、华光、界龙，广东中山的张家边等企业均属拥有现代化的工艺设备，技术能力强，产品门类多，资金实力雄厚的大型企业。同时，上海、广州、深圳、武汉等地均建立了结集型的包装印刷城。经原国家经贸委批准，集制造、流通、科研、教学、信息为一体的杭州亚洲包装中心建设，2005年已取得了实质性进展。

2. 行业技术改造的步伐不断加快

通过引进国外的先进设备和技术，逐步淘汰落后的生产设备和工艺，改变过去粗放型的经营模式，不断扩大包装产品的品种，提升包装产品的质量。目前，我国生产的瓦楞纸箱已达到国际先进水平，除能满足国内需求外，还出口日本、韩国和其他东南亚国家。为了增加塑料薄膜的品种，提高塑料薄膜的质量，我国包装企业大量引进现代化大型包装设备。据了解，截至2004年全行业共引进双向拉伸BOPP薄膜设备生产线达到152条，其中引进国际一流的先进生产线，法国布鲁克纳公司生产线73条，日本三菱重工生产线45条，德国DMT公司生产线16条。江阴申达集团亚包特材料有限公司通过引进外国的共挤BOPP设备和工艺，从2004年5月起开发生产出24μm明珠光膜、40μm、70μm、90μm的系列全成纸和34μm、38μm标签膜。我国塑料薄膜目前从比重特性、力学性能及光学性能均已达到国际同类先进水平。

3. 行业科技研发能力不断增强

为了更好地引进消化吸收国外的先进技术，研究开发国际一流的包装产品，提升我国包装工业的整体水平，我国坚持从教书育人抓起。这几年，我国包装教育事业取得了很大的发展。在国家教育部门的重视下，我国专门从事包装教学的湖南株洲工业学院，提升为湖南工业大学（筹），并赋予其培养硕士生的职能。目前，全国设有包装专业学科的大专院校共有60余所，每年可培养大学专科以上学生3000多人。为了提高教学质量，坚持“教学与科研相结合”、“理论与实践相结合”的教育方针，在总结以往教学经验的基础上，结合包装工业发展和技术进步，重新编纂了第三套全国包装工程专业统编教材，用更新的理论知识教育培养新时代的青年。使之更好地学以致用。实践证明，新一代的大学毕业生，观念新、知识新，开拓性强，大多都是企业发展的骨干。

为了解决塑料袋既带来生活上的便利，又造成白色污染的矛盾，我国在软塑包装无害化和可降解的研发工作上取得了重大突破。我国包装用水溶性、醇溶性粘合剂目前已经能够生产，已由过去的不完全降解向生物完全降解发展。聚乳酸（PLA）是近几年国际上公认的最具发展前途的新型包装材料，它在常温下性能稳定，但高于55℃在富氧及微生物的作用下会自动分解，使用过后的废弃物能被微生物完全降解。2004年6月，我国台州海正集团研制的聚乳酸已进入产业化阶段。2005年6月，福建师范大学和福州市耀升胶粘软包装厂共同开发研制成功一种可降解可焚烧的塑料包装材料。这种以聚乙烯树脂为原料，添加复合光敏剂等助剂，经吹塑而成的塑料包装材料被使用废弃后具有避光降解和促进焚烧的特点，不易对环境产生不良影响。

我国利用二氧化碳开发降解泡沫塑料已经达到国际先进水平。目前，全世界每年因工业化生产过程产生并排放二氧化碳总量超过240亿吨，其中150亿吨被植物吸收，剩余的90亿吨则成为污染环境的主要废气，危及人类生存空间。因此，对二氧化碳的综合利用便成为全球的研发热点。利用二氧化碳中的碳、氧元素制取塑料，目前成为世界备受关注的技术之一。江苏金龙绿色化学有限公司利用中科院广州化学研究所专利技术，以二氧化碳为原料，年产 2000 吨脂肪族聚碳酸亚乙酯及基于该树脂的可降解型聚氨酯泡沫塑料，已在泰兴通过了国家环保总局组织的鉴定。

我国除上述在塑料绿色包装的原材料及新工艺开发方面取得了一定的成绩外，在镀铝纸可降解、瓦楞纸轻量化、金属容器薄壁化等方面的研发，以及包装辅料的研发上也取得了新的突破。生产不含苯的醇油墨也在发展中，上海烈银公司、浙江新东方油墨集团公司、黄岩华光树脂公司、北京高盟化工公司等单位正在联合起草食品复合包装用聚氨酯胶粘合剂行业标准，以此推动绿色胶粘材料的发展。

4. 包装法规逐步建立，包装标准化体系初步形成

为了适应市场需求，促进外贸出口，经过二十多年的努力，我国已制定颁布了一些有关推进绿色包装的法律。1989 年我国就颁布了《中华人民共和国环境保护法》，提出了“保护和改善生活环境，防治污染和其他公害，保障人体健康，促进社会主义现代化建设的发展”的宗旨。2002 年 6 月颁布了《中华人民共和国清洁生产促进法》，2004 年 12 月重新修订了《中华人民共和国固体废物污染环境防治法》。上述法律的制定，进一步明确了包装用材、生产以及废弃物的处理整个生命周期的环保性，同时也明确了企业法人和社会自然人的行为规范。此间，还针对包装作为其他制造业的附属产业的特点和国际上通用的标准，制定了国家及行业的各类标准 500 多项。从 2003 年开始，我们按照国家标准委的要求，对现有有关包装的国家标准进行了清理，提出了继续有效、修订、整合和废止的建议。通过清理，削减了国家标准的数量，提高了国家标准的统一协调性、科学合理性和先进适用性。为了使包装标准体系能更好地适应包装行业发展的需要，今年又对包装标准体系表进行了修订，在新修订的标准体系表中，补充了环境安全和食品安全相关标准的内容，不仅为提高包装产品的质量，而且为保护生态环境和消费者的安全、健康发挥了重要的作用。

5. 可持续发展的意识不断增强，节约能源和资源、保护环境的绿色包装产业已经开始得到重视和发展

近年来，为了保护自然环境和节省有限的资源，“循环经济”、“节约经济”的意识逐步被人们所接受，并愈日增强。有的企业家已经着手在确保包装产品质量的前提下，在尽可能地减少资源消耗和减轻对环境的破坏上动脑筋、想办法。他们通过学习和引进国外的先进工艺和设备，进行技术改造和工艺创新，生产出节材高效的包装产品，如杭州爱迪尔、上海紫江、丹阳大亚等集团公司分别引进德国兰宝的设备，采取真空镀铝工艺生产镀铝纸，在外观和性能基本符合用户要求的前提下，与铝箔相比，减少烟包用铝材的消耗 92%，而且达到可降解的环保效果。北京奥瑞金制罐有限公司，通过技术改造，成功地使用了 0.15mm 的马口铁薄板制造三片罐容器，既节省了材料，又增加了企业的经济效益。

在国家指导和市场经济调节下，大多地方和企业采取措施，积极回收利用包装废弃物，包装废弃物回收利用率增加。

（1）纸的回收利用情况。2004 年我国共生产纸与纸板 4950 万吨，消费 5439 万吨(包括进口量)，国内废纸回收量 1651 万吨，回收率达 30.4%；进口废纸 1230 万吨，废纸浆再生利用量 2305 万吨，废纸再生利用率 51.7%。今年预计生产纸和纸板 4200 万吨，消费 5000 万吨（缺口靠进口），回收 1900 万吨，回收率 38%，废纸再生利用 2000 万吨，再生利用率可达 50%。

（2）金属罐的回收再利用情况。铝制易拉罐市场年需求量 70 亿个。由于铝制易拉罐的铝材属贵金属，收购废罐平均收购价 0.16 元/个。因此，用户及拾荒者积极性比较高，回收率可达 80%；马口铁制品的种类比较多，情况比较复杂，市场年需求量 150 亿个左右。由于近年来钢铁价格“疯涨”，收购马口铁废容器的价格也有所增加。据了解，饮料罐、罐头罐及杂罐的收购价从过去的每个 1～3 分钱增加到 3～5 分钱，大月饼盒、大糖盒每个收购价达 1～1.5 元。因此，回收率也有所增加。据从 2 级废品回收点了解，目前马口铁废容器的回收率在 75%左右。

冷轧板钢桶市场年需求量 6000 万个，回收率达 90%左右。

（3）玻璃容器的回收情况。2004 年全国玻璃包装容器的产量达 785.22 万吨，使用后的回收利用和再生利用率约 60%，其中啤酒瓶回收再利用率达 90%以上（其他杂瓶回收率较低，主要原因：一是回收价格低；二是“五小”关停后，正规的平

板玻璃厂怕影响玻璃质量不愿利用杂色的碎玻璃)。

(4)塑料容器的回收情况。目前除聚脂瓶的回收率大概能达到50%左右外,其他塑料包装物的回收率仍很低,尤其是塑料袋用量虽然大,但无人回收。

二、存在的主要问题及与工业发达国家的差距

由于我国包装工业起步比较晚,基础比较差,目前仍处于一个较低的水平,并没有从根本上摆脱粗放型的生产模式和经营模式。

1.对包装回收的政策法规不配套,措施不得力,包装废弃物回收利用率较低

包装废弃物的回收利用,是目前世界发展绿色包装最重要的一个方面。德国是最重视包装废弃物回收的国家,于1991年就公布了《德国避免和利用包装废弃物法令》,明确了各级的回收义务,特别实施对饮料、洗涤剂和涂料瓶征收押金0.5~2马克/千克的制度。成立了双向回收公司(Duaies Systemin Denisciadd GmHb,简称DSD),由来自包装和消费品制造行业协会及商业协会的95个公司出资组建,1995年发展到600多个股东成员。成员的商品包装被允许使用绿色标志,表示包装是可零售的包装,其包装材料是可回收再生的。成员将按包装制品不同向DSD缴纳不同的费用。如:塑料2.95马克/千克,玻璃0.15马克/千克,复合包装按体积还需另加处理费。同时,企业还需向VGK测试机构支付塑料可回收证明费。据资料显示,在1998年670万吨塑料包装中,回收了560万吨,其他回收利用了550万吨,占销量的81.5%。包装消费从94.7千克/人,降到83.3千克/人。DSD营业额达42亿马克,创造了17000个工作岗位。

瑞典早于1981年便开始试行啤酒易拉罐保证金制度,实施统一回收机制。1984年国会立法批准,使回收率达到86%。消费者只要将带公司注册条码的易拉罐放入遍布各商业机构的回收机里,便可得到0.5克郎(约合0.5元人民币)的返券。一家非盈利公司RETURPACK负责回收,压缩打包后运往熔炼厂制成铝锭。各啤酒厂均在该公司注册交费。1993年开始实施聚酯瓶回收保证金制度,使其回收率达到79%。1升以下的聚酯瓶返券0.5克郎,1~3升的聚酯瓶返券1克郎,也由RETURPACK公司负责回收,压缩打包后运往塑料加工厂再生成聚酯瓶或化纤。现有5500家企业注册。RETURPACK公司每年共支付给消费者约7.5亿克郎,其余所得部分用于节约与环保宣传基金和交给《保持瑞典清洁基金会》。

法国于1993年公布了关于工业及商业包装废弃物处理法令,规定包装制造商、饮料制造商和进口商应负责回收包装废弃物,否则就要为回收工作缴纳特别税,从而允许在商品包装上使用兰点(BLUEDOT)标志。由一家生态包装(ECO-EMBALLAGE)非盈利机构协助地方政府进行包装废弃物的回收处理,要求填埋率不得高于10%。

日本政府在1995年制定了《容器包装回收法》,明确规定生产厂家和消费者有义务将各种包装废弃物回收,进行循环利用。消费者应在指定的时间,将废弃物摆放在指定的地点,由政府有关部门或者由指定的回收企业定时回收,并送到指定的工厂进行加工利用。为了推动包装废弃物的回收,他们还采取相应措施,如购买一盒纸装饮料的价格中含有10日元押金,当消费者饮用完饮料后,将折叠好的纸包装投入自动贩卖机旁的自动回收机内,押金就会自动返还。

由于上述国家对包装废弃物回收工作的法规比较完善、严明,相应的措施得当、有力,包装废弃物回收效率就高,不仅为国家节约了大量的资源,而且有效地保护了生态环境。我国至今尚未建立起有效的回收利用网络系统。对包装废弃物的回收工作虽然在"清洁生产促进法"和"固体废弃物污染环境防治法"中均有原则规定,但相关的"办法"和措施尚无配套,责任不清,奖罚不明,回收利用率较低。现以纸、塑料、玻璃回收利用情况为例,分别列表如下:

2002年各国废纸回收的数据

国家与地区	回收量(万吨)	回收率(%)	利用率(%)	进口量(万吨)	出口量(万吨)
美国	4355.1	49.4	41.5	37.1	1037.7
墨西哥	228.2	41.2	90.1	135.6	0
德国	1371.0	72.2	65.0	182.0	349.2
法国	558.8	51.3	58.2	117.3	105.6
英国	593.5	47.7	74.2	4.2	136.7
比利时	146.1	47.9	35.5	70.1	174.0
日本	1769.2	57.4	53.5	21.4	146.6
韩国	599.8	73.5	74.6	138.9	6.4
中国台湾	285.3	61.6	88.0	101.4	0
中国	1331	30.2	47.0	687	0

1999 年欧、美、日、中塑料回收与处理数据

国　家	回收率（%）	焚烧率（%）	填埋率（%）
美　国	14	16	70
西　欧	15	30	55
日　本	13	64	23
中　国	10	1	89

1999 年各国玻璃瓶的回收数据

国　家	生产量（千吨）	回收量（千吨）	回收率（%）
奥地利	193	85	44
比利时	326	127	39
丹　麦	109	35	32
法　国	2020	646	26
德　国	3445	1102	37
英　国	729	233	32
爱尔兰	88	7	8
意大利	1526	580	38
荷　兰	516	320	62
西班牙	1186	261	22
葡萄牙	207	29	14
瑞　士	298	140	47
土耳其	126	34	27
中　国	1000	200	20

2. 无毒、无害，可降低对环境污染的包装材料技术开发水平低

塑料包装的主要市场是食品包装。当前，国内外流行的食品包装，无论是超级市场还是普通市场，大多数以高阻隔塑料包装为主。除了 PE、PET、PP、PA、EVDC 的复合材料外， PVDC 的涂敷技术将为阻隔包装膜带来新的技术进步。PVDC 不仅具有优良的耐油性、保味性、防潮性及防霉变等性能，同时具有优良的印刷性和热封性。PVDC 胶乳涂敷 BOPP、BOPET、BOPA 所制造的高阻隔性薄膜比一般复合膜用量少，能达到减量包装及减少废物源的目的。随着国际上对环保材料评估方法的改变，在美国 PVDC 属于无毒、安全的材料，已广泛运用于食品包装；在德国 PVDC 包装材料拥有绿色标志。而我国多年来由于缺乏自主开发能力，PVDC 的产量一直徘徊在 2～3 万吨左右，环保型材料一直发展不快。

在辅料方面，目前在欧洲和美国软包装的粘合剂已经逐渐转向水性或者无溶剂环保产品，醇溶油墨取代含甲苯油墨已在欧美、日本甚至韩国成为主要趋势。药品包装和食品包装使用醇溶油墨，其产品既不含甲苯和重金属，也不含迁移的小分子增溶剂。而我国国内市场中普遍使用的是溶剂型聚氨酯粘合剂和含甲苯油墨，在应用中存在严重的卫生问题和安全隐患，大量排放于空气中的溶剂苯、甲苯等有害物质对环境造成污染，对工人在生产过程中健康构成危害，由于有机溶剂会残留在复合膜之间，随着时间的推移，会从薄膜迁移到食品中，使之变质、变味。

3. 生产经营方式粗放，资源有效利用率低

现在绝大多数包装企业仍然用单向的线状经济模式组织生产，对资源和能源的消耗都比较大，不仅生产成本高，而且社会效益差。2004 年，我国塑料包装工业总产值（当年价）929.29 亿元，共消耗塑料包装材料（各类树脂）634.3 万吨，平均每亿元工业产值需消耗树脂材料 0.68 万吨；2004 年金属容器（不包括集装箱）工业总产值约 280 亿元，共消耗材料约 150 万吨（含马口铁 133 万吨、铝板材 17 万吨），平均每亿元工业产值需耗材 0.54 万吨；2004 年玻璃包装工业总产值 291.34 亿元，消耗玻璃材料 785.22 万吨，平均每亿元工业产值耗材 2.69 万吨。此外，在制造过程中，还需耗用其他材料，每吨玻璃实际需耗标煤 412.5 千克，耗碱 155.3 千克。另外，有的可以回收利用的包装产品，没有得到回收利用，有的可以再生利用的没有得到再生利用。本来可以创造价值的资源，却成了污染环境的垃圾。据这次抽样调查，重庆市家属生活区的生活垃圾中，按重量计包装废弃物占 20%左右；西安市的垃圾填埋场，包装废弃物占垃圾的成分重量为 4.22%，体积为 22.3%;株洲市运输垃圾日均 800 吨，其中包装废弃物约 320 吨，约占 40%。过度包装现象加剧了材料消耗，月饼、营养品、高档酒和烟的过度包装现象尤为突出，有的包装空间和价值比内容物大和高出一倍甚至几倍，不仅严重损害了消费者的利益，而且浪费了大量宝贵的资源。

4. 自主开发能力不强，关键技术、设备和原辅材料主要依赖进口

近几年，虽然我国包装机械的研发能力取得了长足进步，北人、华光、中亚等一批包装机械的生产企业，通过引进吸收、消化、创新，开发出一批技术新、性能好的包装机械和包装印刷机械，如上

海华光集团，通过国际投标，成功收买了世界第三大包装印刷机械企业——日本秋山公司，从而使华光的包装印刷机械走出国门，在国际市场占有一席之地。但由于体制、机制等原因，我国包装行业自主研发能力建设的内在动力不足，目前技术水平的提高主要还是依靠引进技术设备来实现，仅 **2004** 年我国就从瑞典、德国等国家引进印刷设备 **815** 台。我国包装印刷企业基本上都是通过进口先进设备来提高产品质量，扩大印刷品种。**BOPP** 塑料薄膜生产线全国共有 **89** 家企业分别从德国、法国、日本等国家引进 **152** 条，生产能力达 **179** 万吨，占全国 **BOPP** 总量的 **94.2%**。铝质易拉罐生产装备全部依赖进口，并且生产所需的铝合金薄板、涂料、颜料等也需要大量进口。由于先进的包装机械和重要的原材料大多依靠进口，不仅生产成本高，而且受到外国的严重制约，不利于长期发展战略的实现。

5.企业规模小，产业集中度低，实现现代工业化的基础差，难度大

据统计，我国包装行业年销售 500 万元规模以上企业 10868 家。其中，大型企业 35 家，只占规模以上包装企业总数的 0.32%，完成工业产值 373 亿元，占规模以上企业工业总产值 3283 亿元的 11.36%；中型企业 813 家，占规模以上包装企业总数的 7.48%，完成工业产值 1037 亿元，占规模以上企业工业总产值的 31.41%；小型企业 10020 家，占规模以上包装企业总数的 92.2%，完成工业产值 1873 亿元，占规模以上企业工业总产值的 57%。除此以外，全国还有 10 万家规模以下的小型企业，甚至于家庭作坊式的包装企业。这些企业设备简陋，生产工艺落后，经营管理粗放，点多面广，分散游离，很难建立大规模、现代化的工业格局。

三、发展绿色包装非常重要，势在必行

党的"十六大"提出了全面建设小康社会的目标和任务。实现这一战略部署，必须紧紧抓住和切实用好本世纪头 20 年的重要战略机遇期。2003 年我国人均国民生产总值已经超过 1000 美元，开始向中低收入国家迈进。国际经验表明，从低收入国家步入中低收入国家行列的阶段，对任何国家的成长来说都是一个极为重要的历史阶段。它既是一个"黄金发展时期"，又是一个"矛盾凸现时期"。特别是随着经济快速发展和人口不断增加，水、土地、能源、矿产等资源不足的矛盾会越来越突出，生态建设和环境保护的形势日益严峻。面对这种情况，按照科学发展观的要求，大力发展绿色包装产业，合理、高效地利用能源和资源，制造维护生态环境安全的包装产品，就显得尤为重要，尤为迫切。

1.发展绿色包装是降低资源消耗，建设节约型社会的需要

我国包装工业的增长仍属粗放型的经济增长方式，资源能源利用率低下，单位产值能耗是世界平均水平的 2 倍，是日本的 11.5 倍，美国的 4.3 倍。包装工业生产所用资源有木材、石油、金属、石英砂等矿藏，除木材属我国虽然缺乏但还可以再生的资源外，其他天然矿藏均属不可再生资源。我国这些资源又十分缺乏，森林覆盖率仅 18.3%，在 160 个国家中居第 120 位，人均可消耗木材仅为日本的 1/20，美国的 1/34；石油人均占有量为世界人均占有量的 13%，天然气仅 10%。

包装工业产品 70%以上为一次性使用，使用后即成为废弃物，产品生命周期较其他工业产品短，故消耗资源量大。以 2004 年为例，包装工业总产值超过 3200 亿元，其中 2300 亿元的产品将成为包装废弃物，对废弃物的回收利用率又低，资源浪费严重，若总回收利用率到了 25%，则至少还有 1700 亿元的资源被白白浪费。因此，包装工业由粗放型的数量增长模式转变为对资源循环利用的可持续增长模式的意义特别重大，包装行业对此应有危机感和紧迫感。

2.发展绿色包装是防治环境污染，建设环境友好型社会的需要

包装工业粗放的、大量消耗资源的生产方式必然会造成严重的环境污染。据了解，我国目前包装废弃物已占城市固体废物的 1/3 左右。随着经济的发展和人民物质文化生活水平的提高，包装废弃物还在以每年 10%的速度不断递增。尤其是由发泡塑料、小提袋等不可降解的塑料包装废弃物造成的"白色污染"不仅成为社会一大公害，对城市、江河和铁路两侧的环境造成严重的污染，而且占用了大量的良田进行填埋。另外，发泡塑料采用的氟氯烃物质破坏臭氧层，纸板和复合塑料粘结时采用的有机溶剂型粘结剂，更会直接对人体造成严重伤害。据美国《包装》杂志进行的一次民意测验表明，公众认为包装废弃物污染是仅次于水源污染、海洋、湖泊污染和空气污染之后的第四大污染，成为公众直接感受到的，需要加大治理的重要污染源之一，必须引起高度重视。

3.发展绿色包装是扩大对外贸易、促进经济

持续快速发展的需要

随着世界经济的发展和社会的进步，对保护生态环境的要求越来越高，标准越来越严。同时随着经济全球化和贸易自由化的不断发展，各国采取的贸易保护措施发生了很大变化。传统的贸易保护措施和关税、许可证、配额等逐步被削弱甚至取消，一些新的贸易保护措施不断出现，如技术性贸易壁垒、绿色壁垒等，对国际贸易的影响越来越大。一些发达国家以维护国家安全、保障人类健康和安全、保护生态环境、防止欺诈行为和保证产品质量为由，凭借他们的科学技术和社会经济发展的优势，通过制定技术法规、标准和合格评定程序等方式对商品提出苛刻的市场准入要求，给其他国家、尤其是发展中国家的对外贸易造成很大障碍。据调查表明，我国每年约有 80 亿美元的出口产品受到国外环境标志制度的影响，240 亿美元出口产品达不到发达国家环保包装要求而受到间接影响，还有 90 亿美元的出口机电产品受到有关《臭氧层保护公约》的限制而被禁止生产和销售。近几年，我国因环境壁垒所造成对外贸易的影响总量相当于当年出口总额的 20%左右。在如此日趋严重的绿色壁垒面前，发展我国的绿色包装尤为必要和紧迫。

四、对策与建议

按照党中央、国务院制定的统筹城乡发展、统筹区域发展、统筹经济社会发展、统筹人与自然和谐发展、统筹国内发展和对外开放(即“五个统筹”)的指导方针和国民经济发展“十一五”规划精神，结合我国包装产业实际，针对当前包装工业存在的主要问题，为适应循环经济需要，促进绿色包装产业的快速发展，提出以下几点对策和建议：

1.建立绿色包装评价体系

绿色包装（Green Package）目前国际上尚无统一的定义，我国《绿色包装通则》国家标准中的定义是：为了环境保护与生命安全，合理利用资源，具备安全性、经济性、适用性和废弃物可处理与再利用的包装。《绿色包装通则》国家标准由于操作性不强、缺少必要的评价方法标准，很难实施。国际上绿色包装的评价原则是3R1D 原则。即：Reduce:减少材料消耗量；Reuse:回收再使用；Recycle:再循环处理；Degradable:包装材料降解腐化，主要是针对包装的生命周期进行分析时，对包装生命过程的每个阶段消耗的能量，向环境排放的废弃物（气态、液态、固态）或有害物质的量，对环境的影响程度等因素，进行分段分析，综合评价。在选择包装材料时，要充分考虑其对生态环境的影响，尽可能选择对环境友好的材料。在包装材料选定后，按制造、加工、使用和废弃物处理等过程中与环境有关的各种因素进行绿色评价。

由于包装行业是一个跨国别、跨地区、跨行业的特殊行业，它的特点是分散在各个领域、各种产业之中，因此，中国绿色包装体系无论是对国内的商品包装还是对进口的商品包装，所执行的标准应当是一致的。

由于包装材料是影响环境的主要因素，应根据包装材料或包装容器的种类、体积、重量是否可以复用、是否可以再循环及包装废弃物对环境的污染程度等因素进行绿色评价，对国内的包装生产者还要对其包装制品的加工过程进行绿色评价。对进口商品使用木材、棉、麻等天然包装材料要进行植物检疫。对有疫情地区应要求出口商进行除害处理，并出具该国检验检疫部门的有效证明。

我国目前生命周期评价法（LCA）在操作上还存在很大困难，如进行 LCA 从“摇篮到坟墓”，计算操作是一项非常复杂而繁琐的工作，工作量和难度都相当大；LCA 的中心环节——清单分析的数据收集困难；LCA 的影响评价，需确定各种当量系数和权重，以及各类量之间的纲折合也都十分困难。因此，目前开展 LCA 的条件尚不完全具备，还不能普遍推行，需要有个相当长的准备过程。鉴于这种情况，为能及时推进绿色包装的发展，我们可采取两步走的办法，先对绿色包装实行分级，实行不同的分级评审标准。

AA 级绿色包装。指废弃物能够循环复用、再生利用或降解腐化，含有毒物质在规定限量范围内且在产品整个生命周期中对人体及环境不造成公害的适度包装。AA 级绿色包装可利用 LCA 制订认证标准或直接利用其清单分析和影响评价数据作为评价标准，并授予相应的 ISO14000I 型、III 型环境标志。

A 级绿色包装。指废弃物能够循环复用、再生利用或降解腐化，含有毒物质在规定限量范围内的适度包装。A 级绿色包装可根据其定义制定五条可操作指标即是否减量化，包装材料含有毒有害成分是否超过标准，包装制品上有无生产企业的“自我环境申明”，包装制品能否重复利用或回收再生，包装制品能否自行降解，凡符合指标则可授予单因素环境标志。

建立中国的绿色包装评价体系，是一项庞大的系统工程。对外，它涉及到我国的对外贸易法，检验检疫条例以及包装法规等；对内，它涉及到包装产品的制造、使用、回收和废弃的整个过程。所有这些，既涉及技术问题又涉及法律、法规以及管理问题；既需要政府组织，又需要多个部门、行业及企业、公众的参与。因此，必须从可持续发展的战略高度出发，建立一个包括国家立法、部门监管、行业协调、企业实施、科研机构支持、公众广泛参与等多方面内容，并能够有效运行的绿色包装体系。建立绿色包装评价体系，既要学习借鉴发达国家发展绿色包装的成功经验，吸取他们行之有效的方针、政策、法律、法规、制度及各种技术手段和运行机制，又要根据我国国情制定切实可行的措施，以求实现节约资源、保护生态环境、拓展对外贸易的绿色包装社会目标和经济目标。

2. 完善法规制度，建立绿色包装运行机制

健全的法规和运行机制是节约包装资源，防治包装污染的重要保证，包装物的取材、用量以及制造过程中的废气、污水排放和包装废弃物的回收、再利用和再生利用等都要依靠法律、制度和其他行政的、经济的措施和手段来实现。

（1）要加强法规建设。《环境保护法》、《清洁生产促进法》、《固体废物污染环境防治法》、《水污染防治法》、《大气污染防治法》等一系列国家大法，为保护环境提供了强有力的法律保证。但是，目前与其相配套的、结合行业实际的法规还很不完善。如《强制回收包装物管理办法》于 2002 年原中国包装技术协会（现中国包装联合会）根据原国家经贸委的指示着手组织起草。起草小组经过大量的调查研究，2003 年 8 月草拟了《办法》的初稿，但是由于原经贸委体制改革，没能再继续进行下去。现在随着我国包装工业的迅速发展和人民物质文化生活水平的不断提高，包装用途越来越广，包装用量越来越大，对包装废弃物的回收管理越来越显重要。尤其在 2005 年 7 月 6 日《国务院关于做好建设节约型社会重点工作的通知》中，明确要求要“研究实施节约包装材料的政策措施”。包装废弃物的回收利用和再生利用是节约包装材料的重要组成部分，必须引起高度重视。建议抓紧重新组织力量，在原工作成果的基础上，进一步加强调查研究，对原《办法》草稿进行充实、调整，争取早日颁布实施。

同时，要加强《包装法》等其他相关法律、法规的制定工作。建议国家“发改委”牵头组织，中国包装联合会配合，尽快组织起草班子开展起草工作，并请国家财政部门给予必要的经费支持。

（2）利用税收杠杆调整企业利益与公共利益的关系。我国大多数包装制造商和进口商只注重于企业的自身利益，很少主动考虑自然环境和公共的利益，在生产过程中习惯于利用原生材料，不习惯利用再生材料。为了进一步提高他们对循环经济和绿色包装的认识，增强节约经济意识，推进包装废弃物的回收工作，建议征收包装污染税。对包装生产企业和使用包装物的制造商和进口商，生产或进口的总量与包装物回收数量之间的差额部分征收环境污染税，差额越大征收的税率越高。这种做法在国外早有先例，如意大利于 1990 年实施包装废弃物回收管理法令，重点在液体包装和塑料包装，由包装制造商和进口商组成半官方的回收组织负责包装废弃物的回收处理。对于非降解塑料另征收 100 里拉的回收税。政府对未完成该年指定回收利用指标的企业还要征收附加税。

（3）明确包装废弃物的回收指标，建立全社会对包装废弃物的回收机制。目前，大多数国家对包装废弃物的回收都制定有明确的指标，如美国由联邦政府制定总政策，各个州政府制定实施条例。他们早在 1973 年就公布了 MIL-HDBK-742《军用包装材料废弃物处理》标准。1993 年由 36 个州立法通过了塑料回收标准。1994 年全国已有 100 多项回收再生法律生效。德国在法规上明确规定，自 1995 年 7 月 1 日起，玻璃、马口铁、铝、纸板和塑料等包装材料回收率必须达到 80%；德国规定，2000 年起生产商、进口商必须完成 70%的废旧包装物回收率，2003 年起包装材料 85%要循环使用；英国规定 2000 年起实施对 60%的工业用品包装物和 35%家庭用品包装物回收再处理利用。最近，欧盟委员会发出通知，要求所有成员国根据欧盟委员会新近修订的关于提高包装垃圾回收再利用率的指导性法律，制定出本国的相应政策，达到欧盟指导性法律提出的从 2008 年至 2015 年间将本国包装垃圾的再利用率提高到 55%以上的回收目标。

我们可以借鉴国外的经验，在各地建立起专门回收包装废弃物的网络系统，同时根据不同类别的包装物，对回收率和回收再利用率作出明确规定，既可以节省大量资源，又可以防治由于包装废弃物到处乱扔而产生的固体污染。这方面的回收标准及

相关措施，政府有关部门可以委托中国包装联合会制定，由中央政府颁布。执行情况，也可授权中国包装联合会监督、检查，并负责对违规者进行处罚。

政府在制定包装废弃物的回收目标，约束企业行为的同时，还要通过市场的、经济的运行机制调动全民的“回收”积极性。最近《中国包装报》登出一条消息，在治理“白色污染”中，南京市宁溧路的麦德龙超市的收银台前都悬挂着一个黄色的提示牌，牌上写着“超市为您提供购物袋，小袋0.3元/个，大袋0.5元/个，关注环保，敬请反复使用此袋”。该超市实行付费提供塑料袋的做法可以有效约束顾客行为，促进塑料包装袋的反复使用。如果这种做法借鉴到其他的包装物上，群众既可以从经济利益的得失出发支持对包装废弃物的回收工作，又可以养成关心环保、节约资源的良好习惯。

3.加大资金投入，支持绿色包装的研发工作

为了减轻包装产品对生态环境的影响和更有效地利用自然资源，各国围绕包装新材料的开发和制造工艺的“轻量化”、“薄壁化”进行了大量的潜心研究，并在有的领域取得了突破性进展。

在纸类包装方面研究开发包装用纸、纸板及瓦楞纸的优质轻量化技术、食品包装用功能型专用纸板技术、复合纸袋的生产技术、氧气和高氧化氢少污染的漂白纸浆技术、以无氯元素漂白纸浆为主要原料生产的一次性餐具专用纸板技术、天然绿色包装材料的开发运用技术、瓦楞纸板与蜂窝夹芯纸板缓冲应用技术、纸浆模塑技术、无菌包装技术等。

在塑料包装方面研究开发完全降解塑料技术，水溶性包装膜生产技术、废聚酯（PET）包装回收利用（化学法）技术、废塑料油化技术、废塑料生产高强度塑木复合材料技术、聚苯乙烯发泡材料的回收利用技术，用废旧塑料生产包膜肥料技术，以及开发可复用聚酯（PET）瓶等。

在金属容器和玻璃容器方面，主要是研究开发轻量化、薄壁化，以及能重复使用技术等。

在我国，绿色包装技术的开发虽然取得了重大进展，但是由于目前企业的生产成本过大，利润空间小，经济效益差，没有更多的资金投入科技开发。而且新研发的材料价格比较高，制造商的生产成本会更大，对推广运用的积极性不高，新材料、新工艺的产业化程度低，严重影响了绿色包装的发展。建议国家建立绿色包装研发专项基金，支持科技创新工作，并建立奖励机制，对积极推广运用新材料、新技术的企业给予减免税收的优惠政策，鼓励教学科研单位和生产企业积极研究开发和推广运用绿色包装的先进技术。

4.开展广泛的宣传教育，营造良好的绿色包装社会氛围

包装物的使用涉及到千家万户，发展绿色包装离不开广大人民群众的支持和配合。一度出现的月饼、营养品过度包装现象固然有制造商和销售商为取得更大的利润而玩弄的手段，但消费者不成熟、不健康的消费心理也起到了推波助澜的作用。因此，广泛宣传群众，提高群众对绿色包装的认识是一项非常重要的工作。要通过广播、电视、报纸等新闻媒体和寓教于乐的其他方式，向群众讲明包装废弃物回收再利用的好处，不断增强自觉性。特别要从娃娃抓起，在中、小学，幼儿园就要开展利废为宝的教育和分投垃圾的生活小常识教育，让他们从小就养成好的习惯。只有营造一个良好的社会氛围，绿色包装的发展才会有牢固的社会基础和重要保证。

绿色包装是一项系统工程，它将在全社会产生“牵一发而动全身”的效应。对于整个包装行业和其他相关行业来说，是一次观念的大变革和技术的大革命。要求行业的全部环节、全部过程和全体人员都要参加。此外，技术、法律、管理、教育等相互有关联的单位，也必须从推动经济社会全面进步的大局出发，按系统工程的方法去组织、管理和协调，形成一个政府领导、行业推动、企业参与、相关行业配合、民众支持的格局，调动大家的积极性，群策群力，共同为落实循环经济、节约经济政策，大力发展绿色包装事业作出贡献。

包装行业“十一五”标准化发展规划

中国包装联合会

一、包装行业基本情况

（一）包装行业现状

随着国民经济的持续、快速、健康发展和人民群众物质文化生活水平的迅速提高，我国包装工业从一个分散游离、产品单一、技术水平低、制约国民经济发展的瓶颈产业，发展成为一个以纸、塑料、金属、玻璃、机械、印刷为主要构成，拥有一定现代化技术与装备，门类比较完整的工业体系。

1. 取得的成绩

（1）包装工业持续、快速增长，一些主要产品产量居世界前列。据对1万多家规模以上包装企业统计，2004年包装企业工业总产值、利税分别为3283亿元和250亿元。包装工业总产值在全社会总产值中的比例由上世纪80年代初的0.4%上升到现在的2.4%，包装在我国国民经济42个主要行业中，从上世纪80年代初期的倒数第二位跃升到现在的第14位，成为我国经济发展的重要产业之一。

（2）包装工业在为全社会消费品提供配套服务的基础上，产品结构调整取得较大进展。我国各类包装产品在质量、档次、品种、功能等方面已能够满足不同消费层次的需求。2004年，包装工业为全年社会消费品零售总额超过5万多亿元的国内商品和出口总额达6000多亿美元的出口商品提供了配套服务，为保护产品、促进销售、方便运输和物流管理及提升商品市场竞争力作出了贡献。纸包装业1135亿元，同比增长24.3%；塑料包装业929亿元，同比增长18.6%；玻璃包装业89亿元，同比增长4.2%；金属包装业231亿元，同比增长7.8%；包装印刷业628亿元，同比增长11.4%；包装机械制造业170亿元，同比增长8.6%，形成了以纸、塑料和包装印刷为主的产品结构。

（3）企业组织结构和所有制结构调整有了新的进展，涌现出一批具有一定经济实力和市场竞争优势的大型骨干企业。包装行业已经有9家上市公司，迈出了包装行业从社会融资的重要一步。数十家大型包装企业已经发展成为我国包装发展的中坚力量。

（4）包装标准化体系逐步完善。为适应市场需求，我国已制定了国家及行业标准700多项。按照国家标准委的要求，从2003年开始，对现行的包装国家标准进行了清理，提出了继续有效、修订、整合和废止的建议。通过清理，提高了国家标准的统一协调性、科学合理性和先进适用性。为了适应包装行业发展的需要，今年对包装标准体系表进行了修订，补充了有关节能、节材与环境保护以及有关食品包装安全的相关标准，不仅为提高包装产品的质量，而且为保护生态环境和消费者的安全、健康发挥重要的作用。

（5）高新技术在包装工业中得到应用，大中型企业技术装备水平有了一定程度的提高。纳米再生纸浆、陶瓷网纹辊、纳米喷涂表面处理、纸质增强剂、无菌包装技术、可降解塑料、微细瓦楞制造等一大批高新技术在包装行业得到了推广应用，促进了包装工业生产技术水平的提高和产品的更新换代。包装印刷、塑料薄膜、瓦楞纸板等行业中较先进的技术装备，已达到发达国家同期先进水平，我国包装机械设备制造水平也正在逐步适应包装工业的发展和技术改造的要求。

2. 存在的问题

（1）包装工业结构不够合理，从产品结构上看，简单、原始产品多，深加工和精加工产品少；普通包装产品所占比重较大，功能性包装产品发展不够；重包装制品轻包装材料，重设备轻技术，重生产轻研发；产品更新换代慢，包装产品结构不尽合理，不能完全适应市场需求变化。从地区结构上看，西部地区包装工业比较落后，而华东地区2004年包装工业总产值占全国包装工业总产值的比重高达52.11%。从企业结构上看，包装企业总体规模小，产业集中度较低。

（2）包装技术水平相对落后，新产品开发和研发能力不足。我国包装工业在技术创新和产品开发上缺少支撑技术创新的机制，缺少自主知识产权和知名品牌产品，新型高新技术包装材料研发能力不足，产品结构设计水平较低，包装制造业的制造设计能力及技术含量低。2004年包装工业新产品的产值为127.68亿元，仅占包装工业总产值的3.89%。特别是与包装工业配套的包装机械发展相对滞后，大型设备且技术含量高的设备少，设备稳定性及耐用性与国际先进产品有差距；精度要求较高的包装机械及零部件仍大量依赖国外进口。

（3）包装立法工作滞后，质量监督实施力度不够，严重影响包装工业的健康发展。我国目前缺乏独立、完善、自成体系的包装法规，缺乏强有力的政策干预和法律处罚手段，劣质包装、假冒包装、欺诈包装、过度包装严重扰乱了市场秩序，损害了消费者利益；包装膜、一次性快餐盘、塑料袋对周边环境造成了较严重的污染，形成了对社会公共利益的侵害，造成了严重的环境污染和资源浪费。

（4）包装管理和技术人才严重匮乏。目前包装行业的高级管理人才和技术人才紧缺，难于跟踪世界最新技术动向，缺乏进行先进技术和产品的开发创新能力，在相当程度上成为我国包装工业技术水准滞后的瓶颈。

（二）行业标准化工作基本情况

1.现行标准情况

我国现有与包装有关的各类国家标准 400 多项，行业标准 300 多项，包括包装术语、包装尺寸、包装标志、包装技术与管理、包装材料、运输包装件基本试验、包装材料试验方法、包装容器、包装机械、包装装潢、产品包装及其标志、运输与贮存等标准。这些标准构成了包装标准体系的基本框架，从这些标准的覆盖面来看，基本满足了包装及相关行业对标准的需求，形成了比较完整的标准化体系。从标准的水平来看，一些标准达到了国际先进水平，但是大部分标准与发达国家标准还有相当的差距，标准老化，可操作性差，相关标准不配套，不能完全适应市场的需求。

2.标准制修订情况

由于包装是个跨行业、跨部门的行业，与包装相关的标准较多。目前相关的包装国家标准约 400 多项，行业标准 300 多项，但由全国包装标准化技术委员会归口的包装国家标准只有 135 项，代号为 BB 的包装行业标准也只有 30 项。由于包装跨行业的特性，在标准立项时，常常出现与其他部门存在交叉的情况，使得一些项目经常因为交叉的问题不能立项，影响了行业标准化工作的开展。近几年每年制修订的国家标准约 10 项左右，行业标准不到 10 项。从标准的完成情况看，大部分标准是按照立项时的完成年限完成，一般需 2 年时间，部分标准由于立项时对经费等问题考虑不够成熟，起草单位编制标准出现困难，导致项目搁浅。

3.参与国际标准化工作情况

全国包装标准化技术委员会与国际标准化组织包装委员会 ISO/TC122 对口，主要任务是在国际范围内开展包装以及相关领域的标准化活动。ISO/TC122 现有成员 67 个，其中积极成员（P 成员）27 个，观察成员（0 成员）40 个，秘书处设在土耳其。ISO/TC122 与 ISO 的 7 个技术委员会以及 28 个国际或地区性组织有广泛的技术联络。目前 ISO/TC122 下设一个分技术委员会，即运输包装件试验方法分技术委员会（ISO/TC122/SC3），秘书处设在英国。

ISO/TC122 制定的国际标准涉及包装术语、尺寸、标志、运输包装件试验方法以及包装容器等，涉及到纸、塑料、金属包装。由于包装标准涉及的材料、专业等十分广泛，如牵涉到危险品、各类运输工具及有关材料等，因而，国际包装标准化的工作重点除了比较明显的包装专业（如包装术语标准、包装尺寸标准、包装标志标准、包装试验方法标准等）外，主要是与其他相关的技术委员会进行协调和统一。

全国包装标准化技术委员会对口 ISO/TC122 及 ISO/TC1221SC3，ISO/TC122 每 2 年召开一次年会，从上世纪 80 年代开始，秘书处就组织国内相关科研机构、企业的专家参加国际会议，先后参加了第 5、6、7、8、9 及第 12、13 次年会（1999 年和 2001 年由于机构变化，没能参加第 10、11 次年会，）1993 年还在北京成功地承办了第 7 次年会。分技术委员会还组织对外开展包装标准化技术交流活动，组织国内专家和企业技术人员组成专家组出访进行学术交流，为缩小我国包装行业与国际的差距作出努力。

从国际标准改为网上投票后，基本每次投票都通过电子邮件发送给相关的委员征求意见，并由专人汇总后投票，投票率均在 90%以上。

4.标委会情况

全国包装标准化技术委员会（SAC/TC49）是包装行业惟一的一个全国专业标准化技术委员会，成立于 1985 年。目前标委会共下设 4 个分技术委员会。

标委会(分委会)名称	TC/SC代号	秘书处所在单位	工作领域
全国包装标委会	SAC/TC49	中包认证中心有限公司	负责全国包装专业的基础标准、方法标准、包装容器和包装材料的综合标准等专业领域标准化工作
袋分技术委员会	SAC/TC49/SC2	建材科学研究院	负责全国包装袋等专业领域标准化工作
包装机械分技术委员会	SAC/TC49/SC7	合肥通用机械研究所	负责全国包装机械等专业领域标准化工作
金属容器分技术委员会	SAC/TC49/SC8	广州市产品质量监督检验所	负责全国金属容器产品、试验方法等专业领域标准化工作
玻璃容器分技术委员会	SAC/TC49/SC9	北京玻陶检测中心	负责全国玻璃容器等专业领域标准化工作

5. 标准“宣贯”服务与监督实施情况

标准“宣贯”即宣传贯彻是标准化工作的一项重要基础工作，“十五”期间开展了重点包装标准的“宣贯”会**20**余次，培训人员约**1200**人次，为企业及有关政府部门提供包装标准化技术咨询**2000**余次。并在中国包装联合会网站上设包装标准专栏，为企业提供标准信息咨询服务。通过监测和自愿性认证等手段对产品质量实施监督。

6. 标准化研究情况

“十五”期间，包装行业在标准化研究及与标准化相关的技术研究方面也开展了一些工作，如“技术性贸易措施重点产品标准化研究”、“技术性贸易措施体系建设”、“军用物资包装咨询决策系统”、“机电产品包装**CAD**系统”等课题研究。由于受经费的制约，缺乏系统性开展标准化研究。一些研究单位自筹经费开展工作，这也是包装标准化研究工作比较薄弱的一个重要原因。

（三）标准化工作对行业发展发挥的作用和取得的主要成绩

1. 促进国际贸易，提高了国内包装产品和包装技术水平

纵观我国包装国家标准和行业标准，近**50%**的标准不同程度地采用或参照了国际先进组织或发达国家标准，这些标准的制定为我国包装工业提供了先进的包装技术和试验方法，提高了我国包装工业的水平，也增加了我国包装产品的国际竞争力。

2. 规范了包装产品市场，并与国际市场接轨

包装术语、包装尺寸、危险货物运输包装分类、包装储运图示标志以及一些包装产品等在与国际市场技术要求相一致的条件下规范了我国包装工业的一系列基础内容。

3. 保障了食品卫生和人身安全

GB13042包装容器 气雾罐、**GB13252**包装容器 钢提桶、**GB18454**液体食品无菌包装用复合袋、**GB18706**液体食品保鲜包装用纸基复合材料等涉及人身安全的包装容器和影响人体健康的食品包装等标准的制定，保障了人民群众的身体健康和人身安全。

4. 合理利用资源，保护生态环境

随着环境保护意识的提高，工业发达国家制定了有关包装法规有限利用资源，对包装废弃物的回收利用进行严格的规定。目前我国还没有与这些国际规范相适应的法律，但已经认识到包装废弃物对环境的影响，并已开始制定相关标准。如：“**GB16716**包装废弃物的处理与利用通则”等。

（四）行业标准化工作存在的主要问题及原因

1. 重数量轻质量，标准文本质量不高

仅从数量上看，我国包装标准已具有一定的数量，且涵盖了各个行业。但就包装标准质量而言，还存在一定的问题。

（1）标准内容不尽合理和完善，总体水平偏低

在我国包装标准中，有些标准存在内容重复、技术要求不尽合理的现象。另外，由于对包装标准化工作缺乏足够的重视，有相当数量标准的制定缺乏基础性研究，加上标准修订不及时，标龄太长，导致我国产品质量水平不高。

（2）重形式、轻内涵，可操作性差

包装标准的制定，往往需要相应产品或技术的成熟。一些标准为了形式上或其他需要，只是为了编标准而编标准。在不具备一定的条件时盲目起草，最后只能是言之无物。

（3）缺乏深入研究，照搬照抄现象严重

标准的起草过程，是一个非常严谨的科研活

动。不但需要较高的理论水平，大量的实践经验和试验为基础，还需要深入的调查研究。标准的先进性一方面体现在其技术指标较高，另一方面也应制定合理，适合国情和行情。在强调采标时，制修订标准往往照搬照抄国外标准，忽视我国生产实际。

（4）标准之间协调不够、缺乏系统性

由于包装行业的特殊性，各个部门都起草包装标准，常常是互不通气，造成标准之间协调性差。或者只从本部门利益出发，使得包装标准整体缺乏系统性，给标准使用者和企业带来混乱和不便。国家标准和行业标准之间界限模糊，一些国家标准定得过细、过小，缺乏代表性。

2. 标准体系和制修订工作跟不上市场的变化

（1）包装标准体系难以满足市场经济的需要

我国目前的包装标准体系是**80**年代末**90**年代初制定的，还是计划经济体制下传统的标准化管理模式，标准的支撑体系不配套，标准的适应性较差，缺乏合理规划，已不能满足市场经济和贸易国际化的需要。

（2）标准制修订工作滞后难以满足市场经济的需要

工业发达国家强调标准与市场的联系，其标准能很好地反映市场的需求，标准的标龄一般较短，企业标准更新快。而我国由于管理体制和运行机制等方面的原因，标准的制定与相关技术的研究严重脱节，不能及时适应市场和技术发展的需求，常常是产品已经规模化生产了，标准还没出来，跟不上市场的变化。

3. 实质性参与国际标准化活动的力度不够

工业发达国家积极参与国际标准化活动，参加主体主要是企业。目前大部分的国际标准都是由发达国家参与制定的，而我国包装行业由于标准化基础薄弱、经费匮乏、及我国包装技术相对落后等方面原因，使得我们实质性参与国际标准化活动的力度不够，影响了对标准技术信息的了解与掌握。

4. 标准实施差

由于行业部门对标准的宣传和重视力度不够，监督和引导力度不够，没有使企业真正认识到实施标准的好处，致使标准实施状况较差。由于企业管理者缺乏标准意识和质量意识，标准化从业人员素质不高，有了标准也不认真执行，加之标准信息不畅，对于新发布标准的宣贯力度不够，致使有的新标准已经实施了，企业还拿不到标准文本。

5. 标准化工作经费投入不足

工业发达国家每年政府对标准研究经费的拨款达几亿美元，而我国政府每年的标准补助经费只占发达国家的几十分之一，政府对标准的经费投入与制定标准需要的成本相比很少。且标准文本的发行出版所带来的利润也不能用于标准化工作。从事标准化工作的人员得不到重视，地位低下，人才流失严重。

二、“十一五”期间行业标准化工作面临的环境和需求分析

（一）“十一五”期间包装行业的重点任务

1. 加快包装立法工作步伐，完善我国包装标准体系

随着我国经济的持续增长，包装工业的发展能否健康有序，最重要的是利用法律规范行业的发展。制定包装管理的法规，加强包装行业的管理和引导，解决目前商品过度包装，破坏环境的问题，减少商品过度包装造成的资源浪费和对环境的污染。

结合我国实际情况对包装标准体系表进行修订和完善，加强标准的指导作用，使之适应当前包装行业发展的需要，从保护国内市场出发，通过包装标准的制定，建立自己的技术壁垒，加强包装标准基础工作的研究，培养国际化的包装标准专业人才。

2. 加大对科研开发的投资力度，解决我国包装行业研发力量薄弱的历史问题

通过建立国家级行业研究机构和企业技术中心，开展重点新产品的开发与推广工作。加大科技投入，提高企业自产研发能力，增强产品竞争力，解决包装行业纵向断链、横向断层，新技术、新产品开发和技术创新无法形成合力的局面。

3. 加强包装教育与培训体系建设

在进一步巩固现有包装工程高等教育规模的基础上，争取尽快设立包装工程的硕士和博士学科点，扩大高层次人才的培养；增加职业技术学院的包装工程专业招生人数；大量培养实用性包装专业人才。

开展包装工程在职培训，提高现有从事包装研发、生产、管理与物流等部门技术人员的专业水平。

4. 创企业和产品名牌，提高综合竞争力

至今为止，我国包装企业和产品很少有真正意义上的名牌，所以帮助企业通过整改、提高，经过合理的市场化运作，获得真正的“中国名牌”，成为新时期工作的重要组成部分。

5. 建立我国绿色包装工业体系，将包装工业的发展纳入可持续发展的轨道

适应循环经济的发展，大力发展绿色包装产

业，是保障生命安全、实施可持续发展战略和建设节约型社会总体目标中的重要一环。为此，在“十一五”期间，一项重要任务就是建立我国的绿色包装工业体系，制定出既与国际接轨又符合我国国情的绿色包装评价程序与方法，将我国绿色包装管理水平提高到国际先进水平。

（二）国内环境：产业结构调整、新型工业化、产业升级和规范市场秩序等对标准化工作的要求

我国包装行业的结构调整主要包括产品结构调整、产业结构调整的区域结构调整。产业结构调整会更多地体现在产品的消耗降低、结构优化、品种改善、质量提高和竞争力的增强。而新型工业化模式则以人口、资源、环境、经济、社会整体协调发展的可持续发展为理念。产业升级主要体现在具有替代作用的高、新技术向生产力转化的实现。规范市场秩序体现在建立适宜和公平的市场准入机制和监督体系。

中国是世界上最大的发展中国家。一方面，人口基数大、人均资源少、经济技术水平还不发达；另一方面，生态环境脆弱、环境污染比较严重，使得发展与资源、环境的矛盾尤为突出。新兴工业化发展模式要求工业生产从产品设计、原料选择、工艺改革、技术进步和生产管理等各个环节入手，节约使用能源和资源，把污染尽可能控制在生产过程中，从而降低企业的生产成本，提高经济效益，减少或消除环境污染。

工业可持续化发展强调工业资源和能源的节约及永续利用；强调工业的增长不能以生态环境破坏为代价；强调其产品制造要以有益健康、环境友好为标准。包装制品属于加工制造业产品，长期以来，包装设计和制造产品主要考虑的是它对产品的保护功能、使用功能、附加功能和审美功能，而对产品使用过程中和使用后对人的健康和生态环境的负面影响关注不够。

“可持续性”在包装制品设计和制造中有许多具体体现和要求。首先，要求在制造和使用过程中对人体无害，对生态环境影响较小；其次，要求节省资源、能源和减少成本，尽可能利用再生或易于再生的资源；再者要求回收性能好，尽可能地减少所用材料种类，选用可回收、易回收、可分解材料；最后要求体现循环的原则，以利于包装废弃物的分类回收和循环利用。

包装标准化工作是包装行业发展的基础性工作，无论是产业结构调整、新型工业化、产业升级，还是规范市场秩序等，都离不开各类标准作为依据。当前，我国包装行业对标准化工作的总体要求是“在包装产品的整个生命周期，必须按照包装工业产品可持续发展战略的要求，结合具体产业的具体产品功能需求修订和制定标准，以满足新时期对包装标准化的新要求”。

（三）国际环境：经济全球化和消除技术性贸易壁垒等对标准化工作的要求

在经济全球化发展的进程中，世界各国为保护本国市场通常采用了一些有效的技术和贸易壁垒手段。在当前国际环境中，又产生了一种更有力的市场保护武器——“绿色贸易壁垒”。由于各国的环境标准、标志基本上都以本国标准为基础，相互间差别很大，要求互不一致，对国际贸易在客观上形成了一种技术性壁垒，尤其是发达国家利用经济和技术优势，形成合法的绿色壁垒，而且还在呈不断加强的趋势，这对发展中国家的标准化工作提出了更高的要求。

进入 **21** 世纪的经济竞争在一定程度上表现为标准竞争。世界贸易量的 **80%**受到技术标准的制约，发达国家都制定国家标准化战略，向国际上公开承诺全球贸易中采用国际标准，千方百计赢得本国在国际标准化组织中的地位，包括专业技术委员会（**TC**），分技术委员会（**SC**）的秘书处，以技术优势垄断标准的制定，或将本国的标准（包括协会、学会标准）转化为国际标准，财政上大力支持国际标准化活动。

目前国际包装标准的重点主要是涉及环保、包装废弃物回收处理等所谓绿色包装标准的研究，国外发达国家利用先进的“绿色包装”技术，通过提高环保要求，借以阻碍他国产品进入的主要方式是利用高新技术和先进灵敏的检测仪器，进行精确分析，高标准、严要求，提高商品进口门槛；利用先进技术和高标准的规定将“贸易壁垒”延伸到产品的包装材料。欧盟的《包装和包装垃圾法令》要求包装材料最低回收目标 **60%**，最低再循环率 **55%**。欧盟的《实质要求》在防止包装材料资源浪费，强调包装产品重复使用，要求包装材料循环再生或降解、堆肥等方面作出了规定。从发展趋势和各有关国家的态度看，有关检测、绿色环保、节约材质等方面国际标准将会相继被制定。

这要求我国的标准化工作也必须适应国际环境的变化，拓宽工作领域，一方面，依靠国际间的合作和交流，提高标准化水平，提高产品的质量和档次，提高产品的环保性能，使标准要求接近和满足发达国家的标准要求，达到国际间互认的程度，不断地提高产品的市场竞争能力，才能满足国际标准化工作的要求，有效地消除技术性贸易壁垒；另一方面，通过对发达国家包装标准及相关法规的研究，逐步构筑起我国的技术壁垒。

三、“十一五”期间行业标准化工作的指导思想、工作目标

（一）指导思想

“十一五”期间我国包装行业标准化工作的指导思想是：全面贯彻落实科学发展观，坚持可持续发展战略，发展绿色包装产业，注重保护人民生命安全与健康，注意节约资源和保护环境。

（二）工作目标

“十一五”期间包装行业标准化工作的总体目标是：形成有效的包装标准化工作机制，发挥标准化的先导作用和有效性；完善包装标准体系，使之适应当前包装行业发展及产业结构调整的需要；加强包装标准基础研究，提高包装标准的整体水平；加快标准化工作与国际接轨的步伐，采标率上升**20%～30%**，**ISO**国际标准转化率达到**80%**；为企业做好标准化服务工作，将成熟的技术尽快转化成标准。

四、“十一五”期间行业标准化工作的重点任务、重点领域、重点技术及重点项目

（一）重点任务

“十一五”期间包装行业标准化工作的重点任务是：围绕当前我国建立节约型社会和适应循环经济发展的需要，尽快开展环保型包装与节能节材型包装标准的制定工作；围绕当前存在的食品安全等问题，尽快开展包装安全卫生标准的制定工作；结合包装行业产业结构调整和高新技术的发展，开展包装新材料、新技术、新工艺标准的制定工作。

（二）重点领域

“十一五”期间行业标准化工作的重点领域是：资源利用与节能节材、包装安全卫生以及包装新材料、新技术、新工艺等领域的标准化工作。

（三）重点技术

“十一五”期间行业标准化工作的重点技术包括：资源利用技术、分析技术、检测技术、机械安全与可靠性技术、缓冲技术、防护技术、加工成型技术、保鲜技术等。

（四）重点项目

“十一五”期间行业标准化工作的重点项目共**34**项，其中国家标准**30**项（制定**27**项、修订**3**项，采用国际标准**6**项、采用国外先进标准**15**项、采用国外技术法规**2**项），行业标准**4**项（均为制定），具体项目见附表。

五、主要措施和建议

（一）对现有的包装标准体系进行研究、分析、调整和完善

通过对我国包装标准体系的研究分析，总结发达国家技术标准体系的构成和运行机制，找出与发达国家标准存在的差距。目前，全国包装标准化技术委员会正在组织专家对我国的包装标准体系进行修订，结合我国实际提出我国当前包装标准体系的总体框架，特别是突出了有关包装安全、环保、卫生方面的标准，以及有关产品更新换代和产业结构调整的标准。以强化包装标准的技术支撑作用，提高包装标准的有效性。

（二）提高标准质量，加速重要、急需标准的制修订

废止没有出版、长期无人使用、存在严重问题及技术内容陈旧落后的标准；整合过细过小的标准；确定需要修订的标准，形成修订计划；将不应强制的强制性国家标准调整为推荐性标准；终止立项时间过长、已不满足需求的国家标准制修订计划项目。经过清理和分析，对我国包装标准的实际情况了解得更加全面和清晰，也明确了下一步的工作目标。同时在促进包装产业结构调整方面，应积极跟踪传统包装工业结构调整状况，在节能节材与环境保护、包装材料安全卫生要求以及新技术、新材料、新工艺等方面及时出台急需的标准，为包装行业的结构调整和产品升级服务。

（三）全面分析研究国际标准，对适合我国国情的包装国际标准尽快采用

要冲破国外的技术壁垒，就要利用各种渠道了解、研究国外的技术法规、标准和检验方法，研究其市场准入条件和程序，弄清本行业重点产品与国际同类产品标准和质量水平上的差距，提出包装企业产品标准采标的方向和重点，积极采用国际标准和国外先进标准，引导企业提高产品标准水平，从而提高产品质量水平。

“十一五”期间计划将对口国际标准化组织包

装委员会（ISO/TC122）的国际标准尽可能的转化为我国标准，转化率争取达到80%以上，同时在下个5年末争取国家标准采标率在现有基础上再提升20～30%。

（四）开展国外包装技术法规的调查、收集、研究和转化，制定相应对策

为适应全球经济一体化的需要，发达国家纷纷开展了标准化发展战略的研究，将健康、安全、环境、贸易、产业等方面的标准化作为标准化战略的重点。特别是一些涉及环境保护、食品安全等方面的技术法规对我国包装企业的影响较大，而我国在这方面的法规又不健全。因此尽快对国外包装技术法规进行收集、分析和研究，将可借鉴的内容转化过来，结合我国国情制定我国包装行业配套的技术法规。

（五）加强国际合作与交流

参加国际标准化活动是了解国际标准化状况，进行国际技术交流，学习国外先进经验，获取各方面信息的重要途径。在将适合我国国情的国际标准转化为国内标准的同时，积极参与国际标准的制、修订工作，加强对国际标准草案的研究和利用，改变以往被动采标的局面，并充分利用获得的国际标准草案，在各个起草阶段认真进行研究，提出反映我国国情和利益的提案，为国际标准的转化奠定基础。鼓励具有条件的单位承担和参与国际标准化组织的有关工作，承担国际标准的制、修订任务，争取能有1～2项具有国际先进水平的包装产品标准提升为国际标准，从而提高产品的国际影响力，并逐步开展重点项目的国际情况调研。

（六）开展包装标准化的战备研究工作

技术标准战略是科技部提出的我国应对加入WTO的三大科技战略之一，对提高我国企业和产品在国际市场的竞争力具有十分重要的意义。通过标准规划的前瞻性、导向性、针对性和可操作性，更好地指导“十一五”行业标准化工作，推动结构调整、产业升级，促进企业技术进步，保障和促进我国经济健康、快速发展；为保护生态环境、提高资源利用效率和人身健康提供技术手段；为建立统一开放竞争有序的现代市场体系，实现公平竞争提供技术支撑和依据。

（七）争取政策支持，加大对标准化工作的投入

国家应加大对行业标准化工作的支持力度，从政策上和经费上给予支持，建立专业的标准化研究机构，使包装行业标准化工作能够系统地、科学地、有效地进行。

行业：包装　　　　行业标准化发展规划重点项目汇总表

序号	重点领域	重点技术	项目名称	标准级别	制定修订	立项依据	采用的技术	替代标准	采标标准标号	拟列入年度计划	备注
1	环境保护与节能、节材	资源利用技术	包装和包装废弃物欧洲标准的使用要求	国标	制定	发展循环经济和绿色包装，建立节约型社会的需要	资源利用技术	GB/T 16716-1996	**EN 13427-2000**	**2007**	
2			包装、制造和组成的特殊要求 防止资源减少	国标	制定				**EN 13428-2000**	**2007**	
3			包装 重复使用	国标	制定				**EN 13429-2000**	**2007**	
4			包装：通过材料再循环，评定包装可回性收的要求	国标	制定				**EN 13430-2000**	**2007**	
5			包装：以能量恢复的形式评定包装可回收性的要求，(包括最低热量值规定)	国标	制定				**EN 13431-2000**	**2007**	
6			包装：通过合成和生物降解评定可回收性的要求，试验方案和包装最终验收的评定标准	国标	制定				**EN 13432-2000**	**2007**	
7			包装、运输包装可回收利用的塑料材料	国标	制定				**ISO16103-2003**	**2006**	
8			茶叶包装减量化要求	国标	制定						

9			酒包装减量化要求	国标	制定						
10			化妆品包装减量化要求	国标	制定						
11			保健品包装减量化要求	国标	制定						
12			包装：触觉危险标志原则	国标	制定	保障人身安全需要			ISO 11683-1997	2006	
13		分析技术	检测包装中有害和危险物质的要求	国标	制定	当前食品卫生安全的迫切需要	分析技术		EC/CR13695-1、89/109EEC、2002/72/EC、EN13428-2000	2008	
14			与食品接触的包装材料安全卫生要求	国标	制定				98/109EEC、2002/72/EC	2008	
15			儿童安全包装：可重新封口的包装的要求和试验方法	国标	制定	保障儿童安全			ISO 8317-2003	2006	
16		检测技术	包装：危险货物运输包装、试验方法	国标	制定		检测技术		ISO16104-2003	2006	
17			包装 危险货物运输包装 集装容器试验方法	国标	制定	运输安全			ISO16467-2003	2006	
18			包装机械安全要求第1部分——包装机械及生产线的术语和分类	国标	制定				EN 415-1	2006	
19	安全卫生		包装机械安全要求第2部分——预成型硬质容器包装机	国标	制定	保障人身安全需在	机械安全与可靠性技术		EN 415-2	2006	
20			包装机械安全要求第3部分——充填封口成型包装机	国标	制定				EN 415-3	2006	
21		机械安全与可靠性技术	包装机械安全要求第4部分——托盘和卸垛包装机	国标	制定				EN 415-4	2006	
22			包装机械安全要求第5部分——缠绕包装机	国标	制定				EN 415-5	2006	
23			包装机械安全要求第6部分——托盘缠绕包装机	国标	制定				EN 415-6	2006	
24			包装机械安全要求第7部分——成组及二次包装设备	国标	制定				EN 415-7	2006	
25			包装机械安全要求第8部分——捆扎设备	国标	制定				EN 415-8	2006	
26		检测技术	包装机械噪声测定区域	国标	制定	保护环境及人身健康需要	检测技术		EN 415-9	2006	

27	新材料、新工艺、新技术	缓冲技术	缓冲包装设计方法	国标	修订	包装行业“十一五”发展规划	缓冲技术	GB/T8166-1987		**2006**	
28			非危险货物柔性中型散装容器	国标	制定				**ISO21898-2004**	**2006**	
29		防护技术	气相防锈包装材料选用通则	国标	修订		防护技术	**GB/T14188-1993**		**2007**	
30		加工成型技术	瓦楞纸箱	国标	整合修订		加工成型技术	**GB/T6543-1986** **GB/T5033-1985** **GB/T16717-1996**		**2006**	
31		保鲜技术	水果蔬菜保鲜包装	行标	制定		保鲜技术			**2007**	
32			冷冻食品保鲜包装	行标	制定					**2007**	
33		加工成型技术	啤酒包装用塑料瓶	行标	制定		加工成型技术			**2008**	
34			折叠纸盒	行标	制定					**2008**	

包装行业“十一五”标准化发展规划编制说明

一、编制基本情况

根据国家发改委《关于编制“十一五”行业标准化发展规划的通知》（发改办工业［2004］2443号）要求，中国包装联合会成立了规划编制组，副会长兼秘书长吕海燕担任组长，依靠全国包装标准化技术委员会及各分技术委员会，对编制工作进行了分工，开展了调研。规划的编制工作与包装标准体系修订工作结合进行，保证了规划与体系的协调一致，先后召开了3次专家论证会，对重点领域、重点项目进行论证，体现了“十一五”行业标准化工作发展的重点。

二、编制原则及重点

按照国家发改委编制“十一五”行业标准化发展规划的要求和编制原则，提出了包装行业“十一五”标准化发展规划，重点体现了“十一五”期间行业标准化工作要解决的突出问题，主要是节能节材与环境保护问题，安全卫生问题，符合产业结构调整和高新技术研发需要的新技术、新材料、新工艺。而对于国家标准清理整顿后需修订的项目，以及需转化为行业标准的项目，尽管也是“十一五”期间包装标准化工作的一项重要任务，为了突出重点，在重点项目中未列入。编制原则如下：

（一）科学协调原则。规划的编制体现了可持续发展的科学发展观和循环经济的要求，体现了行业快速发展与合理有效利用资源相协调，满足经济建设和行业发展的需要的原则。

（二）市场导向原则。根据市场需求确定包装行业标准化发展的重点方向和目标，如包装减量化、薄壁化标准，无毒、无害产品标准等，提高标准与市场的关联性，增强标准的适应性和有效性。

（三）突出重点原则。根据标准规划编制要有所为、有所不为的原则，紧紧围绕“十一五”期间国家产业政策和包装行业发展重点，着力解决目前我国经济发展过程中突出的节能节材与环境保护问题、安全卫生问题以及符合产业结构调整和高新技术研发的新材料、新技术、新工艺。

（四）技术进步原则。标准规划编制加强了与科技创新的结合，今年财政部列专项资金支持包装行业高新技术研发项目，在申报项目中一些产品和技术没有标准，一些重点项目也列入了规划，体现了积极采用、推广高新技术成果，是标准成为科技成果转化为先进生产力的桥梁。

（五）国际接轨原则。将国际标准中涉及人身安全的重要标准项目转化为我国标准，体现了加快采标步伐，加速与国际接轨，提高国际竞争力的原则。

三、对行业发展将产生的影响

包装行业“十一五”标准化发展规划提出了我国包装标准2005—2010年发展规划的指导思想、工作目标、重点任务、重点领域和重点项目，对今后我国包装标准化工作具有重要指导意义，可以作为包装行业编制年度标准化计划的重要依据，是实现我国从包装大国向包装强国转化的技术基础。

各省市 自治区包装工业
现状与发展前景

STATVS CUO AND DEVELOPINGTRENDS

做好服务　提升包装行业整体水平　追求新的目标

天津市包装技术协会秘书长　曹德禄

随着我市国民经济的快速发展，多年来，我市包装工业本着“以科技创新，实现跨越式发展”的原则，加快产品结构和产业结构的调整，加快引进先进装备和技术改造步伐。根据国家产业政策，结合我市包装行业具体情况，重点扶持具有一定经济规模的，有市场竞争力的，具有一定优势的畅销产品和有较大市场发展潜力的新产品。据统计资料显示（按统计口径，年实现工业总产值**500**万元以上企业）：**2004**年我市有各类包装企业**379**个，实现工业总产值**120**亿元。预计**2005**年完成包装工业总产值**135**亿元。

一、包装行业基本概况

1.各类包装企业在行业的分布

截至2004年我市有各类包装企业379个。其中：塑料包装材料及制品企业**109**个；包装印刷企业**108**个；纸及纸包装制品企业**107**个；金属包装制品企业**36**个；包装及包装印刷机械制造业**15**个；玻璃包装制品企业**4**个。

2.各类包装企业完成工业总产值在行业中所占比重

2004年全行业完成工业总产值**120**亿元。其中：纸及纸制品企业完成工业总产值**33.8**亿元，占**31.5%**；塑料包装材料及制品企业完成工业总产值**27.5**亿元，占**26%**；包装印刷企业完成工业总产值**24.5**亿元，占**23%**；金属包装制品企业完成工业总产值**14.7**亿元，占**14%**；包装及包装印刷机械制造业完成工业总产值**5.5**亿元，占**5%**；玻璃包装制品企业完成工业总产值**0.5**亿元，占**0.5%**。

3. 行业骨干企业

据不完全统计，完成工业总产值超过**5000**万元以上的约有**30**个企业，其中：超亿元的企业有**12**个。中国包装进出口天津公司纸箱厂、津东华明纸箱厂、蓟县燕南福利股份合作公司、联合包装有限公司、顶信纸业有限公司这些企业是纸箱行业的佼佼者；琳得科（天津）实业有限公司、天津长荣印刷包装机械有限公司、华一有限责任公司，他们是包装和包装印刷机械制造业的“三驾马车”；人民印刷厂、宜药印务有限公司两个较大企业是包装印刷行业的“领头羊”；大田包装容器有限公司、华受印铁制罐有限公司、华北石化制桶厂是金属包装制品行业的“排头兵”；塑料集团有限公司、天津实发紫江包装有限公司、阳光塑料有限公司是塑料包装制品行业的“龙头”。

二、协会和企业共同完成的几项主要工作

几年来，协会紧贴会员和企业以及行业发展需要，围绕维护企业合法利益，提高企业管理水平，提升行业整体形象，积极开展有效服务。

1. 维护企业合法权益

天津精工华晖制版技术开发有限公司、天津外贸纸箱厂、津东华明纸箱厂，分别引进瑞士戴特威勒公司凹印制版生产线、法国产柔性制版机、七层瓦楞纸板生产线，总价约**150**万美元。协会组织行业专家对引进的生产线进行了充分论证并出据论证报告，得到了天津海关的认同，为企业减免了海关税。

针对塑料、纸制品材料和金属原材料大幅涨价，使相当多的企业产品成本大幅增加，企业到了微利或无利经营的情况。我们代表会员单位向中国包协反映企业的困境，呼吁中国包协请国家主管部门尽快组织价格协调会；另一方面协会指导和协助会员单位做好对下游企业的产品价格微调工作。

2. 提升行业整体水平

在行业规划指导下，企业坚持走技术进步的道路，积极引进先进设备，提高产品技术含量。用于技术引进和技术改造投入的资金约**5**亿元。

纸包装制品企业先后引进了具有国际先进水

平的法国柔性版制版机、德国产品打样机系统、法国四色印刷模切生产线、韩国产平压平模切机、台湾产自动裱纸机、高性能苯胺印刷开槽粘箱连动生产线、全开双色平板印刷机等，大大提高了产品档次，满足了市场对高中档彩箱和彩盒的需求。

包装装潢印刷企业在“十五”期间先后从德国、瑞士、台湾等国家和地区引进了德国海德堡**5**色、**6**色胶印机，瑞士博斯特全自动模切机、对开高速平压平自动模切机、**8**通道和**16**通道自动喷胶高速全自动糊盒机等。新装备的引进，新工艺、新技术的应用，大大提高印刷的自动化程度，为包装装潢印业的“彩色革命”和行业的快速发展奠定了良好的基础。

金属包装制品企业引进瑞士产苏德罗尼克焊机、意大利产全自动电脑测漏机，同时购进韩国产喷雾罐和上下肩全自动生产线与之配套。引进意大利产套裁生产线，采用数控技术，利用先进的伺服送料系统，实现自动定尺送料，桶身裁板合格率达到**99%**以上，桶顶、底套裁的材料利用率提高**13.8%**。引进美国全自动横缝机、波纹机、丝网印刷机。先进设备的购置，提高产品档次，稳定产品质量，产品出口台湾、中东、东南亚、欧洲等国家和地区，得到外商的信赖。

塑料包装材料、制品企业，引进德国**BOPP**生产线、日本产**PET**注拉吹机组、物理发泡片挤出机组、意大利产**PVC**透明膜机组、三层共挤吹膜机组和**PVC**压延包装片材生产线、台湾产**PVC**四辊压延拉宽机组、**PVC**热收缩膜机组。引进发达国家和地区的塑料制品生产线和机组，促进了新产品换代，大大提高市场竞争力，满足机关产品的包装需求。

食品包装、包装机械、包装印刷机械制造业。引进日本东芝株式会社产**BTD－110R16**卧式镗铣加工中心、日本大隈产**MB－60HB**卧式加工中心、美国辛辛那提一米拉克隆马刀**750**数控设备、台湾亚威机电股份有限公司产**SP3016**龙门加工中心。机械制造业注重用先进的加工装备武装企业，采用新技术、新材料开发生产成龙配套的流水线和单机，使产品走低成本、小型化、机动灵活、易于操作、多用途、高效率发展的路。

3. 协会与市环保局和中德合作项目组一起举办“有效益的资源成本管理培训班”。协会首先选择并组织**10**个金属制桶企业的厂长、技术人员参加，由德国专家组对企业进行考察，结合企业存在的实际案例进行现场分析，有针对性的进行培训。德国专家组第二次到现场考察后，帮助企业制定相关措施，再次解读和集中培训。累计培训**15**个工作日，经跟踪了解，企业收到了良好的效果。

4. 为了进一步了解国外包装工业发展动态，学习国外包装企业的先进技术和先进的加工工艺。提高我市包装和印刷机械的工业设计水平，协会组织长荣包装印刷机械公司、华一有限责任公司、轻工装潢机械厂、文龙包装机械公司参加首届中国国际装备制造业博览会（在沈阳国展中心召开），四家企业参展面积占天津展团的**1/2**，产品的水平具有先进性，是天津展团的一个亮点。展出期间参展的企业经理、厂长与国内外厂商交流了技术并学习了先进的工艺。大家认为我市包装机械制造业要想与国际接轨，就要走出去学习和掌握发达国家的先进技术和国际标准，拿回来提升我们的包装装备制造业水平，形成我们的拳头产品再打出去，参加国际市场竞争。

5. 举办包装设计大奖赛。由天津市包装技术协会主办，天津市包装技术协会设计委员会、天津美术学院承办的“**2004**年天津市优秀设计（包装）作品大奖赛”，就是倾力构建一个多彩的设计平台，平台的构建为我市设计人才展示新的设计理念、创意思维，展示良好的文化素养及其设计才华。推动设计作品更加贴近实际、贴近企业形象、贴近产品特点、贴近市场、贴近大自然、贴近艺术。

《大奖赛》设实用设计、创意设计、装潢印刷三个奖项。参赛作品，经评委评选产生金奖**10**枚、银奖**14**枚、铜奖**28**枚、优秀奖**73**个。

由华北五省市包装技术协会主办，天津市包装技术协会承办。第六届华北地区包装设计和装潢印刷品大奖赛，由各省市选送参赛的“创意设计作品、实用设计作品、包装装潢印刷产品”共**260**余件套。大赛设计创意设计奖、实用设计奖、包装装潢印刷奖三个奖项。由各省市推举的专家、教授评选出金奖**12**枚、银奖**21**枚、铜奖**15**枚、优秀奖**161**个。其中天津获金奖**4**枚，银奖**9**枚，铜奖**4**枚。

大奖赛的举办，为五省市间的文化艺术、设计与印刷技术的交流、提高商品包装的档次、繁荣市场、提升经济效益搭建了一个平台。

三、认真完成政府部门委托的工作

根据《危险化学品安全管理条例》（国务院第

344 号令）和《危险化学品包装物、容器定点生产管理办法》（原国家经贸委第 37 号令）和《天津市危险化学品包装物、容器定点生产企业批准证书管理办法》的有关规定，自 2003 年 7 月 30 日，凡在本市境内，生产线营“危包”的企业，必须向市经委提出申请取证的报告。市经委托天津市包装工业办公室按照《批准证书管理办法》，对申请定点生产企业提交的申报材料进行审查和现场核查。

为了给受检企业减轻负担，统一审查条件、减少现场核审次数、提高工作效率，市经委与市质监局决定两组联合审查，一次进入企业按照《危险化学品包装物、容器产品生产许可证企业生产条件审查办法》的 7 章 23 条 43 款对企业逐条逐款进行审查，若审查结论合格。按程序分别报上级主管部门核批后，颁发《天津市危险化学品包装物、容器定点生产企业批准证书》和《危险化学品包装物、容器产品生产许可证》。截至目前，生产“危包”的申证企业已有 22 个企业取得了市经委颁发的《定点生产企业批准证书》。

此项工作的实施，加强了企业基础管理，促进了企业质保体系的建立，完善了有关规章制度，促进了企业检测器具有购置更新，人员的素质得到了提高。

四、“十一五”包装行业专项规划思路

1. 指导思想：以科学发展观为指导，紧紧围绕“三步走”发展战略目标，坚持“高水平是财富，低水平是包袱”的基本原则，迎接挑战，加快包装行业做大的步伐，突出以人为本，开发绿色包装。

2. 包装工业发展思路

“十一五”期间。以科技为先导，实施绿色包装工程，大力开展绿色包装新材料、新技术、新工艺的开发与研究，积极开发生产绿色包装材料和包装产品及机械设备；合理调整产业结构、产品结构；推动绿色包装产品的发展。开展环保型纸包装制品、研制可降解塑料包装制品、提高玻璃包装制品档次、采用先进工艺生产市场急需的金属包装制品、提高包装制品的结构设计和装潢设计水平、注重印前技术的应用，加强印刷过程中的工艺技术管理，大力推进印后技术及装备的应用水平。包装机械向机电一体化、智能化、自动化控制方向发展。

3. 主要目标

2006 年包装工业总产值预计实现 150 亿元。到 2010 年达到 200 亿元到 2015 年突破 300 亿元。拉动包装经济增长点，侧重抓绿色包装材料、制品、机械等。

用 10 年左右的时间，我市绿色包装产业将初具规模，并跨入国内包装工业先进行列。

用 10～15 年左右的时间，绿色包装工业将列入我国支柱产业，部分产品将于国际同类产品先进水平相等。

天津市包装工业将朝着高新技术化、生产规模化、装备现代化、管理科学化方向发展。到 2015 年我国绿色包装在产业化布局、经济规模、产品种类及档次等方面形成新的格局。

4. 行业发展重点及采取的主要措施

（1）六大门类产品发展的重点

①“十一五”期间，包装机械、食品包装机械、印刷机械制造业，要注重开发集机、电、气、光、声、磁为一体。智能化、自动化、机械功能多元化、结构设计标准化和高精度化。

重点发展项目和应用新技术：

a. 重点发展项目：液体灌装生产线、饮料包装容器成套设备、无菌包装生产线、制袋－称重－充填－抽真空－封口于一体的高速茶叶包装机。

b. 提高包装机械、食品包装机械技术含量，应用“远距离遥控技术”（包括监控）、步进电机技术、自动柔性补偿技术、激光切割技术、信息处理技术等。

重点发展项目可填补我市高新技术产品的空白，也是国际包装机械发展趋势。产品的研发、生产、经营，国内市场需求量大，港、澳、台、东南亚、俄罗斯市场空间很大。技术含量高的产品，可提高产品附加值，提升经济效益。

鼓励发展项目：

a. 捆扎包装机、制罐设备、纸浆模塑设备、缠绕机、香烟包装生产线、称量式充填设备等。

b. 采用微电子技术和计算机技术改进现有产品结构，提高产品档次，趋向多用途、高效率、自动化操作程序方向发展。

c. 我国东、西部经济发展不平衡，中、低档包装机械、食品包装机械依然有各自的市场空间，这种格局几年内不会有大的改观，食品加工业、粮食加工业的快速发展，给食品包装机械和包装机械制造业轴装版、气动加压技术的采用，研发纸张类和薄膜类软包装凹版印刷机。

鼓励发展项目：

开发多色印刷机。单张纸对开多色胶印机、四开多色胶印机；柔版印刷机带有后续加工机组（裁切、模切、上光、烘干、印（烫）金）等。

②“十一五”期间，纸及纸制品包装发展重点是加强非木浆造纸资源的开发和废纸综合利用技术。重点抓以下几种新技术的开发与应用。

包装用纸、纸板及纸箱的优质轻量化技术。生产低定量的多种纸、纸板和包装箱纸板是当前世界各国纸制品总的发展趋势。根据国内市场对高档包装箱的大量需求，大量开发低定量产品，即瓦楞纸开发生产 $100g/m^2$。牛皮纸板材 $210\ g/m^2$。

食品包装用功能性专用纸板的研制开发。重点研制生产包装固体食品类及包装液体食品类的功能专用纸板、增加食品包装纸板的规格与品种。

复合纸袋的生产技术，水泥纸袋应开发 90～100 g/m^2。大力开发粮食小包装用高强度包装纸、育果包装纸。

植物纤维快餐盒的开发应用。适度开发以稻草、麦秆、甘蔗渣、糠壳等农作物纤维为原料的绿色环保型植物纤维快餐盒。

无污染的植物分离法制浆造纸技术。利用催化分离技术在蒸球中将稻草等植物的纤维分离出来制造各种纸（瓦楞纸、箱板纸、包装纸）以及高强度纤维板等。

鼓励发展项目：更应注意可食性包装纸的开发与应用，以豆渣为原料的可食性包装纸、蛋白质涂层包装纸、玉米蛋白质包装膜。

2006 年至 **2015** 年，为适应印刷机械的高速度，造纸业应开发长纤维的纸张，配用漂白针叶木浆比例增加到 10%～20%。开发扩大生产彩色胶印纸。

③“十一五”期间，塑料包装材料一是重点开发轻量化、高填充、双向拉伸、固相成型等节能产品；二是重点开发新型包装高阻隔材料，以适应食品、饮料的无菌包装和其他应用领域对包装材料的要求；适用于电磁灶、微波炉加热和耐蒸煮的耐热性包装材料；适应于仪器和粮食等农副产品的储存选择渗透性包装材料；适应特殊用途需要的吸水性、脱臭、除味、防腐蚀、防锈、抗静电等功能性包装材料；三是开发多功能复合包装材料；四是努力开发新的改性包装材料，开发母料化技术和可降解塑料产品。以包装领域为主要目标的薄膜品，可用于生产重包装袋、容器内衬、食品包装及拉伸膜等，有利于产品薄型化，降低包装成本。

重点研制开发生物降解性泡沫塑料、双向拉伸聚苯乙烯片材（BOPP）水溶性包装膜等。

2006 年至 **2015** 年，塑料包装制品应注重开发大型塑料容器（塑料桶、罐）和中小型塑料瓶取代玻璃制品（可热灌的 BOPP 瓶）。大力推广金属茂聚乙烯，以金属茂催化剂用于生产聚乙烯是当今世界发展的新趋势。

四川包装工业发展特点与趋势

任杰才

在近几年中，四川包装工业一直保持快速发展，年平均增长 12.8%，仅 2004 年全省包装工业首次突破 100 亿元并已达 113 亿元，2005 年预计达 130 亿元，呈现出良好的发展势头。为此，笔者将自己积累的情况进行了分析研究，从中发现目前四川包装工业保持快速发展引人注目，呈现出一些值得总结的特点与发展趋势，这对于行业新发展具有积极作用。

一、发展特点

在近几年中，由于我国改革开放的不断深入，加入 WTO 及实施西部大开发等一系列重大经济发展措施的推进，四川成为“9+2”经济发展圈中成员，东部工业西移已成为亮点等，从而吸引了国内外众多远见卓识者来四川投资发展，使四川国民经济继续保持了快速健康发展，并有力地促进了包装工业的发展。

经济快速发展过程中，由于工业产品的高速增长，内外贸易的扩大，为担负起保护商品、促进内外贸易销售配套的包装，其需求也随着不断增长和扩大。显然，四川包装工业的快速发展完全得益于四川国民经济的快速健康发展。这主要在于，四川省政府和各级政府抓住千载难逢的历史发展机遇和挑战，坚持以经济建设为中心，发展才是硬道理这一主题，每年都有新举措。为实现跨越式发展，招商引资力度加大，注重实效，不断加快了四川工业现代化的进程。同时，也加快了四川包装工业快速发展的进程，并呈现出一些发展特点。为此，笔者现将经过分析研究的情况归纳如下。

1. 引进包装企业增多，发展优势突出

由于引进的包装企业具有资金雄厚、规模大、设备技术和管理先进等优势，在近几年中，四川引进的包装企业数量增多，发展优势相当突出。如：仅先后两年中就有成都东盛（广东佛山东方包装材料集团）投资 3.2 亿元，四川中达（江苏中达包装材料集团）投资 5.2 亿元，分别在成都建成了年产 2 万吨和 3.2 万吨 BOPP 双向拉伸薄膜生产线，弥补了四川软包装材料的短缺。又如：成都国际纸业（美国与香港合格）投资 1.2 亿元，建成了国际一流的瓦楞纸板（箱）生产线，为成都出口加工区产品企业配套服务。成都琪乐（温州塑编大王）先后投资 3 亿元，形成了西南地区最大塑料编织袋包装生产基地。成都统一印铁制罐和成都川景印铁制罐，均是台湾的两个企业，投资数千万元，分别建成了印铁制罐金属容器包装厂。台湾冠昌和台湾宇轩两家企业，投资 1000 多万元，分别在成都建成了 PET 瓶生产线，为“鲜橙多”饮料配套服务。成都中富（珠海中富集团）和成都紫江（上海紫江集团）这两家企业投资 5000 多万元，分别建成了 PET 瓶生产线和 PET 瓶胚生产线。成都清洋宝柏与加拿大著名软包装企业合资，投资千多万元，建成了四川最大软包装生产线。四川北斗包装印务公司从 2000 年改制后，已发展成为四川最大一家民营软包装生产企业，年销售额达 9000 万元。四川天马（沱牌酒厂与马来西亚玻璃公司）投资 2.3 亿元，建成了年产 10 万吨高档玻璃酒瓶生产线等。成都中金（江苏连云港中金医药包装材料集团）投资 8000 万元，建成了 PTP 铝箔、PS 复合膜医药包装材料厂。南方嘉陵恒辉（湖北投资企业）投资上千万元，建成软包装设备制造厂，填补了四川的空白。

2. 省内龙头包装企业崭露头角，做大做强显实力

四川包装企业经过发展与市场竞争，优胜劣汰更趋明显，呈现出优者大、优者强，集聚力不为增大的特点，目前显现实力的包装企业有：四川丰泰公司，在绵阳由一个初创时从 300 万元起家的一个小纸箱厂，经过几年发展固定资产一跃上升到 6000 多万元、年销售收入近 2 亿元的龙头包装企业。

为进一步壮大企业实力，投入 3200 万元成功收购成都若兰纸箱厂的 2 条瓦楞纸板（箱）生产线及全部资产后，又从企业新增股份吸收美国 SSIF 投资基金 241.84 万美元入股获成功，企业正朝着年销售收入 5 亿元目标奋斗。据悉，2004 年有关部门公布的四川省造纸和纸制品 30 强当中，纸制品包装企业占 8 家，即四川丰泰、四川康得利、绵阳天华、广汉顺发、绵竹西亭、成都人民、西昌西溪、泸州鑫益等，这 8 家企业都是具有实力的包装企业。又如：成都蜀玻从 1000 元起家，几年前发展到销售额达 2000 万元，又一跃上升到 2 亿多元，公司拥有年产 15 万吨玻璃瓶企业 4 个，以及印务、纸箱包装等。成都最大秸杆人造板龙头企业四川国栋公司，投资 7 亿元，在成都航空港开发区已开建年产 30 万吨纸板生产线。彭山金润公司投资 1.5 亿元，引进国外最先进，年产 4000 吨非 PVC 医药用品包装材料，填补了国内在该项目的空白。四川威之公司投资 1.5 亿元，在成都建成奶品无菌包装材料（盒）生产线。成都龙泉西溪公司投资一千多万元，建成四川惟一的一家最大规模钙塑中空方格板（箱）生产线。从事环保缓冲包装生产的成都蜂窝支点公司，投资数百万元建成四川首家生产蜂窝纸板（箱）、缓冲衬垫生产线。

1. 产品大用户自办包装厂，由市场采购转为自给

产品包装大用户自办包装厂，形成企业产品所需包装由市场采购转为自给配套，这是四川近几年在包装工业发展中的一个新特点，也是一个新亮点。这些产品大户具有资金雄厚，设备技术及管理先进的优势外，而且还具有对市场的准确分析把握优势。据悉，这些包装大用户一方面主要出于安定团结考虑，自我消化企业内部富余人员和解决职工家属及子女就业的一大举措，其次考虑节约包装采购所需人力和运输成本等；另一方面具有对市场信息的了解把握优势，什么样的产品包装适合市场的需要且一清二楚，从而能有效地使企业产品与包装相结合，实现自己优质产品与优质包装配套的目的。例如：酒业大王五粮液集团，坚持走多元化发展道路，仅包装企业的年销售额近 10 亿元，旗下的包装企业让人刮目相看。其中的普什公司，投资 1 亿多元，国内独家引进世界上最先进的 3D 防伪包装设备和技术，以及具有自主知识产权的一次成型 PET 透明包装盒技术的生产线；瓶盖公司拥有国外最先进的金属防盗瓶盖生产设备和技术；塑胶

公司拥有亚洲最大最先进国内第一的 PET 瓶生产线和塑料瓶盖生产线；华厦公司拥有国内外高档玻璃瓶生产线和 3 条瓦楞纸板（箱）生产线（含兼并的 2 条线）；精美印务公司拥有国外一流的包装装潢印刷设备和技术等。同时，类似的沱牌酒厂的包装企业一是天华印务，既拥有先进的包装印刷设备和技术，又拥有 2 条先进的瓦楞纸板（箱）生产线；其二是天马玻璃公司，拥有年产 10 万吨高档玻瓶生产规模。又如，彩电大王长虹，其包装年销售额达 4 亿多元，旗下的包装企业，也让人羡慕不已。一是拥有亚洲第一国内产量最大的 EPS 发泡缓冲衬垫包装生产线，3 条瓦楞纸板（箱）生产线，1 条蜂窝纸板生产线，1 条纸护角生产线以及包装印刷厂；二是还拥有包装技术研究所。全兴酒厂的包装，拥有投资 1 亿多元建成国内一流的“九兴”印务及 1 条纸箱生产线。华润兰剑啤酒厂的包装企业，拥有引进国外一流的与美国麦安迪公司合资建成的“兰剑”印务以及 2 条纸箱生产线和塑料周转箱。成都卷烟厂和什加卷烟厂分别投资 1 亿多元，引进国外一流设备，分别建成“五牛”印务和“佛兰”印务，以及各自的纸箱生产线。奶业大王成都菊乐集团，新建的无菌包装，拥有 1 条价值 1400 万元的利乐包生产线，2 条价值 1500 万元枕式包装线，2 条价值 260 万元芬兰包装线。饲料大王新希望集团的美好火腿肠公司，拥有四川首家引进国外 PVDC 火腿肠肠衣包装生产线以及包装印刷厂。

4. 包装企业向成都聚集，主动为工业发达地区配套服务

由于成都是西部政治、经济、交通、金融、文化、信息等高度发展且最活跃的地方，其国民经济占全省 21 个市（州）的 40%以上，让人刮目相看。因此，成都既吸引了国内外众多且具有实力的企业，又吸引了国内外具有实力的包装企业和省内一些龙头包装企业一同发展。目前成都的包装工业产值已达 50 亿元，同样占四川全省包装工业产值的 40%以上。事实证明，经济发达的地区，包装工业也就发达。四川除成都外，经济发展强劲的绵阳、德阳、宜宾、乐山等市，其包装企业相对比较多，发展形势也比较好。

5. 向外扩张求发展，把企业建到用户旁

竞争中具有自由发展的选择，你可以进来，我也可以出去，在开放的市场中，谁只要抓住了市场，谁就能成功。这种成功的包装企业事例在四川也有。如纸制品包装的龙头企业四川康得利包装材料总公司，在资阳本土发展几年后，敢于走出去向外拓展，先后在湖北、贵州、重庆、西安、成都等省内外投资新建纸箱包装厂，公司年销售收入达 3.5 亿元（含木碎板）。再如，成都超越彩印有限公司到内蒙古求发展，总投资 5000 万元组建内蒙古盛都企业包装印务公司，建年产 5000 万平方米纸箱包装厂等。

6. 用户自办包装厂与市场采购相结合，形成外竞争

有的用户根据自己的实际情况，采取自办小型包装厂与市场采购相结合的方式，以形成内外竞争，达到选择理想的包装。例如：泸州老窖和剑南春酒厂等企业便采取这种方式，这样还体现了以市场采购为主，自己配套解决为辅来解决包装的需求。

7. 军转民开发包装项目，促进包装工业发展

由于四川军工企业优势突出，这些军工企业随着产品结构调整走向市场，在包装开方面发挥了积极的生要作用。例如：广元 821 厂投资 6.2 亿元，在成都建成年产 6000 吨的铝箔厂，为软包装提供了高档次的包装材料；宜宾三江机械厂先后开发生产出用于塑料编织袋包装的六梭和八梭先进圆织机及网眼机在国内外一直畅销看好。成都南光机器厂先后开发生产出单、双滴料六组和八组行列式玻璃瓶制造设备以及真空镀膜设备等，在国内一直享有声誉。成都飞机公司开发生产出系列瓦楞纸板（箱）生产线，在全国纸制品包装机械制造中成为后起之秀。

8. 包装科研究硕果累累，包装技术含量不断增强

采用新材料技术生产包装产品，这是坚持技术进步，提高包装产品质量和档次，具有市场竞争力的有效途径。近几年中，四川取得的包装科研成果有：五粮液普什公司开发成功 PET 一次成型透明包装酒盒；四川中达公司与四川大学合作，开发成功防潮抗皱高档包装薄膜；四川威之公司与四川大学合作，开发成功奶制品无菌包装材料；西南交大材料科学研究室开发成功抗菌剂及抗菌复合软包装材料和包装袋；成都化学纤维厂开发成功环保型玻璃纸；剑南春酒厂研制开发出纹理防伪包装新技术；四川好乐公司开发成功新型防伪包装薄膜；新津泰华玻璃厂首家攻克酒瓶无铅新工艺；成都黄龙

竹木公司开发成功竹／木／纸的复合板包装新材料；宜宾安佳力公司开发成功竹胶合板新型生产技术；绵阳四强公司开发成功复合膜粘胶剂。成都华瑞公司开发成功纸箱防潮国内领先水平的拨水剂；四川大学两学子陈昭军与黎光达研发成功高收缩聚酯薄膜，填补了国内空白；绵阳东华包装机械制造有限公司以具有多项发明专利技术，自主研发成功冷定型微波烘干瓦楞纸板生产线，从而改变了不用锢炉（油炉）加热瓦楞纸板生产线的独特生产工艺技术，填补了国内空白，展世界首创；绵阳长鑫新材料发展有限公司研发成功废弃 **EPS** 泡沫塑料改性回收循环再利用技术并转化为工业生产，该项科研成果在国内外展首创。

9.重视人才培养，包装人员素质有新的提高

为了适应四川包装工业不断发展对人才的需求，以改变包装专业人才滞后的不足，先后开办了成都市包装职中、四川工业学院（现西华大学）建有包装工程系。近几年中，四川不少大学还建有艺术设计学院或艺术设计系。这些院校多为每年为包装行业提供了大量的包装专业人才。

10.包装装潢设计人才优势突出，设计队伍不断壮大

四川包装装潢设计人才辈出，仅先后夺得“世界级”包装装潢设计作品奖的设计大师有：四川大学设计艺术学院教授胡绍中和陈小林；成都现工大学客座教授马云山；成都万宇设计工作室高级美术师万宇。多次夺得“国家级”包装装潢设计作品奖的有：成都大学艺术设计系教授郝荣定，以及较早著名高级美术师尹智勇、许燎原、何成友、卢锡式、杨希锷等。更可喜的是近几年涌现出的新一批年轻设计人员队伍已崭露头角。

二、发展趋势

从四川包装工业发展中呈现出的特点可以看出，经济的多元化发展，必然影响着包装的多元化发展，其发展趋势将由粗放型向科技含量商品更优质更好的方向发展，主要朝着以下方面发展。

1.更加重视技术创新和人才培养

因为坚持技术创新和人才培养是公业提高市场竞争力的关键，所以科研成果和新产品将不断编现，包装的质量和档次将不断提高，行业人员素质将进一步提高，科学发展观的树立和落实。包装将朝着科学、经济、环保、节约、回收再利用，规范有序等的良性方向发展。

2.继续依据优胜劣汰的市场规律发展

由于四川包装工业发展的空间和市场仍然很大，经济的持续高速发展，必然不断增大对包装的需求，也将吸引国内外更多的优势包装企业继续来四川发展，将出现高水平的有序的竞争，继续依据优胜劣汰的市场规律发展。

3. 自然形成产品与包装配套发展的局面

产品包装大用户的成功经验，将影响其他产品包装大用户的仿效，并采取灵活多样的方式，实现产品与包装就地配套，像五粮液集团和长虹公司等那样，自然形成产品与包装链不脱节的配套发展。

4.龙头包装企业自然形成集聚效应

龙头包装企业将在做大、做强中不断创新，采取增大投资、合资、吸收入股、兼并、收购、甚至进入产品包装大用户集团行列等方式，将自然形成集聚效应。

5.更多有实力的包装企业走出本土求发展

敢于走出去发展，既体现企业的实力，又检验企业的实力。同时，企业仍继续朝着哪里有发展空间就到哪里去发展，哪里需要开发市场，就到哪里去开发和建立自己的市场，不断壮大实力。四川康得利和四川丰泰在这方面的成功经验给人启迪。

6.包装工业园或包装工业城的建设，将有待时间和实践的检验

鉴于包装工业的诸多特点，以及全国各地包装工业发展呈现的特点又各不相同，四川包装工业发展的特点已很明显，但用户和市场始终是包装企业发展的慎重选择。

作者简介：任杰才，男，1946 年 8 月生，大学所学专业：经济管理和包装工程。

1964 年 11 月参加工作，1981 年 9 月到省区委一直从事包装行业管理工作，四川省和全国优秀包装工作者。

现任四川省包装行业发展中心经济师（原省包协常务副秘书长）。

受聘四川省科技发展预测专家组成员。

中国管理科学研究院学术委员会特约研究员。（2004 年 2 月受聘 5 年）。

广东省塑料、印刷包装机械制造业发展状况

广东省包装技术协会　赵延伟

一、广东省包装工业发展概况

2004年广东省生产总值（GDP）约15000亿元，其中包装工业总产值约1000亿元，占广东省生总值（GDP）的6%。包装工业在42个工业行业中居13位。按包装门类划分，纸制品包装约250亿元，塑料包装约340亿元，金属容器包装约80亿元，玻璃容器包装约18亿元，包装印刷260亿元。

广东省包装工业的快速发展，主要得益于国民经济的快速发展。2004年，广东省国内生产总值为全国的1/9，出口创汇为全国的1/3。众所周知，包装产品是一种为其他商品配套的商品，正是内销和出口商品的市场要求，促进了广东省包装工业的发展。

1. 纸制品包装发展概况

改革开放20多年来，广东省瓦楞纸箱企业和瓦楞纸板生产线之多，产值之高都居全国各省、市之首。广东省现有瓦楞纸箱生产企业3000多家，其中大部分分布在珠江三角洲地区。例如东莞将近1000家，深圳300多家；广东省已有瓦楞纸箱生产线600多条，其中国外引进的先进设备占20%以上；瓦楞纸箱的产量近400万吨，产值约180多亿元。

其他纸制品包装产值约70亿元。

2. 塑料包装发展概况

广东省塑料包装经过20多年的发展已形成一定规模，其产值占广东省包装工业总产值33%左右。

广东省塑料包装生产企业约2000家，其中薄膜制造企业约600家；丝绳纺织品企业约800家；泡沫塑料企业200家；包装箱及其他塑料包装容器企业400家。尤其是佛山东方包装材料公司和杜邦鸿基包装材料公司在行业中起了很大的作用。

3. 金属容器包装发展概况

金属包装产品品种多、规格复杂，其中主要产品有铝制二片罐、马口铁三片饮料灌、食品罐头罐、气雾罐、1～20升化工桶、各类瓶盖、易拉盖、各种杂罐、35～208升容量的冷热轧板钢桶和马口铁桶。

广东省约有300多家金属容器生产企业。其中国有或国有控股企业35%，民营企业为35%，中外合资企业为30%。金属容器包装产值约占广东省包装工业总产值10%左右。

4. 玻璃容器发展概况

据有关资料显示：2004年广东省日用玻璃总产量为120万吨左右。玻璃容器主要是啤酒瓶和罐头瓶，约0.6亿只，近几年玻璃容器包装一直处于低速增长阶段，主要原因是有效需求不足和供给结构不适应市场需求的变化。

5. 包装印刷发展概况

广东省包装印刷发展迅猛，概括起来有以下10个“全国第一”：

（1）印刷企业数占全国第一

据广东省印刷协会报告，根据行业统计，截至2003年6月底，广东省共有印刷企业14723家，从业人员53.2万人。

（2）民营企业数占全国第一

按国家统计局提供的2002年数据资料分析，广东省的民营包装印刷企业为4531家，居全国之首。

广东省不仅企业数量大，而且也很有实力。例如虎彩集团有限公司创建于1989年，现公司可提供设计、制版、印刷、烫金、标识等一条龙服务。现有ROLAN700印刷机8台、模切机11台。产品主要为香烟包装盒，全国有100多个烟厂的烟标在此印刷，品种多达700个。2003年销售额完成8亿元，较上一年增长30%。

（3）三资企业数占全国第一

广东省现有三资企业1600家，约占全国2284家三资企业（不含三来一补企业731家）的70%。企业规模较大，如鹤山雅图仕印刷有限公司，目前共有员工一万多人，建筑面积18万平方米；现有生产线20多条，四色以上胶印机40多台，能全方位印刷、加工、制作各种类型纸制品，满足不同客户需求。目前该公司的产品绝大部分远销欧、澳、非洲等世界各地，2002年出口总值5.89亿人民币。

（4）产值占全国第一

广东省2003年印刷工业总产值实现659亿元，占全国1708亿元的（不含设备与器材）38.5%。其中深圳市为187亿元，占广东省的28.3%。

从全省印刷工业规模来看：产值超过20亿元的有三家；超过5亿元的有10家；超过1亿元的有50家；超过5000万元的有200家。

（5）印刷加工出口额占全国第一

广东省印刷加工出口额占全国总出口额300亿元的2/3。其中鸿兴印刷（深圳）有限公司年销售额2.3亿美元，产品全部出口；东莞金杯印刷有限公司印刷品99%出口；深圳力嘉国际集团2003年销售额实现7亿元人民币，95%出口。

（6）经济效益全国第一

广东省印刷企业总的来说经济效益一直较好，二资企业经济效益更是高于民营企业，其出口则高于内销。据广东省印协提供的数字，广东省印刷企业年利润为50多亿元。例如，虎彩集团有限公司2003年销售额完成8亿元，较上一年增长30%，利润达600多万元。

除了上述“六个第一”外，还在采用新技术和进口印刷设备、GTP拥有量、印刷100强企业和重视企业文化建设方面居全国之首。

二、广东省包装机械制造业发展状况

1.塑料包装制造业发展状况

进入20世纪90年代以来，广东省塑料机械制造业一直处于高速、稳定地发展中，不仅在量上急剧增长，而且在质上也得到了显著提升。目前，广东省塑料机械制造工业正处于由制造大省迈向制造强省的关键时期。

（1）连续快速发展，广东省已成为塑料机械生产大省，尤其是汕头市已成为我国塑料机械重点生产基地

2003年，我国塑料机械工业总产值128.21亿元，为1993年27.23亿元的3.44倍，10年中年增长13.5%；销售金额122.06亿元，为1993年的3.4倍，年增长13.28%；出口5.83亿美元，为1993年0.29亿美元的20.10倍，年增长41.57%。

2003年，广东省塑料机械工业总产值约40亿元，销售金额约38亿元，出口约1.5亿元，占据了我国塑料机械工业总量的1/4，成为我国塑料机械生产大省，尤其是汕头市已成为我国塑料机械重点生产基地。

（2）技术进步加快，制造水平显著提高

进入20世纪90年代，特别是进入新世纪以来，广东省塑料机械制造技术进步速度加快，产品在主要综合经济技术指标上取得了突破性进展。目前，代表我国塑料机械制造水平的企业或产品，其制造技术已进入国际先进行列。总体而言，广东省塑料机械制造技术已接近国际先进水平。

上述所说主要综合技术指标包括温度控制精度、单位质量原料成型能源消耗、塑料成型精度和机器的生产效率等，这些指标的先进与否和塑料原料、生产工艺、加工设备及模具密切相关。就设备而言，还与其生产线的每一配置技术有关。这些指标影响到节能、省料、制品的市场竞争力等，是设备生产企业为用户实现效益最大化的必备条件。

①在国内尚属空白的大型塑料加工设备研制方面，汕头市远东轻化装备有限公司分别于2002年和2004年成功研制了带有国际先进水平配置的BOPP、BOPET生产线。该两种产品可以取代进口双向拉伸膜加工设备。

2004年通过省级科技成果鉴定的BOPP4200～5000型双向拉伸聚丙烯薄膜生产线，薄膜宽度可达4200mm；生产速度50m/min～200m/min；生产能力5000t/*a*。

2005年通过省级科技成果鉴定的BOPET5200～10000型双向拉伸聚酯薄膜生产机组，薄膜最大宽度可达5200mm；生产速度50m/min～250m/min；生产能力可达10000t/*a*。鉴定委员会一致认为“该机组填补了国内空白，属于国内首创，主要技术指标处于国际同类产品的先进水平”。

②在高新技术含量的塑料加工设备方面，广东金明塑胶设备有限公司共挤吹塑薄膜生产线已实现了三层、五层、七层共挤，其叠加机头的应用有较大创新。2005年该公司又和广州大学赵延伟教授合作研制BMJVⅡ～500型车用多层共挤塑料燃油箱成型装备，现已取得阶段性成果。

③在精密注塑成型机械设备制造方面，广东泓利塑料机械有限公司研制的数码光盘注塑机具有7项专利，其中1项获得了欧、美、日及我国等7个国家的发明专利，其制品成型周期≤4.5s制品精度为±0.5%mm。

④在环保型塑料机械制造方面，汕头市奇佳机械有限公司经过近百次试验，攻克了淀粉含量低，可生产一次性降解餐具的KDFJ-75-298A型淀粉降解材料挤出片材机组。

2. 印刷机械制造业发展状况

进入20世纪90年代以来，尤其是进入新世纪以后，广东省印刷机械制造业从无到有，由小到大，由简到精，已经有了量和质的变化。

2004年广东省印刷机械制造行业获得了丰硕成果。

（1）印机行业经济持续快速发展，主要经济指标有较大提高。

印机行业主要经济指标2004年比2003年增长了14%以上，呈快速发展态势，产与销同步增长，衔接较好。汕头市汕樟轻工机械制造有限公司、汕头市华鹰软包装设备总厂有限公司、中山松德包装机械有限公司等一批高新印机企业主值和销售额年增加，利税也逐年上升，为国家和社会作出了巨大贡献。

（2）创新能力加强，技术进步显著。

科技创新是生产力，是印刷机械立于“市场之林”不败的法宝。广东省几乎所有印刷机械企业都狠都狠抓了“技术创新”，研制出了具有国内或国际先进水平的产品。

①汕头市华鹰软包装设备总厂有限公司因为敢于创新，才浓墨重彩书写了众多“首创”、“率先”和“第一”。该公司研发的高速凹印机、自动制袋机和干式复合机等产品其技术水平都处于国内先进水平。尤其是YA计算机中央控制凹版印刷机实现了中央控制，全自动程序，中文显示等，更显其技术领先一步。

②中山松德包装机械有限公司“百年老店”始于创新。2002年该公司立项研发电子轴传动凹版印刷机，2003年7月国内首台SDP－Ⅰ型电子轴传动高速卡纸凹版印刷机试制成功，2004年通过了由中国包装总公司组织的新产品部级鉴定；2004年和2005年该公司又先后研制了SDP－Ⅱ型大幅面纸张凹版印刷机和SDP－Ⅲ型双放双收纸膜两用凹版印刷机。2005年4月，广东省对该公司产品组织鉴定，鉴定委员会一致认为：“样机为国内首台350m/s，套准精度达到0.15mm的高速电子轴传动凹版印刷机，其主要技术指标达到同类产品国际先进水平”。

③汕头市汕樟轻工机械制造有限公司不仅生产凹版印刷机，而且还在粤港重大领域创新项目中与广东工业大学合作投标研制胶印机械设备，以填补广东省生产胶印机的空白。

3. 塑料机械和印刷机械批量进入国际市场

广东省塑料机械和印刷机械不仅满足了国内市场的需求，为国家节省了不少外汇，而且产品逐年打入国际市场，其数量已达到塑料机械行业的25%和印刷机械行业的20%。

近几年塑料机械和印刷机械出口不仅在数量上快速增长，并且在出口地区上也发生很大变化。已经从主要出口亚非拉发展中国家逐步转向欧美日等发达国家或比较发达的国家，其份额占出口额的30%～50%。

三、广东省政府积极支持塑料机械和印刷机械制造业的发展，并全方位为其服务

1. 政策上积极支持

为了积极支持塑料机械和印刷机械装备制造业的发展，全方位为其服务，广东省委、广东省政府，广东省发改委、广东省经贸委、广东省科技厅、广东省财政厅等党政领导部门近几年陆续出台了几十种政策文件。

2. 经济上积极资助

近几年广东省政府除了重点资助国有大型企业和重点企业外，为了扶持中小企业和民营企业，每年都拿出几亿元无偿资助和贴息贷款资助。例如广东省经贸委重大领域科技创新项目、广东省中小企业技术改造项目、广东省科技攻关项目等。广东省塑料机械和印刷机械企业近几年有不少企业都得到了政府的无偿资助。例如2003年中山市松德包装机械有限公司高速电子轴传动凹版印刷机项目就得到了广东省财政资助的300万元；2004年广东金明塑胶设备有限公司就得到了广东省财政资助的600万元；2005年将会有更多企业得到政府的无偿资助。

3. 第十一个五年计划绘蓝图

目前广东省委和广东省政府都在积极地制订第十一个五年计划，而且将装备制造业，特别是塑料机械和印刷机械装备制造业的发展绘进蓝图。正如《中共中央关于制定国民经济和社会发展第十一个五年计划的建议》所指出的那样：“加强发展先进制造业。坚持以信息化带动工业化，广泛用高技术和先进适用技术改造提升制造业，形成更多拥有自主知识主权的知名品牌，发挥制造业对经济发展的重要支持作用。”随着第十一个五年计划的到来，广东省塑料机械和印刷机械装备制造行业将会迎来第二个发展的春天，再过5年～10年将会硕果累累，将会赶超国际同行业先进水平。

回顾过去 心潮澎湃 展望未来 充满信心

青岛包装技术协会

青岛市包装技术协会成立于1985年，至今已走过了20个春秋。20年来，表岛包装工业总产值由成立之初的1亿元，增长到现在的70多亿元，平均每年递增23.8%，为全市3300多亿元的工业产品提供了质优价廉的包装和服务。

回顾20年的历程，我们充满骄傲和自豪，不论是我市包装工业的发展，还是行业管理工作的展开都取得了较大进步，总体来讲有以下几点：

1. 行业整体实力有所加强。全行业240家规模以上企业去年共完成销售收入70多亿元，实现利税5.7亿元。在全省包装工业中处于龙头地位。

2. 依靠技术进步，产品结构有了进一步的改善和优化。目前，我市共有4种产品荣获国家专利，3个产品获全国包装科技进步奖，4种产品获国家部优产品称号，16种产中获“齐鲁之星”包装设计金、银奖；10家企业被中国包装联合会确定为“中国包装定点生产企业”，10家企业被国际瓦楞纸箱联盟授权使用“瓦楞制品回收标志”。

3. 企业管理和质量管理水平有了较大的提高。20年来，全市先后有71家企业取得了国家颁发的“工业产品生产许可证”。其中：纸箱行业58家、金属桶罐行业7家、柔性集装袋行业6家。同时，30家企业顺利通过了ISO9000标准认证。

4. 行业管理工作向纵深发展。协会分别于1990年、1996年和2004年出台了关于“青岛市瓦楞纸箱成本价格计算为法”等行业自律规定，并积极发挥专业委员会的作用，在行业协会参与价格协调、规范行业竞争行为等方面，进行了大胆的尝试，并取得了一定的成效。市包协连年被中国包装联合会和山东省经济贸易委员会评为全国和全省包装行业管理先进单位。

5. 协会自身建设有所加强，工作网络扎实、有效。首先，根据章程规定，协会定期调整、充实适合工作需要的理事会和领导集体。其次，随着全市以及各市区机构改革的进程，及时完善工作体系。至今，一个以骨干企业为主体，条块渗透相结合的全市包装行业管理工作网络已经初步形成。

当然，在看到成绩的同时，我们还应该清醒地认识到面临的问题和困难：一是行业低水平建设和项目同类化的状况还没有得到合理解决；二是行业内企业规模过小，产品档次偏低，缺乏明显的竞争优势；三是企业之间盲目降价、无序竞争的问题时有发生，行业自我保护意识仍待加强。针对上述问题，我们要在今后的工作中认真加以研究，采取有效措施，切实加以解决。

回顾过去，我们心潮澎湃，展望未来，我们充满信心！今后，我们要认真贯彻、落实省委、省政府和市委、市政府关于发挥青岛龙头作用的指示精神，发挥好青岛包装工业的龙头作用。下一步我们将主要抓好以下几个方面的工作：

1. 认真做好全市包装行业的“十一五”规划，积极实施战略重组，坚持走集团化之路。到“十一五”末期，确保1家、力争2家包装集团公司年销售收入达到10亿元以上。

2. 加快提高企业的技术创新能力。积极争取和利用好国家即将实施的“包装行业高新技术项目研发资金”，注重培育1～2个重点企业，利用3～5年的时间，使其成为国内同行业的龙头企业。

3. 迎接奥运，讲求环保，全力打造青岛绿色包装基地。行业发展要实现新的突破，在行业整合重组、稳定发展的基础上，充分利用国家有关产业政策，积极培育和加快“蜂窝技术”、纸浆模塑等高技术含量、高附加值产品的发展。

4. 协会要彻底转变观念，把行业服务落到实处。坚持三个服务，即：为企业的生产经营服务，为行业的健康发展服务，为政府的正确决策服务。要建立健全行业专业委员会，抓好“研发中心”、“物流中心”的落实，让协会真正起到政府和企业间的桥梁作用。

包装工业是我市工业经济的重要组成部分，我们肩负的任务十分艰巨。我们坚信，有老一辈包装工作者奠定的良好工作基础，有上级协会和各级政府领导的关心和支持，有我们全市包装界同仁的辛勤努力，青岛一定能够早日实现“包装强市”的战略目标。

当前，面对世界经济的发展和变化，我们将面对众多的机遇和挑战，让我们振奋精神，在市政府、市经贸委的正确领导和上级协会的指导下，按照党的十六届四中全会精神和政府的工作部署，发扬协会“团结、协作、创新、求实”的优良作风，认真总结行业发展 **20** 年来的经验和教训，扎实工作，与时俱进，充分发挥青岛包装的龙头示范作用，共创青岛包装的美好未来！

宁夏包装行业现状和发展对策

宁夏自治区包装工业办公室

一、2004 年行业发展基本情况

2004 年，我区包装工业在国家宏观经济政策调整以及原材料涨价的情况下仍保持了快速平稳发展态势。预计全行业可完成工业总产值 **13.7** 亿元，比上年增长 **21.3%**；完成工业增加值 **4** 亿元，增长 **20.2%**；实现利税总额 **1.2** 亿元，增长 **20%**。主要产品产量：纸包装制品 **13.4** 万吨，增长 **25.3%**；塑料包装制品 **4.8** 万吨，增长 **29.7%**；玻璃包装制品 **3.7** 万吨，增长 **32.5%**；金属包装制品 **1.9** 万吨，增长 **4%**；包装装潢印刷 **25.6** 亿印，增长 **21.2%**；包装机械的产量也比上年有所增长。

二、包装工业发展面临的形势

党的十六届三中全会提出：“改革发展和结构调整都要与扩大就业紧密结合。从扩大就业再就业的要求出发，在产业发展方向上，注重发展劳动密集型产业；在企业规模上，注重扶持中小企业”。这为劳动密集型和资源密集型的包装工业的发展创造了良好的外部环境，带来了更为广阔的市场空间。随着国民经济的持续平稳较快发展，对外贸易进一步扩大和人民物质文化水平日益提高，对包装提出了更高的要求，不仅要求上品质、品种全，而且要求低消耗、低污染。据有关部门预测，**2004** 年全国包装工业总产值将达到 **3200** 亿元，增长 **14%** 左右。尽管“十五”以来我区包装工业以年均 **15%**以上的速度增长，但仍处在数量扩张型的低水平发展阶段。突出表现在包装企业规模小、工艺落后、装备陈旧、管理水平低；包装产业初级产品多，技术含量高和附加值高的产品少，产品竞争力低。包装工业的进一步发展急需通过技术进步推动新产品开发和产业升级，满足国民经济发展的需要。

2005 年随着国家宏观调控措施的落实将促进包装工业结构调整，我区包装行业将继续保持平稳、健康发展态势。但由于生产资料价格持续高位运行，企业生产经营成本将会上升，可能推动包装产品价格逐步上涨；主要包装产品产能过快增长，导致市场竞争进一步加剧。

三、2005 年包装行业发展指导意见

2005 年我区包装行业发展的总体思路是：以邓小平理论和“三个代表”重要思想为指导，贯彻中央经济工作会议和自治区经济工作会议精神，用科学发展观统领包装行业发展，推进包装行业改革开放和技术进步，加大先进技术引进的消化、转化工作，切实转变经济增长方式，大力推进产业结构调整，促进我区包装行业整体水平的提高。

2005 年我区包装工业发展的主要目标是：全行业完成工业总产值 **16** 亿元，增长 **18%**，完成工业增加值 **4.6** 亿元，增长 **16%**，实现利税 **1.4** 亿元，增长 **16%**。

围绕以上目标，要重点做好以下几项工作：

1. 加快产业结构调整的步伐，不断增强企业的市场竞争力

截至 **2004** 年底，我区各类包装企业共有 **146** 户，其中年销售收入 **500** 万元以上的包装企业有 **32** 户，占 **20.5%**，中型企业 **6** 户，占 **4%**，绝大多数是小型企业。必须走现代工业化的路子，本着互惠互利的原则，在自愿的基础上进行兼并和重组，把企业做大做强。要着重抓好宁夏宁化塑料有限公司化肥包装袋扩能改造项目建设，宁夏金世纪包装印刷有限公司引进日本彩印设备项目，吴忠东星特种塑料编织袋厂集装袋扩能改造。实现产业聚集和规模经营，进一步推进我区包装工业集约型经济的发展。同时，促进小企业发挥自身的比较优势，依据自身特点实施差异化战略，以特求存，以精取胜。

2. 用科技进步和人才培养推动包装工业发展

要在学习、引进国内外先进技术的同时，加大科研投入和产品开发力度，加强人才培养。加快技术创新步伐，提高我区包装业的机械制造水平和包装产品的科技含量，坚持开发与节约并举，推动绿色包装工程的进展。

认真配合国家环保总局和中国包装联合会开

展国家标准《包装回收标志》（GB18455-2001）的贯彻实施工作，对符合国家标准的绿色包装产品颁发绿色环保与合格包装证书和对产品实施相应标志。

3. 加强行业自律，整顿包装市场秩序，维护企业的合法权益

要在继续配合自治区有关部门做好规范和整顿市场经营秩序工作的基础上，通过行使行业自律机制，加强监督检查。对有些只看眼前利益，不顾长远和全局利益，制造销售用于包装假冒伪劣商品的包装企业，协助有关部门进行严肃查处，并通过各种新闻媒体曝光，以维护广大群众和绝大多数包装企业的利益。

4. 积极配合中国包装联合会做好世界包装大会筹备的有关工作

2006年世界包装大会在中国召开，会议的主题是：科技、环保、合作、发展。要积极搭建好交流平台，认真学习发达国家先进的科学技术和管理模式，组织我区包装重点骨干企业参展和参观，促进包装行业企业间的交流与合作，推动和促进我区包装工业的发展。

5. 加强包装行业教育培训工作的力度，加快我区包装工业的标准化建设

贯彻中央人才发展战略，坚持“产、学、研”相结合的道路，加强我区包装专业人才培养和职工教育培训工作。通过举办瓦楞纸箱和塑料软包装生产工艺技术培训班，邀请国内包装行业专家来宁授课，努力提高包装企业技术力量员工素质。

我区现有包装地方标准9项，企业标准27项，大部分标准年代过久，已失去对市场经济条件下的技术指导作用。要在全国包装标准化技术委员会和自治区有关部门的指导和支持下，发挥自治区包装标准化技术委员会的组织作用，积极向全行业及时提供国内外相关法规、标准信息，加快我区包装企业标准和地方标准的制修订进度，为企业产品开发提供技术服务。同时企业也要重视标准制定工作，通过标准建立自己的品牌，占领市场。

6. 坚持包装行业的对外开放，积极开展技术效流与合作

适应经济全球化和加入世贸组织的新形势，充分利用国际。国内两个市场，拓展发展空间，以对外开放促进包装工业的改革和发展。进一步加强与沿海发达省市包装行业的合作与交流，适时组织企业外出参观学习，引进先进技术和管理经验。加大招商引资力度，鼓励和支持有比较优势的包装企业，采取合资、独资、联营等形式与东部发达地区的企业进行合作。组织参加中国包联组织的出国交流考察、包装展览会等活动，促进我区包装企业发展和工业化进程加速。

7. 做好“十一五”规划和2020年远景目标的研究与制定工作

认真总结我区包装工业发展的经验和教训，全面分析国内外包装行业发展趋势，树立“团结协作、与时俱进、促进包装工业与国民经济协调发展”的目标，把握“包装与经济与社会与上下游产业的协调发展，行业自身各个层面的协调发展，地区间的协调发展，包装与环境的协调发展”的原则，努力做好宁夏“十一五”包装行业发展规划和2020年远景目标的研究与制定工作。

8. 进一步加强协会组织建设，依法治会

根据宁夏包装技术协会章程和行业发展的实际情况，组织召开宁夏包装技术协会第三次代表大会，总结包协“二大”以来的工作，部署今后的任务，表彰全区先进包装企业、优秀包装企业家，进行换届改选，修改协会章程。建立健全各项规章制度，使协会工作健康发展。

安徽省包装行业现状

安徽省包装技术协会　何云从

在省经贸委改为省国资委的机构改革中，省包协一如既往，与各市包协和广大包装企业、同仁积极努力，克服各种困难，为力争我省包装工业持续发展而艰苦工作。

1. 年初将**2003**年工作小结和**2004**年工作思考上报中国包协、省经贸委、省企联审阅，并同时发到各市包协和有关企业，请出主意提建议，广泛征求意见。

2. 为适应全省包装工业发展和市场需要，包装工业在品种数量上发展很快。随着国企改制、股份

制私有制的发展加快，经营积极性的提高，以及国外、省外如联合利华及家电产品的落户，全省包装工业持续发展，预计产值近**120**亿元，其中重点企业产值**80**余亿元。

3. 随着国有资产的退出，股份制发展很快，如皖西迎驾集团重组后，在原有迎驾彩印包装公司基础上，又投资**6**千万元在皖西首府六安新建美佳印务公司，一年时间就已投产。

4. 包装用纸和纸制品发展很快，如山鹰集团更新设备，增强竞争力，产品畅销省内外，年产值达**10**亿元，居同行业之首，合肥、芜湖等地的纸板销路都很好。纸制品除美菱、荣事达、迎驾、天福等较大纸箱企业外，六安、安庆等地又新增三条生产线，小纸箱厂遍布城乡，经过宣传并从价格、质量上入手，现在小厂大多直接向大厂购买生产纸约板，减少前面工序，既两利又提高了质量。天福纸箱厂还通过招标，引进设备，到外省投资办厂。

5. 塑料包装制品竞争剧烈，发展很快，品种增多，如永新、双津、国风等较具规模的集团企业，所生产的真空镀铝膜，多层共挤膜、双向拉伸薄膜及各种制品，为省内外一些大型食品、医药等包装配套，都很有竞争力。

6. 一些乡镇企业和个体私企从事包装产品生产的越来越多，桐城的塑料和印刷业发展极快，有些私企的产值都达几百万到几千万元，产品远销到西北和西南。芜湖、安庆、滁州及肖、砀等地一些集资和个体的企业，大多针对本地的工农业产品、土特产、水产、水果等生产纸塑包装产品，既解决本地需要和就业，还远销外地。

7. 在 **2004** 去年底举办的包装装潢设计评比中，评出金奖**12**件，银奖**39**件，铜奖**62**件，优秀奖**45**件及入围奖，应各方面的要求，于**5**月下旬在合肥举办安徽省第六届包装装潢设计艺术展览，省包协会长黄月华出席开幕式并讲话，他指出省包协成功举办六次全省包装装潢设计艺术展评交流会，五次组织人员参加“中国之星”、“亚洲之星”的展览交流，这次扩大到组织省内大专院校参加，是“产、学、研”结合的一种好形式，也是为高校师生提供走向社会展示才能的机会，为学生提供就业的平台等，获得代表们阵阵掌声，一致要求包协今后继续办下去。

8. 按中国包装总公司的布置，每两年一次由企事业单位申报的科学技术进步奖，经省包协初审，上报了合肥通用机械研究所的《**BZC-11** 电子自动称量系统研制》军品包装项目，经中国包装总公司专家组评审获得二等奖。

9. 参加了中国包协和有关专业活动，如出席了中国包协理事会，听取了石万鹏会长等领导的工作报告，讨论了协会工作和有关事项并提出建议；组织企业参加了有关专业活动；协会还为企业共商开发产品事项，并经常接待一些县和乡镇包装企业的咨询，提供产品和市场信息，获得企业好评。

10. 从包协现状看，原来是官办，当时是个进步，**20**多年过去了，时移势异，在向市场经济过渡中，协会处于政府、企业两头难靠的中空状态，既不是企业自行选举自理自治，又不是政府给编制、经费，难度较大，因此，在中国包协理事会小组会上发表了《过去和现在，问题和思考》的发言，并刊登于《中国包装报》**5**月**24**日一版，以期引起有关方面关注而加以逐步改善。

青海省包装工业现状及发展前景

青海包装技术协会

青海包装工业战线的广大职工，认真贯彻党的十六届四中全会精神，树立和落实科学发展观，以提高经济效益为中心，以结构调整为重点，强化经营管理，大力开拓市场，加大了企业改革和技术创新的力度，使我省包装工业得到较快发展。**2004**年青海包装工业实现工业总产值**4.5**亿元，增长**14%**；工业销售收入**4.39**亿元，增长**14%**；工业增加值**1.29**亿元，增长**33%**。

年份 产值	2003 （万元）	2004 （万元）	增长 （%）	备注
工业总产值	3.26	4.5	14	
其中：国有企业	1.4	1.7	12	
集体企业	0.75	1.1	15	
股份制企业	0.36	0.5	13.8	
合资企业	0.30	0.45	15	

独资企业	0.25	0.5	20	
民营企业	0.20	0.25	12.5	
工业销售收入	3.11	4.39	14	
其中：国有企业	1.35	1.62	12	
集体企业	0.33	0.76	23	
股份制企业	0.14	0.63	15.3	
合资企业	0.40	0.52	13	
独资企业	0.45	0.47	10.4	
民营企业	0.17	0.39	22.9	
工业增加值	0.39	1.29	33	
其中：国有企业	0.12	0.40	33.3	
集体企业	0.11	0.20	18.1	
股份制企业	0.10	0.18	18	
合资企业	0.02	0.19	95	
独资企业	0.03	0.17	56.6	
民营企业	0.01	0.15	15	

2005年青海包装工业发展呈现出以下特点：

1. 包装工业整体经济规模不断扩大，市场的竞争能力增强，经济效益大幅度提高，行业呈现跨行业、跨系统、跨地区、多品种类型的局面。目前已初步形成了以纸及纸制品包装、塑料编织包装及软包装、彩色印刷包装为主要特征的包装工业体系，发展态势良好，对我省的工业经济发展起到了积极的推动作用。

2. 企业经过改革、改制和重组，涌现出多种经济类型的经济结构。合资、民营、私营企业的股份制、股份合作制的企业增多，全省包装企业中合资、股份制、股份合作制和民营、私营企业约占90%，成为包装工业的生力军。

3. 技术改造力度不断加大，重点项目建设速度加快。预计全年包装行业完成技术改造资金投入1.29亿元，比上年增长33%；如青海虎彩印刷有限公司的彩印瓦楞纸箱包装项目、青海江南彩印有限公司的彩印包装项目技术改造项目，将陆续建成投产。这些项目的建成将促进我省包装工业的技术升级和产品的更新换代，也将拉动我省相关产业的固定资产投资和发展。

4. 企业在激烈的市场竞争中，积极走科技发展之路。企业在发展中为了不断适应市场需求，敢于投入，大胆引进和采用先进的设备、科技和管理手段，不断提升企业的技术水平，一批优势包装企业脱颖而出，如：生产彩色纸箱的青海虎彩印刷有限公司等，他们的技术、设备具有国内先进水平，代表了我省包装行业的最高水平，并在行业中发挥着重要的作用。

5. 企业之间的行业自律逐步趋向规范，经营方式和经营观念发生了较大的变化。企业在社会主义市场经济体制逐步完善的过程中，认识到了的发展要以市场的需求为中心，以产品结构调整为重点，以技术改造手段不断提升产品的档次，不断适应市场需求，才能在市场竞争寻求较大发展。

6. 包装理念发生了变化。更多的企业懂得了包装是商品质量的组成部分，新颖美观的包装物不仅迎和消费者心里的要求，而且能给商品构建高贵的象征，增加产品的价值，提高产品附加值。因而，企业更加注重产品包装对拉动市场的作用，把经常改变包装策略，顺应消费者对包装的时代要求作为企业的营销策略。

总结过去的一年，青海包装技术协会主要做了以下工作：

1. 加快了包装项目的技术改造和招商引资工作

针对我省包装工业企业普遍规模小，生产工艺落后，市场的竞争力不强等问题，加大了包装工业的招商引资工作。通过“青海省第六届中国青海结构调整暨投资贸易洽谈会”，广泛接触到省外同行，加深了彼此之间的了解，签订了投资合作的意向书，并成功引进包装项目一项。

2. 按照市场规律，调整产业结构

我们从行业宏观管理入手，认真分析本行业的优势和劣势，采取相应的对策和措施，下决心调整产业结构，使企业的发展能力得到进一步增强。

3. 开展对我省包装企业的调研工作

从我省的实际出发，确定调研方向，先后调研了十二家企业，就我省纸制品及纸箱包装的生产加工和市场竞争方面，如何引导企业走大集团发展道路，发挥资源优势，集中经营以及我省瓦楞纸箱包装、塑料编织袋包装行业发展中存在的重复建设、价格不等、质量层次不齐等问题，如何走高新技术发展、引进新产品、新工艺，限制低水平、小规模重复建设等问题提出了我们的意见。并根据调研情况提出了《青海省纸制品包装发展趋势及思考》、《青海省包装市场发展现状及建议》等调研报告，指导全省包装工业的健康发展。

4. 积极开展行业内企业间技术、信息交流工作

根据全省包装工业的实际情况，积极开展对省内外

同行业间的企业交流，通过组织企业参加相关的展览会、参观发达地区包装企业等方式，开拓眼界，增长知识，认识差距。提高了企业对先进包装技术及发展趋势的认识和了解。

5. 认真开展服务工作，促进行业的健康发展

我们本着为企业服务的宗旨，结合全省包装工业企业的实际情况，积极开展服务工作，提高服务水平，积极解决企业在生产和经营中存在的困难和问题，特别是加强了对包装企业新产品开发、同行业价格协调和市场拓展等方面的服务。

存在的主要问题：(1)我省包装工业的发展仍不能满足全省工业经济发展的需要，包装工业整体规模小、产品单一、高档次产品包装，还依赖于省外包装企业解决；(2)技术装备落后，管理水平低，高附加值产品少，市场竞争力不强。(3)包装制品和材料的二次资源利用程度不高。包装制品在生产、流通和消费过程中造成的环境污染，未得到有效控制。(4)企业在生产和经营中，由于技术改造资金筹措困难，部分企业在重组后难以启动生产，对技术改造和正常生产受到影响较大，是制约企业发展和项目实施的主要原因。

2006 的工作重点：

根据省政府明年经济工作的总体要求，青海包装工业 2006 年工作的指导思想是：以邓小平理论和“三个代表”重要思想为指导，认真贯彻党的十六届四、五中全会精神，用科学发展观统领包装行业发展，推进包装行业改革开放和技术进步，加大先进技术引进、转化工作，切实转变经济增长方式，大力推进产业结构调整，做好“三个服务”，促进包装行业整体水平的提高，使我省包装工业持续、调协、健康发展。

1. 加快产业结构调整的步伐，不断增强企业在市场竞争中的实力

我省的包装工业起步比较晚，基础差，虽然经过近 20 年的努力，取得了较大的发展，但是目前仍然处在一个较低的水平上。因此，我们一定要进一步加快产业结构调整的步伐，走新型工业化道路。通过企业改革，资产重组，使我们的企业在激烈竞争的市场经济中处于不败之地。

2. 解放思想，开拓创新，用科技进步和人才培养推动包装工业的发展

(1)我们必须在学习、引进国外先进技术的同时。有计划、有重点地进行科研、开发，加快人才培养，提高我省包装工业的水平，开发出自己的先进技术和产品；(2)不断加大职工培训力度，通过举办各类专业技术培训班、专业技术研讨会和各种专业讲座等，提高包装企业的管理水平和专业人员的技术水平，提高产品质量和科技含量。(3)树立自己的品牌，实现社会效益和经济效益双赢。

3. 继续做好包装项目的招商引资工作，提高借助外力求发展的认识

解决工业发展中资金问题，必须更多地依靠市场化、社会化的方式，利用自身优势，扩大对外开放。加快招商引资的力度，认真做好包装项目的招商引资工作，通过引进资金、技术、设备，提高青海省包装工业的市场竞争力。

4. 加强行业自律，整顿包装市场秩序，维护企业的合法权益

在继续配合省上有关部门做好规范和整顿市场经济秩序工作的基础上，要通过行使行业自律机制，加强监督检查，对有些只看眼前利益，不顾长远和全局利益，制造销售用于包装假冒伪劣商品的行为，坚决予以打击。对于情节严重，影响恶劣的事件，要积极协助政府有关部门严肃查处，并通过各种新闻媒体曝光，以维护广大群众和绝大多数包装企业的利益。

5. 要进一步增强协会服务的意识，努力做好“三个服务”

(1)要主动关心企业的发展，积极为企业提供信息、咨询服务，同时要经常深入企业了解情况，及时解决企业的困难和问题，为企业出点子，谋发展；(2)要对企业反映的困难和问题及时进行梳理，有针对性地抓紧做好工作，该向政府有关部门反映的要及时反映，争取政府支持尽快解决问题；该向相关行业反映的问题，也要及时联系相关行业，做好协调工作。(3)协会的每一个工作人员都应该成为企业家的知心朋友和得力助手，真心实意地为企业办好事、办实事。这样，企业才能做大做好。

6. 要进一步加强协会的自身建设，树立协会做好“三个服务”的形象

协会要在进一步理顺工作体制的基础上，加强自身建设，首先要加强对协会工作人员的思想教育，切实增强每一个同志“三个服务”的意识，端正服务态度，改进工作方法，提高服务质量。二是为加强对分支机构的管理工作。通过加强管理，使协会更团结、统一，工作更有章法；三是加强理事

会的组织工作，进一步发挥各位副会长、常务理事、理事的作用，实行民主决策。充分调动会员单位的积极性，体现企业家办会的原则。为把青海包装技术协会办成包装企业之家，使行业向更快、更健康的方向发展而努力。

沈阳市包装行业稳步发展

沈阳市包装技术协会

沈阳市包装行业主要由造纸及纸制品业、塑料薄膜制造业、编织及绳、丝加工业、包装箱及塑料容器制造业、玻璃及玻璃制品以及金属包装物加工和包装机械制造等门类组成。近年来，随着改革开放和东北老工业基地振兴，包装这个即传统又新兴的行业，也有了迅速的发展和长足的进步。一大批新型企业不断壮大，在全市轻工行业中占有一定的比重和优势，基本满足了全市对包装产品的需求。

目前，沈阳市共有包装企业50余户，占全市轻工行业企业总数的8%。生产的主要产品有：纸、木、塑料、金属、玻璃和其他多种材料制造的箱、盒、袋、瓶、桶、罐和绳等包装产品。

沈阳市在“工业立市”的思想指导下，经过全市工业战线职工的共同努力，工业经济再上新台阶，生产和效益实现同步快速增长，主要经济指标达到历史最好水平。全市企业完成工业产值1493亿元，比上年增长36%，实现工业增加值417亿元，比上年增长50%。轻工完成工业产值360亿元，占全市工业产值的24%，比上年增长42%；完成工业增加值15亿元，比上年增长15%。包装企业实现工业产值746041万元，占全市轻工行业产值的20%，比上年增长43%。其中：造纸及纸制品完成65205万元，增长21%；塑料制品完成183148万元，增长25%；金属制品完成460365万元，增长55%；其他制造完成37323万元，增长38%。

河北包装工业持续、快速、健康发展

河北省包装协会

2004年，在河北省委、省政府领导下，在省国资委和中国包协指导下，省包协以“三个代表”重要思想为指导，自觉服从和服务于全省改革开放和经济建设大局，坚持“双向服务”宗旨，与时俱进，开拓创新，较好地完成了全年确定的各项工作任务。

1. 贯彻《河北省包装工业“十五”发展规划》，加强对包装行业的管理和指导，推动全省包装工业持续、快速、健康发展。河北省包装工业总体规模在全国处于上游，但大部分企业规模小、设备落后，市场竞争力差。为改变这种状况，一季度我们召开了全省包装工作会议，研究了全年包装工作。要求进一步加快股份制改造步伐，大力调整产业和产品结构，走集团化、专业化的路子。各市选择有发展潜力的企业，率先加大投入，更新设备，发挥排头兵作用，带动整个行业的发展，逐步实现我省不但是包装大省，而且是包装强省的奋斗目标。经过各级包装管理机构和广大包装工作者的共同努力，2004年全省、乡及乡以上包装企业完成工业总产值223亿元，工业增加值78亿元，利税31亿元，较上年分别增长15%、14%和16%。全民国有企业年销售收入在500万元以上，非国有包装工业企业，2004年工业总产值达到127.73亿元，销售收入123.78亿元，工业增加值33.91亿元，较上年分别增长13%、14%和12%。纸包装制品完成180万吨，塑料包装制品完成50万吨，玻璃包装制品41万吨，金属包装制品24万吨，包装机械9.6万台（套），包装装潢印刷253亿印。六大类包装工业产品产量分别比上年提高16%、17%、16%、20%、23%和13%。目前我省已有94%的包装企业进行了公司化改造，涌现出一批销售收入在亿元以上的较大型包装企业。

2. 依靠科技进步振兴包装工业。针对我省包装工业基础差、底子薄、技术装备落后的状况，我们坚持“科技兴包”的战略方针，紧紧依靠科技进步，以发展包装基础原材料和包装机械为重点，以骨干企业为依托，以上质量、增品种、求效益为中心，指导和帮助重点包装企业进行技术改造。引进了一批具有国际先进水平的装备和技术，在引进国外先进技术和设备的同时，坚持走自主开发的道路，狠抓消化吸收和国产化工作，增强了包装工业的发展后劲。河北正元包装集团有限公司实施的《九层瓦楞纸板生产线技术改造项目》、廊坊包装设备制造总公司自主研发的《光机电一体化包装生产线项目》、河北天龙彩印有限公司的《无苯无菌高阻隔包装材料项目》等，均为国际领先或填补国内空白项目。

3. 强包装协会自身建设，建立健全必要的规章制度。完善了会长办公会、秘书长办公会和理事会、常务理事会制度，修订了《河北省包装协会财务管理办法》、《河北省包装协会会费管理办法》。本着走“企业家办会”的路子，根据协会领导成员大多数年事已高，有的已调离了包装行业等情况，2005年我们在全省选择了四名优秀包装企业家担任省包协的副会长，不但加强了协会的领导力量，而且为今后工作的开展，提供了一定的资金保障。

4. 为提高产品包装的设计水平，增强产品的市场竞争力，改变一等产品、二等包装、三等价格的局面，组织院校和企业参加了《华北地区第六届包装设计大奖赛》。参赛范围包括：实用设计作品、创意设计作品和包装装潢印刷品。我省共征集作（产）品 58 件，经过评审，获金奖作品 3 件，银奖 8 件，铜奖 11 件，优秀奖 36 件。其中有不少作品反映了我省包装设计界的较高水平。

5. 举办技术讲座，培训包装人才。全年先后举办包装机械技术讲座三期、瓦楞纸箱质检人员讲座两期，289 家企业、近 600 人参加了培训。

6. 表彰先进，树立典型。年末，我们采取组织推荐形式，表彰了一批“河北省包装工作杰出贡献奖”、“河北省先进包装企业”、“河北省优秀包装企业家”、“河北省优秀包装设计工作室”。用先进典型带动全行业的发展。

用科学发展观提高为行业服务的意识
用创新思维推动为企业服务的水平

大连市包装技术协会秘书长　刘锡安

大连是振兴东北老工业基地战略中的重要城市。作为都市产业之一的大连包装工业，也要在这一难得的战略机遇期中有所作为。

大连市包装技术协会根据大连包装行业在大连工业结构和布局中非主流行业的特点，把工作重点放在引导包装企业改变传统的思维模式，用创新的观念，创新的思维，提升包装产品的质量，扩大品种指导经营，开拓市场，实现跨越式发展上来，对全市包装行业的自律和发展起到了一定的促进作用。全市可供统计的产值达 46.8 亿元，比 2004 年增长了 15%，占东北三省各城市之首。

一、坚持行业自律，依法维护行业权益

随着振兴东北老工业基地战略的实施，外地一些在国际、国内颇为知名的包装印刷大企业也看好了大连，他们对北方市场的期望值也日益见高。新的一轮竞争必将更加激烈，面对市场经济诸多复杂的变化，要求我们大连的包装企业，必须更加自觉地强化行业自律，坚持诚信为本，质量如命，创新如血，品牌如脸的原则。协会会员在我市产品质量检验所全年的抽检中，包装产品合格率达到了 99.6%。许多企业为了达到客户的满意，还主动定期送检，受到了主管部门的赞扬和肯定。

为了应对日益激烈和复杂的市场竞争，大连市包装技术协会特邀请了大连礴海律师事务所做为包装行业的法律顾问，设立了“大连市包装技术协会法律顾问委员会”，推出向协会全体会员免费提供法律咨询，免费进厂宣讲法律，优惠收费等多项法律服务，旨在使整个包装行业在严格自律的情势下，更好的学法、用法、依法维护自己的合法权益。许多企业纷纷进行法律咨询，有的企业在相关的经济法律的帮助下，避免了重大的决策失误、有的企业在相关法律的协助下，挽回了一定的经济损失。

二、坚持构筑行业的信息平台，为企业提供拓展市场的商机

为了使大连的包装行业在充满生机和活力的形势下，尽快提高发展速度，知已知彼，与时俱进。我们坚持构筑行业的信息平台，为整个行业提供有效的信息化服务，为协会会员提供拓展市场公平竞争的商机是十分必要的。

为了使大连的包装行业能够跟上当前信息经济的步伐，几年前，大连市包装技术协会在北方地区包装行业中率先建立起为大连市包装行业服务的网站——《大连包装网》。几年来，由于大连包装网所设栏目贴近包装市场，贴近用户，收到了较为明显的效果。许多企业都利用该网站，展现了自己的优势，为推销自己，承揽客户，捕捉到了商机。2005年又有多家企业主动要求加入大连包装网。

整合全行业的信息资源，在较长的有效时间内向社会相关方面发布行业信息，是协会搭建的另一个信息平台。为了比较全面的反映大连包装业的概况，为越来越多的政府采购和下游客户提供比较权威，比较准确，比较全面的全市包装业的信息资源，促进供需双方更加有效地接洽和沟通，为包装印刷产品在提高市场占有率等方面架桥铺路。大连市包装技术协会在全市包括城郊地区的包装印刷企业中进行了大范围的征集企业名录工作。这项工作得到了广大包装印刷企业的人力支持和参与。业界内有规模、重形象的企业，共计二百余家都在《大连包装企业名录》中有了分门别类的相应位置。纸、塑、木、金属、机械、印刷等各包装门类都在《名录》中得到了反映。

《大连包装企业名录》比较全面的反映了大连包装业的概貌，展现了大连市包装业的整体形象和实力。《名录》通过各种渠道，向社会相关部门和包装产品客户赠发后，引起了业内的诸多反响，许多企业来电反映，有的还亲自到协会，纷纷表示《名录》给他们带来了信息和方便，带来了市场，带来了效益。

三、坚持创新思维，破除传统观念，提高为企业服务的技术含量

针对包装行业中小企业占绝大多数，多数又在远离主城区的特点，我们改变过去行业集中进行技术教育和培训的做法，在解决中小企业在技术上遇到一些难题时，充分利用了“大连包装网”、“大连包装信息”等现代信息沟通交流的工具，把一些新技术的特点和破除技术难题的要领告诉企业，与此同时，又把近年来我国先进发达地区的一些新抱装技术应用，经过搜集、整理、汇编、集中编辑了《包装知识问答》、《瓦楞纸箱生产技术实用手册》等专业小册子，无偿赠送给协会会员，受到了企业的赞赏和好评。

由于大连地区地处沿海，夏季潮湿，对纸制品生产带来困难。2004年夏季许多纸品企业提出，能否帮助解决季节性的纸箱、纸盒返潮、发软、开胶的难题，找到一种粘合速干的粘合产品。

我们经过上级部门推荐和网上查询等多种手段，从曾获国家专利和国家科技成果奖的粘合剂企业中选中一家，并请他们派工程师到大连，由协会采用组织企业集中讲课，个别辅导，重点解决等这些对中小企业行之有效的措施，使许多企业从中受到了实惠。这一举措不仅为大连纸品企业引进了一个新的胶种，也使我们看到了协会为企业服务，需要不断地提高有技术含量的、针对性强的相关措施。

四、坚持“名牌”战略，为树立包装企业和产品的形象，做好评优选项强工作，争取政府对包装行业的有力支持

一个企业的形象，一个产品的品牌就好象一个人的脸一样，一个不重视脸面的人，很难想象他在激烈竞争的市场经济中能有立足之地。2005年协会为树立包装企业和产品形象，在做好行业内评优选强工作的同时，向政府有关部门，强力推荐了大连包装行业的一些优秀企业和产品，多次邀请有关领导参观指导先进包装企业的发展现状，引起了有关部门的重视，不但有四家包装企业首次闯入“大连市名牌”，而且有十余家包装印刷企业受到了市政府有关部门在政策和资金方面的大力支持，取得了前所未有的社会效益。

过去的一年，大连市包装技术协会在大连市政府相关部门的支持下，在全体会员的共同努力下，为大连市的包装行业作出了一些力所能及的工作，但离时代的要求和飞快发展的经济形势，仍有较大的距离。我们将借振兴东北老工业基地的强劲东风，用不断创新的思维，努力把科学的发展观溶于大连包装行业的工作中去，使行业得到更加健康的发展。

定位在自律　服务求发展

温州市包装技术协会

一、温州市包装工业概况

温州市包装技术协会隶属市经贸委，成立于1982年年底，是多专业的行业协会，有各类包装企业近6千家，2005年年产值已近200亿元，拥有较好的市场和营销网络。20多年来在市委、市政府的领导下不断通过技术改造，引进国内外先进技术设备，使包装产品在质量上有了普遍的提升，产品结构有了明显的变化。随着我国国民经济的快速发展，温州的包装工业蜚声于海内外，产品门类繁多齐全，基本上形成包装工业体系，产品营销国外近40个国家及地区。

温州包装企业分布的区域情况有专业群的特点，例如：瑞安市有包装企业1500家左右，它们以机械为首；苍南县包装企业近2000家，是强大的印刷群；平阳县500来家是塑编为主体的产业，链长群集，拥有二张国家级金名片。年产超30亿元，解决就业人员42000人。温州有国家级“中国印刷城”、“中国塑编之都”。

浙江是全国包装工业重省，温州在全省是一个举足轻重的包装工业城市。

二、包装工业发展迅速

温州的包装工业起步于上世纪80年代。当时，温州印机厂“全自动切纸机”、温州包装机械总厂的打包机、捆扎机初露头角，曾一度风靡一时。温州神力集团（原温州鹿城印机厂）的邮票印刷机打破依赖进口的局面，填补了我国的空白；葆春牌的封口机、真空包装机系列产品远销国内外。我国十佳包装企业中两家在温州。浙江华滨包装材料有限公司建厂于1996年7月，不到两年就成为专业生产双向拉伸聚丙稀（BOPP）薄膜的重点企业，并评为上届的“中国包装龙头企业”，2003年产值达到3.5亿。企业拥有三条日本三菱生产线，年产可达六万吨。中国华联连年在产品技术创新上花工夫，使产品稳步上升，市场逐年扩大，目前出口占70%，处在同行领先地位。

浙江东经包装有限公司是一家以瓦楞纸板生产为主的生产企业，它起步晚，但发展快，现成为温州纸包装惟一可观摩的企业，董事长蒋孟有是个高瞻远瞩的企业家，在短短的几年中使企业与高等院校联手搞产、学、研，2005年又和全国25所大专名校联姻共同开发产品，成了全国罕见的求智型企业，成为省纸包装行业技术中心，担负了纸包装上待开发的科技产品及新开发的纸品包装产品的科研重任。企业拥有三条3～5层的生产线，全自动电脑柔性印刷机，年产突破6000万平米，曾获得中国包装定点生产企业，产品被评为中国包装优质产品称号。

浙江中申板业有限公司，从研发到生产，不到五年已完全达到以纸代木的高强瓦楞蜂窝纸板标准，效果性能可以说：不是木板胜似木板，市场前景广阔，到目前为止，该公司已经获得新型专利三项，被评为包装优质产品及获得中国包装定点生产企业，市场影响与时俱进。

浙江吴泰集团是一个松散型的集团，是行业整合组成的新样板，是从企业中优化组成建立的，起到了龙头作用。它参展、宣传以吴泰集团整体品牌出现，打响集体效应，是走出新路子的一个典范。改变了温州人愿做鸡头，不做凤尾的僵死观念，引进多国的先进技术与设备，完全摆脱家族办企业模式，广纳人才，利益共享，生产和发展并举，效益与日俱增，成为企业文化突出的示范企业，年产达3.8亿元，是县重点支持的企业。为鼓励企业再创辉煌，2005年县政府批了390亩，更有雄心地把它建成生产、包装、印刷、研发市场一体化的国家级基地，现在协会正争取立项。

中国富康包装印刷公司完全是温州模式典型的独资企业，“中国包装龙头企业”在苍南龙港惟一的殊荣企业，企业规划、企业形象都属一流，老板孙绍丁是一个永不满足的求进企业家，连年向国外引进国际一流设备来装备企业生产能力，壮大企业，使企业连年保持在二亿元人民币左右，稳步发展，在市场竞争激烈的状况下，转外贸市场凸现生产能力，设备优势，内、外市场并举，已初显成效。

三、制约发展的原因

1. 温州人多地少，工业用地紧缺，要使企业做大首先要解决企业用地问题。

2. 产品品种多而批量少，凸显市场不大，出现恶性竞争。

3. 温州包装工业底子薄，基础弱，主要传统产品见多，高科技产品少，市场竞争激烈；再则温州的包装产业产品结构及科学含量的传统产品优势弱，所以档次低，企业规模小，分布散，市场无合群力，散兵单斗突出，产品主要以仿效制造多，技术创新少，是企业发展的速度和竞争力最大的阻碍。

如浙江东风塑料机械厂系高新技术企业，市场大、业务足，产品技术创新不断，历史悠久，可以说是老牌的包装机械企业，一贯注重企业形象，产品可信度高，远销国外市场，并在国外尼日利亚设有公司。所以快速促发展，产生集聚效应，整合做大是我市包装业思考的重大课题。

四、注重上下联系求互动

我们温州包装协会紧密配合中国包联的指导精神，积极支持中包联及省包协的各种活动，作为地方包协参加以上机构所组织的活动，以宣传贯彻作为己任，所以在全国范围、省范围，温州参与人数都名列前茅，给会议增加了气氛，增加了力量。每年给中包联增补理事 2～5 名，为省包协推荐副会长 8 名，常务理事、理事 9 名，充实了协会力量，并推荐浙江省楷模企业 6 个。

五、加强为企业服务，搞好协会自身建设

自我国进入世贸组织以后，我国产品出口受限制的例子很多都是都包装的问题，协会要为企业举办多种培训，给企业灌输法律知识、专业知识，设立护权委员会。强调协会的性质、作用，扩大队伍建设，强化自我教育，促使协会健康发展与成长，为我国建设节约性社会，构建和谐社会作出应有贡献！

山西包装装潢印刷业踏实工作，成绩显著

山西省包协　魏卞梅

一、根据山西省人民政府晋编办字［2002］30 号文件“关于包装装潢印刷监督管理职能划转及‘山西省包装办公室’成建制划转的通知”同意将包装装潢印刷业的监督职能由省经贸委划转省新闻出版局承担，同时将省经贸委管理的事业单位“山西省包装办公室”的建制划转省新闻出版局管理。2004 年根据晋编办字［2004］89 号文“关于在山西包装办公室墙挂省‘扫黄打非’稽查队牌子的通知”，负责新闻出版系统编、印、发、供及扫黄打非工作中的稽查工作。

二、对全省包装装潢印刷企业进行了年检

为了提高工作效率，减少企业负担，每年二、三月份兵分五路分别到全省 12 个地市对包装装潢印刷业进行年度审验，共年检 1000 多家企业，受到企业的好评。他们感到由过去企业找政府办事变为政府找企业办公，实实在在为企业着想，为企业服务。并对未申领“印刷经营生产许可证”的企业，进行了补发证件，查其未领证的原因是村办企业，个体企业对政策及新规定不了解，经过我们实地考察讲解政策后，有 140 多家企业补领了证件。

三、对全省包装装潢印刷企业进行换发印刷许可证，对全省印刷许可证到期的 456 家企业，经过重新审核验收合格后，重新发放了新的印刷许可证；并配合印刷处对全省印刷市场整顿工作进行了验收。此项工作由出版局领导亲自带队，下到各地市，有计划、有部署的做了大量工作。规范了印刷市场秩序，严厉打击无证无照、证照不全的非法经营活动，取得了好成效。

四、分期分批培训包装装潢印刷品印刷企业厂长、副厂长。

通过培训使企业法人首先掌握《印刷业管理条例》和《印刷经营者资格条件暂行规定》，并请专家教授讲了当前国际、国内经济形势的基本方向与对策，包装印业发展新趋势及法律法规，让他们守法经营、平等竞争。

五、“扫黄打非”稽查工作

首先，组织大家认真学习“一法五条例”在学习中不断提高执法工作人员的素质和业务水平，从清查市场查办大案，打击走私，严格加强监管入手，封堵和查缴政治性非法出版物及“法轮功”等邪教组织宣传品，扫除淫秽色情出版物和盗版印读物，遏制销售走私盗版光盘的猖獗势头。省“扫黄打非”稽查队队长吉平带领 5 名队员与太原市公安局 3 名干警去太原火车站等地进行稽查，查获了多种违规

违纪印刷品。副队长魏卞梅带领3名队员重访了太原市6个区33个企业，当场查处2家无证经营企业。几次行动起到了震摄犯罪，净化文化市场的作用。

六、包装协会工作

1. 山西省包装协会第五届理事大会胜利召开，选举产生了新一届协会领导成员。大会首先通过了董晓阳、李志敏、李海渊为执行主席的主席团名单，并由原党组成员、纪检组长、大会执行主席李志敏代表省包协四届理事大会作了题为《创新发展与时俱进开创包装行业协会工作新局面》的工作报告，吉平秘书长作了《关于修改山西省包装协会章程的说明》的报告，出席大会的有120多名理事。新当选的会长董晓阳发表了热情洋溢的就职讲话。

2. 省包装协会组织全省设计公司，专业院校参加各种设计评比活动。如：华北地区包装设计评比，《中国之星》评比，均取得了好成绩。

3. 组织九个展位参加2004中国、北京、国际设计博览会，以《华夏文明看山西》一晋商大院文化主题海报的形式赴京参展是我省空前的一次活动；全省征集300多幅作品，经省安宣传部事业处逄哲峰处长、省新闻出版局副局长李海渊、包协常务副会长李志敏、秘书长吉平等领导进行政审把关后，选出近百幅精品由包协设计委主任魏卞梅带队20多人的参展团参加参出。展出期间，李会长和吉秘书长亲临现场指导、观摩，听取观众的评议。这次展出，主题突出，形式独特，以晋商大院文化为主题的设计创意和以海报为载体的设计形式，集中凸现了“浓缩华夏文明精华，展现晋商文化神韵”的理念和精神，无论从展出的阵容与规模、数量与质量、文化品味与设计创意都引起了国内、外设计界的刮目相看，获得了人们近年来独有的特殊印象，展现了山西人、山西设计界的原创意识和精神风貌。展出结束后，省包协对参展机构及人员进行了表彰。

4. 省包协请省美协、广协专家共同对晋商文化主题海报进行评审、颁奖。

5. 组织了首届山西省高校设计艺术专业优秀毕业作品展暨“龙城太原”专题设计展，此项活动由省包装协会、省工业设计协会共同主办，参加的院校有山西大学美术学院、太原科技大学艺术系、太原城市职业技术学院等12所院校，作品展期为5天，共展示工业设计、环境艺术设计、广告包装设计、企业形象（VI）设计、影视动画等优秀毕业设计作品300余件和80余幅“龙城太原”的主题海报作品。

6. 山西省包装协会与山西杏花村汾酒集团有限责任公司联合主办“杏花村汾酒杯”纪念中国人民抗日战争暨世界反法西斯战争胜利60周年主题海报展，在征集到的200幅作品中，经过初评筛选出100幅，又经省委宣传部领导，李志敏会长、吉平秘书长的政审把关后，精选出80幅参加了两次展出，分别于9月12日～14日在山西杏花村汾酒集团有限责任公司广场，9月16日～22日在平遥国际摄影节的的主会场展出，受到了国内外观众的好评。

7. 征集选送我省优秀设计作品参加“2005年中国之星”评奖活动，经过初选，选出包装、标志、主题海报、装帧、插画、动画等56件（套）送往北京参加评审。

8. 我省青年设计师闫旭晨设计的“汉波贡枣”包装荣获“世界之星”（world star2005）包装设计奖，这是我省在国际设计大赛中首次获得的最高国际奖项。

9. 在山东济南召开的“2005全国视觉传达设计教育论坛”暨“首届”设计之星“全国大学生优秀平面设计作品展览”中，我省山西大学美术学院的王慧宁设计的《宋词（花间的细评）》获三等奖，张宁设计的《飞鸟集》、祖詹之设计的《构》、《2005香港国际钢琴演奏会》、《第八届北京国际音乐节闭幕》、《非州未来》，杨晓晓设计的《溶（回）》、《解字》，王斐设计的《新道德经》、《道德的规范》获优秀奖。

10. 在省包装协会领导的支持下，由程毓智编撰了《山西省包装协会第五届理事大会会刊》，由魏卞梅编撰了《山西包装大事记》。

11. 2005年12月31日，山西省包装设计印刷委召开年终总结会，省包装协会常务副会长李志敏、省新闻、出版局副局长李海渊、省包装协会秘书长吉平到会并讲话，会上还颁发了“评比国际摄影展中抗日战争胜利60周年主题海报”参展证、“设计之星”奖证及设计委理事证。

河南省包装行业发展概况及发展思路

河南省包协　王占东

河南省包装技术协会以科学发展观统领行业的发展，经过全省各级包协及包装企业的共同努力，企业经过落实企业改制调整产品产业结构等有效措施，增强了企业科报创新能力和抵御风险的能力，包装资产品的质量得到了明显提高，包装品种进一步得到丰富，行业发展以势头越来越好。全省包装工业已形成了一个以纸制品、塑料、装潢印刷、金属容器、玻璃容器、机械为主的门类齐全的包装工业体系。对全省国民经济的发展起到了很好的配套作用。

一、通过改制，激发了企业发展的活力和动力。河南省行业包装企业大多为中小型企业，且国有老企业较多，存在很多历史问题，直接制约了企业的发展，经过几年的改制，特别是2005年发展以来，企业通过兼并委组、租赁、拍卖、股份制改造等多种形式，解决了企业的历史遗留问题，增强了企业发展以后劲。现全省塑料，纸制品，装潢印刷除极少数企业外，金属容器，玻璃容器行业已全部实行股份制。

二、通过技术改造，加大了企业发展的后劲。通过引进国外先进设备和技术，逐步淘汰了落后的生产设备和工艺技术，改变了过去粗放型的经营模式，不断扩大包装产品的品种，提高包装产品的质量。如卫辉市银制达彩印有限公司引进了国外先进的真空镀铝膜生产线，郑州黄金叶印务有限公司引进了国外先进的凹版印刷机及模切等配套设施，另外还有多家印刷企业引进了德国海德堡及日本小森等多种印刷机。

三、通过大力发展教育事业，提高了包装人才的培养力度，为了尽快提升河南省包装工业的整体水平，提高自身的研发创新能力，坚持“以人为本”、“校书育人”的原则。这几年，经过行业及教育界同仁的共同努力，使我省教育事业得到新的发展，形成了高、中、低全面培育人才的教育网络形式。目前，全省设有包装专业学科的大中专院校共有20余所，既在全国一类大学郑州大学材料工程学院设有包装工程专业，也在郑州牧业工程高等专科学校设有包装技术专业，还在多所职业技术专业院校设有印刷、工艺美术专业，为全省包装行业的发展多渠道、多层次，多数量的培养了各类技术人才。

今后的发展思路：

一、进一步建立健全协会的组织机构，充分发挥各级协会的作用。由于机构改革等多种原因，协会的理事，常务理事及各专业委员会存在人事变动，整个机构活动的力度不够。各市级协会业存在这种情况，有的有机构没人管，有的连机构都没有，在新的一年里，我们要尽快理清思路，建立健全协会的各级组织机构。

二、进一步推进产业结构调整，加快包装工业的现代化工业进程。河南省包装工业大多为中小型企业，这些企业设备简陋，生产工艺落后，经营管理粗放，点多面广，分散游离，很难建立大规模、现代化的工业格局，企业抵御风险能力较差，经济效益好的不多，在新的一年里，我们要进一步推进产业结构调整，力争组建1～2家企业集团，达到规模效益。

三、进一步加大自主开发和科技创新力度，提高包装工业的整体水平和市场竞争能力。为使包装拥有更多的自主知识产权和知名品牌，提高我省包装工业的整体水平和市场竞争力，积极鼓励企业投入一定的人力、物力、财力搞技术革新和科研开发，或者走产、学、研相结合之路，企业与大专院校、科研单位密切配合，共同开发。使企业敢于创新、善于创新，研启开发拥有自主知识产权的知名品种，以及先进的包装制造设备和工艺。

江西食品包装工业的现状及对策

江西省包协　刘新根

随着国民经济的发展和人民生活水平的提高，食品工业得到快速发展，特别是把食品工业列为支柱产业的江西，其发展前景更为广阔。食品工业的快速发展，为包装业提供了前所未有的发展机遇和空间。然而，近年来国家对食品安全卫生和环保的要求不断提高，也使食品包装业遇到新的挑战。因此，加快江西食品包装发展的步伐，提高发展的质量和水平，对于江西食品工业和包装工业都具有十分重要的意义。

一、现状

食品包装是食品工业的一个配套产业，也是包装工业的一个主要类别。江西食品包装作为一个产业，是从改革开放后，伴随着食品工业的发展而逐步形成的。经过近 20 年的快速增长，目前具有一定规模和基础。据初步统计，2005 年全省包装工业总产值（现价）预计可达 96 亿元，其中食品包装产值预计可达 25 亿元，约占全省包装工业总产值的 26%。全省食品包装专营及兼营企业已达 1000 余家，但绝大部分为兼营和民营小企业。

目前江西食品包装主要包括纸包装、塑料包装、金属包装和玻璃包装四大门类。由于纸包装技术门槛低和资金投入弹性大，因而发展最快，约占全省食品包装总量的 50%以上；塑料及复合包装由于其包装功能优异，本应得到较快发展，但由于市场受到沿海省市的挤压，其发展受到很大的抑制，仅占全省食品包装总量的 25%左右；金属及玻璃包装由于其投资相对较大，产品市场集中度高，使其在江西不但未得到应有的发展，而且还有不同程度的萎缩，分别约占全省食品包装总量的 5%和 10%。

近年来，随着市场竞争的加剧，江西食品生产企业对包装日益重视，对改进产品包装的积极性不断提高。不少食品企业，特别是名牌食品企业，通过改进包装取得了显著的效益。如江西四特集团，多年来在努力提高产品质量的同时，在包装上不断改进和创新。把改进包装作为推进企业名牌战略的一个重要抓手，使“四特酒”的销量和品牌价值不断上升。再如江西德宇集团，近年来通过提高技术、打响品牌、改进包装，使“得雨活茶”的产品价值大幅度提高。该公司出口至日本的茶叶由过去传统包装的十多元钱一斤，发展到现在的高档礼盒包装每斤上千元，这也是江西省改进包装的成功一例。此外，江西名产“煌上煌”酱鸭，通过采用气调保鲜包装新技术和新材料，大大延长了产品的销售周期，使“煌上煌”酱鸭畅销海内外。

二、问题

虽然江西食品包装已具有一定规模和基础，但在总体上还不能满足江西食品工业快速发展的需求，与现代食品包装的要求更是存在较大的差距。

1. 总量偏小，与食品工业的配套能力不足

据调查分析，江西食品包装总量偏小，产品品种不足，仅能满足全省食品包装需求的 60%左右，且主要以外包装和运输包装为主，其余主要依靠浙江、广东、江苏等周边省市供应。

从四大食品包装材料看，纸包装省内生产供应可达 70%，主要以纸箱、彩盒等外包装为主。高档纸包装，如乳制品屋顶盒、立乐盒（包）等至今仍为空白；塑料及复合软包装省内供应不足 40%，特别是功能性复合软包装省内供应不到 20%；金属包装和玻璃包装省内供应分别不足 20%和 30%，其中如易拉罐、高档印铁制罐以及高档啤酒瓶等基本上为空白。

2. 企业规模小，产业集中度低

江西食品包装企业数量虽然不少，但 80%以上为规模以下私营小企业和食品包装兼营企业，且企业布局分散，产业集中度低。大多数企业小而全，专业化程度低，既缺乏具有规模效益的大型企业，又没有形成具有群聚效应的专业化园区。

3. 产品结构不合理，增长方式有待调整

主要表现一是食品包装普通低档产品比例过大，高档次、高技术含量和高附加值的包装材料和制品则严重不足；二是食品包装材料四大门类未能协调发展。有些产品如普通瓦楞纸箱产能过剩，竞争过于激烈，而不少产品则至今仍为空白，与江西食品发展的市场需求不相适应。

4. 技术装备落后，创新能力不足

由于技术进步和研发资金投入不足，江西大多

数食品包装企业技术装备落后，创新能力差，专业科技人员匮乏，致使行业内低水平重复建设现象突出。新材料、新技术、新装备项目则严重缺乏，特别是绿色包装材料和产品发展相对滞后。到目前止，全省食品包装企业还没有一家建立省级技术中心，取得ISO9000、ISO14000等体系认证的食品包装企业不到20%，产品申请专利的更是微乎其微。

三、对策

（一）明确发展方向和重点，加强宏观调控与指导

根据国家“十一五”期间的产业政策和国内外食品包装发展的方向和趋势，结合江西食品工业发展的特点，编制好江西食品包装中长期发展规划，明确发展方向和重点，促进江西食品包装业可持续发展。

“十一五”期间，江西食品包装的发展方向必须符合国际食品包装的发展趋势，即功能化、安全环保化和方便简约化。

“十一五”期间，江西食品包装的发展重点，一是着力开发功能性包装材料、包装产品和包装技术。在食品包装材料方面重点开发各种功能性复合包装材料；在食品包装新技术方面重点开发无菌包装、气调保鲜包装、纳米包装、可食包装及新型防伪包装等；在食品包装产品方面重点开发乳制品包装、农副产品及生鲜食品包装、茶叶包装、啤酒包装，以及旅游方便食品包装等。

二是大力发展绿色环保包装。按照食品包装3C认证和绿色包装的要求，对江西现有食品包装企业的技术装备、生产工艺和材料选择进行改进，以应对国家对食品包装新要求，满足江西绿色食品、有机食品包装的需求。

三是倡导适度包装新理念。从设计、选材到加工制作全过程，提倡美观大方、简约方便，且易收回利用和资源再生，使食品包装符合循环经济和节约型社会的要求。

（二）调整产业结构，优化产业升级

江西食品包装业结构调整的方向和重点，一是大力培育行业龙头企业的发展，提升江西食品包装业的集中度和市场竞争力；二是提高食品包装企业专业化程度，改变江西目前食品包装兼营企业比例过大的现状；三是提高江西食品包装产品的质量和档次，增加短缺品种，优化产业升级；四是大力发展绿色环保包装。

（三）搞好园区建设，促进产业集群

浙江、广东、江苏等省市取得食品包装的领先优势，除了有行业大型龙头企业的支撑外，另一个重要的原因就是依靠产业集群。而江西目前还没有形成一定规模的食品包装园区，更难以形成产业集群效应。

促进江西食品包装产业集群，一是各地政府和各职能部门要根据当地经济发展的总体战略，结合包装行业的比较优势，认真筹划、合理布局，组织好本区域内各类包装资源的合理整合，并加强与各地包装行业的协调与合作；二是要加大招商引资力度，根据各地包装市场需求和技术资源优势，加快纸包装、塑料包装、玻璃包装等特色包装园区的建设。

（四）完善科技创新体系，推动行业技术进步

走新型工业化道路，发展循环经济，实现环境友好型增长方式，建立节约型社会，这些都离不开科技创新和技术进步。为此，江西食品包装行业在“十一五”期间，一是要着重提高自主创新能力，建立以科研院所、大专院校为主体，联合行业内大中型企业共建技术创新平台，促进产、学、研结合，加快具有自主知识产权的食品包装材料和产品的研发和生产。

二是要加大技术改造力度，提高江西食品包装企业的技术装备水平。政府有关部门要加大政策扶持和规划指导力度，通过技改贴息、招商引资、民间融资和股份制改造等多种形式，促进江西食品包装行业用高新技术和先进适用技术改造传统产业，形成以专、精、特、新为特色的产业格局。

三是要着力抓好人才培养，采用系统教育与短期集训，在校教育与岗位培训相结合的方法，培养一批产业发展急需的食品包装专业人才，尽快改变江西食品包装行业人才匮乏的现状。

（五）充分发挥行业组织的中介作用，加强行业自律和行业服务

江西省包装技术协会作为全省包装行业的中介组织，首先要发挥好政府与行业、政府与企业、企业与企业的桥梁纽带作用，代表行业向政府及有关部门反映企业的共同要求，同时协助政府贯彻实施国家对食品包装的方针政策；其次要维护好食品包装行业的共同利益，搞好行业自律，促进诚信体系建设；再次要履行好服务职能，为全省食品包装企业在招商引资、技术咨询、企业融资、信息服务、对外交流和协调关系等方面发挥积极作用。

云南包装工业以年均18%速度增长

云南省包协　刘忠义

改革开放前，云南包装工业仅有几家设备简陋的印刷厂、纸盒厂、钢桶厂生产低档包装。据云南省“包协”1983年调查统计，当时全省仅有包装企业专业、兼业厂43户，年产值1.18亿元，实现利税0.21亿元。

改革开放以来，在经济快速发展的带动下，云南包装工业以年均18%的速度增长。现在全省已有包装企业830多家，拥有总资产128.3亿元，固定资产（原值）69.5亿元，从业人员5.8万人。据2004年全省对201户规模以上包装企业统计，完成工业总产值72.3亿元，占全省GDP的2.4%，产品销售收入71.6亿元，工业产值增加21.2亿元，实现利税7.7亿元。拥有了云南侨通包装印刷有限公司、云南九九彩印有限公司、云南红塔兰鹰纸业公司、昆明伟建彩印公司、玉溪环球彩印纸盒有限公司、云南新美铝铝箔公司、红河雄风印业有限公司、玉溪通印股份有限公司、玉溪水松纸厂、云南昆岭薄膜工业公司、云南红塑薄膜有限公司、云南燃二化工有限公司、云南新兴仁恒包装材料公司、楚雄鹿城彩印公司、昆明彩印有限公司、昆明福保彩印包装厂等一大批销售上亿元的企业。已经形成拥有纸包装、塑料包装、金属包装、玻陶包装和棉、木、竹、麻包装制品及包装设计、包装印刷、包装机械等门类基本齐全的新兴产业，初步改变了云南“一等产品、二等包装、三等价格”的落后局面。

一、云南包装工业发展的特点

包装印刷已经成为云南包装行业的龙头产业。在云南烟草工业迅速发展的带动下，云南包装印刷快速发展。2004年统计的42户包装印刷企业，拥有总资产43.2亿元，销售收入31.9亿元，增加值11亿元，实现利税4.87亿元，分别占全行业的42.1%、44.4%、51.9%、63.3%。精美的卷烟包装是云南包装产品的代表。包装印刷、纸包装、塑料包装三个产业的工业总产值占全省包装行业的79.8%，成为云南省包装工业的骨干产业。

云南包装业拥有国内先进的技术装备。云南包装印刷业是20世纪80年代随着云南“两烟”工业蓬勃发展兴起而形成的。20多年来投入大量资源和资金进行包装工业的建设和技术改造，引进具有国际先进水平的凹印生产线50多条，多色胶印机40多台，激光、电子雕刻制版生产线6条，柔印、网印、烫印、模切一概具备；建成投产三至七层瓦楞纸板生产线60多条，印刷开槽机70多台；引进马口铁三片罐生产线一条及国产制罐生产线8条，制桶生产线19条，印铁生产线3条，引进BOPP膜生产线3条，聚酯瓶生产线11条，拥有塑编袋圆织机2400多台；引进真空镀铝设备7台，铝塑（纸）复合软包生产线10余条，使云南包装工业产品不仅数量大增，而且有了质的改变。

从行业构成看，云南包装工业紧紧围绕云南的支柱产业和重要行业做好配套服务工作，形成云南包装工业的五个板块：

烟草包装工业。以烟标印刷、烟箱生产为主，形成了接装纸、铝箔衬纸、卷烟盘纸、BOPP热收缩膜、真空镀铝卡纸、衬纸、激光电化铝、金拉线、封箱胶带等产品在内的各种烟用包装。这一板块的企业装备先进，技术管理水平较高，产品质量也属国内一流，不仅满足省内需要，而且还销往省外国外，属云南包装产业的龙头企业。

在烟草工业的带动下，云南纸制品行业发展迅猛，带动了包装材料的发展。20世纪80年代全省基本没有包装用纸生产企业，烟用纸基本靠进口。90年代初，烟草行业为了减少进口，降低成本，从法国引进了年产5000吨卷烟盘纸生产线，玉溪卷烟厂在珠海建成了年产4万吨白卡纸造纸厂，大理洱滨造纸厂引进设备生产成形纸，云景林纸股份有限公司已形成10万吨纸浆生产能力，正在考虑建设箱板纸厂，玉溪红塔化学公司从瑞士引进年产万吨的油墨生产线。包装原材料工业的发展，不但减少了烟用包装材料的进口，而且为云南包装工业的发展提供了保障。

为农特加工产品配套的包装业。2004年云南产食糖195万吨。酒精18.9万吨，产值66亿元；茶叶9.8万吨，产值22亿元；畜产品加工29.4万吨，产值52.1亿元；每年有100万吨净菜销往省外国外，产值6亿多元；全省粮油加工产值25亿元；牛奶

28.3 万吨；加工马铃薯 45 万吨，产值 6.75 亿元；云南年产白酒、啤酒、果酒 55 万吨，软饮料 40 万吨，年销售收入 45 亿元。初步估计，云南农特加工产品年需包装额近 20 亿元。农特产品包装物涉及纸、塑、玻璃、金属包装制品，需要全行业为其配套，而且品种繁多，季节性较强，需求分散。随着云南农特产品加工业的发展，已经开始出现专业包装配套企业。专业配套厂的建立和发展支持了云南农特加工产业的快速发展。近三年来，农特加工产品的产量年均以 16.5%的速度增长。

*以塑编袋为主，为建材、化工产品配套的包装业。*云南 2004 年产水泥 2296.6 万吨，除去散装 361 万吨，年需水泥包装袋 3.9 亿条；年产化肥 470 万吨，年需包装袋近亿条；全省有上百家塑编企业，拥有圆织机 2400 多台，拉丝、复膜、印刷、打袋成龙配套，除满足本省市场需要外，还销往邻近省份。

*以磷化工为主的配套包装业。*云南矿产资源丰富，其中黄磷产品占全国市场的 50%，占全球市场的 33%。2004 年云南产黄磷 34 万吨，磷酸 182 万吨，年需黄磷包装钢桶 120 多万只，塑料磷酸桶 6080 万只，有 30 多家专业厂为磷化工产品配套包装。为了使黄磷包装与国际接轨，云南化工机械有限公司开发出 12.5 立方米集装槽罐，国家铁道部已批准上路使用。

*为医药产业配套的包装业。*云南享有“药材之乡”的美誉，已探明的药材品种占全国药材种类的 51.6%。云南省政府做出了《关于加快发展云药产业的决定》，为云药产业的发展提供了良好的政策环境。近几年，云南医药工业增加值以 13.8%的速度发展。2004 年销售收入 36.6 亿元，增加值 20.7 亿元，年需包装额近 3 亿元。全省已有 14 家包装企业通过 GMP 认证，为云药提供彩盒、塑瓶、玻瓶、铝塑（纸）复合包装。预计在“十一五”期间，云南医药将以 23%的速度发展；到 2012 年，云药的销售收入将达到 300 亿元，为医药配套的包装业也将快速发展。

二、主要问题

云南包装行业发展较快，具有一定水平，但也存在一些问题。由于供求关系的变化，包装企业间的市场竞争日趋激烈，一些前期发展中潜在的问题，也逐步显现出来，包装行业发展很不平衡，结构差异大。除以烟草工业配套的包装制品外，其他包装制品，特别是食品、医药、花卉、果蔬、旅游、玻陶包装还不能完全适应市场的需要。

与烟草工业配套的包装印刷企业尽管在技术装备、人员力量等方面在全国具有较大的优势，但走出去的动力不足，能力过剩，设备利用率不高，影响了云南包装印刷行业现有优势的发挥。包装产业结构不尽合理。以“两烟”配套的包装企业发展迅速，技术含量高，产品质量和经济效益较好但存在重复上项目、盲目投资、导致设备开工不足、竞争加剧，造成资源浪费；产品趋同的纸箱、金属桶行业，新材料、新产品开发能力弱，行业内部低价无序竞争，经济效益下滑。全省包装企业小而分散，没有形成“大强”、“小专”的格局，缺少有自主知识产权的产品，市场竞争能力不强。

三、发展的思考

*发展思路：*抓住西部大开发的有利时机，紧紧围绕全省“建设绿色经济强省”、“民族文化大省”、“面向东南亚的国际大通道”的战略，坚持“开拓市场，延伸领域，促进分工，聚集发展”，在为本省经济发展做好包装配套的同时，鼓励企业走出去，积极开拓省内外市场和国际市场；充分发挥烟草包装优势，积极向食品包装、生化医药包装、旅游商品包装领域延伸；支持和扶持一批优秀包装企业组建企业集团，从“大强”、“小专”两种模式构筑集约化、专业化、创新型的包装工业新格局，推动包装业的规模扩张。

云南包装行业发展宜遵循以下基本原则：一是把握绿色环保应成为包装业的主旋律。二是加大科技投入，提高企业的创新能力。三是向国际标准看齐。采用国际包装标准是增强被包装产品国际市场竞争力的潜力所在，甚至成为进入发达国家市场的基本要求。四是强化设计，提高竞争力。

*发展重点：*围绕云南省工业实现超常规发展和培育特色经济的总体要求，以烟草、医药、食品等行业的包装为重点，改进包装品种，提高包装质量，尽快提高包装工业规模和水平，通过重点发挥先进的包装印刷优势，进一步优化包装产业结构、产品结构，不断推动包装产业升级。力争到 2010 年把云南建成西南地区重要的包装印刷基地。

四、发展对策和措施

应提高对包装印刷行业发展潜力和地位的认识，加强行业服务。一是要转变观念，二是要发挥行业协会作用，三是立足科技创新，提高技术素质，提升云南包装工业。过去，云南包装印刷工业每前进一步，都抓住了世界包装印刷技术发展的先机，及时将新技术、新工艺、新产品、新材料融入到行业发展中。进入 **21** 世纪，引入数字化、网络化技术的同时，还应树立人性化设计理念，加强包装新材料的研发工作。因此，需要加快信息化步伐，在有条件的企业实现 **MIS**（信息管理系统）、生产流程集成和电子商务相结合，满足对包装印刷业高标准、快速响应和个性化服务的要求。同时要不断深化改革，推动体制创新和管理创新，不断开拓省内外市场。云南包装行业存在两种情况。一是有相当技术水平的烟草配套企业，对省内外市场，非烟市场开拓力度不够，技术优势、装备优势得不到充分发挥；二是其他包装企业大多数是小型企业，企业管理一直是个薄弱环节，特别是在激烈的市场竞争中，有一部分企业经营已十分困难。对于前者，应创造条件，鼓励企业向省内外市场和非烟市场延伸、扩张。对于后者，应加大技术引进和装备更新力度，加强企业管理，按照“小专”的原则，根据企业自身条件选择发展模式。按照国家标准组织生产，实施 **ISO9000** 国际质量体系认证，使企业管理迈上新的台阶。

促进企业资产重组，加快建设现代企业制度、大企业做强，小企业做专。云南与“两烟”配套的企业效益较好，回报率较高，除去垄断因素外，其中专化生产、研究、服务是主要原因。但其他方面的包装企业综合性生产企业太多，专业性企业较少。要配合云南重点行业，如医药、绿色食品、旅游产品、精细化工等产品包装，建立专业服务队伍和发展专门化企业。针对包装企业“小而散”的现状，积极进行集约整合。一方面通过合资、参股、收购等整合手段，组建大型企业集团，形成由一批大、中型骨干企业引航，向国内外扩张的局面。另一方面，中小型包装企业通过股份制改革和技术进步，形成专业化、集群化的企业群体。按照包装企业的特点，有所分工，各有侧重，从“大强”、“小专”两种模式构筑集约化、专业化、创新性的工业新格局。

着力培养和造就一支高素质的人才队伍。在一个以质取胜的时代，人才成了决定因素，也就是说人才观念、规模效益、企业管理、科技含量已成为决定企业胜负的关键因素。所以，需要通过培训、招聘、选拔，建立一支富有创造精神的高素质管理人才队伍，一支具有专业知识与实践经验兼备的技术队伍，为包装企业的生产与发展提供强有力的人才支持。

克难奋进　开拓创新　不断开创包装工作新局面

——湖北省包装技术协会

过去的 **2005** 年，湖北省包装技术协会认真贯彻党的“十六大”和十六届四中、五中全会精神，以开展保持共产党员先进性教育活动为契机，全面贯彻落实科学发展观，紧紧围绕全省经济工作和行业实际，克难奋进，开拓创新，认真履行职责，较好地完成了年初确定的工作目标任务。

一、以优势民营企业为龙头，合力打造华中国际包装工业园区

为发展版块经济，形成新的包装产业集群，**2004** 年以来，我们投入了较大精力，为加快华中国际包装工业园区的建设，做了一些力所能及的协调和服务工作。尤其是注重加强了与中国包装联合会以及省、市各有关部门的沟通与联络，并协助项目实施单位重点抓了项目的总体规划、商业计划以及可研报告的市场调研与论证等前期工作。到目前为止，由于该项目继科信集团之后，又有清诚集团和盛世包装两大民营企业强势加盟，以致在“华中国际包装”这面大旗下，聚集了三大民营企业，初步形成了在武汉三镇（武昌、汉口、汉南）“三点开花”并各具特色的“三足鼎立”之势。其一，是以科信集团为主体的华中国际包装印刷城项目（位于武昌白沙洲大桥旁的长江村境同）。该项目是我省 **2004** 年在香港招商周上正式签约的 **51** 个项目之一，计划投资 **8.9** 亿元。自 **2004** 年 **5** 月份与香港华发国际集团签订了共同投资开发的合作意向后，已于 **8** 月份在省“发改委”取得了正式立项批文。此后，在省、市领导和洪山区委的大力支持下，**2004** 年 **11** 月份，科信集团已与青菱乡长江村正式签订了 **800** 亩的土地出让合同。目前，项目的规划设计及用地指标的申报等工作也正在紧锣密鼓地进行之中。其二，是以清诚集团为主体的华中印务包装工业园项目（主要以聚集包装生产、加工和原材料供应企业为主），位于汉南区纱帽乡（距沌口经济开发区约8分钟车程，离汉口火车站35公里），占地面积1700亩（其中建筑面积74万平方米），计划投资8亿元。由于该企业采取了一系列行之有效的招商引资措施，如：以租代售、以售代租以及为入园企业提供银行按揭担保等等，较好地撬动了市场，使园区的招商形势异常火爆。经实地考察，该项目建筑面积20万平方米的一期工程，自2004年9月26日正式动工之后最近已基本完工，47多家包装印刷企业已与清诚集团签订了入园协议。其三，是以武汉盛世包装有限公司为主体的华中国际包装都市工业园区，位于硚口区古田一路，占地面积300亩。目前，除建筑面积25000平方米的盛世包装新厂房全面竣工外，园区内还建成了用于对外招商的占地面积约110亩的标准化厂房。其余的150亩土地（即规划中应予拆迁的如武汉氨厂等几家倒闭企业），也正在硚口区委的统一部署下，有计划、有步骤地进一步协调与磋商之中。

二、以贯彻落实财政部［107号］文件为契机，切实做好包装行业高新技术研发资金的项目组织和申报工作

为鼓励包装行业开发新产品，采用新技术，2004年7月28日，国家财政部下发了107号文。文件规定：从2005年起，国家每年拨出专项资金重点支持包装行业高新技术项目的产品开发、技术创新和技术推广。这个专项采取无偿资助和贷款贴息两种扶持方式（即对以自筹为主投入的研发项目，一般采取无偿资助；而对银行贷款为主投入的研发项目，则采取贷款贴息方式）。其资助额度一般每个项目控制在500万元以内。为了用活用足国家对行业的扶持政策，为了不断增强我省包装企业的发展后劲与活力，进一步提升协会自身的凝聚力和辐射力，接到文件后，我们及时与财政厅沟通，在得到他们认可的前提下，主动承担了省内申报企业资格条件及相关资料的审核工作。在短短的一周时间内，我们加班加点对财政厅转来的由各地上报的18个包装研发项目进行了择优排序，逐个打分，并及时拿出了初审意见。与此同时，由于我们注重加强了研发资金的项目跟踪，并不失时机地一直与财政部和中国包装联合会保持着密切的联络与沟通，以致我省重点推荐的6个包装研发项目有两个项目正式入围。2005年11月14日，财政部以财企［2005］207号文正式下达了包装行业高新技术研发资金预算（拨款）通知，其中我省京山轻机的自动高强多层（双拱）瓦楞纸板生产线技术研发项目以及沙市轻机的软辊压光机开发应用项目分别获得国家无偿资助100万元。

三、以九省通衢的地理优势为依托，成功举办了第五届武汉国际包装博览会

2004年9月3日至5日在武汉国际会展中心举办的第五届武汉国际包装博览会，共吸引海内外名优包装企业和成长型企业216家，展出摊位307个。据粗略统计，在整个展会期间，现场成交金额1.2亿元，签订意向性订单约合人民币3亿多元，参观人数达三万人次以上。这次包装博览会几乎云集了当今包装印刷、包装容器、包装材料及包装设备领域的前沿技术和最新产品。其中，有全球最大的瓦楞纸箱生产线制造商京山轻机，有全国印刷设备的三大龙头企业上海电气、北人集团和联强集团，有华中地区规模最大、效益最佳的薄膜生产基地富思特，还有日本三菱、香港网屏、台湾铋晟、北京高术、天虹塑印、盛世包装、华工图像等一大批中外知名品牌和优势企业。特别是上海电气集团率麾下公司及其关联企业统一组团参展，不仅充分显示了该企业雄厚的经济实力，其展品的技术含量也成为本届博览会上的一大亮点。应该说，这是一次集产品展示、贸易洽谈、技术合作、信息交流等多种功能于一体的包装盛会，也是迄今为止华中地区规模最大、影响力最强的专业展会之一。回顾这次包装博览会的成功与得失，我们认为，这次包装博览会之所以在规模、效益社会影响等方面都大大好于往年，关键还得益于以下几个因素：（1）领导重视，有督促，有检查。在博览会历时半年多的筹备过程中，它从发文、招商直至参展、参观的每个环节，省经委主管领导多次听取专题汇报，并及时指导和检查各项组织工作；（2）在总结前几届经验与教训的基础上，2004年的包装博览会我们切实加强了服务质量和服务意识的提高，旨在打基础，树形象，不以盈利为目的，因而在行业内也聚集了一定人气，赢得了不少“回头客”。从参展的企业看，有60%以上都是老客户。（3）经过前些年的努力，武汉国际包装博览会已基本成为华中地区包装行业的一大品牌，因而也吸引了中国印刷设备及器材协会的正式加盟，因有中国“印协”的大力支持和联合招商，所以参展企业明显增多，展会规模日益扩大。如首次参展的上海今昌集团一个企业就包揽20个摊位。（4）2004年的武汉国际包装博览会我们重点突出了“中部崛起”的战略构想，邀请的协办单位都是经济正在崛起的如河南、湖南、江西、安徽等中部省份，这在一定程度上也迎合并吸引了沿海发达地区企业致力拓展中部包装市场的兴趣与目光。

四、以服务基层、面向行业为己任，及时搭建全省包装行业信息服务平台

为了给广大包装企业提供更加方便、快捷、优质、高效的信息服务，进一步拓展协会的服务空间，提高办事效率，2004年春节前夕，我们坚持为企业、为基层、为会员单位服务的宗旨，以技术性、权威性、前瞻性和服务性为原则，在取得省通信管理局注册登记的前提下，经与美集科技有限公司反复协商，及时开通了《湖北包装网》和《华中包装网》。由于《湖北包装网》与《中国包装网》尤其是省内各重点包装企业实现了信息链接，所以浏览网站既能看到全省乃至全国包装工业的概况，又能及时了解到省内单个企业的生产经营状况，因而受到业内人士的一致好评。按照协议规定：网站的建设和维护资金全部由美集公司承担，自负盈亏，自担风险。协会以无形资产享有美集公司10%的股权。网站在建设初期只象征性地向协会交纳一定数额的会员会费，待网站运转正常后再以当年营业收入总额的5%向协会交纳管理费。

香港印刷业现状及未来发展

（曾丽梅）

港的印刷企业共有4800家，就企业数目来说，是香港最大的制造行业，雇员人数达42000人，生产总值达313亿港元。不少规模较大的印刷企业都在内地设厂，利用内地庞大的劳动人口及较低的生产成本，实行“前店后厂”的策略，增强竞争力。据统计，目前广东省拥有14000多家印刷企业，从业人员近50万。其中三资企业有1000多家，港资企业占了90%。2004年，广东省印刷业生产总值达500多亿元，并正以每年15%～20%的速度增长，广东省珠江三角洲地区已是内地重要的印刷基地之一。

印刷业作为香港第三大产业，就业人数是香港制造业之首。随着不少印刷厂的生产工序陆续返往国内，香港的印刷业已发展了一套“前店后厂”的运作模式，即以香港作为接订单、设计、联络、收发资讯的中心，而以珠三角为生产、加工基地。香港与珠三角的经济日渐融合，而包括港、澳在内的大珠三角，亦已逐渐发展为一个国际印刷供应中心。

香港是印刷业比较发达的地区，2004年约有4800家印刷企业，2001年香港印刷、出版及相关行业（以印刷为主）的生产总值为337.26亿港元，在全港各行业中排名第一。1985年香港举行第三届世界印刷大会，传媒首先提出美国、日本、德国、香港是世界四大印刷中心。

如果根据一些基本数据分析，香港与美、日、德相比还有较大差距。据美国印刷协会公布的数据，在全球印刷总产值4210亿美元中，美国1200亿美元，占28.5%；日本670亿美元，占15.9%；德国200亿美元，占4.8%。香港印刷业约40亿美元，加上粤港融合的珠江三角洲地区400多亿元人民币，约合90亿美元。香港本地印刷品市场较小，但有发达的外向型经济，除本地市场外，主要供应美、日、欧、中东等地区，是四大印刷中心惟一外向型印刷生产基地。

由于香港印刷业已经逐渐融入大珠江三角洲，推动该地区印刷产业快速发展，与美、日、德三大印刷中心比较，大珠三角是印刷服务面最广的外向型印刷生产基地。

香港印刷业未来发展

中国与香港特区政府签订CEPA后，加上近期泛珠三角区域合作概念，标志着香港与泛珠三角地区内城市将更紧密联系，发挥各地区优势，增强竞争力。将来泛珠三角区域合作落实后，会给香港及广东省印刷业一个更大的发展空间，带来更多的商机。

众所周知，香港是珠三角中发达的经济体系，也是著名的国际金融、贸易中心。香港更是世界四大印刷中心之一，对于推动珠三角建设世界印刷中心，香港的印刷业将担负起“引进来，走出去”的重要责任。因此，要有效发挥香港的优势，重点是金融、物流及人才培养等几方面。

1. 金融业优势

香港是一个享有货币自由流通、自由兑换的地区，对于吸引外商投资，或是内地企业利用香港进行贸易融资、外汇交易、跨境资金流动等，香港的金融业都可以提供资金协助。

2. 完善基建设施及物流

香港拥有完善的基建设施。泛珠三角区域合作落实后，基建及物流将是主要一环，跨境运输能进一步扩展经济腹地，使泛珠三角各区域物流通畅，经济兴旺发达。

3. 培养专业人才

数字化的工作流程已是一个趋势。这两年，CTP 技术在珠三角地区迅速发展，专业人才的需求将更迫切。要建设世界印刷中心，必须大量培养印刷专业人才，从而提高水平，确保可以向客户提供高质量的印刷产品和可靠的服务，增强客户信任，这样才有机会成为一个被广泛认同的世界印刷中心。

随着世界经济全球化的发展，香港印刷业的中心地位日益重要，对香港印刷业的发展来说是一个好机会，香港印刷业应该抓住机会加快发展，同时带动泛珠三角印刷业的发展。

包装各行业现状及发展前景

PACKAGING RELATED TRADS: STATUS QUO & DEVELOPING TRENDS

塑料包装行业回顾与展望

塑料包装委员会　蔡明池

一、2004年塑料包装材料行业回顾

（一）克服困难，求得发展

2004年，塑料包装行业在克服原料涨价、成本上升、产品销售遇到从未有的困难的时候，各塑料包装材料生产企业采取积极措施，调整产品结构，险中取胜，使塑料包装材料保持稳定增长的趋势。

2004年主要产品产量比2003年增长较大，根据有关资料分析，预测2004年塑料包装材料总产量可达到634.3万吨。比2003年550万吨增长15.3%。其中双向拉伸复合基材（BOPP、BOPET、BOPA、CPP）软塑复合包装袋和塑料包装容器（瓶、箱、桶、盘）增幅较大，主要产品实际产量及全年预测见下表：

2004年塑料包装材料主要产品产量分析表

		2003年实际产量（万吨）	2004年预测产量（万吨）	回收增长率（%）	占总量（%）
软包装膜		220	255	16	40.2
其中	BOPP	64	74	16	
	BOPET	12	14	16	
	CPP	15	17.2	15	
	复合膜（袋）	70	80	14.3	
	其他	79	92	16.5	
编织制品		175 / 180（亿条）	201	15	31.7
包装容器		95	110	16	17.3
其中：PET瓶		251100（亿个）	30 / 120（亿个）	20	
泡沫包装材料		32	36.4	14	5.7
包装片材		28	31.9	114	5
合　计		550	634.3	15.3	

（二）双向拉伸薄膜盲目引进，重复建设得到初步控制

2004年针对双向拉伸薄膜引进设备过多过滥，重复建设相当严重的局面，中国包装联合会及时向国家“发改委”反映情况，得到政府部门的高度重视，适时适度的进行宏观调控；行业协会也及时在行业中沟通信息，通过各种方式引导行业调整产品发展方向，向多层共挤薄膜发展，避免了发展中可能出现的大波动，盲目引进之风得到了初步控制。

通过行业调查，截止到2004年全行业引进的双向拉伸BOPP薄膜设备达到152条生产线，生产企业89家的生产能力达以178.9万吨，其中，引进德国布鲁克纳公司共有生产线73条，占总数的48%，日本三菱重工45条线占29.6%，法国DMT公司16条线，占10.5%。从上述三公司引进的生产线约占总数90%，重复引进相当严重。因此调整

产品结构，开发新产品、开发新市场的任务相当繁重。当前，上世纪80年代初引进的规模为3000吨的设备已基本退出市场，已有8家企业倒闭，另有8家企业被拍卖、转产生产其他产品。某薄膜公司将2.1亿元设备拍卖为2200万元，廉价的转让使国有资产流失，教训是十分深刻的。

双向拉伸薄膜当务之急是调整产品结构，将开发产品的重点放在特种薄膜上，如：江阴亚包新材料有限公司利用五层共挤BOPP生产线，从2004年5月起着手开发超薄珠光膜、合成纸和标签膜，于2004年11月向市场推出24μm以下珠光膜，40μm、70μm、90μm的系列合成纸；34μm、38μm标签膜，在质量方面，比重特性、力学性能及光学性能均达到同类先进水平，显示了五层共挤的特色，明显优于同类产品。

当前BOPET发展势头过猛，自2003年以来，短短的两年多新建或计划增加24条生产线，新增能力39万吨；2003年产能25万吨，产量为14万吨；2004年产能30万吨，产量16万吨。预计到2006年，我国BOPET的年生产能力将达到56万吨，而新增加生产线的产品基本定位都在包装用膜上，我国的BOPET生产能力将会过剩，结构性矛盾将非常突出，并有可能重蹈BOPP的覆辙。2005年在宏观调控下，有几条线撤销签约合同，自行退出市场，但仍然不能乐观，要努力开拓新市场，增加国际市场竞争，减缓能力过剩的压力。

BOPA的发展也不容乐观，自1993年佛塑东方包装材料公司开始引进，1994年投产，规模为2500～3000吨，2000年以后，佛山第二条生产线投产，生产能力在6000吨左右，一直维持到2003年，生产格局才被打破，近两三年发展势头很猛。据不完全统计，全行业有13家企业引进18条生产线，年生产能力为7.48万吨。到2005年底，大部分生产线将投产，预测生产量将达到4万吨，而食品、药品、印刷业的三大市场需求约2～2.5万吨，生产能力超过市场需求，值得引起大家的高度重视。及时了解行业信息，把握投资方向，避免重蹈BOPP、BOPET薄膜盲目引进带来的后果。

当前，BOPA企业当务之急是开发市场。从根本上说，尼龙是高结晶聚合物，加工难度大，工艺技术还不成熟，需要在加工过程中摸索经验，不断调整工艺参数，提高成品率。在应用上难度也不小，特别是BOPA薄膜的吸湿性、防水性差，与下游复合工艺技术要密切配合，才能获得广泛的应用。同时，尼龙薄膜属高价位，原价为4.5万～5万元/吨，当前降至3.7万元/吨左右，也比BOPP、BOPET薄膜价位高。因此，用户更多选用的是BOPET等。

尼龙薄膜市场的发展与生产水平和生活习惯相适应，BOPA用于包装鲜肉时，保存温度为0～3℃，保鲜期为3～21天。由此可见，必须与超级市场的发展相适应，才能得到合理发展。

总之，由于BOPA薄膜的市场开发刚刚开始，还有许多应用领域尚待发展，我们一定要在提高BOPA的质量上下功夫，千万不能搞价格战，一定要采取措施，维护行业健康有序的发展。

（三）高阻隔性、功能性软塑复合包装薄膜（袋）向新的技术水平发展

纵观2004年软塑复合包装膜（袋）技术发展动向已成为行业发展热点，复合高阻隔性包装、无菌包装技术发展很快，防伪包装和防静电包装的需求也迅速增长。

1. 多功能和无菌包装技术

根据上述产量统计表中资料表明，2004年软塑包装膜（袋）用于食品、饮料及牛奶等包装占总量40%以上，随着人们生活水平的提高，新的包装技术、产品和材料不断涌现，但目前国内外流行的食品包装，无论是超级市场还是商场，大多数以高阻隔塑料包装为主。除了PE、PET、PP、PA、EVOH的复合材料外，2004年以来，PVDC涂敷技术的兴起为高阻隔软包装膜带来新的进步。PVDC具有优良的耐油性，保味性、防潮性及防霉等性能，同时具有优良的印刷性和热封性。多年来，我们以火腿肠衣为主，而产量一直徘徊于2～3万吨，没有大的发展，主要原因在于它是否属于环保型材料，随着国际上对环保材料评估方法的改变，在美国PVDC属于无毒、安全的材料，已广泛应用于食品包装；在德国PVDC包装材料拥有绿点标志；PVDC胶乳涂敷BOPP、BOPET、BOPA所制得的高阻隔性薄膜比一般复合膜用量减少，达到减量化包装及减少废物源的要求，从而提高了包装产品档次。因此，PVDC涂敷技术进步很快，以PVDC涂布三层牛奶包装膜为例，适用于超高温瞬间灭菌（VHT）的牛奶包装，一年来发展很快，并占领了部分市场。

2. 软包装防伪技术

有关资料显示，中国约有1230个重点名牌产品

受到假冒的侵害，直接损失约60亿元。因此，市场对防伪提出了越来越高的要求，软塑包装企业面临着一个好的机遇。过去一年，全息防伪标识、镭射彩虹膜、BOPP激光全息防伪收缩膜、食盐包装专用BOPET防伪膜、BOPP香烟防伪膜等新产品、新技术层出不穷，如江苏中达材料集团的防伪香烟膜已荣获国家发明专利；紫江彩印公司的镭射防伪薄膜含有很高的技术含量，技术水平处于领先地位；山东潍坊富潍公司的食盐包装专用防伪膜，在原料加入纳米级添加剂，通过双向拉伸而制得，该防伪薄膜具有独特的、易识别的防伪功能，有效地减少碘的损失。这些都显示出以具有防伪功能的包装材料为载体，与防伪科学技术相结合的性能，突破了纯科技防伪思想的局限，使软塑包装迈进新的领域。

3. 防静电薄膜与技术

近几年，在信息产业高速发展的推动下，除静电、导电软塑包装得到迅速发展，目前全行业一共有30多家企业专业生产防静电、导电软塑包装产品，主要产品已由普通的低档次防静电薄膜发展到多功能、高效及导电系列新产品。如：防静电收缩膜、防静电泡沫材料、防静电珠光膜、防静电屏蔽膜、防静电防潮膜、防静电印刷膜以及导电薄膜等。我国电子信息业2004年销售额约达2.4万亿元。面对如此强大的市场，并且全球都在高增长的市场，发展防静电薄膜是时代对我们的要求，是大有用武之地的。

4. 2004年12家企业荣获国家免检产品，18家荣获塑料委员会表彰的质量、效益型企业

一年来，软塑包装企业经过千辛万苦的努力，创造了新的成绩。在国家质检局公布的2004年免检11家产品及其企业名单中，塑料薄膜12家：绍兴富陵实业集团有限公司、河北宝硕集团创业塑料分公司、佛山塑料集团股份有限公司、广东德冠薄膜公司、安徽国风集团公司、佛山杜邦薄膜公司、兰州宏达公司、漯河市塑料厂、浙江大东南惠盛塑胶公司、新疆天业股份公司、西安永丰塑业集团公司。同时荣获中国包装联合会塑料委员会表彰的2004年质量效益型企业有18家，他们是：江苏中达新材料集团股份公司、佛山塑料集团股份公司、上海紫江集团基材部、浙江大东南包装股份公司、宏铭材料科技股份有限公司、大连盛道集团公司、上海人民塑料印刷厂、河南金誉实业有限公司、宿迁彩塑包装有限公司、安徽国风塑料股份有限公司、浙江绍兴富陵实业集团有限公司、广东德冠双轴拉伸薄膜公司、中山永宁塑料制品有限公司、佛山杜邦薄膜公司、河北宝硕股份有限公司、嘉合实业（苏州）有限公司、浙江港发软包装有限公司、汕头吉祥装璜工艺厂有限公司。此外，还有10家会员企业产量达到4.14万吨。这充分说明软塑包装材料无论在质量、技术和管理上都达到一个新的水平。但也要清醒地看到，塑料包装行业整体技术水平不高，难以满足市场要求，首届杜邦中国包装奖惟一特等奖得主，仅有江苏嘉合实业（苏州）公司一家。在解决养生堂牛肉肠包装膜的过程中，克服了共挤吹塑复合膜和二次加工中薄膜发生卷曲的缺陷，解决了多层共挤薄膜的应用难题。从而一举夺得特等奖。这样的技术创新在塑料包装行业还居少数，值得大家学习。

（四）塑编行业开拓国际、国内两大市场求发展

2004年经济运行状况分析

2004年是塑编行业市场形势最为严峻的一年。原料涨价，从年初PP每吨6000多元，到5月份涨至8700多元，8月份达到高峰为每吨1.2万～1.4万元，这种情况迫使不少小企业处于半停产、停产状态，资金困难，企业限产，企业效益明显下降，同时也促进有关企业采取积极应对措施，挖潜节能，降低成本，积极开发市场，调整产品结构，生产高附加值的塑编产品，如重包装集装袋、BOPP彩膜袋、真空镀铝膜袋、珠光膜袋等，产量增长大。同时，由于国际市场的开拓，塑编产品出口贸易量增加，特别是集装袋出口量增长更快，仅山东新宇塑编公司与韩国签订出口合同1亿条；大庆三胜公司积极开发俄罗斯市场，签订了1亿人民币意向合同；其他企业也都在积极开发日本、韩国、欧洲、东南亚市场，预测2004年塑编产品出口比2003年有更大增长（2003年出口为40亿条，预计2004年将增加30%，达到50～60亿条）。

综合上述因素，根据1～12月有关资料分析，2004年塑编产品的产量和产值将保持在15%左右增长，由2003年185亿条增加到200亿条，而效益将略微下降。塑编企业基本是微利，众多企业的激烈竞争导致利润继续下降。

由于塑编机械质量和技术水平的提高，已经开始占领国际市场，2005年将继续增长，预计出口产

值将达20亿元以上。2004年6月底在上海举办了第18届中国国际塑橡展览会上，国内永明机械、广州赛奥机械、温州恒一、浙江雁峰、常州恒力五家公司的小六梭圆织机与印度比较，印度同类机的性能并没有比我国的好，但价格却是我国的近两倍。这表明我国圆织机的水平已向国际先进水平迈进。另一方面，塑编企业最关键的设备是拉丝机组，近年以来，拉丝机组向提速方向发展，卷绕机向300米／分发展，相应的挤出机、拉伸机、加热工艺过程都要加以改进，这方面常州永明公司已通过国家星火计划项目验收。这表明塑编设备的技术进步，只有技术创新才能提高企业竞争核心能力，才能立于不败之地。竞争不是靠低劣质量、低价格，而是在新的水平上展开，才能促进行业的发展。

（五）塑料包装容器（瓶、杯、盘）开发新产品、新市场成为两大主流

经过20多年的发展，中空容器发生很大变化，从单一小型包装桶、瓶向多品种、多样化、大型化、功能化方面发展。2004年HDPE、PP、PET瓶产量已达110万吨，饮料热灌装PET已超过110亿个，塑料包装容器应用市场广阔，碳酸饮料包装中PET瓶占57.4%，热灌装的茶饮料PET瓶增长最快；聚丙烯透明瓶是近几年来的开发热点；啤酒用PET包装瓶的涂层高阻透技术有了长足的进展，取得了突破性进展；大型化工液体包装容器（双L环桶和IBC桶）成为新的发展热点；药品和输液塑料包装容器达到一个新的技术水平，有着广阔的市场前景。塑料汽油箱在汽车油箱塑料化中起着不可替代的作用，它的发展方兴未艾：塑料托盘在仓储、运输中也有着广阔的前景。当前塑料中空容器行业面临着许多困难和矛盾，突出的是重复引进、产品雷同，引进设备带有相当盲目性；企业规模小，十分分散，竞争力低，中空容器设备长期依靠进口，国产化率低；目前当务之急是要发展新原料，开发多层复合技术；走技术创新之路，发展新工艺设备用新的理念提升塑料容器技术设备，提高吹瓶生产能力，这方面我们与国际水平差距很大，如：法国西得乐集团单模小时产量已从1400瓶提高到1530瓶，最高产量为小时5万只，仅用26克PET原料就能吹出1.5升饮料瓶，而国内平均32克，而原料价格占瓶子成本80%，因此瓶重成为至关重要的指标，这方面，我们还有许多工作要做，开发具有自主知识产权的技术设备是关键。

二、当前塑料包装行业发展动向

（一）规模化与区域化（一体化）是行业发展的新动向

我国复合软塑包装彩印膜（袋）经过20多年的发展，自上世纪80年代中期，引进复合膜生产线和凹印技术以来，随着经济的快速增长，居民消费水平的提高，消费意识的进步，促进了高阻隔性、多功能性复合膜的发展，复合膜行业经历了重大的变革，向深加工发展，制袋印刷技术上了新的台阶，进入了“彩色革命”的时代。同时由于持续维持高利润，吸引大批资金投向软塑复合膜、彩印行业象雨后春笋般的发展，遍地开花。市场竞争加剧，企业数量多规模小，自主研发能力弱，这样的竞争使行业进入低利和微利时代。

竞争促进市场成熟，促进规模扩张，寻求新的利润增长点。国外公司的进入，正以控股、新建独资企业、兼并收购软塑包装企业等方式，加速在中国市场的发展。我国软塑包装企业意识到了这种危机感和巨大的机遇，也采取各种方式扩大产业规模，如：国际控股宝柏公司成功收购北京商标三厂后，又成功入主四川“青羊”；日本东洋、德国汉高巨资在上海举办生产厂。国内领先企业，如上海“紫江”客户广东东莞，连云港中金扩大规模。组建航空母舰；在资本市场上，“黄山永新股份公司”于2004年8月在深圳交易所挂牌上市，将逐步建成规模大的软包装生产基地。无独有偶，2004年7月伊利集团与世界500强之一的SCA集团携手共同投资兴建“呼和浩特胜宝包装公司”，有望建成华北地区又一大型包装企业。在软塑包装行业激烈竞争的情况下，各地纷纷发挥地区优势，已形成汕头、东莞、余姚、中山、江阴、台州、温州、桐城、雄县等为龙头的软塑包装基地。企业正积极的引进和研制新型复合包装材料，提高产品质量，以满足不同层次的包装需求。

如此集中的、高密度的扩张，在软塑包装行业是从来未有过的，也是提高行业整体水平的好机遇，激流勇进者将开创新的广阔天空，固步自封将会被淘汰。在信息共享的时代，没有自己的特色，在技术和管理上没有创新就没有竞争力。市场经济的发展，将促进软塑包装企业的重组，继价格战之后，规模化将成为新的热点。优胜劣汰使软塑包装提高到一个新的水平，以适应WTO保护期，即将到期的2005年尤为重要，行业发展呼唤将“粗放型”

的增长转变为集约型增长，由低价格效应转变为规模化效应，这将推动软塑包装市场的进一步发展。

与此同时，长江三角洲和珠江三角洲也是塑料包装行业发展最快的地区。珠江三角洲塑料包装材料占总量的40%，其中，双向拉伸BOPP生产能力为45.5万吨，占BOPP总产能的25%，其他BOPET也是行业第一位，软塑包装复合彩印及包装印刷业也居全国第一。如虎彩集团、鹤山雅图仁公司都是有名的外资公司，产品远销欧、澳、非等世界各地。经过多年的发展，形成了佛山、顺德、东莞、深圳、中山密集型产业区和大型的专业市场，建立起良性循环的塑料产业链，降低塑料产业各环节的运转成本，实现信息和利益的共享，为塑料企业带来新的生机。

而长江三角洲地区塑料产业的一体化步伐更快，2004年上海、江苏，浙江三省是塑料原料重点生产区域，塑料树脂占全国30%，而塑料包装材料占全行业30%以上。以BOPP为例，三省共有生产线50套，产能80万吨，居行业首位。该地区宁波、苏州也是塑料机械和模具生产基地。长江三角洲地区有许多塑料包装企业在县、市，如平阳和苍南都是编织袋的专业县。虽然企业密集，竞争激烈，但客户增多，而这些企业通过加工过程的细化，化解了矛盾，形成高效率的分工合作模式。同时，长江三角地区也是塑料贸易最活跃的地方，余姚、台州、常州的国际塑化城，可以为中小企业提供一个分工细化，信息共享，优势互补，广泛协作的平台，促进了塑料产业的进一步发展。

（二）绿色化，塑料包装材料发展的必由之路

塑料包装材料经历的20多年的发展历程，产量达到600多万吨，已经从最初的无包装、简陋包装发展到今天的精包装。随着社会经济的发展和物质文明程度的提高，人们的包装理念在发生着变化。如今越来越多的人们意识到，树立环境意识，跟上国际绿色包装的潮流，是缩短我国塑料包装与发达国家同行业的差距，适应国内外贸易市场需求的必由之路。

塑料包装材料的绿色化，包含着两个方面的内容：一方面是要有效地解决塑料包装废旧物对环境污染问题；另一方面，结合我国国情，要十分重视食品包装材料的卫生性和安全性。塑料包装材料的主要市场是食品包装，当前食品卫生和安全已成为举国上下关注的话题，同时食品、药品包装用的软包装袋、包装瓶的安全和卫生状况也引起人们的关注。根据国家质检局2004年9月底公布的仪器包装膜（袋）的抽查结果，不合格率高达15%，其中存在的主要质量问题就是卫生指标不符合标准要求及产品物理机械性能差。卫生指标包括蒸发残渣（乙酸、乙醇、正已烷）、高锰酸钾消耗量、重金属、脱色试验。食品软包装的组成主要为塑料薄膜或铝箔、粘合剂和油墨，其中塑料薄膜占包装总量的70%，粘合剂占10%，油墨占10%，其他占10%。目前国内市场中普遍使用的是溶剂型聚氨酯粘合剂和甲苯油墨，在应用中存在着严重的卫生问题和安全隐患。首先，大量排放于空气中的溶剂苯、甲苯等有害物质对环境造成污染，也对工人、消费者的身体健康构成危害。而且有机溶剂可能会残留在复合膜之间，随着时间的推移，从薄膜迁移到食品中，使之变质、变味；其次，许多企业没有监控包装中溶剂残留的有效控制；第三，对于生产和运输过程的忽略同样可能导致污染。因此，只有当所有环节都得到有效控制后，企业才能保证生产的包装材料是安全的。

在欧洲或者美国，软包装的粘合剂已经逐渐转向水性或者无溶剂产品（美国罗门哈斯公司是世界上最大的水性粘合剂供应商。在中国食品和医药软包装市场，罗门哈斯引入了美国市场业已成熟的环保水性粘合剂，该公司的水性粘合剂系列不含TDI和有机溶剂，其性能也完全可以满足一般休闲食品包装所采用的薄膜与薄膜、薄膜与镀铝膜之间的干法复合要求，替代溶剂型聚氨酯粘合剂，并能在溶剂型干复机上使用）；而醇溶油墨取代甲苯油墨也在欧美、日本甚至韩国成为主要的趋势（瑞士锡克拜（上海）油墨有限公司生产医药和食品包装的醇溶油墨，其产品既不含甲苯和重金属，也不含迁移的小分子增溶剂）。

在法规方面，国外早已注意到软包装的环保问题，许多国家和地区都相应建立了法律法规，如美国的食品药品管理局（FDA），欧盟的EU以及德国的SgVV，都明确地规定了用于食品或医药包装的粘合剂和油墨类型，只要是法规中没有提到的化学品，一律禁止采用。在欧美等发达国家，水性粘合剂和无溶剂粘合剂占产品使用量的50%，而使用溶剂型粘合剂也需要配有回收溶剂装置。

目前，我国软包装行业面临的问题是初级产品多，小企业占有比例高。从长远发展来看需要国内、国际知名品牌来带动整个行业的发展，通过市场来

淘汰落后企业；国家政府监管部门要加强立法，尤其是食品药品监督管理局应尽早建立法规，软包装企业要真正做到自律。现在市场上绿色食品越来越多，但是许多绿色食品缺少绿色包装，绿色包装应采用环保的包装材料、印刷油墨和粘合剂。在中国包装产业快速壮大的同时，必须重视卫生和环保，让消费者对食品本身放心的同时，也对食品包装的卫生状况有信心。加速软塑包装产业的质量和卫生方面要求的全面提升，是为了适应中国与国际接轨，对软塑包装产业提出的全新要求。

当前，我国生产水溶剂、醇溶剂粘合剂也在崛起，生产不含苯的醇油墨也在发展中。上海烈银公司、浙江新东方油墨集团公司、黄岩华光树脂公司、北京高盟化工公司都将承担食品复合包装用聚氨酯胶粘合剂行业标准的起草工作，以此推动行业标准化工作的进展。

塑料包装材料消费量已超过600万吨，废弃物对环境的污染与环保化日益突出，废弃物的回收利用和开发新的绿色包装材料是一项迫切的任务，任重而道远，值得引起从事塑料包装材料生产企业的高度重视。当前，国内外在这方面都有新的突破。

1. 降解塑料已由不完全降解向生物完全分解发展

由原来聚烯烃添加淀粉制成的降解属于不完全降解，而聚乳酸是近几年崛起的一种新型降解塑料，被国际上认定为具有发展前途的新型包装材料，是环保材料的一颗明珠。它在常温上性能稳定，但高于55℃在富氧及微生物的作用下会自动分解，用后废弃物能被微生物完全降解，不会对环境造成污染，对保护环境非常有利。2004年，日本旭化成、美国、法国、德国有关公司都制成聚乳酸和聚乳酸膜、盒，并开始销售。2004年6月我国台州海正集团研制聚乳酸（PLA）进入产业化阶段；而东丽公司于2004年7月宣布成功开发聚乳酸膜双向拉伸薄膜。这些都说明新的环保材料及包装技术的新突破。但目前聚乳酸成本偏高制约了降解塑料的发展。

2. 利用二氧化碳开发降解泡沫塑料

目前全世界每年因工业化生产过程产生并排放二氧化碳总量超过240亿吨，其中150亿吨被植物吸收，而净增的90亿吨则成为污染环境的主要废气，危及人类生存空间。以二氧化碳为主的温室气体引发的厄尔尼诺等全球气候异常，以及由此引发的世界粮食减产、沙漠化现象等，引起广泛关注。二氧化碳的综合利用由此成为全球的研发热点，而将二氧化碳中的碳、氧元素充分利用制取塑料更成为备受关注的技术之一。江苏金龙绿色化学有限公司利用中科院广州化学研究所专利技术，以二氧化碳为原料，年产2000吨脂肪族聚碳酸亚乙酯及基于该树脂的降解型聚氨酯泡沫塑料产业化项目，在泰兴通过了国家环保总局组织鉴定。该技术具有自主知识产权，专家认为，在二氧化碳催化活化技术、聚氨酯泡沫塑料的高生物降解性等方面达到了国际先进水平。

利用技术每消耗1吨二氧化碳能生产出约3吨脂肪族聚碳酸亚乙酯树脂，并生产出约6吨降解型聚氨酯泡沫塑料。该产品性能优异，不仅可以替代市场上的普通包装材料和建筑用隔热材料，而且可用作电器及环保要求高的包装材料。

3. 开发水溶性薄膜

水溶性包装薄膜的主要原料是低醇度的聚乙烯醇、聚乙烯醇具有成膜性、水溶性的优良性能。PVA薄膜其降解的最终产物是$C0_2$和H_20，可解决包装废弃物的处理问题。由于水溶性包装薄膜具有环保性，受到世界各国广泛重视，日本、美国、法国已大批量生产PVA薄膜。但价格昂贵，在13～17万元／吨，而国内为6万元／吨，限制了广泛使用。

由于PVA的特性，其分解温度与熔融温度十分接近。不能用通常的挤出吹塑方法，目前国内采用的流延涂布法，国外多用湿法挤出。而干法加工技术难度较大，北京工商大学经多年科技攻关，已具有自主知识产权PVA干法加工薄膜技术。随着环保要求的日益提高，水溶性包装薄膜的市场需求增大。

三、存在问题及对策

（一）存在的问题

1. 盲目发展，规模小，竞争力差

当前塑料包装行业最大的问题是：企业星罗棋布，参差不齐，无法统计其准确数量，不少产品生产能力大，产品供大于求，市场呈饱和状态。彩印复合制袋、编织袋制品、各种小吹塑瓶企业更是雨后春笋、遍地开花、盲目发展。产品雷同，势必造成人力、物力的浪费，阻碍了行业的正常发展。

2. 市场竞争无序，阻碍了行业良性发展

在包装薄膜和编织袋行业，生产能力过剩，市场供求失衡，使不少企业陷入困境。为了企业的生存，一些企业不择手段参与竞争。与此同时，原料不断上涨，而产品价格下降，也是一个重要的打击。

有的企业为了降低成本，不问国际标准，大量使用再生料、填充料，用低劣产品充斥市场，败坏了产品名声，冲击了正规企业的正常研发和经营管理，疲于应付市场竞争，阻碍了行业良性发展。

上述问题表明，解决塑料包装企业的无序竞争是当前最迫切的问题，如何规范市场，营造良好的市场环境，不但要靠政府部门的宏观调控政策，更主要的是要以技术创新为动力，提高企业核心竞争力，使企业有长久的生命力，这才是塑料包装企业所需认真思考的问题。市场要规范，企业要自律，要以诚信为本，以质取胜，联合起来共同完善市场，也是每个企业的共同责任。

（二）对策

面对当前的问题，塑料包装材料行业如何走出困境，走上良性发展的道路？下面就这一问题谈几点想法，仅供大家参考。

1. 找准自己的市场地位，发展差异化产品，避免恶性竞争

塑料包装材料的应用很广，市场覆盖很大，不同细分市场之间差异很大，市场还有发展空间。当前企业的出路除了加强管理，提高产品质量，降低成本外，还要致力于特殊产品的研发，开发新产品，发展功能性特种膜。塑编产品结构更不合理，轻包装袋占**80%**，重包装袋占**3%**，土工布、彩条布、网眼袋占**15%**；而小包装袋中化肥、粮食、水泥、食糖用编织袋有相当数量是再生旧料生产的低档次产品。因此企业不但要上规模，上档次，还要开发新的差异化产品，做到人无我有，人有我无，才能在市场竞争中处于领先地位。当前塑编产品新的发展动向是功能性的塑编包装袋，如集装箱用液灌编织袋适用货柜液体装运，正在国内外兴起，改变了化工液体包装的旧面貌，提高了产品的档次，市场前景看好。

2. 创名牌，加快出口，努力开拓国际市场

以出口扭转产能过剩，是今后行业内**BOPP**、**BOPET**、**CPP**、**BOPA**发展的一个出路，首先是要创名牌。目前，已在国际上打出的名牌，有江苏中达、佛山东方、杜邦鸿基、安徽国风等，但还远远不够，要走出国门，争抢国外市场，是我们长期努力的艰巨任务，有许多工作要做。

3. 制定行业标准、行规，实行行业联合

当前，解决低价格战，必须要有一个行业规范行为。商品价值规律告诉我们，价格是由成本决定的，无论市场怎样竞争，价格决不能低于合理成本，由于我国人口多，就业难，造成劳动价格相对低廉，而塑编行业又是劳动密集型产品，价格在国际市场上相对较低，这本应该是我们的优势，但随着竞争激烈程度的加剧，一些企业不是从提高产品技术含量入手，而是利用相对低廉些的劳动力，作为降低成本的手段。在企业里，不仅员工工作环境恶劣，还增加员工的劳动强度。因此，价格战在行业中此起彼伏，打得昏天黑地，把市场变成你死我活的战场。这样不仅破坏了国内经济秩序，在国际上形成“中国产品销售价格低于生产成本”的印象，而且造成“中国产品便宜没好货”的坏名声，使包装企业处于不利地位。如果这种情况延续下去，**2005**年取消保护期之后，将不可避免遭受反倾销的打击。若不引起重视，届时将会像**2004**年聚乙烯购物袋反倾销一样，投入大量人力物力去忙于应诉，最终出现失利的局面。

金属容器行业现状及发展趋势

金属容器委员会　翟之荣

我国金属容器包装经过从无到有、从小到大、从弱到强，现已成为我国包装工业中的重要组成部分。其产值约占全国包装工业总产值的**10%**，产品由印铁制罐、两片罐、瓶盖、气雾罐、钢桶五个门类组成。主要为食品、罐头、饮料、油脂、化工、军品、儿童玩具、药品及化妆品等行业提供包装配套服务。

一、金属容器包装发展现状

金属包装产品品种多，规格复杂，其中主要产品有铝质二片罐、马口铁三片罐、食品罐、气雾罐、各种杂罐、1～20 升化工桶、35～200 升容量的冷热轧板钢桶、还有各类瓶盖、易拉盖。

全行业约有 1500 家生产企业，企业类型为：国有、国有控股及大集体企业占 30%、民营企业

40%、中外合资及外国独资占30%。目前金属专业委员会拥有400家会员左右。

金属容器行业是在“六五”期间刚刚起步，发展较为缓慢。“七五”期间，由于市场供求有序，行业呈现出快速发展的趋势。这一状况吸引了大量外商的涉足，从1991～1994年的4年间，外商蜂拥而入，平均每月就有6家中外合资企业宣布成立，故“八五”期间成为金属容器行业发展的鼎盛时期。

由于外商的大量涌入，引进了大批先进的生产设备、先进的技术工艺和科学的企业管理，这些本应是件好事。但由于宏观失控，发展过快，加之乡镇小企业的盲目上马，人1996年开始，该行业开始出现生产过剩、市场供大于求的局面，行业进入发展低谷。

在该行业苦撑了四年之后，2000年下半年始，由于相关行业的持续发展和2001年的入世，金属容器市场终于有了新的转机，部分企业开始有所好转。从1996～2001年五年间，行业的总产量和总产值分别增长了24.22%和28.38%，虽然增长缓慢，总算渡过难关，走出低谷。

但这一好转并未持久，由于2002年5月出台的马口铁反倾销临保措施，作为金属容器行业主要原材料马口铁的进口税率由原来的5%～7%提高到25%，随之国内马口铁的价格节节上调，国外马口铁厂商也跟风而涨，截至2004年涨幅达到80%，致使以马口铁为主要原材料的金属容器行业全面陷入困境。小企业使用部分次铁尚可在夹缝中生存，行业的大企业则举步维艰、无计可施。为了维护行业的正常发展，包协和金属容器委员会负责人，自外经部和国家经贸委发布临保措施后，先后6次向国家主管部门申述：马口铁不应属于反倾销之列。为此，国家经贸委先后两次召集有关协会及生产马口铁企业和用户代表进行协调，经国家经贸委深入调查研究后，终于2002年11月19日正式宣布：马口铁进口量呈下降趋势与临保措施无因果关系，予以撤销。

从2005年二季度开始，马口铁价格开始趋于稳定，终使整个行业摆脱困境，逐步走入正轨。

二、国内发展的趋势

金属容器包装属资本密集、技术密集产业，其产品的主要特点是：保质期长、携带方便、耐碰撞、不易造假，而且金属本身是可回收再利用的环保材料，是符合国家循环经济发展要求的。在“入世”及奥运申办成功的大好形势下，一些相关行业已出现增产势头，还有一些外商也纷纷来华投资，而这些外资企业所需的桶罐不可能舍近求远从国外远隔重洋运进中国，这些都将带动金属包装行业内需和出口商品的双增长。特别是中央提出的“三农政策”与大力发展农副产品深加工的方针，都为金属容器的行业发展提供了更为广阔的发展空间。

在技术装备方面，该行业从国外引进大批性能良好的装备：其中两片罐生产线26条，马口铁三片罐生产线近300条，各种瓶盖进口设备达300多台（套），另有印铁、涂铁设备达800条左右（进口和国产各占一半）。还有相当部分国产性能较好的设备，金属容器行业已具备良好的技术装备基础，促进了我国金属桶罐质量的整体提高，产品质量已达到先进国家同类产品水平。因此，在马口铁及辅助材料价格不再上浮的情况下，金属包装行业将以每年7%的速度递增是可能的，金属容器行业将有可能迎来“八五”以后的第二次飞跃。

目前国内市场金属桶罐的需求与预测

产 品	铝制两片罐	马口铁三片饮料罐	气雾罐	食品罐头罐	各种杂罐
2004年需求	70亿只	60亿只	9.5亿只	38亿只	50亿只
2005年预计	75亿只	65亿只	10亿只	40亿只	53亿只
产 品	易拉盖	各种瓶盖	4～20升马口铁化工桶	35L～200L钢桶	
2004年需求	130亿只	450亿只	46亿只	4000万只	
2005年预计	150亿只	500亿只	55亿只	5000万只	

三、国外金属桶罐发展

目前全世界每年生产各种金属罐4100亿只：

其中马口铁饮料罐和食品罐头及其他桶罐管 2000 亿只、铝罐 2000 亿只、气雾罐约 100 亿只。其中，亚洲在过去的十年中，饮料罐和食品罐增长率分别为：两片罐 250%、三片罐 63%、食品罐 71%。

市场消费以饮料罐及食品罐头两项为例，美国人年均消费各种饮料罐人均 400 罐，我国约 10 罐；日本人年均消费食品罐头约 23 公斤、欧洲人均 50 公斤、美国人均 90 公斤，我国年人均仅 1.1 公斤（扣除出口）。

另据国外报道，在金属桶罐生产中，先进国家已经开始使用 0.07～0.14mm 的极薄金属板覆膜后制成可进入微波炉加热的食品容器。我国现在已研制成功单面覆膜铁，与先进国家相比还存在很大差距。

四、存在问题及改进措施

1. 金属包装行业目前市场已供大于求，铝制两片罐、马口铁三片罐、皇冠盖的产能都大有潜力可挖，应挖掘现有潜力，适当限制重复性引进；

2. 国产包装机械与国外先进设备相比，其性能差距较大，建议机械研究机构应努力研制高性能的包装机械设备，争取替代进口，节约外汇；

3. 金属容器生产企业在保名牌的同时，应开发新产品，在规格、造型等方面有所创新，不能几十年一贯制，不创新就没发展前途；

4. 马口铁价格虽有所平稳，但仍没回到合理的价位水平，波动性较大。建议主管部门对占金属桶罐成本 70% 的马口铁价格给予关注，应控制其价格的稳定；

5. 建议各马口铁生产厂家在可能条件下，生产 0.16mm 以下的超薄型加硬度的薄铁，在不影响质量的原则下，有利于金属容器行业降低成本；

6. 为了提高今后在国内外市场上的竞争实力，金属容器行业应加速企业整合，搞集团化，并推动中小型企业逐步走松散联合的路子。

推进玻璃容器行业持续稳定发展

玻璃容器委员会　杨文丰

玻璃容器产业是一个属于民生经济的传统工业，有着悠久的历史。作为我国整个国民经济不可或缺的配角，玻璃容器产业的生存和发展直接影响着人民的日常生活和相关配套产业的发展。玻璃容器产业因其自身材质特点的不可替代特性，在整个社会和发展中，将发挥重要的作用。

一、我国玻璃容器产业的现状

我国的玻璃容器工业发展可分成下述几个阶段：

1. 新中国成立后到上世纪 60 年代是我国玻璃容器工业开始起步的阶段。在第一个五年计划期间我国相继引进了全套玻璃生产技术和设备，基本形成了我国玻璃容器产业的雏形。玻璃容器的产量也由 1952 年 10 万吨增长到 1965 年达到 41.4 万吨。同时为我国玻璃容器设备技术提供了样板。

2. 上世纪 60 年代后期到 70 年代初，原山东轻工机械厂（现为山东三金玻璃机械集团有限公司）试制成功行列式自动制瓶机和配套的供料机，同时玻璃池炉用粘土大砖的制造成功，促进了玻璃容器行业的生产发展。到 1976 年玻璃容器的产量突破百万吨大关，并已向国外输出全套工厂。

3. 十一届三中全会后到上世纪 80 年代末，随着改革开放，国内对玻璃容器的需求量大幅增长，玻璃容器行业引进新技术、新设备、新材料，促进了国内装备、耐火材料的配套水平提高。玻璃容器工厂结合工厂的扩建改造大量采用先进技术和设备，使我国的玻璃容器在窑炉节能、生产装备和控制水平上向迈进了一大步，并开始筹建整线引进的大型玻璃瓶工厂。先进企业的装备水平已接近国际水平。大型玻璃窑炉的生产能力达 200 吨/日，成型机生产 640 毫升啤酒瓶可达 140 个/分，能耗降到 120 公斤/吨玻璃液以下。

4. 上世纪 90 年代，企业全面进入市场经济，玻璃容器工业也面临结构调整改组的局面，形成了一批企业集团。国外大集团的介入，组建了一批高水平的合资、独资企业，股份制、公有制和非公有制经济，给企业注入了新的活力。灵活的多元化经营，为 21 世纪的发展打下基础。

5. 经过前几年的企业体制大规模的改革，企业改制、改组、改造基本完成，国有资本基本退出竞争领域。有的合资企业经过外方的资金注入，也成为独资企业。部分民营企业虽然建厂比较晚，但是起点高，广泛吸纳技术人才，经营灵活，发展快，有的企业生产能力已达到行业的前列。

生产集约化程度有所提高，2003年玻璃容器产量排名前20名的企业，产量总和250万吨，占总产量的36.5%，利润总额排名前20名的企业利润总和3.59亿元，占行业利润总额的67.5%。

生产企业地区性的集中度也有所提高，日用玻璃（包括玻璃容器和少量的玻璃器皿等）山东178.17万吨、广东80.84万吨、四川65.06万吨、江苏65.06万吨、安徽37.18万吨、河南34.58万吨6个省的产量占总产量的68.7%。

表1　20世纪历年玻璃容器产量

年代	玻璃容器年产量（万吨）				
	60年代	70年代	80年代	90年代	21世纪头十年
0	47.7		164.11	449.26	617.10
1	33.96	71.1	199.24	519.22	638.04
2	35.84	77.68	249.30	563.02	644.32
3	35.31	84.28	269.14	689.68	685.55
4	35.08	82.22	337.07	638.63	785.22
5	41.35	99.15	419.50	797.60	
6	50.2	103.83	483.89	775.16	
7	41.38	122.03	503.33	722.22	
8		137.25	528.11		
9		136.58	467.23	586.16	

注：1999年及以后的产量是全部国有和年销售额在500万元及以上的非国有工业企业统计。

二、取得的成就与差距

1. 取得的成就

改革开放以来，玻璃容器取得了快速、持续发展，1997年玻璃容器产量比1978年的137万吨增长了426%，年平均递增8.66%；2004年比1999年增长33.96%，年平均递增6.02%，递增速度减缓。

产品品种大量增加，玻璃容器基本满足国内酒类、饮料、医药等包装的需要，特别是三资企业生产的啤酒、饮料、葡萄酒等的包装瓶都由国内供应，瓶罐的轻量化工作也取得了很大的成绩。640毫升的啤酒瓶从550克可降到480克，用小口压吹法生产的330毫升啤酒瓶瓶重可降到162克。

固定资产投资迅猛增长，生产能力显著扩大，1997年玻璃容器共有固定资产110.3亿元，生产能力玻璃容器达1030.06万吨。

技术进步成绩显著，随着引进先进的技术和设备，带动了国产机械的机电一体化水平和窑炉节能技术不断提高。随着窑炉控制水平的提高，最大的蓄热室马蹄焰窑的熔化面积超过100平方米，熔化率达3吨/（平方米·日），深澄清池玻璃窑炉多通道式蓄热室的玻璃熔窑及电助熔和全电熔窑等各种形式的节能窑炉使熔化玻璃的能耗大大下降，先进的燃煤瓶罐窑炉吨玻璃液耗标煤250公斤以下，燃油的瓶罐窑炉吨玻璃液耗重油120公斤以下。玻璃熔窑使用的耐火材料品种增加，质量提高，氧化法生产的电熔锆刚玉砖、镁质、硅质、高铝质、粘土质耐火材料及各种保温材料基本可满足国内玻璃熔窑的需要。玻璃制品的自动成型机械为生产各种玻璃制品提供了优质高效的生产设备，国产的行列式制瓶机已可做到八组双滴，并可实现电子定时控制。电子控制技术已用在生产过程控制和生产管理上，已有一部分企业采用电子称称量、计算机控制的自动配料车间，配上原子吸收光谱快速分析成分，对稳定生产工艺，提高产品质量起到积极作用。行列式制瓶机的电子定时系统不仅用在六组、八组机以上的双滴料机上，在八组、六组单滴机上也开始应用。CAD辅助设计缩短了产品造型和模具设计的周期，为企业产品创新创造了条件。

企业结构开始调整，组建了一批企业集团，使企业实力壮大，企业规模有了扩大。最大的玻璃容器生产企业的生产能力已达到年产 45 万吨。

2. 差距

玻璃容器工业虽然取得了很大的成就，但是与国际先进水平比，与国内其他行业比，还存在着很大的差距，整个行业经济效益不平衡，许多企业发展无后劲，一是结构性矛盾仍然突出。突出表现在新产品开发速度缓慢，缺乏在国内外市场上有竞争力和适应市场需求的新产品。二是企业技术创新体系落后，科技开发投入较少，高级专业技术人才相对匮乏，仍过分依赖资源和劳动力优势，制约了企业技术进步和新产品开发。三是企业管理水平和投资主体多元化及公司规范化治理结构仍需进一步提高和完善。目前，中小企业还普遍存在获利能力不强，微利企业众多的问题。行业的装备和技术水平与国外同行业相比，差距见表 2。

表 2 玻璃容器现状与国外对比

	国外水平	国内现状
原料	有专门的原料加工厂，原料成分、颗料度、水分稳定。	无专业的原料基地，各企业自行采购，原料成份、颗粒度、水分变化大。
配料	微机自动配料，称量精确度高，配合料质量好。	部分单位采用微机自动配料，尚有部分人工称量、机械混料；还有极少数是全人工操作，称量不准确，配合料质量差。
玻璃熔窑	玻璃容器以大型窑炉为主，日出料量在 **150～200** 吨左右，一般熔化率可达 **2.5～3.0** 吨/（天·平方米），熔制单耗平均 **110～130** 千克/吨玻璃液；火焰窑的燃料是重油或天然气，已开始使用全氧燃烧技术。	一般的瓶罐窑熔化面积为 **40～50** 平方米，出料量在 **50～60** 吨左右，熔化率在 **1.5** 吨/(天·平方米)左右，熔制单耗平均为 **250～300** 千克/吨玻璃液，除个别地区火焰窑的燃料采用天然气外，大多是重油或发生炉煤气，还有极少量的窑炉采用半煤气或直火炉，能耗高，对环境有污染，极少采用全电熔或电辅加热。
成型工艺	玻璃瓶罐大多采用轻量化生产技术，采用小口压吹技术或用吹吹法生产轻量瓶，轻量瓶采取表面喷涂、套塑等等表面增强技术。	除极个别厂有小口压吹技术和装置外，其余都是传统工艺。
成型机械	瓶罐成型机多是多组、多滴机，一般为八、十组双滴机，目前世界上最大的成型机为十六组双滴；都是机电一体化的设备，制造的产品质量好。	瓶罐生产多数采用六组单滴转鼓配时机，有少量的电子定时八、十组双滴机； 玻璃机械气动的多，能耗高。
成品的检验包装	产品采取自动检验，产品包装用机械进行纸箱、塑料箱集装或散装托盘集装。	大多数产品是人工检验，人工包装。玻璃瓶罐还有用麻袋包装。
原料和成品的质量分析控制手段	原料和成品的化学成分分析多使用先进的仪器分析手段，还采用检测玻璃的物理性能（密度差、环切均匀度等等）进行日常的质量监督和控制，分析精度高，速度快。	原料和成品的化学成分分析部分企业仍使用传统的化学分析法，分析速度慢，不能及时指导生产，仅有少数企业对成品进行检测玻璃物理性能的办法来进行日常的质量监督和控制。

三、国外玻璃容器产业的情况及比较

1. 世界玻璃容器的现状及其发展

玻璃容器的主导产品一玻璃瓶罐，因其透明，化学稳定性好，对内容物无污染，可以高温加热，旧瓶可回收再生利用，一直被认为是最好的包装材料。从上世纪 70 年代起，受到塑料和其他包装材料的挑战，世界玻璃容器的产量是持续而缓慢地增长。

玻璃瓶罐的销售主要在周边地区，与其他包装材料的竞争是价格和质量的竞争。为了与金属罐、塑料瓶等包装材料竞争，玻璃瓶罐生产企业一直在努力使产品质量更可靠，外观更美观，成本更低，价格更廉，采取的主要技术途径是采用节能技术；瓶罐轻量化技术；采用高效成型机械，提高劳动生产率；通过兼并、收买等手段进行企业重组，主宰市场。玻璃瓶罐决定性的因素是买方，无论是过去、现在，还是将来。因玻璃瓶罐生产全球化的目标是尽最大可能接近买主。全球化是对产品的开放，也是对全球销售市场以及全世界原料市场的开放。

先进的节能技术——节约能源、提高熔化质量，延长窑炉使用寿命，是国内外玻璃行业不断探索的目标。现列出世界先进水平的窑炉主要经济技术指标：

劳动生产率：一般 200 吨/（人·年），少数企业可达到 300～350 吨/（人·年）熔制单耗：平均 110～130 千克/吨玻璃液；少数企业可达到 90～100 千克/吨玻璃液。

吨成品单耗：平均 160～180 千克；

熔化率：一般 2.5～3.0 吨/（天·平方米）；

较好 3.0～3.5 吨/（天·平方米）；

瓶重：容量近似 640 毫升的啤酒瓶，一般为 410～430 克/只。

多采用日出料量 150～200 吨大型窑炉，能耗低；油枪系列化，专业化生产。

全氧燃烧技术在过去十年内得到很大的发展。国外在玻璃熔窑上进行全氧煅烧技术改造的实践表明全氧燃烧技术具有低投资、低能耗、低 **NOx** 和粉尘排放等显著的优越性。该项技术的发展被誉为玻璃熔化技术的第二次革命。而玻璃熔化技术的第一次革命是蓄热式玻璃窑的建造。目前已有越来越多的玻璃生产厂商开始采用全氧燃烧技术。

瓶罐轻量化－在美国、欧洲轻量化的瓶罐已是玻璃瓶罐的主导产品，德国 **Oberland** 公司的瓶罐 80％是轻量化的一次性用瓶。小口压吹技术（**NNPB**）、瓶罐的冷热端喷涂是轻量化生产的先进技术。日本也在研究瓶罐轻量化的增强技术。德国海叶公司已能生产出 1L 的浓缩果汁瓶，仅重 295 克，瓶壁表面涂覆薄层有机树脂，可提高瓶子防止擦伤的压力强度 20％。

采用高效成型机，提高劳动生产率－多组、多滴料的成型机仍是世界上制瓶企业的首选的机型，机械制造厂在努力提高机器的性能，使其更好地适应高速优质生产，成型机发展的趋势是以电子部件来替代机械部件，使机构性能更可靠，运行更稳定。德国的玻璃瓶罐工业 1994 年人均劳动生产率为 338.5 吨，1995 年达到 370.1 吨。生产过程的计算机控制和冷端检验保证了产品的高质量。

环境保护：环境保护越来越受到世界人们的关注。节省原料和能源问题引起了包装玻璃的回收。而酸雨则证明禁止 **SOx** 的排放是正确和必须的。“烟雾”和对臭氧层的破坏更要求我们努力奋斗控制 **NOx** 的排放量。玻璃工业还受到越来越严格的有关废气排放法规的制约，使得人们更加重视废品、废料及垃圾的回收利用。由玻璃厂烟囱冒出的白烟所排放烟尘中的 **SOx**、**NOx** 和 CO_2 占人类活动所造成上述污染总量 **0.4%～0.8%**。目前欧洲的现行法规正在逐步实施对排放的限制。为欧洲国家对污染物排放限制指标见表 **3** 所示。

碎玻璃的回收使用，可以降低熔制玻璃的能源消耗，世界各国都很重视碎玻璃回收工作。

表 3　欧洲国家对玻璃窑炉干烟气（8%O_2）排放限度　　　　单位：mg/Nm^3

国　家	德　国		意　大　利		英　国	奥　地　利	荷　兰
烟　尘	50		80～100		100	50	25
SO_x	1000		1000		1750	500	400
HCL	30		30		50	30	30
HF	5		50		5	5	5
NO_x	油	甲烷	油	甲烷			
横火焰	3000	3500	3000	3500	2700	1500	2500
马蹄焰	1800	2200	1800	2200	2700	1500	1700
单元窑	1200	1200	1200	1400	2700	900	900

2. 中国玻璃容器工业所处的竞争态势

综观世界玻璃容器发展趋势和国内玻璃容器行业所处的现状，对中国玻璃容器提出了高的要求，无论在产品品种、产品质量、产品成本、经济效益、营销策略、品牌意识都将面对新的考验。中国的玻璃容器行业面对国内外市场竞争，还存在不少问题，目前的状态是：

（1）玻璃瓶罐总量大，但单个实力不强，企业个数多，但规模小，相应的市场份额占有率低；

（2）玻璃机械自主开发以力弱，整机性能差，尤其是机电一体化水平低于国际水平，制约了行业水平的提高；

（3）市场竞争不规范，不能依法、公平、有序竞争，玻璃容器生产企业归属各地区、各部门，行业间难协调一致，政府宏观调控作用未能充分发挥，也影响了行业的健康发展。

（4）部分企业积累少，技术改造投入不多，以至于整个行业总体上的技术装备、产品档次等方面与国际先进水平、国内企业之间的差距越来越大。

近两年玻璃容器摆脱了低迷的形势，又进入一个发展期，但是原材料、燃料、动力的价格大幅上涨，成为制约发展的瓶颈，如何保持玻璃容器持续发展，是每一个玻璃容器生产者所思考的问题。

四、如何推进玻璃容器持续、稳步发展

科学发展观是进一步总结我国现代化建设的历史经验，从新世纪新阶段党和国家事业发展全局出发，提出的重大战略思想和指导方针。

2005年是全面落实科学发展观，深化改革，转变经济增长方式，进一步巩固宏观调控成果，保持经济社会发展良好势头的关键一年，也是全面实现“十五”计划目标，衔接“十一五”发展规划的重要一年。这给玻璃容器的发展带来了新的机遇与挑战。总的来看，2005年国内经济发展仍将保持高增速长的良好发展态势。应该看到这一轮经济增长的主要支撑因素是居民消费结构升级、城市化进程加快和民间投资日趋活跃，主要是由最终需求拉动、由市场主导的。随着“三农问题”的逐步解决，农民收入的快速增长，农村市场需求将更加旺盛。

但我们应同时看到：(1)今年国家宏观调控政策总的来看并不宽松，煤、电、运的问题还未彻底解决，中小企业融资依然困难，而更加严格的土地保护政策的实施，对企业的利用外资和新扩建项目也将带来不小的影响。(2)市场竞争进一步加剧，(3)在环保上、节能上、发展循环经济上国家都出台了许多法规、规划，这些对我们玻璃容器行业发展提出了更高的要求。

1.树立科学发展观，走新型工业化道路

在十届三次人大会上的政府工作报告中强调要“坚持走新型工业化道路”，“充分发挥企业在技术创新中的主体作用”，“依靠科技进步，围绕提高自主创新能力，推动结构调整”。专家指出新型工业化道路所带来的经济发展主要不是靠资本和其他资源的投入，而是靠人力资本（人的资本和能力）的积累和效率提高实现的，要改变单纯依靠外延发展，忽视挖潜改造的粗放型发展模式，要走科技含量高、经济效益好、资源消耗低、环境污染少、人力资源优势得到充分发挥的新型工业化道路。

玻璃容器是个古老的行业，它的生产工艺是成熟的，但是它又是在不断地发展的一个作业，所以我们要以发展的思维来对待它，要冲破传统的思维模式来进行思考。

在现实生产中。有许多企业就已经是这样做了：对玻璃熔制车间的工艺布局，传统的是一字形布置，即从玻璃熔窑到生产线是按照流程往前布置的。现在有的企业在工艺布置时，将一部分成型线往窑炉蓄热室方向布置，这样可以充分利用厂房的空间；传统的观念是一窑布置二、三条生产线，2004年在无锡的全国第二届玻璃容器行业技术进步交流会上对生产线的配置提出了一窑多线多模腔的观点，对生产线的配置不是一窑二线、三线的模式，而是多线、多模腔，这样可以实现窑炉的大型化，可以充分体现灵活生产线的特点。窑炉大型化的同时实现了节能降耗，这种布置在无锡华众玻璃公司已实现。

玻璃熔窑是熔化玻璃的主要设备，它的熔化率、能耗、熔化质量对以玻璃作为产品材料的企业都是举足轻重的，企业在选型时都很慎重，现在有的窑炉对传统的结构形式作了很大的改动，不管它的形式，只要玻璃料熔化质量好，能耗低，周期熔化率高，就是好炉子，就可以选用。

瓶罐生产的成型机速，传统生产640毫升啤酒瓶在单滴料的行列机上为每组每分钟6滴，后来能达到7滴，但现在国内有的玻璃容器厂进行了设备工艺改进后，有能达到9～10滴的，大大提高了劳动生产率。

要做到这种由量到质的转变，就是要靠科学的发展观，靠人力资本的积累和效率提高，靠冲破传统的思维模式来实现。

2. 优化企业结构，重视科技进步

要加大结构调整力度，采用高新技术和先进适用技术改造玻璃容器行业，培育和发展新的经济增长点，促进企业组织结构和产品结构的优化升级。只要企业能根据自身的地域、装备、人员素质等情况，找准市场，支持走自己发展的路，坚持科技进步，就能得到大的发展。

近几年许多企业由于城市建设的需要，将要迁出原来的厂址，到新的地方去，这对企业的发展是一个新的机遇，要把握住这大好的机会，规划好新厂的建设，从产品品种到厂区规划，从工艺布置到设备选型，都要充分论证，尽可能地做到布局合理，工艺先进，充分留有发展余地，使企业在搬迁后实现一次新的腾飞。

3. 加大节能力度

节约能源是行业降低成本，实施可持续发展的重要途径，也是国家的一项长期国策。

在十届三次人大会上的政府工作报告中指出要“注重能源资源节约和合理利用。缓解我国能源资源与经济社会发展的矛盾，必须立足国内，显著提高能源资源利用效率。一要坚决实行开发和节约并举、把节约放在首位的方针。鼓励开发和应用节能降耗的新技术，对高能耗、高物耗设备和产品实行强制淘汰制度。二要抓紧制定专项规划，明确各行业节能降耗的标准、目标和政策措施。抓好重点行业的节能节水节材工作”。

2004年国家发改委提出了《节能中长期专项规划》，其节能的主要指标：宏观节能量指标：到2010年每万元GDP（1990年不变价，下同）能耗由2002年的2.68吨标准煤下降到2.25吨标准煤，主要产品（工作量）单位能耗指标：2010年总体达到或接近20世纪90年代初期国际先进水平，其中大中型企业达到本世纪初国际先进水平；2020年达到或接近国际先进水平。

平板玻璃综合能耗箱2000年为30千克标准煤/重量箱，2005年要达到26千克标准煤/重量箱，2010年要达到24千克标准煤/重量箱，2020年要达到20千克标准煤／重量箱。

燃煤窑炉效率提高2个百分点，节煤1000万吨。

节能的重点领域重点工程中对玻璃行业（指平板）提出发展先进的浮法工艺，淘汰落后的垂直引上和平拉工艺，推广炉窑全保温技术、富氧和全氧燃烧技术等。规划提出，加快制定《产业结构调整指导目录》，据中国日用玻璃协会介绍，日用玻璃要限止规模小的窑炉的新建。

对于玻璃容器的节能工作，首先是玻璃熔窑的节能，燃料种类的选择。炉型的选择、窑炉结构设计的优化、优质筑炉材料的配用、先进的窑炉设备和热工参数控制系统、生产线的合理匹配都是在改造时要注意的；要优先推荐节能型的蓄热式马蹄焰窑、全电或电辅加热窑、逐步采用富氧、全氧燃烧先进节能技术；要淘汰不保温的窑炉及直火式或半煤气等耗能高的窑炉。

以天然气替代燃料油。也是玻璃容器行业燃料结构变化的一个趋势。采用天然气代油燃烧不仅在技术上是成熟的，而且有较好的经济和环境效益。我国天然气发展潜力很大，天然气总资源量为47万亿立方米现已形成塔里木、四川、长庆等天然气田，预计到2005年天然气年供气量可达550亿立方米，这为扩大天然气使用，用天然气替代燃料油提供了资源保证。塔里木的天然气几乎不含硫。粉尘和其他有害物质，燃烧时产生的二氧化碳少于其他化石燃料，温室效应较低，因而能从根本上改变大气环境质量。

随着西电东送工程的实施，在电力充分、价格便宜的地方用电熔化玻璃或使用电辅助加热也是今后玻璃熔炉使用的一种能源。窑炉采用电辅助加热后，可以适应市场，实现灵活生产，也可以以减少废气的排放量。

空压机、风机等设备也是耗能高的设备，要注意选择节能型的设备。

重视余热利用：玻璃窑炉产生的烟气含有一定的热量，通过余热锅炉，将这部分热量利用起来，用于生产或生活也是对热能的循环利用。

要注意开发节能型产品。

4. 实现瓶罐轻量化生产

瓶罐轻量化生产是增加效益，实现降低万元GDP耗能的一个措施。当然，实现轻量化的前提是生产工艺、设备、管理、质量监控都有严格的要求，产品必须达到质量标准。

5. 重视环境保护

在刚结束的十届人大三次会议上温家宝总理

的政府工作报告里提出要“让人民群众喝上干净水，呼吸清新的空气，有更好的工作和生活环境。”说明国家对环保工作的重视与决心。

在2005年2月16日生效的《京都议定书》就是世界上控制温室效应的一份协议，中国作为发展中国家于1998年在协议签了字。《京都议定书》是由联合国气候大会1997年在日本京都通过，目标是2008年至2012年间，工业化国家温室气体排放总量在1990年的基础上平均减少5.2%。虽然中国作为发展中国家，没有减排任务，但是随着经济的发展，我国将在几年后成为二氧化碳排放第一大国。

自2003年1月1日起施行的《清洁生产促进法》是一部为了促进清洁生产，提高资源利用效率，减少和避免污染物的产生，保护和改善环境，保障人体健康，促进经济与社会可持续发展的法规，清洁生产是为了克服末端治理环境战略的弊端而提出的新的污染预防战略。清洁生产从设计开始到能源与原材料选择、工艺技术与设备采用及运行管理等各个环节，通过不断采取综合性的预防措施，提高资源利用率，减少或避免污染物的产生和排放，以减轻或者消除对人类健康和环境的危害，其实质是污染预防。所以如何降低排放量对每一个包装容器企业来讲，都必须重视。

6. 重视碎玻璃的回收利用

为了节省宝贵的资源，国家发改委提出《发展循环经济》的做法，即“资源－产品－废弃物－再生资源”的反馈式循环过程，更有效地利用资源和保护环境，以尽可能小的资源消耗和环境成本，获得尽可能大的经济效益和社会效益，从而使经济系统与自然生态系统的物质循环过程相互和谐，促进资源永续利用。循环经济是一种以资源的高效利用和循环利用为核心，以“减量化、再利用、资源化”为原则。以低消耗、低排放、高效率为基本特征，符合可持续发展理念的经济增长模式，是对“大量生产、大量消费、大量废弃”的传统增长模式的根本变革。

玻璃制品除了有化学稳定性好、清洁卫生的特点外，可再生利用也是它的一个显著特点（即可重回炉熔制，也可以利用碎玻璃制造产品）。碎玻璃掺入量增加，可降低能耗和纯碱用量，降低生产成本。世界上很多发达国家十分重视废玻璃的回收利用，回收率最高的国家达80%～90%，美国在全国建立了44家大型的废玻璃回收利用加工厂，取得十分可观的经济效益和社会效益。

而我国在资源再生利用方面存在着很大的差距，废玻璃的回收利用差距更加明显。由于回收率低，不仅浪费了宝贵的资源，又对土地资源等自然环境造成了很大的危害，不利于社会的可持续发展。国家现在已提出要发展循环经济，对废弃物的回收利用也出台了一些优惠政策，因此建立专门的废玻璃回收、加工、储运中心，其中包括以环保、环卫系统管理的生活垃圾分类收集及废玻璃回收系统是很有必要的。要把回收的碎玻璃当成一种原料，对其进行分拣、清洗、粉碎；建立储运系统，与用户单位（玻璃工厂）建立碎玻璃原料定点供销系统，要形成废玻璃综合回收网络体系以利于资源的再利用。

以上是笔者的一些粗浅的看法，我相信在全行业同仁的不懈努力下，玻璃容器行业定能不断提高装备和技术水平，在最佳的经济模式下运行，朝着高效率、高质量、多品种、低消耗的方向发展。

中国包装印刷业现状及发展趋势

包装印刷委员会　陈麒祥

改革开放以后，中国经过20多年的经济建设，经济有了长足的发展，近年来，中国经济已逐步进入由量的增长向质的提高过渡的“经济转型期”。与中国经济发展紧密相伴的包装印刷业也随之进入了调整重组，由包装印刷大国向世界强国迈进的一个重要转型期。

一、中国包装印刷业的现状、地位

中国包装印刷业的现状以及在世界业界的地位，可以从以下各表的数据和分析看出：

表 1　我国印刷业的企业、人员构成

	企业数（个）	占总数（%）	从业人员（万人）	占总数（%）
印刷业	179300	100	320	100
其中：印刷企业	94300	53	252	79
三印企业	85000	47	68	21

表 2　我国印刷企业构成

	企业数（个）	占印刷企业比重（%）
印刷企业合计	94300	100
出版印刷	5750	6.10
包装印刷	34800	36.90
其他印刷	50200	53
印前印后	3540	3.80

表 3　我国印刷业产值构成

	印刷产值（亿元）	占全国比重（%）
全国印刷业	2800	100
其中：包装印刷	1146	41
书刊印刷	762	27
报业印刷	459	17
印前印刷	169	6
其它印刷	264	9

表 4　中国包装工业在世界包装工业的地位

	包装产值	占全球比重（%）
全球	4600 亿美元	
中国	3283 亿人民币（约 410 亿美元）	8.9

表 5　我国包装工业的产值构成　　单位：亿元

包装工业总产值	其中：纸包装	塑料包装	玻璃包装	金属包装	包装印刷	包装机械	其他包装
3283	1135	929	89	231	628	170	101 亿
所占比重（%）	34.57	28.30	2.71	7.04	19.13	5.18	3.08

表 5 说明：在纸包装、塑料包装、金属包装中有很大一部分都有印刷，但在包装统计时很多都只统计在纸、塑、金属包装中，未统计进包装印刷，因此在包装工业统计中，包装印刷产值仅 628 亿元。而在印刷业统计中，不管是纸、塑、金属等只要有印刷都统计在印刷产值中，所以在印刷业统计口径中包装印刷产值较大，约为 1146 亿元左右。

表 6　中国在世界包装印刷业的地位（以印刷业为例）

地　区	企业数（个）	从业人员数（万人）	印刷产值（美元）	占世界印刷产值比重(%)
香　港	4400	4 亿	40 亿	1
中　国	94100	320	340 亿	8
美　国	44000	100	1600 亿	38
日　本	37000	40	740 亿	17
德　国	2000	12.5	205 亿	5
全　球	226000		4210 亿	

从以上 6 张表的数据分析，可以得出以下结论：

中国以 8%和 8.9%的比重，已跻身世界印刷和包装大国行列，但中国还远非世界印刷和包装强国，这从以下三个方面的差距可以看出：（以印刷业为例）：

1. 效率

地区	从业人数（万人）	占中国的比例（%）	印刷产值（美元）	占中国的比例（%）	人均产值（元/人）	是中国印刷效率的倍数
中国	320	/	340亿	/	1.06	/
美国	100	31	1600亿	470	16	16
日本	40	13	740亿	220	32.5	32
德国	12	4	205亿	60	17.08	17

2.质量

（1）印刷质量：使用同样的印刷设备，如德国罗兰、海德堡，许多国内企业并不能生产出高质量的印刷精品，其主要差距是印刷工艺技术、印刷管理，印刷工人的技术素质低于美、日、德等发达国家。

（2）机械质量：目前胶印机、柔印机、丝网印刷机、模切机、糊盒等印刷加工设备与世界发达国家的差距仍很大。凹印机虽然国产，如陕西北人、汕头汕樟、中山松德等公司正在追赶世界先进制造水平，但目前仍只能达到世界中端产品水平，距离高端产品仍有较大差距。

（3）材料质量：纸张、塑料薄膜、油墨、版材、橡皮布、胶辊等国产材料，虽然近10年以来有了很大的进步，但高端包装印刷产品所用材料仍由进口唱主角（烟标包装纸、油墨等材料所用的绝大部分仍依赖进口）。

（4）软件质量：在印刷企业的设计，管理软件开发方面，虽然我国也有北大方正等大公司，耕耘在软件这一领域，并在国内具有很高的知名度，但高端软件仍被巴可等世界著名公司所垄断。

3.创新

我国的创新能力很弱，这不仅反映在支柱产业，如汽车、电子等行业，同样也反映在包装印刷行业。改革开放20多年来我国花巨资引进的汽车、电视机等产品的生产线及印刷机，我们只重视引进，其中不少还是重复引进，却没有很好地消化吸收，并在此基础上进行创新，以缩小与世界发达国家之间的距离，实现跨越式的发展。CTP技术、胶印机连线技术是外国的知识产权，套筒技术、冷烫印技术也是国外的创新。30年来我国印刷机制造水平与发达国家相比，仍有很大的距离，这都是因为我国的创新能力不强所致。

二、包装印刷业的几个发展趋势

（一）微利化

有人用这样的比喻来描绘包装印刷利润的变化：上世纪70～80年代，印刷机犹如印钞机，印刷产品就像印钞票一样，利润丰厚，业务饱满，而且货款回笼好；而90年代以后，印刷机变成“印草（纸）机”了，印刷产品就像手纸不值钱了，也就是利润微薄，而且业务难找，资金回笼周期长。虽然这一比喻不一定完全恰当，但它基本反映了一个不争的事实，即包装印刷利润趋向微利化。

那么，微利化是怎样形成的呢？我认为，主要是包装印刷企业同时受到三方面的挤压，即上游产业，也就是印刷企业的供应商，如纸、塑等原辅材料供应商；下游产业，即印刷企业的客户，如制药、酿酒、化妆品、食品等生产企业；以及印刷同行的竞争挤压。

1. 上游产业的挤压

纸张、塑料及其他辅料，因受原料价格上升的影响，它们在价格上也作了相应的调整。如纸张因国际上纸浆价格和废纸价格的抬升，纸张价格跟着上涨。价格上涨最明显的应该是塑料。伊拉克战争以来，国际石油价格连年攀升，国际石油价格两年多来已连续突破每桶50美元、60美元两道大关，最近因南美飓风破坏了石油生产设施，国际油价再创新高，突破70美元的大关。我们塑料包装印刷企业的主要原材料是塑料，受国际油价上涨的影响，塑料价格也大幅上涨，如聚乙烯，2003年6月，每吨大约6500～7000元，而到2005年7月，价格已上涨到每吨15000～16000元，两年间价格上涨130%。而且这种价格上涨趋势，未见丝毫停滞的迹象，这对塑料包装印刷企业来说，无疑是一大灾难。130%的上涨幅度，企业很难自行消化，这种危机又难以向下游产业转移，因此，整个行业举步维艰，亏损企业数量不断上升，甚至在全国颇有知名度的一些大企业也难逃亏损厄运。

2. 下游企业的挤压

由于食品、药品、化妆品等行业竞争激烈，为降低成本，增强产品竞争力，食品等下游企业每年都会要求其供应商（包括包装印刷企业）在上年的供应价格基础上再下浮3%～5%，特别是一些规模大、品牌好的合资、外资企业，每年要对其供应商作一考核评估，并在此基础上，提出价格下浮3%～5%的要求，如不能满足其要求，很可能会将此业务转移他方。因此，包装印刷企业对此做法既头痛又无奈，往往这种业务经过几年的价格下浮，成为“鸡肋”——食之无味，弃之可惜。更有甚者，一些下游企业利用网上竞价，迫使包装印刷企业为争取这块“蛋糕”在网上竞相压价、相互厮杀。很多包装印刷企业最害怕这一招，据说只要上网竞价，印刷工价最多可下跌40%，许多业务就此只能眼睁睁地看着丢失。

3. 印刷同行的挤压

包装印刷行业由于行业门槛较低，上世纪70～80年代，行业利润率较高，因此产业扩张迅速，特别是近十年来，每年都以两位数并高出经济增长2～5个百分点的速度高速增长，其中有一部分是盲目引进，重复建设。比如，凹印机在云南一个省就有50多条生产线，据称，实际开机率大约60%多一点，类似情况，在其他方面，如平板胶印等都时有发生。这种盲目踏进这个行业，盲目引进设备，明显加剧了这一行业的竞争。僧多粥少，许多企业嗷嗷待哺，印刷业务成为稀缺资源。为从别家企业手中争夺印刷业务资源，很多企业被逼使出降低印刷工价，实际是饮鸩止渴、伤害行业的无奈之举。为了自身的生存，企业之间相互压价，惨烈竞争，把整个行业拖入了微利甚至亏损的境地。

包装印刷行业由于受到以上三个方面的无情挤压，微利化这一趋势，看来近期难以扭转。

（二）绿色化

随着国家对环保问题的重视和国民环保意识的增强，“绿色”一词已成为当今社会的一个时髦词汇，绿色能源、绿色食品、绿色建材……已成为我们日常生活的一种追求和时尚。随着绿色消费观念的深入人心，“绿色包装”、“绿色印刷”的呼声也随之高涨。所谓“绿色包装”、“绿色印刷”，主要是指不破坏生态环境，不威胁人体健康，节约资源消耗。例如，用水性油墨替代苯类油墨，用水性上光替代油性上光，用蜂窝纸板、纸浆模材料替代聚苯乙烯发泡材料，这些都可以减少对环境和人体的损害。

2005年国家已正式出台了《绿色食品包装通用准则》，根据《准则》要求，包装考虑的首要因素是尽量减少材料使用量；包装应无毒、可回收或可降解；纸包装表面不得涂蜡、上油，不允许涂塑等防潮材料；纸箱上的标记必须用水性油墨；金属类包装、玻璃制品不应使用对人体和环境造成危害的密封材料和内涂料；塑料制品不允许使用发泡聚苯乙烯、聚氨酯等产品；外包装应有材料明示，使用说明及重复使用、回收利用说明及绿色食品标志，印刷外包装的油墨或贴标签的粘合剂应无毒，且不应直接接触食品。

2005年开始，国家和行业协会根据中央提倡创建节约型社会的号召，本着节约资源的原则，又从月饼包装减量化入手；7月18日国家标准化管理委员会公布了《月饼国家标准草案》，开始公开征求公众的意见。根据《草案》的规定，不仅对月饼质量作了规定，还对月饼包装作了详尽的规定。月饼包装成本不能超过出厂价的25%，而且单件包装的空位不超过总容量的45%，多件商品混装一盒，须根据商品形态与商品性能合理摆放，其空位容积，不超过盒内容积的50%。

月饼标准把包装作为标准的一个重要组成部分，这充分体现了国家对绿色包装的重视，这是一种信号，也是发展绿色包装的一个开端。相信今后类似的绿色包装规定还会相继出台。绿色包装与商品相伴相随，将成为一种不可逆转的发展趋势。

（三）园区化

近几年，随着我国包装印刷业的高速发展，包装印刷园区建设已成为各地政府和业内外人士的热门话题，许多地方都倾全力投入，一时间，“包装印刷基地”、“包装印刷”、“包装印刷产业园”犹如雨后春笋，在全国各地特别是沿海地区遍地开花。如广东中山的中国包装印刷基地、浙江温州的中国印刷城、江阴的软包装生产基地、河北雄县的中国北方塑料印刷基地、上海长江三角印刷城……。近二年，珠三角印刷产业带、长三角印刷产业带、环渤海印刷产业带，还有大珠三角、泛珠三角印刷产业带等等新名词、新概念更是不绝于耳。园区建设呈现规模越来越大、范围越来越广、层次越来越高的发展趋势。

从这几年各地包装印刷园区的建设情况看，我个人认为成功的并不太多。那么，为什么还有那么多地方、那么多人趋之若骛呢？而且据我了解，许多园区还是私人掏腰包建设的。我想印刷园区作为产业发展的一种模式，它既然能够存在，能成为热点，而且还能持续升温，必然有其规律和优势所在。我认为，包装印刷园区至少有以下四大优势：

1. 集聚效应

在特定的空间内，高密度集聚同一行业的企业群将大大促进企业经营意识、经营环境和作业流程的改善。这就是企业集聚所产生的效应。

在我们日常生活中，集聚效应表现得最为典型的是大型超市和美食街。大型超市将衣、食、用等各种商品集聚在超市内，吸引了大量的客流，使超市销售量大幅度上升，超市的进货（采购量）也相应上升，采购成本大幅度下降，销售价格也随之大幅度下降，价廉物美吸引更多的客流。这是个良性循环，这个良性循环的关键就是商品的集聚，引来人气客流的集聚。而美食街是饭店的集聚，由于酒家之间相互竞争，迫使他们要以装修豪华、菜肴精细、花样翻新、价格低廉、服务周到来吸引众多客人慕名而来，使美食街名声大噪，人气旺盛、生意兴隆。

同样，包装印刷园区通过许多知名企业、有特色的企业，包括包装印刷器材供应商的入驻，在园区内形成包装印刷企业及其供应商的集聚，许多客户也会慕名而来，他们来园区感觉就如同进了大超市，选择余地大，不管要何种包装、哪种印刷，在园区内部都能找到。由于园区内企业集聚，因此价格更合理、服务更完善、质量更放心。客户多了，人气旺了、销售高了、效益就好了。所以集聚效应最终会产生规模效益，不管是大型超市、美食街，还是包装印刷园区都是这样。

2. 链接效应

园区一般招商引进的企业不仅是包装印刷企业，而且还有同一产业链上的原辅材料、机器设备供应商，甚至还有食品、日化、电子等下游产品生产企业。这些同一产业链上的上下游企业通过园区这一平台，将上下游企业在地域上相对集中地链接在一起，在园区内形成关系密切、相互依存的产业链。这种链接产生的效应是上下游产业之间信息沟通快捷，供货时间缩短，商务成本降低，售后服务方便，形成共赢的局面。

3. 错位效应

错位效应就是企业发挥各自优势和特长，通过差异化发展，形成错位竞争。我们知道，园区招商引进的包装印刷企业规模大小、实力强弱、加工特点都不尽相同。还有后序加工如上光、腹膜、模切、烫金、糊盒等企业。

规模大、实力强的企业，自我配套能力强，它可能拥有印前、印刷、后序加工的大部分设备和加工能力，但这样的企业毕竟为数不多。大部分企业会有协作配套的需求，特别是一些小企业，因为资金有限，他们不可能像大企业那样同时投资印前、印刷印后多种设备。即使能这样做，因为受资金制约，其设备档次也不会很高，这些设备加工的产品质量也不会很好。因此这些企业可能会集中资金投资某一专业加工设备，如印刷机或糊盒机和模切机，这样的设备档次会相对较高，其所加工的产品也会相对较好。这样，在园区内实力不强的中小企业有的专业从事印刷，有的专门从事后序加工，形成差异化发展的产业格局。通过发挥各自设备的优势和加工特长，相互协作配套，照相能生产出包装印刷精品来。这不仅可以避免园区企业高度同质化所引起的恶性竞争，而且还形成企业差异化发展所产生的错位竞争的良好效应。

4. 效率效应

由于园区内企业集中，便于政府进行产业管理和政策引导，可大大节约政府的管理成本和提高政府的管理效率，同时，也有利于政府根据园区的特点和实际情况集中制定一些优惠、扶持政策或针对某一特定对象制定特殊的政策，使区内的企业得到更多的实惠和发展机会，这就是园区带来的效率效应。

中国食品和包装机械行业浅析

何南至

一、二〇〇四年行业发展形势

2004 年中国食品和包装机械工业在全行业各级领导和职工的共同努力下，迈出了重要步伐，取得了骄人的业绩。产品销售收入达到 **558.164** 亿元人民币，较 **2003** 年的 **460** 亿元增长了 **21.34%**，是近 **10** 年来增长最高的一年，而从业人员仅增长 **2.27%**；全员劳动生产率增长了 **35.128%**，达到 **73211** 元/人，但与汽车（**128511** 元/人）及工程机械（**103989**

元/人）相比，还有相当大的差距；产品销售率为98.23%，好于上一年。但产品销售收入利润率为6.52%，低于上一年的6.62%；成本费用利润率为6.91%，较2003年的7.00%有所下降。流动资金周转次数为1.23次，虽然较上一年的1.18次有所上升，但在机械行业中仍排名最后，这也是影响企业效益的原因之一。通过以上三项指标，说明行业经济效益不容乐观。分析原因一是行业低价竞争激烈；二是竞相压款发货，有些则是设备有些小毛病导致尾款不能收回；三是原材料涨价而设备未提价，仅仅依靠技术进步未能抵消材料价格上涨。另一个比较突出的问题是新产品产值率仅为9.84%，较2003年的12.07%下降了22.7%，只相当全国机械工业新产品产值率19.64%的一半，排名第十位，仅好于文化办公设备行业和通用基础件行业。

新产品开发一直是困扰行业进步的老问题，行业技术力量整体不足，专业科研机构未能发挥应有的作用，大部分企业的技术力量主要用在维持日常生产的需要，基础研究无力去做，新技术不能在自己的设备上应用，所开发的新产品往往是在抄袭国内同行或国外已卖到中国的设备，即使是国外已卖到中国的设备大多也是国际上普遍应用，甚至有些已是“过时”的设备，甚至不一定比国内现有的设备“先进”。抄袭国内同行的设备作为新产品开发，一般都不如原创者卖的好，总之，新产品无新创意，自然也就没有好的、新的市场。但是像杭州中亚设备有限公司那样完全独立自主开发的新产品，吸收国外同类设备的优点，结合中国用户的需求，市场定位准，新技术应用多，敢为人先，因此市场好，卖价高，效益好，成为本行业新技术开发的典范。他们已经做到了“人无我有，人有我先（技术先进）”，因此杭州中亚近几年发展很快，听到他们的反映都是场地不够用、电力不够用、工作忙不过来、订单应接不暇，从未听说他们说过市场不好！广州达意隆包装设备有限公司是行业的后起之秀，他们企业的特点是两头大中间小，即新产品开发及设计是大头，销售服务也是大头，加工制造是小头，只加工关键零部件，全部使用的是进口和国产的加工中心。一般零件靠外协加工，整机组装则严格把关，因此质量上乘。短短六年时间，2004年的销售额达到4.38亿元，而且设备成套出口，他们依靠的是新产品新技术和有创意的管理模式。虽然他们自己不搞或很少搞机械加工，全员劳动生产率（即人均增值额）却很高，这种高效益完全是新的管理模式和新的技术所创造出来的。

我国食品和包装机械的服务对象主要是食品工业企业，向这些企业的销售额占总销售额的70%以上，国家在政策上给予食品工业大力扶持，党中央国务院从我国经济发展的战略高度把发展食品工业，大力开展农副产品深加工与解决“三农”问题密切结合起来，2004年，一大批农产品加工产品特别是屠宰及肉类加工产品、水产加工产品。食用植物油、主食方便食品、蔬菜水果加工产品、乳及乳制品等产量均有大幅提高。食品工业的高速增长直接带动了食品和包装机械的增长。2004年食品工业固定资产完成投资1213亿元，与上年同比增长27.77%，其中企业自筹投入的资金占74.46%，这是拉动食品和包装机械增长的主要原因。但是目前我国食品工业整体水平还偏低，产品的更新换代及新品种的开发速度还比较慢，技术创新能力还有待提高，食品工业的布局还有待改进，东、中、西部的发展还不平衡；食品工业的产品品种、安全性及深加工方面尤其是资源综合利用方面还不能满足人们日益增长的需求。这些问题主要靠食品和包装机械制造业提供先进的技术装备及可自动控制产品质量的检测仪器来帮助解决。食品装备制造业任重而道远。

进出口方面。2004年食品和包装机械（扣除家用器具）（下同）进出口总额为257877.63万美元，较2003年的28.22亿美元下降了9.42%，其中进口222140.15万美元，较2003年的24.60亿美元下降10.74%，出口35737.38万美元，较2003年的3.61亿美元增长1.12%，增幅不大。进口设备中，食品机械27275.87万美元，占总进口量的12.27%，只有2003年的7.2亿美元的37.9%，包装机械进口194864.38万美元，较2003年的17.4亿美元增长11.99%。出口设备中，食品机械7871.77万美元较2003年的1.63亿美元下降48.28%；包装机械27845.61万美元，较2003年的1.99亿美元增长39.92%。总体形形势还是很乐观的，但也存在不少问题，突出表现在质量上，有的企业到印度海德拉巴参加国际包装展，参展设备不能表演，因为螺孔偏差太大，固定螺栓穿不过，料架无法固定。用户订购100台，但要求将样机留下，但我们的样机就不敢留，坚持要回运，如果我是用户，我也会想不通的。其实这不是任何技术问题，而是管理和责任事故，无论是内销还是出口都不应该出现这样的问题，按理说，出口价格较高，质量应更好才对。

根据海关的统计，我们对 2003 年、2004 年两年的出口情况做了比较详细的分析，设备主要是出口到东南亚，2004 年占到总量的 25.14%，较 2003 年有所下降，其原因是出口到美国占的比重上升，达到 21.86%。

关于行业发展。根据行业“十一五”规划的预测，2005 年国内市场总需求将达到 850 亿元，国内企业总销售额约为 620 亿元，在 2004 年 558 亿元的基础上只需增长 11%便可达到，近十年最低增长率是 12.96%，所以国内销售总额可望突破 620 亿元。而从 2004 年看，进口额增长不大，所以国产设备 2005 年的市场占有率会上升。预测到 2010 年国内行业总销售额可以达到 1300 亿元，市场需求可以达到 2000 亿元，考虑到国际上新工艺新技术不断涌现，按照 2004 年行业新产品产值率仅为 9.84%的实际情况，到 2010 年我国将进口超过 700 亿元的食品和包装机械。有些企业抱怨市场不好，需求不旺，而我们有很大的一块市场是被进口设备占领了。最近半年，协会接待了西班牙、意大利、英国等同行企业前来咨询进入中国市场的可能性。看来，他们对中国市场比我们自己敏感。其实他们有好多设备我们自己也在生产，但他们认为他们设备的质量更好、更可靠，他们有信心分得一些份额。看来，国际形势及国内需求都逼得我们要开发新工艺、新技术，设备要上新水平，产品要上高质量，否则我们只能眼巴巴地看着市场被别人抢走。

“十一五”期间，农副产品加工设备将是行业发展的重点，因国务院已确定农业、农村、农民（即“三农”）作为今后较长时间的工作重点，而解决农民致富的一条重要途径是农副产品资源的综合利用、加工，就地增值，市场需求旺盛的食品和包装设备是：(1)淀粉加工机械，包括麦、米、豆、谷类干法及湿法加工的玉米、薯类淀粉及其综合利用设备，“十一五”期间市场需求量将超过 500 亿元。(2)水果、蔬菜加工及综合利用设备，如果将加工量提高 10%，即年加工达到 5500 万吨，大约需增加年加工能力为 20 万吨的生产线 250 条，市场对设备的需求量将达到 150 亿元。(3)肉类加工设备，如果肉类加工比例达到 20%，即净增加工量 600 万吨，需增加生产线约 400 条，市场增加需求达 80 亿元。(4)啤酒行业已趋稳定，每年增长在 5%左右，5 年净增量为 750 万吨左右，其啤酒生产及灌装、包装设备需求将超过 400 亿元。(5)“十五”期间饮料消费的增长较高，达到 20%～30%/年，“十一五”期间可能会前强后弱，但平均增幅仍会超过 10%，即“十一五”期间会净增 1000 万吨以上，其水处理、灌装及包装设备约需 100 亿元。(6)水产品加工设备“十一五”期间，水产品将向深加工及综合利用方向发展，如按增加 10%的深加工量为 470 万吨，约需增加设备投资 200 亿元。(7)乳品机械目前大部分为进口，尤其是乳品包装机械 95%以上为进口，共进口了近 1000 条生产线，包装材料市场也几乎是清一色靠国外供应，“十一五”期间国产设备将逐步进入市场，加工包装及包装材料机械可占领国内增量的 30%～40%，可增加年销售额约 60 亿元。(8)豆类加工机械，重在提高综合利用能力，提取各种微量元素及各种蛋白质，发展单肽分离技术，每年设备的净增需求将超过 30 亿元。(9)其他包装机械，如制瓶、制袋、捆扎、打包、纸容器、塑料容器、玻璃容器、金属容器、水泥、化肥、农药、人畜用药等包装机械，随着生产的发展，包装机械年增长率应在 15%～17%，平均年净增量应超过 50 亿元。

国内市场 2004 年约 712 亿元人民币，如按 16%的增条率，2005 年底只能满足 647 亿元的交货值，出口增长率如能达到 15%，2005 年底将达到 5.1 亿美元（合 42 亿人民币），则国内市场将要进口高达 30 亿美元的食品和包装机械。

预测到 2006 年，新的杀菌技术、保鲜技术、活性包装技术、抗菌包装技术等将随着设备被引进中国，这些技术在中国还未开发研制，届时一部分企业会借鉴这些技术发展自己的新产品。“十一五”期间，高端产品的国产设备占有率大约只有 1/3，而近几年进口较多的设备大部分将会被国内借鉴开发。由于科研投入不足，开发资金太少，这种新技术、新产品的差异将会维持至少十年。

但出口部分有可能较快上升。因为目前国内一些较新的技术对东南亚市场、俄罗斯市场、中东及非洲市场都是未来几年的适用技术及装备，出口前景看好。近几年出口增幅都达到 20%以上。如广州达意隆公司，2004 年已开始整线成套出口，承接包装工程，一单做到 800 万美元，2005 年初，出口一单做到 1400 万美元；汕头安平食品机械厂、粤东机械厂、汕头东源轻工机械厂有限公司、张家港金荣包装机械公司等企业的设备出口比例都在60%以上，中国华联（温州）亿元销售额有一半是出口。上述企业都是出口做得比较好的，相信他们能做到的，其他厂家也能做到。有的企业也想做出口，但没有主动出击，在国外没有知名度。最近有几家企业反映，设备出口做好了，世界知名企业就主动找上门来要合作生产，如肇庆科华、汕头东源就是如此。瑞典利乐拉伐公司是世界知名企业，中国进口他们的生产线已超过1000条，但他们"出口"到中国企业的设备有些是委托我们的杭州中亚机械公司、达意隆公司、乐惠集团生产的，挂的都是利乐的牌子。这也说明现在我们有些企业的制造水平已达到世界先进水平。英国、西班牙协会是希望在国内寻找代理企业过渡，然后再谈合作生产，我们则明确告诉他们，中国的同类机器价格比他们低很多，他们的普通设备很难与我们国产设备竞争，我们总是鼓励他们与我国企业合作生产，由他们去管国外销售。关键是他们对我们的制造能力还不太了解，信任度还不够。要想取得国际信任，就要在适当的场合让自己的产品亮相，国内大型行业展会上就有国外企业专门来搜集产品情报的，我们就应该认真地展示自己。广交会、南博会是专门为外商采购中国产品提供的会展，尤其是南博会，主要是针对东南亚联盟的10个国家，而且协会又向组委会争取到组团参展，2006年争取设食品和包装机械专馆，而且我行业出口到东盟十国的设备占到总出口额的25%，希望有志做出口的企业不要放弃南博会这样的机会。还有一些国际知名的展会，如德国的杜塞尔多夫、意大利的米兰、美国的芝加哥和拉斯维加斯展会等，中国展位越来越多，即使是印度海德拉巴新开的包装机械展销会，我国产品销售情况亦很火暴，协会对上述大型国际展都会组织会员企业参展，以此来推动行业的出口。但我们也希望各参展企业不要将价格报得太低，一定要加进售后服务的费用，社会责任的费用，质量保证的费用等，不能只考虑硬成本，不要把低价竞争带到国际市场。最重要的还是要保证产品质量，没有高质量的产品，就不要到各展览会去亮相。希望到2010年我国的食品和包装机械出口额要达到12亿美元/年，并有一批高水平的设备出口。

二、行业与国外水平的差距

国外包装和食品机械水平高的国家主要是美国、德国、日本、意大利和英国。而德国的包装机械在设计、制造及技术性能等方面则居于领先地位。德国包装机械的77%为出口。中国是德国食品加工和包装机械的主要出口国。最著名的是克朗斯公司（KRONES），2002年销售额达到20亿欧元，中国知名的啤酒企业都进口过他们的设备。最近几年德国设备表现出如下特点：(1)工艺流程自动化程度越来越高。目前自动化技术在包装生产线中已占50%以上，大量使用了电脑设计和机电一体化控制，目的是提高生产率，提高设备的柔性和灵活性，增加机械手以完成复杂的包装动作（模拟手工包装）。每个机械手均由单独的电脑控制，摄像机监视包装动作并将信息反馈到电脑以调整动作幅度，保证包装的高质量。同时对包装材质及厚度有自动识别功能，再由电脑计算后去控制机械动作，完全是个"自适应"系统，保证系统在最优状态下工作。(2)提高生产效率，降低工艺流程成本，最大限度地满足生产要求。德国的啤酒饮料灌装设备目前已达12万瓶/小时，香烟包装机达到12000支/分。高速设备一旦出现故障，损失也同样惊人，所以高速设备一定要有故障分析系统（自诊断系统）并能自行排除故障，使生产率得以提高。(3)适应产品变化，设计具有好的柔性和灵活性。为适应竞争需要，产品更新换代的周期越来越短，有的产品甚至一季一变，而产量都很大，包装机械的寿命远大于产品的寿命周期，所以某些包装机械要能适应产品的变化，只能以柔性和灵活性来适应，包括量的灵活，构造的灵活和供货的灵活。构造可以采用单元模块化，供货灵活是指一机可实现多种包装组合，设多个进料口及不同形式包装，再组合到一个中包装。(4)成套供应能力强。如一条饮料灌装线，有200多个微电脑件，100多种控制软件，灌装封盖部分又是两套组合，其他部分共用，总体效果是120000瓶/小时的生产线，一个供货商可以为用户进行工程设计、安装、调试，最后交用户验收。(5)包装机械设计普遍使用仿真设计技术，把各种机器单元以数据库形式存入计算机，把图纸数字化后输入计算机，由计算机自动合成三维模型；再把实际生产时的指标和数据、可能发生的故障等输入计算机，计算机三维模型即可仿照实际工作情况进行操作，演示出生产能力、废品率、生产环节的匹配，生产线瓶颈在何处等，还可根据用户意见进行修改模型直到用户满意。采用计算机仿真技术后，大大缩短了包装机械的设计周期及新产品开发周期。

另外，20世纪80年代末开发的冷杀菌技术在国外已开始应用，他们包括超高压杀菌、超高压脉冲电场杀菌、强磁脉冲杀菌、脉冲强光杀菌、微波杀菌、放射线杀菌、紫外线杀菌、臭氧杀菌、超声波杀菌、高能射线杀菌和低温调控杀菌等技术，另外还有生物保藏技术、活性包装技术、栅（栏）障（碍）技术、膜分离技术及抗菌包装技术等都是在食品加工和包装方面的最新技术，食品超高压处理技术被称为“食品工业的一场革命”，“当今世界十大尖端科技”等。冷杀菌又称为物理杀菌，是当代的崭新技术，为了保持食品功能成分的生理活性及保持食品色、香、味及营养成分，所以食品包装机械在设计制造上采用冷杀菌技术是非常必要的。我国已有高等院校在着手这方面的工作，但还未见有实用技术的报道。上述技术的开发应用将有巨大的市场空间。

三、行业存在的问题

（1）研发经费少、技术力量薄弱

全国研发经费只占企业销售收入的0.2%～0.3%，研发人员只占从业人员的3.5%～4%。有些企业主要是测绘仿制国内外同类产品，没有自己的研发力量，研发投入极少，只靠低价竞争。

（二）低水平重复太多

所谓低水平产品是指技术含量低，制造工艺简单，加工设备精度要求不高的机器。多数企业靠这种产品起步，一部分企业靠低水平产品积累资金和经验，向中高档产品迈进；一部分企业则停滞不前，小富即安。低水平重复生产比较集中的产品是自动封口机、单刀封口机、小型灌装机、杯装封口机、小型碗装机、小型打码印票机、小型肉食加工机、小型粮油加工机、小型磨面机、小型薯类轧粉机、小型干法覆膜机等，这类在20世纪80年代初曾为食品和包装行业立过汗马功劳的机器，现在虽然还有需求，但大多数用户都名不见经传，有的甚至是专门生产假冒产品。

（三）行业科技力量不足

行业不大，大专院校相关专业及科研院所共有80多所，可谓力量不弱。但目前情况是研究院所忙于创收保饭碗，有的形同一个工厂，只忙于加工生产及营销；有的想搞研究又没有经费；有的有技术但找不到中间实验的用户，生产企业又不愿出钱冒风险，以至于产、学、研脱节，本来就不强的技术力量没有发挥出应有的作用。世界前沿的冷杀菌技术目前在我国还没有进入应用研究阶段，仅开始冷灌装设备的生产，还谈不上冷杀菌。

（四）国际贸易人员匮乏

第一表现在国内没有一家本行业专业进出口公司，现在3亿多美元的出口大都是企业自己做的，一切就绪后找有出口权的公司下单。还有一些是进出口公司遇上要食品包装机械的客户，稀里糊涂接订单，回国后再询价。第二方面是企业不懂进出口业务，年出口300万美元的企业甚至没有一个外语口语人才。对国际行情不了解，报价方面只信守“国内售价加30%出口”，甚至出现报价过低而失去用户信任的现象。有的是报价低了，售后服务就赔钱，导致售后服务不好。还有些企业将低价竞争带到国际贸易上。

（五）应变能力不强

随着食品加工工艺的变化，机械应该随着变化，但基本原理和主体结构是不变的。包装机械的变化则更为突出，被包装物的形状，大小及阴隔性要求千变万化，可以说每一台包装机都是“非标准”机型，每个客户都有不同的订货要求。所以食品和包装机械制造企业必须有一定的技术力量应付日常生产的需要。国外有些企业是采用模块化设计来解决这个问题，企业可根据用户的不同要求将各种动作模式组合起来形成一种新的机型，但模块化需要预先进行大量分析、调研、设计、实验，耗费人力、财力，短期还不能见效益，很多企业都无力去做，一般都是临时抱佛脚的方式，专为用户设计，往往也影响交货期。

我国运输包装的发展现状

彭国勋

在制造企业和商业企业面临日益激烈的全球化竞争的新形势下，降低物流成本已经成为企业的第三利润来源。现代物流系统，以信息技术为核心，集合包括包装技术在内的多种技术，使得物流效率大大提高，成本大幅度降低，风险进一步减少，服务水平得到提高。运输包装合理与否将直接影响物流活动的生产率，没有科学的运输包装将零散的商品成组化和信息化，就没有现代的物流系统。

随着我国改革开放的不断深入，中国企业将逐步融入经济全球化的大潮中，而国内外市场对商品包装的标准及要求也越来越高。当前发达国家的生产企业已把降低物流包装成本放在首要位置，在制造企业和商业企业面临日益激烈的全球化竞争的新形势下，完善产品包装功能，降低产品包装、物流运输成本已经成为企业的第三利润来源。同时，由于生产企业对运输包装技术普遍不太了解，重视也不够，且缺乏专业的包装技术人才，而运输包装技术又是一种高度综合、交叉的技术，涉及产品的包装、运输、仓储、流通、废弃处理等全过程；运输包装既要达到保护产品、方便运输与物流。促进销售、提高产品附加值的目的，又要考虑到节约资源和保护环境。

随着经济全球化和贸易自由化的不断发展，各国采取的贸易保护措施发生了很大变化。传统的贸易保护措施如关税、许可证、配额等逐步被削弱甚至取消，一些新型的贸易保护措施不断出现，如技术性贸易壁垒、绿色壁垒、知识产权、包装、企业社会责任等，对国际贸易的影响越来越大。

近年来，由于技术性贸易壁垒具有技术性强、隐蔽性高、透明度低、不易监督等特点，已逐渐成为发达国家采取的最主要的贸易保护措施之一。一些发达国家以维护国家基本安全、保障人类健康和安全、保护生态环境、防止欺诈行为和保证产品质量为由，凭借他们科学技术和社会经济的发展优势，通过制定技术法规、标准和合格评定程序等方式对商品提出苛刻的市场准入要求，给其他国家尤其是发展中国家的对外贸易造成很大的障碍。

我国加入世界贸易组织以来，对外贸易一直处于快速增长状态，出口商品技术含量逐步增加，结构进一步优化，对国民经济发展的贡献越来越大。2004年进出口贸易总额超过1万亿美元，位居世界第三。尽管我国已成为贸易大国，但在发展中还面临一些问题，特别是发达国家纷纷制定技术性贸易措施，我们相当数量传统优势产品的出口遇到了困难，他们的“大门看似敞开了，实际上门槛提高了”。调查表明，国外技术性贸易壁垒对我国出口的影响已经涉及我2/3以上的出口企业、1/3以上的出口商品，每年造成的损失约200亿美元。企业跨越国外技术性贸易壁垒遇到的主要困难有：不了解国外的信息、缺少有效的解决方案、没有足够提升技术水平的资金。

目前针对上述情况的运输包装技术，主要集中在避免产品破损、减少装卸环节，方便运输储存、降低综合成本和应对欧美等国对进口产品包装所设置的绿色技术壁垒等问题上进行开发。

运输包装设计中最重要的内容是缓冲包装设计。20世纪70年代，MTS公司与密歇根州立大学包装学院合作，总结出缓冲包装设计**五步法**。1986年，Lansmont公司F.C.Bresk等人提出了缓冲包装设计**六步法**，在五步法的(2)与(3)步之间增加了新的一步“产品重新设计”，此步强调改进产品冲击脆值超标的易损件强度和刚度，增加振动脆值超标易损件的阻尼等，常常可以大幅度降低缓冲包装成本。

因此，目前进行缓冲包装设计都按**六步法**：

（1）确定环境条件；

（2）确定产品脆值；

（3）产品重新设计；

（4）选择缓冲材料；

（5）设计原型包装结构；

（6）试验评价原型包装。

下面分别就这6方面的发展情况进行讨论。

（1）确定环境条件

环境条件包括产品流通中的动力学环境条件和自然环境条件两个方面。

产品流通中的动力学环境条件主要包括储存中的堆码－静载荷，以及运输中的冲击和振动－动载荷。

自然环境条件应考虑：雨淋、潮湿、高温、冷冻、阳光、虫、鼠、辐射、防盗等等。

静载荷问题中最常见的问题是纸箱堆码强度计算。通常可以参考《运输包装》等教材中的公式进行估算。实际环境条件因子的修正系数的选取是难点，有待于设计者的长期经验积累。目前，一些能大幅度提高纸箱抗压强度的新结构正在被开发现来。充分发挥其他结构材料和内装物支撑能力的复合结构方案，越来越受到重视。其他运输容器的抗压强度估算同样有其相应的估算经验公式。

动载荷问题重点是冲击问题，现在已经得到不和统计数据可供参考。机械冲击包含以下方面：装卸业一起重机作业的冲击和铲车作业的冲击。

最常见的冲击问题是如何确定包装件在流通过程中的跌落高度。国外进行的大量统计表明，包装件重量、跌落高度和发生跌落概率之间，存在一定关系，公布过许多统计关系曲线。通过数理统计分析，可得如下比较实用的经验关系式：

$$G_m = \alpha W^{\beta}$$

G_m——包装件经受到的最大加速度（g）；

W——包装件的重量（kg）；

α、β—经验参数，有三种数据：

高冲击现象　$\alpha=801$，　$\beta=0.704$

中冲击现象　$\alpha=203$，　$\beta=0.306$

低冲击现象　$\alpha=53.2$，　$\beta=0.100$

运输过程中产生的对包装件的冲击与振动作用是十分复杂的，属于随机振动范畴。描述随机振动的方法通常是研究各种运输条件下包装件动态响应的载荷谱。国外大企业都对其产品典型流通条件进行过大量的跟踪测试，得到比较符合其实际情况的载荷谱，作为缓冲包装设计的依据。我国在这方面的工作开展得较少，积累的数据较少，与国外差距较大。

大量统计数据表明，不同运输条件具有不同的加速度最大值。如公路运输：汽车以 **30km/h** 行驶时紧急制动可能产生 **0.6～0.7*g*** 的负加速度；汽车以 **20km/h** 在农村土路上行驶时可能产生 **5～35*g*** 的冲击加速度。铁路运输：车厢连挂、启动与制动的瞬态水平冲击加速度可能达 **20g** 以上；堆码高度对冲击加速度影响较大，如货车以 **5.7km/h** 速度碰撞时，底层加速度为 **1.7g**，顶层则高达 **7g** 左在。航空运输：遇恶劣天气产生剧烈颠簸时可能产生 **2～3*g*** 的加速度。水上运输：除装卸外，冲击不大。

（2）确定产品脆值

当产品受到冲击时，G_m 值一旦达到某个处于临界状态的极限值就会发生破坏或失效，此极限的最大值即称脆值。产品脆值与产品损伤模式有关。常见的损伤模式有：弹性失效或失稳、脆性失效或断裂、疲劳失效、过度变性等。冲击脆值（Fragility）概念是美国Mindlin教授在1945年的“Dynamics of Packaging Cushioning”一文中首次提出的，定义为：

$$G_m = \left|\frac{\ddot{x}}{g}\right|_{max} = \frac{P_m}{W}$$

$\ddot{x}$—流通过程中包装件里的内装物出现的冲击加速度；

P_m—通过缓冲垫传至内装物上的最大冲击力；

W—包装件的重量。

各发达国家均制定有脆值量值的标准或参考数据，如日本防卫厅规范 **NDS20010**、美国军用标准（**MIL HDBK 304**）、美国 **MTS** 公司推荐数据、英国综合防护手册推荐数据、中国机械标准化研究所推荐数据等等。对于企业生产的每种产品，都应通过试验方法确定其固有的脆值。脆值测定可以采用国标规定的两种方法，采用冲击试验机或跌落试验机进行。然而，我国绝大多数企业都没有对其所生产的产品进行过脆值测定。

大量试验发现，同一产品受到不同型式的冲击可以有不同的脆值，不能简单用一个最大值来表征产品的脆值。在以加速度为纵坐标、以冲击前后的速度变化为横坐标的坐标系上，产品的破损存在有边界曲线，矩形脉冲波、半正弦脉冲波、后峰锯齿脉冲波等不同的冲击脉冲波，具有不同的边界曲线。

如果按内装物易损件某元件桡度过大造成短路或过大位移导致相邻结构碰撞，以位移超过允许值作为评判产品失效的标准时，同样可以得到与冲击破损边界曲线不同的位移破损边界曲线。

如果产品具有两个以上的易损件，将每个易损件边界曲线组合在一起，便可以得到该产品的组合边界曲线。

沿包装件 6 个方向跌落，或沿棱或角跌落，边界曲线是不同的。

当产品是因为振动疲劳破坏时，可以得到相应的振动破损边界曲线。

同一包装件首次跌落与多次跌落，乃至有限振动次数后的边界曲线，也是不同的。

为了减少常用矩形波冲击脆值进行缓冲包装时的保守性，美国正在推广使用一种冲击响应谱（**Shock Response Spectrum,SRS**）分析技术，已开始受到我国企业的关注。冲击响应谱曲线表明，不同频率下的 G_m 值是不同的，不用考虑冲击波是什么形状。这里的 G_m 与过去提到的冲击最大加速度不同，使得产品冲击脆值的概念得到进一步扩展，即在冲击损坏边界曲线上考虑的不是产品所能承受的最大加速度能不能超过脆值 G_c，而是产品易损件的在所有频率下的冲击响应谱的加速度值 G_m 不要超过规定的界限。这种方法回避了不同冲击波形有不同结果的影响，不考虑激励，只考虑与包装缓冲结构关系密切的响应。采用这种方法设计缓冲包装时，即使激励脉冲峰值加速度超过冲击损坏边界曲线上的冲击脆值的 **25%** 以上时，也不会发生损坏，从而可以克服冲击脆值的过于保守的不足；而且可以清楚地看到产品跌落过程中预计频率范围内的各个响应峰值与对就频率。

（3）产品重新设计

当通过上述试验方法确定出的产品脆值过小，需要使用较多的缓冲材料才能满足要求时，应考虑改进产品的结构，提高其易损件的脆值，经济上会更为合理。例如，三菱对生产的 **14** 时电视机试验发现，显像管下部塑料框架的脆值仅为 **25**，主要原因是 **4** 个螺钉的固定扭矩不足造成管子脱落。只是增加固定扭矩 **30%**，更换螺钉垫片，便使产品脆值增加一倍多，大大减少缓冲材料用量，包装费用减少约一半。

（4）选择缓冲材料

目前最常用的缓冲包装材料是泡沫塑料，包括聚乙燃泡沫塑料（**EPE**）、聚苯乙烯泡沫塑料（**EPS**）、聚氨酯泡沫塑料（**PU**）、聚氯乙烯泡沫塑料（**EPVC**）和泡沫塑料丝等。其次是纸制品，包括瓦楞纸板、蜂窝纸板、皱纹纸垫和纸浆模等。有的产品也曾采用橡胶、本屑、棉花、化纤丝和金属弹簧等。最近又出现塑料薄膜气垫、塑料薄膜悬挂等缓冲包装结构。它们的特性对比如右表所示。

特性	复原性	缓冲性能	密度	尘埃度	腐蚀性	吸水性	含水量	防霉性	耐候性	柔软性	成型性	粘合性	使用范围	可燃性
EPE	好	优	小	无	无	无	无	良	良	良	良	良	宽	易燃
EPS	稍差	优	小	很小	无	无	无	良	良	稍差	优	良	窄	易燃
PU	好	优	小	无	无	无	微	良	良	优	优	良	窄	易燃
EPVC	稍差	良	小	有	无	无	无	良	稍差	优	不可	良	窄	自熄
泡沫塑料丝	因材而异	良	小	稍有	无	因材而异	因材而异	良	良	优	—	—	因材而异	易燃
瓦楞纸板	差	稍差	一般	稍有	无	大	有	不良	良	不良	不可	优	宽	易燃
纸浆模	一般	差	大	稍有	无	大	有	不良	良	差	优	良	宽	易燃
皱纹纸垫	差	不良	一般	大量	无	大	有	不良	良	不良	不可	良	宽	易燃
木屑	差	不良	一般	大量	有	大	有	不良	不良	优	—	—	宽	易燃
化纤丝	稍差	良	小	有	无	无	无	良	良	优	—	—	稍窄	易燃
金属弹簧	无	不良	大	无	无	无	无	良	良	差	不可	不可	宽	不燃
橡胶	无	优	大	无	稍有	大	有	不良	不良	优	良	良	窄	易燃
薄膜气垫	稍差	良	最小	无	无	无	无	良	良	优	不良	良	宽	易燃
薄膜悬挂	稍差	优	极小	无	无	无	无	良	良	优	良	良	宽	易燃

缓冲材料的动力学特性十分复杂，远非常见的线性系统。目前工程上是通过对具体缓冲材料的缓冲系数曲线的测定，可为缓冲包装结构设计提供基本依据。缓冲材料的动态缓冲性能是通过专用的缓冲材料冲击试验机，得到带不同缓冲垫厚度的产品，在不同跌落高度下产生的加速度随缓冲垫的静应力变化的曲线。缓冲材料生产企业给出的不同型号产品、不同密度、不同跌落高度、不同厚度的动态缓冲性能曲线族，便成为确定缓冲垫厚度的最主要的依据。通过优化计算，可以优选出最佳的缓冲材料及其最小厚度，做到包装减量化。

国内外不少单位都在进行绿色缓冲包装材料的开发，并取得了一定的研究成果，但尚未形成规模，产业化开发还有一大段路要走。

缓冲包装的结构设计对于包装减量化同样重要。各种缓冲包装新结构正在不断取代传统的缓冲包装结构，大幅度的减少了缓冲包装材料的消耗。

缓冲包装的可靠性分析对于优化缓冲包装设计具有一定的意义，研究正日益受到重视。缓冲包装 **CAD/CAE** 分析软件已经实用化，可以减少缓冲包装的优化设计周期。

利用泡沫塑料作为缓冲包装材料时，在出口欧盟的商品包装中遇到了绿色贸易壁垒的限制。因此，绿色运输包装问题已经成为亟待解决的问题，发展绿色缓冲材料已是当务之急。利用瓦楞纸板模切折叠成型为适合对应产品的各种新型缓冲结构，正发展成为代替传统的泡沫塑料的趋势。

（5）设计原型包装结构

目前使用面最广的运输包装是由瓦楞纸箱和缓冲垫组成。瓦楞纸箱的结构设计取决于内装物的重量和环境条件，可以按国标选定瓦楞纸板的参数，加上优选出的缓冲垫的结构，便可以设计出原型包装。

（6）试验评价原型包装

国标对运输包装件的性能试验大纲，规定了根据环境条件进行设计的原理，给出了若干定量数据。重要的试验包括推码试验、跌落试验、振动试验、有关的自然环境试验等。具体的内容和顺序，要根据产品不同的物流环境给出不同的试验大纲。内销与出口产品应设计不同的缓冲包装，采用不同的试验大纲。出口运输包装要取得检验机构检验报告或书面证明，并在包装容器上标明检验号。必要时应注明产地和生产批次。检测依据的试验大纲应在合同书中确认，或合同书直接规定试验项目和强度。

在进行运输包装件自身的上述设计过程中，考虑整个物流过程中的整体优化问题，已经成为国外企业追求的热点问题。包装件的尺寸会影响到托盘利用率、仓库利用率、集装箱或运输车辆的利用率等，这些因素对于物流成本具有很大的影响。现在国外已经开发出能进行上述整个运输包装在物流全过程中的优化设计软件，使用后可以降低物流成本 29%左右，十分可观。

对我国商品出口影响极大的欧盟包装法规与标准的技术内容，涉及到包装与环境、包装与生命安全、包装与能源和资源的利用。这些标准规定了包装确定重量和（或）体积及材料最小化的评估程序和规则，规定了包装中危险的物质减到最上限度的方法和规则，并且根据包装废弃物进入环境之内的释放结果，提出了管理和操作的要求；并且应保证：

——供应和使用链各处的功能性；

——对于产品和使用者（消费者）的卫生和安全性；

——包装产品对使用者（消费者）的可接受性。

自上世纪中叶（二战结束）至今，欧洲、美国、日本等国从未停止对诱发癌症等未知病理的研究，对于可能导致发病的物质（诱变体）进行逐一排查。包装材料、包装辅助材料如：粘合剂、印刷油墨、涂料和染料等被视为可疑对象。有关法规和标准明确规定包装材料中的铅、汞、镉、六价铬含量必须低于 100ppm。

对于运输包装中的木质包装国外最近实施了强制性措施。欧盟继美国对中国进口货物的木质包装提出新的检疫规定后，也对我国输欧商品的木质包装（包括木质铺垫材料、支撑材料、托盘等）要求必须附有中国出入境检验检疫机关出具的已经过热处理、熏蒸处理、防腐剂处理或欧盟国家认可的处理措施的证明。另外我们还必须注意到，联合国粮农组织颁布了一项有关木质包装材料的新规定。新规定要求商品出口国必须对其用以包装货物的木质材料进行加工处理，力争制止以吞噬木屑为生的各类昆虫通过其寄生的木质出口商品包装材料跨国界蔓延。联合国粮农组织在一份声明中表示，在当前日益增多的全球进出口贸易活动中，各国间的进出口货物有 70%使用木质包装材料，而这些未加工的包装材料中寄生着大量的各种各样的昆虫。这些昆虫往往在抵达目的地口岸后便四处蔓延，并且对抵达国林木的生存构成了严重威胁。这一新规定是根据国际植物保护公约（SPS）而制定的，其主要目的就是要在全球范围内制止有害昆虫越境蔓延。根据 SPS 制定的新规定对世界贸易组织的所有成员都具有约束力。虽然目前只有大约 90 个国家或地区同意遵守有关木质包装材料的新规定，但世界贸易组织的 140 多个成员都有义务。根据粮农组织的最新规定，为了保证木质包装箱内不含任何有害昆虫，所有的贸易出口国（地区）必须在木质包装材料上贴上全球统一的标签，以证明其木质包装箱已经过加热和熏蒸处理。欧盟通过 2003／02／EC 指令，对将砒霜用于木及木制品的防腐处理做出了更加严格的限制。这一指令的主要内容包括：用含有铜、铬铝和砒霜的溶液进行防腐处理的木材，在防腐液未完全挥发前不应投放市场；经工业罐装对防腐液进行处理的木材，可应用于特殊的和工业的用途，但须保护人类或牲畜的安全及在公共场所不被人的皮肤接触；所有经过砒霜处理的木材投入市场时应标注：“仅用了专业和工业用，含有砒霜”。所有在市场上的木质包装要标注：“当对这些木材进行处理时，带上手套；锯或雕刻这些木材时，带上口罩和眼罩；这些木材的废料应该作为危险品由有资质的机构处理”。自 2004 年 6 月 30 日起，各欧盟成员国必须执行以上规定。

标签属于运输包装的范畴。标签应正确的、充分的表达给消费者关于产品的全部相关信息。欧盟等发达国家全部有关产品包装和标签的法规，有些是强制性的，需要认证和注册；有些是推荐性的；也有不作任何规定的。合理的采用包装材料和容器，规范的、正确的、适宜的使用产品标签是进入国外市场的首要条件。出口运输包装的包装储运图示标志、回收标志、收发货标志应符合国际标准，文字要用进口国的官方工作语言。我国正在这些方面制定相应的法规和标准，以便与国际接轨。

运输包装的重复使用、再生、回收（能源、堆肥、降解）已经成为必须考虑的重要内容，国外有明确的法规和标准。由此衍生出许多新型运输包装新方案，使运输包装的减量化取得明显的进展。例如，德国通过这些年严格贯彻有关的绿色法规，使包装材料消耗减少了15%。许多箱式托盘包装由于物流条件的改善，已经去掉了瓦楞纸箱，改用收缩薄膜或拉伸薄膜裹包，大大降低了运输包装成本。由于电子商务的普及，产品不用经过商店就直接送货到消费者家中，将为简化运输包装或采用可重复使用的运输包装开辟出一个运输包装的新时代。

总之，我国运输包装技术的发展，正在改变着运输包装的相对落后的局面，先进的运输包装技术有赖于加强开发力度和推广普及，任重而道远。

中国印刷及设备器材工业现状与发展前景

中国印刷及设备器材工业协会副理事长兼秘书长　许锦枫

一、我国印刷及设备器材工业的基本情况

印刷工业概况

印刷业作为人类传播知识和文明的重要而独特的产业，历来受到党和国家政府的重视。特别是改革开放以来，我国印刷工业持续、快速、稳定发展，已形成了包括书刊印刷、包装印刷、报纸印刷、商业印刷和特种印刷等门类齐全、基本满足国民经济各行各业需求的一个产业部门。据统计，我国印刷企业共有**92,000**余家，从业人员**350**万。**2004**年印刷工业总产值达到**2800**亿元，其中：印前**169**亿元，书刊印刷**707**亿元，包装印刷**981**亿元，报纸印刷**459**亿元，外来加工**220**亿元，其他**264**亿元，约占我国国民生产总值（**GDP**）的**2%**。印刷品出口约**2500**万美元。

印刷行业历年增长情况见图**1**所示。

图1　印刷工业总产值（单位：亿元人民币）

我国印刷业的发展呈现以下特点：

1. 区域性印刷产业带正在形成，“泛珠三角”、“长三角”和“环渤海”经济区已经初步形成各具特色的区域印刷中心。

2. 印刷业产业结构和产品结构的调整加快，低水平重复和盲目扩张受到抑制。用高新技术和装备改造印刷产业，形成了一批装备先进，质量上乘、竞争力强的印刷企业集团，特别是包装印刷行业发展较快。

3. 以数字技术为主体的新一轮技术创新已经到来，计算机直接制版技术正在逐步推广、普及；高效一体化印刷流程正在不断开发完善，推动了印刷企业的技术进步和设备升级。

4. 对外合作与交流不断扩大，合资、独资印刷企业已发展到**3000**多家，印刷企业的竞争更加激烈。地区发展的不平衡性愈加突出。印刷制品走向国际市场已成为行业十分关注的问题。

5. 印刷企业的改制、改革不断深化，市场机制在资源配置中发挥基础性作用愈加明显。

印刷设备及印刷器材行业概况

印刷设备及印刷器材是印刷工业发展必不可少的物质和技术基础。现代印刷技术的发展，对印刷设备和印刷器材提出了更高的要求，印刷设备的高效多色化、印后设备多样自动化和印刷器材的高质系列化是近十年来印刷设备与器材、技术发展的方向。随着改革开放的不断深入，**20**世纪**80**年代

开始经历了引进技术→消化吸收→再创新的阶段；**90**年代合资合作、企业整合和资本重组，加速了我国印刷设备及印刷器材的升级换代，同时在生产能力与产品水平方面得到较快提升；**2004**年印刷设备制造企业有**400**余家，总产值达到**98**亿元，是**1999**年的两倍；纸及纸板的产量达到了**4866**万吨，人均纸及纸板年消费量达到**41**公斤；**PS**版的生产量达到**1.2**亿平方米，比**2000**年翻了一番；感光胶片生产量达到**961**万平方米；油墨的生产量达到**27**万吨。

印刷设备的发展情况见图**2**所示。

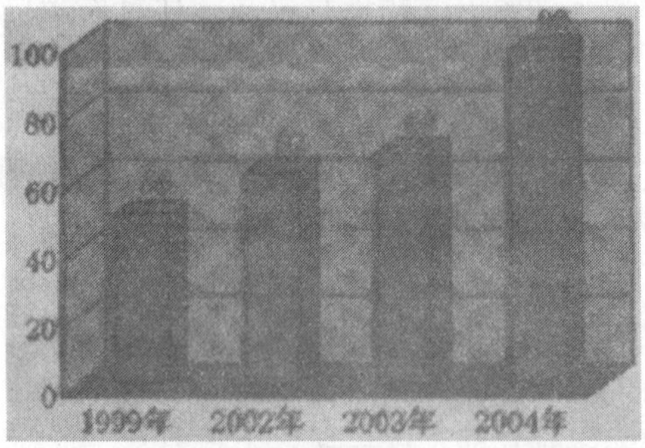

图2　印刷设备总产值（单位：亿元人民币）

印刷设备及印刷器材在基本满足国内市场需求的同时，逐年扩大对外出口，开拓国际市场初见成效。印刷设备的进出口情况见图**3**所示。人均纸及纸板消费量的增长情况见图**4**。

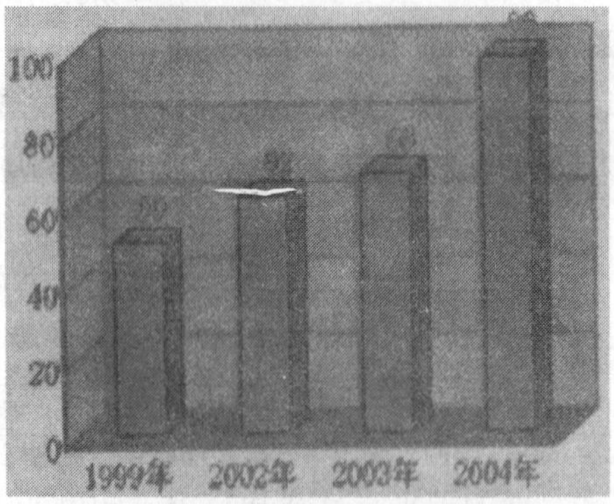

图3　印刷设备进出口额（单位：百万美元）

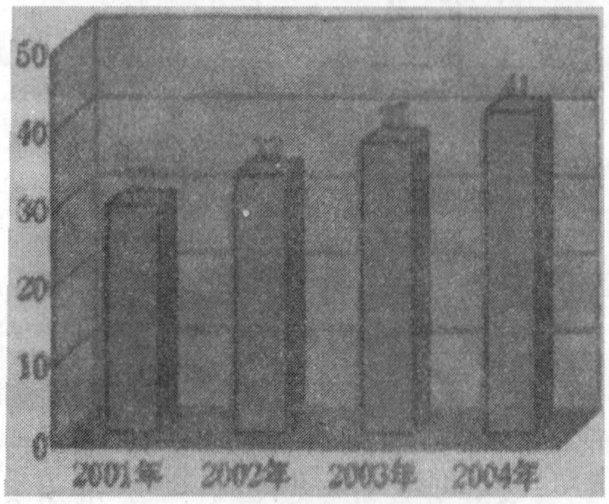

图4　人均年纸和纸板消费量（单位：kg）

二、中国印刷及设备器材工业的发展预测

我国“十五”期间国民经济持续快速协调发展，人民生活水平不断提高，为我国印刷业的持续发展奠定了良好的基础。

1. 我国已确立了全面建设小康社会的宏伟目标，到**2020**年国内生产总值比**2000**年翻两番，这为中国印刷及设备器材工业提供了新的发展机遇。

2. 对外开放进一步扩大，对外交流与合作进一步加强，为中国印刷及设备器材工业的发展提供了广阔的市场空间。

3. 印刷品作为信息服务产品，仍是当今世界的主流传媒产品，与互联网、电子媒体等互为补充，共同发展。

4. 印刷技术已向数字化、网络化全面发展，认真实施“印前数字、网络化；印刷多色、高效化；印后多样、自动化；器材高质、系列化”的二十八字技术发展方针，必将推动我国印刷及设备器材工业的新发展。

基于上述有利条件，我国印刷及设备器材工业在今后**10**年将持续、快速、协调发展，具体目标为：

1. 以科学发展观为指导，既要有较快的发展速度，更要注重提高经济增长的质量和效益，预计“十一五”期间我国印刷及设备器材工业总产值年均产增长速度为**8%**左右。到**2010**年，我国印刷工业总产值预计达到**4400**亿元。

2. 发挥区域经济的优势与特色，将泛珠三角地区、长三角地区和环渤海经济区建成各具特色的印刷基地。

3. 推进印刷数字化、网络化进程，研制先进、高效的印刷技术装备，培育一批具有国际竞争力的大型骨干企业。

4. 印刷设备重点提高多色高速胶印机的质量和可靠性，发展柔性版及凹版印刷机品种，实现印后设备多样、自动化，积极开发数字、网络化和直接制版先进设备。

5. 印刷器材实现高质、系列化，满足印刷工业发展的需要。纸和纸版的生产将以**9%**的速度增长，高质纸产品的比例将超过**60%**；油墨要重点发展水基油墨、无水胶印油墨、无芳基胶印油墨及各种特种油墨；**PS**版材要提高质量，在满足国内市场的同时，扩大出口；热敏**CTP**和紫激光**CTP**版材要尽快形成批量生产能力。

我国印刷设备与印刷器材的发展特点：

1. 产品技术水平和质量有了较大幅度的提高，质量和服务意识大大加强，基本满足了国内市场的需求。

2. 面向国内、国际两个市场，积极开拓国际市场，扩大了产品出口。但对高档产品而言，依赖进口的局面没有得到根本改变。**2004**年进口印刷设备达到**17.4**亿美元，出口仅**2.74**亿美元。

3. 我国印刷设备与印刷器材质量水平有较大提高，但总体上说与国外先进水平相比仍有一定差距。特别是在印前、印刷高端产品方面差距较大，印后加工设备与国际先进水平的差距越来越小。关键是企业自主开发创新能力较弱，研发的投入不足，没有形成能与世界著名厂商竞争的研发能力。

三、提升我国印刷工业整体水平的若干举措

1. 全力推进企业资产重组，加快建立现代企业制度。

党的“十六大”作出了关于深化国有资产管理体制改革的决策，要按照中央部署，抓紧抓好。

2. 努力提高自主创新能力，实施科教兴业和人才强业战略，把增强自主创新能力作为发展的战略基点。大力提高原始创新能力、集成创新能力和引进消化吸收再创新能力。大型集团公司都要建立技术中心，充实高素质人才，培育一批拥有自主知识产权的知名品牌。

3. 逐步推行“大强小专”的生产经营模式。

针对印刷企业“小而散”、“小而全、大而全”的现状，要积极进行集约化整合，集约发展是必然趋势。

4. 减轻环境污染，发展绿色印刷。

积极采取有力措施，减轻乃至消除印刷中的各种污染问题，改善印刷作业环境和有害物质对人体的危害。坚持节约发展、清洁发展、安全发展，扩大物质的回收再利用，实现循环经济。

5. 抓好人员培训工作，全面提高人才素质。

企业管理的提高，技术的进步，质量的保证，产品的开发，都离不开人才的开发，全面提高企业素质更离不开人才。

6. 重视企业文化建设。

企业文化重在感动员工。感动员工是企业文化的核心，它可以使每个员工都热爱企业，愿意为企业奉献。

我国医药包装行业现状及发展趋势

医药包装委员会

医药包装顾名思义是指用于医药产品的包装材料和包装制品，起着保护药品安全有效、方便运输、储存、销售和使用的重要作用。目前医药包装材料主要包括以下几大类：

橡胶包装材料

橡胶用于药品的包装主要以容器的塞、垫圈形式出现，分天然橡胶和丁基橡胶两种。天然橡胶由于密封性较差需要封蜡补充，而且化学性质不稳定，已被列入淘汰行列。丁基橡胶密封性能优良，越来越多地用于抗生素粉针包装。

金属包装材料

主要用于粉针剂包装的铝盖、膏剂及气雾剂的瓶身以及铝塑泡罩包装的药用铝箔等。铝塑组合盖由于开启方便、使用安全卫生，已经被越来越多的市场所接受。近年发展起来的铝-铝包装是一种新型包装材料，具有很强的阻隔性，能够使药品保质期延长，尤其适用于化学稳定性差的药品。

玻璃包装材料

玻璃包装材料被广泛的用于注射针剂、粉针剂、生物药品、血液制品、冻干剂、口服液等包装。玻璃具有良好的化学稳定性，不受大气影响、不被不同化学组成的固体或液体物质所分解，通过改变玻璃的化学组成就能够调整玻璃的化学性质和耐辐射性质。而且玻璃具有透明、美观、价格低廉、可回收等性质，不会造成环境问题。

复合包装材料

主要包括口服固体用塑料瓶、液体用塑料瓶等。这些塑料瓶多用高密度聚乙烯材料或聚丙烯、聚酯材料制成。

我国医药包装行业现状

目前，我国医药包装行业的年产值在**150**亿元左右，仅能满足国内制药企业**80%**左右的需求，依照近年来中国医药工业的发展速度，药包材年生产总值将能够在短期内突破**200**亿元。

经过多年发展，国内药包材行业目前有两种产业模式已逐渐凸现，正在成为该行业发展的主流：一种是以连云港中金医药包装、南方包装这样的龙头企业为代表的实力强大的企业集团；另一种是像广东庵埠、河北雄县、江苏江阴、浙江龙港（四者并称为“中国软包装四大生产基地”）等地，虽然当地企业的规模一般都不大，但数量众多，这些小型企业群聚在一起，互相支撑，形成强大的合力，占据的市场份额相当大。

四川中金公司是连云港中金医药包装公司于**2004**年**6**月开始建设的，占地面积**54**亩，总投资为**8000**多万元，计划分两次投入。首期投入**4600**万元，主要设备全部从国外引进，设计年生产能力为泡罩包装铝箔**500**吨、**SP**复合膜**1500**吨。该公司是国内最早生产和推广药用**PTP**铝箔、**SP**复合膜的企业之一，也是国内规模最大的专业药用包装材料生产厂，现拥有固定资产近**4**亿元，建有**4**个符合**GMP**标准的生产厂。

据悉，南方包装现每年可生产软包装——复合膜**5000**吨，硬包装——塑料瓶近**3000**吨，**2003**年生产总值达**2.5**亿元，其中药包材产品销售额占**60**%左右，近**1.5**亿元。如果将产值和产品多样性综合起来考虑的话，南方包装应该是目前国内药包材生产企业中实力最强的。

南方包装的客户包括葛兰素、中美史克、默沙东等知名的合资制药企业，而广药集团则是他们最主要的合作伙伴。南方包装与广药集团几年前就已经结成了战略伙伴关系，广药集团每年消耗的药包材一半以上出自南方包装，其订单总额占到了南方包装年销售额**20%**。

除了南方包装这样的大型企业，在我国包装行业占有举足轻重位置的还有一些以小企业、集中经营为主的产业集群。我国国家医药包装行业“十五”发展规划纲要中提出，将加强医药包装废弃物对环境影响的研究，支持环保型包装产品的开发、生产；并将探索控制高分子材料降解在医药包装上的应用。有专家指出，这将带来一个过渡转型期，其间蕴藏着诱人的巨大商机。广东潮州市的庵埠镇里已经有企业往这方面努力，以抢占先机。

庵埠位于粤东，在这个人口不到**13**万的小镇上有**650**家食品生产企业和**500**多家印刷包装企业。上世纪**90**年代初，庵埠的一些包装印刷企业发现与食品包装材料生产工艺类似的药包材具有更高的利润，于是几家企业率先开始生产药包材，由此拉开了庵埠药包材产业发展的序幕。至今做得较好的企业均与知名大型医药企业有着较长的合作历史。

2002年，庵埠镇药包材生产总值达到了**1.6**亿元；**2003**年达到**2.5**亿元同比增长**56%**。他们的药包材生产企业只占到全镇印刷包装企业总数的**3.5**%，但产值却占到了**18.5%**。庵埠现在可以生产以软包装复合膜为主的**5**个系列**11**个品种的药品包装材料，像庵埠这样高度集中的药包材生产基地，在全国来说也是比较少见的。

但发展中也蕴藏着问题。当前，高速度、低效益、高消耗的粗放型增长是我国医药包装发展的典型特征，国内大多数医药产品的包装质量档次偏低，与发达国家还存在较大差距。这从以下两个数据可以得到证明：目前我国有**65%**的医药包装产品还不到国际发达国家**20**世纪**80**年代的水平，包装材料质量及包装对医药产业的贡献率偏低。在发达国家，医药包装占药品价值的**30%**，而我国的比例还不足**10%**。目前对于国内规模较大的医药包装企业而言，在设备上与国外相比，差距不大，但在软件环境上却很不尽如人意。

据了解，造成这种差距的原因主要集中在**4**个方面，首先是我国制药行业整体水平较低，医药生产企业的技术相对较落后。从制药企业的规模看，我国制药企业多而小，药品重复生产严重，制药企业管理水平较低。其次是我国医药包装行业相关法规及技术标准落后。目前我国已逐渐推出医药行业的规范标准体系，但与国际标准还存在一定距离。行业标准体系的缺乏造成医药产品包装良莠不齐的局面。最后是药品流通体制存在弊端。医药产品长期以医院销售为主，在药店销售的药品只占总量很小的一部分，这种情况限制了药品直接参与市场竞争，制约了医药包装的发展。除此之外，医药包装机械设备和材料的技术水平落后，从业人员的质量意识不强也是制约我国医药产品包装发展的因素。

我国医药包装行业发展趋势

有专家预测今后**5**年将是中国医药包装行业快速发展的关键时期，随着人们消费水平的提高和相关行业新法规标准的出台，医药产品包装业将发生根本性转变。目前全球制药企业百强几乎都在中国建立了合资或独资制药企业，不仅带来了更多的新药品种，也带来先进的医药包装观念及标准。目前，我国正不断引进和更新医药包装机械及材料，医药包装工业将呈现出崭新的局面。药品种类的多元化也给医药包装的形式带来多样化，近年来我国固体型药品，如胶囊、针剂、外贴用药的包装更新速度很快，同时一次性塑料注射器的使用给中国针剂包装和应用带来一次大的变革，大输液包装改进的方向也正朝着复合软包装袋和塑料瓶包装的方向发展。

根据美国软包装协会报道，在未来的5年内，医药包装将成为软包装业的第二大经济增长点。为抓住这一契机，专家认为中国的医药包装应做到以下几点：第一，加快推广应用药品口服液类塑料容器；第二，加快发展中医药的塑料中空容器包装，应该多应用新材料，并采用注射吹塑等成型工艺制作的塑料中空容器。在中空容器的口部采用铝箔电磁感应垫片封口，以增强对药品的安全性保护，同时加快推广应用中医药的塑料复合膜袋包装。

应该说，医药包装在未来几年将会有很快发展，前景好、空间大。以后药品的单剂量包装越来越多，国外医药企业也开始涌入中国市场，中国医药包装企业必须抓住这个契机。首先要增强企业的研发能力，提高包装材料的档次，以后医药企业寡头垄断的趋势会越来越明显，其采购将是集团化的，这对包装材料企业而言是个严峻的挑战，这要求医药包装企业把眼光放远，实行走出去，站得住的发展战略；在新材料、新产品上要不断创新，要有自己的研发团队，要有自主产权的包装产品，走精品包装，绿色包装之路。至于中医药产品的包装，尽管中医药有数千年的发展史，但未能大规模进入欧美市场，除了生产工艺陈旧及欧美国家对中医药的某种偏见外，医药包装未能很好地执行国家标准也是重要原因。中医药的标准问题是一直困扰中药生产企业向海外市场拓展的门槛。针对这种现状，药包材企业应根据药品本身特性来选择合适的包装材料，同时要发展绿色包装，保护环境。

在中国加入"世贸"组织之后，关税壁垒会逐步消除，但技术壁垒，环境壁垒却在日渐形成，国内的制药企业必将积极地参与国际市场的竞争，如何把握未来发展趋势是值得企业关注的。为了消除因医药包装等原因造成的技术壁垒，将会需要符合国际标准的先进包装设备及材料配合其发展，这也为国内的医药包装企业提出了更高的要求和更广阔的市场空间。

我国瓦楞纸箱行业的现状、发展与对策

崔　渤

最近报纸、杂志、网络等媒体对我国瓦楞纸箱行业的现状发表了很多观点，其中最突出的，就是对我们瓦楞纸箱行业揭露问题、提出警告。不少读者看了以后，感到有些困惑，甚至于对我国的纸箱行业的前途表示担忧，大家的这种心情是可以理解的，但是我劝同行们在这个问题上不要过于悲观。我以为，我国纸箱行业的现状可以用12个字来概括，即"快速发展，产能过剩，前途光明"。

一、快速发展的我国瓦楞纸箱业

我国纸箱行业的发展，最快是从1995年到现在这10年间，在此之前，发展速度从来没有这样快过。在上个世纪80年代以前，我国的纸箱行业，制板都是单机生产，就是用涂胶机、裱纸机、单瓦机等，这些设备产量很低，实际处在一种半手工生产状态。

到了上世纪80年代末～90年代初，国家实行了发放"许可证"的政策，当时受国家技术监督局委托，由中国包装总公司和全国各地的包装技术协会发放《纸箱生产许可证》。发放生产许可证这件事，有一条最明显的、对企业影响最大的规定，就是纸箱生产厂家至少要拥有1台单面机，才能获得《纸箱生产许可证》。这样一来，就对单面机的普及起到了很大推动作用。那个时候，各地的纸箱厂，不管你用还是不用，只要是没有大线的，就必须买1台单面机，以领取《纸箱生产许可证》，否则，你就开不了工。所以在上世纪80年代后～90年代初，单面机的普及速度非常快，做单面机的厂家也趁机发了一笔财。那个时候，纸箱机械都是香饽饽，不像现在卖起来这么费劲。

我国纸箱行业的发展进入一个算是初级的工业化阶段，是从1995年开始的。当时，全国纸板生产线大约是600条；到了2000年，是1600条，5年的时间增加了1000条；到了2004年，达到将近4000条。也就是说，我国现在的瓦楞纸板生产

线，与1995年相比，大约增长了6～7倍。

我们可以把国内纸箱生产能力的提高，与世界同期做一个简单的对比，世界的瓦楞纸板生产情况是：1995年以来，世界瓦楞纸板的产量是逐年增长的。1995年，世界瓦楞纸板的产量是1104亿平方米；2000年是1253亿平方米；2003年是1395亿平方米。这8年中，前5年整体增长率为13%，年均增长率为2%；后3年整体增长率为11%，年均增长率为3%。根据国际瓦楞纸箱协会的统计，2000年，世界各大洲瓦楞纸板的产量排在前三位的依次是：北美洲，约占世界总产量的34%强；亚洲，约占世界总产量的31%；欧洲，约占世界总产量的27%。到2003年，世界各大洲瓦楞纸板的产量前三位的排名有了变化，亚洲排到了第1位，约占世界总产量的33.5%；北美洲降到了第2位，约占世界总产量的29.6%；欧洲还是在第3位，约占世界总产量的29.3%。在2003年以前，瓦楞纸板的产量，一直是北美洲稳坐第一把交椅，但是为什么从2003年开始却屈居第二了呢？其主要原因是我国瓦楞纸板产量的快速增长。

我国瓦楞纸板的产量1995年是74亿平方米；2000年上升到123亿平方米；2003年则达到158亿平方米，占亚洲总产量的34%，占世界总产量的11.3%。现在，我国瓦楞纸板的年产量已经超过日本，仅比美国略少一点儿，世界排名第二。请注意，以上所说的是“产量”，至于我国瓦楞纸板的生产能力，那可不是排名世界第二，而是世界第一。现在，我国的瓦楞纸板生产能力还远远没有发挥出来，如果正常发挥，我国瓦楞纸板的年产量能达到230亿平方米。

我们可以将我国1995年～2003年瓦楞纸箱生产发展速度与世界同期发展速度做一个比较：1995年～2000年，这5年我国瓦楞纸板的产量增长了70%，即平均每年增长率是12%，世界的增长率是2%；后3年，即2000年～2003年，我国瓦楞纸板的产量增长了30%，平均每年增长率是9%，世界的增长率是3%。

我国瓦楞纸板的产销量1996年是80亿平方米，只及日本的一半；2003年，我国的瓦楞纸板产销量是158亿平方米，超过了日本。预计到2008年，我国的瓦楞纸板产销量将达到200亿平方米；而在此期间，预计日本的瓦楞纸板产销量，非但不能增长，可能还会萎缩，仅能维持在135亿平方米左右。近几年来，新加坡、马来西亚、韩国以及我国的台湾省，瓦楞纸板的产销量均出现了负增长。综上所述，我国的纸箱行业是一个高速增长的产业，并且仍然有着广阔的发展空间。

二、纸箱行业产能过剩效益下滑

我们应当承认，在这个整体飞速发展的过程中，目前，我国的纸箱行业存在着一些明显的问题。其中，最突出的一点，就是产能过剩。致使销售市场竞争激烈，企业经济效益下滑。尽管纸箱行业是一个快速增长、充满活力的产业，但是这种无规则、不受控制的、盲目的快速增长也带来了许多烦恼。

纸箱行业发展应与当地的经济状况和产品结构相匹配。

因为纸箱行业是为其他产业服务的，是给人家配套的，尤其是为轻工产品，如服装鞋帽、食品饮料、烟酒糖茶、家用电器等服务的，它得依靠别人的生存状态而活着。人家活得高兴，活得自在，它才能活得高兴，活得自在；人家要是不景气，它怎么着也兴旺不起来。

据调查、了解和广东省有关部门提供的一些数据表明，该省平均每5个轻工企业，需要1个纸箱包装企业来配套。这表明，纸箱产业的发展是跟当地的经济发展密切相关的。广东省是我国经济比较发达的地区之一，当地的家用电器、食品饮料、服装皮革、儿童玩具等产业都很发达，因此，对纸箱包装有着巨大的需求。与之形成对比的，我国有些内陆地区，经济欠发达，特别是缺少轻工业，需要用纸箱包装的东西太少，不可能建出很多的纸箱厂来。

一个国家和一个地区纸箱行为的发展是和它的整体经济状况和产品结构相匹配的，纸箱行业的发展速度应该与这个国家和地区的经济发展速度同步，略快一点儿是正常的，但是，不能太快，太快了就可能产生不良后果。我国目前瓦楞纸箱产业发展带有一定的盲目性，生产能力过剩。我觉得这一点也不奇怪，这是经济发展过程中出现的一个必然现象。为什么这样说呢？因为我国现在正处在计划经济向市场经济的转型过渡期，市场经济体制还不很完善，对一些盲目的、一窝蜂式的扩充生产能力的现象，没有一个机构去进行有效的协调、管理、制止，很难避免它的产生。随着市场经济体制的完善，法律法规的健全，一切会趋于正常的；而且市场经济本身是一只无法抗拒的、看不见的手，它会作出明智的选择和淘汰，能把这个问题最终解决了。

据介绍，当今发达国家的国民经济与瓦楞纸箱生产能力的发展速度之比是 1：1.2，这样瓦楞纸箱行业就能保持一种良好的发展势头，如果比例失调，瓦楞纸箱生产发展得过快了，那肯定会出问题。我国的经济增长速度，多年来一直保持在平均 8% 左右，而我国瓦楞纸箱的生产能力的增长速度比这要快得多。现在与 1995 年相比，我国瓦楞纸板的生产能力增长了 6～7 倍。若按年平均增长速度计算，最低也是在 16%，有的地区甚至超过了 20%，我国的国民经济与瓦楞纸箱生产能力的发展速度之比，远远超过 1：1.2；也就是说，我国瓦楞纸箱的生产能力远远超过了实际需求。

我国瓦楞纸箱过剩的生产能力，主要表现在以下几个方面：

1. 瓦楞纸板生产线数量增加得过快、过多

1995 年，我国的楞纸板生产线（以下简称瓦线）"瓦线"大约有 600 条，当时的瓦楞纸板产量是 74 亿平方米，1 条线的平均年产量是 0.12 亿平方米；到 2000 年，我国的瓦线就增加到 1600 条了，瓦楞纸板的产量增加到了 123 亿平方米，但是，平均 1 条线的年产量变成了 0.08 亿平方米；到了 2003 年，我国的瓦线增加到了 4000 条，产量达到 158 亿平方米，但是这时候平均 1 条线的年产量降到了 0.04 亿平方米。也就是说，现在我国 1 条瓦楞纸板生产线实际承担的产量，只是 1995 年 1 条生产线产量的 1/3。这还不考虑别的因素，比如这几年生产线的提速以及向宽幅发展等。

我国现在拥有瓦线 4000 条，这是一个什么概念呢？它远远超过了美国、日本、欧洲所拥有瓦线数量总和的 1 倍还多。现以美国大约拥有瓦线 600 多条，日本大约有 400 条，欧洲大约有 800 条。当然，这只是一个数量统计，如果从瓦线的动转速度和生产效率方面来说，我们比人家差的不是一星半点儿。因为美国、日本和欧洲以高速线为主，而我国的低速线仍占很大比例，所以我们的生产能力不可能是前者的两倍多。但是这 4000 条瓦线，已远远超过了我们的实际需求，大约超过了 50%～60%。也就是说，真正干活儿只需 2000 条，剩下的 2000 条在那儿歇着呢。而且，正在干活的这 2000 条线，平均开机率只有 35%～40%；

2. 纸箱企业尤其是小企业过多

全国究竟有多少纸箱厂，恐怕谁也说不清楚。由于没有统一的标准，这个数字很难精确统计。粗略估计，全国大大小小的纸箱厂总共大约有 9 万家，这还不包括家庭式的 10 个人以下的"小作坊"。将这 9 万家纸箱厂分分类：第 1 类是有生产线的厂子，全国有 4000 条瓦楞纸板生产线，如果按厂家来说，可能有 3000 家厂子有生产线。其余 8 万多家没有生产线的纸箱厂；我们再给它分一下，其中大约有 10% 是具有一定规模的，不到 1 万家；还剩下约 7 万家，是那些零七八碎的小厂子。这些小厂子，主要集中在东部沿海地区，仅浙江一个省就有好几千家。

3. 我国纸箱生产能力过剩原因很多

造成我国瓦楞纸箱生产能力过剩的第一个原因是：在社会、经济转型期间，百废待兴，有钱好赚，大家就一窝蜂上，没有一个机构去做这方面的审批工作；小纸箱厂的投资比较少，有人甚至仅用五六万元钱，就可以开一个小厂子。我们国家的市场经济还不发达，人情面子比较重，亲戚、朋友之间愿意互相照应，互相帮衬，共同致富等。

造成我国瓦楞纸箱生产能力过剩的第二个原因是：这几年我们行业里实行专业分工——"集中制板，分散制箱"。"集中制板，分散制箱"无疑是纸箱行业向专业化分工迈出的重要一步，并取得了明显的成果。但是，毋庸讳言，它也产生了一定的副作用。由于瓦线上多了，多出的纸板就得往外卖，而且卖主多了，大家压价竞争，纸板价越压越低，结果给下道做纸箱的众多小企业创造了很大的利润空间。由此造成了很大的困惑：首先是好的纸板造不出好的纸箱，这样，就使生产瓦楞纸板的纸箱大厂声誉受损；其次是好的纸板卖不出好价钱，造成瓦楞纸板生产企业利润下降，甚至有的企业出现了严重亏损。

造成我国瓦楞纸箱生产能力过剩的第三个原因是：社会专业分工不明确，越是纸箱使用大户，制箱这一块的"油水"越舍不得给别人吃。许多大的酒厂、烟厂、食品厂、饮料厂、啤酒厂包括电视机厂等，都自己干厂子。他们这样做也有自己的道理：一是考虑到自己给自己配套，这样可以不受包装厂的制约，比较随意，比较放心；二是考虑到"肥水不流外人田"，要给自己创收，增加利润，他们还要考虑安排自己企业的下岗职工和亲属等富余劳动力就业，这是最重要的。结果，这对专业的纸箱厂家来说，简直是釜底抽薪，使原本已经很紧张的纸箱加工业务雪上加霜。

我国瓦楞纸箱企业利润严重下滑，跟用户有很大关系：现在纸箱用户对纸箱质量要求越来越高，价格却越压越低，给我的感觉像是在“榨油”。比如，一个普通的牛奶箱，套印精度要求很高，差一点儿也不行。许多纸箱用户为了降低成本，纷纷在降低包装费用上打主意。前些日子我参加过两个所谓的“招标订货会”，实际上就是十几个纸箱厂在轮番压价竞争，压了几轮之后，价格已经低得无法再低了，真是没有什么利润可赚，可是不接又没活儿干。这种无规则、无休止的削价竞争，确实给纸箱厂家造成了很大的压力。

而且，现在结款方式越来越不好，拖欠严重。过去是欠一个月的，后来变成了两个月、三个月，现在有的用户甚至是一欠三个月到半年、一年。我觉得现在干纸箱厂也真够累的，替人家干活儿，替人家垫钱，还是好声好气地哄着人家，生怕惹恼了人家，要不回钱来。为了达到用户的标准，满足用户的需求，为了自己的生存，他们咬着牙也得上新设备，也得好好干。

更有比这难受的就是有些用户恶意敲诈：今天他到你们厂子订 **30** 万元的纸箱，过两个月，不在你这儿订了，上另一家订，这钱他先不给你，拖着。一年之内，他能换上五六家，跟你打游击，最后，连人都找不到了，纸箱厂家也只好自认倒霉。

瓦楞纸箱企业利润空间被压缩，有时也来自纸箱厂上游企业。上游企业也惹不起，虽说纸箱厂是他们的“上帝”，可人家连个招呼都不打，想提价就提价，你不买没得用。但是，纸箱要想涨两分钱，那可就太难了，用户可以不要你的。纸张涨钱，有时候是纸箱厂的上游企业供应的原材料调价造成的，这是可以理解的，但确实给纸箱厂增添了很大的压力。这边纸原材料要涨钱，那边用户要纸箱降价，弄得纸箱企业很被动，就像是老鼠掉进风箱里——两头受气。有位纸箱厂厂长发牢骚说：“我们现在还有什么钱可赚呀，我们也就是赚点儿卖废纸边的钱。”

三、纸箱行业有作为才会改变现状

虽然纸箱行业遇到了前所未有的困难，但是我们应该看到前途还是很光明的，从整个纸箱行业的角度来说，不是走投无路，而是可以找到合理的解决方案，使之化险为夷，转危为安。具体来说，目前应该做的首要工作就是淘汰旧设备，淘汰落后的小企业。这项工作由谁来做呀，现在谁有这个本事下一道命令：纸箱厂没有生产线的、多少人以下的、没有什么活路的都给我关门？没有。只有靠市场经济这只巨大的、无情的、看不见的手来解决问题。

淘汰旧设备。现在看起来，首当其冲的应该是淘汰 **4000** 条瓦楞纸板生产线中的落后者，即生产速度在 **80** 米以下的低速线，大约有 **2000** 条，因为它们确实已不适应生产需求了。

淘汰这些低速线，我想与方方面面有着直接的关系：首先是机械生产厂家，应该考虑到国内的瓦线生产已经达到了饱和的状态，你还能不能大批量地上生产线。明明已经过剩了，你每年还一百条、二百条地做，这可能不可能？

第二，我建议纸箱机械厂家不要再做 **1** 分钟跑 **100** 米以下的线了，纸箱厂也别再买这种线了。现在国外都在向宽幅、高速发展，你买一个 **100** 米以下的线，使不了两三年就得被淘汰。作为设备生产厂家，生产这种线是一种资源的浪费；作为纸箱厂来说，购买这种设备是一种资金的浪费，对自己的发展前景没有任何好处。

也许有人会说，**100** 米以上的线好是好，可是我拿不出那么多的钱呀。所以，我建议你买“二手线”。正在淘汰的 **2000** 条左右的线里，肯定会有适合你使用的“二手线”。的确，一台机器是有它使用寿命的，但是，事在人为。一条线使了十年八年，回过头来，可以进行修复、改造。原来档次低的，可以通过改造上档次。因此，用户花 **80** 万元就可以买一条改造得相当不错的“二手线”。我以为，与其花 **120** 万～**150** 万元买一条 **100** 米以内的新线，倒不如花 **60** 万～**80** 万元买一条修复、改造好了的“二手线”。像这样的“二手线”，人家既然已经使用好多年了，肯定没有什么大问题。而且经过改造，把瓦楞辊等关键部件该换的都换了，没有薄刀的加薄刀，没有电脑的安电脑，整旧如新，价廉物美，对用户来说既省钱、又实惠；没有卖废铁，而是当旧机器卖，对生产线的原有主人来讲也是相当划算的；而且避免了我国已经严重过剩的瓦楞纸板生产线总量的增加，可谓一举多得。

有些厂家现在专门从事二手线的改造。有的是你买了旧线他帮你改造，有的是他自己买旧线改造好了以后卖给你。这些企业广东、上海、浙江、江苏、山东等地到处都有。从 **2004** 年下半年开始，购买、改造二手线的生意越来越火。

淘汰落后线的事儿，我只是给大家提个建议，真正拿主意的还得靠企业自己。希望行业协会在这方面多做工作，为纸箱厂提供市场信息服务和技术指导，使他们做到胸中有数，不至于盲目跟风。也希望有关媒体多做客观的宣传、报道。

淘汰小企业。小企业有着顽强的生命力，有很多小型纸箱厂在市场经济的波涛里撞来撞去，有的扛不住风浪，自生自灭了；又有人有破船拿鹳钉上两块板，接着下海。所以、这些小纸箱企业群一直是数量庞大的，要想将这些小企业淘汰出局，我想应跟现在纸箱行业的有些工作，比如“集中制板，分散制箱”等挂起钩来，进行综合治理。

“集中制板，分散制箱”，从社会分工的角度来看，是有一定积极意义的。它可避免盲目上线、重复投资。实行“集中制板，分散制箱”，我认为搞得时间比较长，而且比较成功的是上海和浙江等地。上海 **1997** 年生产线的利用率是 **42%**；通过集中制版、分散制箱，现在生产效率已经达到了 **80%**。小纸箱厂向大纸箱厂购买纸板，加工成纸箱，在当地效果还是不错的。

如果是处在这样一种情况下，应该怎样减少小纸箱厂呢？我想，第一，要合理地分配制板和制箱的利润空间。就是说，我是制板厂，你是制箱厂，做一个箱子到底能赚多少钱。你拿走百分之多少，我拿走百分之多少，这应有一个合理的分配比例。如果分配得不合理，给小企业留出的利润空间太大了，那么小企业非但不会减少，反而有可能大量增加。

第二，制板厂对下游客户即纸箱加工企业，要有选择，要有要求。就是卖板的和制箱的之间要有约定、有检查。不是谁上门来买纸板，我都可以卖给他，这样既有可能影响纸箱的质量，又败坏制板厂的声誉。

第三，行业协会要鼓励一些小企业，尤其是一此有实力的小企业走联合、股份制的道路。小企业通常抵御不了大的风险，如果大家走联合、股份制的道路，各施所长，优势互补，日子可能会更好过一些。但是这条路最难走，小企业的头头脑脑，当惯了“老板”，联合起来以后，自己一个人说话不算数了，可能会感到很别扭。但这却是我国纸箱企业、尤其是小型纸箱厂发展的必由之路。不搞联合，不走股份制的路，将来小企业的生存和发展会更困难。

瓦楞纸板生产厂家如果仅仅是卖纸板，供应自己的下游企业，大概是一条生产线可能供应几十家，甚至上百家纸箱厂。一般的卖板厂家可能有两种情况：一种是只卖板；一种是既卖板，自己又生产纸箱子。只卖板的厂家，板卖得越多越好。可是，又卖板、又生产纸箱子的厂家，你卖板，就要考虑一个合适的比例。因为作为一个大纸箱厂，你得想想板卖出去的越多，你丧失的纸条市场也就可能越多，你也许是在“给他人作嫁衣裳”。因为你把纸板卖给人家，人家用你的纸板做成纸箱子来出售，不等于抢了自己的活儿了吗？所以我建议，作为制板的、做箱子的纸箱大厂，要对自己卖板的数量加以控制。我想，还是自己用得多一点儿为好。这样对减少小企业也能发挥作用。

要积极发挥行业协会的作用。在纸箱行业发展过程中，减少落后设备，关闭小企业很重要的一个环节是行业协会。在包装行业，协会的角色很重要，它可以在维护纸箱企业合法权益，指导、帮助纸箱厂选购设备、培训技术骨干以及提高企业管理水平方面等做大量的工作。比如，维护纸箱企业的合法权益，它可以根据当地的具体情况制定合理的价格标准，做好行业内的价格协调工作，避免互相压价的恶性竞争。前一段时间，我去浙江去看了看，浙江包协成立的时间比较长，搞得还是不错的。他们每年对这个地区的纸箱价格（根据什么样的纸，什么样的箱子，什么样的印刷等）定出一个合理的调整幅度来，规定调价不能超过百分之多少。你做得好也罢，做得赖也罢，定价都要受这个幅度的制约，这样就避免了同行之间无休止的价格战。

如果协会有精力，还应针对纸箱厂的上下游企业做点儿工作。比如纸张，造纸厂要提价，纸箱企业需要那么多的纸张，我们能不能跟造纸厂提出要求来，我们需求量大呀，能不能少提价。做这个事儿由行业协会牵头再合适不过了。我们联合起来，统一口径对造纸厂去拿纸，那价格就可能比现在低得多。我们的纸箱厂买纸，能不能像出租汽车公司买车那样搞成一种“团购”的形式。这个“团购”不是两三家纸箱厂的自发而为，而是由协会牵头给成百上千家纸箱厂做主，甚至可以成立一个纸箱行业的价格协调中心。

另外，行业协会还可以对纸箱企业的下游企业开展一些工作。当用户把价格压得过低的时候，协会可以出面协调；对那些恶意拖欠货款，甚至是恶意敲诈，而纸箱厂又无力追讨的，协会可以为其主持公道、对簿公堂，甚至可以通过有关媒体，将违法者的“黑名单”曝光。

四、纸箱行业前途光明

近些年来，我国纸箱行业尽管发展速度很快，但是与国民经济发展的需求和与先进国家同行的水平相比，还有很大差距。

第一，纸箱行业是一个长青长盛的产业。首先，这是由它自身的性质所决定的。因为包装是为商品生产和流通服务的，人们的物质文化生活越丰富，我们纸箱行业的日子就真好过。现在全国城乡到处都有超市，里面的商品包装精美、琳琅满目，可以说没有包装就没有超市。也就是说，随着国民经济的发展，全社会对纸箱包装的需求量，只能越来越多，不会越来越少。

第二，从纸箱包装本身的性质来说，它是一种纯绿色包装产品，比塑料包装产品更受欢迎。按照科学的发展观，现代社会强调的是节约资源、保护环境和可持续发展。纸箱包装可以回收、再生、重复利用、自然降解，完全符合上述要求。因此，纸箱行业永远不会被淘汰，而且会越来越受到重视。

目前，我国纸箱行业正在向多功能的方向发展，纸箱已经从单纯的运输包装向运输与销售包装相结合的方向转化，这一趋势决定了我国今后纸箱生产的方向和特点。由于运输包装和销售包装相结合，就引出了纸箱包装的轻量化、高强度、细瓦楞、精印刷、异型结构以及预印问题等。

纸箱包装的轻量化，这不单纯是一个运输包装与销售包装相结合的问题，还有一个节约资源的问题。纸箱要轻量化，纸张必须是低克重、高强度的。五层瓦楞纸箱，将来可以用三层的来代替。像美国、日本，现在五箱层瓦楞纸箱占的比重很小，大约只占 **10%**，三层箱大约占 **90%**。我国跟人家正好相反，五层箱是占 **80%**，三层箱只占 **15%**。我想，我国纸箱轻量化，包括纸板克重降低、层数的减少等，将来都会实现。

微细瓦楞纸板，不但可以直接胶印，可以直接印上精美的图案，而且可以代替实心的纸板，从而大大降低了用纸量。所以说低克重、轻量化这个方向越来越明显，并且是不可逆转的。

异型结构的纸箱，就是不用钉子，也不用胶水，纸板模切完了之后，咔吧一插，就解决问题了。因为它正在向销售包装转化，这种纸箱和彩盒将会越来越多。

异型结构的纸箱、细瓦楞的纸箱、印刷精美的纸箱、防油防水的纸箱，这方面的需求量肯定会越来越大，我们纸箱生产厂家，要在思想上和设备、技术上有一个充分的准备。

目前，我国纸箱生产与先进国家相比，从整体上看，还处于初级工业化阶段。以单条生产线为例：美国的 **1** 条线的年产量是 **6000** 万平方米，德国是 **5700** 万平方米，法国是 **4400** 万平方米，而我国只有 **400** 万平方米，差距还是相当大的。所以，瓦楞纸板生产上速度、上档次，是一个发展趋势，这一点肯定要在国内纸箱生产大企业的发展过程中，突出地表现出来。

至于生产模式，我以为“集中制板，分散制箱”这个模式，还会保留很长的一段时间。

将来对纸箱印刷的质量要求会越来越高，变化也会比较大。现在我国一般的纸箱印刷都是柔性版制版印刷，大约占到 **70%**。很多大型纸箱厂采用了柔版印刷。现在很多纸箱机械厂家都在研发、生产把印刷、压痕、开槽、横切、涂胶、制箱、捆扎一次完成的联线。

我感到由于对纸箱印刷精美度的提高，胶印直接印刷瓦楞纸板的数量将迅速增长，尤其是在细瓦楞纸板直接印刷方面会很快地增长。

在预印方面，传统的单张纸胶印和凹印的方式受到了卷筒纸预印的冲击。过去都是单张纸印，印完了以后，再用裱纸机裱上去。现在，复卷预印对这方面的冲击比较大。复卷预印，就是整卷上去以后凹印；凹印完了以后复卷，变成一个大纸筒，变成面纸，把这面纸拿到瓦楞纸板线上去，代替原来的面纸。哗啦一走，瓦楞纸板出来了，印刷也在上头了。好不好？好！又平整，又结实，又漂亮。但是，我想这个东西不可能推广得特别快。第一，它可能将来会被柔印的预印所冲击。毕竟，柔印的预印（复卷式的预印）可能要比凹印好一些。一是成本低，二是环保性好。因为凹印是要用带有点化学成分的油墨，柔印就不需要这个，就有一个环保优势。所以将来柔印预印机可能对凹版的预印机产生一定的冲击，不管在成本上、价位上、环保上，都比凹印机要有优势，何况一个纸箱拿凹印做，有点浪费。因为凹版印刷一般来说是做稍微高档一点儿印刷品的，成本较高。

你想，要花上几百万元买这么一条线，不是哪个厂子都负担得起的。买这样的线，第一，你得是很大的企业；第二，你得有长线活儿，就是批量很大的活儿，小活儿做不了。但是，你一个纸箱厂能有多少活儿让预印机去做呀。如果大家真想上预印，我不妨提个建议，几个厂子在一起可以合伙买一台预印机，成立一个股份公司。大家有长线活儿，就到那里去做，做完以后，年底大家一块儿分利润。所以，我只能说预印机的使用在世界上它是个方向，在我国也是个方向。但是，作为预印的推广和使用还不可能那么快，做得那么普及，大家在上预印机的时候，还是要慎重，还是要先算算账。

纸箱从运输包装向运输与销售包装相结合、轻量化走向以后，我想可能我们对高档的圆压圆模切机、粘箱机、捆扎机等的需求会有所增加，因为纸箱变得比原来薄了，比原来轻了，比原来漂亮了，所以从印刷角度，从模切的角度，从粘箱的角度可能对这方面的需求会更多一些。

另外，我想在此呼吁一下：希望纸箱机械生产厂家，能不能在纸箱生产设备的通用化、标准化上下点功夫，以减少我们纸箱厂维修、保养的困难。因为我国的纸箱机械生产厂家太多了，纸箱机械的种类和品牌也太多、太复杂了，维修起来十分困难。谁家生产的机器就得谁家维修，有些很普通的配件都不能互换，纸箱厂遇到这些麻烦确实很头疼。

最后，希望纸箱生产企业振奋精神，解放思想，努力向生产的深度和广度进军，尽可能地在瓦楞纸板使用领域的拓展上多下一点功夫。我曾经在国外的包装展览会上看过有拿瓦楞纸板做家具的，做出的桌子、椅子、柜子、沙发等漂亮极了。目前国内外还有用瓦楞纸板做建材，做隔板，做卫生棺等的。曾经有过这样一种比赛，即要求参赛者用纸板制作小船进行划船比赛。这其实是启发大家动脑筋开拓纸板的使用领域。我国瓦楞纸板的产能不是“过剩”了吗？如果我们的思路再开阔一点儿，瓦楞纸板的用途有可能更加广泛。这样，我国瓦楞纸箱的生产能力就可以得到更加充分、有效的发挥。

我国钢桶包装行业的现状和发展趋势

中国包装联合会金属容器委员会制桶分会

中国包装联合会金属容器委员会制桶分会，是在中国包装联合会领导下的分支机构，**1986** 年 **10** 月成立，现有会员单位 **100** 多家，会员成分由钢桶制造厂、钢桶附件厂及相关的设备制造厂、配件厂、涂料厂、密封材料生产厂组成，云集了全行业骨干企业，具有全行业代表性，是我国制桶行业管理的惟一专业性组织。

2003 年 **9** 月制桶分会代表中国制桶行业成为亚洲钢桶组织“泛亚洲制桶行业协会”成员，并出任“亚协”副主席之职。

制桶分会组织机构设主任委员一名、副主任委员若干名、正副秘书长各一名及常设机构秘书处。

制桶分会组织机构有编辑部，负责编辑出版《钢桶》内刊杂志，辟有“行业动态、技术交流、市场信息”等多个栏目，内容丰富信息及时，是中国制桶行业惟一的权威性行业杂志。

一、我国钢桶包装行业的现状

近年来，由于国内市场经济的发展，包装钢桶的消费量有所增加，于是不同生产规模、不同品种的钢桶生产企业也应运而生，并得到了迅速的发展。据最近的行业调查，我国现有制桶企业有三百多家，仅 **200** 升钢桶的年生产能力已超过 **2500** 万只。生产的品种也非常齐全，基本上覆盖了目前国内、外的大多数标准钢桶。很多企业还根据用户的要求，开发生产新的品种。有的企业还开发了国际新型钢桶，如集装箱专用钢桶、圆锥形钢桶和缩颈钢桶等，填补了我国钢桶市场产品的空白。虽然一些企业的产品还存在有质量不稳定、生产效率低等情况，但生产成本低、经营灵活，所以产品具有一定的市场竞争能力，在目前的形势下，产品在不同程度上满足了市场竞争的需要，促进了国民经济的发展。

1. 钢桶产品呈现区域性分布

我国早期的制桶企业都是在互相学习、互相借鉴中发展起来的，主要分布在国内较大的石油化工等企业附近，产品也呈现出明显的区域性特点。

200 升闭口钢桶：主要分布在大型石油炼化企业附近，以大、中城市为主。大多用来盛装汽油、机油等石油类产品。目前全国市场年需求量在 **1800** 万只以上。国内年生产能力约 **1500** 万只，有大约 **300** 万只的市场空缺，目前主要由翻新旧桶和进口桶填补。

200 升开口钢桶：这种产品主要用来盛装苹果酱、番茄酱等食品类产品。这是近年来的新市场，大多就近没有制桶企业，产品主要来源是原先已有

200 升闭口钢桶生产能力的企业。目前国内市场年需求量在 1000 万只以上，这类钢桶以圆柱形和柱形钢桶为主，国内生产能力大约在 1000 万只以上，但生产分布极不均匀，尤其是柱锥形钢桶，主要分布在西部地区，而东南部地区的市场却得不到满足。

中型钢桶：这类企业大多分布在生产油漆、电石、蜂蜜、化工企业较为集中的地区，产品主要是油漆桶、蜂蜜桶、电石桶、黄磷桶等等。有些生产 200 升钢桶的企业也有中小型桶产品。中型桶是容积在 20 升～200 升之间的各类钢桶，目前国内年需求量在 5000 万只左右，国内生产能力基本上能够满足，但地区需求和供给也是很不均衡，东南部供过于求，西北部地区供小于求。

小型钢桶：这类钢桶大多采用马口铁作为原材料，桶型有锥形桶、矩形桶、方便桶等等。大多数是专门生产该产品的企业，自动化程度较高，企业多公布于化工企业或粮油企业附近，多用于盛装油漆涂料、食用油、润滑油等等。小型钢桶多指 20 升以下的钢桶，与制罐业有结合的部分。由于多数制桶企业不生产这类钢桶，所以在制桶行业中都不纳入其范围。

2. 生产规模小

我国现有制桶企业大多数生产规模都很小，有的企业年生产 200 升钢桶不足五万只，多数企业生产规模在 10～20 万只之间，少数企业突破了 20 万只。所以大多数企业难以产生规模效益。近年来由于外资企业和独资企业的兴起，国内大型的制桶企业层出不穷，目前年生产能力在 100 万只以上的企业有 9 家，年生产能力在 50～100 万只之间的企业有 20 家，年生产能力在 20～50 万只之间的企业有 50 家，其余的企业生产能力都在 20 万只以下。

3. 生产品种单一

多数制桶企业只生产一种或两种钢桶，产品没有形成系列化。对于小型企业来说，单一的品种有利于减少投资，有利于工艺技术掌握和提高，更有利于快速建成并投产，发挥企业的经济效益，也有利于在单个产品上形成规模。但对于较大型的制桶企业来说，由于单一产品的市场的限制，只有一两种产品常常吃不饱，而产品形成系列化后，企业效益有所提高。

4. 企业多以劣质钢板为原料

除了少数几家国营企业优质钢板作原料外，大多数企业如不是来料加工，一般均采用普通的和劣质的钢板为钢桶制作的原材料。国内常用的优质钢板多是日本进口板和宝钢冷轧板，而大多数企业使用的钢板多是国产质量较差的热轧钢板、冷轧卷板，还有一些是俄罗斯产的劣质冷轧板。使用劣质钢板的原因主要是为了降低成本，为价格竞争提供有利条件。但是劣质材料带来的问题是多方面的，一是废品率较高，二是产品质量较低。不过总的来说，成本的确是降低了不少，但这些钢桶的重复利用率较低，且容易出现批量质量事故。

5. 工艺技术落后，工艺装备水平低

国内大多数钢桶生产企业均采用上世纪 60～70 年代工艺技术及工艺设备。生产效率低，产品质量差。只有少数生产厂家近年来全面地改造了设备，引进了新工艺，有的企业还引进了国外先进的生产设备和技术。但就国内的总体状况来说，与国外先进技术相比，工艺技术较为落后，生产装备水平较低。尤其是钢桶缝焊机，自动化程度非常低，其发展不仅赶不上其他制桶设备的水平，而且赶不上国内制桶业整体发展水平。

6. 采用全自动、半自动和人工的混合生产模式

国内的钢桶企业，还没有一家是采用全自动生产，有的企业只有生产线中的某一部分为全自动，与之配套的是一些半自动设备，有些工序还是采用人工解决，生产装备水平参差不齐。

二、我国钢桶包装行业的发展趋势

国内制桶企业，经过多年的发展，虽然已经有了很大的进步，但多数企业还存在着许多尚需克服的问题：资金不足，专业技术人员缺乏，工艺技术、工艺装备落后，产品质量不稳定，以劣质钢材为原料，有不少企业无钢桶生产许可证等等。对于行业的发展方向，有关的行业专家进行了长期的调研，认为主要的发展趋势应该是以下几个方面。

1. 走强强结合的规模经济发展道路

钢桶生产是一种需要多种行业技术支持的产品，没有雄厚的资金及技术人才做后盾、没有系列化的产品打市场，钢桶企业难以生存，更难以求得发展。

我国钢桶企业，大多数生产规模小，资金投入有限，专业技术人才缺乏，通过联合，可以将企业的生产规模做大，专业人员可以集中统一安排到技术更加专业化的岗位，扩大资金来源，并可以做到合理安排。总之，通过联合，可以增强企业产品在市场中的竞争能力。

2. 采用新工艺，提高工艺装备水平

我国钢桶生产企业是要沿用了我国上世纪

60～70 年代的工艺技术及工艺装备，有的还低于这个水平，尽管这些产品在国内尚有一定的市场，但随着国民经济的发展、人民生活水平的提高，人们将对钢桶包装质量的要求越来越高，特别是我国加入 WTO 世贸组织后，如果不抓紧对现有生产工艺进行改进，提高工艺装备水平，国内很多企业将难以参与市场竞争而被淘汰。

3. 继续走产品专业化发展道路

产品的专业化，有利于生产管理，有利于生产工艺技术的掌握和提高，有利于资金的周转，降低生产成本，发挥企业的经济效益。

4. 采用全自动的生产模式

所谓全自动的生产模式，就是要在整个生产线上实现高效率、高质量、高协调的统一。全自动、半自动和手工混合的生产线，不仅发挥不了全自动生产线的高效率，而且质量也得不到保证，整个生产过程的速度、质量极不均衡，这是现代企业生产和技术的一大悲剧！

5. 跟踪市场捕捉市场信息，填补市场产品空白

充分利用制桶企业生产灵活的特点，捕捉市场信息，开发国内外先进的新产品，填补钢桶产品的市场空白。如近年来在国际市场上流行的集装箱专用钢桶、国际标准化钢桶、钢塑复合桶等就是很好的新产品发展方向。

6. 钢桶产品的结构及质量要不断创新和提高

随着钢桶薄型化方向的发展，由于钢桶质量的要求越来越高，对于钢桶的结构也存在着创新的趋势。如“W”筋桶、缩颈桶等等都有利于钢桶强度的增强，而且对于减少运输空间，运输尺寸与国际标准接轨都有非常现实的意义。

由于用户对钢桶质量的要求也越来越高，使得制桶企业的工艺技术也要随之不断创新和提高。比如钢桶的外观质量，我们曾经是手刷漆和自然干燥，现在多数企业都提高为自动喷漆和烤漆，不少企业还可以生产多色钢桶。又比如原先钢桶上的各种标识是采用刻版手工喷字的工艺，后来发展为丝网印刷工艺，现在由于用户要求印制彩色图案，又出现了热转印技术的应用等等。总之，产品的结构和工艺都会随着市场的需求而不断地创新和提高。

7. 从事旧桶翻新的企业不断增多，已经开始形成一个产业

近年来，由于钢桶原材料的涨价等因素的影响，旧桶翻新市场非常活跃，据统计，目前我国的旧桶翻新企业有二百多家，大部分分布在江浙及广东一带，已经开始形成了一个产业。这是环境保护和社会文明的发展趋势，在欧美和日本等国家，旧桶翻新产业都非常发达，并自发地组成的行业协会进行统一的管理和活动，而我国目前还没有对旧桶翻新产业形成统一的管理。对这个产业的统一管理将是钢桶包装行业未来发展的主要目标。

不论从资源的合理利用、减少浪费，还是从循环经济的大局出发，或者是从企业的生存和利润追求，旧桶翻新产业的发展都将是如日中天，这是全世界的发展趋势。

纸制品生产设备的现状及发展趋势

无污染、无公害的“绿色包装”已受到全世界的关注。既能满足透气、防潮、抗震、抗压等多各要求，又便于回收利用且不造成环境污染的纸包装容器，无疑具有广泛的发展前景。纸包装容品的发展依赖于国民经济的发展、科学技术的进步，在某种意义上表现在其技术装备的水平上。

纸包装容器包括纸箱、纸盒、纸杯、纸盘、纸管、纸桶、纸浆模塑制品等。综观瓦楞纸箱、彩色纸盒等主要纸制品生产设备的现状和未来，对制订我国纸包装制品制造设备的发展战略，把该行业做大做强，具有重要的意义。

一、瓦楞纸箱制造设备概况

瓦楞纸板生产源于美国，20 世纪 40 年代开始出现瓦楞纸板全自动生产线。1968 年兰斯顿公司又推出了幅宽 2.2m 车速高达 212m/min 现代纸箱生产线，同时推出了成型、模切、折叠、胶合组合的各种机型设备，从而开始了纸箱机械领域新技术的大飞跃。进入 20 世纪 90 年代后，纸箱（盒）工业步入计算机和高科技技术更加广泛应用的阶段，微处理机和微电子数字技术不仅用在纸箱（盒）机械的电控制装置和机构的执行功能上，也广泛应用于整个生产全过程的控制和调节。目前，国外瓦楞纸板生产线的幅宽已达到 3.3m，车速正向 300-350m/min

的水平发展。1994年荷兰开始生产加工难度更大的设备要求更高的瓦楞原纸克重仅有 $90g/m^2$ 的轻型瓦楞纸箱。

我国瓦楞纸箱商务通过走引进吸收和开发之路，与世纪先进水平的差距正在逐渐缩小。目前，在设备的运行性、灵活性（即不停机换规格、适应多品种、小批量）以及速度幅宽指标上与发达国家同类设备还有一定的距离。

二、纸盒制造设备概况

硬纸板彩色纸盒是一类使用非常广泛的销售类包装容器。其制造工艺相对比较复杂，要经过定幅切纸－装潢印刷－上光压光覆膜－模切压痕－折叠糊盒等加工工序。以前各工序多以功能单一的单机生产为主，有的还要以手工操作，生产效率低、劳动强度大、纸盒质量不高。随着CAD/CAM、数控、激光等高新技术在纸盒行业的应用，极大地提高了纸盒机械化、自动化水平。例如高速全自动平压模切机的出现，比过去需要人工操作的卡盒机的工作效率提高近10倍；全自动折叠糊盒机的开发成功，结束了常用纸盒人工糊盒的历史。自动切边机、自动弯刀机、纸盒打样机、数控激光图形切割机等CAM设备的使用，可谓是盒模切板制作的一场技术革命。

由于纸盒的种类繁多且结构复杂，其加工工艺及涉及的学科知识面广，于是欲实现制造设备的通用化、标准化、系列化难度很大；又因为我国纸盒行业基础薄弱，其制造设备和国际先进水平比较亦有很大差距。因此，我国纸盒机械发展空间很大，进一步开发性能先进的纸盒制造设备任务很重。

三、蜂窝纸板及纸箱生产设备概况

蜂窝纸板在上个世纪60年代刚一问世，就以其轻巧合理的仿生学结构，各向同性的高抗压强度以及良好的缓冲、隔震、保温、隔音等性能受到建筑、车船制造等行业的青睐，在包装行业的诸多方面也显示了优越性和良好的发展前景。

蜂窝纸板的结构是由两层面板、蜂窝纸芯和胶粘剂复合而成，目前主要采用拉伸成型制造法制造蜂窝纸芯。

我国于上个世纪80年代后期才开始蜂窝纸板成箱设备的研制。研发工作是在消化吸收从韩国、英国、荷兰进口的蜂窝纸板生产线的基础上进行的，并取得了一系列可喜的成果。

目前我国生产的蜂窝纸板生产线基本上达到国外上世纪90年代的先进水平。国内外蜂窝纸芯，纸板生产设备的主要技术指标参数基本类似，蜂窝纸芯的高度，蜂窝纸板的厚度依据用户要求不同有所差别，在纸芯速度上都能达到20～50m/min。但制版的速度国外最高可达到30m/min，而国内因制芯和制版的设备是连成一条生产线的，制版的速度仅为5～8m/min。此外，国内蜂窝纸板生产线与先进设备比较还有一定的差距，主要表现在：（1）生产设备品种少；（2）自动化程度低，难以达到蜂窝制品的标准化和系列化；（3）设备的加工精度不高；（4）用于蜂窝纸板制品成型加工的配套设备基本处于空白。加速开发配套设备已是当务之急。

四、纸浆模生产设备概况

纸浆模塑工业已有80多年的发展历史，目前在英国、冰岛、加拿大等发达国家规模较大，工世较成熟。我国从1984年从法国埃尔公司引进一条转鼓式纸浆模塑生产线开始，到1988年国内自行研发的第一条纸浆模塑生产线问世，我国纸浆模塑工业从无到有，并结束了纸浆横塑设备依赖进口的历史。但在1993年以前，产品单一，档次较低，主要以禽蛋、水果和啤酒的托盘为主。随着出口贸易增加和出口产品要求环保包装的限制，1995年以来，纸浆模塑工业在我国又有一个新的飞跃，到20世纪90年代后期，开始走向规模化和产业化。现在国产纸浆模塑设备不仅能够供应国内，而且已有生产线出口到国外。纸浆模塑制品的主要生产设备有：水力碎浆机、配浆池、成型机、烘干机、热压机、切边机等。

纸浆模成型机是生产纸浆模塑制品的主体设备之一，按成型方式分类有若干种，其中旋转式成型机效率最高，适合于生产果托、蛋托、瓶托等批量大、深度较浅的定型专用产品；注浆式成型机主要是用于生产快餐具、喇叭纸盆等形状简单、重量较轻的纸浆模制品；压铸成型机主要用来生产要求承重力大、以定位功能为主的纸浆模制品；往复式和返转式成型机是目前纸浆模塑缓冲防震包装制品生产的主要机型。我国95%的成型机是往复式成型机，生产效率低、耗能大，原材料适应性差，迫切需要返转式成型机来解决往复式成型机的缺陷。返转式成型机于20世纪90年代中期才传入我国，并得以迅速发展和完善。随着国内返转式成型机的技术不断进步，越来越显示出优越性和先进性。

迄今为止，我国生产的纸浆模设备能够采用先进的气控技术，PLG人机界面等技术，能够综合纸浆模塑艺的要求采取独特的设计，以满足生产不同类产品需要。在确保成型效果和制品质量的情况下，既可以大批量生产同一制品，也可以同时生产多种制品；还可以根据产品的规模灵活确定设备的数量；实现全自动控制。

经过十几年的努力，我国纸浆模塑设备水平虽然取得了长足的进步，但仍然存在着许多不足，主要表现在：（1）模具制造手段落后，效率低，成本高，导致了制品加工质量不高；（2）我国95%的成型机是往复式，三工位定型，自动化整体水平不高，生产效率低。设备中的热压机还在一定范围内采用电加热，耗能巨大；（3）适合纸塑专用小配件主要依赖进口；（4）国内纸浆模型模塑尚未标准化。

五、纸包装制品生产设备的发展趋势

纸包装容器制造设备属辅助包装机械，从以上列述的几种主要纸容器的制造设备来看，尽管纸容器各自的生产工艺完全不同，其制造设备发展的历史和背景也不一样，先进程度及国内外的差距亦有差别，但是它们的发展趋势具有如下特点：

（1）生产设备将向高速、高效、多功能、高度自动化的方向发展。随着科学技术的快速发展和社会的不断进步，纸包装容器产品多样化的发展趋势不可逆转，市场的竞争将进一步加剧。纸包装容器的制造设备必将向多功能和高速的方向发展。为提高设备的生产率和企业效益，生产率较低的单机势必被生产线所替代，那些低档次的生产线也将加速升级换代，向高速、高效、低耗、封闭无污染、高度自动化的方向发展。为了适应产品的多品种、小批量的需求，设备可以设计成模块式的，功能可加可减，在短时间内可转换成新机型，从而增加了设备的柔性和灵活性。

（2）设备的零部件生产将向通用化、系列化、标准化和专为化方向发展。要保证纸金包装容器制造设备的高质量，其零部件的生产必须实现通用化、系列化和标准化。一些发达国家生产的包装机械中，通用件、标准件占整机零部件的70%，有的高达90%，远远高于我国的水平。机械零部件的生产专业化是提高产品质量、降低成本的重要手段，也是纸包装容器的生产设备发展的必由之路。设备上，很多零部件将由通用的标准件厂和高度专业化的生产厂家生产。一些控制部件、结构部件与通用设备相同，可以借用。这样对生产设备的维护、缩短设备的更新周期，提高其可靠性都极为有利。

（3）高新技术的广泛应用，使纸包装容器的制造设备功能日趋先进，可靠性进一步增强。我国纸包装容器制造设备的性能与国外同类设备的先进水平存在一定差距，主要反映在设备的技术含量上。重视高新技术的应用已成为提高设备的先进性、可靠性的主要途径。今后在研发纸包装容器制造设备时，应广泛采用CAD、CAE、有限之分析、优化设计、可靠性设计、并行设计、模块化设计等现代设计方法，大力采用CAM、CNC、CAPP等现代制造技术，以提高设备的设计、制造水平。还要大力推广和应用微机控制技术、在线监测和显示技术，以适应多功能、高度可靠、易操作、低成本的要求，增加设备的灵活性、适应性。

胶粘剂行业现状及发展前景

胶粘剂协会

近年来，我国合成胶粘剂和密封剂工业有了很大的发展和长足的进步，产量快速增长，产品档次和质量不断提升，新产品、新技术不断涌现，应用领域日益拓宽，现已成为我国精细化工行业中最具活力的重要产业。它已广泛应用到纺织、包装、制鞋、建筑、造纸、木工、航空航天、汽车、电子、冶金、机械加工、医疗卫生等部门，特别是有力促进了汽车业、建筑业、电子电器工业等支柱产业的发展。

一、2004年胶粘剂行业的发展现状

1.产量与销售额

2004年中国胶粘剂产量达到379万吨，与2003年相比增长了13.1%；销售额292亿元，比上年增长19.2%。销售额的增长明显超过了产量的增长，这表明我国胶粘剂产品档次的提升。

2.胶粘剂产品在各行业的应用情况

胶合板及木工行业消费量178.0万吨，占有率46.97%；建筑建材行为消费量99.0万吨，占有率26.12%；包装及商标行业消费量46.0万吨，占有率12.14%；制鞋与皮革行业消费量23.0万吨，占有率6.07%；交通运输行业消费量10.5万吨，占有率 2.77%；纸加工和书籍装订行业消费量 8.5 万吨，占有率 2.24%；机械电子行业消费量 4.7 万吨，占有率 1.24%；消费者自用行业消费量 3.0 万吨，占有率 0.79%；其他（纺织、医药卫生、航天航空等行业消费量 6.3 万吨，占有率 1.66%）。

3. 进出口量及金额

（1）进口量：19.12 万吨，比 2003 年增长 7.48%，金额：53201.7 万美元，比 2003 年增长 30.64%。进口产品主要有配制胶粘剂的原料及相关助剂：如 PU、PA、环氧、EVA、SIS 等树脂、氯丁橡胶。特种胶粘剂：如 PU 胶、环氧树脂胶、丙烯酸酯胶等。主要从美国、德国、日本及我国台湾地区进口。

（2）出口量 1010 万吨，比 2003 年增长 35.03%，金额 17136.9 万美元，增长 37.73%。出口主要产品有胶粘剂的原料：PVA、SBS、石油树脂和松香等。胶粘剂：丙烯酸酯胶、有机硅密封胶、502 瞬干胶、厌氧胶、热熔压敏胶等。压敏胶制品：各种胶带和标签。主要出口到美国、欧盟、东南亚、中东等地。

4. 中国胶粘剂行业目前存在的问题

（1）部分原料及相关助剂需要进口，供应不及时，价格上涨较多。

（2）技术创新和新产品开发迟缓，先进技术引进困难。多数企业仍停留在通用型、中低档产品上的竞争。

（3）市场秩序需要进一步规范和加强监督管理。

二、胶粘剂行业的前景

我们对 2005～2010 年胶粘剂市场需求的预测显示，市场需求量将每年平均增长 11%，其中：水性胶粘剂将增长 12%；热熔胶粘剂增长 15%；溶剂型胶粘剂年增长 5%；反应型胶粘剂年增长 11%；压敏胶制品年增长 8%。

今后中国胶粘剂市场发展的特点主要呈现以下几点：

1. 外资企业继续保持高速发展。

2. 企业增多、生产规模扩大、产品档次提高。

（2）　产品将向生产规模大、技术水平高、创新能力强的优势企业集中，生产规模小、技术落后的企业将会加快淘汰；

（2）环保节能型产品加国快发展（主要表现为）

无溶剂、高固含量，

水性，

光固化、低温固化，

废弃物再生利用。

3. 市场需求呈现多元化（年增长率）

通用型产品　8%；

高性能高品质产品　12%；

特种型产品　> 20%。

包装瓶盖的现状与新技术

金属容器委员会

一、包装瓶盖及其发展趋势

面对市场上品种丰富的饮料和各种酒类，其包装早已成为吸引人们目光的亮点，精美的设计、别致的瓶型为它们增色不少。也许你从未注意到，其实瓶盖——作为包装中的一个小环节，对于保证产品质量和塑造产品个性同样是至关重要的。

酒瓶盖作为包装的一部分，它的功能主要有两点：一是密封性，对酒起保护作用，这是瓶盖的最基本功能，也是生产厂家最容易做到的；二是美观性，作为包装不可分割的一部分，小小瓶盖可以起到画龙点睛的作用。目前，有些厂家在选择瓶盖上，过分地强调其防伪效果与其技术含量密切相关，但起决定作用的不是产品本身，而是国家的法令法规和消费者的自我保护意识。

近年来，酒类产品防伪越来越被厂家重视，酒瓶盖作为包装的一部分，其防伪功能和制作形式也朝着多样化、高档化发展。扭断式、开启式、能唱歌、会说话、多重防伪酒瓶盖被厂家广泛使用。尽管防伪瓶盖功能不断变化，但其使用材料主要有两大类，即铝质和塑料两种。

纵观国外酒类包装瓶盖，其特点是丰富多彩且具有稳定性。大多数采用铝质瓶盖，外形简单，制作精细，先进的印刷技术使之色泽一致、图案精美，给人以精致高雅感觉。瓶盖样式多采用传统模式，较少变化。如苏格兰威士忌的瓶盖，那纯正的黑色配以金色文字，给人以古朴、典雅、恒久享受的感觉，起到了它应有的标识作用。

二、铝质瓶盖与塑料瓶盖之争

（一）我国包装瓶盖的发展现状

目前，我国白酒、葡萄酒、药酒及饮料等的包装多数仍以玻璃瓶为主，因而瓶盖有很多是用铝材制造的。目前，我国各种酒类生产厂已有数万家，其中白酒瓶盖生产线近 30 条，可生产近百种各类瓶盖，产量为 50 多亿只。据有关专家介绍，我国防盗瓶盖将以每年 10%的速度增长，预计 2010 年约需防盗瓶盖 150 亿只，需耗铝板材 5.35～6 万吨左右。

自上世纪 90 年代中期开始，可口可乐公司生产的 PET 瓶装饮料使用塑料防盗盖替代铝盖，从而将塑料防盗盖推到了饮料包装的前台。此后，国内有实力的包装企业和饮料生产商纷纷引进国外设备，开始了塑料防盗盖的大规模生产和应用。如今，既轻薄又易于开启的塑料防盗瓶盖用于饮料包装不仅方便了消费者，同时也加快了饮料业的发展。

目前，由于国内饮料行业竞争激烈，不少知名企业都在采用最新的生产工艺和设备，使我国的制盖机械和塑料盖生产技术都达到了世界先进水平。如萨克米（SACMI）、奥克亚（Alcoa）赫斯基（Husky）、德马格（Demag）、耐驰（Nestal）、恩格尔（Engel）等世界知名的制盖机械均已进入我国。与此同时，在塑料瓶盖生产领域，注塑和压塑工艺之争也拉开了大幕。技术创新无疑是塑料防盗盖快速发展的动力。

（二）铝质防盗瓶盖

铝质防盗瓶盖采用优质专用铝合金材料精致加工而成，主要用于酒类、饮料类（含汽、不含汽）和医药保健品类产品的封装，并可满足高温蒸煮杀菌等特殊要求。

铝质瓶盖多在自动化程度相当高的生产线加工，因此对材料的强度、伸长率和尺寸偏差要求都很严格，否则会在加工时产生破裂或折痕。为保证瓶盖成形后便于印刷，要求瓶盖料板面平坦、无滚痕、划伤和污斑，一般采用的合金状态有 8011-H14、3003-H16 等，用料规格一般厚度为 0.20mm～0.23mm，宽度为 449mm～796mm。铝质瓶盖材料的生产可分别采用热轧供坯或连铸连轧供坯，经冷轧轧制而成。目前我国防盗盖料的生产厂多用连铸连轧坯料，优于铸轧坯料。

（三）塑料防盗瓶盖

塑料瓶盖结构复杂，具有防倒灌功能，其表面处理工艺方法多种多样，立体感强，外观造型独特新颖，但本身固有的缺陷却无法忽视。由于玻璃瓶采用热成型工艺，瓶口尺寸误差较大，难以实现较高的密封性。有关包装专家指出，由于存在较强静电，塑料瓶盖容易吸附空气中的灰尘，再加上超声波焊接时产生的碎屑很难清除，塑料碎屑对酒污染的问题目前尚无彻底解决办法。另外，个别塑料瓶盖生产厂家为降低成本，在原料中掺杂使假，卫生状况令人担忧。由于瓶盖有一部分与玻璃瓶口连在一起，不易回收，环保专家认为，它对自然环境的污染是显而易见的。另外，塑料瓶盖较之铝质瓶盖，成本费约高一倍甚至更多。

相比较而言，铝质防盗瓶盖却能克服塑料瓶盖的上述不足。铝质防盗盖结构简单，适应性强，密封效果好，铝质瓶盖比塑料瓶盖不仅性能上优越，制作亦可以实现机械化、大规模生产，而且成本低、无污染，还可回收利用。若采用特殊、先进的印刷方式，不仅可以印刷丰富多彩的图案，而且防伪效果也很好。当然铝质瓶盖也存在某些缺陷，如瓶盖侧面颜色不一，易产生掉漆现象，外观缺少变化，但这些问题从技术上是可以寻找到解决方法的。

三、评判啤酒瓶盖优劣的标准

啤酒瓶盖的主要作用，一是具有一定的密封性，确保瓶内 CO_2 不泄漏和外界的氧气不渗入，保持啤酒的新鲜度；二是垫片材料无毒、安全卫生，不会对啤酒的风味产生任何影响，保持啤酒的口感；三是瓶盖的商标印刷精良，对啤酒的品牌、广告宣传和产品维护起了重要作用；四是啤酒厂在使用瓶盖时，瓶盖能适用高速灌装机，下盖通畅，减少盖损、酒损。

目前，评判啤酒瓶盖优劣的标准如下：

1. 密封性：1. 瞬时压力：瞬时压力≥$10kg/cm^2$；2. 慢性漏气：按标准测试慢性漏气率≤30%。

2. 垫片气味：安全卫生无毒，做垫片的风味测试，用纯水蒸煮，无异味则为合格，且在使用后，垫片的气味不能迁移到酒内，给啤酒的风味造成任何影响。

3. 瓶盖特性：(1)瓶盖的漆膜损耗值，优质品要求≤16mg，镀锡铁瓶盖和满版颜色的镀铬铁瓶盖的漆膜损耗值≤20mg；(2)瓶盖的耐腐蚀性，通常除了符合硫酸铜检验无明显锈斑外，还必须在正常的使用过程中延缓生锈。

4. 瓶盖外观：(1)商标文字正确，图案清晰，颜色色差范围小，批次间色泽稳定；(2)图案位置居中，偏差范围中心距≤0.8mm；(3)瓶盖不得有毛刺、疵点和裂痕等；(4)瓶盖垫片成型完整，无缺陷，无异物，无油污。

5. 垫片的粘接牢度和促销要求：

(1)促销瓶盖垫片的粘接牢度合适，除要求剥离片外一般不易剥离，巴氏杀菌后垫片不自然脱离；(2)通常瓶盖的粘接牢度合适，优质的瓶盖能通过MTS（材料力学检验）测试。

四、新型塑料防盗瓶盖

（一）压塑制盖　引领未来制盖发展

压塑工艺是把定量的物料放到上模具和下模具之中，上下模具合模，即完成了对物料的加工，然后冷即，脱模，完成制盖。注塑工艺制盖如同注射，把物料推送到模具的空隙处，直到空隙填满，然后冷却、脱模，完成制盖。

压塑成型(Continuous Com-pression Molding，缩写CCM)是近10年出现的塑料制品制造新工艺。它向具有百年传统的注塑工艺（Iniection Molding，缩写IM）发起强有力的挑战。就能耗、物耗及环保综合成本而言，在饮料工业中，压塑制盖无疑是现在和未来制盖方法的发展方向。

目前，压塑盖占据了可口可乐、统一、康师傅80%以上的份额；娃哈哈的茶饮料与汽水、汇源PET瓶装果汁等更是达到了100%。压塑制盖工艺占到了全球70%的市场份额，占到了我国60%以上的份额。尽管注塑机先后采取了降价和各种优惠的促销，但压塑工艺制盖的发展势头不减。2001年以后，中国客户购买压塑设备的数量大大超过了注塑设备。

（二）单片热灌装盖　成本低廉

由于瓶口公差难以控制到预定的范围，结晶的PET热灌装瓶几乎100%的要用两片盖与之配套。在上个世纪末，很多企业攻关，试图用单片盖取而代之。从2002年开始，世界范围的石化原料普遍涨价，而我国瓶盖的售价反而下降。因此，更加刺激人们寻求更新技术降低成本。而压塑工艺具有制盖尺寸精确、瓶口收缩系数小的优势，SACMI公司一直积极配合我国用户研究和开发热灌装用的单片盖，从而加快了单片盖进入实用阶段的进程。

（三）组合盖　时尚的选择

人们还记得，1998年农夫山泉的运动盖第一次出现在我国的情景。不到三个月，市面上的运动盖铺天盖地。随着时空的变化和各种文化的融合，技术成果以时尚的方式展现也势属必然。因此，类似于运动盖的新型组合盖在逐步时尚化的我国饮料界适时出现，将会使我国的饮料瓶盖品种更加丰富多彩。

五、个性化瓶盖各有千秋

（一）剥离转移瓶盖

1. 产品特点：有奖促销内容随着垫片在剥离的同时，瓶盖上的文字完全转移到垫片上，满足市场和客户的需要，安全进行各类有奖促销活动。此技术在1999年获得国家专利保护；2. 适用范围：适用啤酒、饮料行业，以及使用发泡瓶盖的企业；3. 垫片材料：PVC浆料。

（二）无菌瓶盖

1. 产品特点：瓶盖在无菌生产线上进行生产和包装。这种无菌瓶盖目前只有上海紫泉能够生产，其使用的生产线是全国惟一的一条无菌瓶盖生产线，采用的是过滤法、净化冷却风和包装室，洁净度达到千级的无菌条件；2. 适用范围：适用纯生啤酒、生啤，以及要求高的饮料、饮用水行业；3. 垫片材料、吸氧材料：（1）产品特点：在瓶盖的垫片材料中添加了一种隔氧物质，它需要在潮湿条件下被活化，但在封盖前的通常储存条件下需保持稳定。每个垫片最大可吸收2毫克氧气，并且吸氧材料向啤酒迁移的量很小。吸氧瓶盖吸收了瓶颈部分和外界渗入的氧气，减少啤酒的老化，使啤酒的新鲜度和口感大为提高；（2）适用范围：适用啤酒行业，尤其是适用于高档啤酒；（3）垫片材料：PE吸氧材料。

（三）隔氧瓶盖

1. 产品特点：瓶盖的垫片材料中添加了一种隔氧物质，它在封装到玻璃瓶上后，当外界氧气渗入时，起到一层密封阻隔作用，使氧气不再渗入而保持啤酒的新鲜度；2. 适用范围：适用啤酒行业，尤其适用于高档次啤酒；3. 垫片材料：PVC、PE隔氧材料。

（四）不锈钢瓶盖

1. 产品特点：通常的瓶盖是采用马口铁生产，防锈是靠内外涂布层的保护，由于瓶盖在制造、运输使用中受到碰撞刮伤，使涂层受到露铁，遇到水、酸等则生锈。采用不锈钢基材生产瓶盖，无需防锈层，瓶盖在任何恶劣的条件下都不会生锈，且保持良好的光泽，对品牌的维护起到了积极有效的作用；2. 适用范围：适用高档次饮料、啤酒、果酒行业，耐酸、耐湿而不会产生任何锈蚀。灌装机不需作任何设备调整；3. 瓶盖材料：基材用不锈钢材料。

（五）防盗垫压模塑料盖

1. 产品特点：独特防盗设计，有效地改善了防盗性能。它即可水平切割，也可垂直切割；2. 适用范围：适用于热灌装饮料。广泛应用在日本、韩国、我国台湾省等亚洲市场；3. 适用瓶口：1716瓶口；4. 密封性能：内垫由软性耐高温材料制成，提供可靠的顶面和外侧双重密封。内垫与盖体融合一体，不会胶落松动；5. 装饰功能：在外顶部可进行三色印刷，亦可进行内部印刷，以配合促销。多种印刷颜色，可使产品更引人注目。

（六）无衬垫热压模塑料盖

1. 产品特点：采用专利技术，具有独特的密封和防盗性能。与瓶子完美配合，并易于回收。防盗环采用专利的切线技术，切出防盗环上特殊设计的锁片使瓶盖在旋紧时顺利旋入，提高生产效率，又保证盖子具有良好、卓越的防盗性能。这种防盗环可水平切割，使防盗环与瓶盖一起脱离瓶口，以便于回收瓶的应用；2. 适用范围：专门为不含气体的饮料而设计，如矿泉水、蒸馏水等；3. 适用瓶口：1716瓶口、PCO瓶口、1655玻璃瓶口；4. 密封性能：顶密封和侧密封的双重功交，最大限度地降低封盖缺陷，确保产品的质量；5. 装饰功能：多种颜色可使产品更引人注目，顶部可根据需要做多色印刷。

六、国内外最新瓶盖技术的应用

（一）带有空气压缩器的瓶盖

台湾一家公司开发出一种可充气瓶盖用于大容量汽水瓶。当一次喝不完整瓶汽水时，利用瓶盖上的压缩器向瓶内加压充所，使剩余的汽水或跑气的饮料重新回到含气状态。

（二）冠型马口铁易开盖

目前市场上可见到的冠型易开盖主要两种，一种是在冠型盖的本体上，用空心铆钉，铆接上一拉环；另一种是在冠型盖本体上制作一个与本体相连的拉环，不论是哪一种都是以铝材制作。由于铝的硬度差，目前仅用于不含气的饮料瓶。

北京机械工业自动化研究所利用制造非标准产品生产线的经验和多年生产大开口马口铁易开盖的硬件和软件，研制生产以马口铁为材料的冠型易拉盖。这种盖将拉环置于盖子顶部，盖子的外形尺寸与传统的冠型盖无异，可顺利通过国内外现用的灌装线的封盖机。该所目前已完成了冠型易开盖生产线和专用模具的设计制造。

（三）侧拉环式易拉盖

由山东鱼台东冠瓶盖有限公司投巨资全套引进的全自动生产线生产的侧拉环式易拉盖，改写了国内外饮料瓶皇冠盖要靠工具开启的历史，使包装瓶盖的档次与防伪能力提高到更高、更新的层次。该易拉盖独特的外观造型及精美的彩色印刷有很好的装饰性，新颖、别致、美观，具有提高饮料档次又增加市场宣传的效果。再加上该易拉盖密封性能好，拉启方便，增加了饮料在交通旅行、旅游景点、公众娱乐场所等消费市场的拓展，使侧拉环式易拉盖在饮料业备受青睐。独创瓶盖装饰性新视角，为高档饮料新产品开发包装封口多提供一项选择，也多了一份商机。

（四）热变色隐形荧光显示高档瓶盖

浙江余姚市忠明塑业公司采用新型瓶盖防伪技术研制出热变色隐形荧光显示高档瓶盖。该瓶盖是利用印刷技术和开瓶即毁的方式进行防伪的，该瓶盖表面字体加热到50℃以上时，字体消失或变色，冷却至常温时恢复原有颜色。用验钞紫外线照射表面，隐形的防伪码或字体即可显示，开瓶时盖体即毁。目前该瓶盖已经“江口醇”等多家企业使用，均达到了很好的防伪效果。

（五）新型啤酒瓶盖内衬垫

美国发明了一种可自动放气的新型的啤酒瓶盖内衬垫，其显著特点是当啤酒瓶内压接近啤酒瓶所能承受的极限压力时可自动放气。此种内衬垫不仅在中等压力下呈现出优异的密封性，以确保啤酒这一对气味极其敏感的饮品，既不会发生因环境中污染物（如O_2）的渗入而导致的变质，也不会发生因瓶内CO_2的外泄影响啤酒的口感；而且从食品安全的角度出发，这种新型的内衬垫在啤酒瓶内压接近瓶子所能承受的极限压力时所具有的自动放气的功能，避免了啤酒由于长时间曝露在高温或阳光下，瓶内自动产生高压所引起的瓶子破碎或爆炸带来的危险。

由美国推出的Smart Cap皇冠盖，盖内嵌入一种吸氧化合物衬垫，可通过衬垫上的小孔吸收啤酒瓶顶隙处的氧气，能将啤酒的保持期从3～4个月延长到4～6个月。

（六）新颖瓶盖

德国Jaycare公司推出一种易启式瓶盖，专为年老体弱者及病人设计。使用时，轻按一按钮，内装的弹簧片则动作，使瓶盖上开启一孔，即可以从孔中倒出，既方便，又无需用力旋开瓶盖。

德国 **Poiytop** 公司研制成功一种具有防止幼儿开瓶，又能自动计量的特殊瓶盖。在这种瓶盖上，有一条窄缝，将瓶盖颠倒后，容器内的液体通过窄缝流出，一但达到规定剂量 **5～50mm** 之间，即自动停止流出，计量准确。另外，**Bemas** 公司还开发出一种方形瓶盖，可与 **125mm**、**200mm** 和 **2500mm** 等各种规格的方口聚乙烯瓶配套，可以将瓶口盖紧。

（七）新型阻隔性密封盖

果汁和油脂之类的产品对氧十分敏感，极容易受氧的影响而引起变质，其质量和货架期必须依赖既能阻隔氧气，又能吸收氧气的高阻隔性密封盖的使用，才能得到保证。

最近，**DS-**凯密尔公司（**DS-CHemic**）开发出一种对产品质量无任何影响、能阻隔挥发性有机物的叫作“活性防御阻隔复合物”（**Active barrier compounds**）技术。此项新技术提供了绝对不会与包装内容物发生化学反应的、对挥发性有机物能起优良阻隔性的很好性能。

阿尔可阿 **CSI**（**Alcoa CSI**）公司则研究开发了一种密封盖和衬垫用的多样性阻隔性新材料。奥克西勃洛克（**Oxy Block**）密封盖公司介绍了一种夏天北美洲果汁和果汁饮料包装瓶上通用的密封盖，其规格有直径 **33mm**、**38mm** 和 **43mm** 三种，该密封盖同产品的热灌装与无菌充填包装等一起使用，效果更佳。

意大利派里可尼（**pelliconi**）公司开发生产的一种能吸收内容物和顶隙中残存氧的阻隔性密封盖，叫作“**DAPsorb SOLAR**”。此盖是塑料制啤酒瓶用的快速调整盖（**Snap Fit Cap**），除用于啤酒外，还可用于果汁、酒精饮料等产品。在派里可尼公司的其他产品中还有一种叫作“**MP301**”的高阻隔性密封盖是在盖中组合了氧气吸收剂的冲压式一片开口封盖，适用于发展中国家的低成本啤酒瓶的密封盖。

（八）金属瓶盖的防伪技术

印刷金属瓶盖的过程与两片食品罐有很多相似之处，如冲制的方法、印刷的方式等等。从印刷的角度来看，它们之间有以下三点不同：

1. 金属瓶盖的罐径与罐高之比远小于两片食品罐，也就是说金属瓶盖在制作过程中变形较剧烈，所以两者所用的材料或漆料会有所不同。

2. 金属瓶盖的罐径较小。因瓶盖一般开口都比较小，罐身可用于表现图文的面积小很多，所以用于瓶盖上的图文比较细腻。

3. 金属瓶盖成型后大都不必加热。食品罐经常需要加热的程序以达到杀菌，这时必须要考虑漆料的耐热性。金属瓶盖就没有此种顾虑。

金属瓶盖的优势：新的材料与科技等绝对是防伪不可或缺的工具，利用大自然的多变性也未尝不是一种好方式。金属印刷罐，尤其是长颈盖，其在制作过程中的多变性导致难以生产出可完全控制中的变形行为；又因为盖身上的网点可以反映出变形行为，以至网点印刷图形可利用辨认出其差异性，由此达到防伪的效果。从实验的结果来看，采用逆运算法应可达到相当程度的难复制性。除防伪的功能外，采用逆运算法所做出的成品色彩鲜艳、细腻以及正确性等方面，目前还未见有类似的产品可以与之比拟。该办法的另一个优势是在制作过程中生产速度、成本以及生产线等均优于一般通用的变形调整法。

（九）特殊型扭断防盗盖

目前在酒包装中使用最多的是扭断盖（也称防伪盖），根据不同的材质分为塑料扭断盖和铝制扭断盖。扭断盖的结构特点决定了扭断盖只能一次性使用，酒瓶开启后盖子已被破坏，不能再次使用，而具有防伪的功能。

特殊型的扭断盖具有较好的防伪能力。在普通的扭断盖的顶部凸出半球，形成了与众不同的特点。虽然模具制作加工比较困难，盖子的成本也高，但它的防伪效果是不容置疑的。

将特殊型的扭断盖与特种瓶结合设计会收到更好的防伪效果。如果降低瓶与瓶盖的互换性，提高与瓶盖的偶合性，即某种瓶必须用某厂产的某种瓶盖。这样，要同时仿制偶合良好的瓶与瓶盖的难度就会更大，因而具有很好的防伪效果。

（十）防伪易开盖

易开盖也是一种较好的防伪瓶盖。易开盖难度较大，且很多企业在使用以前已充分考虑了防伪的需要，因而制作时就采用了互换性差的设计，盖子的通用型不好，因此具有一定的防伪作用。

易开盖的另一个防伪作用是在使用时需要特殊的设备，因而使用易开盖的酒被仿冒的情况就比较少。

综上所述，不论是铝质瓶盖或是塑料瓶盖，由于科学技术的发展、制盖方式不断演进，任何有生命力的瓶盖都应当是制作可机械化、大规模化，而且成本低、功能多、无污染，还可以回收利用。因此，在将来的瓶用瓶盖上，具有防盗功能的新型瓶盖将成为包装瓶盖的主流。

电子信息产品绿色包装势在必行

信息产业部包装办公室　叶柏彰

在国际贸易中，伴随着关税贸易壁垒的逐步降低或取消，取而代之的一些非关税壁垒在国际贸易中所起的作用越来越大。在这些非关税壁垒中，除了一些传统的贸易保护手段，如反倾销、反补贴、保障措施等外，新的技术性壁垒、绿色环保壁垒等措施日渐提高，其中绿色贸易壁垒正成为越来越难以逾越的壁垒。对此，电子信息产品打造“绿色包装”势在必行。

（一）发展现状

随着我国电子信息产业的快速发展，我国已成为世界电子信息产品制造和出口的大国。这几年，电子信息产品出口额以年均30%左右的速度增长。2004年，我国实现电子信息产品销售收入达到2.65万亿元；电子信息产品出口额为2000亿美元，占全国外贸出口总额的1/3，为世界电子信息产品贸易总额的20%。电子信息产业快速增长，拉动了包装产业的快速发展。2004年，有些电子信息产品骨干（知名）生产企业的产品包装费用已相当巨大，据了解，如科龙电子集团将近29亿元；TCL集团有限公司亦在10亿元左右；长虹电器股份有限公司已超过3亿元；华为科技有限公司在1亿元以上；彩虹集团也在7900万元左右。……电子信息产业的迅猛发展势必给包装生产企业注入了勃勃生机。

我国加入WTO和经济全球化发展的大好形势，使得我国对外贸易大量增长，尤其是2005年欧盟东扩成功以后，由原来15个国家增加到了25个国家。而目前欧盟对中国家用电器的进口配额已解冻，欧盟正成为我国家用电器出口的重要市场。

但是2003年2月13日，欧盟在其《官方公报》上公布了《报废电子电气设备指令》和《关于在电子电气设备中禁止使用某些有害物质指令》（WEEE及ROHS指令）（以下简称《两指令》），并于2004年8月13日正式生效。

欧盟《两指令》，实际上是一个非常典型的绿色环保壁垒，《两指令》以维持、保护和提高环保质量、保护人类健康及合理谨慎的使用自然资源为目标，要求所有投放欧盟市场的电子电气设备必须达到环保方面的要求。据业内人士认为：《两指令》不仅仅只是影响电子信息产品整机制造商，而且涉及到原材料、化工及包装物料等上下游企业，从一定程度上影响到我国电子信息产品的出口。

据悉，日本、美国等发达国家也纷纷制定类似的相关法律、法规，这些法律法规一旦出台并开始实施，对我国电子信息产品的出口无疑将造成不可估量的影响。

欧盟国家曾先后对木质托盘、木质包装箱、EPS发泡塑料和粘合剂、印刷油墨、涂料等包装材料、辅料及其包装废弃物都早有严格的限制和规定。《两指令》又进一步强调了进入欧盟的电子电气设备不得含有铅、汞、镉、六价铬、聚溴二苯醚和聚溴联苯等有毒有害物质。欧盟及其他国家这一道道坚实的绿色贸易壁垒，已经高高的竖起在出口产品企业面前，“绿色环保”已成为进入欧盟市场的通行证。因此，必须尽早采取对策，以保持我国电子信息产业的持续稳定发展。

包装是产品生产过程的继续，也是商品流通过程中的重要环节。欧盟出台的《两指令》将加快全球电子信息产品绿色环保的进程，对于我国电子信息产品的包装走上，“绿色环保”的轨道无疑是一剂强劲的催化剂，绿色环保符合世界绿色消费潮流，正成为全社会的共识。电子信息产业作为高新技术产业的代表，十多年来一直充当着世界经济发展的主要拉动力。伴随着人们环保意识的觉醒，电子信息产品包装的环保问题亦受到更多的关注。为此，我国与欧盟接轨的《电子信息产品污染防治管理为法》也即将于2005年正式出台实施，其内容中亦涉及到包装及包装废弃物处理的条款。出于保护环境的需要，信息产业有环境污染防治中作出了努力，将这一工作从源头抓起，在产品进入市场以前，就对产品的研发、设计、生产、包装、销售整个环节定下规则。如电子信息产品包装物料应当采用无毒、无害，易降解和便于回收利用的材料，并在包装物上注明材料成分这些规定。至少对减少有毒有害物质的含量，对实现有毒有害物质的替代将起到积极作用。

近几年来，信息产业部包装办公室、中国包装联合会电子委员会，一直积极组织相关部门、企业开发课题、研讨、开发、推广应用蜂窝纸板、纸浆模塑、竹胶合板等环保包装材料。还举办了交流、讲座、技术研讨、现场参观、推广应用等一系列多形式、多层次、多方位的活动，通过这些有意义的活动，包装科技人员拓宽了视野，激发了潜力，对我国电子信息产品环保包装的技术提升、工艺改进、推广及应用等起到了积极的推进作用，至今已取得了可喜的成绩。长虹、海尔、海信、格力、科龙等中国名牌家电生产企业产品包装已向减量化、轻量化和绿色环保方向发展，对新型、节能、环保包装材料的需求持续增高，如手机、电话机、传真机、打印机、电子琴等体积小、重量轻的电子信息产品，逐渐采用了纸浆模塑做缓冲包装材料，替代了 **EPS** 发泡塑料。一些出口的整机仪器、家用电器的包装以蜂窝纸板、竹胶板环保材料替代木质托盘、包装箱和 **EPS** 发泡塑料缓冲衬垫。如“长虹”包装研究所的科技、设计人员，刻苦钻研，以蜂窝纸板为主要材料，将与瓦楞纸板、纸护角、纸浆模塑等环保材料组合应用，已逐步形成了“长虹”品牌空调、彩电、背投、视听等家电系列产品绿色环保包装的应用方案，已逐步替代 **EPS** 发泡塑料及木质托盘和木质包装箱，取得了可喜的成果。**2004** 年“长虹”公司不仅降低包装综合成本 **2000** 多万元，而且提升了该公司的品牌和形象，减少了“白色污染”，为外贸产品出口打开了一条畅通的“绿色通道”。

（二）存在问题

我国电子信息产品环保包装工作已取得了较好的成效，但与此同时，在应用上还不近人意。总体上讲推广工作做得多、讲得多，但相对而言应用程度低、使用少。笔者在调研中了解，目前纸浆模塑制品应用仅为电子信息产品应用包装材料的 **2%** 左右，纸蜂窝板材料制品亦不到 **3%**。电子信息产品的内包装缓冲垫依然是 **EPS** 发泡塑料唱主角，木质托盘还在大量使用，替代工作进展缓慢。仅以显像管、彩电两个产品包装为例，据不完全统计，每年一次性木质托盘需耗用木材 **10** 万立方米左右，替代工作相当艰难。据业内人士分析认为：主要是我国环保包装政策法规不很健全，宣传教育、贯彻执行措施力度不够。目前，环保包装材料生产企业和应用单位多为自发行为，还没有强制性的政策法规的保障。所以大多数使用单位有一种观望、等待的心理状态，替代工作不积极。其次是环保包装材料生产企业绝大多数是民营企业，故从总体上讲，在某些方面还不近人意，如企业规模小、技术层次偏低、自主创新能力较弱、管理水平不高、直接参与国际市场竞争的能力不强。从外部环境看，民营企业融资渠道不畅，信用担保体系和风险投资机制不健全，社会中介服务体系不完善等等。因此，企业在科研、设计、生产、管理、宣传、推广、销售等各个环节的工作开展都有一定的困难。由于以上种种原因，普遍存在环保包装生产设备和制造技术及工艺水平落后，其表现为机型少、效率低、能耗高、耗材大、品种单一、质量差、成本居高不下等生产经营上的问题。故远远满足不了电子信息产品包装的需求。这就制约了环保包装材料的推广应用和产业的健康发展。

“绿色贸易壁垒”对 **WTO** 发展中成员来说，今后仍将是他们难以逾越的技术障碍。为此，中国企业需要积极应对，共同举起鲜明的环保大旗。笔者认为：

首先是政府主管部门在宏观调控政策指导下，加快制定和完善各类产品生产和销售中有关环境保护的技术标准与法律法规。与此同时，要加强宣传力度，使人们从思想上树立环保意识，全面深刻理解绿色环保对国民经济实现可持续发展的重要意义。在行动上采取积极应对措施，如推广绿色环保标志，开征包装污染税，促使包装行业行为纳入规范化、法律化。

其次是实现绿色包装产业化。建议尽快组建一批生产绿色包装产品的企业群，以及建立为那些企业指导、信息、交流、咨询、服务的决策调控体系，科研开发、推广应用体系和行业协调体系，构建绿色包装产业化，克服包装行业的负面效应，以促使环保包装产业健康发展。因此，建议政府主管部门结合我国国情，作必要的政策倾斜，给予优惠、优先扶持，尽力解决企业在生产经营活动中出现的技术、人才、资金等问题，促进企业不断提高管理水平，提高产品科技含量和质量，降低生产成本，促使环保包装企业能够规范的进行市场化运作。

（三）改进措施

在党的十六届四中全会及中央经济工作会议精神鼓舞下，电子信息产业要持续快速协调健康发展。**2005** 年是“十五”计划最后一年，也是衔接“十一五”计划发展的主要一年。**2005** 年电子信息产业的宏观发展目标是：电子信息产业销售收入 **3.4** 万亿元，增长 **28.3%**；出口总额 **2400** 亿美元，增长

20%。其产品所需包装箱、缓冲衬垫、托盘等包装材料随之迅速增长，需要量是个惊人的数字。电子信息产品包装市场空间巨大，拉动了我国包装产业的快速发展，为此，信息产业部包装办公室、中国包装联合会电子工业包装技术委员会要进一步做好服务文章。2005年电子信息产品包装工作要继续贯彻实施“可持续发展”战略，巩固已取得的成果，进一步加强行业管理工作力度，以高效、低耗、节能、方便、安全、环保型包装材料的开发应用为主攻方向，实施“绿色包装”工程，以出口家用电器产品包装改进为重点，从提升产品绿色环保包装形象入手，降低废弃物回收再生费用，避免“绿色贸易”壁垒。研究、开发、推广、应用蜂窝纸板、竹胶合板、纸浆模塑和植物纤维等等环保包装材料和制品，以替代木质托盘、木质包装箱和EPS发泡塑料缓冲衬垫包装制品，实现我国电子信息产品包装与国际市场接轨，推动技术进步，全面提高电子信息产品包装水平，提高产品附加值。

纸蜂窝、纸浆模塑制品节省资源、保护生态环境符合国际包装工业材料应用发展趋势，是电子信息产品及其他工业产品较为理想的环保包装材料。为此，信息产业部包装办公室、中国包装联合会电子工业包装技术委员会要为蜂窝纸板、竹胶合板和纸浆模塑等环保包装行业健康发展服务。

1. 建全建立收集、分析和发布有关行业信息渠道。本着深层次地挖掘开拓纸蜂窝、纸浆模的潜在需求市场，为我国电子信息工业产品及其他工业产品改进、提高包装，带来双赢。

2. 致力于纸蜂窝、纸浆模生产设备，后道深加工设备及纸蜂窝、纸浆模产品应用的研讨、改进、开发等技术、工艺项目。

3. 组织新技术、新工艺、新产品的开发应用、示范推广，协助企业引进新技术、新工艺、新产品、增强企业技术开发能力，面向用户拓展纸蜂窝、纸浆模的应用范围。

4. 组织协调新产品、新材料、新技术、新工艺的专家技术签订及其行业标准的制定和宣传，不断提高我国行业标准化。

宁波市包装技术协会

宁波市包装技术协会成立于1982年，主管部门为宁波市经济委员会。20多年来，市“包协”努力贯彻落实国家及政府对包装工业发展的方针政策，积极反映企业的要求和呼声，为企业搭建服务平台，维护企业的合法权益，对全市包装行业实施指导和管理，在政府和企业间发挥桥梁和纽带作用，有效地促进了全市包装工业的发展。

市“包协”自成立以来，遵照中国包装联合会、包装总公司的布置，抓了全市包装工业统计年报、技术改造、技术改进、新产品开发以及“七五”、“八五”等规划、计划的编制工作。统计年报工作曾被中国“包联”、“中包”总公司授予“全国包装行业统计工作先进单位”。

上世纪90年代开始，成立了市包装工业产品生产许可证办公室。协会不但对“生产许可证”工作进行宣传，而且还编印了生产技术管理、质量手册、管理制度等大量资料，举办生产技术管理培训班，使企业在领到生产许可证的同时，产品质量和管理水平得到明显提高。

市“包协”积极组织企业参加各种包装展览会、全国各种行业经验交流会和技术推广应用会等，并向上级积极推荐先进包装企业和先进包装工作者。2004年度又评选出了宁波市包装印刷行业“十强”企业和宁波市优秀包装企业家。协会通过各种报刊和新闻媒体介绍这些先进典型，进一步提高企业及其产品的知名度。

协会针对纸箱企业原辅材料大幅度提价的情况下，协会多次召集纸箱企业厂长（经理）会议和会长办公会议进行商讨，及时向会员企业公布长期拖欠纸箱货款客户名单，用简报、发文、登报及记者采访等形式公布瓦楞纸箱调价公告和信息；成立监督小组进行检查监督，及时抵制违规行为等，以此确保纸箱质量和行业利益。

宁波市包装技术协会现有宁波八方集团股份限以司、宁波宁申工贸实业有限公司、宁波中华纸业有限公司、宁波牡牛纸业有限公司、宁波俊均出口包装有限公司、宁波亚州纸管纸箱有限公司、宁波天平外贸包装有限公司、宁波华一包装有限公司、宁波华裕包装有限公司、慈溪市飞兰包装有限公司等会长单位以及常务理事、理事单位40余家，联系单位2000余家。

宁波“包协”将认真贯彻落实宁波市人民政府颁发的甬政发［2005］31号文件，逐步履行行业管理 职能，参与行业规划、法规的制定；逐步开展和履行行业评估认证、公文证明、技能资质考核、职称评定、行业准入、行业统计等工作、职能；积极向政府有关工作部门提出对行业内技术引进、投资与开发项目、质量认定、品牌评定、企业评定等重大事宜的初审意见；在政府及其有关部门的支持下，积极参加反倾销、反补贴、反不正当竞争等活动。

专著论文选登

MONOGRARHS

加强我国包装行业信息化建设浅析

——中国包装联合会信息管理中心主任　龚经强

摘要：随着网络资源的不断丰富和人们对信息化建设认识的不断深入，我国信息化建设正在悄然发生变化，从单纯信息资源建设逐渐导入信息资源管理应用的思维，经历了网络泡沫时期的中国包装网，时刻关注和探讨包装行业信息化的进程。

这里主要就我国包装印刷行业的现实情况和信息化过程中的应用实践，立足当前，面向未来，探讨包装企业信息化的基本概念、内容，实施过程中存在的问题和解决问题的基本经验，最后就电子商务在信息过程中的突出作用作简要阐述。

关键词：包装企业信息化；包装电子商务；创新

Abstract：With the enrichment of network resources and the deepening of the people's realization about information construction,the information construction of our country is changing quietly,from the construction stage gradually to the management&application stage of the information resource, China Pack Net,which hasexperienced the network froth period,concerns and discusses the informational process of packaging industry all the time.

Here we mainly focused on the practical situation of the packaging&printing industry and the information process of our country,has discussed the basic concept and content of the information process of packaging enterprises,open questions in the implementation process and the basic experience of solving the question,finally make a brief description on the network's function in the information process.

Key words:the information process of packaging enterprises;packaging electronic commerce;innovation

萧伯纳曾说，假如你有一个苹果，我有一个苹果，当我们交换之后每人仍然只有一个苹果；但是，如果你有一个思想，我有一个思想，当我们交换之后每人就会有两个思想。信息或思想的共享或交换是信息化之所以可以提高竞争力的核心。

企业信息化是用数字化、网络化、智能化的方式，共享思想和信息，从而更好地提升行业企业的竞争能力和管理水平。工欲善其事，必先利其器。随着信息技术迅猛发展，我国越来越多的包装印刷企业开始向信息化转型，适应全球化竞争。

一、包装企业信息化概述

国家经济的发展速度取决于企业社会化大生产的活跃程度。在我国，企业生产能力提高，多种经济相结合及科学营运流程，带动了中国经济的迅猛发展。从企业经营学角度看，产品销售、技术开发能力、企业文化和抵御风险能力是企业经营中的四要素。当前，就包装行业来说，笔者通过实践认为，除需要注意把握以上四要素外，开展企业信息化成为现代包装企业的必由之路。

1. 包装企业信息化概念

究竟什么是包装企业信息化呢？不同专家学者各持已见。

笔者认为包装企业信息化是指：在包装企业的生产、经营、管理、产品开发等各层次、各方面，应用先进的计算机、通信、互联网和软件等信息化技术和产品，并充分整合、广泛利用企业内外信息资源，提高企业生产、经营和管理水平，增强企业竞争力的过程。

比如，众多包装印刷企业建立自己的企业网站，利用网站发布企业的产品信息；开始使用搜索引擎、企业邮箱获取信息；利用 ERP、CRM(客户关系管理系统)等信息化技术提高包装企业内部管理能力和工作效率。

2. 包装企业信息化的主题内容

包装企业信息化的主体内容会因信息技术的演变以及企业的性质、规模、类型的不同而有所改变。但是随技术的不断成熟和国内外包装企业的广泛应用，基本包括以下几方面：

(1)包装行业数据库系统

数据库系统(Database System)是一种能有组织地和动态地存贮、管理、重复利用一系列有密切联系的数据集合的综合计算机系统。例如：包装基础信息数据库，包装市场信息数据库，包装技术信息数据库等。这些数据库系统，可以使企业借助于网络快速、高效地收集、处理和分析企业内、外部信息。

(2)包装行业企业管理信息系统

管理信息系统是收集和处理管理过程中有关信息，为决策提供帮助的一种信息处理系统。比如近年来发展迅速的 ERP CRM 等软件系统等。

(3)包装行业专家系统

包装行业专家系统是以知识为基础，通过对信息的调查、总结、分析、输出，可以在特定的范围内提供趋势预测、咨询佐助等功能的人工智能的系统。

(4)网络技术

网络技术就是以计算机硬件和 lnternet 网络为基础，利用现代通信及计算机手段将分散的多个独立计算机系统、终端数据设备与中心服务器、控制系统连接起来，对信息进行开发、获取、传播、加工和利用的综合体系。

目前，电子商务技术的发展为企业整合内部的信息系统和外部的供应、销售提供了信息技术平台，从而成为企业信息化建设的一个重要内容。

(5)多媒体技术

利用计算机技术把文字、声音、图形、图像等多种媒体综合为一体，经加工处理使之建立起逻辑联系的技术。多媒体技术在包装行业中的应用主要有：包装产品的展示、包装企业宣传、包装行业信息咨询系统等。

二、包装行业企业信息化的意义

我国包装行业涉及多个学科，多种产业，联系着几乎所有的商品化产品。包装行业的信息化不仅对于包装本身具有重要的意义，同时也是对我国生产制造业的国际化竞争形成一个巨大推动作用。尤其在我国从“包装大国”向“包装强国”迈进的重要阶段。

(1)优化业务流程和组织结构，有效提高企业的整体管理水平

根据“入世”承诺，我国经济全面开放在即，国际化竞争迫使企业旧有经营管理模式适应国际规则。中国包装联合会在六届二次会议上提出：“紧跟时代特征及产业结构调整，以信息技术改造传统包装产业”，鼓励和指导包装企业信息化建设。信息技术可以实现跨时空的同步信息交换，使企业在获取、传递、利用信息资源方面，更加灵活、快捷、广域和开放。包装行业企业内部管理结构扁平化成为必须，包装信息－企业决策－实施完成三者高度集成化成为必然。

(2)有效降低成本，扩大企业竞争范围和优势

从信息采集、分析到库存控制，从计算机辅助设计和制造到供应链的数字化，包装行业信息化使行业资源高效配置在整个企业的经营活动中实现。众多企业尤其是中小企业通过 lnternet 建立“虚拟企业”这种战略方式赢得了超常竞争优势。

(3)加快产品和技术创新，促进产品差别化

电子商务在企业经营管理中的广泛应用，缩短了企业与消费者的距离，建立了提供差别化服务独特竞争优势。同时，通过信息技术连接的产供销信息系统及管理网络高度集成化，使企业“个性化、多品种、小批量”的生产和服务方式成为可能。

作为辅助性行业的包装产业来说，随着众多工业产品的开发、生产和销售，为保护产品功能和外观在整个过程中保持稳定和不受损害，包装必须与产品的发展相匹配。因此，包装行业信息化建设是现代化包装工业的必由之路，是现代包装工业不可缺少的重要组成部分。

三、包装行业企业实施信息化战略的原因

1.包装行业企业现状

中国包装联合会会长石万鹏在六届三次理事会上指出：预计 2005 年包装工业总产值可超过 3900 亿元，达到 19.4%的增长率。目前，我国包装工业已经发展成为一个以纸、塑料、金属、玻璃、机械、印刷为主要构成，拥有一定现代化技术与装备，门类比较完整的工业体系。

2.包装企业信息化过程中存在的问题

目前，我国包装行业信息化程度还很低，信息资源的开发利用较少、利用率较低，企业信息化程度不同，根据规模、产品、地域不同，应用信息化的意识和动力存在很大差异。

(1)整体重视和应用不足。和金融、交通、物流等行业的信息化高速发展相对照，包装行业企业整体对信息化认识存在片面性、重视不足、应用水平较低，从思想到应用存在诸多误区。对于现有信息的收集、应用缺乏重视。

(2)信息资源的开发利用与包装行业发展匹配度不高。目前，国内对于应用于包装行业企业的信息资源的开发低水平运行，创新不足，专门资源匮乏；现有的数据库系统信息量不能和囊括诸多相关学科信息的包装行业相适应；标准化程度有待提高，共享资源的比例很低。信息资源对包装行业宏观决策和生产经营管理的辅助作用亟待完善提高。

(3)信息化、网络化程度低。虽然我国包装行业的信息网络及其电子商务系统建设比较早，但目前仍处于初级阶段。各地发展不平衡，“重硬轻软”、“重量轻质”态度有待改观。

(4)包装行业信息技术开发人才缺乏。利用信息技术提升企业竞争力的能力低，特别是既懂现代信息技术又懂包装科学技术的复合型科技人才缺乏。

就像哈佛商业评论编辑 Hal Varian 指出的那样：“提供竞争优势的不是 IT 本身，而是那些知道如何有效利用它的人。”招揽培养人才成为包装企业的重中之重。

虽然包装行业在应用信息化过程中存在以上许多问题，但是我们还看到了部分包装行业企业在电子商务方面的巨大发展，企业建网踊跃，年轻一代管理层人员利用网络的热情高涨，企业硬件不断完善。专业软件逐步研发成功或提上日程，竞争加剧使企业愿意尝试降低企业运营和管理费用，中东部企业对信息化的认识逐步深入并完善。

3.包装行业企业信息化的未来展望

综合我国信息化发展变化过程现实状况，权威人士指出——未来五年企业信息化有两大建设热点值得关注：一是基于互联网络的企业信息化的全面建设，电子商务将成为其中最具有代表性的领域；二是决策信息系统成为企业重点应用领域。

结合包装行业的现实情况和笔者的实践，预计包装行业信息化在“十一五”时期的发展趋势有以下几个特征：

(1)基于互联网的企业信息化建设和应用高潮将至

随着互联网技术的成熟和迅猛发展，经济对外全面放开，直面全球化和跨区域、跨国界竞争，包装行业企业为了适应不同产品、不同层次的要求，为了更迅速的获取信息和掌控市场变化，协同内部关系，实现企业资源最佳配置，基于 Internet 的企业信息化建设和应用成为生存必须，基于互联网的音频和视频技术将得到广泛应用。

(2)大多数中小企业将融入高度专业化的信息服务平台为主的 BtoB 电子商务网站的服务支持之中

城市化进程的加快，商品的多样化和个性化需求使基于互联网的交易和服务发挥了”千里眼”和“顺风耳”的作用，将成为包装行业企业形成核心竞争力的关键点。电子商务的主要形式：网上信息消费、服务消费和产品交易等更加安全和完善，企业的电子商务建设和应用将进入理性发展阶段。

中小企业出于规模、资金、人才等方面的限制，如中国包装网等专业化的信息服务平台将为大多数中小企业信息化建设与应用提供技术支撑，并可能形成信息服务、知识服务和专家咨询相结合的整体服务体系。

据权威资料统计，截至 2005 年 10 月，中国 2300 多万家中小企业只有 300 多万会使用互联网做交易，仅占总数的一成多，其中通过付费形式开展电子商务网上贸易的企业更只有区区 30 多万，占总数的 1.3%。管中窥豹，包装行业的 BtoB 电子商务网站发发展潜力之大，可见一斑。

(3)包装行业信息资源的开发和利用将得到长足的发展，企业决策支持信息系统的建设和应用逐步普及

“十一五”时期，我国各地将建成一批包装龙头企业和包装城(基地)，大型企业和产业基地的形成为包装行业信息资源的进一步开发和利用提供资源和实践基础。随着部分企业管理信息化取得阶段性成果，企业将有条件对这些信息资源进行集中加工、整理和分析，形成决策模型库或决策模型群组。面对瞬息万变的市场环境，企业决策支持信息系统的建设和应用将成为企业信息化支撑企业规避风险的重要武器。

(4)企业自身主导信息化建设能力增强，应用效益显著提高

随着信息化思想的逐渐深入人心，包装印刷企业中的大中型企业将建立并执行 CIO 制度，对自身的信息化规划、测评、招标、监理、培训等服务进行指导，依托包装行业特点和企业自身情况，度身定做信息化体系。随企业内、外环境的不断改善和经验积累，应用效益将显著提高。同时行业企业信息化建设支撑体系将伴随企业信息化建设的不断进步而水涨船高。

结合包装行业的实际情况，国家的大力发展和支持，国际竞争的加剧，包装行业作为辅助行业，

必须如影随形配套发展。包装行业企业信息化水平也将成为优胜劣汰的重要标准之一。实施信息化建设必然有适应的阶段，但是拒绝信息化将成为拒绝生存的前奏。

四、包装行业信息化策略分析

包装行业是一个多学科交叉，知识范围十分广泛，涉及多个产业领域的行业，信息化涉及电子商务、企业管理信息化、办公自动化、生产控制自动化等，包装行业信息化的实施需要企业自身根据现实情况“量体裁衣”。

1. 如何制定包装行业信息化战略

目前，我国绝大多数企业没有清晰明确的战略，因此，企业信息化规划的制定者无从运用企业战略指导信息化建设。企业信息化战略包括 3 个方面的内容：信息管理项目及服务、信息管理职能范围和信息管理能力。一般来说，企业的信息化可以根据自身的不同情况和需求，分阶段实施：

（1）初级阶段：提高效率，降低成本。减少人力投入，节省时间，节省资金。该阶段必备条件：计算机广泛应用，企业内外部联网，完善信息管理机制，业务流程进行微小调整。

(2)中级阶段：加强管理，控制风险。规范业务流程，控制风险，改善管理方式，加强管理力度，辅助决策和危机管理。该阶段必备条件：计算机广泛应用，企业内外部联网，完善信息管理机制，核心业务流程梳理和规范运作，引进部分分析和决策支持工具。

(3)高级阶段：建立 IT 核心能力，形成独特的竞争优势。该阶段必备条件：企业内外部联网，进一步完善信息管理机制，应用先进的信息技术，业务流程再造和规范核心业务运作，确定战略性信息化项目。企业决策由业务责任者制订，将 IT 部门作为战略顾问，技术部门为企业决策者提供支持。

明确了阶段战略，可以根据决策和企业实际进行具体的信息化规划。

2. 中小企业信息化是包装行业信息化的重点

包装行业企业以中小企业为主，占到所有企业的 90%以上，针对我国包装行业企业信息化的主体是中小企业，中小企业信息化应该注重哪些方面呢？

(1)中小企业信息化的观念更新是关键

当前，包装中小企业，企业规模、资金能力、技术水平与大型企业相比不占任何优势的情况下，合理发展、重点突破，借力信息化和大企业站在同一起跑线上竞争，在电子商务市场中“驰骋”。以中小企业的市场灵敏性，决策及时性，调整战略相对容易，整理、分析信息快速，使企业的综合水平提高到一个新层次。

(2)网络时代，诚信是开展电子商务的基本条件

中国电子商务协会理事长宋玲指出：“市场经济秩序的建立必须加强诚信体系的建设，我国电子商务是否能健康、可持续发展的关键在于诚信体系的建设。”

随着 Internet 网络的发展，互联网成为企业重要的采购、营销、获取信息和建立企业间关系网络的渠道之一。网络欺诈、虚假信息等严重影响成功交易率，信息真实性的因素成为困扰人们的顽石。但是我们应该看到电子商务法律法规的不断健全、完善和规范，国家打击力度的加大以及企业长远利益所在，在注意防范的同时，自律必将会赢得尊重和网络品牌。

(3)中小企业为生存而改变，信息化成为竞争首选

截至今年 6 月 30 日，中国互联网用户突破 1 亿大关，我国城乡信息化速度令人赞叹。“适者生存”，在信息化时代参与社会竞争的先决条件：搭载“企业信息化的列车”。对于中小企业来说，良好质量的产品，以适合的价格送达适合的客户手中的效率和效果，将直接影响生存的质量和持续发展的前景。企业能否持续发展的前提条件就是生存，这是个最基本的问题。立锥于网络，刺破时空界限，赢得获胜的曙光。

(4)明智之举——借用第三方电子商务交易平台

根据业内人士分析，未来五年时，中国 BtoB 电子商务将以高达 120%的速度增长。并预计 2006 年，全球 BtoB 交易额将达到 12275 亿美元，占整个电子商务交易额的 95.6%。毋庸置疑 BtoB 在我国的发展将会是主流和核心力量。

中小企业最明智的做法之一，就是把初步的信息化通过第三方的电子商务企业来做。首先，供求信息服务是第三方电子商务平台网站的最基本功能。而且 94%的 BtoB 电子商务平台实现了供求信息发布。利用少量的人力和财力等成本，就可以通过互联网向全国甚至全球推广销售本公司的产品，与大企业站在同一线来竞争。其次，通过交易平台互动沟通，建立暂时的伙伴关系，有利于企业培养出“有效客户”和“潜在客户”。再次，BtoB 网站提供的交易平台、行业动态信息等可以佐助企业调整

战略方向或营销手段等。

在包装行业中，中国包装网作为中国包装联合会惟一直属门户网站，经过 6 年的成功运营，已经建立了“专业市场+网络商铺”的BtoB电子商务新模式。

(5)选择最有实力的信息化建设服务商

中小型企业信息化的开展主要受资金、人才等客观条件的限制，不可能设置专门的信息部门。当前信息化服务商也很多，服务商的持续经营、服务质量的好坏直接影响到中小企业开展信息化，因此企业在选择服务商时主要应该注意以下三个方面：①信息化服务商的本身实力；②信息化服务商产品性能；③可享受到其他增值服务。

五、中国包装行业电子商务奇兵——中国包装网

权威资料表明：我国中小企业数量占全国企业总数的99.6%，创造的最终产品和服务的价值占GDP的58.5%。2005年1月8日国务院办公厅《关于加快电子商务发展的若干意见》表明我国电子商务的核心竞争力及规模实际上是由众多应用电子商务的传统企业所形成，并明确指出：扶持服务中小企业的第三方电子商务服务平台建设，促进中小企业应用电子商务提高商务效率、降低交易成本，推进中小企业信息化建设。

中国包装联合会惟一直属门户网站——中国包装网，在包装工业的信息化中，作为服务于第三方的电子商务服务平台，经过 6 年的积累和沉淀，已经成为包装印刷行业内毋庸置疑的最有实力的 BtoB 电子商务网站、信息服务提供商。因为对我国包装行业信息化做出的突出贡献，被世界包装组织破格吸收为正式成员。

中国包装网已经形成了信息网络传媒、书刊出版传媒、会展传媒等三大传媒体系。日访问量超过 300 万人次，稳居 Alexa 排行榜包装印刷类榜首，在行业内外享有很高的品牌美誉度、影响力、号召力和权威性等。被评为“中国200强先进包装企业”、“最具商业价值的商业网站 100 强”、“中国商业网站 100 强”等荣誉称号。

1. 中国包装网以加快包装行业企业信息化为己任

在中国“包联”的直接领导下，中国包装网自创建以来，以“建设中国包装网，为决策管理服务，为生产经营服务”的宗旨，开展了“包装企业上网工程活动”，加强企业信息化的建设，以信息化带动工业化，以信息化推动现代化；以《中国包装企业大全》工具书、《中国包装信息》月刊等行业书刊为包装行业企业的信息传播、学术交流、产品推广、树立品牌服务，开创了“网上网下互动”的服务模式，并进行了一系列“各省市包协中心站网络”的建设，规范包装信息网络的管理。

目前，中国包装网拥有包装行业分类最齐全、功能最强大的信息发布和信息查询的商务平台，为包装企业的获得行业最新资讯、技术支持、发布公司及产品信息提供了服务平台。

2. 与时俱进，电子商务是互联网应用的核心

在电子商务时代，信息是社会发展、人类进步的宝贵资源，在某种意义上来说，信息对企业又是一种资产，有时可以成为价值无法估量的资产。

在国家大力倡导、行业协会直接指导、中国包装网等电子商务企业积极引领下，广大的包装印刷企业开展信息化已经获得阶段性成绩。据中国包装联合会信息管理中心的调查，国内包装及相关行业企业有45%的企业建有因特网网站；28%建有企业内部电子商务或营销管理计算机系统；65%的企业经常使用互联网；80%以上的企业认为需要提供电子商务服务。

随着信息技术的进步，诚信体制的建立，互联网安全环境的成熟，预计大型企业建立独立的电子商务部门因资金、技术和人才等因素消耗过高，向第三方电子商务企业外包成为发展趋势，中小型企业租赁大型BtoB网站的资源和服务发展其信息化成为可能。许多公司运用互联网将竞争基础由价格、特色和质量转向了个性化服务和产品直达客户的竞争。

中国包装网为了包装行业的灿烂明天，以推动包装行业全面信息化建设为己任，以先进的信息技术和专业的角度为行业信息化开山拓土，让我们携起手来引领信息潮流，开创信息产业未来。

建设包装强国战略机制中的几个问题

龚发云　杨仲林　徐景炫
(湖北工业大学机械工程学院，湖北　武汉　430068)

[摘　要]：本文分析了我国包装行业的现状，并从包装人才战略思考、建立科研机构和创新基金机制和建立奖惩机制三个方面论述了建设我国包装强国的战略机制和战略举措。

[关键词]：包装；人才战略；创新机制

引言：我国包装工业或者说包装行业，经过二十多年的奋斗与发展，已进入了世界包装大国的行列。若要成为世界包装强国，还得下大气力，付出高代价。作为一个配套行业的社会属性，一方面必须遵循我国国情及发展循环经济的政策，同时，不失时机地审视国际包装新潮流，首先从用料、功能及结构造型上多样化，提高科技含量，用科学的发展观，研究开发一些原创型的新技术、新理论，提高包装产品档次与商业价值，节能利废，降低成本，保护环境，实现循环经济，这些才是我们发展经济，提高人们生活水平与生活质量的出发点，也是我们制定建设包装强国战略的主要着眼点。要实现这一目标，不但要制定有针对性的政策和战略机制，还要有强有力的措施，才能确保目标的实现。建设包装强国的战略机制可以说是多方面的，或者说是多层次的，下面仅对三个方面提出讨论：

一、包装人才战略机制

提高包装档次，节约能源，循环利用，降低成本，保护环境等等，靠的是科学技术，科技的进步关键是人才，目前我国有五十余所高等院校开办了包装工程专业，每年的本科毕业生约3000人左右，还有不少院校开办了包装设计专业或开设了与包装紧密相关的课程，每年毕业生总数作为一个行业的专业人才，也算可观了。但由于包装行业的历史渊源，其基础薄弱，加上目前我国包装科学技术的现状，使得一些毕业生感到：无论是待遇上，还是发展空间上都不如别的行业，总的来说是吸引力不大，所以多数学生毕业后都流失到他们认为有更好发展空间的企业或行业去了，即使已经在包装行业或企业工作的专业人才也都随时可能离开，而且他们多数改行从事管理或营销工作，对包装行业讲是一个多么大的损失啊！一边在喊人才短缺，另一边又大量人才流失，在这种状况下，且不说建设包装强国，就连包装可持续发展都是一个很大的问题。管理层必须用战略的眼光高度重视，作为一个战略问题来思考，建立起一种科学的，行之有效的留住人才和吸引人才的机制，否则可能导致恶性循环。作者认为可通过几种途径并组织专家研究与抉择：

1. 提高待遇。在同一地区相同企业间人才资源共享，由本地区条件较好的企业为主，按比例筹措经费，地区行业机构调控，按月发放工资及奖励，具体细节由有关方面作进一步可操作性的研究与制定。

2. 人才培养。由国家包装管理层与教育部、财政部磋商，针对我国包装行业特点和现状，从实际出发，仿效委培和定向招生方式(目前全国招生已取消这种方式)，从每年报考高校的农村生源中(特别是边远山区农村学生)招收一批愿意为包装事业贡献的学生，签订就业合同(包括服务年限、违约赔偿，毕业证的管理等等)，毕业后分配到有关包装企业服务，经费由大型包装企业或效益好的企业赞助并请财政部拨款补贴，毕业学生分配资助方优先。

3. 培养目标与管理模式。进一步巩固与发展目前国内高校开办的包装工程专业，培养研究与应用型人才，本科生与研究生并举，抓质量上水平，配合各高校本着循环经济的战略与市场经济的规律，用科学发展观，适时调整与制定专业的办学方向，使包装工程专业不断的完善与发展。

提高包装产品质量与技术水平，很大程度上取决于生产一线的操作者与管理者，因此应大力度提高他们的技能与管理水平。中国包装联合会应会同教育委员会大力开展技能培训与职业教育，充分发挥包装教育委员会的作用，利用其教育资源优势，用新知识、新技术来武装包装一线的生产者。把这项工作归入到包装教育委员会，作为一项重点工作来抓，集中管理，组织实施，使包装教育委员会在发展我国包装行业中发挥更大的作用。

二、建立科研机构和创新基金机制

有计划建立专业性的科研机构，跟踪国际包装发展动态，激励科研人员赶超世界先进水平，国际上有的我们应有，国际上没有的我们也要努力创新，特别是原创型新技术。如研发国际上尚未报道过的包装无损检测技术，无螺杆塑化高压挤出机等，可利用湖北工业大学与湖南工业大学等的技术与实验手段来开展这些原创型的研发，以降低成本，提高产品质量，增加技术含量，优化产业结构。应充分利用国内高校与科研单位的技术优势为建设包装强国服务。科研机构的模式可以有两类：一类是公有性质的，另一类是企业性质的(主要指的是大型企业)，课题来源来自行业管理部门企业和自主创新。经费来源对于第一类性质的争取国家开发基金拨款补贴和企业赞助，再加上研发创收，前两项由国家包装管理层集中筹措并设立包装创新基金，统一调控，把赶超世界先进水平落到实处，建设包装强国收到实效，不失时机地招募一些优秀人才充实科研队伍。

三、建立奖惩机制

立功者受奖，过失者受罚，通过合法途径，建立得到政府承认的各级奖惩机制，以激发科研工作者积极攀峰的热情，为建设包装强国作贡献！这种奖惩应即有荣誉性也有经济性，这样才能产生实效。过去那种人家不承认的奖惩最好取消。

以上所述只是抛砖引玉，要组织专项研究讨论细则，具体落实。

Problems Within Constructing Packing Big Country

GONG Fayun[1],YANG zhonglin[1] Xujingxuan[1]

(1Dep.of Mechanical Engin.,Hubei polytechnical Univ.，Wuhan430068，China)

Abstract：This text analyzed the present condition of the our country packing industry and discussed strategic mechanism and strategic steps for constructing packing big country from personnel policy、the establishment research organization and creative fund mechanism and the establishment prize and punishment mechanism

Key Words：packing；personnel policy；creative mechanism

生态包装：循环经济的优生行业

解　用

包装工业是我国国民经济的主要产业之一，近十几年提到了持续高速的发展。但是包装业发展的同时也消耗了大量的资源。在我国，包装行业产业化水平仍然较低，包装产品的使用和回收及处理系统不完善，管理手段匮乏，包装废弃物造成了严重的环境污染。中国生产的包装制品有**70%**在使用后被丢弃，每年的包装废弃物超过**1500**万吨，人均达**12**公斤之多。另从垃圾组成结构调查统计，以可看到我国城市垃圾在产生量迅速增加的同时，包装废弃物增加十分明显。因此，如何有控制包装废弃物的污染，已成为公众关注的一个社会焦点。把我国包装业纳入循环经济轨道，全面推广生态包装，深入开展一场包装绿色革命已势在必然。生态包装将是循环经济中包装业发展的必然趋势。

生态包装是指可为人类接受的，与生态环境相适应的，能经济地制造，并有效地发挥其功能的商品包装。生态包装是对绿色包装概念的延伸和深化，生态包装充分考虑到包装的整个生命周期过程对资源、能源及生态环境的影响，着力降低包装材料的环境负载，实现包装功能性和环境负载，实现包装功能性和环境适应性的平衡和统一。

一、推行清洁生产，发展生态包装

基于循环经济理念的清洁生产是以节能、降耗、减污、增效为目标，以技术管理为手段，设计生产出最优的生产工艺和产品，以消除或减少工业生产对人类健康和生态环境的不利影响。清洁生产的根本目的是进行无废、少废生产，实现生产过程污染的“零排放”和制造产品的绿色化，即不仅要实现生产过程的无污染和少污染，而且其产品在使用和最终报废处理过程中也不会对环境造成损害。商品包装的清洁生产，要求生产者在包装的整个生命周期过程中，遵循循环经济“减量化、再利用、资源化”的经济活动行为原则，使包装对环境的影响降到最低限度。

“减量化”是针对输入端的，它要求用较少的原料和能源投入，来达到既定的生产或消费目的。在经济活动源头就注意节约资源和减少污染，好对废弃物产生是通过预防的方式，而不是末端治理的方式来加以避免。实行商品包装“减量化”，应从改进设计入手，在保证包装的保护、运输、贮藏和销售功能时，优先考虑的是尽量减少材料的使用总量，尽可能采用最小体积的包装设计，过度包装或一次性使用的包装是不符合减量化原则的。

“再利用”是针对产品时间强度而言的，它要求产品和包装容器能够以初始的形式尽可能被多次或多种方式使用，避免物品过早成垃圾，以抵制当今世界一次性用品的泛滥。对包装而言，要延长其使用周期，选用可重复利用的包装容器，提高包装重复利用率，以节约能源和材料。除了选择可重复利用的材料外，提高包装设计质量也至关重要，如果将包装产品的使用寿命延长一倍，就相应地会减少一半包装废弃物。

“资源化”是针对输出端的，它要求生产出来的物品在完成其使用功能后，能重新变成可以利用的资源而不是垃圾，以减少最终处理量，即废物的综合利用。包装产品的设计者要注意选择有再利用价值的材料，以便包装废弃物回收后能重新回到经济循环中去。在循环经济运行中，建立企业的环境保护管理体系(EMS)是实施清洁生产的关键，也是发展生态包装的首要条件。建立EMS体系，首先要对企业的环境行为和环境影响进行评估，其内容包括包装产品的能源消耗、材料消耗，包装材料生产过程中和包装产品使用后的排放指标(如排污、排废、焚烧或填埋后的污染等)，公司企业的活动对环保的综合影响等等。评价结果将有助于企业选择环保技术、清洁工艺和新的管理系统。在环境评价的基础上再建立“环保管理体系”，其核心内容是环境方针、环境策划、实施运行、检查纠正和管理评审等。EMS体系将保障企业实施“绿色标准”，最终达到实现“生态包装”的目的。企业制定的环境方针、环保目标和活动计划应与企业自身的属性、规模、生产活动、产品和服务对环保的影响相适应，并有节省资源、减少污染、回收再利用以及遵守有关法规等项的承诺。EMS还将负责进行环保监督、环保检查等日常性的工作。

二、提倡绿色消费，构筑生态包装市场氛围

随着人们生活质量的提高和环保意识的增强，消费者在购物时的思维方式、价值观念、行为取向和消费心理都发生了极大变化，从而在全球兴起了“绿色消费”时尚。绿色消费是广大社会公众参与循环经济的消费行为规范。作为包装废弃物直接产生的消费者，需要树立同环境相协调的价值观和消费观，自觉地选择有利于环境的生活方式和消费方式，促进商品包装朝着“生态包装”的方向发展，推动市场向循环经济方向转变。绿色消费已成为一种时代潮流。据有关资源统计，有82%的德国人和62%的荷兰人到超市购物时优先考虑环保问题；有66%的英国人愿意花更多的钱购买绿色产品；有84%美国人愿意购买通过有机农业方式生产的水果和蔬菜；有80%以上的欧美国家消费者，把环保购物放在首位，愿意为环境清洁支付较高的价格。绿色消费在我国也有一定的市场，据中国社会调查事务所调查，有72%的人认为发展环保产业，开发绿色产品对改善环境状况有益；有54%的人愿意使用绿色产品，还有38%的人表示购买过绿色产品。

绿色消费要依赖绿色标志来引导。就世界包装领域而言，德国率先推行生态包装，使用绿色标志，随后，欧盟、美国、日本、加拿大等也纷纷效仿。“环保标志”是国际标准中的绿色标志，WTO规则显示，凡是获得“环保标志”的产品方可进入国际市场，最近欧盟又重申了产品包装须有“环保标志”的原则。在绿色消费潮流的推动下，人们在选购商品时将不再仅仅关注商品的质量是否合格、包装是否精美，而是更关心商品是否符合环保要求、包装上是否有绿色标志。消费者购买带有绿色标志的商品，会为自己对环保事业做出了一份贡献感到很荣幸。由于消费者对生态包装的需求是比较旺盛的，因此商品的生产厂家从自身经济利益出发，也将不得不把商品包装的环保因素考虑进来，主动采用生态包装，实行绿色营销，以迎合消费者的心理，促进商品的销售。

除了环保购物以外，绿色消费还要求消费者养成有利于包装废弃物回收利用的消费习惯。环保部门要在公园、街道、居民小区内设分类垃圾箱，引导人们自觉将包装废弃物进行分类回收。提倡并支持社区发起“绿色购物”活动，外出采购物品，尽量自带购物带，减少使用“用过即扔”的包装品，如一次性塑料饭盒、塑料袋、纸杯等，鼓励人们使用可重复使用和再生利用的包装容器。

三、加强回收再利用，实现包装废弃物生态化循环

从循环经济的视角看，对一个经济系统的输入、输出对环境的影响进行评估，必须立足于整个过程和整个系统，而不是仅仅涉及其中一个环节或一个局部。因此，生命周期分析法(LCA)是循环经济进行微观分析的技术思路。它要求从物质和能源的整个流程，即从开采、加工、运输、使用、再生循环、最终处置六个环节对系统的资源消耗和污染排放进行分析，从而掌握全过程、全系统对生态环境的影响，由此来评估系统生态经济效益的优劣。如果人们在开采、加工中实行清洁生产，在运输、使用中实施了清洁流通和绿色消费，尚未能完全避免包装废弃物可能对环境的污染，那么就应该在再生循环和最终处置这两个最后环节，尽可能多地回收和利用包装废弃物，并用环境可接受的方式最终处置残余的废弃物。

做好包装废弃物的回收和再生利用，最大的好处是可以节约能源和资源，不仅能创造可观的经济效益，而且还会产生良好的环境效益。以回收二片铝罐为例，重熔冶炼 1 吨铝比用铝土矿生产铝节约 95%的能源，回收 1 吨铝可节约 4 吨铝矿石，400 公斤石油和焦炭；回收钢铁和玻璃废弃物，可以节约生产该种材料所需能量的 50%；用塑料废弃物制成零件或包装容器，可节约生产塑料所需能量的 85%～90%，目前，我国对包装废弃物的回收再利用仍重视不够，回收技术落后，制度不健全，回收再利用率很低。据统计，我国废旧包装纸回收率仅为 30%，医药、罐头、化妆品等的包装几乎全部废弃，塑料回收也只有 30%。我们应该学习发达国家的成功经验，积极做好包装废弃物的回收和再利用工作。

1. 以法治污，强令企业回收包装废弃物

德国法律明确规定，自 1995 年 7 月 1 日起，玻璃、马口铁、铝、纸板和塑料等包装材料回收率必须达到 80%，荷兰政府的目标是在 10 年内把全国垃圾的“产量”减少 70%～90%。法国规定 2000 年生产商、进口商必须完成 70%的废旧包装回收率，2003 年包装材料 85%要循环使用。英国规定 2000 年实现对 60%的工业用品包装物和 35%的家庭用品包装物回收再处理利用。欧盟为促进可再利用和再生包装用品的使用，规定从 2000 年起将不能复用或不能再生的包装用品排除在市场之外。《中华人民共和国清洁生产促进法》规定：生产、销售被列入强制回收目录的产品和包装物的企业，必须在产品报废和包装物使用后对该产品和包装物进行回收；国家对列入强制回收目录的产品和包装物，实行有利于回收利用的经济措施；政府经济贸易行政主管部门应当定期检查强制回收产品和包装物的实施情况，并及时向社会公布检查结果；不履行产品或者包装物回收义务的，政府经济贸易行政主管部门责令限期改正；拒不改正的处以十万元以下的罚款。循环经济的政策法规告诫人们：包装产品的生产商、销售商应对产品整个生命周期负责，他们有义务回收处理其产品产生的废弃物，并承担所需费用；工业企业和流通企业中产生的包装废弃物不得进入城市垃圾处理系统。这就是说，谁生产了这些产品，就必须负责回收这些产品的包装废弃物；如果不能按规定指标回收包装废弃物，你就没有权利继续组织生产，这就增强了生产者和销售者减少包装废弃物的意识，也改变了人们对包装废弃物的观念，把它看成是可以利用的再生资源。

2. 运用经济杠杆，促进包装废弃物回收再利用

以往实施的“谁污染，谁治理”方针是一种被动的环境污染治理模式。它是污染形成后，在环境监督部门督促下，被迫采取应对措施，进行低标准的治理。往往难以根本清除对环境污染的影响。循环经济推行“谁污染，谁付费”和“谁治理，谁收益”的治理方针，让污染者付出巨大的经济代价，使其不得不实施清洁生产；使治污者获得可观的经济收益，鼓励社会各界投入环保产业。征收垃圾税。循环经济最直接的刺激措施是根据所倒垃圾的数量进行收费。美国有 200 多个城市征收垃圾税，一项研究表明，如果每袋 32 加仑的垃圾收税 1.5 美元，将使城市垃圾减少 18%。不少欧洲国家都采用垃圾收费政策，但同时又积极鼓励包装废弃物的回收利用。在居民区和公共场所都设有专门的回收箱，便于人们把包装废弃投入。将包装废弃物投入回收箱是免费，若当作垃圾投入垃圾袋则要付费。征收包装税。许多欧洲国家对包装废弃物会造成环境影响的产品收取包装税。这种做法提高了那些包装废弃物需要特别处理或不易回收的商品的成本价格，相对降低了那些使用易于再生利用包装的产品的价格，用市场价格机制进行鼓励，迫使产品生产者从设计生产的最初环节，就考虑包装使用后能否易于回收，从而减少环境污染。收取包装押金、对于一

些易于直接重复使用的包装，可采用包装押金制。销售商向生产商交付押金，而顾客向销售商交付押金，以经济利益驱动回收。推行生态包装是一项复杂的系统工程，必须从发展循环经济思路出发，对产品包装的整个生命周期进行整体、系统的分析和处理。要实行清洁生产，从经济源头避免和减少废弃物的产生；要提倡绿色消费，为生态包装构筑有利的市场氛围；对包装废弃物要及时而全面地回收，尽可能给予再生利用；最后，对没有再利用价值的最终废弃物要作无害化处理，使之达到不污染环境的要求。

论“简约包装”的内涵和价值

求　索

节约能源、环境保护、回归自然等新兴的价值观已被人们日益认同，这在一定程度上构成了简约设计存在与发展的社会基础。人们将目光投向简洁、清新、自然的风格，这也许是因为快节奏的生活步伐，已使人感到疲惫不堪，人们渴望心灵的片刻小憩，促使设计者为自己重新定位，思考如何在喧嚣嘈杂的视觉世界中，使设计理念的表达更加清晰、明了、简洁。简约包装设计将成为当今现代包装设计的主流风格。它推崇的是最简单的包装结构、最俭省的包装材料、最洗炼的造型，以及最精炼的文字和准确无误的信息传达。主张用清晰、明确、纯粹、冷静的抽象形式，追求简单中见丰富，纯粹中见典雅。强调“少即多”的设计思想，设计作品的画面简洁、豁达，无需任何多余的装饰，同时又能确保设计意图的真实表达，直观而实在，使整个包装设计更加精炼、简洁、自然。

可见，简约包装是继内涵包装的功能价值又赋予包装艺术价值的包装形式。

一、“简约包装”的基本特征

求实：简约包装的求实，一方面反对过度包装那样欺骗消费者；另一方面反对简单包装那样敷衍消费者。用“两斤笋三斤壳”来形容许多产品的过度包装现象，是再贴切不过了。本可以简单大方的月饼包装，非要弄成多层阁式提篮、龙船形礼篮等样式不可，把这些圆扁扁的糕点裹个“里外三层”，打扮得光彩照人，使其价格令人咋舌。各类保健营养品的包装也是这样，明明只有四小板参含片，偏要将它分装成两包，用塑料袋、小纸盒里外分层包裹，再在外面套上一个印制精美的偌大包装盒。最典型的是一种西洋参包装，盒子很小，拆开一看，实质内容只有薄薄一层，体积不到包装物的百分之一。

近年来，社会上这种过度包装、豪华包装的现象屡见不鲜。包装过度，是指商品包装超过了所需的程度，形成了不必要的包装保护，其表现形式是耗用材料过多、分量过重、容积过大、用料过档、装潢过华、成本过高等等，大大超过了保护、美化商品的要求，给消费者产生一种名不副实的感觉。

许多商品本身较小，而包装左一层，右一层，消费者层层剥开，才识“庐山真面目”，这种过度包装不仅没有起到应有的美化、促销作用，相反却给消费者以累赘的感觉，产生逆反心理；过度包装还会增加一些不必要的费用，抬高包装成本，损害了消费者权益；更严重的是，过度包装加大了包装材料的使用，浪费保贵的自然资源，增加城市生活垃圾，造成了环境压力。

随着社会的发展和物质文明程度的提高，人们的精神需求在不断提升；随着生存环境的恶化和自然资源的匮乏，人们的包装理念在发生变化。消费者日益赞成商品包装采用简约包装。包装必须能够满足消费者的核心需求，也就是必须有实在的价值。因为人们购买的目的并不是包装，而是包装内的产品。这些五花八门的“形式大于内容”的过度包装也许能够吸引到人们偶然的购买，却难以赢得消费者的忠诚，缺乏长远发展的动力。

我们反对过度包装，提倡简约包装，又要防止走另一个极端。简约并不代表空洞、简单，简约是一种“繁”的突破。简单与简约的关系是量变与质变的结果。简约是简单累加的结晶，是经过多层渗透和筛选之后形成的精华。简约是利用有限的信息传达耐人寻味的意境，可以于纷繁之中保持清晰的脉络，更能在观者的记忆里提供精炼的索引信号，给人留下深刻的整体印象。简约包装不是简单包装，而是要求包装设计简洁明了，设计要素准确、齐全、清晰地把握商品的属性，迅速准确地传达商品信息，使消费者在很短的时间内获得对商品全面的了解。求实的简约包装必须具备：

1. 明白性。包装上除了标明商品名称、牌子、商标以外，还标明数量、重量、质量、尺码(如鞋)、生产厂家(及地址、电话号码)、生产日期、价格或条形码；食品包装上必须有营养成分、采用原料、食用期限，并特别标出“不含脂肪”、“低脂肪”、“不含糖”等。

2. 指导性。包装怎样打开，商品如何保存及其吃法、用法，包装上都应有很具体的交代。需要冷藏的，包装上必定要说明。指导使用的文字应详尽，必要时还应配上简洁的示意图。例如，有一种牙膏，包装上印着“怎样刷牙？”列出5点，还附图3张，并特别强调医生的关照：“只用自己的牙刷，不要用别人的牙刷。”

3. 方便性。包括要方便商店陈列，销售；方便顾客携带、使用等。

4. 安全性。包括防潮、防霉、防蛀、防震、防漏、防碎、防挤压等。

包装还应该体现对人的无微不至的关怀，充满人性的商品让人难以抗拒，充满人性的商品包装给人一种更加亲切、温馨之感。例如，玩具包装上都写明供几岁到几岁孩子玩。玩具中有体积很小的颗粒的特别说明“不能给3岁以下儿童玩”。凡是塑料薄膜做包装的，薄膜印上文字：“这不是玩具，远离幼儿，防止造成窒息。”洗涤剂、漂白剂等的包装上都有注意事项：“不要进入眼睛。万一不慎进入，用水冲洗或找医生。”

对包装的认识，我们要运用辩证统一和发展的观点，在看到其本身积极作用的同时，更深入联系到其对社会、对环境等方面的影响，扩大其服务功能，最大限度地克服或减少包装自身所具有的不利因素，更要减少和克服人为的不良致害因素。

5. 求美 商品的包装设计是装饰艺术的结晶。精美雅致的包装能激起消费者高层次的社会性需求，深具艺术魅力的包装对购买者而言是一种美的享受，是促使潜在消费者变为显在消费者，变为长久型、习惯型消费者的驱动力量。诚然，消费者购买商品不仅仅以包装为基准，包装只是从属于商品，商品的质量、价格和知名度才是消费者权衡的主要因素，但是包装的“晕轮效应”能把消费者对包装的美好感觉转移到商品身上，达到促销的目的。“雪莲”牌羊绒衫的纸盒包装为柔和的浅绿色，盒上有凸出来的洁白的雪莲花图案，分外雅丽引人注目。“西汉古酒”酒瓶外有一块红底带有古色古香的黑色图案的牌子，包装盒枯草黄的底色上四个遒劲、凝重的黑色篆书“西汉古酒”，似一位老人在诉说着久远的故事，在一排花花绿绿的酒瓶中，它的独特风姿十分引人注目。“五粮液”的包装在形体设计上打破了传统的长方形，采用了方形切角的方法，把整个四边形变成了五边形，这种创新并不是单纯追求另类，其设计形式并不繁琐，而是采取了一种简洁大方、形态新颖的面目，带给人的是一种“简约但不单调，平实而不呆板”的感觉，同时给“五粮液”这个久负盛名的品牌注入新的血液，使其不仅在产品定位上突破传统，同时在产品包装上也区别于以前的老套模式，使消费者彻底的感觉到耳目一新。包装的材质变化同样引起人们的注意，山东出口的瓷器礼品，别出心裁地用玉米皮编成手提式套箱做包装，既充分利用了农村富余劳动力，又使本地大量的廉价材料变成民间特色、质地雅致的工艺品包装，比起一般的纸盒包装更具有艺术性。四川名产“缠丝兔”食品，原来以红色长方形纸盒做包装，现在用细细的竹篾片编成精致的圆柱形容器，独特美观，形成令人难忘的印象。

这就是商品包装的简约之美。在一个硕大的城市，纷杂的商业充斥到各个角落，任何物体都披着多彩的包装，水泥建筑遮天蔽日，大街小巷铺满了嘈杂，这些都迫使都市人渴望逃避。简约设计为都市人营造了心理上的避难所：简洁流畅的线条，雅致的色彩，舒适时尚的造型，自然材质的应用……清爽而凝练，使烦乱的心灵在瞬间被艺术净化，并被引向空灵。不必太大，不必太贵，轻松的拥有，轻松的享受，使生活变得坦荡无垠，温馨而浪漫。

要知道人们对美的需求也是随着生活的进步、时代的发展而不断提升的。不同的时代有着不同特有的审美特征。在设计包装时，一定要考虑现代人的审美要求，强调简洁、清新，强调健康、向上、积极进取，具有时代精神的美感，符合现代新的设计理念和设计思想。回归自然，注重绿色环保正是现代人新的审美需求，厌倦了刻意雕琢，铺设过繁和零碎无序，强调人性化的设计，追求简约的设计风格，注重文化性、民族性的表现，才能更赋予包装国际性和持久性。

6. 求新 现代包装作为一个新兴的多学科交叉的综合性专业，涉及自然科学和社会科学，学科的发展和市场的变幻对包装的要求不断发生变化，促使包装学科必须和科技同步，如材料科学的发展，提供了越来越多的包装材料选择；电子计算机技术的发展，使包装机械的自动化程度越来越高；印刷技术的发展，使包装装潢越来越精美等等。简约包装就是一个借助高新科技不断创新的过程。

新型的包装材料。包装材料是包装设计的基础，它的基本性能是保护性、安全性、加工适应性、便利性、商品性、经济性及可回收利用性。随着科技的发展，各种新型材料不断诞生并被利用，包装是运用新材料最多、最快的行业。从天然到合成，从单一到复合，材料的互相渗透已成为发展趋势和必然。一种新材料的出现，会使一种包装形式具有鲜明的时代标记，它代表的是一个新时代的文化信息。新材料的开发，不仅有高的科技含量和更加科学合理、安全可靠的性能，更加追求材料的细腻、光滑、柔韧、富有特色和肌理，同时也充分考虑环保、再利用等方面的因素。有些材料能摹仿自然材料的特性，并能替代传统材料的作用，达到包装的最佳效果。如有的再生纸，具有纯朴的质感，如能巧妙地加以运用，既环保又会带来意想不到的效果。

新的包装制作工艺。现代高科技成果，不断推动了包装工艺的发展。新的工艺流程，高智能的生产设施，自动化、电脑一体化的应用为包装提供了更宽阔的空间。从包装容器模具成型工艺到现代新型印刷、制版技术，都为包装生产的各个环节提供了完美的保证。如现在的平印加丝印、夜光压纹、UV贴台上光、亮面立体上光、夜光油墨印刷、布纹磨纱上光等先进技术，使包装更加绚丽奇目，也使包装更显精美、细致、耐看。

新的设计手段。电脑辅助设计的出现及各种设计软件的运用，为今天的包装设计提供了新的设计语言，使设计者有了一个更加广阔的设计空间。电脑辅助设计具有传统设计所不可比拟的高精度、高效率和丰富多彩的表现效果，使设计者能摆脱大量枯燥繁重的制作、修改工作，缩短了创意与作品之间的距离，进一步提高了设计的表现力工作效率。

二、“简约包装”的三种意识

1. 价值分析的意识。价值工程传入我国以来，在一些行业得到广泛应用，并取得显著成效，但包装行业对价值工程的应用却有待进一步扩展和延伸。例如，卷烟包装在卷烟产品成本构成中占有相当大的比例，在一些高档卷烟中，包装成本已经仅次于甚至超过烟叶成本消耗，但尚未引起大多数卷烟企业的足够重视。事实上我国卷烟企业每年要花费大约150亿元购买包装材料，国家要花费大量的外汇进口高档纸张。

价值工程是通过各相关领域的协作，对所研究对象的功能与费用进行系统分析，不断创新，旨在提高所研究对象价值的思想方法和管理技术。价值表达的数学式为：

价值(V)=功能(F)/成本(C)

上式表明，价值是功能和成本的函数，即产品的价值与产品的功能成正比，与产品的成本成反比，但并非表达二者精确的数学关系式，而是提示着价值取向及功能与成本的数值取向。功能是价值工程的核心，人们使用产品，实际上是使用它的功能，不同的产品可能为消费者提供同样的功能，即功能与其现有载体可以分离。价值工程所分析的是剔除其他因素寻求成本与功能之间的内在联系，因而将功能划分为必要功能和不必要功能、不足功能和过剩功能。商品包装的价值分析，就是要以功能分析为核心，研究用更佳的设计，更廉价的材料，合理分配整个产品的成本，降低费用，在确保实现必要功能的前提下，设法消除过剩功能，从而提高商品包装的价值，以期使企业获得最理想的经济效益，更重要的是应让消费者享受满意功能，或者降低商品价格，让消费者能从中获益。

进行商品包装价值分析的程序：

(1)收集情报和有关资料。充分利用信息源，收集包括技术和经济两方面资料，并进行归集、整理，鉴别、筛选，形成详细的报告。

(2)价值分析。对包装的必要功能和过剩功能进行甄别和界定，以定性分析的方法谋求功能与成本的最佳匹配，达到改善功能结构，降低包装成本的目的。

(3)提出改进方案。需树立“怀疑”、“推倒”的观念，即不能受原、旧观念的制约，而应怀疑原来的包装有不合理、不经济之处，否定原有方案，并提出若干新的设想和方案。

(4)方案评价。对多个备选改进方案分别进行技术评价、经济评价和社会评价，并预测和调查方案改进后市场的反映情况。

(5)方案的实施及检查。组织有关部门制订方案实施的进度计划，并在实施过程中进行控制和协调、跟踪督促，适时检查效果，不断总结和提高。

现阶段对包装进行价值分析的重点在于有些商

品不切实际地盲目开发一些高档、精品包装，使包装成本不断攀升，具有极大的危害性。首先从价值工程的角度看，片面追求包装用料高档、装潢精美不符合包装的功能与成本的比值决定包装价值的要求，存在大量过剩功能，这种包装的价值不大；其次从消费者角度看，增加包装费用，必然会提高产品售价，而并非建立在产品综合质量大幅度提高的基础上，消费者会认为是变相涨价，可能反而导致产品销量减少，甚至影响产品和企业的声誉。再从对生产企业带来的影响看，产品包装一旦高档化后，降下来就难，以至于形成了商品包装成本越来越高的恶性循环，而产品的竞争能力将越来越小。

2. *绿色包装意识*。绿色包装是20世纪最为震撼人心的包装革命。人们的忧患意识促使“环保型”包装用包装替代材料的研制开发。废旧包装的回收利用得到了发展，并形成了新的产业。在欧美等发达国家，具有回收标志的包装占市场的大多数。而在我们生活的环境中塑料包装造成的白色污染和资源浪费到处可见。面对严峻的事实，我们在设计时应尽量解决好产品的包装的合理定位，避免华而不实的包装，尽量采用高性能包装材料和高新包装技术，在保证商品质量的同时，尽量减少包装用料和提高重复使用率，降低综合包装成本，注重生态环境保护，使产品包装与人和环境建立一种共生和谐的关系。不断开发可控生物降解、光降解和水溶性的包装材料，在推出新型包装材料的同时，同步推出其回收再利用技术，把包装对生态环境的破坏降低到最低程度。同时，要与国际包装技术标准接轨，从而为企业产品及包装的发展带来良好的前景。我们倡导绿色包装的实际意义，在于促使建立和完善包装的回收和再生系统，使包装废弃物得到充分利用，大大减少对生态环境的污染和破坏，减少对自然资源的消耗，使人类生存环境更安全、更舒适，为达到可持续发展的目标贡献自己的一份力量。

3. *规范意识*。到目前为止，我国对包装适度与否还停留在定性分析上，没有一个统一的尺度和标准。我们现在所讲的过度包装，只是笼统地指“在产品包装的造型、结构、装潢的设计、工艺和生产过程中，不根据商品特性的要求，过分地、盲目地追求包装造型与装潢的高档次，夸大包装的各项功能。特别是促销功能，从而导致包装成本猛涨甚至成倍超过包装内容物的价值，造成包装与内容物在价值上的比例失调”。而没有对过度包装进行定量分析，没有制定严格的参数。因此，要减少过度包装，发展简约包装，（1）要制定合理化包装的专业标准，确定各种指标，可以从结构、材料、装潢、功能、价值各方面进行规定；（2）制定界定过度包装的标准，也可以从结构、材料、装潢、功能、价值各方面进行界定，任何一方面的超标，都将是过度包装；（3）要制定对过度包装的处罚标准，限制过度包装行为。这方面，国外的经验值得我们借鉴。比如日本制定了《包装新指引》，规定：尽量缩小包装容器的体积，容器内的空位不应超过容器体积的 20%；包装成本不应超过产品出售价的15%。另外日本东京规定的《商品礼盒包装适当化纲要》中也规定：包装容器中的间隙原则上不可超过整个容器的20%；商品与商品之间的间隙必须在1cm以下；商品与包装箱内壁之间间隙必须保持在5mm以下；包装费用必须在整个产品价格的15%以下。澳大利亚政府规定，各种包装的空位不得超过包装体积的25%。美国、加拿大政策规定，只要有以下情况者，均属于欺骗性包装：包装内有过多的空位；包装与内容物的高度、体积差异太大；无故夸大包装，非技术上所需要者。

最后，我们还必须认识到，简约包装的发展是一项系统工程，需要政府、商家和消费者的共同参与和支持。就让我们从现在开始，使用简约包装，做一名理性消费者，共同营造健康环境，享受真正时尚的生活。

塑料包装材料和设备的自主创新刻不容缓

湖北工业大学机械工程学院　龚发云　杨仲林　徐景炫

[摘要] 目前，由于塑料材料在包装领域的用途日趋广泛，加强塑料加工设备的自主创新已经刻不容缓。在这方面，我国尚存在诸如缺乏核心技术，重生产轻研发，专利意识淡薄等问题，亟待解决。我国塑料加工设备企业务必重视自主创新，强化专利意识、加快技术转换为生产力，从而增强我国塑

料加工领域的竞争力。

[关键字]塑料包装材料　设备　自主创新

塑料材料在包装领域用途非常广泛，食品、水果、日用品、化妆品、服装、家电、通讯器材、建材、化工原料以及不计其数的各类工农业品都大量使用塑料材料包装。

一、塑料是包装材料领域中发展最为迅速的材料

目前在美国，塑料最大应用领域是包装行业。美国市场上超过半数的包装材料使用的是塑料罐、塑料袋、塑料绳。美国消费的全部塑料中，有29%用在包装方面，意大利和芬兰为45%，巴西和哥伦比亚为51%，玻利维亚的这一比例更是高达61%。

有关研究报告指出，到2006年，美国包装市场中，塑料消费将在17个分市场中超过纸，年均增长率为3.3%，快于纸和纸板的增长速度。纸仅能在运输袋和熟食品携带包装市场上继续保持优势，而塑料在罐装包装薄膜和运输桶的硬质容器包装上显示出独有技术优点和方便。塑料包装易加工，生产速度快，可重复使用的塑料运输桶比纤维板包装成本便宜，竞争力强，市场前景看好。

在我国，塑料包装材料的比重也是逐年递增。2003年塑料包装的产值已占包装工业2700亿元的28.3%。2005年，中国塑料包装制品需求量更是高达550万吨。

面对巨大的市场需求，目前缺乏配套的专业加工设备已成为制约我国塑料包装材料发展的瓶颈。

二、我国塑料包装材料加工设备存在的问题

1.缺乏核心技术，长期走仿制之路

国内很多塑料包装材料的加工设备企业基本走的是一条以量取胜的路子，不重视技术创新。塑料包装材料加工设备如精密挤出机、精密注塑机、无螺杆塑化和挤出设备、可降解塑料专业设备、一步法注拉吹机组、5层以上吹膜机组、双向拉伸薄膜机组、大型多层中空成型机、高速吸塑成型机、高速吹瓶机等高端产品都需要核心技术的突破，但国内拥有这样核心技术的企业微乎其微。我国的塑料机械企业长期处于产业链的低端，高端加工设备中50%以上依赖进口。

2.低水平重复建设严重，质量差距大

我国塑料包装材料加工设备企业普遍规模不大，产业集中度较低，产能分散，造成市场低水平同质竞争。与国外产品质量差距主要表现在稳定性和可靠性差、基础件和配套件寿命短、无故障运行时间短、大修周期短。

3.重生产加工，轻研究开发，专利意识淡薄

一些企业忙着仿制和抄袭别人的设备，就现有产品扩大市场规模。有些企业已意识到自主创新是企业发展的基础，产品方向是企业壮大的关键，开始投入核心技术开发，但由于知识产权意识，对自己开发出来的新产品没有及时申请专利加以保护，又深受侵权之苦。

三、发展自主知识产权的核心技术刻不容缓

随着包装新材料的不断涌现，在某些领域，包装材料的发展速度甚至快于包装本身的增长速度。比如比PET更优异阻隔性的聚萘二甲酸乙二醇酯(PEN)包装材料在饮料、啤酒、化妆品的包装方面前景十分广阔。具有加工性能好、强度高、刚性及透明性好等诸多优点的茂金属聚合物，将直接冲击普通塑料市场。德国拜耳公司开发的静脉注射聚碳酸酯(PC)包装材料，Branu Medical公司开发的注射用聚酰胺(PA)材料，PCD聚合物公司奥地利分公司开发的药片包装材料PP等新型塑料包装材料，将为包装业提供更多的选择。在包装新材料领域，我国与国际差距甚大，很难在短时期内迎头赶上，但在塑料包装材料加工设备领域，我国目前已有一些国际领先技术，只要假以时日奋起直追，还是有望与国际同步。

如华南理工大学瞿金平课题组开发的电磁动态塑化挤出机，采用全新概念，把螺杆作为电动机的转子，利用电动机的电磁场振动能和电损耗热能，对塑料进行补充加热和塑化，设备体积大大缩小，节能效果非常明显。湖北工业大学孙义明课题组在国家自然科学基金和省、市重大项目的支持下，历时五年研究开发出了无螺杆高压塑化精密挤/注机。该机可根据物料的塑化要求控制塑化程度，塑化压力达到90MPa，实现塑化可控的高压精密挤出和注射，可用于聚乳酸等对塑化敏感的生物降解塑料、超高分子量聚乙烯等流动性差的塑料、玻璃纤维等高填充混合料、力化学反应型物料等，该机以两项国家发明专利，一项实用新型专利作支撑，拥有完全自主知识产权，为国际首创。

这些研发都涉及到塑料包装材料加工的关键技术——塑化，对于挤出吹膜、挤出中空、挤出流延、挤出拉伸、挤出熔融纺丝、精密挤出和注射，具有一定的普适性，一旦工业化，将对整个塑料包装材料加工设备领域带来革命性的变化。现在国外公司

纷纷在我国设厂，抢滩中国市场。面对挑战，我国塑料包装材料加工设备企业必须改变目前以低技术含量为主的状况，淘汰低效、高耗、低附加值的劳动密集型产品，走专业化生产道路，提高技术含量，发展中高档设备，靠技术进步推动行业发展。必须重视技术创新，在产、学、研、资紧密结合上下功夫，改变脱节现象。对于具有国际领先或国际先进的技术，应该给予重点扶植，可以立专项进行工业化研究开发，使之尽快地转换为生产力，以增强我国包装材料加工领域的核心竞争力。

No time to delay to reinforce the Independent innovation of equipment which are used to process plastic

Gong fayun,Yang zhongling Xujingxuan
HuBei University of technology

[Abstract]At present, since plastic is more broadly used it is no time to delay to reinforce the independent innovation of equipment which are used to process plastic. In this aspect, there are some problems such as lack of main technology, recognition to production and disdain to research, weakness of consciousness to patent in our country. The corporations in our country must attach importance to innovation of technology, pick up the change of technology to productivity to boost up competition of our country in the filed of wrapper’s machining

[Key words]plastic equipment independent innovation no time to delay to

以科学发展观统领纸包装行业的发展

王德忠　张艳华

随着全球性环境污染和生态环境破坏程度的加剧，关注生命、关注环境与发展的呼声日益高涨，全世界都在呼唤“绿色包装”的时候，党中央在十六届三中全会上提出了“坚持以人为本，树立全面、协调、可持续的发展观，促进经济社会和人的全面发展”，即科学发展观。

在我国，以纸箱、纸盒为主的纸包装制品以其优良的包装性能、环保性能、易加工性能以及相对成本较低的优势，重新获得较快的发展，使纸制品包装的比例逐渐上升，塑料包装的比重相对下滑，最终占据包装行业的首位。

我国是纸制品包装生产大国，以瓦楞纸板生产为例，通过走引进、消化和开发之路，产量持续增长，1995 至 2001 年间，我国瓦楞纸板产量一直位居世界第三，年均增幅达 11.6%；2002 年的产量已超过日本，位居世界第二，达到 148 亿平方米，增幅为 6.6%;2004 年达到 165.37 亿平方米，2005 至 2008 年间将实现年消费量 200 亿平方米。我国纸制品包装尽管发展势头强劲，但仍存在整体现代化管理水平不高，科技开发能力不强，保护生态环境意识淡薄等诸多制约发展的不利因素。要使我国纸包装行业能够持续健康发展，必须以科学发展观统领其发展全局。

一、我国纸包装行业现状及存在问题

我国纸包装行业经过前一时期持续快速的发展，在取得了举世瞩目成绩的同时，也迎来了激烈的竞争。面对巨大的市场，不仅国内纸包装企业日益增多，而且合资、外资的厂商也纷纷进入中国市场。他们凭借技术起点高、设备先进、资金雄厚等优势和国内企业形成竞争。国内纸包装企业有几万家，目前的状态是：在企业规模上，大型企业少，中小型企业多；在设备性能上，技术先进的生产设备少，中低档的生产设备多；在先进的生产设备中，自主开发的少，从国外进口的多；在产品结构上，高档次的新产品少；低档次的老产品多；在经济效益上，效益好的企业少，效益不近人意的企业多。以上事实说明，我国虽然已成为纸包装生产大国，但还不是纸包装生产强国。要提高我国纸包装行业的竞争力，还存在一些深层次的问题亟待解决。

1.现代化管理水平不高，经济效益不理想

就纸箱行业而言，由于中小企业仍占多数，而大型骨干企业的数量和发挥作用的空间有限，所以影响了全行业整体水平的提高。即使在大中型企业，传统管理模式即“重硬件、轻软件”的思想意识仍有一定的市场，企业基本上还处于粗放经营状态，为了获得市场份额，采取降价销售的恶性竞争手段，

从而导致整个行业获利能力低，为数众多的企业微利运行，以致企业亏损面较大。相反，已建立现代化管理的上海华丽、联合等纸箱业公司，采取既重视硬件，又重视软件的管理模式，利润率高达销售额的10%。一般的企业利润率也在5%左右，亏损企业极少。

2.科技开发能力不强

我国纸包装行业的科技开发能力不强，主要表现在科技力量薄弱和研发经费不足。我国纸包装行业的规模不大，目前有近50所大专院校设有相关专业，相关的科研机构也有50多个，可谓力量不弱。由于多数包装企业不太景气，不少包装专业的大学生一毕业就改行，加上本行业的专业人员流失严重，以致本行业的科技人员仅占从业人员的3.5～4%，远远低于全国平均6.8%的水平。在研发经费方面，因不少企业只重视生产，不重视科研开发，故投入的研发经费少得可怜。以包装工业发达的广东省为例，前几年投入的研发经费只占企业销售收入的0.2～0.3%，全国的情况也一样。在科研部门，有的只忙于创收保饭碗，无暇顾及研发；有的想搞研发却无经费，这样本来就不强的技术力量却无法发挥应有的作用。纸包装行业科技开发滞后的直接后果是企业技术进步缓慢、产品档次不高、企业竞争力差。生产的纸包装制品缺少高档次、性能优良的品种；生产技术设备在性能、效率、自动化程度、适用性、环保性、科技含量等方面无法上水平，同世界先进水平的差距不但没有缩小，反而进一步拉大。

3.生产结构不合理

纸包装行业生产结构不合理的主要表现之一是低水平、重复建设严重。所谓低水平是指技术含量低、制造工艺简单、用加工精度要求不高的设备所生产的产品。重复建设是指一段时间里某一企业效益较好时，同一地区的其他企业也跟着模仿，设备水平大致相同，技术力量相互挖来挖去导致整个行业效益下降，甚至部分企业破产倒闭。

生产结构不合理的主要表现之二是不论企业规模大小都采用“大而全、小而全”的生产模式，不仅占用的场地、资金、劳动力等资源无法充分利用，而且由于没有技术基础造成产品质量低劣。这种生产模式极不适应现代企业的发展若不调整，必然阻碍行业的整体发展。

生产结构不合理的主要表现之三是技术设备或生产线的引进或技术改造忽视“不重要”环节，造成生产设备不配套。这些被忽视的“不重要”环节，是造成产品档次不高或生产效率低下的直接原因。

4.国家质量标准有待修改和制定

推行工业标准化的程度是衡量一个国家工业发展水平的重要标志。目前，我国纸包装行业的标准化工作存在的主要问题是不少产品至今没有国家标准，有些产品虽然制定了国家标准，但已年久老化有待修改。以瓦楞纸箱为例，1986年制定的国家标准(GB/T6543-86)已有19年，纸箱的生产工艺、设备都变化极大，而其标准至今没作修改，有的纸盒类产品仍没制定国家标准，这种状况很不适应纸包装行业的发展。

5.环保意识淡薄

受我国现有资源和技术水平的限制，随着纸包装行业的发展，原材料纸的消耗量必然增加，由此直接、特别是间接造成的破坏生态环境、浪费有限资源问题很容易被忽视。我国是森林和淡水资源都短缺的国家，一些造纸企业由于环保意识淡薄，只顾眼前的“经济利益”，不注意环保所酿成的严重事件已引起举国上下的一致关注。必须清醒地知道，制浆的废液能够造成环境的污染、难以降解的废旧塑纸复合材料也会引起污染。

二、用科学发展观统领纸包装行业的发展全局

要使我国纸包装行业能够健康、可持续发展，必须以科学发展观作指导，克服上述不利于发展的诸多因素，正确决策，化解矛盾。具体做法是：

1.提高科学管理水平，提高经济效益

纸包装行业必须改变传统的“重硬件、轻软件”管理模式，在狠抓生产设备技术改造的同时，也要狠抓从业人员的技术培训，提高管理人员的决策水平和操作人员的技术水平，建立合理的规章制度，努力做到人尽其才、物尽其用。领导部门要创造条件，在市场经济引导下，以利于各企业开展公平、合理、公正的市场竞争，以调动企业的积极性，提高经济效益。

2.加大科研开发力度

纸包装行业要在激烈的竞争中求生存、求发展，必须加大科研开发力度。政府部门要出台政策，限期淘汰高能耗、低效率、有污染、落后的工艺、设备和产品，大力扶持新产品、新工艺和新技术的研发。

坚持不懈地开展纸包装制品轻量化的研究，积极推广“轻量化”的纸包装制品，是节约资源、降低成本的重要举措。我国应创造条件、采取措施，着重开发新的性能更优良的轻量化的包装基材，加大采用“低克重、高强度”的瓦楞纸和纸板的比重，逐步增加单瓦三层纸箱的比例。

蜂窝纸板是用现代仿生学原理、特殊的工艺设备制作的重量轻、承重大、弹性好、强度高、能够以纸代木的首选材料。加速蜂窝纸板的开发和推广应用，不仅能够节约木材、节约资源、保护生态环境，更主要的是还能打破美、加、欧盟等对我国贸易设置的障碍，有利于出口。目前，制约蜂窝纸板发展的主要问题是我国生产的蜂窝纸板生产线不完整，后加工设备不配套，自动化程度不高，生产效率低，加工精度和外观质量差。蜂窝纸板的主要用途是制作托盘、缓冲衬垫和纸箱，受潮后强度将减弱，且经不起冲击和振动，其防水、防潮问题还没有很好解决。今后，一方面要开发强度高、粘结性能好、防潮性能优良的蜂窝纸板专用纸，另一方面还要开发高效、灵活的蜂窝纸板制品的后加工设备。

要大力开发技术含量高、高速、高效、高性能的纸包装机械设备，广泛采用微电子、激光、信息处理等高新技术，提升其智能化和模块化水平，以适应多品种、小批量的现代化商品包装，这是纸包装行业另一个不可忽视的发展目标，任务十分艰巨，必须坚持不懈。

3.调整行业生产结构

纸包装行业的生产要向通用化、系列化、标准化和专业化方向发展，是提高产品质量、降低成本的重要手段。行业生产实行专业化分工也是衡量一个行业现代化水平的标志。让纸包装机械的零部件由通用的标准件厂和高度专业化的厂家生产；一些控制部件、结构部件与通用设备相同可以借用，这样对生产设备的维护、缩短设备的更新周期、提高其可靠性极为有利。

瓦楞纸箱、纸盒行业可通过组建若干大型企业集团，推行“集中制板、分散制箱(盒)”的生产方式，不断提高专业化分工水平，亦可达到减少资源浪费、降低运输成本、增加企业收入的目的。

修改和制定纸包装行业的相关国家标准，以促进纸包装制品的标准化和系列化，这对调整该行业的生产结构，提高专业化、集约化水平具有重要意义，应抓紧进行。

4.注意保护生态环境

注意保护生态环境，统筹人与自然的和谐发展是坚持科学发展观的一个重要方面。纸包装行业应积极开发“低克重、高强度”轻量化的纸包装制品，大力推广使用蜂窝纸板类的“以纸代木”产品和纸浆模塑类的“以纸代塑”产品，可有效地节约资源，保护生态环境，防止环境污染，以利外贸出口。此外，还要配合造纸等行业，从纸包装行业的源头上解决造纸废液污染以及复合材料回收处理问题。

我国纸包装行业虽然基础差，但发展快，在包装领域的地位已举足轻重，且市场前景良好。要在未来的短时间内把它做大、做强，必须以科学发展观指导其发展全局，以人为本，加强科学管理，优化产业结构，加大科技开发力度，合理利用资源，保护生态环境。只有这样才能步入良性的可持续发展的快车道，在国内外激烈的竞争中立于不败之地，使我国早日由纸包装生产大国转变为纸包装生产强国。

神奇的纳米包装印刷术

陈希荣

一、纳米时代及其历史背景

人类的整个历史发展，体现着这样一条鲜明的脉络：人类探求的脚步从来就没有停止过，从登陆月球到登陆火星，再到遨游太空；从认识分子到观察原子，再到捕捉电子。如今，人类一边轰轰烈烈地飞入太空，探索火星，一边静悄悄地深入物质内部，在物质微粒间营造出一个崭新的微观王国，总有一天人们将按自己的意愿去制造物质，逐步地揭开原子世界里的一道道奥秘，在此过程中，世界并未因此而变小，相反变得更加广阔。然而，在很短的几年内，任何“微小”的东西相对地将会显得很大，因为大家认识了纳米世界。小还要更小，我们对“多小才算小”的认识将受到挑战。

纳米(Nanometer,nm)是一种计量物质的长度单位，为 10^{-9}m，用符号表示为 nm，纳米等于十亿分之一米，大约是三、四个原子的宽度。从微米科技到纳米科技，是科学发展的必然结果，但不是简单的延伸，在 1 纳米到 100 纳米之间度量单位上，物质的质量和结构特性都发生了从量变到质的变化，纳米科学就是建立在这一微小度量区间的技术。一般来说，衡量纳米材料有两把尺子，一把尺子是纳米的尺度，另一把尺子就是这个材料的性质是普通材料所没有的。通常将具有一定存在形态、1～100nm 尺寸的物质称之纳米物质。其术语表达可以是：英文术语为 nano、nanosized、nanoscale、nanostrucured、nanometer 与 particles、materials、substance、solids、cluster 等任意组合构成的词组意义。中文术语由此能衍生出很多词意，诸如：纳团簇、纳米级物质、纳米颗粒、纳米微粒、纳米结构物质、纳米粒子、纳米材料、低维材料等等。诺贝尔物理学奖获得者 Horst Stomier 宣称："纳米技术赋予了我们一种工具，可用它来玩弄自然界的极端——原子和分子。创造新事物的可能性变得无穷无尽。"另一位诺贝尔物理学奖获得者 Richard Smolley 干脆宣告："纳米技术是建设者最后的边疆。"

纳米技术的广义范围可包括纳米材料技术、纳米加工技术、纳米测量技术、纳米应用技术等方面。其中，纳米材料技术着重于材料生产(超微粉、镀膜等)、性能检测技术(化学组成、微结构、表面形态、物、化、电、磁、热及光学等性能)。纳米加工技术包含精密加工技术(能量束加工等)及扫描探针技术。纳米技术的研究和应用，意味着人们将可能从原子、分子的水平上识别探测和控制物质，在纳米尺度上研究原子、分子行为和相互作用的规律，使得人类在认识和改造自然、征服自然和应用自然的能力再一次迎来一个惊人的飞跃。

纳米科技是 20 世纪 80 年代末 90 年代初兴起的涉及多学科的高新科学和技术，并且还有待于进一步的研究和开发。但人们已经预料到纳米科技将给人类社会带来一场深刻的革命性的变革。这场革命必然要波及到经济领域。发展纳米技术极有可能是新世纪留给已错过微米技术、信息技术、生物技术机遇的中国人的最后一次机会。作为一个中国人，不能不关注这一当代世界的高新技术的发展，不能无视它将给人类带来的影响，特别是对经济领域的影响。纳米科技是节能低耗与技术密集型的高科技。尽管全面实现其产业化尚有很长的路要走，然而发展纳米科技的产投比可能会高于其他高科技项目。因此，纳米技术可能为我国迎头赶上世界经济提供一个难得的历史机遇。美国著名科学家乔纳森·斯彭斯和罗雷尔(诺贝尔奖获得者)说："如果中国奇迹般地成为超级先进国家，靠的就是纳米，它可以让戈壁滩变成绿洲。"

纳米技术应用的最重要的领域，是制造具有特异物理、化学性质的新型功能材料。最典型的应用是将两种不同性质的材料制成纳米复合颗粒。欧盟早在 1995 年就发表报告，预测在今后 20 年内纳米技术的开发将仅次于芯片制造业，成为世界第二大制造业。纳米技术未来的应用远远超过计算机工业。

本世纪的技术革新在很大程度上是靠弄清更加微观的现象和据此发展的操作技术来支撑的。但是，基于宏观的角度，追求更加微观的世界，这种传统的技术开发，在很多领域将迎来极限。如果没有与传统根本不同的新发现，就无法登上新的台阶。纳米技术就是发现这种效果与人工的独特的结构技术，人们正是充分掌握和利用先进的现代科学技术使对纳米技术的预言和研究成为可能。

为了研讨当今国际纳米材料及技术研发、应用的现状和发展趋势，探讨我国"十五"期间纳米材料的发展战略，促进纳米材料研发和纳米技术在包装领域的研究和应用，推进我国纳米包装产业的跨越式发展，2001 年 10 月 16 日，根据笔者的提议，我国包装界的泰斗邱纯甫先生亲自批示，中国包装技术协会、中国包装报社联合在厦门市召开了"全国首届纳米技术包装应用研讨会"。对制定我国国家纳米包装发展目标，迎接新世纪的挑战，无疑具有十分重要的意义，会议主题为"纳米技术在包装领域的应用与产业化"。正如"中国包装报"的综述文章中指出：这次研讨会"在包装业传播了纳米技术的'火种'。"四年来，这方面的工作取得了令人可喜的成果。

基于对包装业发展的责任感、紧迫感和使命感，多年来，笔者在从事纳米技术包装印刷应用的专题研究中，涉猎了纳米科技理论与应用的方方面面，这些成果和心得都集中在二百多万字的论文、编著中。2001 年，"中国包装报"发表了笔者写的《关于发展纳米包装产业之我见》一文。同年，《试论纳米技术在包装印刷领域的应用研究》获得了全国优秀学术成果一等奖。2003 年，《新型包装材料中应用的纳米技术》获中国西部科技优秀学术论文一等奖，并作为“第三届中国科学家论坛”的特邀嘉宾及交流论文。2004 年 5 月，应中国轻工业出版社的约稿，笔者又撰写了我国和世界第一部纳米包装印刷术研究的专著《纳米技术与包装印刷》一书，共八十多万字，照片、图谱二百多幅，将交付出版。拟请中国包装联合会石万鹏会长及纳米项目首席科学家写序，愿以此书献给 2006 年 4 月在北京召开的“世界包装大会”。最近，国防工业出版社又约笔者编写第二本专著，书名为《包装材料纳米改性及应用》，今年 6 月底交稿。这两本专著，从应用的角度揭示了纳米技术对改造传统的包装印刷的研究，探讨了建立纳米包装印刷体系的构架，并提出纳米包装产业化、商品化的目标和途径。

二、纳米包装技术溯源

人工制备纳米材料的历史至少可以追溯到 1000 多年前，我们的祖先就有了制造和使用纳米材料的历史。如我国古代利用燃烧蜡烛的烟雾制成炭黑作为墨的原料以及用于作色的染料，就是最早的纳米材料。

由于科学技术的限制，近世纪实用的超细材料一般由微米级构成。当超细材料达到纳米状态时，它将呈现新的特异功能。纳米科学技术是研究 1～100 纳米范围(1um=100nm)内的特殊现象。

洛依是 20 世纪末期最著名的材料专家，专门从事高新材料研究。1984 年，洛依(Rustun Roy)首先提出纳米材料新理论，开创了包装材料的纳米新时代——纳米包装。1989 年，美国 IBM 公司率先用隧道扫描显微镜(STM)探针“移植”氙原了，将其拼成 IBM 公司的标识，成功地实现了世界上最小的纳米级商标图案。日本丰田中央研究所应用高新技术研究出纳米包装材料。

1990 年，日本宗部兴产公司首先研制成功纳米复合包装材料 PA/Mt(蒙脱石约 5%并进行工业规模生产)。不久，纳米液晶(nmLCP)复合的 PET 聚酯材料在美国问世，它的性能比层状复合包装材料优异，其包装应用指日可待。

1990 年，由日本合成企业(MP611,620)以合成法制备环氧树脂/交联 NBR(-10%)，该产品具有耐冲击性、耐热性，可用作高性能粘接剂。1991 年，Amoco 公司利用合成法，制成 PA6/PPTA(5%)，可作为高强度包装材料。1991 年至 1993 年间，日本以合成法制备 EPR(30%)即共聚物(60%)/PE/滑石粉(10%)，在导弹包装上应用。Hocnse 使用熔融共混法，制备 TLCP/PA12、TLCP/PEEK、TLCPPA 用于军品包装。还用同一方法，生产 TLCP/PL 其双轴取向膜用于食品包装。

1994 年，国际标准化组织 ISO 开始制定降解塑料(包装)材料标准。美国开发成功 PET/LCP 纳米复合包装新材料，商品名为 Vectra。1995 年，欧盟将“纳米新材料”列入“第二大制造业”。美国 Amoco 公司开始工业化生产 PEN 聚酯新包材。1996 年，日本一家公司采用直接分散法，制成 PE 等/超微粒子(炭黑)应用于军品包装、防电磁包装。还用同一方法，制备 PP 等/Tio2(3.5w%)，用于防紫外线包装。

综观国外在 1996 年前，已经有众多与包装有关的高分子复合材料实现了商品化和产业化。1996 年以来，我国中科院化学所应用天然丰富的蒙脱土层状硅酸盐作为无机分散相，发明了一步法制备 PA6 纳米塑料(nc－PA6)、PET 纳米塑料(nc－PET)。2000 年，我国研制成功有机纳米功能材料——20 纳米活性有机高分子，可望用于导电包装、隐身包装等高功能特殊包装。事实上，我国在 20 世纪 80 年代就有人研究开发出了长轴为 40nm～60nm，短轴为 14nm～16nm 的纺锤状纳米 Fe203，具有透明、耐候、屏蔽紫外线等特点，应用于造币油墨，以提高其耐沾污性；用于金属闪光漆，明显提高了涂膜的随角异色性。

在分子以上到微米以下或是在 1～100 纳米量级尺度范围，由研究应用产生了纳米包装印刷这一新学科，它和其他纳米学科一样，并不拘泥于尺寸和尺度上的分界，而是着眼于小尺寸所引起的物质的变异行为和新的物性。

自 1981 年 Gleiter 等人率先制得纳米材料以来，经过 20 多年的发展，纳米材料有了长足的进步。如今，纳米材料种类较多，在包装领域的应用，例如纳米高阻隔密封包装材料、纳米防静电包装材料，既有比原材料好的高性能，又可以在常规下进行加工，还具有高的表面光泽度，为其应用提供了良好的前景。纳米材料由于纳米级晶粒、高浓度晶界和晶界的原子状况等三方共同造就了其性能优于一般材料的优点。

三、纳米技术对包装印刷业的影响

1. 从印刷术到纳米术

我国古代的四大发明中，除了火药源于古代的炼丹术，其他三项发明都可归属为古代信息技术。造纸术、印刷术是古代信息技术具有重大意义的突破和伟大的成就之一。是文艺复兴时代到来的重要前奏。被马克思称为“预告资产阶级社会到来的三大发明”。著名科学家钱学森认为，“纳米左右和纳米以下的结构将是下一阶段科技发展的一个重点，会是一次技术革命，从而将引起21世纪又一次产业革命。”

印刷从其发明之日起，经历了500多年的“铅与火”岁月，渡过了近百年的“光与电”时光，现在又进入了“数与网”的时代。20年前，中国科学家带领中国印刷业告别了铅与火，迎来光与电，远程传版、彩色出版、数码印刷系统，告别了纸和笔，迎来了数与网。成为我国印刷出版技术领先于世界的又一里程碑。20世纪90年代，高保真印刷已悄然向我们走来，它的网点大约在10～20μm之间，这表明印刷材料离纳米层次已经不远了。

用纳米材料制造印刷材料或把纳米材料添加到印刷材料中去，制成纳米油墨、纳米纸张、纳米印刷机以及其他的各种纳米印刷辅助材料，可以大大提高印刷品质量，或者产生有特殊功能的印刷品，能给印刷行业带来继光与电之后的又一次技术革命。

目前，纳米技术已经涌现出了两种打造纳米结构的方法，即“自上而下法”与“自下而上法”。到现在为止，我们讨论过的所有各种刻印术都属于“自上而下法”，而“自下而上法”实际上是一种分子构造术。“自上而下”的方法采用了类似于雕刻的过程，如电子束印刷术，已经达到接近原子水平的精确度。在相当一段时间内，“从上到下”的方法极有可能是建造真正复杂的装置的首选方法。扫描探针显微术在分辨本领、定位精度和可造性这些重要方面都能满足纳米印刷术的要求。用扫描探针显微术可以进行原子级印刷。可以认定，纳米术是印刷术扩散思维大显神通的结果。

纳米生产工艺，特别是金子“纳米点状物”的制备，不是什么新的事物。中世纪和维多利亚时代教堂里五彩斑斓的玻璃窗户上就可以看到各种色彩；古代的陶器上涂有不同彩釉，都是依据材料的纳米尺度性能不同于宏观尺度的性能。特别是纳米金粉，根据尺度不同会呈现出桔黄、紫色、红色或黛绿色。在某种意义上讲，第一个纳米工艺师实际上是中世纪的锻造炉前的玻璃工艺师，而不是现代半导体厂的灵巧的工人。显然，上釉工人并不理解为什么他们对金子的处理会使金子呈现不同的颜色，但我们现在已十分清楚其中的奥妙。

纳米技术的研究和开发，形成了一个介于化学、物理学、生物学和电子工程之间的新科技领域，是以许多现代先进科学技术为基础的科学技术，它是现代科学和现代技术结合的产物，将使原有领域的研究和应用发生革命性的变化，又将引发一系列新的科学技术，几乎在当代科技的全部分支里都融合了纳米技术。无疑，纳米包装印刷术也概不例外。

2.纳米技术在印刷行业中的应用

新材料的印刷。当采取某种特殊的表面加工处理后，在介质上能形成交错混合的两种性质不同的二维表面，而每个相面的表面积，以及两相构造的“界面”是纳米尺寸存在时，就会产生超亲水性和超亲油性界面。可以想象，今后的印刷品的分辨率将会更高。

由于印版的发展，对油墨的要求也必然会相应提高。目前，用直流电弧等离子方法生产超细金属材料“纳米金属微粉”的技术已经实现，纳米材料工程从金属、半导体领域发展到纷繁多样的有机领域是一个必然的趋势。当建立了超细材料的有效制备方法，并解决了有机材料中普遍存在的稳定性问题后，油墨的性能必定会有一个飞跃。包装印刷材料主要是指PS版、纸张、油墨。由于纳米技术的特性，将极大地改变它们的印刷适性，更好地与印刷条件相匹配。众所周知，PS版的最佳粗糙度范围是450～650nm。可以想象纳米技术对PS版的性能影响有多大。印刷存在的耐印力不高、粗糙度不匀不细、感光液的性能等问题都会随着纳米技术的应用迎刃而解。纳米科技是“创造”高性能、高效比、高功能等新包装的最新技术，因此纳米复合包材有着强劲的发展动力和广阔的应用前景，例如在高分子聚合物中加入10%的纳米(热致液晶聚合物)就会使材料的拉伸强度提高到476MＰa，从而大大拓展了包装材料的用途。

3.纳米包装印刷术的理论基础

纳米包装印刷术是纳米技术与包装印刷科学交叉与融合的一门新学科，它的理论基础包括：(1)纳米技术必须具备两个条件：一是纳米尺寸；二是自然界里所没有的新物性。(2)纳米科技中功用性最强的研究领域有三类，即纳米材料、纳米器件、纳米检测与表征。(3)纳米材料。将普通材料制成纳米量级后，出现了极其特有的四大效应，即小尺寸效应或称体积效应、表面效应与界面效应、量子尺寸效应、宏观量子隧道效应。(4)纳米技术路线与纳米制造是实现纳米态的关键技术。其途径有两条：一是自上而上(Topdown),另一条是自下而上(bottomup)的过程。(5)纳米材料科学与纳米加工学是包装印刷术在纳米诸学科中关系最紧密的两个基础学科。

4. 纳米包装印刷术的基本概念

(1)纳米包装印刷的定义：尽管目前尚无纳米包装印刷的准确定义，但从纳米科学的角度出发，纳米包装印刷是指使用纳米材料、纳米技术对包装印刷产品进行纳米合成、纳米添加、纳米改性，使其具备纳米结构、尺度、特异功能的包装印刷新物性的总称。

(2)纳米包装印刷具备的四个要素：纳米包装印刷材料要素、纳米包装容器与印刷载体要素、纳米包装印刷技术要素、纳米包装印刷信息要素。

(3)纳米包装印刷材料：是指分散相尺寸为 1～100nm 的颗粒或晶体与其他包装印刷材料合成或添加制成的纳米复合包装印刷材料的体系。

(4)纳米包装印刷的研究对象和任务：纳米包装印刷研究的内容是：纳米包装印刷技术(制备方法)、纳米包装印刷材料、纳米包装印刷结构、纳米包装印刷机械、纳米包装印刷测试、纳米包装印刷理论、纳米包装印刷市场等。研究纳米包装印刷物在物流过程中的运动状态和规律，纳米包装印刷物的物性功能变化的规律与制备技术；研究纳米包装印刷与多学科的关系，从而提出全新的包装印刷概念，改进和创造新的包装印刷技术，包装技术和装潢技术，缩短现有包装印刷企业与纳米包装印刷的工程化、产业化和商品化的进程。

5. 纳米技术对包装印刷设备的影响

印刷机的供墨系统是保证正常印刷的重要部件。墨辊作用是向印版表面传递油墨。因此，墨辊材料的选择对印刷质量的影响是十分重要的。利用纳米材料可以改变墨辊的弹塑性、耐油性、耐酸性、耐溶剂性、抗衰老化性和亲墨性、传递性、耐磨性，进而稳定印刷传递条件。同样，利用纳米材料可以提高印刷橡皮布质量，进而稳定印刷的压印条件，提高印刷质量。

纳米技术在传动上也将得到应用。如极小的微电机系统(MEMS),微电子系统能在一个硅晶片上放置 100 万个微型机器，每台机器都有电子控制系统。美国德克萨斯公司已使用 MEMS 技术开发显示视频图像的芯片。印刷机上安装了那么细的传感器——传动装置，就可以十分精确地对压力、速度、位置等进行调控。

印刷设备的主要问题是机械精度问题。一是在制造过程中由于制造技术水平而产生的固有缺陷；二是在印刷生产过程中由于机械磨损而产生的故障。印刷设备中易磨损的主要部件有：齿轮、凸轮、滚筒的轴颈与轴套(或偏心套)等部件。随着纳米技术的运用，可以大幅度提高这些关键部件的精度和耐磨损程度，降低维修成本，提高印刷产品的印刷质量。

通过采用纳米技术，可以开发出纳米包装系统。把微米级的各种不同类型的添加剂制成纳米级的产品，就会使传统的包装印刷产品更新换代。同时，纳米技术产业将通过纳米粉末和薄膜的制造和应用，把精密制造技术推广到整个包装印刷产业中去。

四、纳米包装印刷产业化的目标展望

包装印刷行业在国民经济中的份额已排在第十四位，年产值超过 3000 亿元，年增长 15%左右。无疑，我国已是世界包装大国，但还不是包装强国。环保、IT 技术与纳米技术相结合将是本学科发展的方向。

纳米包装产业的重点是包装材料与包装技术。就目前的情况而言，纳米技术在包装中的研究及应用基本上还刚起步，然而，纳米技术必将成为世界包装领域的“制高点”。过去，我国包装工业的一些先进设备、先进材料、先进技术大多是依靠进口，纳米技术的出现，将为我国包装工业发展和技术创新带来机遇，我们必须加快技术创新的进程，力争走在世界的前列。纳米，将圆我包装强国之梦。

与任何技术产生后的影响一样，市场对纳米技术非常关注。目前，全球纳米技术营业额已经超过 500 亿美元/年。纳米科技将彻底改变目前的产业结构，并孕育着巨大的商机。根据斯坦福商业信息咨询公司的《纳米技术》报告，到 2010 年全世界纳米材料的市场规模预计将超过 2000 亿美元，很快就将展现给人们一个多梦的时代。

尽管科学界与企业界都做了大量努力，但两者的接触渠道还不够通畅，企业界对纳米科技的认识还有待逐步提高。纳米技术毕竟是高科技，在转化到产业的过程中需要成熟的技术，对这些在材料合成和材料添加方面的成熟技术，需要与企业工艺流程相吻合。于是，一个新的产业——纳米产业已经产生。

对细微处显神奇的纳米技术，在制造行业里，有人把纳米称为“工业味精”。因为，把纳米颗粒撒入许多传统材料中，可以改进或获得一系列的新功能，出现令人叫绝的旧貌换新颜，这种改进并不见得昂贵，但却使产品更具有市场竞争力。

要用纳米技术改变包装印刷企业的原有产品和制造技术是非常不易的。实际上，作为制造技术，纳米技术可以制造出许多出人意料、具有全新特性、全新功能的产品。比如，以“白垩和贝壳”为例，这两种东西质地相同，都是碳酸钙，但是在硬度上一个脆，一个非常硬，具有完全不同的性质。从这种考虑出发，利用纳米技术制造工艺，就有可能提高它们的质地。所以纳米技术不仅仅只是提高质地的手段，而且可以作为重要的制造技术，这也是今后企业发展的重要课题之一。从日本关西地区的成功企业来看，几乎都与研究或使用纳米技术有关，所以对日本企业来说，纳米技术的应用与否是使企业间产生差别的非常有效的手段。日本有位科学家甚至说：“今后与纳米技术毫无关联的企业，必定会走向崩溃。”

为了使我国包装界在21世纪的纳米技术产业化中占有一席之地，从前沿性、战略性、基础性来考虑，当前要继续做好基础研究与应用研究的衔接和成果的转化，研究纳米合成、纳米添加对传统包装印刷材料改性和技术改造，扩大纳米材料在包装印刷的应用范围，提升高新技术含量，抢占产业先机，实现跨越式的发展。很明显，谁要在21世纪站在世界最高新技术领域的前沿，谁就应该在纳米科技领域领先一步。

目前在我国，纳米包装印刷材料的改性更贴近于应用，要找到纳米技术的应用与现实技术体系的结合点，使纳米技术得到尽快的应用。国家973纳米领域首席科学家说：“纳米塑料将是我国最有希望实现产业化的纳米技术之一。”在包装印刷领域有：纳米油墨、纳米颜料、纳米纸、纳米薄膜、聚合物基纳米复合材料(PNMC)、纳米发光材料、纳米抗菌包装，纳米黏合剂、纳米防伪印刷、纳米军品防护包装、纳米绿色包装、纳米光刻印刷技术、纳米磁印刷等都已经获得突破，有些已经初步产业化，纳米材料和纳米结构的评价手段基本齐全，已达到20世纪90年代末的国际先进水平。为此，下一步必须加快引进、消化、吸收与创新相结合，以重点示范企业为突破口，推动纳米产业发展，重点建设若干推广示范企业，引进若干纳米新技术和新产品，寻找若干纳米技术依托研究单位。由从事纳米技术包装印刷应用研究的高等院校、研究机构的专家及开发纳米技术、纳米材料包装印刷应用的企业家，共同组建“全国纳米技术包装应用研究会”，隶属于中国包装联合会，承担全国范围的纳米技术包装印刷应用研究的咨询、规划、技术培训、研究课题及纳米包装印刷产业化的协调指导等工作。要不失时机地导入纳米技术，率先打开纳米级包装印刷领域的大门。

纳米技术和枘米材料的应用和开发，为中国包装界提供了一个千载难逢的大好时机，机不可失，时不再来。对于行使全国包装行业管理职能的中国包装联合会来说，责无旁贷，必须紧紧抓住这次机遇，坚持“有所为，有所不为”的原则，突出重点，强化支持，狠抓数年，必有成效。

“试看明日之包装，竟是纳米的天下。”

西方有句格言：“机遇永远落在有准备的人们头上。”一位纳米科技专家的至理名言：“发达国家尚处在纳米科技产业化的前夜，我国存在跨越式的发展机遇。”面对我们国家处于跨越式的纳米科技产业化的发展机遇时，中国包装印刷界准备好了吗？这是一项意义深远的战略，必将承载着历史重任，实现中华民族的伟大复兴。

行业简讯
NEWS IN BRIEF

行业简讯

NEWS IN BRIEF

【2005年中国烟包印刷技术交流会暨相关产品展示会在青岛举办】 8月24日～26日，中国印刷技术协会凹印分会在青岛举办了“2005年中国烟包印刷技术交流会暨相关产品展示会”。来自业内相关的烟草企业、烟包生产企业设备厂商、原材料供应商等200余人出席了此次交流会。

此次交流会举办时值《烟草控制框架公约》开始生效，烟草行业的整合已在如火如荼地进行中，作为与之配套的烟包生产企业如何应对当前的形势，如何更好地为烟草企业服务是许多烟包企业当前迫切需要解决的问题。

【梁保华省长考察江苏大亚集团】 江苏省省长梁保华在镇江市委书记史和平、市长许津荣等陪同下考察了江苏大亚集团公司。

在大亚集团，梁保华饶有兴致地参观了该集团旗下的大亚包装和大亚木业两家公司的生产线。目前，大亚已建成全国最大的卷烟配套材料生产基地，双零铝箔、铝箔复合制品等市场占有率长期保持全国第一；同时大亚木业的人造板生产规模也已跃居全国同行业之首，“圣象”地板销量连续7年保持全国第一。梁保华省长赞扬两家公司强劲的发展势头，热情地鼓励企业趁势而上，做大做强，争取进入世界同行业前列。

梁保华省长在镇江调研考察时强调，要进一步解放思想，坚持以科学发展观统领经济社会发展全局，充分发挥自身的优势，充分挖掘蕴藏的潜力，充分做强地方的特色，不断增强综合实力和竞争力，努力实现更快更好发展。

【全国聚酯薄膜（BOPET）行业信息交流会在京召开】 2005年8月30日～31日，中国包装联合会塑料包装委员会组织国内聚酯薄膜的生产厂家在京召开信息交流座谈会。

来自25家聚酯薄膜(BOPET)厂家代表在座谈会上发表了各自的观点。探讨国内BOPET行业的发展趋势，当前行业的热点、难点及国内市场需求走向等问题。上海紫东薄膜材料股份有限公司总经理徐志强介绍了企业打开海外市场加大出口的力度的经验，南京兰埔成实业有限公司、浙江杭州大华塑料有限公司介绍了发展差异化产品，开发新的市场，提高企业竞争力的工作。

【食品塑料包装安全标准座谈会在京举办】 2005年9月6日中国包装联合会塑料包装委员会在北京组织部分大型彩印厂、油墨厂、粘合剂厂座谈，共同探讨食品塑料包装安全标准等问题，国家认证认可监督管理委员会认证监管部的同志应邀参加座谈会。

【中国塑料加工工业协会专家委员会成立大会暨2005年塑料新材料新技术国际研讨会举行】 为了更好地为行业服务、为企业服务，促进科技成果进一步转化为生产力，更好地发挥科技推动经济发展的作用，经过精心准备，中国塑料加工工业协会决定于11月3日至5日在浙江省宁波市召开中国塑协专家委员会成立大会和2005年塑料新材料、新技术国际研讨会。

这次会议在我国塑料产业最发达的地区之一的浙江省宁波市举行，会议由中国科学院宁波材料技术与工程研究所承办。

【第七届全国水泥技术交流大会召开】 2005年水泥技术交流大会暨第七届全国水泥技术交流大会18日在海口举办。本次会议主要以“促进国内外先进的水泥生产工艺技术、装备技术、技术改造及科学管理经验的交流与推广，尽快提升企业的工艺技术水平、管理水平及企业的整体竞争力”为目的，特别是根据循环经济的原理，把提高资源的利用效率，节能降耗，降低生产成本，寻找立窑的发展出路，推广和总结新型干法技术的应用经验等热点问题放在突出位置。

中国工程院院士、博士生导师，西安建筑科技大学校长兼粉体工程研究所所长徐德龙教授也参加了本次大会。徐教授在水泥悬浮预热预分解理论与技术、高固气比悬浮预热器的理论与技术、炉外循环分解技术、大颗粒流态化煅烧水泥熟料等方面的研究处于国际前列。根据这些方面的研究进展及成果，徐教授在大会上做了题为《论水泥工业的科技进步》的主题报告。

【全国制药机械博览会在成都隆重举行】 2005年10月23日～26日，全国制药机械博览会在成都世纪城新国际会展中心隆重举行。其中，医药包装机械参展单位占有相当比例。此次展会参展商以国内企业为主，产品包括：液体灌装机、双面铝箔热封包装机、微电脑控制分装机、不干胶印字贴标机、泡罩包装机、胶囊充填机、轧盖机、PFS 塑料安瓿灌封包装机、热收缩薄膜包装机、双铝遮光包装机、自动数粒包装多用旋转式片剂、胶囊包装机等医药包装设备。

【泛长三角纸箱·纸包装行业联谊会在沪举行】由上海市包协、上海市包协纸容器包装委员会主办，上海华凝文化传媒有限公司承办的“2005 泛长三角纸箱·纸包装行业联谊会”于 12 月 18 日～20 日在上海举行。这是继长三角包装发展论坛之后，长三角包装行业又一次重大活动。上海市包协及纸容器包装委员会、浙江省包协及杭州、宁波、温州等市包协和江苏省及南京、无锡、常州、扬州等市包协秘书长，纸箱、纸包装企业及相关企业负责人，共 160 多名代表参加了会议。

【2005 国际软包装展在上海召开】2005 中国国际软包展将于 10 月 12 日～14 日在上海新国际博览中心隆重举办。

这次展会将是本年度中国地区颇具规模及影响力的软包装展会，也是检阅中国软包装工业一年多来发展实体的舞台，是业内人士交流畅谈行业资讯，掌握国际领先技术的窗口。业界知名的 150 多家软包设备及耗材供应商将集中展示当今世界领先的软包装设备、耗材及相关配套服务。观众将亲眼目睹软包装生产工艺全过程。

【2005 年上海包协纸容器包装委员会年会在崇明召开】11 月 15～17 日，2005 年上海市包协纸容器包装委员会年会在上海市崇明县召开，参加这次年会的有纸委会正副主任、常务委员、各企业总经理及有关人员，还邀请了上海包装技术协会、上海商检局包装科代表参加了年会，共有 100 多人参加了会议。

会议由姚懋逵主任主持，王志星副主任兼秘书长作了 2005 年纸委会工作及发展思路报告；向上海纸箱行业荣获“星级包装企业”、荣获纸箱行业“最佳优秀质量奖”和“优秀质量奖”的企业以及评为“质量信得过企业”和“质量标兵”的企业颁发了奖牌。

会上，南京天泽节能技术有限公司潘勇总经理和上海国际现代展览有限公司汤亚东副总经理向与会者介绍了公司的发展情况，上海市包协秘书长庄英杰也讲了话。这次年会召开前期的筹备工作，得到了纸委会常委，上海裕安印刷总厂徐锡易厂长的大力协助。

【中国国际集装箱多式联运研讨会在京召开】由中国铁道学会和中国交通运输协会联合主办的中国国际集装箱多式联运研讨会于 9 月 8 日～9 日在北京举行。

本次研讨会将分析国际集装箱多式联运发展的宝贵经验，探讨中国集装箱运输市场的发展策略，集合集装箱多式联运相关政府部门及业内企业，促进集装箱多种运输方式的衔接，提高运输质量和运输效率；探寻并促进集装箱运输铁路、水路、公路、港口及海运多式联运区域性和国际性的合作。

【生物聚合物测试方法国际研讨会 9 月召开】近几年，随着生物分解材料和生物基聚合物的研究与开发，国际标准化组织制定了一些测定材料生物分解能力的标准，而 ASTM 也出版了测定生物基聚合物生物基含量的标准。另外，随着生物材料在医学及生物组织工程的逐步应用，需要快速的检测方法来测定材料的生物分解性能。为了探讨测试方法标准化的可能性，使国内标准紧跟和赶超国际水平，避免在以后国际贸易中遇到标准方面的壁垒，中国塑协降解塑料专业委员会和全国塑料制品标准化中心生物分解材料工作组(BMG)于 9 月 21 日在北京召开生物分解材料和生物基聚合物评价体系的国际研讨会。

【绍兴中发高档聚酯薄膜生产线通过验收】日前一条位于浙江省绍兴市的高档聚酯薄膜生产线成功通过了验收，该生产线由绍兴中发实业集团投资兴建，于 2004 年初破土动工。

浙江中发薄膜有限公司位于浙江省绍兴市袍江工业开发区，占地 200 亩，一期投资 2.1 亿元人民币。全套 ABC 三层共挤双向拉伸生产线及检测设备均从德国布鲁克纳公司引进，是布鲁克纳公司的最新设计配置，其特殊的设备配置，体现了当今世界双向拉伸聚酯薄膜设备的最先进水平，突出特点：产品具有超常的厚度均匀性、热收缩率极低，更加适合生产特种功能性薄膜。从投料到成品全部采用西门子电气控制系统，实现全电脑自动监控，生产速度快、产品档次高、质量稳定、综合性能优良，适合生产多品种、多用途及高新技术应用领域的产品，厚度范围：8～75um，年产能 1.5 万吨。

【温州瓯海包装印刷联合会成立】近年来，随着温州印刷包装产业不断发展，先后成立了苍南、乐清、鹿城、瑞安、平阳印刷或包装行业协会，为规范行业管理发挥了积极的作用。近日，又一家包装印刷联合会成立了，7月18日，“瓯海包装印刷联合会”召开了成立大会，选举产生了以温州市星球包装有限公司总经理姜桂球为会长的第一届领导班子。

瓯海区是温州市区的组成部分，共有印刷包装企业近300家，该区制鞋、服装、眼镜、剃须刀、食品等行业比较发达，印刷包装有很大的生存空间，年产值约10多亿元，从业人员约8000多人。为了鼓励印刷包装行业的更大发展，区政府将其列为优先发展的传统产业。

【《月饼强制性国家标准》出台明年6月1日起实施】国家质检总局和国家标准委于9月5日发布《月饼强制性国家标准》(GB19855—2005)，该标准将于2006年6月1日起实施。

该标准包含了产品分类、技术要求、试验方法、检验规则、标签、包装运输和贮存等方面内容，并针对社会的月饼包装问题，在深入调查研究并公开向社会征求意见的基础上，作出了明确的规定：包装成本应不超过月饼出厂价格的25%；单粒包装的空位应不超过单粒总容积的35%；单粒包装与外盒包装内壁及单粒包装间的平均距离应不超过2.5cm。

2004年修订的《固定废物污染环境防治法》第十八条规定：国务院标准化行政主管部门应当根据国家经济和技术条件、固体废物污染环境防治状况以及产品的技术要求，组织制定有关标准，防止过度包装造成环境污染。《月饼》国家标准的制定，是《固体废物污染环境防治法》修订发布后为防止过度包装而制定的第一项国家标准，是促进建设节约型社会的有效措施。

【金东纸业再次成为中国企业500强】APP下属最大的造纸企业——金东纸业，2005年再次成为中国企业500强。

中国企业联合会、中国企业家协会日前按照国际通行方式，以2004年企业营业收入为入围标准，经专家委员会审定，排出2005中国企业500强，同时首次排出中国制造业、服务业企业500强。在榜单中，金东企业名列中国企业500强第383位，位居中国制造业500强第208位。

随着中国经济的快速发展，纸张的市场需求日益扩大，金东纸业积极引进世界先进设备，生产和销售高级双面铜版纸、单面铜版纸、亚光铜版纸等，是一家超大型工厂，年产铜版纸200万吨，是世界上单产规模最大的铜版纸生产基地之一。

金东纸业在追求卓越的同时，公司的经营管理全面制度化，用制度管理员工，从而更加人性化，用文化凝聚企业，用文化支撑和引导企业向永续经营的方向转变。

【德国布鲁克纳公司第一条CPP生产线在浙江大东南签约成交】德国布鲁克纳公司以OPP、BOPET生产线在世界上享有盛名。由于近年来我国国内BOPP、BOPET薄膜市场已呈现供大于求的定势。为此，该公司有意涉足CPP生产线制造领域。浙江大东南包装股份有限公司与布鲁克纳公司签约成交，引进该公司生产的首条年产万吨、幅宽4.2米的CPP生产线，项目将于2006年底竣工投产。届时，大东南将有3条德国莱芬豪舍生产线，1条布鲁克纳生产线，CPP总产能将达到2.8万吨，成为国内首屈一指的CPP薄膜供应商。

【“世界之星2005”包装设计奖评选落下帷幕】世界包装组织(WPO)于2005年10月14日在捷克首都布拉格举办了2005年“世界之星”(World Star2005)包装设计奖大赛。本次“世界之星”比赛共294件作品参赛，这些作品代表着各国包装设计界的最高水平。大赛评委从“包装设计精美、使用新材料、平面设计美观大方、体现商业属性、方便开启使用安全、对内装物有良好保护功能、结构设计独特创新、有益于环境保护、节约材料降低成本、包装设计属地性”等十个方面对所有作品作出了评定，最终有146件作品荣获“世界之星”(World Star2005)大奖。

本届“世界之星”大赛，我国共有33件包装设计作品报名参赛。其中内地19件，香港地区2件，台湾地区12件。经过激烈的角逐，最终共有19件作品获奖。

2005年，中国出口商品包装研究所暨“世界之星”包装奖作品推荐组委会秘书处共选送了9件国内“包装之星”获奖作品参加角逐，有8件优秀作品获得了“世界之星”大奖。

它们是“乌木镇纸”包装(设计者：龙慧钢)、多用途拼装式包装箱(设计者：穆林、周荫萍 北京航天万源电器公司)、“岁岁团圆”酒包装(设计者：张爱华 深圳市柏星龙印刷包装设计有限公司)、“高炉家酒·徽风皖韵”酒包装(设计者：徐立 上海终端市场营销策划有限公司)、“大敦煌酒”包装(设计者：段高峰 深圳金文华包装设计有限公司)、“汉波贡枣”包装(设计者：阎旭晨 山西国际文化交流中心艺术设计研究所)、“凤凰奇境酒”包装(设计者：陈磊、冯小红北京凤凰奇境酒业有限公司)、“茅台醇珍品酒”包装(贵州茅台酒厂技术开发公司)。

【“复合膜溶剂残留量控制技巧专题技术论坛”举办】7月，中央电视台《每周质量报告》关于“包装袋里的怪味”的新闻播出后，引起了全国软包装业界人士的关注。如何生产高标准、卫生、安全的食品包装已经成为目前塑料彩印企业关注的焦点问题之一。在目前无溶剂复合、水性粘合剂、塑料水性油墨推广进程缓慢的背景下，如何减少复合膜溶剂残留量至关重要。

在国内软包装供应商的大力推动下，广州市中包传媒公司于2005年11月15日～18日在苏州长城大厦举行“复合膜溶剂残留量控制技巧专题技术论坛”。邀请具有丰富实践经验的软包装专家到会演讲并与大家共同交流。

本次论坛的主要内容有：1.当前国内塑料软包装及相关企业走出困境的策略；2.凹版油墨的环保性；3.残留溶剂量的控制对印刷、复合设备制造的要求；4.挤出复合与残留溶剂的关系；5.食品、医药复合包装溶剂残留量的检测技术；6.食品、药品包装用油墨的技术应用；7.粘合剂的选择对溶剂残留量的影响；8.软包装用油墨的发展趋势；9.复合软包装材料异味的形成和消除；10.无苯油墨体系简介；11.如何制造符合欧共体标准要求的食品包装用胶粘剂等。

【河北省廊坊市印刷协会成立】2005年10月26日，河北省廊坊市印刷协会正式成立。廊坊市近200家印刷企业负责人欢聚一堂，庆祝廊坊市印刷协会成立，廊坊市副市长吕爱英到会祝贺并讲话。

目前，廊坊市印刷业共有各类企业1550家，固定资产27亿元，从业人员6万人，年产值25亿元，成为全市经济发展的重要生力军，在河北省同行业中综合实力名列前茅。此次加入廊坊市印刷协会的企业共有207家，印刷协会成立后将担负起组织各印刷企业守法生产经营，引导企业加强自我管理，推广先进技术，交流工作经验，抵制非法出版、印刷、发行活动，规范印刷市场秩序，提高行业整体水平和竞争实力等职责。

【2005泛长三角纸箱·纸包装行业联谊会在上海召开】由上海、江苏、浙江两省一市的包装技术协会、纸容器包装委员会主办，世博集团上海现代国际展览有限公司与上海格雷展览服务有限公司协办，上海华凝文化传媒有限公司承办的“2005泛长三角纸箱·纸包装行业联谊会”，于2005年12月11日至13日在上海召开。

随着我国经济持续发展和外商投资及进出口贸易的高速增长，纸箱、彩盒、纸包装工业生产趋向多样化；产品不断向多功能、全方位的方向发展；纸箱、彩盒、纸包装机械也趋于高档化、自动化和国际化的发展定位；纸箱、彩盒、纸包装工业逐渐呈现低克量、高强度、轻量化趋势，降低包装系统总成本将成为行业的新特点。为了使企业适应长三角以及国内外纸箱、彩盒、纸包装工业飞速发展的需要，及时了解市场讯息，交流新技术、新设备，降低生产成本损耗，提高企业综合竞争力。“2005泛长三角纸箱·纸包装行业联谊会”应运而生。

【镇江包协，包协联合举办包装与食品工业发展及经济管理理念专题论坛】为了进一步提高食品与包装企业厂长经理科学管理水平，加强企业间的技术合作与交流，促进镇江市包装与食品工业的持续发展，增强企业的竞争力，加快与国际接轨步伐，镇江市包装技术协会与镇江市食协于2005年11月1日举办了“食品包装与食品工业发展及科学管理理念专题论坛”，邀请江苏省党校凌宁教授作了专题讲座，镇江市的骨干龙头包装企业、食品企业及南京、扬州等地的食品包装企业共60余家厂长经理参加了论坛。

【第三届中国包装印刷产品质量评比交流展示会在宁波召开】中国包装联合会包装印刷委员会在浙江宁波召开“《中华纸业杯》第三届中国包装印刷产品质量评比交流展示会”。

会议由中国包装联合会包装印刷委员会秘书长陈麒祥主持。中国新闻出版署印管处处长毛士彤、中国包装联合会包装印刷委员会主任高汝楠、中国包装联合会总工刘晓玫等领导致词。

【2005·CPPA医药包装国际研讨会在杭州举办】2005·CPPA医药包装国际研讨会于11月13日～14日在杭州召开，由中国医药包装协会主办，杭州塑料工业有限公司承办，旨在为我国医药行业提供国内外有关药品包装安全性的最新技术与信息，从而加强与国外同行的交流，进一步促进我国医药包装事业不断发展。研讨会由中国医药包装协会秘书长蔡弘主持，出席会议的有国家食品药品管理局注册司巡视员冯国平、浙江省食品医药监督管理局副局长陈时飞、中国医药包装协会会长张鹤镛

等领导及嘉宾。

【第55届国际医药原料药、中间体、包装、设备交易会召开】为推动我国医药行业国际化发展，促进医药原料领域、医药包装及设备和生产企业进出口贸易并使之能够及时掌握国内外同行及相关领域的最新产品和市场资讯，11月15日～17日在杭州国际会议展览中心举行了第55届中国国际医药原料药、中间体、包装、设备秋季交易会。本届交易会由中国医药集团、国药励展展览有限责任公司主办，并得到了商务部、杭州市人民政府、中国化学制药工业协会、中国医药工业有限公司的大力支持。杭州市副市长沈坚、成都市副市长何华章、中国医药集团总经理佘鲁林、国药励展展览有限责任公司总经理董卫平等出席了开幕式并剪彩。

【教育部专家组对株州工学院改办湖南工业大学现场评估】11月17日，教育部高校设置评议专家组在湖南省教育厅副厅长朱俊杰等相关领导的陪同下，来到株洲工学院，就该院改办湖南工业大学进行现场评估。中国包装总公司党组书记、总经理刘永旭应邀参加评估汇报会。

教育部高校设置评议专家组成员在株洲工学院认真听取了该院院长张晓琪教授对株洲工学院改办湖南工业大学的情况汇报，并参观考察了该院包装印刷创新成果展示室、纳米材料重点实验室、印刷实验室、包装设计展厅、陶瓷造型实验室、图书馆、电气实验室和水射流实验室等。专家组成员对该院的办学实力和所取得的科研成果表示赞赏，特别对该院筹建湖南工业大学一年来所做的工作给予了充分肯定。

【《消毒产品标签说明书管理规范》出台】为加强消毒产品标签和说明书的监督管理，卫生部近日制定《消毒产品标签说明书管理规范》，并自2006年5月1日起施行。

据介绍，消毒产品包括消毒剂、消毒器械(含生物指示物、化学指示物及灭菌物品包装物)和卫生用品。该规范要求，消毒产品标签、说明书标注的有关内容应当真实，不得有虚假夸大、明示或暗示对疾病的治疗作用和效果的内容。规范对消毒产品标签和说明书应标注内容作出详细规定。规范强调，用于粘膜的消毒剂还应标注“仅限医疗卫生机构诊疗用”内容；用于阴部粘膜的抗(抑)菌产品应当标注“不得用于性生活中对性病的预防”。

【2005杜邦中国包装奖颁奖典礼举行】2005年11月23日，由杜邦中国集团有限公司主办、中国塑料加工工业协会复合膜制品专业委员会作顾问单位的“2005杜邦中国包装奖”颁奖典礼隆重举行。

“杜邦中国包装奖”分设“食品”与“非食品”两大类，面向整个塑料包装供应链的全过程，从塑料包装设计到技术、从包装生产加工企业到终端消费者。“2005杜邦中国包装奖”得到了业界的积极响应，收到众多参评作品。

“杜邦中国包装奖”旨在促进中国塑料包装的观念和技术创新，推动行业进步和技术发展，从而向世界展示中国包装工业的实力与形象。

由包括中国包装报社社长刘盛在内的七位业内资深专业人士组成的评委会，对参评项目就创新程度、对包装行业和消费者的影响以及应用范围广度三个方面进行了综合评定，最终产生出“食品类”及“非食品类”一、二、三等奖共十个，及一个“特等奖”和四个专业奖。专业奖分别是外观设计奖、印刷效果奖、环保奖和包装结构奖。

【天津建成全国最大降解塑料生产基地】天津丹海股份有限公司年产5万吨生物降解塑料母料工程，成为目前全国最大规模的降解塑料生产基地。该公司的产品是治理白色污染的环保产品，它包括生物降解塑料农地膜、工业包装膜、食品包装、环卫垃圾袋、一次性餐具、医用膜及降解功能纤维等。这些产品在使用时具有与普通聚乙烯膜同样的性能，在使用后，可以在微生物、太阳光的作用下，经过光化后达到形态变化，摩尔质量显著下降，力学性能降低。降解后的残余物不污染环境。

【中国印协柔性版印刷分会成立】中国印协柔性版印刷分会成立暨首届理事会在上海召开。出席这次会议的领导有中国印协副理事长沈海祥、中国印协凹印分会理事长许文才、中国印协商业票据分会理事长邢建民、上海印刷行业协会秘书长傅勇、上海印刷技术研究所所长周建宝、中国包装联合会包装印刷委员会秘书长陈麒祥等。

【浙江省初步拟定包装工业“十一五”产业技术发展方向】据来自包装行业的相关信息，“十一五”期间，我国经济将进入资源节约型、生态保护型的关键发展期，与经济发展密切相关的包装工业也将进入一个相应的转型期，绿色包装将是包装工业发展的新机遇。“十一五”期间浙江省包装工业的需求技术重点是：食品、电子、医药、烟草、日化包装制品生产技术，绿色包装生产技术及其他高新技术与先进适用技术。其产品和技术发展的重点是：纳米材料的应用、杀菌抑菌新材料新技术、液晶油墨、可食用包装材料、低克重高强度薄型材料、无毒无害材料、多层共挤新材料、含低重金属材料、不含聚合氯化二酚的塑料材料、不含有机汞化物的材料、废水生化处理、可生物降解材料、包装废弃物回收再利用技术、高性能包装机械制造技术、数字化信息技术的开发应用等。

与此同时，有关方面提出相应对策措施：认真实施全省“八八战略”，积极培育包装生产基地，大力推进技术创新，努力提升企业层次；大力推进清洁生产，努力防止污染产生；加强和制订行业标准，完善企业质量保证体系。

认真规划好浙江包装工业“十一五”产业技术发展方向，必将有益于提高全省包装产业的技术水平和档次，并有益于提高包装产品的市场竞争力。

【第三届亚洲印刷大奖赛在泰举行】中国大陆获四项金奖，中国香港、台湾获五项金奖。第三届亚洲印刷大奖赛于2005年11月16日在泰国曼谷举行，主题为“追求卓越”。

此次亚洲印刷大奖赛共设24项金奖，其中中国大陆地区共有三家企业获得四项金奖。北京圣彩虹制版印刷技术有限公司的《故宫珍藏书画高仿真之荷花鸳鸯图》和《油画仿真之靳尚谊油画》共同荣获了喷墨数码印刷类印品质量金奖;《VICUTU品牌男装画册》荣获了产品目录类印品质量金奖；上海界龙艺术印刷有限公司的《锦绣文章》获得书刊印刷(四色以上)类金奖；上海人民塑料彩印厂的产品获得不干胶和标签类金奖。北京雅昌、利丰雅高、上海烟草印刷、上海凹凸彩印、丹阳大亚科技、恒美印务、上海质胜印刷等七家单位分别获得银奖和铜奖。

中国香港中华商务印刷有限公司、香港利高印刷有限公司、香港苹果日报印刷有限公司、中国台湾山水彩色印刷股份有限公司、台湾中央雕版印刷厂分别荣获金奖。

由亚洲印刷大奖赛组委会授权，中国印刷及设备器材工业协会包装印刷专业委员会负责组织了中国大陆地区的印刷企业相关参赛事宜。负责赛事组织的中国印工协包装印刷专业委员会和沈伟荣主任分别获得优秀组织者奖。亚洲印刷大奖赛组委会决定，第四届亚洲印刷大奖赛将于2006年秋季移师中国上海举办。

【第八届国际印刷技术交流大会在京举行】由中国印刷及设备器材工业协会主办的第八届国际印刷技术信息大会在北京隆重举行。中国印刷及设备器材工业协会理事长于珍、副理事长王德茂出席并致词。会议由中国印刷及设备器材工业协会顾问、行业专家许锦枫先生和谭俊峤先生主持。

大会以印刷及设备器材行业“新技术、新设备、新材料、新工艺”的发布和研讨为主要内容。20余家国内处印前、印刷、印后产品和技术的领军供应商、知名企业管理者，围绕数字化工作流程解决方案、CTP、数码印刷、喷墨技术、一次通纸多色印刷解决方案及印后精加工等当前的热点技术和产品、发达国家印刷行业的现状及发展趋势，进行了精彩的演讲和深入的讨论。此次会议上发布的新产品及新技术代表了国内领先水平，引起到会代表的极大兴趣。同时意大利米兰印刷展、印度PAMEX2006印刷展、2007中国(广东)国际印刷技术展、美国NPES、上海范美国际均发布了展会以及组织和活动信息。

【中国印刷及设备器材工业协会第五届理事会第二次会议在京召开】中国印刷及设备器材工业协会第五届理事会第二次会议于2005年12月3日在北京举行，出席会议的理事及部分理事单位代表180人。协会理事长于珍、副理事长谭竹洲、王德茂(常务)、高永清、杨靖华、许锦枫、纪西铭、陆仁琪、曹振雷、沈海祥、唐承奎出席了会议。

于珍理事长主持会议并作了讲话。

【“食品包装安全技术研讨会”在成都举行】近年来，由于食品包装有害物质残留量过高，食品被污染而引起中毒的事件频频发生，从而给社会带来诸多不稳定因素。提高食品包装产品的安全性，防止食品被包装材料中有害残留物的污染刻不容缓。从2005年起，国家已经把食品包装列入质量监管的6类产品中，进行重点监管。同时，国家也将出台强制性监管措施(即3C认证标准)，引导并规范食品和食品包装行业的健康发展。很多食品生产企业、食品包装生产企业将面临“限制食品包装有害残留”这道门槛。

为推动食品包装行业国家强制性监管措施的宣传与贯彻，进一步提高食品包装产品的质量，提升我国食品企业的整体竞争力，促进食品及食品包装等相关行业的健康发展，降低企业生产成本，增加企业出口份额，减少企业经营风险，中国包装总公司、国家包装产品质量监督检验中心(成都)定于2005年12月19日～20日在四川省成都市举办“食品包装安全技术研讨会”。

会议主题为：“食品卫生、食品包装安全技术研讨”。重点开展无苯系列溶剂及油墨在食品包装印刷中的技术研究和应用。会议期间，除组织多场主题报告外，还将开展食品生产企业、包装印刷企业、油墨生产企业、溶剂生产企业代表与国家标准制定部门、质量监管部门的领导、专家之间的交流研讨。

【中国防伪行业协会不干胶印制分会成立】中国防伪行业协会不干胶印制分会成立暨第一次代表大会、2005年国际不干胶标签印制高峰论坛技术交流会于12月6日在上海举行。

成立大会由中国防伪行业协会副秘书长陶惠标主持，宣读了中国防伪行业协会会长李保国的讲话，上海质量技术监督局局长钱仲裘，国家质检总局质量管理司副司长、全国防伪技术产品管理办公室主任韩毅，国家新闻出版署印刷复制管理司副司长李琛，中国印刷及设备器材工业协会副理事长兼秘书长许锦枫、中国印刷集团总裁沈海祥等有关方面的领导以及国内外从事不干胶标签印刷、设备制造、器材供应等方面的企业代表及媒体代表共二百多人参加了会议。

【中国包装联合会循环经济专业委员会成立大会暨2005包装废气物与循环经济高层论坛在京举行】为了更好地贯彻《国务院关于加快发展循环经济的若干意见》指示精神，在包装行业率先应用和推广循环经济理念，在国家发改委、国家环保总局等部委的支持下，中国包装联合会循环经济专业委员会于2005年12月9日在北京宣布成立。国家发改委、环保总局、国资委、商务部、人大环境与资源保护委员会、北京市工业促进局、中科院、中包联各专业委员会、地方包协以及国内外著名包装、食品、资源再生利用企业领导应邀出席了会议。中国包装联合会会长石万鹏致词并为“中国包装联合会循环经济专业委员会”揭牌；国家发改委环境和资源综合利用司司长翟青、国家环保总局污染控制司处长于飞以及利乐公司副总裁克莱斯先生分别致贺词。

【东经一次性顺利通过“三标一体”现场审核】2005年11月，由北京新世纪认证有限公司高级审核员叶金玉等四位专家组成的审核组，对东经质量、环境和职业健康安全三大管理体系进行了现场审核。经过11月5日至7日和11月24日至27日两个阶段的现场审核，审核组成员一致认为：“东经控股集团有限公司建立并实施了质量、环境、职业健康安全管理体系，符合标准要求，有能力提供满足顾客需求并适用法律法规要求的产品和服务，运行有效，同意推荐认证注册。”

【中包联召开常务理事会和六届三次理事会】以贯彻落实中央经济工作会议精神和科学发展观，发展循环经济，建设资源节约型、环境友好型和谐社会为宗旨，抓紧包装行业“十一五”规划布局，实现“包装强国”目标，中国包装联合会常务理事会和六届三次理事会，于2005年12月12日在浙江省杭州市隆重举行。

中国包装联合会常务理事会由闪淳昌常务副会长主持，石万鹏会长出席并作了重要讲话，120余名常务理事出席了会议。

中国包装联合会六届三次理事会由韩家增副会长主持，浙江省经贸委副主任王春娥、杭州市副市长沈坚出席会议并讲话，中国包装联合会理事、常务理事、副会长、各专业委员会、各地包协秘书长共180余名代表出席了本次会议。

【我国废止八项包装及纸品国家标准】国家标准委于近期发布已废止的国家标准公告(2005年第146号)，涉及包装及纸品产品8项，请各有关方面停止使用已经废止的此8项国家标准。

1.GB/T16268－1996家用电冰箱包装2056国标废止，转行标，过渡期1年；

2.GB/T16469－1996 缝纫机包装 2060 国标废止，转行标，过渡期1年；

3.GB/T18893－2002商品零售包装袋2141国标废止，转行标，过渡期1年；

4.GB/T461.2－2002 纸和纸板表面吸收速度的测定2309国标废止，转行标，过渡期1年；

5.GB/T8940.1－1988纸和纸板白度测定法45/0定向反射法2488国标废止，转行标，过渡期1年；

6.GB/T746－1965 漂白化学纸浆木素的测定法1235废止；

7. GB/T7972－1987打孔电报纸1268废止；

8. GB/T12124－2003纸管国标废止，转行标，过渡期1年。

【我国塑料制品产量跻身世界前列】中国塑料加工工业协会会长廖正品近日在上海表示，中国已经是名副其实的世界塑料生产、消费和进口大国，预计今年中国塑料树脂消费量将突破4000万吨，在全球塑料制品产量排名中稳居“亚军”。廖正品是在出席2006国际橡塑展新闻发布会时透露这一信息的。

国际橡塑展迄今已举办了19届，明年的展会将于4月26日至29日在上海举行。

廖正品说，中国塑料工业产量在过去的3年内不断递增，年均增长率超过10%。2004年塑料制品业总产值3800亿元，较上年增长1/4，在轻工19个重点行业中名列第三位，仅次于农副产品加工业，以及电池、家用电力器具、照明器具制造业。统计显示，2004年中国塑料制品规模以上企业产量接近1850万吨，而总加工能力超过2000万吨。廖正品说，2004年塑料原材料价格出现了“不可思议”的暴涨。在这种情况下，中国塑料制品行业仍创造了141.7亿元利润，涨幅超过一成。同一年中，中国塑料制品总出口量达到1078万吨，占轻工出口总额的比例超过了8%。目前，中国塑料制品行业规模以上企业近万家，有24家企业的年销售收入超过10亿元。从地区分布来看，广东、浙江、江苏等三省占领了塑料制品产量的“半壁江山”。在展望中国塑料制品行业前景时，廖正品说，中国目前宏观经济形势基本稳定，今明两年将保持较高的GDP增长率。预计2006年，中国塑料工业仍将随国家宏观经济稳定增长而快速增长。

【肉类加工机械专业委员会成立】由中国食品和包装机械工业协会、中国肉类协会共同成立的肉类加工机械专业委员会于2005年12月22日在北京正式成立。这是两个协会从行业发展和市场需要出发，为更好地推动肉类加工机械和我国肉类加工行业的发展，打破部门界限和系统阻隔，共同致力肉类加工机械行业使之导入良性的、健康的发展轨道的大胆举措。

成立大会上肉类加工机械专业委员会名誉会长何南至向大会致词，名誉会长邓富江详细论述了肉类加工机械成长的历史、现状和今后的任务。

【世界最大的纸浆一体化制纸项目落户南通】江苏省南通市瞄准苏南，高点定位，加快发展，总投资18亿美元、世界最大的纸浆一体化王子制纸项目已落户生根。

南通历史上曾有过两次令人瞩目的辉煌。上世纪初，张謇在南通办实业、兴教育，“中国近代第一城”惊世崛起，南通成为当时全国著名的模范县；改革开放伊始，南通作为全国首批沿海开放城市，在国内率先实现人均产值超万元，与苏锡常称“四小龙”。现在，南通人以开放型思维放眼全球，在世界资本流动规律中，抢抓加快发展、跨越发展的机遇。王子制纸项目落户南通便是一个突出的范例。

【有关领导视察株洲工学院】教育部部长周济、湖南省委副书记、省长周伯华，原湖南省政协主席王克英，中国包装总公司党组书记、总经理刘永旭，副省长许云昭率有关厅、办负责人在株洲工学院院长张晓琪、党委书记王汉青等领导的陪同下，到株洲工学院新校区进行视察。中国包装总公司党组书记、总经理刘永旭在汇报会上表示，将一如既往支持株洲工学院改办湖南工业大学。

【江西包协召开第五届会员代表大会】由江西省经贸委组织召开的江西省包装技术协会第五届会员代表大会于2005年12月20日在南昌隆重召开。江西省经贸委党组成员、纪检组长刘正明到会讲话，江西省包装技术协会新任会长作工作报告，江西省包协第五届理事会理事及会员代表共80余人参加了会议。会议的主要任务是，总结第四届会员代表大会以来全省包装行业的发展情况和省包协的主要工作；选举产生江西省包协第五届理事会理事、常务理事及领导成员；修改通过江西省包装技术协会章程；表彰“江西省包装行业龙头企业”、“江西省十佳纸箱企业”及“江西省平面(包装)设计大师”；讨论江西省包装行业“十一五”发展规划。

【山东青岛市印刷行业协会成立】青岛市印刷行业协会正式成立。青岛市委副书记蔡伦斌、副市长王修林参加了成立大会，并为青岛市印刷行业协会揭牌。

青岛市副市长王修林说，当今印刷业已成为重要的都市型工业，在城市商业和文化吸引力方面扮演着重要角色。印刷品的质量、外观设计不仅可以极大地提高产业的经济附加值，而且体现着一个城市的现代化风貌，成为城市科技、商业层次与文化形象的重要表征。因此，青岛市印刷业一定要抓住机遇，积极推进，依托港口和城市的整体实力，发挥青岛的经济区位优势和龙头带动作用，争取在“十一五”期间把青岛建成连接“长三角”和环渤海湾的印刷中心，辐射黄河流域和日本、韩国的区域性外向型印刷产业基地。他希望青岛市印刷行业协会成立后，充分发挥作用，提高行业的素质，促进青岛印刷行业健康有序的发展。

【中包联合会召开秘书长工作会议】中国包装联合会秘书长工作会议于2005年8月19～20日在江苏省启东市召开，有22个省、市包协的秘书长参加了会议。

为鼓励包装开发新产品和采用新技术，以促进我国包装行业的发展，国家财政部于最近发出了专门文件，安排包装行业高新技术项目研发资金，支持包装行业高新技术项目产品研发、技术创新和新技术推广。这次秘书长工作会议主要议题是贯彻落实《财政部关于包装行业高新技术研发资金有关问题的通知》精神。

会议由中国包装联合会会长助理杨伟民主持，中国包装联合会副会长兼秘书长吕海燕在会上通报了中国包联上半年工作情况和下半年主要工作；有关部门负责人对包装行业高新技术研发项目作了说明。会议讨论了包装行业高新技术研发项目专家评审办法，与会人员提出了许多富有建设性的建议，并纷纷表示一定要充分发挥行业协会的作用，认真做好这项工作，以体现行业协会的价值。

【中国印刷技术协会数字印刷分会在京成立】经中国科学技术协会和中华人民共和国民政部批准，中国印刷技术协会数字印刷分会于2005年8月18日在北京成立。8月17日下午，中国印协数字印刷分会在青蓝大厦举行了第一次全体理事会议，会议审议通过了《中国印刷技术协会数字印刷分会章程》，选举沈海祥为理事长，选举万捷、祈德贵、沈军、张林桂、董铁鹰、蒲嘉陵、魏莉(以姓氏笔画不序)为副理事长。数字印刷分会的组建适应了我国数字印刷行业应用发展形势的需要。

【《商品条码管理办法》10月1日起实施】2005年10月1日起，我国新的《商品条码管理办法》将正式实施。新《办法》重点推广商品条码在电子商务和商品流通等领域的应用，对冒用、伪造商品条码的不法行为将加大处罚力度。这是22日召开的全国条码工作研讨会的主题。

新《办法》对商品条码的注册、编码设计及印刷都做了详细的规定，并要求申请使用者(包括生产者、销售者和服务提供者)必须提供依法取得的营业执照和相关经营资质证明。对冒用、伪造他人条码等违反新《办法》的行为，加大了处罚力度，最高罚款从1万元增加到3万元，进一步加大了市场监督力度。

商品条码是表示一定商品信息的符号，经过17年的发展，全国已经有15万余家的100余万种商品使用了商品条码。为促进商品条码在更新更广泛领域应用，国家已将推广先进条码自动识别技术和射频标签列入我国中长期科技发展规划。下一步，将在建材、医药、服装、汽车配件、身份证、驾驶执照等方面推广使用条码。

【2005年上海纸箱行业产品质量评比结果揭晓】由上海包协纸容器包装委员会主办的2005年上海纸箱行业产品质量评比会议7月23日在上海复建包装有限公司召开。参加行业评比的评委有10人，上海包协、上海包装网、《纸包装工业》以及纸箱企业的代表参加会议，纸容器行业秘书长主持会议。

上海市技术监督局产品质量监督检验所通报了：按国家标准检测的瓦楞纸箱物理性能结果，15只产品全部合格，并比2004年有明显提高。评委分组逐条逐个进行物理性能、印刷质量、外观质量打分，然后两个小组汇总、复查、打分。整个评比在公平、公正的原则下进行。

质量评比结果如下：上海胜柏包装工业有限公司生产的世樽啤酒纸箱、上海盛兴包装材料有限公司生产的HILLS衣架纸箱、上海华励包装有限公司生产的松下微波炉纸箱、上海新庆包装装潢责任有限公司生产的LG纸箱，以及上海新通联包装材料有限公司生产的LG VIDEO纸箱获得2005年度上海瓦楞纸箱行业产品优秀奖。上海华励包装有限公司、上海胜柏包装工业有限公司、上海新通联包装材料有限公司、上海复建包装有限公司、上海福门包装材料有限公司、上海汇联包装材料合作公司、上海国佳纸品有限公司、上海长金纸箱有限公司分别生产的“花旗”纸箱、“三得利”纸箱、“理光传真机”纸箱、“FLASH彩电”纸箱、“松下”纸箱、“金龙鱼玉米油”纸箱、“优惠奶粉”纸箱、“娃哈哈葡萄酒”纸箱获得产品优秀奖。

经评委讨论，上海胜柏、上海华励、上海新通联由于两次以上获得最佳优秀奖，所以均获得了产品“信得过”单位称号；而上海新庆、上海福门、上海纸箱厂、上海白玉兰、上海长金、上海国佳、上海胜宝均获得了上海“质量标兵企业”的荣誉。

【DNA防伪新技术产品通用技术要求正式颁布实施】一项全新的防伪技术产品国家标准《DNA防伪技术产品通用技术要求》由国家质监总局和国家标准委正式颁布实施。陆博生物科技(苏州)有限公司作为落户苏州的全球首家从事生活化DNA商品研发与生产者，是惟一一家参与该标准制定的企业。

专家指出，**DNA**序列具有惟一性和复杂性，不易被仿造、破解，将有效提升防伪的技术门槛。而现阶段，陆博生物已与本市有关行业与企业接洽，着手为“苏州制造”的名特优新品贴上**DNA**防伪标签，为本地企业的品牌保护和市场开拓撑起一把“保护伞”。

【第十八届杜邦全球包装奖揭晓】第十八届“杜邦全球包装奖”揭晓。在美国费城**Kimmol**演艺中心举行了隆重的颁奖典礼。

来自美国、西班牙、英国、德国、中国和印度的包装产品分享了本届“杜邦全球包装奖”的所有奖项。首次参赛的中国作品的获奖尤其令人鼓舞。杭州正达彩印厂的“自立可吸式包装袋”荣获金奖。

“杜邦全球包装奖”由杜邦公司主办、旨在嘉奖全球塑料包装供应链中的创意与革新，从塑料包装设计到技术、从包装生产加工企业到终端消费者，从而整体提升了全球包装。

这次中国包装产品首次参加“杜邦全球包装奖”，除了获得一个金奖外，还获得一个银奖和两项“特别提名”奖。

【武器装备及器材包装封存新技术成果交流展示会在京举办】为改变我军军品包装与武器装备发展不配套的现状，提高武器装备及器材封存包装的技术水平，由全军武器装备科技成果管理工作办公室主办，中国兵器工业新技术推广研究所承办的“武器装备及器材封存包装新技术成果交流展示会”在京举办。此次交流展示会取得了预期的效果，在军内乃至包装行业获得了很大的反响。

这次交流展示会对武器装备科技成果推广工作是一个很好的探索和实践，全军武器装备科技成果管理工作办公室为军队系统、国防科技工业、民用单位的供需双方建立了信息平台。会议开得很成功，受到了参会代表一致赞赏。

【2005包装交流工程创新论坛在温州举行】8月12日～14日，由中国振动工程学会包装动力学专业委员会、浙江省包装技术协会、浙江省纸包装行业技术中心联合主办，东经控股集团、《包装工程》和《包装世界》杂志社承办的，“2005包装系统工程创新论坛”在温州市举行。来自全国32个设有包装专业的高等院校、科技中心、行业部门和包装骨干企业的50余位代表出席了这次国内率先开设的论坛活动。

【2005年全国塑料包装薄膜行业新产品、深加工技术研讨会在京举行】随着包装行业的发展，塑料制品的需求越来越大，塑料包装无处不在，特别是塑料薄膜，在各种领域都有着非常广泛的应用前景。据有关权威调查：在塑料包装材料中，薄膜材料的市场需求增幅最大，约占塑料包装材料总量的一半。但就国内整个塑料包装薄膜行业整体水平而言，技术、设备与产品质量还明显低于国际水平。为适应我国“入世”后包装材料行业所面临的国际竞争国内化的新形势，进一步提升塑料薄膜包装材料的质量水平，使我国的塑料包装材料尽快赶上国际水平，增强其市场的竞争力，中国包装联合会北京大千包装公司于2005年11月21～23日在北京举办“2005年全国塑料包装薄膜行业新产品、深加工技术研讨会。”

会议的主要内容有：国际包装行业最新动向及制膜行业的现状与展望；国际国内拉膜、特种膜的制备技术与设备；在线检测、厚度测控及分切系统；国内制膜行业发展现状及先进技术介绍；包装行业未来几年的发展展望等。

【第九届中国国际食品加工和包装机械展览会在北京开幕】第九届中国国际食品加工和包装机械展览会(CHINA FOODTECH2005)于10月26日在北京中国国际展览中心隆重开幕，全国政协副主席郝建秀、阿不来提·阿不都热西提，中国机械工业联合会会长于珍及主办单位的领导和部分驻华使节出席了开幕式并剪彩。

CHINA FOODTECH从1989年起至今已成功举办了八届，作为行业内最具知名度和影响力的展会，2005年的规模为历届之最，近两万平方米的展示面积全部订满，在各馆中还另外增加了许多展位仍无法满足需求。目前，该展会已成为国内包装和食品机械行业中规模最大、档次最高的大型国际化专业展，在国际上也享有一定的知名度。本届展会有来自意大利、德国、西班牙、美国、法国、英国、日本、韩国等十余个国家和我国香港、台湾地区的90多家海外企业及来自北京、上海、天津、广东、浙江、江苏等15个省市的230家国内厂商参展。意大利对外贸易协会、意大利食品生产、加工和保鲜机械与设备制造商协会、意大利自动包装机械制造协会、韩国包装机械协会、日本食品机械工业会都组团参加了展会。随着展会国际知名度的提高，美国食品机械制造协会、英国加工与包装机械协会、美国包装机械制造协会派出了观察员参加本次展会，并开始洽谈下届组团参展事宜。

【第十一届中国国际加工、包装及印刷科技展在上海开幕】“第十一届中国国际加工、包装及印刷科技展”(Propak China)7月26日～28日在上海新国际博览中心隆重召开。

中国包装联合会副会长韩家增应邀出席展会。

这届展会再次向观众展示2005年全世界乳品、饮料等领域最新产品、新供应商及加工包装新途径。

这届展会的一大特点是众多的食品、饮料、酿酒、乳制品、化妆品及医药行业的包装加工设备汇聚一堂，在得到了中国包装联合会支持的同时，“啤酒免费品尝区”，有来自国内顶级啤酒生产企业在展会现场向与会者提供免费啤酒品尝服务。“展商沙龙”则为展商提供了一个安静的区域，包装创新论坛，邀请了来自华东地区知名食品、饮料生产企业进行实例分析。

【上海市主要领导视察上海国际包装印刷城】秋风送爽，桂子飘香，9月8日上午，上海市市长韩正一行在普陀区区委、区政府领导的陪同下视察上海国际包装·印刷城。

在上海国际包装·印刷城主楼12楼，韩正市长和正在那里恭候的中国包装联合会副会长、上海国际包装·印刷城董事长钱成锡紧紧握手，在普陀区区委书记周国雄、区长胡秉忠和钱成锡董事长的陪同下，鸟瞰上海普陀区桃浦工业区全貌。

投产、鉴定、信息
PRODUCTION & IDENTIFICATION

投产、鉴定、信息

PRODUCTION & IDENTIFICATION

【常州金海塑业五层共挤 BOPP 薄膜生产线二期技改项目投产】金氏集团常州金海塑业有限公司是生产高档五层共挤双向拉伸聚丙烯薄膜(BOPP)的专业性企业，现拥有资产 5.5 亿元。该公司拥有两条德国布鲁克纳机械公司制造的生产线。公司占地面积 132 亩，拥有职工 300 余人，其中工程技术人员 100 多人。公司可年产 5.5 万吨五层共挤特种 BOPP 薄膜，年产销可达 7 亿多万元。该公司利用先进的装备和技术，生产出与众不同的高档 BOPP 薄膜，常年产销两旺，并做到零库存和无应收款。特别是新产品开发方面，该公司已成为可口可乐、百事可乐两大瓶标膜用户的国内定点供应商，不久将获取国外专营资格。

【仕诚开发的 PET 流延膜生产线投产】PET 流延膜生产线是广东仕诚塑料机械有限公司在成功推出超宽流延膜生产线和 PVB 玻璃夹层膜生产线之后的又一新产品。这种 PET 流延膜生产线是该公司在充分了解国内原料和生产工艺的情况下，与国内有关研究机构、薄膜生产企业紧密合作研发出的高新产品。该设备 7 月 20 日成功投产，从现场反馈的信息表明，各项技术指标都达到了设计要求，而且性能稳定。

【年产 12 亿只丁基胶塞生产线在湖北投产】一条年产 12 亿只丁基胶塞生产线近日在湖北省应城市投产。

该项目由湖北省应城恒天药业包装有限公司与四川奇力集团合资兴建，占地 162.5 亩，总投资 8500 万元，是国内药包行业单位厂房最大的丁基橡胶瓶塞生产线，可年生产 12 亿只丁基橡胶瓶塞，预计年销售收入可达 2.5 亿元。

【河南首个林纸一体化项目投产】河南省首个林纸一体化项目——濮阳龙丰纸业于 11 月 23 日正式投产。

作为河南省第一个林纸一体化项目，濮阳龙丰纸业项目系省政府确定的省工业结构调整标志性项目、省重点建设项目和省百户重点企业产品结构升级项目。该项目化浆机装置经 72 小时性能考核，具备正式投产条件，年可加工转化新鲜杨木 40 万立方

河南濮阳龙丰纸业化浆机装置的建成投产，标志着河南省林浆纸一体化项目建设进入一个新阶段，对于全省造纸业结构调整，促进农业现代化、林业产业化具有十分重要的示范和带动作用。

【西北首条玉米餐盒生产线投产】2005 年 11 月 21 日，工作人员正在整理刚生产出的玉米餐盒。当日，西北地区首条玉米餐盒生产线在宁夏吴忠凌峰精细化工有限公司投入生产。该公司生产的餐盒以玉米淀粉为原料，克服了蒸发残渣超标、有异味、渗漏、负重性能差等缺陷，通过了国家一次性餐具强制卫生新标准的验收，属于环保型可完全降解餐具。

【好当家集团海盛纸业有限公司开工投产】好当家集团海盛纸业有限公司箱板纸生产设备各系统，经过两个月的启动运行，目前已正式投入生产。该项目投产后，年可生产 A 等箱板纸 20 万吨。

海盛纸业有限公司位于山东省荣成市，是好当家集团由渔业向工业转移的标志性项目，也是该集团最大的投资项目。该项目总投资 2.15 亿元全部由企业自筹。项目总占地面积为 600 亩，建筑面积 3.2 万平方米；设备投资 1.8 亿元，主要购置国产 4450 毫米四长网多缸箱板机、复卷机、水利碎浆机等设备。

【内蒙古玖龙兴安浆纸一期工程投产】总投资 9000 万元的玖龙兴安浆纸(内蒙古)有限公司一期工程竣工投产。

据介绍，玖龙兴安浆纸公司前身是内蒙古森工集团富伦纸业公司，2004 年初被广东东莞玖龙纸业集团合资控股经营。公司一期工程竣工投产后的纸浆生产能力将由原来的 6.5 万吨增加到 10 万吨，目前已投入运行的蒸发、备木、蒸者、苛化等工序正满负荷生产。

玖龙兴安浆纸公司强化知识产权保护力度，努力争创著名商标、驰名商标。日前，按照修改后的《内蒙古自治区著名商标认定办法》，该公司申请著名商标的纸浆，经过有关部门严格评审，最终由内蒙古自治区著名商标认定委员会认定，玖龙兴安纸浆为著名商标。由此，对企业产品拓展市场发挥

积极的作用，目前公司纸浆库存销售基本为零。

【北京红星股份有限公司举行白酒灌装生产线技术改造项目竣工投产典礼】北京红星股份有限公司白酒灌装生产线技术改造项目竣工投产典礼举行。

“红星”是国内大型酿酒企业，“红星二锅头”是享誉海内外的白酒产品。白酒作为传统产业，一方面需要继承，另一方面也需要创新，用高新技术去改造完善。这个项目的投产正是“红星”公司贯彻落实科学发展观，自主创新，走新型工业化道路的具体表现。红星公司运用现代管理科学提高经营管理水平，实现了白酒行业持续、健康、协调发展。

【江苏雷蒙环保塑料增塑剂柠檬酸投产】近一段时间有毒保鲜膜引起社会各界的普遍关注，其中的增塑剂成为判定保鲜膜是否有毒的一个重要依据。近日，江苏雷蒙化工科技有限公司宣布，该公司经过10年攻关，实现了环保塑料增塑剂柠檬酸酯工业化生产，该系列产品因各项技术指标和国际先进标准同步，除满足国内对无毒环保增塑剂的需求外，产品已有40%进入美国、日本、欧洲等地。

柠檬酸酯类产品作为一种新型环保塑料增塑剂，无毒无味，可替代邻苯二甲酸酯类传统增塑剂，广泛用于食品及医药仪器包装、化妆品、日用品、玩具、军用品等领域，同时也是重要的化工中间体。其中乙酰柠檬酸酯性能更好，用途更广，不仅是无毒无味的“绿色”塑料增塑剂，还可作为聚偏氯乙烯稳定剂、薄膜与金属粘合的改良剂，其粘合物长时间浸泡于水中仍具有很强的粘合力。

【招远投资千万元建成国内首条无菌果浆灌装生产线】国内首条无菌果浆灌装生产线在招远联蕾食品有限公司开机投产。

该生产线由联蕾食品有限公司与日本森食品株式会社合作投资建设，年可消化果品2万吨，生产果浆6000吨。

在农业产业化的进程中，招远将培育壮大食品龙头企业作为突破口，致力于果品深加工。联蕾食品有限公司作为招远果品保鲜和深加工产业的龙头企业，近年来积极开拓国外市场，年出口创汇达到500万美元。今年，在经过市场考察后，公司决定与日本合作伙伴森食品株式会社联手，共同投资1000万元人民币，建设国内首条无菌果浆灌装生产线。该生产线在果浆生产过程中，可利用高温直接杀灭果浆内所有细菌，不仅可有效提升产品品质，同时可使生产后的果浆在常温下长期保存，产品将全部销往日本。

【三友集团两项目同时投产】唐山三友集团年产30万吨烧碱、30万吨PVC项目一期工程一次性试生产成功。项目总投资19亿元，一期工程投资6.8亿元。该项目采用离子膜法生产工艺，电解槽等关键设备由国外引进，达到了国际先进水平。烧碱系统开车后，余下的单体、聚合工序将陆续开车。项目投产后，预计年可新增销售收入6.8亿元，利税1.6亿元。

【唐山首家高科技环保秸秆制浆生产线投产】唐山市首家高科技环保秸秆制浆生产线在丰南区东田庄乡金山秸秆加工厂正式投产。该生产线以农作物秸秆为原料，制成半成品纸浆，用于生产瓦楞纸、装饰材料、压缩板等包装纸。

东田庄乡是丰南区最大的产棉区，今年种棉6.5万亩。随着农民生活水平的提高，棉花秸秆可利用价值逐年降低。在乡党委、政府的支持帮助下，该乡大吴庄村的郑德忠等一些种棉大户通过多方考察，合股投资300万元，建起秸秆加工厂。引进国内先进的蒸汽爆破脱节制浆技术，利用高温高压对秸秆进行短时间汽蒸和瞬间爆破释放，达到纤维分离目的。与其他秸秆制浆生产线相比，该技术在汽爆过程中不添加任何化学药品，因此不产生污水、废气等污染物。而且，原料适应性广泛，稻草、麦秸、玉米秸等任何农作物的秸秆均可作为原料。日前投产的一期工程，日产湿浆100吨，年可消化棉花秸秆3万亩，创产值550万元，利税100万元，安排就业50余人。“废”秸秆每年可为棉农带来纯收入150万元以上。

【珠海中富啤酒瓶联体生产线诞生】珠海中富与蓝贝啤酒有限公司正式签约，在河北省滦县蓝贝啤酒有限公司联线生产PET啤酒瓶。该线已正式投产。这是珠海中富在合作伙伴的啤酒厂内为啤酒灌装生产线配套的第一条啤酒瓶联体生产线。这也标志着珠海中富在以PET啤酒瓶为重点新产品的推广应用上又迈出了一大步。

【世界最大的玻璃生产线在临港开发区投产】在河北成龙玻璃有限公司宽敞的车间内，随着控制柜上两枚绿色按钮准确按下，7台机组同时发出轰鸣。至此，目前世界上生产规模最大的超薄玻璃生产线，正式在临港经济技术开发区建成投产。

据介绍，这条生产线是由河北成龙玻璃有限公司投资9600万元兴建的，一期工程占地300亩，设计生产能力为日熔化260吨玻璃液，年产量可达到160万箱，年销售收入超亿元。据秦皇岛耀华玻璃集团有关科研人员介绍，这条目前世界上规模最大的玻璃生产线，采用一窑四线格法新工艺，可生产1.5毫米～12毫米的平板玻璃。以生产1.5～1.8毫米的超薄玻璃为主。就在点火的投产的当天，来自全国各地的400多位客商，已开始争相订购这里的产品。

【国内最大EDTA装置在石家庄投产】目前国内最大的EDTA生产装置，在河北省石家庄杰克化工有限公司建成并生产出合格产品。该装置年生产能力为1万吨，几乎等于国内现有EDTA的总产量。该装置采用目前比较先进的氰化钠法生产EDTA，具有安全性好、设备费用低、装置灵活性大、收率高等特点。目前，国内有江苏、天津、淄博等地6个厂家生产，年产量为9000吨，市场略有缺口。

【力菲克生物工程项目落户武平】由福建省力菲克药业有限公司在武平县投资兴建的力菲克生物工程项目日前正式签约。该项目总投资1亿元，将于10月开工建设。项目落户青云山工业园区，将建设年产100kg的药用级纯紫杉醇(产品纯度99%以上)生产厂和年产50吨茶多酚生产厂，预计2008年达产达标。

【扬子石化将在2006年下半年完成芳香烃扩能项目】中石化扬子石化计划在2006年下半年完成芳香烃扩能计划：在江苏地区现有年产能115万吨的基础上扩大40%，此计划完成后，其芳香烃总产量将达到年产160万吨。其中，对二甲苯的产能增幅最大。将从年产55万吨升至80万吨；邻二甲苯年产能将从15万吨达至20万吨；纯苯年产量将提高15万吨达到40万吨；另外还有年产20万吨的混二甲苯。

【东明石化携濮阳共建MTE项目投产】东明石化与濮阳煜坤物资有限公司合资兴建的年产3万吨甲基叔丁基醚项目，经过6个多月的建设和两周的开车试运，生产出合格产品。该装置采用目前国内先进成熟的醚化技术，以混合碳四和工业甲醇等为主要生产原料，项目采用固定床一催化蒸馏组合式新工艺，一反三塔式流程。装置投产后，可充分发挥东明石化年产15万吨气体分馏装置副产混合碳四的资源优势，生产的甲基叔丁基醚既可作为最终产品出售，又可作为清洁高标号汽油的调和组分，以提高汽油质量档次。

【国内最大MIBK装置投产】我国目前规模最大的1.5万吨/年甲基异丁基酮(MIBK)生产装置，日前在吉化集团公司精细化学品厂建成投产。该装置采用吉化集团公司拥有自主知识产权的技术，已实现达产达标。我国原有几套小规模MIBK生产装置，总生产能力约为2500吨/年，由于装置规模小，技术不成熟，生产成本高，能耗大，因此装置开工率很低，约为4%。近年来我国对MIBK的需求增长很快，导致大量国外产品涌入我国，2001年我国进口MIBK数量为1.7万吨，2002年达到2.1万吨，2003年为2.48万吨。在国外规模化、低成本产品的冲击下，国内MIBK装置几乎都处于半停产状态，国内对该产品的需求主要依靠进口。

【南宁美时白卡纸项目投产】广西自治区重大技改项目——南宁美时纸业公司年产5.1万吨白卡纸项目竣工投产。

美时纸业是广西首家用蔗渣浆生产白卡纸的企业，填补了国内用蔗渣浆生产高档纸板的空白。该项目从德国、芬兰等欧美发达国家引进关键设备，生产用于精美印刷包装、定量在180～350g/m^2的白卡纸5万～6万吨，可实现年销售收入约3亿元。

【临夏干酪素生产线正式投产】临夏回族自治州干酪素生产线在华安公司正式投产，从而填补了国产鲜奶级干酪素和酪素胶粉生产的空白。临夏回族自治州华安公司投资1800多万元建成的这条日处理鲜奶400吨、年生产干酪素4000吨的生产线，还有效解决了当地奶牛养殖户长期存在的销奶难问题。

【木质包装检疫处理实时监测技术研究通过鉴定】由天津检验检疫局主持承担的国家质检总局课题《木质包装检疫处理实时监测技术研究》项目于日前通过了专家委员会的鉴定。

专家委员会认为：此项目技术先进、操作简便、实用性强，在木质包装检疫处理检测方法和监管手段上有创新性突破，属国内领先水平，达到同类研究的国际先进水平。鉴定专家委员会建议进一步在检验检疫系统木质包装检疫处理监管中推广和应用。

该项目开发了“木质包装检疫处理实时检测系统”(安装在企业)和“木质包装检疫处理实时监测系统”(安装在检验检疫部门)，可通过温度和浓度检测设备实现数据的自动实时采集、自动传输和自动评定。首次实现了木质包装检疫处理中热处理的温度、熏蒸处理中温度和药剂浓度实时监测的功能，并与国家质检总局《出口电子监管系统》平台进行对接和数据共享，解决了木质包装检疫处理关键控制点信息的实时检测及合格评定。

在此基础上研制开发的 TMI－R05 型温度检测仪和 CMI－M05 型浓度检测仪符合木质包装检疫处理监管要求，在测试精度、数据采集、数据传输及自动控制等方面稳定可靠。该研究成果已在获得出境木质包装标识资格的 23 家企业的检疫处理监管中得到了实际应用，获得了显著的经济与社会效益。

【申鹏公司两项成果通过省科学技术成果鉴定】江阴申鹏包装材料有限公司研制开发、生产的 BOPP 双面热封膜(YS－OT)和 BOPP 消光膜两项产品，分别通过了江苏省级科学技术成果鉴定和省级新产品鉴定。

该司研发的 BOPP 双面热封膜(YS－OT)项目优化了生产工艺，采用特殊功能母料，解决了热封料在挤出系统内的流动性和薄膜表面分布不均的难题，提高了薄膜的拉伸强度、光泽度的抗静电效果，降低了雾度，拓宽了薄膜热封温度范围，满足了一些高档产品包装所需要的低雾度、高光泽性、低静电、高挺度、爽滑性好的要求。

BOPP 消光膜则在原料配方和生产工艺等方面有创新，这项技术很好地控制消光层的分散均匀性，提高了消光膜的雾度和易褶性(所生产的消光膜的雾度超过 82%以上)，替代传统的包装材料，广泛应用于食品和工业包装。

【达意隆全自动旋转式 PET 吹瓶机通过鉴定】达意隆集团主持的国家火炬计划项目——全自动旋转式 PET 吹瓶机开发成功，并通过了鉴定。

据介绍，该产品具有瓶坯炉和拉伸吹瓶装置一体化的特点。采用可独立控制红外线加温系统，高精度的吹瓶模闭合系统，整个生产工序和机器的部件都可以通过透明门窗观察到，具有自动化程度高，生产环节无污染的优点。其最高生产速度可达 24,000 瓶/小时。

该机智能化程度高，采用人机界面触摸屏操作系统，操作简便；操作人员可以随时掌握生产情况和机器动转情况，有利于维护正常生产和机器的安全运行。

【纸箱生产的一场革命】国内首条冷定型微波烘干瓦楞纸板生产线通过新产品鉴定。我国第一条冷定型微波烘干瓦楞纸板生产线日前在四川省通过国家级新产品鉴定。这条品牌为“青东牌”的瓦楞纸板生产线是绵阳新东华包装机械制造有限公司用其专利和研究成果，与四川省兴楠工艺制品厂联合试制成功的。

2005 年 9 月 16 日，由中国包装总公司科学技术部主持召开的“冷定型微波烘干瓦楞纸板生产线”新产品鉴定会在四川省内江市举行。鉴定专家委员会由国内包装行业内、外的资深专家组成。专家们听取了企业的研制工作总结、技术总结报告及社会经济效益分析报告，审查了检测报告、科技查新报告、图纸、企业标准等资料，并在设备运行现场进行了部分技术指标测试。

专家委员会一致认为：该生产线采用了自主研发的冷定型制作瓦楞纸板专利技术，改变了传统加热定型瓦楞纸板的生产工艺，其设计独特，工艺新颖，属国内首创，处于国内领先水平。

【深圳新型纸蜂窝托盘通过鉴定】由国家信息产业部包装办公室、中机生产力促进中心、中国包装联合会等部门的有关负责人、专家组成的专家鉴定委员会，对深圳市昂林蜂窝材料有限公司研制开发的新型纸蜂窝托盘系列产品进行了生产工艺及产品考察，并通过了该项目产品的科研成果鉴定。

有专家认为，该项目产品具有较强的抗压强度和较好的防水防潮性能，其性能指标与技术参数符合各种行业标准的要求。

该项目产品对推动“以纸代木”、“以纸代塑”的开展有着重要意义，符合国家环境保护、循环经济政策及国家产业发展方向的要求。它的推广应用，不但具有显著的经济效益，而且具有较大的社会效益，还有利于促进我国蜂窝纸板包装技术产业的发展。

【智能全自动天地盖纸盒成型机通过技术鉴定】由瑞安市中科包装机械有限公司研制的智能全自动天地盖纸盒一次性成型机样机技术成果鉴定会在瑞安市召开。

鉴定会由浙江省科技厅组织，委托温州市科技局主持。鉴定委员会认真听取了瑞安市中科包装机械有限公司所作的关于智能全自动天地盖试制试产工作总结等报告，审查了提供鉴定的技术文件、产品图样，考察了生产现场，观看了样机。经过认真讨论，最终鉴定评价认为，智能全自动天地盖纸盒一次性成型机的技术性能和制造质量达到国内领先水平。

据了解，智能全自动天地盖纸盒一次性成型机集光机电于一体，自动化程度高，制品质量好，与传统天地盖纸盒制作方法比较，可提高生产效率50多倍。样机先后在深圳、海南等用户使用，用户反映该机组生产效率高，制品质量好，技术先进，售价合理，性价比高，可替代进口，市场前景十分广阔。

【瑞安市五项新产品通过省级技术鉴定】由瑞安市瑞华吸塑机械有限公司研制的“程控全自动厚片吸塑成型机”、浙江东风塑料机械厂研制的“SJ－50型PE热收缩膜吹膜机”、瑞安市江南印刷机械有限公司研制的“多色凹印双面涂布一体化机组”、瑞安市瑞申机械实业公司研制的“DRQ－Y1000型电脑冷热双切制袋机”及“DRQ－E800型三角袋制袋机”等5项产品技术成果鉴定会分别在杭州、瑞安市召开。

鉴定会分别由浙江省科技厅、浙江省经济贸易委员会组织、委托温州市科技局、瑞安市经贸局主持。鉴定委员会认真听取了上述企业所作的试制工作总结，审查了提供鉴定的技术文件、产品图样、专利申请证书，考察了生产现场及样机，经过认真讨论，一致通过了省级新产品鉴定。

【重包装膜生产线在广东通过省级鉴定】由广东金明塑胶设备有限公司研制的M3B－900QA三层共挤重包装膜生产线日前通过广东省科技成果技术鉴定。采用该设备生产的重包装膜，可以大幅度提高生产效率，降低综合包装成本，是塑料编织袋的升级换代产品。

据悉，该生产线采用了多项具有自有知识产权的专利技术。利用该设备生产的新型重包装膜产品，可以做到吹膜、印刷、压花一次完成，与塑料编织袋相比，可节省设备与人力，生产工序大大简化。通过表面压花工艺，增加了包装袋表面摩擦因数，使原料堆放更加稳固。同时，用于快速灌装生产线时，灌装效率较编织袋可提高40%，达到2000袋/时。这种重包装袋在食品、石化、化工、农业等行业应用广泛，市场前景广阔。

【程控双列辊筒热封四边封包装机通过鉴定】瑞安市经贸局受浙江省经贸委委托，组织专家鉴定委员会对瑞安市三阳机械有限公司试制的程控双列辊筒热封四边封包装机进行省级新产品鉴定。

鉴定委员会认真听取了瑞安市三阳机械有限公司所作的关于“程控双列辊筒热封四边封包装机”的试制工作总结，审量了提供鉴定的技术文件、产品图样，考察了生产现场，观看了样机，经过认真讨论，提出了鉴定意见。

瑞安市经贸局受浙江省经贸委委托，组织专家对浙江江南制药机械有限公司试制的“高效沸腾干燥机”进行省级新产品鉴定。

鉴定委员会认真听取了浙江江南制药机械有限公司所作的关于“高效沸腾干燥机”的试制试产工作总结及投产条件等报告，审查了提供鉴定的技术文、产品图样，考察了生产现场，观看了样机。专家们认为，该新产品在制造技术方面，采用自己的专利结构，实现智能化全自动操作，并能一机多用，其技术处于国内先进水平。

【智能化GM－摩擦系数分析系统通过鉴定】广州标际公司又一项拥有自主知识产权的包装检测设备——“智能化GM－1摩擦系数分析系统”凭借其先进、准确、稳定的检测性能，顺利通过了广州市科技成果鉴定。

优异的技术性能，在完全符合鉴定要求的前提下，由广州市科技局组织了华南理工、广东工大、广州质检院等单位，以博士导师、高级教授为主体的专家学者一行12人组成该项目鉴定委员会。

【DPH－250智能型高速泡罩包装机通过省级新产品鉴定】瑞安市经贸局受浙江省经贸委委托，组织专家鉴定委员会对瑞安市希望包装机械有限公司试制的DPH－250智能型高速泡罩包装机进行省级新产品鉴定。

鉴定委员会认真听取了瑞安市希望包装机械有限公司所作的DPH－250智能型高速泡罩包装机的试制试产工作总结等报告，审查了提供鉴定的技术文件、产品图样，考察了生产现场，观看了样机。

【高速节能节墨层叠式柔性版印刷机通过省级新产品鉴定】瑞安市经贸局受浙江省经贸委委托，组织专家鉴定委员会对瑞安市江南印刷机械有限公司试制的高速节能节墨层叠式柔性版印刷机进行通过省级新产品鉴定。

鉴定委员会认真听取了瑞安市江南印刷机械在限公司所作的关于“高速节能节墨层叠式柔性版印刷机”的试制试产工作总结等报告，审查了提供鉴定的技术文件、产品图样，考察了生产现场，观看了样机。经过认真讨论，提出了鉴定意见。

【共挤重包装生产线通过鉴定】由广东金明塑胶设备有限公司自主研制开发的 M3B－900QA 型三层共挤重包装薄膜吹塑机组日前通过广东省科技厅组织的专家组科技成果鉴定。

【中金公司 ERP 项目通过验收】连云港市经贸委受江苏省经贸委的委托，于 2005 年 7 月 28 日在江苏中金玛泰医药包装有限公司主持了对“中金 ERP 系统”项目的验收。验收委员会听取了项目组的工作报告、技术报告和财务分析报告，审查了有关的技术文档并考察了项目工作现场。经过与项目组交换意见和认真评议，认为中金 ERP 项目切合中金实际情况，项目运行效果较好达到预定目标，验收委员一致同意项目通过验收。

【上海北人力顺新型折页机通过技术鉴定】由上海北人力顺印刷机械有限公司研制开发的 ZYH680 折页机在经过用户使用后，于日前通过了由上海市闵行区科委主持召开的技术鉴定。

由西安理工大学印刷包装工程学院、上海理工大学出版印刷学院、北京印联恒通印刷机械有限公司、北京印刷机械研究所、上海印刷技术研究所等单位专家组成的鉴定委员会听取和审查了产品的《试制和技术总结报告》等技术文件，考察了生产现场、产品实样和用户的使用情况。经过认真讨论，认为该产品达到国内同类型产品的领先水平，专项技术具有创新性，为国内首创，市场前景广阔，具有良好的经济效益和社会效益，可以投入比量生产。

【0.0065 毫米高精度铝箔在洛阳成功下线】日前，0.0065 毫米高精度铝箔在河南洛阳高新开发区万基铝箔公司生产车间首次成功下线。不仅填补了河南省没有“双零箔”的空白，而且表明洛阳铝产业向高端产品迈出了一大步。0.0065 毫米，有多薄？仅为头发丝直径的 1/10。

洛阳万基铝箔项目总投资 3.63 亿元，2003 年 8 月在洛阳高新区开工建设，目前已进入试生产阶段。正式投产后，预计每年实现销售收入 6 亿元，实现利润 1.1 亿元。

据悉，0.0065 毫米精度铝箔主要用于香烟包装、电子电路包装及食品包等方面。

【温州市群英高速全自动局部上光机通过浙江省新产品鉴定】受浙江省科技厅委托，温州市科技局在杭州主持召开了由温州市群英印刷机械有限公司自主研制开发成功的高速全自动局部上光新产品技术鉴定会。

该产品采用机、电、气、光一体化设计方案，整机由高速自动输纸、高精度压印上光，快速固化和自动收纸等部分组成，自动化程度高、操作方便、上光速度快、套印准确、运转稳定，各项技术均处于国内同类产品领先水平。

目前，企业已通过了 ISO9001:2000 质量管理体系认证，严格生产过程控制、产品质量稳定，价格比同类进口机型低廉。

专家委员会一致认为该机的开发是成功的，同意通过省级新产品鉴定。

专家论坛与工作研究

FORUM AND RESEARCH

大庆
佳木斯
哈尔滨紫泉
牡丹江
乌鲁木齐
长春
吉林
沈阳紫泉
呼和浩特
北京
大连
天津
石家庄
烟台
银川
太原
青岛
西宁
济南
兰州
郑州
西安
上海紫泉
合肥
南京
武汉
重庆
拉萨
成都
杭州
南昌
长沙
攀枝花
福州
宁波
贵阳
昆明
桂林
厦门
台湾
广州
深圳
南宁
广东紫泉
香港
澳门
海口

胜达集团有限公司

董事局主席　方吾校

胜达集团是1994年12月组建的首批省级企业集团，2003年9月升格为国家级企业集团，是一家主要生产经营纸包装、浆纸、纺织、房地产开发的现代化大型企业集团。集团总部设在国家级经济技术开发区——萧山经济技术开发区。

胜达集团的前身系1983年用2000元创办的萧山包装材料厂，历经20多年的艰苦创业，不断改革创新，以高新技术和高素质人才推动企业大发展，今天成为拥有总资产超20亿元，员工4000余名的大型企业集团。2000年10月15日，公司被国家经贸委、中国包装联合会批准建立的国家级中国纸包装开发生产基地，是全国最大的纸包装企业和中国民营企业500强企业。

目前，集团分别在杭州、苏州、盐城等地建立了三个纸包装生产基地、一个纺织生产基地和一个生活用纸及浆纸生产基地。公司拥有世界最先进、填补亚洲地区空白的德国BHS2800瓦楞纸板生产线、世界最先进的瑞典EMBA多功能纸箱生产线、美国LANGSTON柔性印刷机、德国罗兰804超大全张彩色印刷机、日本

2800流水线

胜 高山不化千年雪

达 源泉长流百条溪

三菱3F4D彩印机、日本梅谷印刷机、德国高宝彩印机、德国赐来福312型气流纺机、比利时必佳乐喷气织机等，公司引进国际先进设备达90%以上，目前达到了年产值50亿元的生产能力。公司的各项产品质量稳定，深受客户好评，公司已与国内外数十家大型知名企业建立了长期战略合作伙伴关系。公司已通过ISO9001质量体系认证及ISO14001环境体系认证，生产的出口瓦楞纸箱是国家免验产品，生活用纸是国家免检产品。“胜达”商标为杭州市著名商标，“胜达”商号为浙江省知名商号，集团下属的江苏双灯纸业有限公司生产的双灯牌卫生纸连续多年荣获江苏省名牌产品称号，双灯商标为江苏省著名商标。

在未来的发展规划中，胜达将充分发挥各项优势，知谋方略，知难而进，为中国经济建设的发展史再写下辉煌灿烂的一笔！

地址：杭州市萧山经济技术开发区北塘路2号　　邮编：311215

电话：(0571)82831019　82835444　　传真：(0571)82832578

网站：www.sdgroup.cn　　邮箱：hr@sdgroup.cn

公司一角

大亚科技股份有限公司

总经理　赵丹辰

大亚科技股份有限公司，是1998年6月经江苏省政府批准，采用幕集方式，以大亚科技集团有限公司为主体，联合上海凹凸彩印总公司、汕头乾业烟草物资有限公司、北京市牛奶公司和成都科美投资集团有限公司共同发起设立并在深圳证券交易所挂牌上市交易的上市公司（股票简称：大亚科技，股票代码：000910）。

公司现有总股本23125万股。其中，大亚科技集团有限公司持有6841.89万股，占公司总股本的29.58%；为公司第一大股东。其他法人持有8283.89万股，占公司总股本的35.82%；社会公众股8000万股，占公司总股本的34.60%。

目前，公司是中国包装联合会的重点企业和中国烟草物资总公司定点的卷烟配套材料生产基地、国家级的高新技术企业、国家火炬计划新材料基地骨干企业，并拥有博士后科研工作站，在国内新型包装材料和强化木地板行业中占有重要地位。公司主要从事铝箔及复合材料、强化木地板、汽车轮毂的制造和销售以及烟标的设计和印刷等业务。

公司主导包装产品有："金印"牌复合铝箔纸，"大亚"牌板卡纸，包装装潢彩色印刷，真空镀铝膜和真空镀铝转移卡纸，"大亚"牌铝箔，聚丙烯丝束等。产品获"部优级产品"、"中国包装十年成果银奖"、"全国包装科技成果一等奖"、"国际包装技术展览会金奖"、"中国烟标博览会金奖"、"省名牌产品"、"中华包装精品"等荣誉称号。

进入21世纪，公司在坚持规范运作的基础上，充分发挥所拥有的各种优势，加快产业和产品结构调整步伐，在稳定提高现有新型包装材料产业的同时，逐步向高新技术领域迈进，公司在IT产业、汽配产业、木业产业的建设中均取得重大成功，初步形成了以新型包装材料和高新技术产品为主导的跨地域、跨行业的现代化大型企业。

瑞士博斯特凹印机

铝箔生产线

涂布机

丝束生产线

四平红嘴伟达包装有限公司

SIPING HONGZUI WEIDA PACKAGE CO.,LTD.

简　介

四平红嘴伟达包装有限公司董事长：卢宪发

四平红嘴伟达包装有限公司始建于1991年3月，现有员工350名，下属六个分厂，即彩色印刷厂、纸箱包装厂、印铁制盖厂、塑料制品厂、塑料彩印厂和降解餐具厂。产品共有六大系列，上百个品种。拥有进口国产大中型现代设备100多台（套），固定资产8000万元。具备年产高级彩色印刷10亿平方米，高中低档出口，内销包装瓦楞纸箱300万平方米，塑料周转箱60万套，金属模塑瓶盖7亿只，高级塑料彩印1000吨。

20年来，他们坚持不懈地运用高新技术和设备，有国际一流的，就不采用国内一流的。全国同行业首家通过ISO9002体系认证，跨入了国家中型一档企业行列。目前已与全国一百多家企业建立了长期的业务关系。产品已辐射到东北、华北6省区。被吉林省商检局确定为出口包装定点企业。

该公司先后被评为“吉林省用户满意产品企业”、“全国优秀包装企业”、“中国企业形象最佳单位”、“全国印刷行业诚信先进单位”等。董事长卢宪发先后被评为全国优秀乡镇企业家、全国优秀包装企业家和全国劳动模范。

德国海德堡五色印刷机

八色凹版印刷机

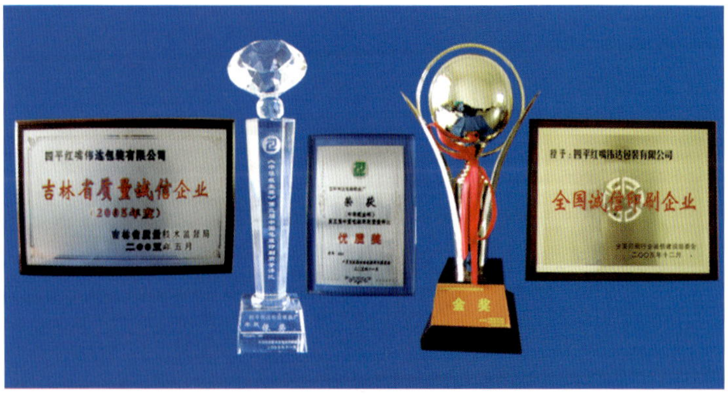

2005年该企业在全国、省获得的各种奖牌和奖杯

地址：吉林省四平市红嘴路24号　电话：0434-3611825　传真：0434-3611825　邮编：136000　E-mail：weidabaozhuang@163.com

景德镇市富祥置业有限公司
正祥机械制造分公司

正祥机械
ZHENGXIANGJIXIE

景德镇市富祥置业有限公司正祥机械制造分公司是生产蜂窝纸板机械设备的专业制造企业，公司占地6万平方米，固定资产近亿元，拥有各类机床和检测设备130多台（套），内设一个蜂窝机械设计研究所，专职从事新产品的开发，现有中、高级工程技术人员38人，是集科工贸为一体的实业公司，具有较雄厚的经济、技术实力。

公司现已开发横向涂胶和纵向涂胶两大类蜂窝纸芯生产线以及多系列不同规格的蜂窝纸板生产线，其主导产品FBJR-16/1600型蜂窝纸板复合生产线，是综合国内同类产品和国际先进工艺技术之所长，自主开发的新型生产线，具有产品性能稳定、生产效率高、价格适中等特点。其产品品质和性价比具有国内同类产品之先进水平，不仅赢得国内广大用户的青睐，而且首次出口欧洲，受到国外专家的好评。

本公司始终贯彻以科技为先导，质量为生命的宗旨，坚持诚信为本、信誉第一的经营理念，2004年通过ISO9001认证，并获得《中国200强先进包装企业》和《质量信誉双保障示范单位》的殊荣，我们将继续以一流的技术和热诚的服务，实施品牌战略，诚邀各界有识之士来我公司考察洽淡，经贸合作，共谋发展大计。

八 角

蜂 窝 拉 伸

板 线 局 部 特 写

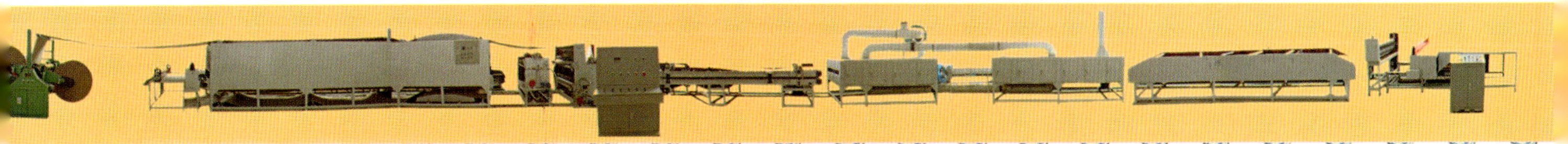

蜂窝纸板生产线

联系电话：0798-8493855
传真：0798-8493955
曹佃良 0798-8611735 13097129940
吕胜聪 0798-8611723 13097181266
网 址：www.zhengxiang.com.cn
E-mail:zhengxiang@zhengxiang.com.cn

ZHONGYA® 省下您的外汇 创造更高效益!!

杭州中亚机械有限公司系浙江省外商投资先进技术企业。位于杭州西子湖畔高新技术开发区，拥有现代化标准厂房及科研大楼42890m²,全套引进日本、美国加工中心及数控设备。公司集聚众多优秀科技人才，以国际市场为导向，引进研制的各种全自动食品机械及生产流水线，产品历年来在国际、国内荣获金奖，深受用户的青睐。中亚机械不仅服务于国内众多的乳品饮料知名企业，同时远销美国、俄罗斯和中东等国家和地区。

DGD-300P 型纸杯灌装封切机

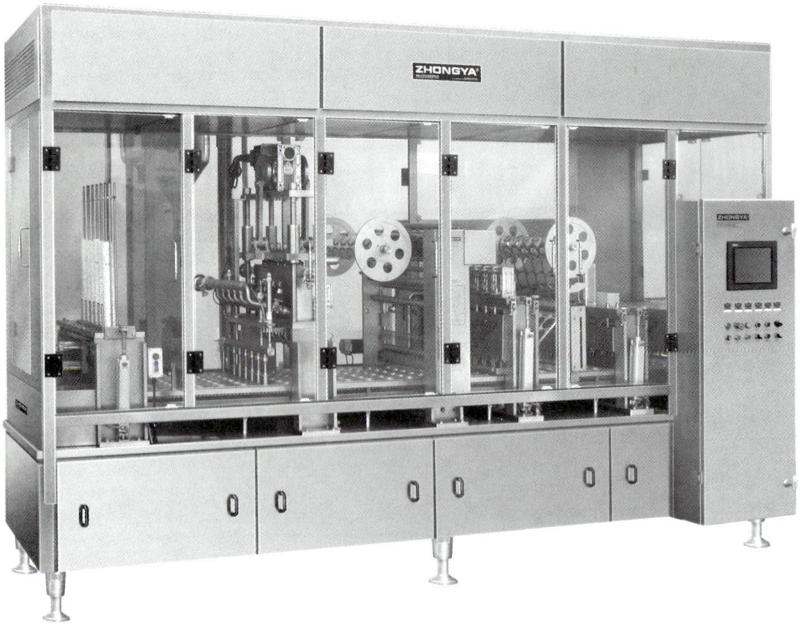

该机适合牛奶、酸奶等各种乳制品的纸杯的自动落杯、灌装、复膜、热封、剪切及输送。整机设计新颖，牵引、传动均采用伺服控制系统，并可选配CIP清洗装置、层流罩净化系统。本机可编程逻辑控制、人机界面、温控、光电、气动控制、自动润滑等系统及各种阀门均采用国际知名品牌，各项技术性能达到国际先进水平，是全自动、高产能、低消耗的现代化设备，系都市大中型乳品企业满足城市消费的首选设备。

■ 产量：8000~10000杯／小时

DXR-12000HB型塑杯成型灌装封切机

该机适用于各种酸奶、牛奶、饮料、调料等产品的生产，全自动完成塑杯的成型、环贴标、灌装、封口、日期打印、冲剪和产品输送。整机配置的伺服驱动、可编程逻辑控制、人机界面、温控、光电、气动控制、自动润滑等系统及各种阀门均采用国际知名品牌。本机型同时可选配双卷膜系统、CIP清洗系统、层流罩净化系统及动态果粒混合系统，是现代乳品企业高品质、高效率、全自动化的生产设备。

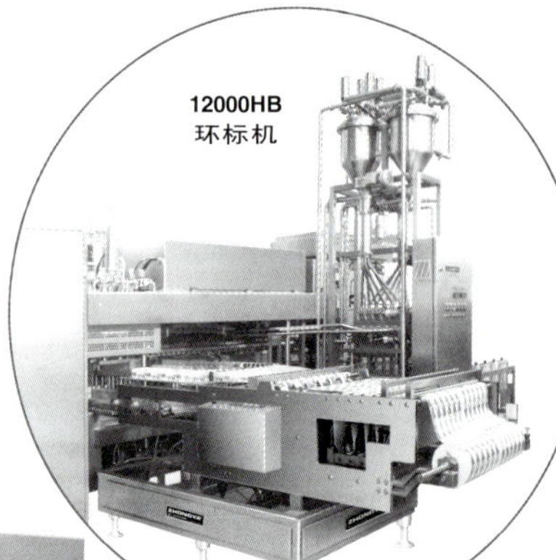

■ 产量：12000 杯／小时

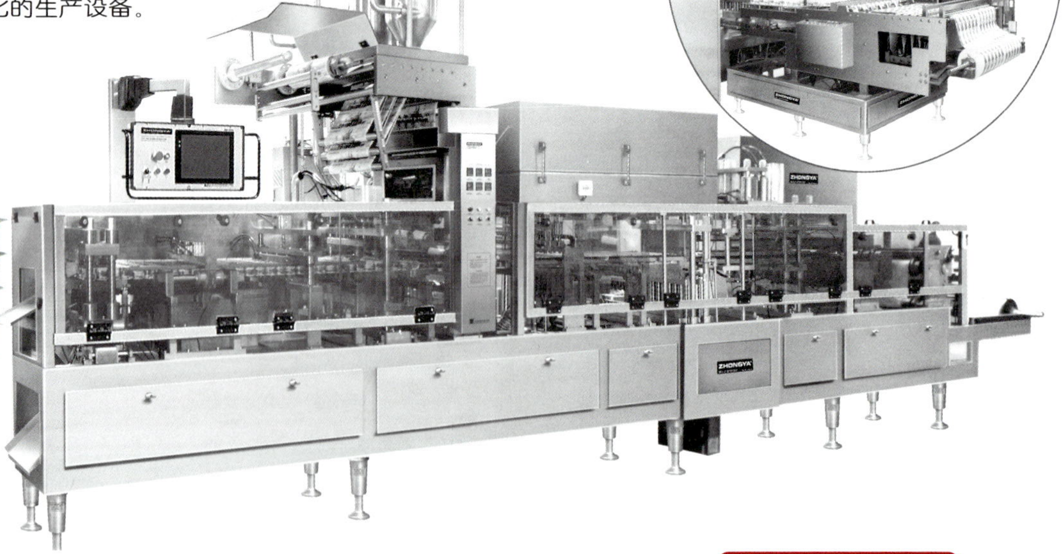

一步到位!

杭州中亚机械有限公司

HANGZHOU ZHONGYA MACHINERY CO.,LTD.

地址：杭州市拱墅区方家埭路189号

电话：(0571)88237000　传真：(0571)88237012　电子邮件：ZHONGYA@mail.hz.zj.cn

湖南工业大学（筹）

湖南工业大学（筹）地处我国交通枢纽、江南工业重镇株洲市，是2004年8月经国家教育部批准，由我国唯一全面从事包装教育的本科院校——株洲工学院升格建立的一所以工为主，工、理、文、管、经、艺、法等学科门类较齐全的多科性大学。学校在中国包装教育界起着组织、龙头和核心作用，被广泛誉为“中国包装教育的旗帜”、“中国包装人才的摇篮”、“湖南工业人才的基地”。

学校师资力量雄厚，有专任教师760人，教授112人，博士、博士后158人，博导、硕导59人。有18个院、系、部，35个本科专业，18个硕士点，7个“国管”专业，在校学生15000人，面向全国招生和就业，就业率一直保持96%以上。

学院校园优美，现占地2200亩。正在建设中的新校区占地3480亩，建筑面积78万m^2，可容纳40000名学生入住，生态型、园林式、数字化的校园规划定位将使一所综合性、开放式、特色鲜明、省内一流、国内知名的大学傲立江南。

地址：湖南省株洲市文化路
电话：0733-2622936 传真：0733-8182936
联系人：彭建平（校办主任）
电子邮件：hngydxxb@sina.com

九层瓦楞纸板生产线

无菌包装产品车间

纸塑车间

高科技产品包装车间

瓦楞纸板纸箱生产车间

公司全景

金誉（河南）包装有限公司

金誉（河南）包装有限公司，位于风景秀丽的国家郑州经济技术开发区。资产总额1.18亿元，占地面积40亩，建筑面积15000平方米。职工248人，其中专业技术人员占35%，拥有本科、大专、中专以上学历的占70%以上。

主营业务范围是塑料印刷包装材料、印刷器材、化工原料营销；彩印软包装装潢、卷材、包装袋以及真空镀铝膜等塑料包装基材的设计、制造；塑料印刷工艺和实用技术的研究开发及推广应用。

主导产品包装卷材具有很高的科技含量和应用价值，广泛用于医药、食品、洗化、农化等行业，深受顾客青睐，形成了以河南为中心，辐射全国的营销网络。

公司拥有花园式的厂区环境，幽雅的办公环境，功能齐全的员工生活、健身、学习和娱乐设施。

主要生产设备包括具有国内领先水平的印刷复合及配套生产设备。

公司产品

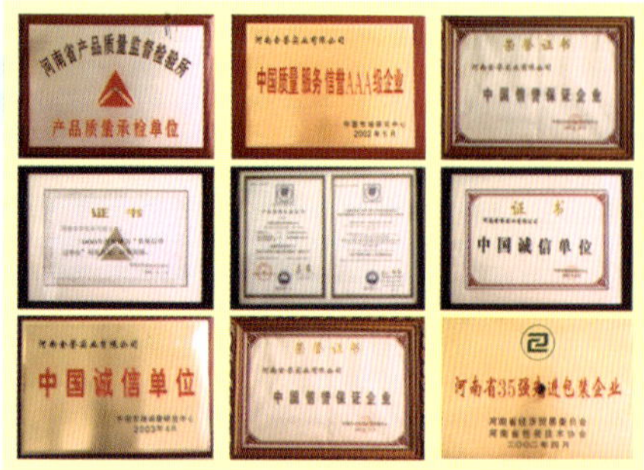

公司荣誉

地址：郑州经济技术开发区经北三路52号
电话：0371-8276538、66783292/8911
E-mail:jinyu@pack.net

公司科研室

公司车间

公司外景

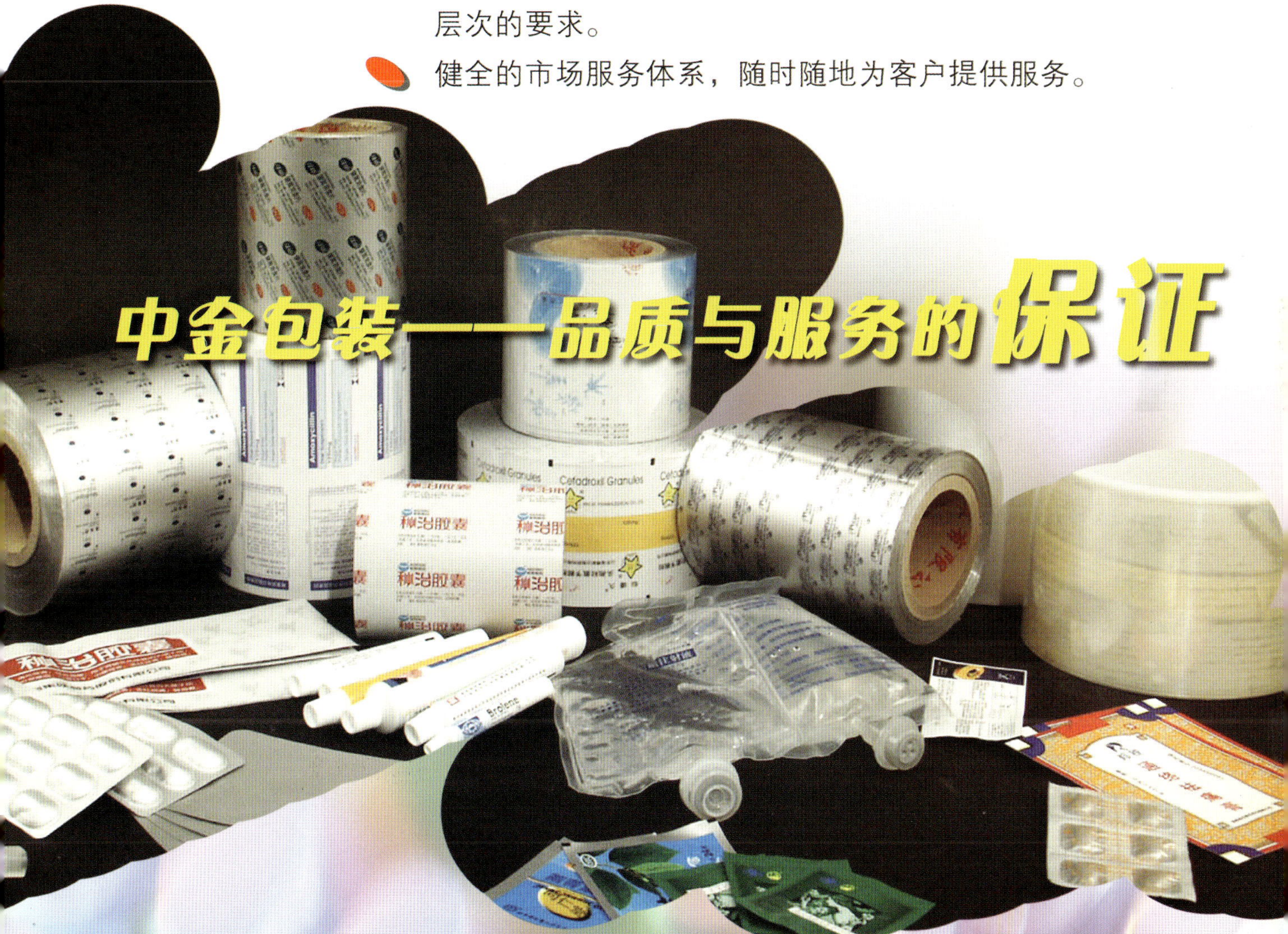

NPD-60型
电子式纸板耐破度仪
长春市纸张试验机厂
ZSD-3型

广东省蕉岭县建材包装有限公司

各项荣誉

本公司是中国包装联合会建材分会会员单位、中国建筑材料工业协会水泥包装袋定点生产企业、中国200强先进包装企业。

公司是目前广东省粤东地区规模最大的水泥包装袋生产线，年生产包装袋能力8000万条以上，公司生产经营的各种规格机制糊底包装纸袋、复合、复膜编织袋，产品按国家标准生产，四色六面印刷，外表美观，牢固度高，破包率小，适用于水泥、食品化工产品的包装和用出口水泥包装。同时公司还生产经营各种规格的塑料编织布及纸袋以及用于编织袋生产的原辅材料。

本公司坚持质量、信誉、服务、第一的原则，热忱欢迎国内外用户惠顾。

地址：广东省蕉岭县蕉城镇环城公路53号
电话：0753-7871293/7875342
传真：0753-7878870

车　间

先进四色六面印刷机

办公大楼

村田激光制辊（上海）有限公司

Murata Laser Roller Engraving (Shanghai) Co., Ltd

Plasma & Laser MURATA

董事兼总经理　王卫中

村田激光制辊（上海）有限公司是一家日本独资的高新技术企业。秉承总公司Murata Boring Giken Japan五十余年的热喷涂技术工艺，引进当今世界上最先进的热喷涂系统和激光雕刻机等专业设备，致力于陶瓷激光雕刻网纹辊、碳化钨瓦楞辊、镜面辊、绝缘陶瓷涂层电晕辊以及热喷涂加工的生产和研发应用，力争为各界用户提供更加完善、便捷的优质服务。

我们拥有一整套国际资源网络与资本流通渠道，拥有自己的跨国技术专家队伍、管理队伍与国际领先的技术成果体系。我们深信，在业界同仁的广泛支持下，我们的业务将不断纵深发展。我们在提供高品质产品的同时，提供各类热喷涂涂层加工、专业人员的培训，满足相关企业在热喷涂领域方面的需求。

欢迎各界人士的垂询

我们真诚期待与您的合作

地址：上海市闵行区莘北路669号
邮编：201100
电话：021-6493 7818
传真：021-6493 7819
网址：http://www.murataroll.com
邮箱：info@murataroll.com
MSN：murataroll@hotmail.com

Add:669 Xinbei Road, Minhang District, Shanghai China (201100)
Tel：86-021-6493 7818
Fax：86-021-6493 7819
Web：http://www.murataroll.com
E-Mail：info@murataroll.com

陶瓷激光雕刻网纹辊

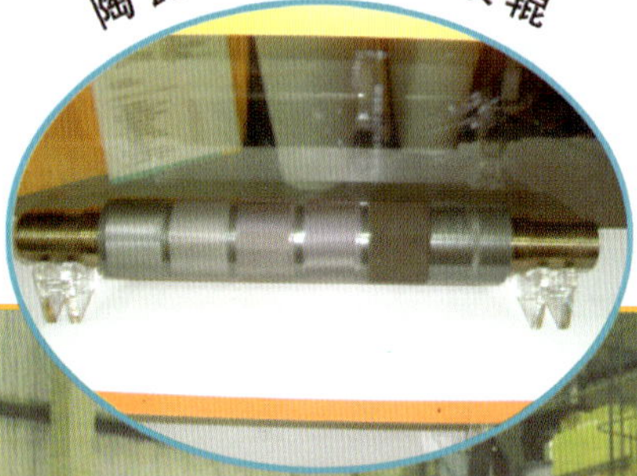

镜面辊

上海建中医疗器械包装有限公司

上海建中医疗器械包装有限公司是集研发、生产、销售为一体的综合性企业。生产基地坐落在浦东徐浦大桥附近，环境良好、交通便利，位于市中心的客户服务中心，设有国际和国内贸易部，致力于一次性医用包装用品的全球化推广和国际间项目的合作及产品要求和国际接轨等工作。

公司创始于1988年，自成立以来"建中"始终矢于生产广泛的软性包装系列，特别是对医疗器械包装材料的灭菌适应性研究，为业界提供了经济实用的解决方案。

公司现有员工二百多名，年销售额三千多万元，日均可生产能力三百万只。为适应医用包装的无菌要求，专门建造了一千三百平米的十万级或三十万级的净化车间，并设立了菌检机构和配置了各种检测设施。公司现有制袋设备六十多台、印刷设备十余台以及复合、淋膜、涂层、分切、柔印等整套流水线。超前的服务和安全性的研究使企业逐步走向壮大。尤其是我们提出"灭菌后保护"的理念深得客户认同。十几年来建中汇纳平凡做了非凡的努力，将来亦会如此。公司将遵循"以安全为理由、以质量求生存、以新品拓市场、以信誉交朋友"的企业宗旨，尽最大的努力创造一个完美而专业的包装世界，使"建中"成为您合格的战略合作伙伴及可信赖的朋友。相信"建中"能在不断进取和持续改进中，适应日益高精的产品质量要求，争取为医用包装作出更大的努力。

我国实现包装强国的路有多远

刘玉生

包装产业发展趋势

对包装业的发展问题首先要有一个客观的认识，包装产业作为产品配套的行业，其发展是融入在产品制造业大环境中发展的，因此一定要有比例协调的思想，这才符合科学发展观。

一、包装产业发展战略趋势

当前世界经济发展趋势是：经济全球化有区域一体化特色，信息网络化开始了规范性特色，南北经济差距让人有反思特色，产品高科技有应变特色，注重环保有循环经济特色，因此从宏观上包装产业的趋势是顺应这种基本的潮流。具体表现在：

①包装及其相关法规会有加强全球规范化的趋势。

②包装对国家、民族、地区和人群，有更个性化趋势。

③包装功能将越来越“智能化”。

④零包装将是一种主导思想。“零包装”是日本针对环保要求提出的一种新理念。从注重环保要求出发，以新的理念对待包装，“零包装”是一种发展的方向。

⑤包装一体化专业性服务将会是一个有生命力的新行业。目前产品包装多数是产品生产厂作为最后一道工序由自己完成的，因而承担了产品包装的设计、包装工艺、检测、甚至还要承担流通过程的损失。这些工作专业性很强的产品生产厂家技术力量往往不足，因而目前开始形成一种新型包装产业。他们专业性地为产品生产厂家完成后道工序全部工作，并对流通负包装技术责任；他们的工作对于生产厂家是一体化的，因而受欢迎，很有前途。

二、包装产业发展的技术趋势

①产品与包装并行设计——独特的二重并行设计模式。并行设计是一种全寿命周期设计技术。其思想是在产品开发的初始阶段就以并行的方式综合考虑其寿命周期中所有后续过程，这种技术有效地改进设计质量，降低了整体成本，缩短了开发周期，提高产品一次成功率。产品与包装并行设计有二重意义：其一，产品与包装之间实现并行设计。其二，产品和包装各自内部实现并行设计。因此是一种更为复杂，交互耦合更强调协调技术的二重并行设计技术。

②销售包装与运输包装系列化设计，并得到专业化服务。这是产品包装包括销售包装、运输包装整体规划的系列设计，将更合理地组合包装功能，提高包装质量，降低包装整体成本，使各层次（内包装、外包装）包装优化合理。因此，这种设计需要专业化机构承担，确保设计可靠，周期缩短，组织管理方便。

③指导包装生产实际的包装科学与技术理论将为社会认识。目前社会上对包装产业，包装学科理论和技术认识模糊，甚至持否认态度。事实上几十年来，包装科学与技术学科理论在发展、完善和深化。通过竞争市场的无情推动，科技进步的得力支撑，在世界包装人的实践、研究、提升、努力下，将会得到社会认识。

④包装依托产品，形成产品加工——包装一体化。包装产业要把自己做大做强，要深刻认识产业的配套性，因此必须依托产品，认真研究市场，瞄准可靠的优势产品，主动配套，形成产品加工——包装相互依托的一体化发展。

⑤包装材料有更严格的环保要求，资源保护要求。其出路是科技与管理相结合，企业与社会相结合，技术与法规相结合，宣传与素质相结合。

⑥包装功能，包装过程工艺都将大量运用高科技新技术。

⑦包装机械继续在高速、高质、低耗方向发展，在满足人——机——环境协调要求的同时，以“智

能化”高新技术为依托，实现多功能组合模式柔性化包装机械将受到重视。

⑧可回收废弃，可回收再用，将主导包装循环模式，“可食包装”将快速兴起。

三、对中国包装工业发展的思考

根据包装工业国内外基本情况的了解，对中国包装工业发展的若干思考。为以下几点。

（1）中国进入 WTO 后，包装工业受国外进入的冲击十分明显。虽然目前内资企业仍占主导地位，但数据显示，外资和“三资”企业发展快，效益高，后劲足。而国营企业明显处于退化劣势，比较有希望的是民营企业。

（2）调查显示我国民营企业存在规模小，其设备和原辅材料严重依赖进口，缺乏高科技核心竞争力，因此他们应积极加速改变这种面貌，走集约整合、专精深入，联合发展的道路。

（3）国有企业面临最大的困境，但是行业中，国有企业仍肩负代表国家引领行业发展的重任，其关键是看准国家的宏观政策与形势，整合自己的关键优势，有所为、有所不为，做一般企业无法做到的事，显示一般企业无法竞争的优势，发展自己独特的权威性产业。

（4）包装工业各产业要重视作为产品配套业特点的研究，主动形成产品——包装相互依托的发展关系，既提高产品的竞争力，也保证了包装的稳定发展。

（5）包装工业的各产业要重视国际、国内环保要求的形势，及早制订对策。

（6）包装人才培养存在严重脱离包装行业实际的问题。建议本科教育实行专业＋专业方向的培养模式；职业技术教育实行按包装产业划分专业，形成学校与行业合作培养模式；职业工人教育尽快规范工种及工种等级，实行工种考核上岗模式。全面规划包装行业人才素质的整体提高。

（7）强化国家宏观指导和法律、法规建设，是保证包装工业持续、有序发展的关键，也是确保内资企业健康发展的保证，同时又是保障国家、广大消费者利益的有力措施。

（8）各种内资企业都面临现代企业模式和制度建立的摸索问题，要努力借鉴国外的先进经验，直接置身于国际接轨的高度，改造和建设企业内部。

总之，拥有自己先进的核心技术是实现包装强国的关键

中国包装产业的发展水平和前景，取决于包装企业的核心竞争力，它是包装业生存和发展的根本。

一、我国包装企业核心竞争力分析

1. 两类包装产业核心竞争力的特点和形势

我国的包装业由以包装原辅材料和包装设备为主的包装基础工业与包装制品工业两大块构成。前者属于资金密集型或技术密集型工业，具有相对高的附加值和产业竞争障碍。其中包装装备业在整个包装行业中居于控制地位影响和决定着包装行业的发展方向和速度。后者多为劳动密集型工业，属于一般竞争性加工行业，生产附加值相对较低，具有地域成本优势，产业进入壁垒低，市场竞争也较为激烈。

由于我国现代包装基础工业薄弱，对现代包装高新科技、包装机械及包装原辅材料的研制开发能力远远不够，世界包装强国乘机进入中国包装市场，几乎占据了我国绝大部分的包装市场。因此在这类包装产业中，面临与国外先进企业的竞争局面，处于非常不利的形势。

我国包装工业的制高点很有可能被国际资本所控制，国际竞争力会进一步弱化。

包装制品产业，由于技术含量低、行业进入壁垒低，劳动力成本与地理成本对竞争优势形成起决定性作用。因此，在国际市场竞争中具有比较优势，国外商人采取倾销包装装备和包装原辅材料间接方式进驻。但在国内市场上由于商品经济发展导致的包装制造市场空间扩大会吸引国内资本的进入，市场竞争加剧，从而这类产业中面临国内企业的恶性竞争局面，其特点是：企业不是在竞争中强化企业核心竞争力，而表现为注入国外包装装备及包装原辅材料的重复引进或以劣质产品打价格战，最后共同受制于国外企业。

2. 我国包装企业核心竞争力弱的原因

由于受我国整体经济发展水平以及包装工业发展时间比较短等因素的制约，和国外同行业比较起来明显缺乏核心竞争优势。

首先从包装产品结构上看，产品技术含量不高，档次水平低。一方面一些市场容量有限、技术含量低的中、低档产品生产能力过剩，产品出现积压；另一方面，市场急需的高技术含量、高档次产品和原材料严重短缺，不得不长期依赖进口。

从技术结构上看，科技基础薄弱。缺乏研究成果积累，技术创新能力不足，研发投入太少，先进的技术来源主要依赖于国外，引进的不一定是先进技术，且消化吸收及配套能力差。

从资金结构上看，处于被动型安排。由于我国包装企业处于创业阶段，企业资金吃紧，大量的固定资金投入还没有收回，流动资金又必须保证，在缺乏资金分析、诊断，还要提高资金效益的状态下，往往压缩甚至取消对形成核心竞争力起关键作用的专项资金投入。

从组织结构上看，主要是企业规模小，生产集中度低，分散重复严重。我国包装工业未能形成一批占有较大市场份额、代表行业水平、具有国际竞争力的大型企业和企业集团，也未能形成一大批产品有特色并按经济规模组织生产的专业化协作配套厂。

从企业管理结构看，还远未形成自己的核心竞争力。管理水平落后，企业组织制度不健全，职工队伍素质不高，科技人员缺乏，没有建立完善的现代企业管理理念和机制。

二、创新包装关键技术是提升企业核心竞争力的重心

根据我国包装业现状，既要加快原有技术的改造升级，又必须紧紧盯住国际包装业技术创新的前沿领域，力争形成突破，为形成未来包装业竞争优势奠定基础。以下几个方面的问题应引起重视：

（1）关键技术创新应该由重大项目带动。重大关键技术必须有重大工程项目为依托，这是重大技术研发活动的落脚点，也是其必要的市场基础。因此，我国包装业既要抓关键技术的选择，也要抓产业化项目落实，同时也必须抓宏观政策导向。

（2）政府采购需求对我国包装业技术创新的市场实现具有重要意义。政府采购，也被称为公共采购，是政府或其代理人以消费者身份为自身消费或提供公共服务而进行的一种采购活动，通过政府采购形成的有效需求对产业发展起重要作用。如美国 1995 年联邦政府购买了约 40%的半导体产品，1960 年这个数字为 50%，此后逐渐下降，到 20 世纪 70 年代中期为 10%。

一些欧洲国家也采取了类似的做法。这些做法虽然都有不尽完善之处，但确实给我们提供了有益的借鉴。我国的政府采购也有很大的市场，据估计约占我国 GDP 的 8%～10%，即约 7000 亿元。包装业乃是新兴产业，与国际包装跨国大公司相比本身就有较大差距，在与国际产品的竞争中，往往不具有优势，如果再缺乏基础性市场，现阶段就无法维持简单运行，更谈不上进入具有竞争能力的成长期。因此，应该借鉴国际经验，建立积极的政府采购政策，支持关键技术创新的产业化过程，扶持我国包装业的成长、发展。特别在扶植国有企业成长发展核心技术时，这是非常有效的办法。

（3）关键技术能否有效实施，关键是体制创新。技术创新的市场实现本质上是一个组织过程，许多专家在分析硅谷成功经验时，都强调了制度因素的决定性意义。世界上存在许多信息产业聚集区，但只在硅谷最成功，因为硅谷具有特殊的运作模式和制度基础，如风险投资体制、企业家精神等。而中国缺乏的正是这方面的东西。应在体制上根本改变政府出资、科研机构开发、企业使用的技术创新路线，建立促使技术进步各受益主体积极参与、政府与企业联合开发体制，使体现国家意旨的政府投入与企业的经济利益结合起来。

（4）对外寻求有关键技术优势而自己却不足的合作伙伴，实现动态联盟。通过优势互补，弥补内部条件的不足。企业家一定要有这种宽大深远的胸怀，“有财大家发”，合作才有优势，大家都有出路。

（5）建立并完善技术引进机制。技术引进，是实现技术进步、促进经济增长和社会发展的有效途径，其前提是必须有一套引进、消化、吸收、创新和扩散的提升机制，以及人才引进、聘用、重用的特别机制，从国家来说，要制定明确的法规、政策，中央和地方协调一致的管理机构，为企业服务的信息和指导；从社会来说，要有共同对外、互利合作的氛围，健全的企业制度和有效的技术引进提升规则。必须提醒的一个事实是：有资料表明我国用于消化吸收的资金只有技术引进费的 4.5%左右，成功国家的经验是应有 4～5 倍的资金。

最后，要加强技术创新的基础科学研究。目前国家体制改革及强调应用型创新技术中，在包装业显然基础科学研究被忽视了。而实际上这是技术创新的基础和源头，包装科学与技术的理论本来十分薄弱，必须引起大家的关注。

三、企业的决策领导是提升核心竞争力的关键

奥地利出生的美国经济学家熊彼得(J.A.Shumpter) 1912 年在《经济发展理论》一书中提出了企业创新

的概念，按照他的定义，创新是指企业家对生产要素和生产条件的新结合，建立一种新的生产函数，它包括以下五种内容：(1) 引入新产品或提供产品新质量；(2) 采用新的生产方法；(3) 开辟新的市场；(4) 获得原料或半成品的新的供给来源；(5) 实行新的组织形式，例如建立一种垄断地位或打破垄断地位。

显然，要使得企业在市场竞争中赢得主动和胜利，企业领导的首要任务就是领导自身创新。首先要了解尊重人才，因为大部分的创新来源于个人及其群体的创造性。领导首先要有鉴赏他人创造性的能力。其次，领导要有组织创新的能力。他领导下的管理人员都懂得技术创新的重要性，因而能够创立和保持一些条件和氛围，使得个人、专家都能够公平地竞争、互益合作以及客观和正确地被评价。最后，领导要有敢于接纳应用创新的能力。这需要一种冒险精神，一种科学的分析和远见，把新发明引入到经济之中，成为创新的实践家。

绿色包装材料的发展及其措施

骆光林　杨新芳

"绿色包装"的两层含义：(1) 整个包装过程对生态环境和人体健康不会造成污染与损害；(2) 使用的包装材料必须是可再生利用的可持续发展物质。所以，绿色包装材料须是取之于自然又能回归自然。绿色包装发端于上个世纪白色污染的泛滥，但治理白色污染并非是要遏制包装业的发展，而是促进对包装材料的类型与数量的合理使用，以及对包装废弃物的有效回收利用。

一、绿色包装材料及分类

绿色包装材料就是我们在生产、制造、使用和回收的包装物中，对人体健康无害，对生态环境有良好保护作用和回收再用的包装物料。例如聚丙烯、瓦楞纸、可食用的糯米纸、粟米纸、可食用再生的保鲜纸以及我们日常用的纸制包装品及纸制手袋、纸杯、纸饭盒等。总之可溶解或聚合的各种保护生态可降解的塑料制品包装物及其原材料等。可降解的塑料制品包装物即用光敏剂降解聚合、用生物或化学物降解的各种塑料制品和其他包装物品，这是我们选用包装材料的重要方面。

现在，全球性大力研究和发展的新型绿色包装材料（可降解材料），都是针对难于处理的"白色污染"而提出的。因此，绿色包装材料按照环境保护要求及材料使用后的归属大致可分为三大类：(1) 可回收处理再造的材料。包括纸张、纸板材料、模塑纸浆材料、金属材料、玻璃材料，通常的线型高分子材料（塑料、纤维），也包括可降解的高分子材料。(2) 可自然风化回归自然的材料。包括：①纸制品材料（纸张、纸板、模塑纸浆材料）；②可降解的各种材料（光降解、生物降解、氧降解、光/氧降解、水降解）及生物合成材料、草、麦杆填充、贝壳填充、天然纤维填充材料等；③可食性材料。(3) 准绿色包装材料—即可回收焚烧，不污染大气且可能再生的材料。包括部分不能回收处理再造的线型高分子、网状高分子材料、部分复合型材料（塑—金属）、（塑—塑）、（塑—纸）等。

二、绿色包装材料的发展

1. 绿色包装印刷用纸

现代包装的四大支柱——纸、塑料、金属、玻璃。在这四种包装材料中纸制品的增长最快，纸和塑料价格最便宜，原料来源广泛，且不如玻璃那样易碎，也不如铁重，便于携带。因此纸和塑料包装在日常生活中应用极广。国际卫生组织和国内环保专家认为，塑料废弃后可能造成白色污染，不利于环境保护，因此应逐步禁止使用塑料食品袋，规定必须使用环保纸袋包装。今后购物要用无毒、无害的"纸质环保袋"。

纸包装材料不但资源丰富、易回收，而且容易降解。纸制品腐化后，既可以回收再生纸张或作植物肥料，又可以减少空气污染，净化环境。因此，与塑料、金属、玻璃其他三大包装相比，用LCA(Life Cycle Assessment 即"生态循环评估法") 技术进行量化评估，纸包装将成为最有前途的绿色包装材料之一。纸箱、纸袋、纸桶、纸浆模塑制品成为现代包装工业的重要组成部分。纸包装容器由于具有质轻、易加工、成本低、废弃物易回收处理等特点而广泛用于运输包装和食品包装。目前，纸和纸板的产量逐年增长，包装纸及纸板占全国纸及纸板总产量的50%以上，纸张人均消耗量已成为国际上衡量一个国家经济发展水平和文明程度的重要标志。在世界各国包装产品所用材料的比例中，纸的使用量占首位。

日本许多造纸企业纷纷为印刷包装领域研究和生产绿色包装印刷用纸，活跃了绿色包装产品市场。日本 Nippon 纸业有限公司研制开发出完全以天然纤维为原料，品名为“Npimold Paper”深度冲压纸，其伸缩性是普通纸的5～10倍。这种冲压纸模压成形时可压制文字、图案和三维曲面，类似塑料制品的加工，将其凸像加工平滑可实现更好的密封。该产品的制作可采用当前的塑料制品设备，根据设计方案模压成形。由于加工前不需要加热软化，可提高生产效率和节约能源。Challenge Five 有限公司推出了由 Mit Subishi 公司生产的可生物降解薄膜和信封。这种薄膜和封信也是从玉米淀粉中提取的聚乳酸为原料而生产的，可使用大豆油墨进行胶版印刷。Dynic 有限公司以玉米淀粉和脂肪类聚酯为原料，开发出可生物降解的柔软板材“Au Pair Corn Sheet”，目标是最终替代 PVC。这种材料易于加工切削，易于印刷，可根据使用要求调整其厚度。废弃物填埋处理不会污染环境，焚烧处理时由于热值低而不致产生诸如二恶英的有毒物质，故对环境危害小。

新型纸包装的最新应用市场是酒类包装。例如日本现正流行以纸盒包装取代玻璃瓶作为酒类包装。西方国家也有使用纸材料包装葡萄酒，把酒灌装入利乐无菌砖型纸盒中。之所以使用利乐无菌砖，主要是因为这种利乐包具有安全、保质、不易碎及爆炸的优点，而且携带方便又容易开启。此外，它的一个突出之处是由6层复合材料组成，加强了密封性，也增强了包装的防酒精渗漏、挥发的作用；同时，又可阻挡阳光直接照射，避免变质。另一种传统纸包装难以逾越的是油包装，因为油分子极小，很容易透过纸包装渗至表面。日本近期研发了一种盒装食油的复合纸盒，以纸为基材，经铝塑6层复合而成，其结构是：PE/纸/PE/AL/PET/PE。用该复合材料制成的包装不仅重量轻、安全，而且适合印刷，因而包装商可在盒上印上精美图案，提高产品的价值。

日本一家公司开发出一种不用加热或添加剂而具有脱水功能的包装纸。其被称为 PS 的包装纸能使食品组织细胞被破坏。它通过沿细胞间隙吸水，不仅能吸收食品表面的水分，而且可吸收内部深入的水分，还具有在低温下吸水等功能。这样，该包装纸就能抑制酶的活性，防止蛋白质分解，减少微生物繁殖，达到保持食品鲜度，浓缩鲜味成分、去掉水气、提高韧性的效果。用该包装过的鱼、肉做菜肴，能减少加热用的热能，防止加热油的劣化，便于进行调理加工，且不因经冷冻而失去鲜味。该包装纸的机理在于选样只能透过水的半透膜为表面材料，内侧则放置向渗透压物质和高分子吸水剂。由于食品中水分以液体状态的渗透压差，可通过半透膜向高渗透压物质移动，所以，这些水分就被高分子吸水剂固定。

纸材料一向被认为是环保的材料，因为可以制成纸浆循环再造。然而，有些纸包材料为提高强度而添加了其他物质，影响了再造性。欧美现时流行一种 PLMEX 食品专用包装纸，不含荧光剂和危害人体的化学物质。由纸张制成的 PLMEX 只有防水、防油、抗粘及耐热特点，而且在使用后可以清水洗净再用，使用次数多达 50 次。巴斯夫化工集团也研制了一种涂于包装纸表面的保障性涂料，这种被聚合物分散液涂过的包装纸耐水、耐湿、耐油及脂。而且无须改变现有生产工艺就能制造出来，也不影响回收再造的效果。

2. 聚乳酸包装材料

美国 College Farm 牌糖果采用了以生物降解树脂聚乳酸（PLA）Nature Works 天然材料包装薄膜，这种薄膜外观和性能与传统糖果包装膜（玻璃纸或双向拉伸聚丙烯膜）相同，具有结晶透明性、极好的扭结保持性、可印刷性和强度，并且阻隔性较高，能更好地保留糖果的香味。日前该公司高速扭结包装设备中已有一套采用 PLANature Works 薄膜，生产能力为 1300 块/min。丹麦 Faerch 塑胶公司发明使用聚乳酸为包装材料，新制品适用包装低温新鲜食品，包括各种面食、肉及沙拉等。Faerch 公司日前的包装产品包括各种盘、瓶，能热封包装的原有加工树脂为 PS、PP 和 PET。采用这种全新产品将使公司和其用户位于包装工业的前端。德国一公司采用聚乳酸作原料成功地开发出具有快速自然分解功能的绿色食品杯，为解决以往一次性塑料包装物降解难题，开辟了一条实用化的新路子。该公司开发成功的这种可降解材料，属于聚酯类聚合物，乳酸可以从甜菜发酵的糖液中提取，进行开环聚合反应，生成聚乳酸。

聚乳酸现已成为世界范围的研究开发热点。它是由众多乳酸分子聚合成的一种可生物降解的新型高分子材料，可被彻底分解成水和二氧化碳，对环境无任何危害。2004 年 11 月，上海新立工业微生物科技有限公司与同济大学材料科学与工程学院合作研制的可降解聚乳酸材料已开发成功，并被列为上海市科教兴市重大产业化项目。聚乳酸生产是以乳酸为原料，传统的乳酸发酵大多用淀粉质原料，目前美、法、日等国家已开发利用玉米、甘蔗、甜菜、土豆等农副产品为原料发酵生产乳酸，进而生产聚乳酸。美国 LLC 公司用玉米制造生物降解塑料的工艺过程如下：首先把玉米磨成粉，分离出淀粉，再从淀粉中提取出原始的葡萄糖。再用乳酸杆菌厌氧发酵，发酵过程用液碱中和生成乳酸，发酵液经净化后，用电渗析工艺，制成纯度达 99.5%的 L—乳酸。再把提取出来的乳酸制成最终的聚合物——聚乳酸。全球每年达 6 亿吨的玉米产量，使它成为了生物降解塑料的首选原料。

3. 天然生物包装材料

天然生物包装材料如木材、竹编材料、木屑、麻类棉织品、柳条、芦苇以及农作物茎秆、稻草、麦秸等均在自然环境中极易分解；不污染生态环境，而且资源可再生，成本低。竹包装材料可实现减量化（Reduce），如编成空洞形的竹筐箱等。能重复利用（Reuse）和循环再生（Recycle），竹包装制品能二次利用，废物可焚烧利用热量；堆肥腐化。可以用作肥料。物能自然降解（Degradable）。

从伐竹、竹材加工，竹包装材料制造和使用，废弃物的回收利用或降解的全过程不会对人体和环境造成危害，符合绿色包装 3RID 原则和生命周期分析（LCA）法要求。竹编胶合板具有强度高、价格低、重量轻、废弃物易回收、不污染环境等特点，是一种优良的绿色包装材料。竹编胶合板是根据竹片纤维条理结构相互垂直，按经纬编织成席后经干燥、涂胶、组坯、热压合而成，制成的竹胶板具有良好的物理性能和化学性能，产品幅面大，纵横方向物理力学性能差异小、强度高、防湿性能好。

4. 食品垃圾环保包装

据美国《新科学家》杂志介绍，夏威夷自然能源研究院的生化学家们将食品垃圾制成了一种可被生物降解的聚合物，研究人员们风趣地称之为“完美塑料”。这种可在短时间内被降解的塑料应用广泛，不仅可用来制造瓶子、袋子等包装物，还可制成药物的胶囊外衣。据《新科学家》引用自然能源研究院生化学家的话说，新型可降解塑料的原料是水与各种食品垃圾的混合物，每 100kg 混合物可生产 22～25kg 可降解塑料，大大降低了生产成本。

三、促进绿色包装材料发展的措施

1. 制定绿色包装材料发展规划

绿色包装材料的开发涉及到许多高新技术，工业发达国家研究完全生物降解塑料已经数年，但至今真正的工业化产品还不多，这其中涉及到许多试验研究和工业生产的难题。绿色包装材料的开发工作不仅是包装工业的事，而且需要整个工业协作；不仅是工业企业，而且也需科研院所、高等院校合作。因此应该制定 5～10 年绿色包装材料的开发计划，提出主要的研究开发项目和目标，如高性能、低成本的纸浆模塑一次性餐饮具和包装制品，取代木箱包装的蜂窝纸板箱及生产装备，植物纤维缓冲包装制品，可完全生物降解塑料，可食性包装材料，高强度薄壁轻量化玻璃瓶，废弃包装的高质量回收再生技术，尤其是废塑料的高质量回收再生技术，废塑料的绿色化技术等，集中人财物，组织精干队伍，有计划有目标的开展攻关协作，使我国绿色包装材料的开发工作走入世界前列。

2. 制定和完善绿色包装法律制度

绿色包装材料的法规内容应包括绿色包装材料的环境标准、控制排放物总量的行政法规，以及防止和消除排入环境中污染物的环境净化技术法规，还应建立对使用过的包装废弃物进行再循环再使用的体系，并制定 5 年、10 年须达到的包装材料再循环的目标。绿色包装材料法规也可纳入绿色包装法规，如“包装废弃物限制法”或“包装法”当中。

近十几年来，发达国家相继采取措施，制定了种种法律和指令，主要有以下几种：一是以立法形式规定禁止使用某些包装材料。如立法禁止使用含有铅、汞和铜等成分的包装材料。不能再利用的器具；能达到特定的再循环比例的包装材料。二是建立存储返还制度。许多国家规定，含酒精饮料、及软饮料一律应使用可循环使用的容器。有些国家（如丹麦）要求，若不能达到这一标准，则拒绝进口。三是实行税收优惠或罚金。即对生产和使用包装材料的厂家，根据其生产包装的原材料或使用的包装中是否安全，或部分使用可以再循环的包装材料，分别给予免税、低税优惠或征收较高的税赋，以鼓励使用可再生的资源。四是倡导适度包装。过度的包装造成资源浪费，也造成不必要的环境污染。一些发达国家正倡导适度包装，并相继出台了一些法规。如美国就以商品包装复杂豪华程度按照一定的比例作了规范限制，过度包装超出要求则重罚，以此迫使厂家简化包装，日本甚至提出零包装的想法。

我国虽没有绿色包装法，但是并不等于没有调控绿色包装的法律法规。由于包装对环境的污染是环境问题的一部分，绿色包装是保护自然资源、防治环境污染的一个重要方面，因此理应受到《环境保护法》的调控。《环境保护法》确定了环境保护与经济、社会发展相协调的原则；预防为主、防治结合、综合治理的原则；污染者付费、利用者补偿、开发者保护、破坏者恢复的原则以及依靠群众保护环境的原则。此外，《环境保护法》还规定了环境影响评价制度，“三同时”制度、排污收费制度、许可证制度、限期治理制度等基本制度。立法管理作为环境管理中的强制性手段，是世界各国普遍采用一项行之有效的措施，要保护绿色包装体系的顺利运行，必须建立健全完善的法律制度，通过立法来管理包装的生产、流通和使用，以法律法规促进绿色包装的发展。

3. 研发环保生产和回收技术

包装材料环境性能应从生命周期全过程进行评价。实际上，目前主要使用的纸、塑料、金属、玻璃包装在生产过程中造成的环境污染远大于废弃后造成的环境污染。如纸包装在制浆造纸中排出的废液，塑料包装在石油原材料提炼过程中对大气造成的污染，金属包装在磨边、涂装工序中产生的噪音、烟尘给工人造成的身心污染，玻璃包装在熔炼过程中排出的烟尘及二氧化碳、二氧化硅对环境所带来的污染均是十分严重。因此为使包装材料在其生命周期全过程中具有“绿色”性能，就必须进行清洁生产。在“清洁能源和原材料”、“清洁的生产工艺”、“清洁的产品”三要素中，最重要的是开发清洁的生产工艺技术，清洁的生产工艺就是“少废”和“无废”工艺，要建立生产闭合圈，使生产过程中挥发或沉淀或跑冒滴漏流失的物料，通过回收再循环，作为原料再回用，建立起从原料投入到废物循环回收利用的闭式生产过程，尽量减少对外排放废物。这样做不仅提高了资源利用率，而且从根本上杜绝了“三废”产生，使包装工业生产不对环境造成危害。我国已从 2003 年 1 月 1 日起正式实施“清洁生产促进法”，对生产过程有毒有害、污染环境的企业要强制进行清洁生产审计。因此，大力开发绿色包装材料的清洁生产工艺技术对绿色包装材料的开发至关重要。

单一材料制成包装物易于回收再循环，多层次结构的复合材料必须考虑易于分离不妨碍再利用。如铝质饮料听表面涂有机涂料，在回收熔化时有机涂料可被燃烧不会给循环再生带来困难，而复合的纸塑包装物很难分离作纯化处理。但复合材料在包装材料中应用很广泛，有塑塑复合、纸塑复合、塑铝复合、纸塑铝复合，塑木复合等多种复合方式，它们在使用中最大的优点是具备多种功能，如多种阻隔功能、透湿功能等，使之高性能化，经济效益十分突出。复合材料最大缺点就是回收难，难在分离分层，而且在回收时复合材料如混入单一材料中，就将使单一材料的回收质量受到破坏，如铝纸塑复合材料混进单一纸板回收料中，就将破坏其打浆性能；复合薄膜如混进单一性的塑料薄膜中，也将使回收再生制品报废。因此复合材料回收时一般只能作燃料，在焚烧炉焚烧回收热能。目前解决复合材料高功能性与环境性能的矛盾，其方向主要有：①开发单一高性能材料取代复合材料；②开发易回收利用的绿色复合材料。两者的开发难度均很高。

四、结语

商品的绿色包装是不可逆转的发展趋势，也是一项复杂的系统工程，绿色包装材料的使用和有效的回收利用是其中很重要的两个环节，只有让包装材料的开发应用和循环回收同步发展，才能实现真正的绿色循环。

我国现代定量包装的发展

韩虞梅　韩锦平

计量是人类社会法制的产物，也是科学技术进步的基准。我国实行《计量法》20年来，法制计量的发展及在定量包装领域的应用取得了显著的成绩。

1875年5月20日，20多个国家在巴黎签订了《米制公约》(Convetion du Mètre)，并成立了国际计量局（BIPM）。1977年，我国加入了《米制公约》，现已有160多个成员国。1960年召开的第11届国际计量大会CGPM将其定名为"国际单位制SI"。1984年，我国正式采用国际单位制SI。2000年，国际计量委员会CIPM在庆祝《米制公约》签订125周年大会上，决定以《米制公约》签订日——5月20日为"世界计量日"。

在纪念"世界计量日"和《米制公约》130周年的时候，回顾20年来我国现代计量的发展和采用《法定计量单位》、《实行SI命令》的历程，重温《定量包装商品计量监督规定》、《定量包装商品净含量检验规则》、《商品量计量违法行为处罚规定》等法规，以及我国定量包装商品的进步，使我们既感到十分欣慰，也深感任重而道远。

一个伟大的里程碑

人类社会经过几千年发展，到18世纪全球计量制度已是"万花齐放"，有了上万种计量单位，给人类社会经济发展、国际贸易和科学技术带来了极大的方便。1791年，法国政府根据法国科学院的建议，首先通过了以"米"为基础的"米制"，随后米制向世界传播，荷兰、比利时、西班牙、墨西哥等国先后采用米制，1858年传入中国。

世界各国对全球统一计量制度十分重视。自1875年5月20日签订《米制公约，并成立国际计量局BIPM（La Bureau International des Poids et Mesures）后，1887年，国际计量委员会CIPM（La Comit é International des Poids et Mesures）决定，将千克定义为质量单位。1889年9月召开了第一届国际计量大会CGPM(La Conférence Générale des Poids et Mesures），9月26日批准了国际米原器和国际千克原器（其误差为0.0001)。1915年，我国开始采用国际"米制"(详见1915年《大清权度法》)。1921年修改《米制公约》。1995年国际法制计量组织（L' organisation International de Metrologie Légal）成立。1960年第11届国际计量大会将6个基本单位（长度m、质量kg、时间 s、电流A、热力学温度K、发光强度cd)为基础的单位制命名为"国际单位制SI"(Le Système International d' unités)。1971年第14届CGPM大会又增加了"物质的量"摩尔（mol)，米制全面完成了现代化。

1960年国际单位制SI确立以后，ISO、IEC等国际组织及100多个国家纷纷采用。1984年我国正式采用，2月27日颁布《实行SI命令》和《中华人民共和国法定计量单位》。1986年5月19日发布《国际单位制SI国家标准》，1987年3月1日起施行。

在现代化社会，计量科学发展十分迅速，几年前纳米（10^{-9}）技术已进入包装领域，迎来了包装新时代。如今，测量技术已发展到"阿"级水平（10^{-18})，跨度十分巨大。例如从"1阿秒"延到"1秒"(1as～1s）相当于从"1秒"到"300亿年"的时间跨度。如此超级测量是现代科学技术发展的结果，其应用前景十分美好，不可限量。

中国法制计量新时代

现代计量是我国社会主义经济发展和工农业生产的基础，也是定量包装商品的准绳。去年"世界计量日"，我国宣传的主题就是"现代计量在中国"，特别突出宣传现代计量在我国"商贸"、"医疗"、"环境"、"安全"等四个领域和社会生活，以及定量包装商品中的重要作用。1984年，我国正式采用国际单位制SI，颁布了《中华人民共和国法定计量单位》(以下简称《法定计量单位》)、《关于在我国统一实行法定计量单位SI的命令》(以下简称《SI命令》）等法规，使我国进入法制计量新时代。20年来，我国在改革开放、生产建设和社会主义市场经济中取得了伟大的成绩。现代法制计量和定量包装商品在这一重要历史时期有了长足进步，并做出了巨大贡献。

忆往昔峥嵘岁月。新中国成立初期，我国使用的计量单位杂乱无章，既有传统的市制计量单位，也有米制和英制计量单位。1959 年，我国开始整顿和统一计量单位制度，当年 6 月我国发布了《关于统一计量制度的命令》，确定以“米制”为我国的基本计量制度，在全国范围内推广米制、改革市制、限制英制和废除旧制，这项工作取得了显著成绩。但是，由于“文化大革命”和各个领域不同的使用需要，在我国形成了“厘米·克·秒制”、“米·千克·秒制”、“市制”等多种单位制并用的复杂局面，换算起来非常麻烦（例如半斤八两非十进制、英制等），既不适应近代科学技术发展的需要，也阻碍了经济贸易的发展和定量包装商品的计量。

随着人类社会的发展，科学技术的进步和经济贸易的繁荣，世界法制计量也在不断进步，建立法定计量单位制度一直是我国社会主义建设的一项任务。1977 年迎来了科学的春风，随着我国经济建设、科学技术、文教事业的发展和国际经济、技术交流的增多，迫切需要统一计量单位。1977 年我国颁布了《中华人民共和国计量管理条例（试行）》，明确规定逐步采用国际单位市 SI，并公布了《中华人民共和国计量单位名称与符号方案（试行）》，为我国建立科学、实用、统一的法定计量单位制打下了基础。为了进一步贯彻对外开放、对内搞活的方针，适应我国国民经济、文化教育事业的发展，推进科学技术进步和扩大国际贸易、国际文化交流需要，1984 年我国发布了《关于在我国统一实行 SI 单位的命令》，决定我国统一采用《中华人民共和国法定计量单位》。

《实行 SI 命令》和采用《法定计量单位》是我国法制计量发展、食品工业定量包装进程中具有划时代意义的一个重要里程碑。由此可见，我国的现代计量是以国际单位制 SI 为基础，包括 SI 单位制的 7 个基本单位、SI 的辅助单位、SI 单位制中具有专门名称的导出单位以及国家选定的非国际单位制。自 1991 年 1 月 1 日起，除个别特殊领域外，不允许再使用非法定计量单位，现代法制计量在我国工农业生产和定量包装食品工业中做出了伟大的贡献。

定量包装食品的法制计量

近年来，随着我国经济的发展，在商品贸易活动中，出现了一些定量包装食品计量不准、缺斤短两的问题。有的生产者、经营者弄虚作假，标实不符，以少充多、缺斤短两；有的不按规定配备和使用计量器具；有的在操作计量器具过程中做手脚，如此等等。从而造成定量包装食品缺量，以此非法牟利，发不义之财。严重损害了广大用户和消费者的利益，干扰了社会主义市场经济秩序，造成了企业间的不平等竞争，污染了社会风气。1999 年“3.15”之前，国家质量技术监督局曾组织在全国抽查了定量包装商品 522 批次。结果表明，定量包装净含量合格的有 401 批次，合格率仅为 76.8%。某企业生产的瓷瓶 500ml 白酒，缺量最多的竟达 120ml，差额高达 24%。

为了严厉打击缺斤短两、欺骗和坑害消费者的计量违法行为，1999 年 3 月 12 日，国家质量技术监督局发布了《商品量计量违法行为处罚规定》(下称《处罚规定》)，与之配套的《定量包装商品计量监督规定》、《定量包装商品净含量检验规则》等法规也相继施行。这是我国在社会主义市场经济条件下，规范和监督包装食品计量行为的重要的法规，是计量法制建设的重要举措，是对《中华人民共和国计量法》的完善和补充；也是国际法制计量组织 OIML 国际建议第 87 号《定量包装商品净含量》规定的要求。

我国《处罚规定》明确规定，任何单位和个人在生产、销售、收购等经营活动中，必须保证商品量的量值准确，不得损害用户、消费者的合法权益。《处罚规定》第四条明文规定，生产者生产定量包装商品，其实际量与标注量不相符，计量偏差超过《定量包装商品计量监督规定》或者国家其他有关规定的，质量技术监督部门责令改正；给用户、消费者造成损失的，责令赔偿损失，并处违法所得 3 倍以下、最高不超过 30000 元的罚款。

《处罚规定》第五条规定，销售者销售的定量包装商品或者零售商品，其实际量与标注量，或者实际量与贸易结算量不相符，计量偏差超过《定量包装商品计量监督规定》、《零售商品称重计量监督规定》或者国家其他有关规定的，质量技术监督部门责令改正；给用户、消费者造成损失的，责令赔偿损失，并处违法所得 3 倍以下、最高不超过 30000 元的罚款；没有违法所得的，可处 10000 元以下的罚款。

《处罚规定》第六条规定，销售者销售国家对计量偏差没有规定的商品和预包装商品，其实际量与贸易结算量之差，超过国家规定使用的计量器具极限误差的，质量技术监督部门责令改正；给用户、消费者造成损失的，责令赔偿损失，并处违法所得3倍以下，最高不超过20000元的罚款。

法制计量促进定量包装商品发展

由此可见，定量包装的计量法规是我国定量包装商品法制计量的保证，具有以下三大重要意义：

首先，进一步完善《中华人民共和国计量法》，强化计量监督。《计量法》的颁布实施，使我国计量工作纳入了法制管理的轨道。但是，由于《计量法》颁布较早，它强调了对计量器具的管理，而缺乏对测量数据和市场商品计量行为的监督管理规定，致使打击定量包装“缺斤短两”的计量违法行为缺少统一的法律依据。《商品量计量违法行为处罚规定》的制定，解决了定量包装食品计量监督和对有关违法行为进行处罚的法律依据问题，是对《计量法》的补充和完善。

二是维护市场公平交易，促进建立社会主义市场经济秩序。市场经济的重要原则就是商品的公平交易和平等竞争。当商品贸易活动中出现了大量定量包装食品计量不准、缺斤短两的问题时，违法者靠缺斤短两获得暴利，造成了企业间的不平等竞争，干扰了社会主义市场经济的正常秩序。《处罚规定》的制定就是为了打击、制止缺斤短两的违法行为，维护平等竞争和公平交易。

三是依法强化计量监督，保护消费者利益。据中国消费者协会统计，多年来，消费者对商品量计量的投诉，一直占总投诉量的第二位。制定《处罚规定》，就是要加大打击缺斤短两、克扣、欺骗消费者的计量违法行为的力度，保护广大消费者的合法权益。

最近，国家有关部门公布了2004年定量包装食品净含量国家监督专项抽查情况的通报。结果充分表明，我国定量包装食品净含量合格率稳步提高，抽样合格率达92.8%。根据抽查结果分析，我国定量包装食品进步明显，具有以下四大特点：

1.定量包装食品抽样合格率逐步提高

最近抽查的6种定量包装食品净含量抽样合格率优良，以茶饮料为最高，抽样合格率为97.7%。尤其是奶粉行业，通过专项抽查，及时修订了相关的强制性标准，对其中的技术指标（单件负偏差、平均偏差）进行了修改，使其完全符合国家制定的计量法律法规，使奶粉的抽样合格率提高到87.7%。此次油漆抽样合格率最低为76.2%，与最高相差21个百分点，其原因在于：油漆是首次列入定量包装商品净含量国家监督专项抽查的项目，其生产企业对国家关于定量包装商品的计量法律法规知之甚少。这充分说明，抓与不抓确实不一样，通过国家专项监督抽查，引起定量包装商品生产企业和行业的重视，从而促进抽样合格率的提高，做到抽查一批企业，规范一批企业，提高一批企业。

2.定量包装生产企业差异逐步缩小

在国家专项抽查中，抽查大型企业76家，平均抽样合格率为96.3%；抽查中型企业135家，平均抽样合格率为91.5%；抽查小型企业240家，平均抽样合格率为83.0%。抽查结果表明，计量合格率与企业规模大小有关，大型企业的计量管理力度不断加强，抽查合格率稳中有升，其主要原因是大型企业重视定量包装商品计量工作，建立定量包装计量器具台帐、定量包装商品计量监控程序及定量包装商品抽检制度。从历年计量合格率看，中小企业与大型企业的计量管理差距在逐步缩小，尤其是小型企业的计量管理水平提高较快。

3.加强国家计量监督检查成果显著

国家计量监督检查工作促进了我国定量包装商品生产企业计量法制意识的全面提高，使定量包装食品生产企业计量环境得到明显改善。根据最近国家公布的“食品放心工程计量监督检查情况”统计表明，全国30个省、自治区、直辖市（西藏未报材料）共检查食品类定量包装商品生产企业30 529家，占总数的52.8%，计量监督检查前上述定量包装商品生产企业在用计量器具受检率为81.9%，计量监督检查整改后在用计量器具受检率为95.4%，提高了13.5个百分点。

4.法制计量保护了消费者的利益

据国家“食品放心工程计量监督检查情况”统计表明，计量监督检查前定量包装食品净含量平均抽样合格率为80.8%，计量监督检查后定量包装食品净含量平均抽样合格率为92.8%，提高了12个百分点，实现了定量包装商品净含量平均抽样合格率达到80%以上的基本目标。此外，“食品放心工程检查”共查处食品类定量包装商品生产企业计量违法案件3721件，生产企业利用计量器具作弊、销售商品量缺斤短两等坑害消费者的现象得到了有效遏制，切实保护了消费者的利益。

我国定量包装的发展方向

1.不断完善我国计量法规建设

随着世界经济的发展和我国社会主义法制建

设的需要，我国将定量包装商品净含量等计量监督作为新时期法制计量的重要组成部分纳入《中华人民共和国计量法》的修改工作中，使我国计量工作更好地适应国民经济的发展和与国际通行做法保持一致。参照国际法制计量组织 OIML 新修订的《定量包装商品净含量》（OIML 国际建议第 87 号），并结合我国国情，修订我国《定量包装商品计量监督规定》、《定量包装商品净含量计量检验规则》等定量包装法规。

2. 从生产源头抓好定量包装管理

定量包装食品生产企业要建立并完善计量保证体系，大力推行定量包装商品合格“C”标志制度。对于基础较薄弱的定量包装企业，要加强计量基础工作，建立必要的计量管理制度，配备与其生产条件相适应的计量检测设备，培训计量检测人员。

3. 扩大定量包装法制计量宣传

一要面向定量包装食品经销商，二要面向广大消费者加大宣传，扩大《定量包装商品计量监督规定》及《定量包装商品计量合格 C 标志》影响的力度。提高计量法制意识和对定量包装商品净含量正确标注的识别能力，严格把好各道关口。

4. 建立健全计量监督检查制度

要进一步建立健全对定量包装食品生产和经销企业的定期或不定期计量监督检查制度，完善定量包装商品净含量计量监督抽查制度建设，建立健全生产、经营企业计量行为档案和公示制度。

5. 加强企业诚信计量包装

有关部门一要引导企业自律，向定量包装食品生产企业和经销企业广泛宣传计量法律法规，引导企业诚实计量、合法经营；二要树立典型，逐步强化信用体系建设；三要强化舆论监督，建立健全计量违法企业曝光制度、消费者投诉制度以及聘请义务监督员制度。

总之，要不断加强法制建设，抓好定量包装管理，提高定量包装水平，从而使缺斤短两等坑害消费者的现象得到有效遏制，切实保护生产厂家和消费者的利益，为我国社会主义市场经济取得更大的成就而努力。

软塑包装发展现状及加入 WTO 后面临的形势

赵延伟

软包装（Flexible Package）是指在充填或取出内装物后，容器形状可发生变化的包装。一般用纸、纤维制品、塑料薄膜、铝箔、复合材料等制成。塑料软包装（又称软塑料包装）是指用塑料薄膜或塑料复合材料进行的包装，具有质轻、柔软、废料少、占有空间少、成本低以及成本有效性高（单位重量包装的体积和重量）等优点。所以，用途广泛，除了用于包装食品、医药和纺织品外，还可用来包装玩具、日用品和小五金用品等。

一、发达国家软塑包装发展现状

1. 软塑包装材料的发展现状

以塑料工业最发达的美国、日本和德国为例，包装用塑料分别占塑料总消费量的 27.2%、32.8% 和 27.2%（我国塑料包装占塑料消费的比例为 5% 左右）。

塑料材料的发展方向是提高性能、降低成本和有利于环保。随着新材料、新品种的开发，以及加工技术和机械的改进，提高了材料和包装制品的性能。既降低了材料消耗和成本，又符合人们对环境的要求。据欧洲塑料生产厂家协会（APME）的研究报告表明，近 10 年来用于包装的塑料平均下降 28%，每年减少用量 180 万吨以上，其中塑料包装薄膜最为有效，占节省的 70%以上。塑料软包装消费年均增长率一直都高于其他包装方式。据美国著名的商务通讯公司（BCC）在“变化中的塑料软包装工业”专项报告中提供的数据为：世界软包装市场总用量仅 2001 年就达到 631 万吨，目前用量最大的是食品包装，约为 168 万吨。预计未来几年仍将保持良好的增长势头。

2. 软塑包装的发展趋势

发达国家软塑包装发展趋势的特点主要有以下几个方面：

（1）前途广

据美国软塑包装协会《2002 年行业状况报告》指出，软包装市场是价值 200 亿美元的行业，占包装市场总量 1140 亿美元的 17%，成为包装市场的第二大部门（第一为纸制品加工市场）。另一份报告指出，2005 年美国最具发展潜力的三大市场，一是新鲜农产品，目前已有一半农产品采用软塑包装；二是医药品；三是食品市场，宠物食品是其中的一个新亮点。

（2）环保化

美国 **Biocope** 公司是物质合成与生物分解物质生产商，最近率先推出由谷物合成的塑料——乳酸聚合物（**PLA**）材料制造的水杯投放市场，深受欢迎。其物理性能可与石油合成的材料相媲美，但因源于植物，能完全分解，其环保性能是石油合成材料无法相比的。

（3）多样化

以食品工业为例，为使食品包装方便美观，易于开启、储藏，企业不断推出新型食品包装。如小食品包装的边沿采用聚丙烯/亚乙醛烯醇/聚丙烯材料，制成的包装易于开启。快餐小甜面包采用聚酯薄膜包装和用固体漂白硫酸盐纸板制成的盘子盛放，可解决过去需要就地烘焙，花费大量劳力且质量不一的问题，亦可延长保存期。

（4）纸塑化

有资料显示，2006 年美国包装市场中，塑料消费将在部分市场中超过纸，达490万吨。表明2001～2006 年间的年均增长率为 1.6%。该项研究指出，纸仅能在运输袋和熟食品携带包装市场上继续保持优势，而塑料在灌装包装薄膜上显示出技术优点和方便；塑料包装易加工，生产线速度快，增强了其竞争力。站立式塑料袋将取代折叠纸盒用于糖果包装，镀金属膜和高阻隔性复合膜的应用也将扩大。

3.软塑包装印刷的发展现状

目前，世界四大印刷中心——美国、日本、德国和我国香港的包装印刷发展很快。现以美国和中国香港为例介绍如下。

（1）美国包装印刷现状

印刷工业是美国近五年来的顶级工业部门之一。其中，包装印刷占美国印刷市场的第二位，是美国民营企业最看好的投资方向之一。在美国包装印刷行业中，柔版印刷方式占 70%左右，柔版平印被广泛用于软包装、纸袋、标签等包装产品中。

据专家预测，美国印刷企业未来将显示出以下发展趋势：（1）数据印刷。预计 2006～2010 年，大多数印刷企业将转向数字彩色印刷。海德堡一位执行官预计，美国数字印刷机将以每年 30%的速度增长，到 2008 年将达到 469 亿美元。（2）并购重组。到 2006 年，美国印刷企业并购数目与前几年相比有减缓的趋势，但仍保持强劲势头。（3）信息化服务。信息化技术的应用将给印刷企业开发价格敏感性较差的项目以更多的启发。**MIS**（信息管理系统）将与生产流程集成和电子商务的发展并驾齐驱。（4）服务细化。一是分销服务，二是全程服务。

（2）中国香港包装印刷现状

印刷业是香港的重要行业，其企业数目和雇用人数在制造业中均排名第一。印刷质量可与美、德等国家相媲美。近年来随着经济的快速发展，香港包装业和包装印刷业发展很快，年均外销额增长率都在 10%以上。美国曾一度成为香港印刷品的最大市场。近年来，美国市场需求有所减弱，日本的出口额有所增长。

香港包装企业不少已采用现代化印刷设备，如电子分色扫描机、多色自动印刷机及电脑化印刷生产管理系统等。香港凸版印刷集团投入巨资建立的 **ERP** 系统，科学地管理深、港两地生产流程，成为业界的经典之作。香港印艺学会创办的印刷物料测试及分析中心，对香港市场进行了深入的研究分析，公开派发给企业使用，节约了印刷公司调配专色而浪费的油墨，节省了专色油墨调配浪费的工作。该测试中心和香港城市大学正在进行联合研究“故障诊断智能与印刷品质改善系统”，对印刷机运行的声音分析，临近诊断机器故障，并设计管理软件以改善印刷品质。

香港包装印刷业将保持以下发展趋势：（1）高增值发展方向。香港包装印刷业素以技术先进、品质优良、灵活快捷、定价合理以及勇于创新著称。要保持竞争优势，必须继续朝高增值方向发展，而创意和设计是提升产品和服务价值的重要元素。（2）“前店后厂”策略。为减少生产成本，特别是印后服务成本，几乎所有香港大型印刷企业和一些中型企业都在中国大陆建立了生产基地。有关资料显示，现在港商在珠三角雇用的员工有 50 多万人，每年出口营业额平均有 10%以上的增长。

二、我国软塑包装发展现状

1.软塑包装材料发展现状

（1）塑料膜材料

我国塑料包装材料行业经过 20 多年的发展，已形成一定规模，在包装市场上占有重要地位。1980 年产量仅有 19.1 万吨，产值 30 亿元；2002 年产量达到 401 万吨，产值达到 680 亿元，占包装工业总产值的27%。复合包装材料每年出口薄膜30万吨。塑料包装材料乡镇以上企业共有8000多家，其中薄膜制造企业有2240家。

据统计，2003年塑料包装材料产量达到460万吨，比上年增长15%，其中双向拉伸薄膜增长最快。一方面因为BOPP专用料国内已有6家企业生产（包括上海石化、北京燕化、齐鲁石化、茂名石化、广州石化、九江石化），占需求总量的50%，拉膜速度达到350～400m/min的要求。另一方面，已引进生产线在今年投产，新增加能力在10万吨以上，如四川中达公司正在兴建的2.5万吨和3万吨BOPP生产线。广东顺德德冠公司、桂林集琦包装公司生产的高性能分子组装抗菌薄膜将投入市场，使两个企业在创新方面迈出了可喜的一步。上海紫江彩印公司的镭射薄膜、紫华公司的透气性流延薄膜、紫藤公司的抗静电流延聚丙烯薄膜都列入国家火炬项目。南京中达共挤热封型双向拉伸聚丙烯薄膜，保持了BOPP的热收缩性，同时解决了热封性及香烟膜包装的难题，解决了中条包膜与小条包膜的粘合问题；采用开孔定位技术，解决了BOPP热封性问题。

（2）复合膜粘合剂

目前，软塑包装行业应用的粘合剂有单组分聚氨酯粘合剂、双组分聚氨酯粘合剂、丙烯酸类粘合剂、无溶剂粘合剂、醇溶性、水溶性聚氨酯粘合剂等。我国软塑包装行业的发展是与双组分聚氨酯粘合剂技术的发展联系在一起的，其生产能力近5万吨，普通粘合剂和一些功能粘合剂已完全可以实现国产化。其中，75%固含量的双组分聚氨酯占60%的市场份额；50%固含量的双组分聚氨酯粘合剂的市场份额在缩小，但仍占据30%以上的份额；不足10%的特种粘合剂市场中，进口粘合剂仍占据优势。

目前，市场上新推出并得到成功应用的功能性粘合剂有：（1）快速固化粘合剂，只要在50度左右4～8小时即可分切。（2）抗化学物质侵蚀粘合剂，汉高公司占据较大优势，尤其在液体农药包装方面。（3）高助剂含量薄膜复合用粘合剂。另外，干法复合辐射或紫外固化聚氨酯粘合剂的开发也是未来开发的热点。

（3）印刷油墨

目前，我国软包装印刷用油墨近5万吨，其中氯化聚丙烯油墨约占40%以上，聚酰胺油墨约占30%以上，聚脂聚胺酯油墨约占近20%，其他如醇油性油墨等不足5%。聚脂聚胺酯油墨由于其改性品种多，应用范围广，耐温性、耐水性好，印刷光泽度高，毒性小，发展极为迅速，正逐渐取代氯化聚丙烯油墨。虽然醇溶性油墨目前应用较小，但其增长速度也在加快，越来越多的企业采用醇溶性油墨与双组分聚氨酯粘合剂结合使用，减少了甲苯的使用和排放。

2.软塑包装发展趋势

（1）高功能低成本化

这是软包装材料发展的主要方向之一。具有以下特征：（1）多种复合方法综合应用。包括：多层共挤复合工艺与拉伸制膜工艺的结合使用；多层共挤复合与干法结合使用。（2）生产工艺与设备的改进。如多层共挤吹塑薄膜机中机顶旋转装置的采用，可明显提高薄膜的平整度；泡管内冷却装置可以达到同时提高产品质量及生产速度，降低生产成本的效果；蒸镀铝前薄膜表面的预处理，可以大幅度提高蒸镀层的牢度，制造出高阻隔型软包装基材。（3）新型原材料的开发应用。除茂金属聚乙烯外，值得注意的还有双峰聚乙烯、聚乙烯醇涂布聚乙烯薄膜、聚乙烯醇涂布聚丙烯薄膜、蒸镀铝型PET薄膜、蒸镀铝型OPP薄膜、蒸镀氧化硅型PET薄膜、蒸镀氧化硅型OPP薄膜等。

（2）绿色包装发展迅速

近年来，软塑包装绿色化有明显进步。（1）环境保护适应性好的工艺，特别是清洁生产越来越受到业界欢迎。如采用无溶剂复合、共挤出复合、挤出复合等工艺，替代干法复合工艺；采用真空镀铝方法，减少铝材的用量等。（2）对环境适应性较好的原材料用辅助材料的应用不断增加。如干法复合中水溶剂粘合剂、醇溶剂油墨、高浓度聚氨酯粘合剂的应用，以及利用PVA、改性PVA溶剂，通过涂布加工制造高阻隔软包装基材等。（3）废弃软包装材料的应用领域不断扩大。如塑料袋的无害化回收处理、塑料薄膜易焚烧化以及降解塑料薄膜的产业化等。

（3）塑料软包装材料的应用领域不断扩大

近年来，由于具有特定功能的塑料软包装袋开发成功，使以前一直采用瓶子包装的许多商品如牛奶、酱油、白酒、药品以及农药等均已部分为塑料包装袋所替代。

3.软塑包装印刷的发展现状

目前，我国包装印刷市场中，国企与集体企业正在逐步淡出，而持有国际先进市场理念与成功经营管理经验的三资企业却充满活力、具有市场快速灵敏反应能力的民营企业、股份制企业的比重则大幅度上升。

我国包装印刷已基本实现了由单一的印刷方式向门类齐全的多种印刷方式的转变，其中，凸版印刷在整个印刷的比重已由上世纪 **80** 年代初的 **70%** 左右下降到 **24%**，而胶印已上升到 **44%**，凹印占 **20%**，柔印占 **3%**，其他占 **9%**。

我国目前印刷装备水平较过去也有明显提高，技术改造速度加快。据资料显示，我国 **2002** 年进口各类印刷机总额已超过 **10** 亿美元，其中单张纸胶印机进口 **785** 台，约合 **3.4** 亿美元。从国内印刷机械行业来看，**2002** 年实现工业销售产值约 **30** 亿元，同比增长约 **12%** 左右。其中除 **1** 亿多元出口外，其余基本都是内销，说明国内印刷机械行业整体制造水平较过去有了很大提高。同时，印刷企业的管理水平也在快速进步，较早实现了企业信息化管理。

20 年来，我国包装印刷企业的数量几乎增长了近 **10** 倍，大量企业的加盟，加速了行业的发展，同时也加剧了行业内的竞争。竞争既促进了企业技术改造、人才培训、经营管理、产品与服务质量的提高，也大幅度地降低了包装印刷的利润率，甚至亏本经营。恶性低价竞争，最终会影响整个行业的健康发展。

我国包装印刷业发展方向和重点是：（**1**）向中高档、多样、多色化方向发展，向易运输、易仓储的普及型方向发展；（**2**）继续大力发展纸基包装印刷产品；（**3**）大力发展塑料包装，尤其是塑料软包装目前正在许多领域扮演着越来越重要的角色；（**4**）积极发展防伪包装印刷；（**5**）大力开发蜂窝纸板用以生产纸托盘，代替土托盘和木材包装；（**6**）符合环保要求、无污染的绿色包装将越来越受到社会的重视。

三、加入 WTO 后我国软包装面临的形势

1. 发展机遇

我国加入“**WTO**”有利扩大贸易，促进我国出口产品的增长，从而带动软包装需求的增长，形成对软包装发展的市场拉动效应；有利于引进资金和技术，加快我国软塑包装企业的技术进步和产业结构的优化与升级；有利于我国软塑包装参与国际分工和国际市场竞争，并在竞争中促进软塑包装的发展。

2. 面临的严重挑战

面临的严重挑战是：新的贸易壁垒——绿色壁垒将对出口产品软塑包装提出更高要求；现代科技的飞速发展和工业产品科技含量的增加，对传统软塑包装技术构成威胁；贸易自由化转移和跨国公司涌入，将对我国软塑包装业和国内市场受到严重冲击。

加入 WTO 后我国软塑包装企业的对策

在经济全球化的环境中，既要“从中国看世界”，也要“从世界看中国”。要增强参与国际竞争的紧迫感和危机感。

1. 加大对软包装企业人才开发的力度

我国软塑包装企业人才缺乏，只占企业人员的 **6%**，低于全国其他工业企业 **15%**的水平，这是造成软塑包装企业经济效益较低、企业发展缺乏活力和后劲的主要原因。因此必须转变观念，提高企业人才开发意识；加强培养战略型人才，造就一支高素质的企业家队伍；加大教育和培训投入，实现人才的快速培养。

2. 合理有效地引进国外先进技术，加快我国软塑包装企业的技术进步和技术创新

主要抓好以下几方面的工作：一是提高企业领导人的创新意识和素质；二是提高企业技术创新的能力；三是正确选择技术创新的方式。

3. 改造软塑包装老企业，不断调整产品结构，提高市场适应能力

主要有两条路，一是引进新技术、新设备；二是立足现有条件，改造老设备。在结构调整方面，一是软塑包装向高功能、低成本、重环保方向发展；二是复合软包装向抗菌、高阻隔和智能化方向发展；三是软塑包装印刷油墨向多色、高速、快干、环保、低耗方向发展。

4. 组建软塑包装企业集团，实现规模经营，提高企业的规模经济水平

根据我国软塑包装面临的国内、外形势和中、小企业自身特点，借鉴国外中小企业发展经验，走联合发展的道路，应成为我国软塑包装企业发展战略选择的基本思路。

5. 应对石油提价，将塑料材料市场价格风险降至最小

软塑包装材料基本上是以石油产品为原材料加工而成的，与石油紧密相关。软塑包装产品的价格比重，材料成本占其总成本的 **80%**，占销售额的

60%左右，因此石油价格直接影响着塑料软包装的成本。

目前，石油价格随着世界政治、经济及战争的因素不断上涨，从而引发石化产品价格的全面上扬，导致塑料软包装行业成本大幅上扬，企业经营都很困难。尤其在持续几年的困境中，企业相互竞争杀价，使得行业内元气大伤，缺乏持续发展的原动力，导致设备改造和技术创新投入严重不足。经过市场的残酷洗礼，目前行业内大部分企业已经觉醒，纷纷拟定新的经营策略，视困难为机遇和挑战，以迎接下一轮经济高潮的到来。我们相信，软塑包装工业发展的第二个春天又会到来。

军品包装系统工程

——军品包装持续发展的必由之路

颜汝明　杨宝忠

一、军品包装持续发展的选择

军品包装是确保武器装备高可靠、长寿命的重要措施，是对军用物资实施科学管理的基础，尤其对于现代化的装备，它是武器装备进入作战使用、转化为战斗力的必备条件和重要的技术手段。经过十余年的努力，我军的军品包装工作有了长足进步，军品包装获得了迅速发展并取得了显著成绩。然而就军品包装整体而言，同中央军委确定的新时期军事战略方针对后勤保障要求还很不适应，同国外发达国家军品包装相比还有较大差距。主要表现在：一是军品包装同军事装备的设计生产不配套，装备的运输性差，因包装不善造成的包装破损比较严重。二是在包装设计时往往只重视对运输装卸的安全要求，而忽视部队的维护管理作战使用要求，部队的二次包装问题十分突出。三是在物流集装化程度上，不能顺利实施“快速保障”、“伴随保障”、“综合保障”。

存在上述问题的主要原因是我军军品包装设计生产仍停留在旧观念、旧模式上。传统做法是在装备研制完成后，才考虑包装问题；同时包装设备设计考虑的因素比较单一，应用的大都是不甚复杂的技术。由于在装备的早期不太重视包装问题，将其视为一种从属性工作，致使武器装备在投入使用时，出现上述诸多先天不足的问题。

我军的装备技术目前已日趋复杂，面临包装设备如何适应现代化装备的需要，必须抓紧解决。1991年颁发的GJB1181《装备包装装卸贮存运输通用大纲》是在总结我军第一代包装设备研制经验的基础上制定统一标准，其目的就是要将系统工程管理引进我军包装设备的研制中，即改变传统的观念和模式，采用新的思路和新的工作方法，从根本上解决军品包装存在的深层次问题，确保军品包装持续发展。

二、军品包装系统工程的目标和要求

系统工程作为一门组织管理技术，需要从整体观点出发，研究和处理系统内部和外部的各种问题和关系，以达到工程设计、生产和使用的最优化，是一种具有普遍意义的方法，这种方法正好适应当今军品包装设备研制的需要。实施军品包装系统工程的目标是采用系统工程的理论和方法强化包装发展论证，实施全寿命管理；把包装的保护性、保障性、经济性、方便性统一起来；坚持做到装备技术与军品包装协调配套，同步发展；节省经费，增加效益；进一步提高军用装备的快速保障和综合保障能力，以满足打赢现代高技术条件下局部战争的需要。

军品包装系统工程的基本要求是把包装设备作为装备的整体组成部分，并与装备同步论证、研制、生产，以保证包装设备与装备的要求协调一致、综合优化。即在论证阶段提出包装贮运要求和确定包装防护应达到的目标；在研制阶段进行包装设备的设计，并鉴定其性能是否满足要求；在生产阶段要保证包装设备（包括软件）的生产质量，保证订购方能获得适用的包装设备。

这一要求体现了系统工程管理的全系统、全寿命观点。所谓全系统观点，就是要“把包装设备作为装备的整体组成部分”。如果把装备看成是一个系统，那么包装设备就是组成这个系统的子系统。这一认识体现了现代化装备对包装贮运的要求。这对提高包装设备在装备研制中的地位，克服轻视包装贮运工作的思想是非常重要的。按照这一观点，考虑包装问题时，就要从整体性原则出发，综合考虑装备的效能、可靠性、维修性、综合后勤保障、装备的管理与维修体制，以达到整体优化的目标。

所谓全寿命观点，就是军用包装设备的研制贯穿于从论证到研制、生产的全过程，并同装备的研制各阶段相一致，改变过去只是在装备研制完成后才考虑包装贮运设备的传统做法。

三、军品包装系统工程的组织实施

军品包装系统工程管理的要求是通过在装备的研制过程中建立和实施《装备包装装卸贮存运输大纲》（以下简称《大纲》）来实现。具体做法是：订购方在装备研制的《战术技术指标和使用要求》中，提出军品包装要求。承制方应根据订购方的要求，制定和实施《大纲》。

军品包装要求的内容主要包括：（1）根据武器系统作战使用流程和环境条件，提出流通交货要求；（2）根据部队的管理和维修体制，提出包装贮运要求；（3）提出潜在的难以运输的产品包装贮运要求（是否需要分段包装或采用特殊防护的要求）；（4）特殊的贮存要求（是否需要空调、温度控制、采取隔离、充氮、放置干燥剂等）。

由于过去在装备论证时，没有提过包装要求，没有直接的经验可借鉴，这方面尚需要在实践中不断探索。包装要求提出的主要依据：一是装备的组成、作战使用流程、环境条件等；二是部队的维护管理体制要求；三是在役装备在作战使用中的经验教训；四是相应有关国家军用标准的要求。

《大纲》的主要内容包括：（1）明确包装贮运设备研制的目标和工作范围；（2）选用、改进以及需要重新包装设备的贮运清单；（3）确定包装设备的设计要求；（4）提出包装设备设计准则；（5）确定备件包装设计准则。

《大纲》是落实订购方的包装贮运要求、进行系统工程前期系统分析的结果，是指导包装设备设计、试制、试验、鉴定定型等工作的基本文件，是装备研制任务书和设计任务书的组成部分。《大纲》一经批准，具有指令性意义。《大纲》具有动态性，即在方案阶段由承制方的设计师系统依据订购方提出的要求和装备的总体设计方案，参照以前同类装备包装设备研制的经验和对技术发展的预测，编制《大纲》。《大纲》应随着设计、研制工作的深入展开及经验的积累，通过实施中的检查，阶段评审，逐步补充、细化，不断地完善。对于大型复杂的武器系统，《大纲》应有层次性。即系统、分系统，设备各级都应该根据自己的具体情况（包括转承制方根据主承制方的要求），编制覆盖范围适当、粗细程度不等内容不同的《大纲》并保持他们之间协调的阶梯关系。按照这一要求和方法，订购方采办的包装设备，在军事上、经济上可以获得以下明显好处：（1）确保包装设备与装备之间相匹配；（2）确保部队及时、经济而有效地得到包装设备，一到装备部队即能配套，形成作战能力；（3）包装与部队后勤保障相匹配（主要指装备维修方面的要求），减少部队的二次包装；（4）避免某些方面高于实际需要，减少浪费。

四、推进军品包装系统工程的对策

从近几年来标准实施的效果看，与需要达到的目标还相差甚远。差距主要有三个方面：(1)组织实施的力度不够，缺少权威机构法规文件的指导；(2)实施包装系统工程的基础理论研究不够，缺少必要的技术支撑；(3)包装信息系统建设跟不上，缺少必要的手段。为达到实施军品包装系统工程所确定的目标，当前应做好以下几方面工作。

1. 由军品包装委员会会同有关部门组织制定“实施军品包装系统工程”的法规文件，并由总后勤部、总装备部、国防科工委联合颁布实施。该文件应明确规定军用装备物资包装的论证、研制、生产；使用部门各自的职责、任务、工作内容及其要求。

2. 加强军品包装基础理论研究。研究的内容至少应包括：（1）开展对美军实施军品包装系统工程的研究。提供可借鉴经验，以便少走弯路，提高研究的起点。（2）开展对我国、我军现有包装资源的研究，以便充分了解国情、军情，充分利用现有的包装资源条件。（3）开展产品包装特性研究。产品包装特性研究是包装工程领域一项重要的综合性、基础性研究课题，对于突破传统的包装设计观点、简化包装设计、提高产品包装通用化程度有着十分重要的作用。（4）组织编制国家军用标准《军品包装要求的编制和应用程序》。此项工作应在开展产品包装特性研究的基础上进行。编制该标准的目的在于为军品包装的论证、研制、生产、定型、检验提供技术支持。军用装备的战术技术指标、作战使用要求一旦确定，通过该标准就能迅速找出其对应的包装要求及实施方法。

3. 研究和开发“军品包装工程决策咨询系统”，为实施军品包装系统工程提供快捷有效的服务。该系统应能满足以下要求：（1）为各级包装管理、科研使用单位提供包装信息咨询、处理等服务，即系统能为用户提供包装信息咨询功能。(2)在军事装备、器材和物资的论证、采购等过程中签订合同时，指导型号研制、订购等部门制定全面、科学、合理的包装要求。即系统能为用户提供包装要求辅助决策功能。(3)在军事装备、器材、物资包装研制过程中，提供优化设计方案，指导包装设计和包装改进工作的具体实施，即系统具有优化包装设计方案辅助决策功能。

系统工程已广泛应用于各种工程领域，并已取得令人瞩目的成效。由于它在包装工程领域中的应用才刚刚起步，成效尚未充分显示出来。只要我们不断探索，不断完善，逐步积累经验，这种普遍适用的科学方法必将促进军用包装工作水平的提高，推动军品包装的持续发展。

我军军品包装的显著成果

马宏亮

自1984年成立军品包装委员会以来，军品包装工作已经走过了二十多年的历程。二十年来，在广大军品包装工作者的共同努力下，军品包装工作从无到有，逐步发展壮大，取得了巨大的成就，为我军现代化建设做出了重要贡献。

一、组织机构日益完善，规章制度逐步健全

军品包装是跨系统、跨行业、跨军兵种的工作。根据新形势下后勤保障特点和军品包装实际情况，经过十几年的发展，军品包装的管理已基本形成了部门管理与行业管理相结合的管理方式。

1984年，军品包装委员会正式成立。之后，总后勤部成立了7个包装专业组，在军品包装委员会的管理、协调下，负责组织本专业包装工作的开展，军品包装组织机构初步形成。为了理顺工作关系，健全组织机构，适应新形势下军品包装工作的需要，在发展过程中对军品包装委员会进行了多次调整。目前，全军已组建了16个包装分会，在军品包装委员会的组织下开展包装工作。

军品包装的各项法规是军用装备、器材和物资管理需求发展的产物，同时，它又作用于军品包装的管理过程，更好地服务于装备、器材和物资的管理，成为调整军队系统各个层次、各个部门有关包装管理行为关系的基本准则和依据。多年来，军品包装委员会高度重视完善规章制度，组织制定并修改了《军品包装委员会章程》等配套规章。

二、积极开展包装研究，包装科研取得了显著成果

包装科研水平的不断提高，是促进军品包装整体水平提高的重要技术保证和必然途径。多年来，各包装管理部门投入大量经费和人力，积极开展包装科研，广大科研工作者紧贴部队实际，按照新时期军事战略要求，紧紧跟踪国际先进包装技术，开展了一系列包装研究，部分科研成果已经被部队应用，取得了显著的军事和经济效益。

1.重视基础研究，理论水平不断提高

包装理论是整个军品包装的基础，包装基础理论水平的提高，对于保证包装科研的技术含量和先进程度，提高军品包装水平具有重要作用。多年来，军内的包装科研和管理人员越来越重视军品包装基础理论的研究并取得了一定的成绩。例如，《军品包装发展目标重点研究》在深入分析现代战争保障特点对包装的要求和军品包装现状的基础上，充分借鉴外军军品包装的现状与发展趋势，结合国内军内情况，从军品包装理论的基础研究出发，提出了比较完善的军品包装定义，对军品包装的特点、功能及与民用包装的差异进行了全面系统的分析，提出了军品包装的政策法规、组织管理、质量保证和基础技术体系发展与建设的理论。

2.注重成果应用，包装科研贴近实际

包装研究项目从提出、论证、研究都充分考虑了军品包装的实际，紧密结合军用产品的包装特性和流通环境条件，注重防护性、经济性、适用性相统一，在解决运输、贮存、管理、使用中的包装问题方面，取得了十分显著的效果。如“野外封存技术研究”的成果，被应用于有关装备的野外长期封存，取得了重大的军事意义和显著的经济效益。

3.紧跟科技发展，应用信息技术

以信息技术为核心的新军事技术革命，正在深刻地影响着战争形态的变化，科技和知识已成为决定现代局部战争胜负的关键因素。我军充分发挥科学技术、知识经济在军品包装工作中的作用，紧紧跟上世界科技发展的潮流，抓住信息技术带来的机

遇，对信息技术在军品包装上的应用进行了一系列探索和研究。利用自主开发的微型条码计算机和配套的条码管理信息系统，仓库可以通过条码识别提取整库、整批、整箱、整层和单箱器材的动态数量信息，实现了条码识别、信息管理。运用 IC 卡储存、激光条形码技术研制改进的便携式信息管理系统，实现了野战条件下对器材的快速识别和定位，大大提高了器材保障效率。将信息技术的优势和先进性与军品包装的实际紧密结合，提高了军品包装管理效率，加快了包装信息化建设步伐，初步实现了军品包装信息化。

三、积极开展包装改进工作

在现有军品包装水平的基础上，针对现有包装存在的问题，根据军事斗争准备要求，有目的、有重点地开展包装改进，将国内外先进、成熟的民用包装技术充分应用到军品包装上，利用新技术、新方法、新材料，积极开展综合防护包装和集装化革新，逐步改变了我军原有军品包装落后、防护功能单一、集装化程度低的局面，实现了军品包装配套化、系列化、规范化的要求。

1. 应用综合防护包装

高技术战争具有大纵深、全天候、全方位，陆、海、空、电、磁五位一体的作战特点。目前，军事打击、破坏的手段日趋多样，使军用装备、器材，物资的战场生存环境日益恶劣，而且我国幅员辽阔，气候条件千差万别，军用物资经历的环境极其复杂。因此，单一防护的包装已不能满足对内装物的防护功能。军品包装委员会利用高阻隔性包装材料，采用“密封＋干燥＋除氧＋吸附”的综合防护措施，设计改进了高温高湿地带弹药多功能防护箱、大垛封存套等包装器材，落实弹药库房防潮措施等多种防护技术方案，对高温高湿地域存放的携运行弹药进行包装改进，增加其抵御高温、高湿、多雨雾、浓盐分等海洋恶劣气候环境的能力，增强了可靠性和完成任务的成功性，提高了技术保障能力。针对夜视系统、车载计算机等价值高、防护要求高的器材进行包装改进，一改原来简陋、落后的包装，采用的新型包装具有防电磁、防辐射、防震、防潮、防霉等综合防护功能，满足了对内装器材的保护要求。

2. 进行单元集装革新

利用汽车、装甲输送车、火车、航船、飞机等多种运输工具，从陆地、海上、空中，将部队作战所需的军用装备物资快速输送到保障地域的立体化投送，成为现代局部战争运输保障的主体，这就要求军用装备物资的包装必须单元集合。单元集装的包装可以提高军用装备物资装卸搬运效率，适应现代局部战争立体运输保障要求，为军用装备物资快速保障赢得主动，为军用装备物资保障的机械化奠定基础。单元集装的包装与各种运输保障手段相适应，是实现军用装备物资快速保障的必由之路。针对装甲器材大件多、重件多、不规则器件多的特点，大力开展了装甲器材包装集装化的改进，较好地解决了多种新车型和老装备大件、重件和异形件器材集装化运输的难点问题。集装化后的器材体积和重量比集装化前的包装体积和重量均有不同程度的缩小，为装甲器材的集装运输和快速装卸搬运奠定了基础，提高了仓储和运输的效益。

四、注重标准贯彻实施，基本完善包装标准体系

军用包装标准是军品包装的技术依据，是军品包装质量技术监督的重要文件，是提高和保证军品包装质量的重要手段，是军品包装科学管理的组成部分，是制定武器装备、器材包装的战技指标、生产厂家进行包装设计和定型、军方对军用物资包装实施质量控制的重要保证，对于提高军品包装的技术水平具有重要的意义。

1. 包装标准体系逐步完善

随着标准在装备科研、物资订购方面的地位和作用日益突出，按照形势发展和实际工作的需要，不断完善军品包装标准体系，及时对包装标准进行制（修）订已经成为影响军品包装工作的重要方面。在新标准的制定和旧标准的修订过程中，我军注重实用，不断提高标准，尤其是一些产品包装标准的可操作性和可应用性，制定出了一批符合实际需要的包装标准，并积极贯彻实施，在军品包装工作中发挥了重要作用。为了完善标准体系，我军组织编制了《军用包装标准体系表》，根据包装标准体系的规划，积极开展包装标准的制（修）订工作。

2. 包装标准得到贯彻实施

在抓紧完善标准体系，积极开展标准制（修）订的同时，我军注重标准的贯彻实施，让标准的作用在装备、器材，物资的采购、运输、储存和使用中得到充分发挥，从而提高了包装质量、节约了包装经费、延长了储存期限，尤其是解决了一直困扰采购部门的难题。针对军用通信器材出口包装混乱、不规范的局面，有关单位组织制定了《军用通信器材出口包装要求》，并抓紧贯彻实施，在一定程度上统一了军用通信器材的出口包装，提高了出口管理水平。《军队油料包装通用规范》颁布实施后，在解决油料运输过程中，对包装破损产生的纠纷起到了重要作用。**2001**年**5**月，由某润滑油公司生产的机油运到目的地后，部队在验收时发现部分油桶全部漏空，一部分油桶渗漏。部队及时与生产厂家联系，根据《军队油料包装通用规范》的有关条款进行交涉，生产厂家承认是包装不符合国家军标要求而造成的结果，同意赔偿全部损失，并对包装进行了进一步的改进，使问题得到了圆满解决。此外，还有许多基础性、通用性军用包装标准在实际操作中得到应用，在军品包装现代化建设中发挥了重要作用。

五、充分利用各种形式，开展包装技术和信息交流

开展各种技术交流活动，能提高军品包装工作者的素质，提高军品包装理论、科研和改进水平，培养出各类军品包装人才。多年来，军品包装委员会采用多种形式，积极开展分会之间、军地之间、国内外之间的交流和学习，举办各种培训班和学习班，利用先进的网络技术，实时发布各种包装信息。除了利用传统的纸媒体外，军品包装委员会还充分利用网络媒介，借助全军网络平台，实现信息的网上发布，从而保证了信息发布的及时性，实现了军品包装信息及时共享，满足了信息时代对军品包装的要求，提高了信息交流的效率和速度。

缓冲包装材料的发展及展望

骆光林　徐筱

缓冲包装是一门综合性学科，与数学、力学、材料学和环境工程学等学科密切相关，主要是通过对产品破损的内因和外因进行研究和分析，合理地选择缓冲包装材料，设计科学的包装结构，从而缓和产品受到来自外力的冲击和振动。缓冲包装材料是指包装物品在流通过程中，因受外力的作用而遭到冲击和振动时，能吸收外力产生的能量，以防止产品遭受损坏而使用的材料。缓冲包装材料包括的范围相当广泛，既有天然材料，也有人造材料，但一般都采用具有高度压缩性能和复原性能的弹性材料。

缓冲包装材料的作用，一方面是将外界对包装件的冲击和振动经过缓和以后传递给内装物，避免应力集中，从而保护内装物。另一方面，又能支撑内装物，保护货物结构并保护包装材料本身。应该说明的是，触感柔软的材料不一定就是好的缓冲包装材料。缓冲包装材料必须具备的特性包括：冲击能量的吸收性、震动吸收性、复原性、压缩蠕变性、温度稳定性、耐水防潮性、防霉性、耐油性、防静电性、耐磨性、抗挠性和耐酸碱性等。所以，在选择适合某一用途的缓冲材料时，必须考虑多种因素。

缓冲包装材料按材质的不同，可大致分为以下三大类：

一、纤维状缓冲包装材料

1. 细刨花

细刨花是一种最早使用的缓冲材料。其缓冲性能与聚氯乙烯塑料条相似，既经济且容易得到。但如使用不当，木屑和灰尘可能会进入被包装产品的零部件内而擦伤光洁的表面。而且细刨花释放出的木酸能使与其接触的金属表面腐蚀。因此，最好用防水纸包成密封的垫子使用，或在内包装容器和外包装容器之间作缓冲层使用。细刨花极易燃烧，在某些特定的条件下可能自燃。目前，细刨花已多被聚氯乙烯塑料条和乙酸纤维素条等缓冲材料所取代。

2. 纤维橡胶

这是一种以动物纤维（如猪毛、马毛等）或天然植物纤维（如棕麻等）与适量橡胶加工而成的缓冲材料。除有较强的弹性外，还起粘接剂的作用，可将纤维相互粘结，具有良好的缓冲性能。与其他非橡胶类缓冲材料相比，具有回弹性好、耐压性强、冲击能量吸收性好等特点。因此，广泛用于仪器、精密机械及军用品的缓冲包装材料。

3. 玻璃纤维

具有不同密度的玻璃纤维缓冲材料，可制成不同厚度的板或冲压成不同形状的垫块，是一种回弹力很高，且不吸湿、不燃烧、不发霉、能抗菌、可耐强酸碱的缓冲材料。但某些类型具有高擦伤性，且易吸附灰尘。因此，使用时要与加工表面分隔，并将被包装物品的孔密封。

4. 天然纤维

天然纤维材料是一种以天然纤维为基体，用胶粘剂粘接而成具有综合性能的缓冲材料。同泡沫塑料一样，具有良好的缓冲性和广泛的使用性。由于纤维素本身具有强度高、耐腐蚀、高回弹和耐冲击等特性，因此常被称为弹性纤维。这种缓冲材料常用于易碎产品（如精密仪器、仪表和电子产品等贵重物品以及陶瓷、玻璃等易碎物品）的缓冲包装垫，特别是用在军用品包装方面，这是因为泡沫塑料缓冲材料的综合性能（如使用温度方面）往往达不到军用品包装缓冲性能的要求。

二、悬挂缓冲装置

对于一些大型的高级精密仪器等产品，可采用弹簧、悬挂装置等作为缓冲包装的缓冲结构，用弹簧等高弹性的缓冲材料，在坚固的外包装箱里将产品吊挂起来，使产品不与包装箱接触，从而起到保护产品的目的。

三、空隙结构物质材料

目前，在包装领域使用的绝大多数缓冲材料是属于空隙结构物质材料。一般来说，可分为发泡聚合物和纸质材料两大类。

1. 发泡聚合物材料

（1）泡沫海绵橡胶

泡沫海绵橡胶特别应用在使用其他缓冲材料时易受灰尘损坏的物品上。它通常具有较高的回弹性，不受湿度影响，价格虽贵但可以重复使用。泡沫海绵橡胶可以注塑成形状复杂的产品，也可制成不同尺寸和不同厚度的板材。

（2）微孔海绵橡胶

微孔海绵橡胶是一种特殊类型的缓冲材料，利用发泡方法，在一定压力下产生大小均匀互不连通的微孔结构。由于每个微孔的作用如同一个独立的空气垫，所以具有很高的回弹性、良好的保湿性和漂浮性能，没有明显的吸水性。

（3）气泡塑料薄膜

气泡塑料薄膜是一种在两层薄膜之间夹杂着整齐排列、大小均匀的空气泡的包装材料。多采用聚乙烯薄膜，其上涂覆聚偏二氯乙烯，可以减少空气的透出。两层薄膜，一层为平面薄膜，另一层为成泡薄膜。一般情况下，基层比泡层厚一倍左右。根据缓冲要求不同，也可以制成二层的气垫薄膜。气泡的形状有圆筒形、半圆形和钟罩形三种。由于两层薄膜之间夹杂着大量的空气泡，所以能有效地吸收冲击能量，并且有良好的阻隔性和隔热性。气泡薄膜耐腐蚀、耐霉变、柔软、质轻、清洁、防潮、防尘。缺点是当内装物有突出部分时，会使气泡受到很大的压力，使空气泄露而丧失缓冲效果。因此，不适于包装重量较大、负荷集中及形状尖锐的产品。广泛用于仪器、仪表和工艺品等产品的包装，同时也是目前惟一的透明状缓冲包装材料，因此可用作销售包装。

（4）泡沫塑料

泡沫塑料是以高分子树指如 **PE**、**PS**、**PVC** 等为原料，经过发泡处理而制成的一种具有无数蜂窝状结构的缓冲材料。泡沫塑料的性能除取决于本身材质外，还取决于发泡程度和泡沫性质。而泡沫性质又取决于气泡结构，气泡结构可分为两种状态，一种是每个薄壁气泡相互隔离而形成独立气泡泡沫；另一种是气泡之间相互连通，成为连续的气泡泡沫。当泡体受到外力冲击作用时，这些开孔或闭孔气泡中的气体通过压缩和滞留使外力的能量被耗散，泡孔起到吸收外来冲击载荷的作用。具有质轻、易于加工成型、缓冲性能好、隔热、隔音、弹性好、耐化学腐蚀性等优点，因此是目前应用最普遍的缓冲包装材料。

泡沫塑料根据软硬程度不同，可分为软质泡沫塑料、半硬质泡沫塑料和硬质泡沫塑料三种形式。软质泡沫塑料具有柔软、弹性好的特性，以聚氯乙烯为主。硬质泡沫塑料具有的一定的刚性，以聚苯乙烯为主。通常应用的泡沫塑料有聚乙烯、聚苯乙烯、聚氯乙烯、聚氨酯、环氧树脂、酚醛树脂、硅树脂、醋酸纤维素和脲树脂。包装中最常用的是聚胺酯、聚乙烯和聚苯乙烯泡沫塑料。

聚苯乙烯（**PS**）泡沫塑料是一种非常重要的缓冲包装材料，具有缓冲性能好、有优良的抗潮湿性、隔热性和电绝缘性、质轻、易于模塑成型、加工性能好等特点。其抗放射性能是目前塑料中最好的。在 **50℃** 以下性能稳定，低温性能优良，所以更适宜用作低温隔热材料。缺点是性脆、耐热和耐候性差、耐溶剂性差。燃烧时产生苯乙烯蒸气会造成污染。广泛用于精密仪器、军用品、医用器材等的缓冲包装材料。另外，还可以直接做成杯、盒、盘等小型包装容器及缓冲袋、缓冲箱等。

聚乙烯（PE）泡沫塑料是近几年发展起来的新品种，是一种物美价廉的缓冲包装材料，其化学特性几乎保持原树脂的特性，而且分子交联使性能进一步提高。其缓冲性能好、隔热性好、耐化学腐蚀、吸水性小、质轻、成本低、加工性好。可用于精密仪器、玻璃及陶瓷制品等的缓冲包装材料，制成缓冲袋、缓冲箱等包装容器，还可以制成冷冻食品的保冷袋及热食品的保温容器。低发泡的聚乙烯还可以通过切、削等二次加工，制成护角、护棱等定型缓冲材料。

聚胺酯（PU）泡沫塑料耐热性能好，在耐化学性方面几乎不受油类（尤其是矿物油）的侵蚀，有良好的缓冲性能及阻隔性能，可用作隔热和隔音材料。目前，用量还不是很大，主要用于衬垫、量具盒、精密仪器仪表等。PU 泡沫塑料可采用现场发泡包装方法，工艺简单、操作方便，不需要任何模具，以包装物和被包装物为模即可瞬时成型。对任何不规则的产品，特别是异形易碎物品均能按其形状、空间充填，使物品牢固地在固定包装箱内。

表 1　PU、PE、PS、PVC 性能

塑料 性能	聚乙烯	聚苯乙烯	聚胺酯（软）	聚氯乙烯（软）
冲击特性	优	良	良	良
复原性	好	差	好	差
耐腐蚀性	优	不良	良	不良
吸水性	极小	较小	较大	较小
耐候性	好	差	差	差
柔软性	优	良	优	优
最高使用温度(℃)	85	80	120	60

2. 纸质材料

在空隙类结构物质中，纸质材料富有一定的弹性，既能起缓冲作用，又能分隔内装产品，使之牢固、稳定。纸类材料具有加工方便、价格便宜、可再生、处理简单等优点，特别是可以制成具有缓冲性能的容器，应用相当广泛。

（1）皱纹纸

皱纹纸是一种经济而且容易得到的缓冲材料，其特点是表面性能稳定，不容易产生粉尘，加工容易，可塑两片铝其缓冲作用主要靠挤压皱纹纸而实现，能为质量轻的内装物提供良好的缓冲作用。

（2）纸垫

纸垫分为薄纸纸垫和毛毡纸垫两种。薄纸纸垫是由几张或最多达 120 张薄纸轻轻叠成。毛毡纸垫是由纸浆抄成。用作缓冲包装材料的主要是薄纸纸垫。纸垫柔软且中性，不会损伤产品表面；具有良好的透气性，使有害气体或潮气很容易散发；成本低，加工性能好。缺点是易产生灰尘，耐水性差。广泛用于家具、乐器、家用电器等产品的表面保护。

（3）纤维纸板

纤维纸板又称纸纤维成型材料，是一种用废纸浆、渣浆等抄成的富有弹性的缓冲包装材料，可压制成单面单瓦楞纸板状，也可以制成柔软且有弹性的厚纸。有的纤维纸板还可以进行防水处理，或者贴牛皮纸面、贴衬里等表面处理，从而得到较好的表面性能。纤维纸板广泛用于裹包材料、衬垫材料和建筑材料等。

（4）瓦楞纸板

瓦楞纸板是用牛皮卡纸（箱板纸）作里和面，中间用瓦楞原纸（波纹纸）作夹芯粘结而成。改变夹芯、里纸的层数及瓦楞的形状、尺寸，可得到不同种类的瓦楞纸板。具有环保性能好、使用温度范围广、成本低、取材便利、生产工艺成熟、加工性能好等优点。缺点是柔软性差、回弹性差。瓦楞纸板广泛用于电子类、水果类等产品的缓冲包装材料，可以制成各种形状的垫片、垫圈、隔板、衬板、护角、护棱等。

（5）纸浆模塑

纸浆模塑是以废纸为主要原料，通过可排水的金属网模塑造成各种形状，经压实干燥，可长期保持形状不变的纸制品。该制品原料来源丰富、成本低、回收利用率高、不污染环境、使用范围广、重量轻、透气性好、可塑性和缓冲性好。纸浆模塑的应用始于 20 世纪 60 年代，我国在 80 年代初开始从国外引进数条各种型号的纸浆模塑生产线。目前，纸浆模塑已广泛应用于一次性快餐具、方便食品包装和鲜蛋、水果、玻璃、陶瓷、家用电器、五金工具及其他易碎产品的防振缓冲包装，是泡沫塑料的主要替换产品。可以预言，纸浆模塑制品作为环保型绿色科技产品，将发挥积极的作用，被越来越多的人们逐步认识和接受。

（6）蜂窝纸板

蜂窝纸板与瓦楞纸板相似，其纸芯不是瓦楞而是蜂窝纸芯，蜂窝纸芯起类似工字梁胶板的作用，空间结构优于瓦楞纸板，抗压能力强。蜂窝纸板是近几年发展起来的新型包装材料，具有较好的缓冲性能、较高的平压强度和静态弯曲强度，隔音、隔热性能优良，易回收利用、成本低等一系列优点。蜂窝纸板在包装中的应用主要有蜂窝纸箱、缓冲衬垫和蜂窝托盘等。蜂窝纸板制品节省资源，保护生态环境，符合国际包装工业材料的应用发展趋势。但由于蜂窝纸板的生产自动化程度低，蜂窝制品在技术、工艺等问题上还没有得到很好的解决以及价格昂贵等原因，蜂窝纸板制品在包装业并没有得到广泛使用。但笔者相信，随着蜂窝纸板的进一步研究和开发、品种增加、质量提高，将会逐渐应用到包装的各个领域。

缓冲包装材料从最初的麦草、稻草和木屑等天然材料发展到今天的可降解缓冲包装材料以及植物纤维缓冲包装材料，历经数载，发展迅速。在当今人类资源日益匮乏及人们环保意识愈来愈强的情况下，积极研制开发新一代绿色缓冲包装材料是人类共同的追求，让我们共同携起手来，为努力开创缓冲包装领域的美好明天而奋斗。

标准：技术与规范的依据

叶柏彰

随着经济、社会和国际贸易的发展，标准化已成为规范市场、促进贸易与合作的重要技术法规依据，正发挥着越来越重要的作用。

标准和规范的含义相近。所谓标准是指要遵照执行的规定和必须采用的参数，它往往是强制性的。而规范的强制性色彩较弱，更多的是说明的成分，但也有较为强制性的规范。在没有管理权的情况下，有些标准称之为建议。

所谓标准化是指“对重复性事物和概念通过制定、发布和实施标准，达到统一，以获得最佳秩序和社会效益。”企业是标准化工作的载体，也是加快标准化建设的动力。说到底，标准是一种准则，关键问题还在企业的执行和遵守。

标准是实现产品科学管理的技术保证，是产品进入国际市场的重要竞争手段。随着经济全球化进程的不断加速和贸易自由化在全球范围的扩展，原有的关税壁垒作为贸易保护手段的作用已经越来越弱，并逐步降低或取消，取而代之的是一些非关税壁垒措施，如反倾销、反补贴、技术保障、技术贸易、绿色环保等逐渐在国际贸易保护中扮演了越来越重要的角色。尤其是绿色环保，对 **WTO** 发展中成员来说是难以逾越的技术障碍。发展中国家必须加快制定和完善各类商品生产和销售中有关环境保护的技术标准与法律法规，促使对外贸易的环境管理与国际环境保护的法律和惯例接轨。

目前，经济间的渗透已超过国界，国际标准则已成为世界贸易的基石，成为规范市场和促进国际贸易与合作的重要技术法规依据。企业要对外发展，产品要走向世界，最基本的要求是产品质量要达到国际标准和国外先进标准的要求。例如产品要进入国际市场，需要国际贸易的“通行证”——**ISO9000** 质量管理体系认证。从企业管理的角度讲，既要预防产品的不合格，还要及时纠正产品的不合格。又如绿色环保，企业要取得 **ISO14000** 环境管理系列标准的认证，不仅要使企业自身取得经济效益，还要保证良好的社会效益。

我国一些企业虽然按上述标准建立了质量体系，但许多过程却没有按照要求去严格执行，影响了效率与效益的提高。实践证明，标准与企业发展之间存在一种“一荣俱荣，一损俱损”的关系。所以，企业的发展必须从战略的高度来看待标准化的重要性和必要性。

标准化工作不仅成为国际商品贸易的强大技术支撑，而且已进入国际服务贸易领域，其发展速度已超过商品贸易的发展速度。

我国政府十分重视采用国际标准工作，把采用国际标准作为我国的一项重要技术经济政策。自 **1958** 年加入 **IEC**（国际电工委员会）、**1978** 年加入 **ISO**（国际标准化组织）以来，凡适合我国国情的标准已基本转化为我国标准。据有关资料显示，截止 **2002** 年底，我国现有各类国家标准总数为 **20206** 项，其中包装国家标准有 **500** 多项，有 **10** 项为等同采用了 **ISO** 国际标准。在经济、社会和国际贸易发展中发挥着越来越重要的作用。具体体现在以下几个方面。

1.为技术谈判提供基础。外贸谈判中所涉及的内容很多，如价格、数量、关税、交货、运输、包装、环保等，最重要的还是技术谈判。而标准确定了产品的基本要求及试验和检验要求是对产品质量的全面描述，成为订购方与承制方签订合同、进行交付或验收的基本技术依据。因此，供需双方对技术规范和标准都给予了极大的关注。

2.协调供需关系。协调供需关系是标准化的一项重要功能。通过协调，使之在标准和技术法规上取得共识。国际标准是协调供需双方利益、消除贸易壁垒的最有效工具。

3.为货物验收或仲裁提供依据。标准是货物验收的依据，标准文件为解决合同纠纷和进行仲裁创造了公平的条件，以维护对外贸易有关各方正当合法的权益。

4.有利于提高贸易效率。标准化为提高贸易效率做出了有成效的贡献，如实现了国际贸易单证和程序的标准化、国际贸易术语的标准化、国际贸易通信代码的标准化、国际运输的标准化等。电子数据交换技术已成为标准化的强有力的技术支撑。

必须看到，我国部分企业标准与国际企业标准相比还有一定的差距，如有些标准已过时、陈旧、老化、可操作性差、制度执行不严、相关标准不配套，不能适应市场的需求。甚至有些企业急功近利，忽略企业标准，出现了产品生产无标准、无规则可循的现象。为了保护我国的产业利益和外贸利益，提升我国标准化工作在国际上的地位，我们一方面要积极采用国际标准和国外先进标准，另一方面还要注意不要被动地适应发达国家所制订的标准，积极参与国际标准的起草和制定工作。掌握一定的主动权。要加快信息化建设和标准化的法律规体系的建设，逐步实现标准的立项、制定、修改、发布，建立统一、高效、权威的国家标准化信息平台以及健全的标准通报制度，减少企业损失，增强企业在国际市场的竞争力。

最新包装专利选登

PATENT ON PACKAGING

最新包装专利选登

PATENT ON PACKAGING

液态食品包装片状材料

CN2625319Y

一种用于液态食品包装的片状材料，由塑料薄膜、白牛皮纸和黑白膜塑料薄膜复合压制而成。其层状结构依次为正面塑料薄膜层、白牛皮纸层、中间塑料薄膜层和背面黑白膜塑料薄膜层，在贴近正面塑料层的白牛皮纸层上覆有一油墨印刷层。这种复合片状材料制成的包装盒或包装具有防水、密封、遮光、抗压和耐酸性等优点，而且保鲜效果好，加工制作方便，符合环保要求，适用于包装各种液态食品。

易撕而不破的盖材

CN2625320Y

易撕而不破的盖材涉及包装容器领域，如食品包装罐的一种封盖制品。盖材包括油墨印刷层、铜版纸、聚酯粘合剂、镀铝薄膜、底涂剂及热封层，可与各种类型的包装容器相结合，封合完整性好，封合性能优良，并可适合快速包装的要求。由于中间层采用镀铝薄膜替代铝箔，撕盖后可以保持容器的完整性，易撕而不破裂，达到了一种材料适合多种容器封合并易撕而完整的效果。

贴标机料卷预送装置

CN2168864Y

贴标机料卷预送装置的中心轴贯穿侧板与套环中心，并连接套环的侧环面装置的齿部，齿带绕设于套环的外侧面，一端固定于连杆上，一端至连接块。齿带用以与套环接触的内侧面上设有齿部，弹性元件的一端连接在支架末端，另一端与连接块相连，连接块组放置于齿带与弹性元件之间。这种贴标机料卷预送装置在结构上的改进，使得送料装置具有了辅助与预先送料的功能，减少了旋转不顺、卡带、挂齿、标签机损伤等现象的发生，也使得贴标位置更精准。

激光全息防伪镀铝纸

CN2622237Y

激光全息防伪镀铝纸是一种用于包装的防伪材料，尤其适用于具有丰厚回报的烟、酒、药品等包装的防伪制品。其结构包括基层、记忆层和全息图案层，以镀铝纸及其他纸质基材为基层，在基材上涂布一层具有激光全息图文承印功能的涂料层作为记忆层，或者按常规印刷工艺印刷后，再涂一层具有激光全息图文承印功能的涂料层作为记忆层，经压光处理后得到一层光亮平整的镜面，然后直接进行全息模压，利用光的衍射效应来再现设计图案和色彩，在基材上复制出透明全息图案层。

贴标机送料倒瓶机构

CN2627077Y

贴标机送料倒瓶机构包括螺杆、螺杆支架、翻转装置和送料装置。螺杆前端穿过螺杆支架的轴孔与驱动装置连接，后端支承于螺杆支架的另一轴孔中，翻转装置与螺杆后段邻接配合，送料装置的后端与螺杆相对。翻转装置是一翻转块，朝向螺杆且具有光滑表面，起始部分为竖直面，结束部分为水平面，中间为弧形过渡面，表面具有一螺旋展开的凸肋。送料装置靠近螺杆的位置设有缓压装置，末端设有高度低于螺杆轴心线的高度，螺杆节距应依据需传送翻转的料瓶的直径而设定。这种送料倒瓶机构设计结构紧凑，降低了碎瓶率，提高了送料速度。

烟包内卡纸输送装置

CN2625288Y

烟包内卡纸输送装置包括上机架、下机架、喂料口、传动机构等。在上机架上设有喂料辊和上压辊，在下机架上设有刀辊和下压辊，传动装置包括在下机架侧面的啮合连接的下压辊轴轮、介轮、刀辊轴轮和设在上机架侧面的上压辊轮和喂料辊轮，下压辊上带有即定图案的凸起。这种输送装置可以安装香烟包装机上的内卡纸供给装置的末端，生产带有防伪标记的香烟。

六棱塑料圆织机

CN2622214Y

六棱塑料圆织机属于塑料编织袋生产设备，其主要技术特征是沿直径小于 100mm的凸轮外缘加工出三个周期起伏的封闭曲线滑道，在上部由钢扣组成的环形滑道上均匀地投放六把梭子。这种六棱塑料圆织机可比同规格的四梭圆织机提高生产效率 30%～50%，并显著降低电能消耗和噪声污染。

易拉罐空罐有偿回收装置

CN2623364Y

易拉罐空罐有偿回收装置主要包括外壳、步进电机、偏心轮、导杆、前压块、后压块、硬币筒、推币插片、储罐箱、进罐孔、出罐孔、滑槽及硬币托板。当易拉罐空罐投入回收装置后，落入前压块和后压块之间，同时接通步进电机的控制回路，使步进电机转动一圈，步进电机带动偏心轮转动，偏心轮带动导杆在同一平面内往复运动，分别带动后压块向前运动，将易拉罐空罐压扁，回程时带动推币插片将一枚硬币推出，回程时使压扁的易拉罐空罐放松，从出罐孔进入储罐筒。

一次性植物纤维餐饮容器生产线

CN2623433Y

一种可降解的一次性植物纤维餐饮容器生产线，由成型机组、输送带、烘箱及导热油加热系统组成。成型机组由一台液压站和六台四柱液压机机身组成，每台四柱液压机机身为 160 吨的下顶式压机，主油缸为柱塞缸，配合充液阀可实现快速开合模。这种结构的成型机组可大大降低液压站的总输入功率，输送带为不锈钢丝网带加链条棍子结构，传动平衡，电机加装变频调速器，输送带可实现无级调速；烘箱为 5 层往复式结构，长度可缩短 1/5，加热能耗也明显降低。

激光雕版雕刻机

CN2621873Y

激光雕版雕刻机主要包括激光头、激光头座、激光头座支架以及配合设置的工作台。其结构特征是激光头座支架为机架上呈左右设置的轨道式横梁，激光头座滑动装置设置在轨道式横梁上，配合设置的工作台为可转动的滚筒，滚筒式工作台的转轴与作为激光头座支架的轨道式横梁平行设置。这种激光雕版雕刻机通过采用可转动的滚筒式工作台，以滚筒式工作台的转动与激光头沿滚筒式工作台轴向上的滑动而完成在圆柱面上的激光雕刻，实现对滚筒材料的刻绘。另外，雕刻机设计结构简单，工作运行可靠。

可变距轮转胶印机

CN2623451Y

可变距轮转胶印机由给纸部件、上下印版滚筒部件、上下橡皮滚筒部件、上下水墨装置、切纸部件、方位调节装置等组成。给纸部件与机架部件相连，方位调节部件设置在给纸部件上，在机架部件上还分别设有上下印版滚筒部件、上下橡皮滚筒部件、上下水墨装置。这种可变距轮转胶印机由于印版滚筒部件可调节，扩大了印刷品的尺寸调节范围，方位调节装置可方便地调节纸板的进纸方向，整机运行平稳可靠。

一次纸交接多色胶印机载纸系统

CN2621920Y

一次纸交接多色胶印机载纸系统包括机架、装纸器、进纸过桥、收纸器、压印滚筒、卸纸器、载纸架等，系统增设了一装载纸滚轴，装载纸滚轴向两端面上设有链轮，压印滚筒轴向两端面通过螺栓连接有链轮，经过链轮连接成一封闭环，在两根链条之间沿装载纸筒轴向方向连接有载纸器。这种载纸系统在整个印刷过程中没有过去多色胶印机的纸张交接现象出现，使胶印滚筒的加工变得容易，胶印滚筒内部只需一根转轴，滚筒就是一个表面比较光滑的圆柱体，大大降低了多色胶印机的制造成本。

胶印机印版辊位置调节装置

CN2681892Y

胶印机印版辊位置调节装置包括轴向位置调节机构和轴向位置调节机构，轴向位置调节机构包括轴向控制件和轴向调节机构，轴向调节机构设在印版辊转轴一端，轴向控制件设在轴向调节机构上，位于胶印机机身的外侧。轴向位置调节机构包括轴向控制件和轴向调节机构轴向控制件设在胶印机机身的外侧，轴向调节机构设在胶印机机身内的印版辊转轴上，并与轴向控制件相连。轴向调节机构还包括转轴滑动套、连接螺钉、锁定手把和轴向锁定套，轴向控制件是调节螺套。轴向调节机构还包括轴向调节螺母、左定位盘、内齿式联轴器、斜齿轮和外齿式联轴器，轴向控制件是轴向调节手轮。

刮印刀装卸装置

CN2681893Y

刮印刀装卸装置包括印刀、刀杆和刀夹。刀夹为门字型，刀夹门字型两侧边钩住刮印刀上部，刀夹穿过固定于机器墙板的刀杆。刮印刀装卸装置还包括螺栓、偏心套、手柄轴及手柄，偏心套套装在手柄轴上，手柄装于手柄轴的一端，偏心套置于多个门字型刀夹内，门字型刀夹上边装有螺栓，螺栓伸入刀夹内顶住偏心套。这种刮刀装卸装置可方便地将刮印刀固定或卸下，操作简单，工作可靠。

胶印机着墨辊位置调节装置

CN2681894Y

胶印机着墨辊位置调节装置包括位置调节件和操作机构。位置调节件固定在着墨辊转轴上，并和设在印张版辊轴上的基准件接触，操作机构设在着墨辊转轴的一端，位于胶印机机身外侧。位置调节件是调节凸轮，其半径随着角度均匀地变化，其半径最小处的半径和着墨辊相同，其半径最大处，其圆心和半径最小处在一条直线上，其轴面和设在印版转轴上的定位盘接触。操作机构还包括锁紧件、调节手轮和支撑座，锁紧件设在着墨辊转轴的控制端，调节手轮与支撑座依次套接在着墨辊转轴上，并通过牙嵌式联接器连接。

冲气式液体气雾器

CN2635334Y

冲气式液体气雾器包括存气罐、罐盖、喷雾嘴、储液软袋和单向冲气阀。喷雾嘴气密性地安装在罐盖上，储液软袋与喷雾嘴之间为气密性连接，单向冲气阀设置在存气罐的底部，储液软袋置于存气罐内，罐盖与存气罐间为气密性连接，在存气罐上还设有压力显示装置和限压装置，罐内气体压力既能限定，又能显示。这种气雾器既可重复冲气，又可重复换液，使用成本低，加之气雾器所使用的气体动力是压缩空气，不含有对大气层破坏作用的有害气体，有利于环境的保护。

纸箱印刷模切机胶垫自动修磨装置

CN2680455Y

纸箱印刷模切机胶垫自动修磨装置包括左右挂板，在左右挂板上分别设有可移动的左右修磨轴承座，修磨辊的两轴头分别装在左右修磨轴承座中的轴承内，修磨辊与修磨电机传动连接，左右修磨轴承座分别与左右螺旋升降器通过轴以及电机和减速器，使得左右螺旋升降器升降同步，电机和修磨电机分别以导线与自磨数控电路相接。这种胶垫自动修磨装置的整个修磨过程在机器运转中进行，无需停机，也不需要操作人员进行操作，因此提高了机器的工作效率。

超声波洗瓶机

CN2681830Y

超声波洗瓶机包括机壳、瓶架和超声波发生器。在机壳内设有上链轮和下链轮，上链轮和下链轮的中心线与水平线成一定角度布置，在上链轮和下链轮上设有链条，链条上设置有瓶架。这种超声波洗瓶机结构设计简单，性能可靠，清洗效率高，清洗效果良好。

可调式压印刀组件

CN2681891Y

可调式压印刃组件包括上刀和下刀。上刀的刀刃采用圆弧形，下刃的中刀是主体，左刃和右刃用螺纹固接在中刃上，左刃和右刃的刀刃都是圆弧形，两个定位钢球分别位于中刃上的凹坑内，外部设有弹簧，弹簧外部设有沉头螺钉分别与左刃和右刃连接。这种可调式压印刀组件由于上刀的刀刃采用圆弧形设计，可以避免以往纸箱压印后断裂的现象，而且在需要更换压印宽度时不用抽出传动轴，只需松开下刀的两个沉头螺钉，旋转左刃和右刃就能调整所需的压印宽度，节省调换时间，提高了生产效率。

专利台新型包本机

CN2678910Y

新型包本机包括机架、导轨、书夹、铣背机构、上胶机构及包本机构。包本机构包括上封托板以及位于其上的一对做同步相对滑移的前夹板和后夹板，传动轴上安装的盘形凸轮和双构槽凸轮驱动控制包本机构，盘形凸轮通过对心移动从动件上封主轴带动位于其正上方的上封托板做垂直升降运动，两侧面分设轮廓完全相同，但凸点位置相错 180 度构槽的双构槽凸轮，通过摆动从动件前摆件和后摆杆带动前夹板和后夹板同步做相对等距滑移。这种新型包本机设计方案简单，零件少，制造成本低，作用力直接，可靠性好，动作准确，调整方便。

软塑料单向拉紧锁带

CN2680607Y

软塑料单向拉紧锁带由弹性塑料制成，既可以是塑料带两端同时收紧，也可是一端收紧另一端为其它形状设计。它由单一塑料带子构成，带子中间有方向与带子逆向的雁形口，带子两侧有与雁形口方向相反的对称豁口。带子弯曲后尖端穿过雁形口，两侧豁口刚好卡在雁形口上，豁口可以为一排或多排，由此带子只能越收越紧，不能松脱，由于塑料的伸展弹性好，捆扎物品结实方便，适用面广泛。这种软塑料单向拉紧锁带结构设计简单，易于制作，体积小，美观方便，制造成本低。

新型卷标贴标装置

CN2680588Y

新型卷标贴标装置包括贴标机构，带动贴标机构移动的传送装置，在贴标机构下方设有卷标装置，卷标装置旁设有带真空吸孔的卷标模芯，位于进标模上方的成型模具套于卷标模芯外周，成型模具的侧臂上设有真空吸孔。这种装置运动匹配准确无误，可连续自动粘贴多个多排热熔胶标纸，同时完成一个以上的热熔胶标签的贴标工作，生产效率高，贴标美观，可保证标签与被贴物品的相对位置准确性和一致性，损标率较低。

中型锥形特种包装钢桶

CN2679054Y

中型锥形特种包装钢桶的桶体为锥形状，其上端距桶口处凸设有环状的加强筋。由于桶体呈锥形状，空桶可以相互重叠在一起，少占空间70%左右，大大节约运输费用，使得钢桶的多次回收利用成为可能，有利于环保，符合绿色包装的发展趋势。另外，凸设于桶体上端距离桶口处的加强筋则一方面可以增加钢桶的强度，确保钢桶符合国际海运危规规程Ⅱ类和Ⅲ类危险化学品的包装要求；另一方面又能在钢桶重叠在一起时起到限位作用，使重叠的钢桶锥形桶体之间具有一定的间隙，从而方便分开重叠的钢桶。

胶订包本机断胶装置

CN2678906Y

胶订包本机断胶装置包括一设置于架体中的胶斗，胶斗中依次设有第一上胶轮和第二上胶轮，每一上胶轮附近设有一刮胶板，刮胶板固接于活动连接的架体的刮胶轴上，刮胶轴连接于一传动杆的一端，传动杆的另一端连接有一压力传动装置的传动部件。这种胶订包本机断胶装置不仅结构简单，易于操作，还可精确地控制上胶、断胶动作，以及胶层厚度，可实现电脑数字化控制。

可置数式切断装置

CN2680587Y

可置数式切断装置的电磁铁与固定条紧固，固定条又与固定于刀架上的固定块紧固，摇臂由固定轴安装于固定块上并可转动，拉簧挂在两摇臂之间，切刀装在刀架上，通过计数器、电磁铁和两摇臂的配合完成动作。这种可置数式切断装置可使原DXD系列背封式包装机完成不同袋数的切断，可以满足用户的不同需求，运行性能稳定可靠。

超强瓦楞蜂窝复合板

CN2678893Y

超强瓦楞蜂窝复合板包括面层、瓦楞纸层、粘夹在瓦楞纸层之间的平纸层。瓦楞纸层与平纸层相互平行相间设置在两个层面之间并粘贴成型，瓦楞纸层的瓦楞面大体垂直于面层。瓦楞纸层复合板由两层或两层以上的瓦楞纸板叠加粘压构成，相邻层中的瓦楞纸层的排列方向相错一夹角。这种超强瓦楞蜂窝复合板各方向具有相同的结构，从而具有相同的抗折力，整体承重力加强，不易折断，应用范围广泛。

液体灌装机用可调流量控料阀

CN2680645Y

液体灌装机用可调流量控料阀由气缸缸筒、气缸缸筒内的气缸活塞等组成。在气缸缸筒上安装有左法兰，左法兰与右法兰连接，在右法兰上安装有限位气缸，调节阀通过穿过限位气缸、左法兰和右法兰的拉杆与活塞相连。这种可调流量控料阀解决了现有阀存在的问题，提供了一种采用调节阀，并使之产生小流量控料工位的控料阀。

小张多贴标平贴装置

CN2680589Y

小张多贴标平贴装置包括贴标机构，带动贴标机构移动的传送装置，在贴标机构旁设有储存机构，在贴标机构上还设有多个真空吸盘，真空吸盘与真空管道相连通。这种小张多贴标平贴装置设计结构合理，拿标方便，工作稳定性好，维修容易，生产效率高，可实现多张标纸同时贴附的工作，同时贴标位置准确，贴标牢固。

增强型缓冲复合材料

CN2678894Y

增强型缓冲复合材料是一种包装材料，涉及具有缓冲性能的包装材料结构的改进，解决了以往用于包装的单层或双层复合材料的缓冲性能差、阻隔性差、物理强度低的不足。增强型缓冲复合材料由缓冲层、粘合层、增强层复合成一体。这种复合材料明显提高了综合性能，如物理强度、缓冲性能、阻隔性能都有提高，所采用的材料对金属不产生腐蚀，可以回收再生利用，有利于环境保护。

双轴驱动源封皮轨道装置

CN2678906Y

双轴驱动源封皮轨道装置数组平行分布在两侧壁间的传送转轴对组成。每一传送转轴对包括第一传送转轴及第二传送转轴，有一驱动源作用于第一传送转轴，使其可以运动，封皮通过传送转轴之间的间隙传送，有一驱动源同时作用于第二传送转轴，使第二传送转轴反方向同步于第一传送转轴。这种双轴驱动源封皮轨道装置可使被传送封皮的上下表面所受摩擦力相等，推送速度相同，从而使封皮的传送更加顺畅，同时降低了对封皮纸张质量的要求，废品率低。

纸浆模塑成型网反冲洗装置

CN2679225Y

纸浆模塑成型网反冲洗装置是在吸浆模下方抽真空管上设有一两路交替导通管，两路交替导通管分别连接吸浆抽真空装置和反冲水箱，交替导通管由 PLC 自动控制。这种纸浆模塑成型网反冲洗装置可实现在吸浆成型后，自动对成型网每一周期进行一次反清洗，从而不仅解决了成型网堵网的技术难题，模塑制品质量好，生产效率高，而且由于反冲加水，因而可以省略另配稀释水箱。

纸浆模塑定量注浆装置

CN2679227Y

纸浆模塑定量注浆装置是在储浆模内设有与注浆模数相等的若干定量杯，各定量杯分别有各自独立的放浆管，这样可保证充浆时各定量杯的浆量相等，从而可实现每个制品注浆量的统一，能有效保证同一制品重量偏差控制在±1g 以内。这种纸浆模塑定量注浆装置的定量杯存浆量可调整，大大提高了注浆成型机的通用性，只需更换注浆模，就能用于不同制品的生产，克服了原来依靠真空吸浆分配注浆量，造成质量偏差大的缺陷。

改良模塑纸品切边装置

CN2679226Y

改良模塑纸品切边装置是在对合模板的对合面上加工有与切边纸品同形的定位凸起或内凹，在所需切边位置加工有与切边制品边缘同形的嵌槽，嵌槽中嵌插有可更换的切刀。这种改良模塑纸品切边装置不仅使切刀模具结构变得简单，制造成本大大降低，而且当切边刀具刃口磨损后，只需拔下刀片磨刃或更换刀片，而不需报废整个模具，显著降低了切边成本。另外，采用切刀与定位同模结构，更有利于模板的调整对位。

免剪浇口瓶坯模具

CN2677139Y

免剪浇口瓶坯模具包括定模与动模两部分，定模设置有小喷嘴和大加热块，小喷嘴和大加热块内部均设置有相连的物料通道，浇口装置由小喷嘴、封料件、弹簧和弹簧固定件组成，封料件位于小喷嘴内部，顶端部分为一斜面，与型腔浇口孔吻合，下端连接一压缩弹簧。这种免剪浇口瓶坯模具解决了传统模具产品留有浇口余料，气封式免浇口模具结构复杂及造价昂贵的问题，使得脱膜出来的产品无需修剪，可一次成型，成品质量高，并使模具结构显著简化，操作方便，制造成本低。

纸浆模塑吸浆成型机防滴水装置

CN2679224Y

纸浆模塑吸浆成型机防滴水装置是在注浆管下端出口处设置一可启闭的活动盘盖，并使盖的启闭与注浆阀的启闭同步进行。这种纸浆模塑吸浆成型机防滴水装置不仅结构简单，而且完全彻底解决了注浆关闭后注浆管滴水的技术难题，可以确保注浆结束后，不会造成水滴下至吸湿坯体上造成的质量缺陷，大大提高了纸浆模塑坯体的成品率，降低了生产成本。

新型集装袋

CN2679056Y

新型集装袋包括由编织物制成的袋身、顶封、底封、装料管、卸装管和吊耳。袋身与顶封和底封缝合，装料管和卸料管分别与顶封和底封缝合，吊耳缝合在袋身与顶封的缝合部位旁，以在袋身的四周沿轴向设有一条缝合面为主要特征，这种新型集装袋克服了现有技术用料量多、制备成本高的不足，而且具有制备方法简单，节约材料，制备省工，成本低的优点。

全浮式聚乙烯吹塑薄膜多层折叠架

CN2677138Y

全浮式聚乙烯吹塑薄膜多层折叠架包括呈三角形的折叠架体，折叠架体两侧对称设置有导引辊。在各导引辊下侧的折叠架体上分别设置牵引辊，牵引辊与导引辊表面紧密接触，牵引辊下侧的折叠架体上设置低速电机，牵引辊的一端通过传动装置与低速电机相连。这种全浮式聚乙烯吹塑薄膜多层折叠架结构设计简单，成本低廉，而且将现有技术的被动式导引辊改为主动式导引辊后，彻底解决了聚乙烯薄膜表面起皱的问题。

双层防静电导电集装袋

CN2679057Y

双层防静电导电集装袋包括具有防静电导电功能的编织物制成的袋身、顶封、底封、装料管、卸料管和吊耳。袋身分别与顶封和底封缝合，装料管和卸料管分别与顶封和底封缝合，吊耳缝合在袋身与顶封的缝合部位旁，以在袋身、顶封、底封、装料管和卸料管内腔设有具有防静电导电功能且结构致密的内袋为主要特征。这种双层防静电导电集装袋具有防静电、防泄漏等特点。

膏状食品管式包装容器

CN2679088Y

膏状食品管式包装容器的管口固定在管肩上，在管口内管腔壁上至少设有一枚伸向管口中心的突起，突起占据管口内管腔体的适当空间。突起分布在管口内管腔壁上的数目约6至8枚。其径向伸出面形状呈扇孤形成圆齿形，分布呈对称式或不对称式。当挤压管体内的酱膏类食品时，就可以造成以管口内管腔挤出的条柱形酱膏状食品的柱体外形，因受到突起的阻挡而呈现出棱沟槽式花纹，由于在突起径向伸出面端设有上下轴向或螺旋向的引导筋板，使得突起的机械强度增强，同时可引导条形花纹呈现出螺旋多变的条纹花样，给人一种全新的个性化的感觉。

制袋机旋转裁切装置

CN2683840Y

双层防静电导电集装袋主要包括机架、裁刀主轴和旋转切刀。在裁切主轴上固定有切刀臂，旋转切刀通过轴承安装在切刀臂上，在旋转切刀上同轴固定有行星齿轮，行星齿轮与固定在机架上的太阳齿轮相啮合，裁刀主轴同轴旋转的同时，其自身产生一个相同方向的自动运动。这种双层防静电导电集装袋可防止袋料粘缠在旋转切刀上，避免了事故的发生，提高了生产效率。

双向纸板开槽机

CN2677110Y

双向纸板开槽机由横向开槽机和纵向开槽机通过输送装置组成为一整体。在横向开槽机和纵向开槽机下方和电机轴上设有伞型齿轮并相互咬合，纵向开槽机与横向开槽机的电机轴上均设有双向调速走刀，在纵向开槽机上设有光电定位器，在输送装置上设有压紧固定块，横向开槽机通过输送装置与纵向开槽机成垂直形排列。

罐用板材覆膜机纵向双面留空覆膜装置

CN2677136Y

罐用板材覆膜机纵向双面留空覆膜装置包括机架、板料导向辊组、纵向留空切膜装置、废膜收卷装置、覆膜压辊组件、拉料辊和拉膜辊。板料导向辊组和薄膜导向辊组的导向辊组自上而下分别水平装置于机架中间和两侧，纵向留空切膜装置于机架的一侧，废膜收卷装置于纵向留空切膜装置的下方，复合压辊组件水平装置于机架中间，并置于板料导向辊组的正下方和薄膜导向辊组的内侧下方，拉料辊装置于机架中间，置于复合压辊组件正下方，拉膜辊置于机架两侧，置于复合压辊组件外侧下方，这种覆膜装置既可达到双面纵向窄条留空，又可保证两面对齐。

无烟型再生塑料造粒机

CN2712592Y

无烟型再生塑料造粒机涉及一种挤出型塑料造粒机械，尤其是指在熔炼造粒过程中没有烟雾和有害气体排出的再生塑料造粒机。在现有的再生塑料造粒机的排气口上方设置一个烟雾消除装置，将其排出的可燃气体、水蒸气和其它有害气体通过收集，再回流到高温加热区烧掉，因此整个再生造粒过程没有烟雾排出，对保护操作人员的身体健康和防止大气环境的污染都有很大的好处，是一种值得推广的环保型再生塑料造粒机。

塑料回收机强制加料装置

CN2712593Y

塑料回收机强制加料装置包括减速箱、螺杆外筒和强制螺杆。强制螺杆沿物料输送方向呈锥形并位于螺杆外筒内，螺杆外筒的内壁与强制螺杆的外形相配，螺杆外筒上设有进料口。这种强制加料装置解决了原有塑料回收机因没有强制加料装置致使低体积密度的松散物料输送效率低，造成主机生产能力不足、效率低下、成本高和经济效益差的问题，并且具有设计结构简单、造价低、便于安装和使用以及易于推广的优点，可用于各种塑料回收机。

直压式圆头型无钉装订机

CN2712636Y

直压式圆头型无钉装订机的立柱通过底端的螺扣竖立在底座上面，立柱的一侧有竖槽，立柱内装有弹簧和弹簧套，弹簧的下端装在簧座螺头上面，上端顶住弹簧套，弹簧套的左右耳翼与弹簧套连成一体，使耳翼从竖槽中伸出，四联件连接块插入耳翼中并通过螺杆固接，底板的通孔下面设有胶水盒，承压柄与刀夹和压杆连接，压杆穿过座簧板的孔，座簧板上有压杆簧，切刀固装在圆形刀头内，切刀垂直向下将装订件切开口子，切刀回升自动上胶，通过压固即可完成装订件的装订。

制药机械用出瓶机构

CN2710633Y

制药机械用出瓶机构包括拨轮和圆弧轨道栏栅。在拨轮的切线位置设置与圆弧轨道栏栅对接的直线轨道栏栅和出瓶绞龙，直线轨道栏栅和出瓶绞龙的出口端设有出口栏栅。这种制药机械用出瓶机构在出瓶时不容易出现碎瓶现象，设计结构简单，操作方便，制造成本低廉。

新型磁化药瓶

CN2710630Y

新型磁化药瓶包括瓶颈、瓶身和瓶底。在瓶体上设置磁化体，磁化体可以设置在瓶体中的瓶颈、瓶身或瓶底部分，可以设置在相应部位的内壁或外壁，也可以是一处或多处设置。这种新型磁化药瓶构思巧妙，设计结构简单，使用安全方便，特别适宜包装液体药品，使药品在使用前处于被磁化的状态，可产生积极的辅助治疗效果。

组合式包装桶

CN2712806Y

组合式包装桶涉及一种容器，尤其是一种用于盛装消毒液等液体塑料桶的结构改进。组合式包装桶包括容器状的桶身，桶身上制有桶盖和把手。这种组合式包装桶的改进之处在于，在桶身上制有内凹的容腔，容腔中卡有添加成分的包装盒，这样使用者购买消毒液后，需要使用时只要取出并打开桶身上的添加成分包装盒，将添加成分从桶盖处加入桶身中，使其均匀混合即可，使用十分方便。

新型胶塞

CN2710632Y

新型胶塞包括塞面和与其连接的塞颈。其特点有二：一是塞面顶部中间向下凹陷，一方面，塞面中间厚度比周边薄，注射针头穿刺阻力小，针刺落屑少，胶塞用料少，生产成本低；另一方面，塞面顶部中间下端面与塞颈底端距离短，减少了胶塞与药物直接接触面积，减少胶塞内容物与药物的反应，提高药物与胶塞的相容性，相对延长药物的有效期。二是塞颈制作成一定斜颈状，在加塞过程中可以防止跳塞现象。

输液瓶瓶盖

CN2710631Y

输液瓶瓶盖包括盖体和裙部。在盖体外表面处通过凸部连接有拉环，在盖体内表面设有环状易拉凹槽，凸台设在环状凹槽边沿处，环状易拉凹槽的深度与盖体的厚度相当。为防止盖体开裂，内外表面还设有环状加强筋。这种输液瓶瓶盖使用时可以方便拉开拉环，设计结构简单，加工容易，可直接在注塑机上一次成型，瓶盖与瓶体焊接性能好，可与橡胶塞配套，配套密封性好。

新型宽口容器瓶

CN2712804Y

新型宽口容器瓶由底部往上依次包括用于支撑容器瓶的瓶底、作为主要容纳部分的瓶身、瓶颈和瓶口构成。瓶颈为连接瓶身和瓶口的过渡段，容器瓶的瓶底、瓶身和瓶颈大致为等壁厚结构，容器的瓶口带有卷边结构，卷边结构为容器瓶的瓶口凸缘朝下翻卷而成。这种新型宽口容器瓶的瓶口结构强度高，密封性能好，不易产生收缩和扭曲变形，加工精度可以降低，同时生产废品率也降低。

自动软包装组合装置

CN2712803Y

自动软包装组合装置主要包括自动压罐、自动进纸张紧导向辊、胶料批量控制器、纸筒自动成型机构、纸筒中空段控制器、电动控制系统和打卡机。自动压罐安装在胶料批量控制器的前面，胶料批量控制器安装在纸筒自动成型机构的前面，自动进纸张紧导向辊安装在纸筒自动成型机构的前面，纸筒自动成型机构安装在纸筒中空段控制器的前面，纸筒中空段控制器安装在打卡机的前面，电动控制系统安装在机架上。

瓶坯整列装置

CN2712611Y

瓶坯整列装置包括机体，在机体上设有至少两个供若干瓶坯分别于其上依次前进的第一轨道，且第一轨道以前低后高的方式，相互平行地设于机体上，第二轨道横跨于第一轨道的后端上方；给料斗设于第二轨道上，可沿第二轨道的长轴方向于第一轨道的后端上方往复移动且其内部可供承载适量瓶坯，给料斗的末端设有卸料口，给料斗的位置和卸料口的启用由控制电路控制。这种瓶坯整列装置可显著提高生产效率，减小占用空间，又降低了生产成本。

食品包装机重物托底防破装置

CN2712799Y

食品包装机重物托底防破装置包括由两连杆分别固定连接两侧立板组成的主框架和安装在主框架上的驱动装置及安装于主框架内并由驱

动装置驱动开闭的两组托板组成。两组托板闭合时呈V型槽，每组托板由承重板和一端固定于承重板两端的两摆臂组成，两摆臂的另一端分别基于转动轴固定于两侧立板的中间部，每一组托板中的承重板外侧部可固定一软板，驱动装置由一对齿数相同、分别固定于与驱动装置同侧的两转动轴上的齿轮，由气缸推动一对齿轮啮合，托板底部设有一带排气孔的冷却气管，从而将重物的冲击力转移到托板上。

自动连卷点断双用制袋机

CN2710888Y

自动连卷点断双用制袋机包括机体、送料辊、焊刀、主电机、收卷架以及调节辊。焊刀安装在机体上，机体上设有可编程控制器，收卷架与机体采用分体安装，机体与收卷架的连接端设有装卸的平切刀或点切刀，焊刀为刀面可以互换的双面焊刀，在焊刀的前方设有光电眼，光电眼与可编程控制器连接，在机体上还设有将卷膜送到平切刀或点切刀位置的伺服电机或步进电机。这种制袋机具有产品质量好、产量高、易于操作维修等优点，是生产垃圾袋、保鲜袋的理想设备。

光电控制自动制袋机

CN2710887Y

光电控制自动制袋机的送料架上安装有光电开关和4个卷膜辊筒，在焊刀前方的机架上设有光电眼，在调节辊的下方设有伺服电机或步进电机，电机与拉料橡皮辊呈传动连接；在机体上还设有可编程序控制器，电机、光电开关以及光电眼均与可编程控制器连接，焊刀的两面分别为单线焊刀和双线焊刀，并通过焊刀转轴互换后用锁紧装置固定。这种自动制袋机为制造塑料薄膜袋带来了极大的效益，既可生产垃圾袋，又可以生产印刷袋，可以说是一机多用，自动化控制程度高。

单锭磁调速收卷机

CN2712869Y

单锭磁调速收卷机属于塑料扁丝收卷设备，主要技术特征是在主动磁盘与从动磁盘之间安装有调磁板，调磁板安装在张力轴的轴端。主动磁盘包括基铝盘、磁铁盘与钻盘，磁铁盘与钻盘叠加固定安装在基铝盘上；从动磁盘包括磁基盘、纯铁盘与磁铁，纯铁盘与磁铁叠加固安装在磁基盘上，磁基盘与收丝机构轴端键配合连接，且有压盖紧固连接。这种收卷机可随着收丝张力的变化，由调磁板切割磁力线来实现绕丝轴的变速，使收丝张力均衡精确，反应灵敏，从而提高了扁丝锭的质量，而且设计结构简单。

新型多功能酒瓶

CN2712831Y

新型多功能酒瓶包括瓶体和瓶盖。在瓶体的内壁上固定设置计时和测量装置，计时装置为电子计时器，测量装置包括温湿度测量装置，还可以包括大气压力测量装置，瓶盖的上部为指南针。这种多功能酒瓶将用途单一的传统酒瓶与家庭中普遍欢迎的测量装置有机地结合在一起，使酒瓶赋有新的用途，尤其是高档的工艺酒瓶，陈列于家中，还能指示环境温度、湿度以及大气压力，外出旅游时还可指示方位，大大减少了空酒瓶的丢弃量和违规回收的重新灌注使用量。

自动压力加胶装置

CN2710763Y

自动压力加胶装置广泛应用于食品、饮料、医药、包装机械等行业的加胶与涂胶。加胶装置采用空气压力喷胶设置，由钢铁、压力杯体、压缩空气进口管、胶液输送管及喷嘴构成。利用压缩空气加压到压力杯内，压力杯内的胶液通过胶液输送管、软管、喷嘴喷射到涂胶轮上，涂胶轮不停地运转，胶液更加均匀地涂在纸盒上。这种自动压力加胶装置设计结构简单，造价低廉，应用范围广，不浪费胶液，加胶均匀粘贴效果好，达到了原设计的预期效果。

可调式纸板开槽机

CN2710885Y

可调式纸板开槽机包括机体、吸风器、操作平台、刀架和刀具。刀具上的刀刃外露于操作平台，对应刀刃外露的上部设有转动压辊，电机驱接转动压辊的一端，操作平台的两侧设有安装座，安装座上开有轨道，转动压辊两端设有滑座，滑座坐于滑轨上，对应滑座的安装座上部固定有气缸，气缸的活动端连接滑座。这种可调式纸板开槽机克服了现有纸板开槽板因转动压辊高度不可调的缺点，提供了一种设计结构简单、转动压辊的高度可调的纸板开槽机。

全自动塑料瓶管加热器

CN2710880Y

全自动塑料瓶管加热器包括机架，在机架上安装由动力带动的链轮和传动链轮组成的环形输送轨道，环形输送轨道的一侧连接进料机构，另一侧连接邻轨道或出料机构，出料机机构连接拉吹机组，在输送轨道中安装加热管，在传动链条的一侧安装运载瓶管的支承组件。运载瓶管支承组件连接在传动链条的套管上，套管中安装升降支承杆，支承杆的上部安装导轨或自转链轮，导轨或自转链轮下有升降槽，在架热器机架上安装斜坡凸轨，斜坡凸轨与升降槽相配合，在支承杆的下部安装弹簧，在支承杆的下顶部有塑料瓶管插接接头，在进料机构相邻的输送轨道的下部安装顶管凸轮。

吹瓶机锁模机构

CN2710879Y

吹瓶机锁模机构包括转盘、转盘工位、推杆、固定在工位上的定模架、置于定模架内的定模具、与推杆连接的动模架及动模具。动模架和定模架相闭合构成的空腔包裹住动模具和定模具，闭合的模架与模具之间的接触面是孤面。这种吹瓶机锁模机构具有合模时模架自动调节、密封性能好、闭合模具能准确落在同心的圆周上。

双面复合气泡膜

CN2712825Y

双面复合气泡膜包括塑料封气膜，塑料封气膜表面隆起气泡，在气泡的表面上再压上一层塑料封气膜。这种双面复合气泡膜由于气泡被包在上下两层塑料封气膜的中间，气泡不容易被弄破，另一方面原先直接施加在气泡上的压力，因为加在气泡表面上的一层塑料封气膜的作用，使加在气泡上的压力均匀分布，从而提高了复合气泡膜抗挤压性和防震性能。

新型液体喷头

CN2712832Y

新型液体喷头包括瓶盖，在瓶盖上装有吸泵总成，吸泵总成上连接管的上端组装于按头内，吸泵总成的下连接管连接吸液管，上连接管的上端于按头内与出液管的一端连通，出液管与上连接管的上端连接的一端螺纹连接固定于按头内。这种新型液体喷头由于出液管与按头两者之间通过螺纹连接，即两者可以单独制作而成，在组装喷头时只需将出液管旋进按头的螺纹孔中即可使两者之间固定，工序简单，安装制作方便，而且还可以在按头上加设起装饰作用的按头外套，可广泛应用于各种液体瓶上。

包装箱纸质防震内衬垫

CN2712828Y

包装箱纸质防震内衬垫的基体外缘轮廓与包装箱内腔形状一致，基体的包装部位有被包装物体外形相匹配的凹陷和凸起，基体中的支撑层衬有毛竹之类硬质植物纤维，基体的内层填充有稻、麦、麻或谷类植物的秸杆，基体由瓦楞纸成型而成。这种防震内衬垫一方面内衬硬质植物纤维，增加了强度，可防止因挤压而变形；内层填充稻、麦、麻或谷类植物的秸秆，能对包装物起到固定和缓冲作用，提高了抗冲击性能。另一方面，解决了农民废弃植物秸秆的再生利用问题，节约资源，保护生态环境，而且降低和节约了内衬垫的生产成本。

压切联动切纸机

CN2710854Y

压切联动切纸机有连接支承座的台板，台板分别连接形状和构造相同的设有槽口的左右支架，两槽口相对应，压纸板与切纸刀分别安装在两槽口内，彼此之间相互接触，压纸板两端分别设置左右斜条孔，切纸刀两端分别设置左右通孔，左右螺栓穿入左右斜条孔、左右通孔与左右连杆上端相连接，左右螺栓套装衬轴，衬轴套装滑套，滑套与左右斜条孔相接触，左右连杆下端分别有销钉与驱动板两端铰接，驱动板连接轮套，轮套内安装偏心轮，电动机的轴与偏心轮连接，电机安装在台板的下部。这种切纸机解决了原有设备操作繁琐、结构复杂、重量较大、制造成本高的问题。

新工艺、新产品、新技术、新设备

NEW TECHNOLOGY EQUIPMENS AND MATECIALS

新工艺　新产品　新技术　新设备

NEW TECHNOLOGY EQUIPMENS AND MATECIALS

【巴西开发出防腐食品包装材料】巴西维索萨联邦大学最近成功开发出一种新的食品包装材料。这种材料可以延长食品的保质期并使消费者减少防腐剂的摄入量。目前，防腐剂都是一次性加入食品的，其弊端在于消费者在保质期初期食用摄入较高含量的防腐剂，而在保质末期防腐剂则几乎失去了效力。该大学的研究人员开发出一种含有抗微生物的塑料薄膜，可以在一定期限内逐渐向食品内释放防腐剂，这样不仅有效地保证了食品质量，还可解决保质初期消费者摄入较高防腐剂的问题。研究人员利用面包和香肠所做的试验取得了令人满意的结果。用新型包装纸包装的面包保存 15 天后仍没有滋生任何微生物。该大学的研究人员还将利用同样的原理试验防腐塑料瓶，并开发利用天然防腐剂的包装材料。

【加拿大研制开发出可测病菌包装材料】加拿大 Toxin Alert 公司研制开发出可测病原菌的新型包装材料，利用以蛋白质为基础的抗体检验系统，可检测出沙门氏菌、弯曲杆菌、大肠杆菌、李斯特菌等 4 种病原菌。当包装材料接触到受污染食品时即发生变色反应。该包装材料还可用于检测害虫或基因工程食品的蛋白特性。该材料可加工成任何形状，适合不同产品需要。其组成成分 80%为聚合薄膜，其他是金属箔与板材。

【美国制造出防湿环保多层薄膜】美国 Tekni—plex 公司研制出称为“Novinex”的含有防湿层的多层薄膜，由 Topasco 为内层，外层为聚丙烯，同时压制而成，比 PVDC 聚合物多层薄膜有更强的防湿性与透明性。制作过程中，由于多层同时压制而成，比层层压制的薄膜污染少。材料不含乙烯基、抗菌素与增塑剂，安全性及环保优势明显。该薄膜透明，坚固强度高，防湿性、稳定性好，可用于各种食品的接触性包装保鲜，还可用于药品包装。

【美国开发出 M—Guard 屏湿性纸板】美国明尼苏达州 Libery 制纸股份有限公司开发出 M—Guard 屏湿性纸板，状似瓦楞纸板，也类似于常用内衬纸板，可印刷，可回收再打浆加工制造。该纸板的屏湿性能具有视觉效果。这种屏湿性能是在制纸板工艺过程中，因内部化学粘结性能的作用所致，无须任何转化，可以节省时间。该纸板通过其内在的吸收作用而达到良好的屏湿性能。

【美国推出冷冻型新包装材料】美国陶氏化学公司（Dowche）最近推出一种新型包材——HDPE 树脂，据称它可用于制造冷藏食物的包装材料和包装容器，以及其他低温器件。据美国陶氏化学公司称，新树脂具有较高的熔体指数，以及更好的机械加工性能。它具有的高密度可以提高包装材料的耐冲击性，改善包装容器的保护功能。另外，还具有优良的低温性能，适于冷冻型包装使用。因此，该新型 HDPE 特别适于制作薄壁注塑包装容器，如酸乳酪杯、牛奶包装、熟食容器、饮料杯等。

【日本开发出食品包装用高吸水纤维材料】日本钟纺公司开发出一种食品包装用高吸水纤维，商品名称为“BELUANS”，已正式用作食品包装材料，并取得了美国食品与药物管理局 FDA 的认可。用这种高吸水、高吸湿的纤维制成的无纺布片材，每克可吸收 50 毫升的水，比原来使用的纸浆片材的吸水能力高约 5 倍，可耐 150℃，即使高压也能保持其水分。据试验，用该纤维做肉类包装材料，安全性能好，能吸收肉类的血液和水分，以保持鲜度。

【日本研制出耐热包装】日本一家塑料公司最近研制成功了一种用于包装快餐食品的新型耐热塑料包装材料，其变形温度高达 280℃以上。用这种材料盛装方便面，冲入沸水后，包装盒不会变形，并能完全保持快餐食品的风味。日本还有两家公司联合研制成功一种能用来煮饭的包装袋。这种袋子有两层，外层是耐热性很强的尼龙，内层是聚乙烯薄膜，袋内还印有按米量放水的水位线。使用时只要把大米放入袋中，加水至相应水位线后，再把袋子放入锅里煮 20 分钟即可煮熟米饭，这种包装很适合在野外使用。

【Trebor 包装公司推出蔬菜磁性保鲜包装】Trebor 包装公司推出蔬菜磁性保鲜包装，是将充气包装技术与先进的磁性纸包装技术结合使用。蔬菜用带有磁性纸的薄膜袋包装起来，经抽真空，先将袋内的空气排除掉，再充入惰性气体；包装袋密封后，磁性纸能不断放射出无害的长波红外线，从而限制水分子中细菌的活动，同时也能吸收少量乙烯气体。另一种磁性纸含有能消除气味的成分，同样能吸收大量乙烯气体。该包装采用计算机控制，能大大延长蔬菜的自然货架期，具有广阔的市场潜力。

【澳大利亚研制出新型电子警示包装】澳大利亚包装材料专家RoonEy研制出一种新型电子警示包装，当易腐败的食物在高温下受热，其质量已不能得到保证时，包装上的传感条便改变颜色，电子芯片即发出警报。电子包装技术也能对缺乏保鲜措施的食品出口商提供帮助，厂商可通过卫星跟踪、监督运往海外的食品在运输途中的温度变化，使他们的产品能够安全地出口到国外。该包装袋由三个分离层组成：内层为一多孔渗水层，直接与食物接触，如果食物感染了某些能导致疾病的细菌，这些细菌就能穿过多孔渗水层，到达中间一层。中间层中含有一种有营养的凝胶体，细菌能与这种凝胶体中的一种抗体发生化学反应，从而改变颜色。随后细菌就会进入最外层，与其表面上的另一种抗体发生作用，以X形状散布开来，让食用者能够发现食物已变质。

【法国开发出冷冻食品保温袋】这种保温袋外观与超级市场提供的商品塑料袋和纸袋差不多，不过更厚实。该袋分两层，外层是一般的塑料与厚纸，里层是尼龙纤维制成的绝缘层。商品袋上方封口较严密，原理类似保温水瓶。保温时间有2小时、3小时、4小时，保有0℃、－4℃、10℃等不同温度。也有手提旅行包式，可容纳10多千克的冷冻食品，保温时间更长。冷冻食品保温袋给消费者提供了极大的方便，对超级市场出售冷冻或速冻食品十分有利。

【美国推出一种“包中包”】一种特别适用于食品行业的包装和运输专用的软垫新包装，最近由美国3M包装公司研制开发成功。这种3M空气软垫包装由耐用塑料制造而成，基本结构为“包中包”。所谓“包中包”就是在一个包装袋里面还有一个包装袋与被包装物体的形状保持一致，而外包装形成一个具防护作用的空气软垫，有效地将物体悬在包装袋中。这种设计操作非常简单，需将物体放入塑料小袋中，然后用3M充气设备向外包装袋中充气，当包装袋完全胀大时，就可以完全放心地装入箱子里用船运或车运，再远的路途也不用担心食品被挤压变形。这种新型包装经过3M公司包装工程师的多次实验，以不同的压力测试包装袋的承受能力。实验证明，3M空气软垫包装确实为物品的运输安全起到了保护作用，为运送软质食品带来了方便，此外还可用于高档食品饮料的运输。

【抗腐保鲜塑料袋】美国密西西比州特洛伊市已采取在常规包装袋中放入一层塑料薄膜的方式进行食品包装，初步收到良好效果。该薄膜含有一种被称为Amosorp的化学物质，可以消除包装袋内的氧气。经反复、长时间的实验表明，存放在新型保鲜袋中的食物，能达到长期保鲜的效果。

澳大利亚韦恩汉德乐斯公司也在进行类似研究。科学家们采取将混合化学物质填入塑料袋中的方法制作包装，但不进行除氧，而是消除袋中促进水果成熟、变质的气体，从而使水果长期保鲜。

澳大利亚科研组还在进行一种除氧化学物质的试验。该物质的物性与Amosorp相仿，只是保鲜效果更好。据说，该物质在特殊光波照射之前，一直处于休眠状态，当接受光波照射后，其中的化学分子才开始活跃。也就是说，在进行包装食物时，无需进行复杂的除氧处理，只要在包装食物的最后一道工序用特殊光波照射即可。

【Zip－PakInterpack2005展示拉链新技术】世界领先的、可再封口包装制造商Zip－Pak在德国杜塞尔多夫举办的Interpack2005上展示其系列SLIDERTM拉链产品。Zip－Pak将在展会上展示来自世界各地的最新产品和包装样本，并希望拓宽其拉链技术的应用范围。届时，从碎奶酪到宠物食品的众多应用实例将帮助包装商了解Quick－Zip TM拉链、横向拉链和热塑拉链如何增强消费者的便利性和对品牌的钟爱度。此外，Zip－Pak还宣布与某制造商建立合作关系，以开发使用拉链技术的大型预制袋。Zip－Pak还重点展示其耐高温蒸煮拉链和特殊用途的防尘拉链，参观者可以在展台看到最新的可再封口包装机，以及成型—灌装—封口设备。据Zip－Pak销售和市场总监Robert E·Hogan说：“消费者现在越来越多地选择可再封口包装产品。Zip－Pak愿意帮助全球的公司通过先进的拉链技术节省成本，增强产品的便利性。”

【俄罗斯发明延长食物保质期的新方法】俄罗斯专家在包装材料的聚合物中添加了脱水的酸化物、多种矿物盐和酶等物质。富含有这些物质的包装袋的表面，可吸收包装食品中多余的水分，杀灭细菌，从而改善包装袋的内部环境。同时，添加物中的酶还能调节食品的气味，为食物中的营养成分营造生存空间。

【法国 Sdel 发出啤酒瓶等离子涂覆技术】等离子（**ACTIS**）技术是将气态的乙炔在真空条件下送入 **PET** 瓶中，通过微波处理器将乙炔激化，转化为等离子状态，等离子态的颗粒撞击在瓶壁上能量骤然消失，在壁上形成一层极薄而致密的固态高度氧化无定型碳涂层，厚度小于 **20nm**。据称一只容量为 **500ml** 的 **PET** 瓶，涂层重量仅为瓶体质量的万分之三，但却具有极佳的阻透性能。与纯 **PET** 瓶盛装啤酒 **6** 个月后的性能比较，对氧的阻透性提高 **30** 倍；抗二氧化碳的流失提高 **7** 倍，水分透过流重量降低 **2/3**～**1/2**；乙醛溶重量减少 **5/6**；香味迁移性亦明显减少。与玻璃瓶包装的啤酒比较，除二氧化碳含量略低外，泡沫稳定性较优，其余各项指标持平。据报导，**ACTIS** 处理的 **PET** 啤酒瓶已获得 **TND**（欧盟卫生安全认可机构）的认可，**ACTIS** 处理的涂层对食品安全、无溶出物。模拟实验表明，符合食品级安全要求。美国 **FDA** 对该涂层卫生安全性认可鉴定正在进行中。用 **ACTIS** 处理的 **PET** 啤酒瓶易回收再利用，对环保有利，但其主要缺点是工艺较复杂，成本较高。

【荷兰研制出微波保鲜技术】荷兰一家公司研制出一种对水果、蔬菜和鱼肉类食品进行低温消毒的保鲜办法。它是采用微波在很短的时间（**120s**）将其加热到 **72℃**，然后将这种经处理后的食品在 **0**～**4℃**环境条件下上市，可贮存 **42**～**45** 天，不会变质，十分适宜淡季供应“时令菜果”，备受人们青睐。

【日本发明抗菌包装技术】微生物引起的食物腐败问题，使抗菌包装成为热门话题。为此，日本在包装材料中添加新型无机抗菌剂，研制成功系列抗菌包装材料，对多种病原菌有抗菌效果。该包装材料的主要特点是：（**1**）抗菌效果持续时间长；（**2**）因为抗菌剂是气相型的，故对包装内容物无任何不良影响；（**2**）稳定性好。在包装加工过程中，热稳定性高，浓度稳定，对作业环境无不良影响。抗菌包装材料主要有片材、吸水片材、包装薄膜、抗菌包装纸等几类。片材是把抗菌剂混炼到聚烯烃等树脂中压制而成，吸水片材则采用高吸水性树脂为基材制成的，通常有片型和涂布型。如无纺布/纸/混有抗菌剂的吸水树脂/纸/无纺布。目前应用较广的是抗菌包装薄膜，在聚烯烃薄膜中加入抗菌剂制成，对大多数常见微生物，如大肠菌、金色葡萄球菌、莱豆疫霉、穿孢杆菌、黑曲霉等有抗菌效果。

【日本开发出食品防窃包装技术】日本食品专家开发出一种食品防窃包装技术。采用该技术，只要将食品容器的瓶盖打开，就会使透明瓶盖上的圆形标志改变颜色。这种食品防窃包装技术是将一小包氧化亚铁放入包装容器中，将另一氧气指示圆形标志安装在透明瓶盖上。一旦瓶盖被开启　容器内的缺氧气氛便遭到破坏，氧化亚铁就转变为氧化铁，圆形标志的颜色也随之改变。据说，这种食品防窃包装技术，可应用于粒状、粉状、焙烤和罐装食品中。

【熟肉包装可再封口新技术】Pactiv′s Hefty、lide－Rite 两种切片熟肉包装自去年夏天开始使用这种可再封口技术，据说这是使用卧式一体机制造带拉链包装的第一例。经过包装设计和整体封闭技术的大量研发工作，使得包装袋多次开口封闭以后仍能保持熟肉的味道和新鲜度。**Pechiney** 指出，**LaserTear** 刻痕技术能够刻出有方向的纹路，可以是直线的，也可以是二维的，刻痕深度控制精确。由于刻痕极轻，所以制成的成品包装上几乎看不到痕迹，但却能够按此线精确地撕开，也能使滑动拉链充分发挥功能。

【奥地利推出 GK500 系列自动真空包装机】奥地利 **Supervac** 公司最近推出 **GK500** 系列自动真空包装机，机身全部以高质量不锈钢制造，内部结构紧凑，比其他产品更纤巧。该机内部装置有一个内置式扩张缓冲器，与常规设备比较，其抽真空所需时间减少了 **30%**，加快了生产循环周期，提高了产量。可靠的重复双向活跃密封系统在袋子的密封区通过起皱、湿气涂抹物密封，减少了经常遇到的泄露问题，减少了浪费。该机可处理所有形式的包装里袋、铝袋或收缩袋，特别的设计使用户能以高速真空包装肉类、干酪、鱼类和加工食品等。

【丹麦开发出低耗称重包装机】丹麦 **Dream Batcher TM** 公司日前开发出一种最小损耗的净重箱包装体系机械，该机将损耗从人工包装的 **10%**和自动包装方式的 **6%**，降到 **2%**以下。零售商按包装上打印的重量而不是包装内产品的实际重量向食品加工公司付费，因此降低包装重量非常必要。该机由全自动或半自动给料体系组成，可将产品传送到高精密称重设备上，然后将称重后的产品传送到特殊设计的复杂分离器包装设备中。

【德国推出 CAPmat－Slider 制袋机】德国制袋设备供应商 LEMO 公司最近推出 CAPmat－Slider 新型制袋机。该机配有操作简便的界面和专用转换模块，包装商和加工商在生产标准型侧面焊接袋和其他包装袋之间进行切换时，可缩短 25%的停机时间。采用这种新技术的复合生产线可将 Zip－Pak 的 Quick Zip TM SLIDER 拉链的优势结合到包装袋中。该机能生产各类包装袋，特别适用于面包、冷冻食品、小吃、宠物食品及家用用途等应用领域。Zip－Pak 的 Quick Zip TM SLIDER 是率先为低密度聚乙烯（LDPE）包装袋推出的低成本、高性能拉链头，具有再封口特性，方便适用，能满足消费者越来越严格的要求。新型制袋机除了配有专用更换模块，便于用户在单机上快速简易地进行各类包装袋生产外，还配有高效电动部件和全电脑化用户界面。数字式处理系统可输入相关工艺资料并存储，只需按菜单选择，即可实现重复生产，从而简化了生产流程。另外，该机还采用内置数据机，方便技术人员进行远端存取。

【法国开发出共挤塑粘合机】法国 Atofine 公司新开发出一系列共挤塑粘合机。被称为 Orevac PE 一种与马来酸酐接枝的聚乙烯的新系列粘合剂包括四个牌号的产品，它们都具有适合于生产食品包装用、多层薄膜和瓶子的更加优良的粘合特性。据该公司称，Orevac PE 在复合包装结构中的作用是，确保氧阻挡层与具有优良的焊接性、防水性以及刚性的聚乙烯层之间的紧密粘合。在 Orevac PE 的四个新牌号中，有三个特别适用于包含以 EVOH 为载体层的多层结构。它们分别是：适合于生产吹塑薄膜和瓶材的 Orevac18360，以及适合于在高速生产线上具有卓越粘合效果的铸塑薄膜的 Orevac 18370 和 Orevac 18380。另一种产品牌号为 Overac 18365 的粘合剂是为包含以酰胺为载体的多层结构而特别开发的，它适合于生产吹塑薄膜、铸塑薄膜以及吹模瓶。该公司称，此系列“层间”粘合剂可使加工者生产出性能更佳、产量更高的多层结构。该公司还开发出氧化共聚物 Kynar Flex PPA，可作为一种加工助剂，用于聚烯烃的挤出（成型低密度聚乙烯和高密度聚乙烯、聚丙烯），尤其适用于薄膜的成型。只需使用很低的添加量（一般为 0.02%～0.08%）就可在降低能耗、温度及压力的同时，提高加工速度。该产品还有助于防止设备的堵塞，尤其是生产线上液滴和斑点的形成。该共聚物还可增强薄膜的透明性和机械性能，可消除产品表面的“鲨鱼皮”疵斑及熔融断裂。

【美国开发出包装瓶罐无线诊断装置】最近，美国 Semswr Wireless 公司开发出了一种新型的用于食品装瓶和装罐生产线，对食品和饮料包装品质进行控制的无线诊断装置。这种名为 Agenr QC 的定型设备有三种不同大小的设备：4.5×2 英寸、5.5×2.5 英寸和 8×3.5 英寸，用食品级丙烯酸塑胶制的传感器以及新型、功能广泛并具有升级能力的桌面数据软件。传感器能安装在生产线上，直达各种规格大小的瓶和罐的肩部。在程序的支持下，通过传感器能报告任何瓶和罐的缺点、裂缝，任何与填充、封装等操作的有关数据和其他问题都会立即传递到控制室的计算机上，数据将被及时统计分析和记录存贮，达到品质诊断和品质控制的目的。该装置使用方便，记录数据快捷。

【日本研制成功电脑包装喷印机】电脑包装喷印机是一种采用非接触式印字方式，可高速喷印标示和包装产品的制造日期、使用期限、流水号码、批号、商标、条码的新型喷印机，已由日本日立公司研制成功，经使用效果极佳。这种电脑包装喷印机，具有 0.4 英寸大液晶中文操作面板，操作、保养容易，且省耗材。喷印字体大小可在 2～8mm 之间调整，可喷印中文、英文、日文，最高印速达每秒 2270 字，油墨溶剂消耗量小，印字成本低、具有自动清洗功能，很适合食品、制药、电子、化妆品等行业包装使用。

【意大利推出新型灌装机】意大利博高马 Procomac 公司新开发出 CXFillstar 型容器反压电子灌装机。该机是根据电磁流量计的原理开发，能够处理各种不同规格的瓶子和产品，具有较高的操作安全性。CXFillstar 型灌装机的灌装阀能处理各种清澈的液体产品或带浆料和食品纤维的液体产品。该机利用气动控制阀可完成多项灌装操作，所有的工作参数均能在机组前面的操作屏上进行存储和提取。CXFillstar 在各灌装阀门处装有一个外部模型瓶装置，可灵活地插入和取出模型瓶。该设备可用 121℃的热水进行 CIP 清洗，在更换瓶子规格时，可以不必停机进行操作。

【意大利开发出拉伸吹塑机】具有专业技术及生产经验的意大利 SIG 集团最新研制开发出了 SINRGOIA 拉伸吹塑机，并已投入市场。这种拉伸吹塑机是整体拉吹塑灌装封盖机，它利用单一供货的原理，采用 SIGCORPOPLASTBLMAXSE－RIES 吹塑机、SIGSIMONAZZISTILLJET 灌装机和双盖喂料封盖机等装置组装在一台整体设备内，无需传送带或冲洗机；根据速度、空间和容量的不同需求，拉伸吹塑机有缓冲器和直接传送系统两种选择。缓冲器可让设备在停机时清空所有瓶子，如果需要还可连接贴标机。直接传送系统采用星形轮在设备之间传送包装物。

【聚交酯新鲜食品包装材料在意大利问世】意大利一公司使用美国生产的天然聚交酯（PLA）设计和制造新鲜农产品包装材料，这种新的包装材料将在欧洲的零售商店使用。天然的 PLA 是一种生物基的聚合物，由 100%来自玉米淀粉的细菌发酵而成。该公司是欧洲最大的农产品包装材料生产商，生产各种盘子和水果卡盘。除了 PLA，该公司还使用 PET 和聚丙烯用作包装材料。PLA 不仅具有较高的强度和透明度，而且为零售商提供了包装天然产品使用天然基包装材料的机会。

【美国发明两种新的食品饮料包装树脂】美国 Equistar 化学公司发明了两种新的树脂，可以应用到各种食品和饮料包装中。据称，新树脂可以改进清晰度，这对在食品容器、饮料瓶、保健产品包装中的使用至关重要。Millad 3988 澄清载体是广泛应用于聚丙烯的载体之一，它以澄清、减少密度、增加张力和提高成本效率的特点备受认可，而这两种新的树脂都具备这些特点。PP30HF01 和 PP33HF04 符合美国食品和药品管理局的规定，因此可以用在食品储藏容器以及同食品有关的安全罩生产中。

【美国研发成可循环塑料】目前使用的大部分塑料制品，要被加热到 200℃或更高温度时才能够充分软化。这种方法除需要消耗大量能源并带来一定环境污染外，还会破坏塑料的聚合体分子链，降低塑料的强度，使其循环再利用时性能大幅降低。日前，美国麻省理工学院研制出一种可以在室温及标准制造压力下进行循环利用和再成型的新型塑料，为解决“白色污染”问题提供了新的途径。麻省理工学院的安妮·梅斯等人利用硬度较高的聚苯乙烯和另一种比较柔软的塑料的混合物开发出了一种新型物质，这种物质经过处理，能软化成一种可以被模塑成各种形状的透明塑料，并在重复利用 10 次后，其韧性和强度保持不变。

【日本研制成功拉伸包装薄膜产品】日本 Nippom Cashide 公司推出一种食品包装用的聚烯烃制的拉伸包装薄膜产品。这种名为 High Snew Cheas Weap 的产品是供食品包装用的多层薄膜。它是由一些包括聚乙烯在内的聚烯烃树脂组成的多层薄膜，比传统产品的重量轻 30%，而且易于焚化处理，其宽度为 250～500mm。

【英日联合生产出以纸代木瓦楞纸板】英国大卫史密斯包装和日本 TBI－Wallkk 公司联合生产出以纸代木的包装新材料 TRI－WALLPAK 瓦楞纸板，其技术性能符合美国国家标准 PPD－B－640D 和世界上 42 个国家政府标准。这种包装瓦楞纸板容量大、重量轻，箱重仅为同容积木箱重量的 25%～30%，且强度高、耐水性好、密封性强、缓冲效果好；设计美观实用、灵活多样化、节省储藏空间、适于折叠堆放、搬运方便；个别特殊设计的纸箱可重复使用。

【瑞典研制成新型高强度纸板】瑞典一家公司研制成一种新型的高强度纸板，用其制成包装箱，非常坚固结实，耐碰撞，可以有效地保护里面的物品。这种新型纸板嵌有塑料小球，其制作工艺是：首先把数量众多的直径为 0.01 毫米的充气塑料小球掺入纸浆中，然后再进行纸板加工成型。由于塑料小球内的气体在纸板加工成型中受热膨胀，其直径便相应扩大为 0.05 毫米。同时，纸板因受到塑料小球膨胀的自然挤压，其质地变得更加结实，所以具有很高强度。

【德国研制成功可防止幼儿开启的瓶】德国 POLYTOP 公司研制成功一种可防止幼儿开启的瓶，具有能自动计量的特殊瓶盖，最适用于盖在盛装药水或粉剂的容器上。这种瓶盖上有一条窄缝，将瓶颠倒后，容器内的液体或粉剂通过窄缝流出，一旦达到规定剂量，即自动停止流出，计量准确。另外，BEMAS 公司还开发出一种方形瓶盖，可与 125mm、200mm 和 250mm 各种规格的方口聚乙烯瓶配套，可将瓶口盖紧。

【德国推出新颖瓶盖】德国 JAYCARE 公司推出一种易启式瓶盖，专为年老体弱者或病人设计。使用时，轻按按钮，内装的弹簧片则动作，使瓶盖上开启一孔，药丸即可以从孔中倒出，无需用力旋开瓶盖。

【法国研制成生态包装】法国达诺内奶制品公司近来向公众展出了一种从甜菜中提取乳酸制成

的酸奶盒和杯子。这种生态盒（杯）的基本原料是甜菜，通过发酵转化为乳酸，经抽出水分形成丙酯，再加工为聚乳酯，掺入矿物质后便成为一种轻型坚固的材料。用这种材料制成的包装盒（杯）可在55℃下、60天内分解为农家肥料。

【美国开发成功充气式塑料包装盒】美国一家公司开发出一种新型可充气塑料包装盒。这种可充气塑料包装盒由双层透明塑料膜制成。由于双层塑料膜之间有空隙，因此可借助于一嘴状构件予以灌气体，迅速使包装盒膨胀成型。用这种可充气式塑料包装盒包装物品，可使内盛的物品免遭碰撞，保护性能比普通塑料包装盒大有改进，深受消费者的欢迎。

【美国研制成 QLE 瓶】美国公司研制成功Q QLE瓶，其抗氧能力比普通PET瓶高3～20倍，防潮能力提高2倍，透明度好，可微波加热，并完全适用于目前的 PET 回收工艺。其生产过程采用等离子喷涂技术，在PET表面喷涂一层石英薄膜，涂层厚度小于 2000 埃。在大规模涂饰系统中，硬质塑料容器的喷涂速度为500～1000瓶/H。

【美国研制出超过使用期限可作肥料的饮料杯】美国密执安大学和大伦敦市政府共同研制出超过使用期限可作肥料的饮料杯。该饮料杯以谷类为原料制成，用其盛装饮料在短期内能防水和防油。当超过使用期限后，能被生物降解，成为花园的绝好肥料。作肥料时，只需用家庭割草机切碎，和土壤混合起来，就成为种花用的堆肥。

【美国研制成防伪塑料包装】该包装已在美国市场出现，它是将带有内存信息的塑料薄膜填入多层聚合物包装中，当消费者打开包装后，塑料薄膜上会显示出内存信息，以防假冒。

【带漏斗的纸盒装洗涤剂包装问世】一家公司推出一种新型的带漏斗的纸盒装洗涤剂包装。它由两部分组成：包装纸盒及内部控制剂量的漏斗装置。将这两部分折叠后粘贴在一起，构成一个具有一定抗压强度、容易开启的容器。这款包装使用 FRVILIGHT KRAFT 的370GSM纸板，采用4色胶印。其显著特点是，消费者在使用过程中，不必用手接触内装洗涤剂就可以将一定量的洗涤剂倒入洗碗机。这种包装适用于各种类型的洗碗机。相关人士指出，功能性和实用性是这款纸盒包装最显著的特点。该包装的结构设计确保使用者可以利用容器本身控制内容物（洗涤剂）的正确用量。

【美国推出预制包装袋真空包装新工艺】美国伊利诺斯州和芝加哥 Viskase 有限公司联合研制并推出了排骨包装用预制袋真空包装新工艺，受到市场的欢迎。这种排骨包装袋是用5层共挤膜制成，即乙烯醋酸乙烯／垫料／乙烯乙烯醇／垫料／EVA。该收缩膜具有良好的抗刺穿性能，可防止排骨的阻氧保护作用。采取预制袋真空包装工艺，不仅保持了排骨的风味不变，同时又降低了相关费用。

【欧洲包装塑料膜启用减薄工艺】Frost & Sullivan 国际市场研究公司最近的预测研究报告称，由于茂金属催化剂的开发和应用，其在聚烯烃薄膜减薄工艺中起到了令人惊喜的作用，且随着其价格的降低，聚乙烯、聚丙烯薄膜将以更薄更轻的优异性能占领未来的包装市场。在今后几年中，塑料可望在欧洲食品包装市场上进一步增加市场占有率。从总的趋势看，轻薄柔性的包装薄膜将占据较大的市场份额、因为这种薄膜不仅能满足包装材料所需的多层、强度、优异透气性和易印刷的要求，而且还可节省原材料、降低成本，减低垃圾产生量，有利于环境保护，因此将具有良好的市场前景。

【采用 UV 镭射可有效对纸盒包装进行全面杀菌】诺饮伽姆大学、生产镭射的埃克斯替契公司和生产纸盒包装的埃洛帕克公司合作，采用工业的 UV 镭射，对聚乙烯预压胚料和涂铝纸板容器内表面的细菌芽孢进行杀灭。经研究发现，使用镭射放出紫外线可以迅速而有效地对纸盒包装进行全面的杀菌，只需照射5秒钟就可以将纸盒包装中的细菌芽孢完全杀灭，而且不需要使用过氧化氢。研究表明，如果过氧化氢残存在食品和饮料用纸盒包装内，产品的货架期会明显缩短。虽然目前完全实行商业生产制作镭射杀菌装置是可能的，但因费用过大而很难做到。

【激光烧印酒瓶防伪包装技术】激光烧印是一种较理想的防伪包装技术，与防盗盖结合使用效果更好。它是在酒液被灌装完并封口加盖后，在盖与容器接缝处进行激光印字的技术，使字形的上半部分印在盖上，下半部分印在容器上。当消费者打开瓶盖时，瓶盖上的印字即被破坏，而容器上的印字完整无损，留在容器上的印字由于不能擦去而形成永久性标志，因此使用该酒瓶造假是非常困难的。由于该技术需要对设备进行高昂的投资，且这些设备是在包装现场使用，因而具有较好的防伪效果。

【日本新近开始推出高压食品包装】日本新近开始推出高压食品包装，其特点是食品中的维生素、香味、色素等不会因加压而发生变化，从而使食品保持自然风味，而不破坏营养成分。从果酱、果汁、蔬菜汁到肉、鱼、蛋、大豆蛋白等都可利用高压进行处理。例如，蛋白和碎肉混合，通过高压处理可制成柔嫩、具有弹性的肉制品。高压处理还可使牛肉嫩化。贮存一年的陈米经高压处理也可改善品质，煮出来的米饭和新米味道一样芳香。经过高压处理的包装食品在日本十分热销，现已推出三种果酱（草莓酱、猕猴桃酱、苹果酱）、六种甜点心、三种水果沙司以及三种水果调味品共计十五种。这些食品经 400～500MPa 加压处理，选用优质包装材料进行包装，设计合理，印刷美观且产品色泽、风味都优于原来的同类产品，尽管价格高些，但仍深受消费者的欢迎和青睐。

【英国研制出烃类混合物保鲜法】英国塞姆培生物工艺公司研制出一种能使番茄、辣椒、梨、葡萄等蔬果贮藏寿命延长 1 倍的“天然可食保鲜剂”。它采用一种复杂的烃类混合物。在使用时，将其溶于水中成溶液状态，然后将需保鲜的蔬果浸泡在溶液中，使蔬果表面很均匀地涂上一层液剂。这样就大大降低了氧的吸收量，使蔬果所产生的二氧化碳几乎全部排出。因此，保鲜剂的作用酷似给蔬果施了“麻醉药”，使其处于休眠状态。

【CBIALFILL 公司推出电子旋转 FET 灌装机】PET 包装已经渗透到世界饮料业的各个角落。最近，CBIALFILL 公司推出了 VOLUFILL 电子旋转 PET 灌装机，它是单机结合旋转洗瓶、灌装、封盖的新系统，采用“瓶颈”传递系统，不同瓶体和包装间的转换可在一分钟内完成。据介绍，CBIALFILL 公司是德国 HAMBURG 和英国 CENTRAL BOTYING INTERNATILNAL 的合资公司，主要从事通用电子高性能旋转灌装设备的开发，其主要产品有 VOLUFILL 电子旋转 PET 灌装机等。VOLUFILL 可帮助减少生产成本。获得专利的电动气动定量灌装系统及电子流动计量装置，可进行精确的连续灌装，减少浪费，避免了过量包装可能产生的亏损。该系统适用于非充气饮料、碳酸饮料、含果肉饮料的灌装，温度从 5 度至 70 度，每小时速度在 44000 瓶左右；根据饮料的不同类型和包装容量，速度不同。

【法国研制新一代无菌灌装机】法国斯拉史公司目前研制生产出新一代可处理多种产品、多种容器、多种尺寸的无菌灌装机系列：SAS α IN 及 SAS α TF。据悉，SAS α 结构精简紧密，可取代传统的无菌式及杀菌隧道。灌装机的磁性控制的灌装嘴可确保同时灌装液体产品（浆状物、果粒）。其中，SAS α Ｉ N 更适合酸碱度低于 4.5 的高酸产品，如果汁饮品、运动饮料等；SAS α TF 适用于低酸性及中性产品，如高温消毒牛奶、其他牛奶饮品及咖啡等的灌装。

【防腐包装体系带来包装工业新变革】GPI 公司已经推出防腐包装体系，消除了食品昂贵的冷藏需求。该公司认为新型 ROTATHERM RT 防腐体系能为制造商提供比杀菌罐和 SSHE 等传统防腐体系更大的优势，这是因为产品没有经过燃烧过程，新体系有能力处理粘性很强的产品，可无菌加工 25 毫米的微粒。GPI 公司同时指出，由于体系具有 HTST，高压、短时煮热装置、长时间不间断生产和更加紧密的特点，能提高产品的营养价值，改善口味。因此，加工可以保证食品制造商在保持原始限度和最大供应量的情况下进行生产，然后实现将来在周围的温度下储存和装运产品。

【英国生产出 W27 型自动包装机】英国一家包装公司生产出 W27 型自动包装机，该包装机适用于不同物品的包装。随着被包装物品水平插入，机器可和半自动或全自动生产流程融为一体，并保持同步。物品可手动或利用自动计数器直接装入供料机构，然后通过传递装置进入打开的中心折叠式袋膜。供料装置的尺寸形式和形状在设计上适合于被包装的物品，供料装置为气动式。

【最小损耗的净重箱包装机械问世】丹麦 Dream Batcher TM 公司日前开发出一种最小损耗的净重箱包装机械，该机械将损耗从人工包装方式的 10%和自动包装方式的 6%降到 2%以下。零售商按包装上打印的重量而不是包装内产品的实际重量向食品加工公司付费，因此降低包装重量非常必要。该机械由全自动或半自动给料体系组成，可将产品传送到高精密称重设备上，然后将称重后的产品传送到特殊设计的复杂分离器包装设备中。

【荷兰研发冷冻食品新包材】目前，荷兰正在积极发展冷藏食品和冷冻食品包装技术。新开发的包装材料适用于微波炉的过热和加压，既可以很快调理，而且调理后的冷藏食品和冷冻食品风味好，营养也丰富。据介绍，使用这种新开发的包装材料，冷冻食品用800W微波炉过热处理需25分钟，而用1800W微波炉只需3分钟就行了。目前这些新开发的冷藏、冷冻食品包装材料还不适于一般消费者使用，因其市场价格较高。负责开发包装新材料的快餐速递公司将把这些新包装材料推广到一些公共机关，将那些公共机关如警察署等作为销售对象。

【日本推出高遮光阻气性包装新材料】日本专业生产高阻隔性塑料包装材料的库拉莱公司最近研制成功并推出一种新材料，它既具有高阻隔气体的性能，还具有遮光、避光性，从而防止了内包装食品因受光照及氧气的侵袭而导致的氧化和变色、褪色等质量变化。这种薄膜材料被称为是新一代“埃巴尔”薄膜包装材料。库拉莱公司是世界上最先开发生产“埃巴尔”高阻气薄膜材料的公司，“埃巴尔”的阻气性是常用的聚乙烯薄膜材料的1万倍左右，其优良的包装特性受到市场高度评价。由于埃巴尔薄膜透明性高，因此对于那些需要特殊避光，尤其是避免紫外线照射的食品，如用“埃巴尔”材料作包装材料时，还需要用与其他遮光性好的材料进行复合。现在新开发的既具有遮光性又有阻气性的薄膜用作食品包装材料就无需再采用如PET、PP等铝箔复合的材料了，直接选用“埃巴尔”新产品即可。这样就解决了避免使用高遮性和阻气性的铝材问题。“埃巴尔”新材料既具有接近铝箔的遮光性和高阻隔性，又省掉了铝箔材料。这种包装新材料可用于食品、医药品、化妆品和饮料等包装。

【应用蜂巢结构开发的新型包装材料问世】科学家们对蜂巢结构进行研究后开发出蜂巢式纸品做包装材料。作包装材料的蜂巢式纸品，一般由5层材料组成：外面两层为面纸，中间一层为蜂巢结构的纸板，并在面纸和蜂巢结构之间，各涂一层胶浆。制作的主要方法是：将胶浆以一种特别的格式，涂在可循环处理的纸片上。然后，将大量纸片层叠并贴在一起，使整叠纸板扩大而形成像蜂巢一样的结构。最后，在蜂巢结构纸板的两面，涂上胶浆，贴上面纸，再经干燥，便可作为蜂巢式纸品包装材料使用。用蜂巢式纸品做包装，运送易碎物品，不仅可防止损坏，而且可多次循环使用。若用坚固的蜂巢式纸品代替发泡胶包装冰箱、洗碗机、洗衣机、微波炉等，可以避免在运输过程中遭到破坏。若在运输办公用具和家具时，采用蜂巢式纸品制成纸皮角，能有效地保护这些器具的角。若用蜂巢式纸品代替木材做包装，还可以节约大量木材。

【TRI－WALLPAK瓦楞纸板问世】日本TBI－Wallkk公司和英国大卫•史密斯包装公司联合生产出以纸代木的包装新材料TRI－WALLPAK瓦楞纸板，其技术性能符合美国国家标准PPD－B－640D和世界上42个国家政府的标准。这种包装瓦楞纸板容量大、重量轻、箱重仅为同容积木箱重量的25～30%、强度高；耐水性好、密封性强、缓冲效果好；设计美观实用、灵活多样、节省储藏空间，适于折叠堆放，搬运方便；个别特殊设计的纸箱可重复使用。

【瑞典开发出TPR绿色包装】瑞典一家公司开发出一种名为TPR的新型绿色包装材料，这种包装材料适合于热成型、吹塑成型、注塑成型和挤压成型等多种加工作业。TPR材料是用碳酸钙经特殊工艺与聚乙烯黏合而成，其结构与鸡蛋壳极为相似，含有95%的碳酸钙，其余是作为黏合剂的聚丙烯。由于碳酸钙资源极为丰富，因此，生产这种TPR绿色包装材料的原材料来源广泛，且废弃物对环境无污染。

【德国研制出用于包装的聚氨酯铸塑树脂】德国RAMPF公司推出的聚氨酯铸塑级树脂的加工性能类似于目前使用的环氧树脂。这种铸塑树脂可应用于加工运输系统的机械部件或是攀崖用鞋的鞋底，它还适用于制造冷藏柜保温泡沫和包装容器等。聚氨酯因具有良好的绝缘性能，以及较好的机械性能和高达160℃的热稳定性而为人们所熟知，其实它更大的优点是减少了脱模时间，可降低能耗，加工成本较低，因此材料成本更实惠。

【欧美市场推出PIMEX食品专用包装纸】欧美市场新近推出一种全新的PIMEX食品专用包装纸，它是100%纯纸浆，不含荧光剂和危害人体的化学物质，具有防水、防油、抗粘、可耐200～250℃高温的特点。这种食品专用纸使用后经清水清洗后可回收，并可以反复使用50次。这种食品纸不管是用于蒸制、烘烤，还是微波加热，都不会变形和褪色。

【瑞典推出一种新包装材料】瑞典爱科林公司推出一种新包装材料，该材料的成本较低，其原材料主要是一种储量巨大的天然物质。在阳光照射下，这种材料在几个小时之内就会融化消失，而且对土壤有益。这种新包装材料是用70%的白垩和305的聚烯烃制成的，在外观和手感上都和传统塑料相似，但它却不是塑料。据测试，该材料坚如玻璃，韧如橡胶，可成为塑料、纸板、铝质包装的理想代用品，且价格更便宜，因为其主要成分白垩在世界各地都储量丰富，而且大量存在于地表及浅地层，开采起来要比合成塑料及其他包装材料（如纸板）的成本低得多。

【Alloyd开发两件式闭合包装】为了寻求一种纸板盒，它不但能在货架上吸引消费者的注意，而且也能作为一种高安全性包装发挥作用，Coty投向基地在De Kalb的Alloyd，为其阿迪达斯和Club Med香水生产塑料纸板。Alloyd开发了一款两件式闭合（Clamshell）包装，它能使用无线射频技术紧密封口。这款简洁但透明而牢固的包装使得包装盒的图案可视，而且内装了一个小型防盗窃探测装置。

【World Wide Packaging推出了Liscio软管】World Wide Packaging不久前推出了Lisco软管，是由低密度聚乙烯一件式挤压而成（包括盖子）的一种软管。这种盖子（翻转盖或者是推挤盖）实际上是直接做成软管的头部并恰好朝向客户所期望的方向。它不能被移动，因此不可能出现盖子的后退以及盖子和软管之间的污染。

【美国开发出5层结构啤酒瓶】美国Miller公司开发出聚酰胺屏蔽层等5层结构啤酒瓶，该瓶5层结构为：PET/屏蔽层/PET/屏蔽层/PET。其中，采用2层塑料树脂，即芯层PET与屏蔽性树脂材料制成，芯层PET可采用消费后回收再利用的材料。制瓶采用CPT专利技术。该瓶采用巴氏杀菌，不会变形、破裂与软化，物理性能及强度稳定，啤酒货架期超过4个月，基本上与玻璃瓶、金属罐包装啤酒的货架期相同。

【Asian Style Selections无箔软袋】这款包装是Asian Style Selections使用的第一个在国内加工的高阻隔性立式无箔蒸煮袋。该蒸煮袋具有清晰的Ceramis高阻隔层，可微波加热，在几分钟内就可以备齐一餐，极大地方便了顾客。

【博世新款螺丝刀包装具有视觉冲击力】德国博世集团公司Bosch Group推出新款IXO电力螺丝刀，它的包装由Crown Specialtypackaging公司定做。IXO的包装不但精美且容易保存，外壳以亚光钢为原材料，配以森林绿浮雕，还有动感十足的红色商标。这种创新包装外表的浮雕就是采用包装内的螺丝刀精雕而成。据博世公司品牌部经理Pascal H. O. Fiddler说：这种高质量的包装使得这种全新的锂电池电动螺丝刀与其他产品区分开，不管是在DIY商店里，还是在普通的零售店里，消费者一看便可辨认出这种高端产品。这种创新金属盒包装保证了产品的质量和产品的耐久性。包装的视觉吸引力和便利为我们赢得了更多的客户。以上这种包装的突出特点就是产品成功上市的原因，因为近些年来，DIY市场变幻莫测。

【新型UHF RFID标签读取系统芯片成功推出】Anadigm & reg公司宣布向市场推出Range Master&#8482新型UHF RFID标签读取芯片，该芯片可以使系统自行设计和维护单个的“通用型”读取器而不仅仅只是习惯性地读取不同配置和频率的RFID标签。Range Master&#8482可完全支持EPC全球Genl、Gen2（0、1、2类）以及ISO18000－6标准。Range Master&#8482是双芯片设计，定制的FPAA结合RFID基站，让系统设计者可以开发出支持多种协议和频率的通用RFID标签读取器以适用于通用的固定式读取器、便携式读取器、组合式条码读取器和RFID读取器。通过将单个印刷线路板进行标准化后就能支持多种终端产品和市场，Range Master&#8482不仅简化而且推动了产品的开发。由于该解决方案是基于程序化技术，所以用户可以根据需要来对系统进行设计，而且芯片还提供了反饱和控制，可以将DC到800k Hz频率中的数据都选取出来，最高可选择使用的频率达3MHz。

【新荷兰公司首家推出立式角封拉链袋】Zip－Pak公司近日宣布，荷兰包装机械制造商UVA包装公司首家推出应用拉链的立式角封袋技术。UVA公司新开发的立式成型灌装封口机Newton 400使拉链应用于立式袋包装成为可能。该机使用ZIP－PAK & regTD SLIDER&#8482技术，在包装顶部横向粘贴拉链，可生产不同型号的柔性包装袋，适用于包装2～7克的宠物食品、粉状产品和冷冻食品等。Zip－Pak公司销售和市场总监Robert Hogan认为，立式袋与SLIDER拉链的组合可进一步提高品牌形象，比平躺的扁袋包装具有更广阔的市场空间。而对目标消费者的调查也显示，人们将拉链袋视为一种便捷和增值的包装形式。

【美国推出可重新封口的食品小包装】美国推出可重新封口的食品小包装。例如可重新封装的真空软包装鸡肉，内包装是一个透明薄膜袋，宽边边缘处安装一条拉锁，打开拉锁取食鸡肉片，剩余鸡肉再装入袋内重新拉上拉锁，可避免袋内鸡肉与空气接触，保持鸡肉新鲜。外包装是纸板盒，纸盒上有一小孔，可挂在货架上。这种重新封装的真空软包装鸡肉，因消费者一次吃不完可重新封装保鲜，受到美国食品市场及消费者的青睐，可谓是软包装上重大而成功的改革。

【英国生产出小口径啤酒瓶】英国联合玻璃公司下属的一家工厂，使用三滴料制瓶机，采用压—吹法生产小口径啤酒瓶，不仅保证了产品质量，而且使生产能力提高了50%。该厂用三滴料制瓶机生产的250ml棕色Bidon牌轻量啤酒瓶，在国际市场上供不应求。

【纳米技术 创造更安全的食品包装】英国研究协会认为，他们已经证实安全、有效的抗菌纳米颗粒可用于生产食品包装，这一发现将带来食品包装的变革。研究人员确信，二氧化锌和二氧化锰在有效杀死微生物方面具有特性，它将成为纳米银廉价、安全的替代品，纳米银具有很强的抗菌效果，但却非常昂贵，同时作为一种重金属，也不适合同人类接触。纳米技术涉及极小范围（尺寸为百万分之一毫米）材料的研究和应用，并旨在找出同大范围成分相比具有不同性能的材料。

【国外研制成功肉类包装新技术】肉类包装技术直接影响到肉类保存的期限和肉类质量。目前，国外对肉类包装流行真空包装技术，但肉类颜色易变成深红色，常常使消费者望而却步。造成色变的主要原因是由于真空包装使肉类表面的肌红蛋白减少。为了满足上述真空包装方法的需要，国外已研制成功一种新型的包装材料，这种材料既能满足肉类储存需氧的条件，又能适应二氧化碳含量的环境，从而控制了能够引起肉类产品在储存过程中造成腐败的微生物的生长，同时也能控制乳酸菌的生长。新材料使用后，真空包装可以在温度为1℃的条件下进行，从而延长牛肉储存期达8周以上。

【英国用收缩膜法装饰玻璃包装容器】英国Multi-Screen玻璃有限公司利用现有的送料装置及通道，建设自动化的玻璃瓶收缩薄膜套塑生产线，用收缩膜法装饰玻璃包装容器。过去，该公司采用丝网印刷、颜料喷涂、酸蚀刻等三种方法对玻璃包装容器进行装饰。采用收缩膜法后，既可对玻璃瓶进行彩色图案装饰，又能有效地保护瓶子表面不被擦伤，还可降低生产成本。收缩薄膜采用照相凹版印刷工艺，颜色达12种。装饰后的玻璃包装容器，很受医药及化妆品行业欢迎。

【美国新技术能使瓶装食物保持新鲜】美国科学家用等离子体蒸汽沉淀技术在塑料瓶外形成一层柔软的聚酯薄膜，能够使瓶内装的食物保持新鲜。据介绍，这种塑料表面镀层能够使氧气减少10%以上。镀层类似石英，厚度小于3毫米，并且该塑料瓶在回收时不需要作特殊处理。

【EMBA170 QS 柔性折叠粘箱机】EMBA机械公司是专门从事制造各种规格的柔性折叠粘箱机（FFG一制箱机），并且以快速换单和高速生产而闻名于世的公司。EMBA生产的最小机型为170QS Quick Set快设，最快可达440箱/分钟。170QS为全自动设置机型，配有尺寸测量功能。通常，这款机器的订单是与模切机配套的4色印刷连线机。

【日本研制成功新型紧凑型包装纸盒封箱机】前不久，日本一家公司研制开发出一种新型紧凑型包装纸盒封箱机，这种封箱机的生产能力为每小时800～1200箱，凡是长120～500毫米、宽170～500毫米、高150毫米以上的包装箱均可采用该设备进行封箱。该封箱机可根据封胶带类型和瓦楞纸箱强度，采用三级控制器调整粘胶带的应用压力，还采用双边两级支撑架来提高封箱机构和稳定性，并且机器的胶带拉出装置配有止动按钮，可保证使用时的安全性。此外，该机的高度还可通过手柄操作平滑调整，采用滑动导轨，瓦楞箱表面不会留下任何划痕。封箱生产线高度可简单地通过仪表显示进行调整，并配有标准工具，可防止漏封现象。

【萨西布卧式包装机开发成功】为使包装设备更具可靠性，提高性能，萨西布公司新近开发了卧式电子包装机系列：WE150、WE300和WE400机型。该系列的高速单一包装机和高速组合包装机，适用于条状产品的包装，如谷物条、巧克力块和小食品。若配合三明治分层迭放装置，就能将饼干迭放起来进行包装。

【Hueck 公司发明了金属化的 RFID 天线】在RFID的发展过程中，成本问题一直是制约其普及的一个瓶颈。Hueck公司发明了金属化的RFID天线来降低成本。首先在一块聚酯底基上进行涂布处理，然后将只有一微米甚至更薄的电镀金属层镀在需要的区域上，从而形成RFID的天线。当然，这种采用聚酯芯片来代替硅芯片的做法目前还处在研发过程中。另外也有公司提出采用印刷的方法来制作RFID的天线，也可以显著降低成本。一旦这类技术获得实质性的突破，相信 RFID 的春天会很快到来。

【荷兰研制出一种薄膜包装机】荷兰罗伯特巴克公司研制成一种薄膜包装机，可用于箱装货物防护性薄膜包装，是专为需当场包装的易变箱装货物设计的。其作业过程是：包装机移到箱体旁后，薄膜铺设装置就附在箱体上，按照预定的数据（包装高度和薄膜包紧程度等）铺设薄膜。用这种薄膜包装机每小时可包装约 30 只箱体高达 2m 的大型货箱，方向指示轮能保证该机按箱体形状进行包装。

【日本开发出可使玻璃包装容器成型时间减半的模具】日本东洋玻璃公司和艺技研究所等联合开发出可使玻璃包装容器成型时间减半的模具。这种模具用不锈钢与铜合金材料制成，使一个玻璃包装容器成型时间，从原来的 32 秒减少到 16 秒，不仅增加了产量，而且减少了不必要的模具数量。该模具所用不锈钢与铜合金材料的制作过程是：将不锈钢表面加热到 1000℃，调整控制铜合金流量及流入速度，使铜合金与不锈钢保持最佳比例，以形成厚度以微米计的合金层。使用这种模具，虽然价格比普通模具高 50%，但经济效益显著。

【奥地利推出 GK800 系列自动真空包装机】奥地利 Supervac 公司最近推出 GK800 系列自动真空包装机，机身全部以高质量不锈钢制造，内部组织紧凑，比其他产品设备更纤巧。该机内部设置了一个内置式扩张缓冲器，与常规设备比较，其抽真空所需时间减少了 30%，加快了生产循环周期，提高了产量。可靠的重复双向活跃密封系统在袋子的密封区通过起皱、湿气涂抹物密封，减少了经常遇到的泄露问题，减少了浪费。该机可处理所有形式的衬里袋、铝袋或收缩袋，特别的设计使用户能以高速真空包装肉类、干酪、鱼类和加工食品等。

【克里奥的 RIP 驱动 IKON 彩色数字印刷机】克里奥公司向美国 IKON 办公解决方案公司（IKON Office Solutions Inc.）提供数字印刷技术，用于 IKONower Pro 500 印刷控制器，该控制器能够驱动 IKON CPP 500 彩色打印机/复印机。IKON 特有的 Power pro500 印刷控制器，是为了使图像和色彩质量更加优良、可靠性更好而设计的，在具有可变数据印刷功能的快速 RIP 中使用非常方便。IKON Power pro500 和印刷速度为 50ppm 的 IKON CPP 500 彩色印刷机/复印机相连，能够为公司制作短版彩色小册子和目录册，自定义市场材料。它支持通用的可变信息著作工具（Authoring tool），包括 Creo Darwin VI，并支持 Creo 的可变印刷规范（Variable Print Specification）、PPML、PDF 和 Adobe Post Script 等各种文件格式。

【日本研制出食品输送机】日本一家机械公司研制生产出各种适合食品搬运输送的皮带式传送机。该机采用 SUS 机架、防水马达 IP65，可以用水洗涤；在容易滞留尘埃的机架边缘无多余的孔穴，同时皮带的运营行走部分是阻抗低的平滑结构，尘埃和垃圾不会滞留；在皮带表面是涂有抗菌剂的聚氨酯为基础的抗菌皮带，属于标准的配件，卫生性极好。

【德国 PSP 公司开发出泡沫生产新工艺】德国 PSP 公司开发出泡沫生产新工艺，用它生产的包装材料可替代泡沫塑料。该种泡沫纸采用旧书报废纸和面粉作原料，先将回收的旧书报切成碎条，再碾成纤维状的纸浆，将其和面粉以 2∶1 的比例混合，混合后的纸浆料注入挤压机压成圆柱颗粒。挤压过程中，原料受水蒸气作用成为泡沫纸。用该种泡沫纸颗粒作原料，可以根据不同的需要生产出多种包装。泡沫纸可一次成型，不用化学添加剂，使用后还能回收加工。

【诺瓦化学品推出水发泡 PS 新工艺】诺瓦（Mova）化学品和塑料加工设备企业 Teubert Maschineubau 公司共同开发了利用水生产发泡聚苯乙烯（EPS），新工艺将淀粉混配到 EPS 颗粒内，通过吸收水使 EPS 发泡以制取成品，解决常规 EPS 的戊烷逸散污染问题。

过去生产 EPS 采用戊烷发泡，加工后的 EPS 中残存高达一半的戊烷，会在贮存和使用时慢慢地释放到大气中，要降低 VOC 排放需设置戊烷“捕捉”和“破坏”体系，虽然可以缓解对大气层的破坏，但却不能完全解决问题。

据介绍，新的专有工艺在 EPS 颗粒壳体内采用改性的淀粉可吸收微小液滴的水分，从而发泡。诺瓦公司已计划先在美国推向工业化生产。其优点是可满足对 VOC（挥发性有机化合物）释放的严格控制法规要求。除可减少 VOC 排放外，该工艺还可提高泡沫模制品的生产率和改进泡沫生产时的安全性。

【日本开发出 PET 啤酒瓶阻透工艺】日本三菱商事塑料公司，日精 ASB 机械公司和尤泰克公司宣布，三家公司已联合开发出 PET 瓶内贴膜技术，可在瓶内均匀地贴上一层厚度为 20～30μm 的碳酸膜，达到玻璃瓶同等的防渗效果，500ml 的啤酒瓶重 30g，为玻璃瓶的 1/10。

【预制袋真空包装新工艺】美国伊利诺斯州和芝加哥 Viskase 有限公司联合研制并推出了排骨包装用预制袋真空包装新工艺，受到了市场的欢迎。这种排骨包装袋是用 5 层共挤膜制成，即乙烯醋酸乙烯/垫料/乙烯乙烯醇/垫料/EVA。该收缩膜具有良好的抗刺穿性能，可防止排骨的阻氧保护作用。采取预制袋真空包装工艺，不仅保持了排骨的风味不变，同时又降低了相关费用。

【巴西研制出在土中容易分解的玻璃纸】目前使用的包装用玻璃纸是不会分解的，因而会污染环境。巴西圣保罗大学的科学家研制出一种新型玻璃纸，它在土壤中微生物的作用下，6 个月内就会完全分解，对环境没有污染。这种玻璃纸是用从甘蔗中提取出来的有机物质制成的，生产成本很低（每公斤仅 2.2 美元），是一种很有发展前途的包装材料。

【法国公司研制出包装肉类的新材料】用普通材料包装肉类，在浸透血和油脂后会紧贴在肉上，有时则会在表面结成硬皮。法国一家公司研制成一种新型包装材料，克服了上述缺点。该材料是一种双层叠加膜，内层是可吃的纸片。聚乙烯薄膜半透明，厚度为 12 微米，很坚固、无毒，可以直接接触肉食。用这种材料包装肉类，可以保持原来的色、香、味，因为它不渗透血和油脂，而且不会粘着。

【国际纸业提供 Tru－Taste 非铝箔式阻隔材料】纸材的质量是决定保鲜效果的重要因素。美国国际纸业有限公司提供的 Tru－Taste 是最新的非铝箔式阻隔材料，特别为室温保存的热灌装产品而设。它的纸板阻隔材料，采用优异的漂白纸板为原料，再涂上高阻隔性能的聚合物，可有效防止氧化、风味损失，并增加包装的耐用性和改进包装外观。

【韩国开发出方便面糕点包装纸】韩国开发出一种可替代传统方便面袋和糕点袋的绿色纸包装。韩国的“申浩造纸”近日透露，该公司开发出可防止食品变质、细菌污染的保健食品用纸，并已经成功申请专利。现在的方便面、糕点大部分使用塑料或薄银纸进行包装，易造成环境污染，而使用这种绿色包装纸对环境保护具有非凡意义。该产品不仅适用方便面、糕点，还可用于香肠及面包等的包装。由于所有材料都很容易分解，不会引起环境污染，并可以重新再利用。

【人造果皮纸深受青睐】一种可以回收利用的人造果皮纸在国外市场推出后深受青睐。这种人造果皮纸是用特殊的材料加工而成的，它是在工厂的自动线上与食品的制作一起完成，是一个严密的透明小袋或是透明异形环体，坚韧而富有弹性，可以延长食品的保质期，使用时只要把人造果皮纸剥开就行。

【美科学家用水果制造环保塑料】美国纽约州伊萨卡的“科内尔大学”的研究人员已经获得了一个神奇的发现：像橙子和柠檬这样的柑桔类水果可以成为环保型塑料和聚合物的主要原料。他们的研究成果发表在《美国化学学会》杂志上。

科内尔大学的研究人员发现，以碳为主要成分的化合物“柠檬油精”可以从 300 多种植物中提取，而且这种化合物可以成为制造塑料的成分而无需石油。另一种关键性的成分是二氧化碳。但是，由于这两种物质都不能自身起化学反应，科内尔大学的化学家们就研制了一种以锌为主要成分的催化剂，这种化学物质可以促使氧化柠檬油精和二氧化碳间产生化学反应。

【日本利用油墨开发可生物降解塑料】日本利用油墨开发可生物降解塑料。这种聚乳酸塑料片材能以可控速率生物降解。其可降解塑料薄膜可以应用在彩色纸箱、纸盒表纸印刷的覆膜，提高外观效果，又适于环保。生物可降解聚合物材料，可以通过把纳米级微粒融合到聚合物晶格结构中的方法，可提高阻隔性，使生物可降解包装材料的应用范围得以扩大。

【瑞典公司发布像鸡蛋壳的环保包装材料】瑞典爱克林公司发布了一种绿色包装材料，这种绿色包装材料的构思来自于鸡蛋，鸡蛋壳中 90％是碳酸钙，是世界上最环保的包装材料。

爱克林公司以碳酸钙为主要材料，在提高其力度和韧性上做文章，生产出性能优良的绿色包装材料，可用于包装各种形态的食品，以及各类工业产品和各种装饰产品。

这种材料的组成成分 70％以上是碳酸钙，因此可回归于大自然。生产这种材料所产生的废水只相当于传统包装材料的 1/2，所需的能源只相当于传统包装材料的 1/3。

【瑞士开发出供微波炉制品专用的盖用薄膜】瑞士一家公司最近开发生产出专供微波炉制品用

的特殊盖用薄膜——西姆卡欣。该膜不仅耐高压，且防雾性好。

这种盖用薄膜专用于微波炉加热各种菜肴，可迅速方便地加热，以供食用。由各种蔬菜、鱼、家禽和肉组成的菜肴使用这种专用薄膜和盖材包装（盖材为聚丙烯）以微波加热时，无须添加液体辅料便可直接进入微波炉中进行加压下的微波蒸煮。在加热过程中，水蒸气产生的压力可安全地通过特殊阀门即薄膜释放出来。

【英国一家公司开发研制成功环保纸卷】英国一家公司开发研制成功可替代泡沫塑料作为包装材料的环保纸卷，上面有很多小裂口，占据空间较小。当纸卷拉开后，它就成为立体蜂窝状，面积达到原来的 10 倍。它能起到缓冲衬垫物的作用。该纸卷用再生纤维制成，可重复使用。废弃时，能生物降解。

【Hueck 公司发明金属化的 RFID 天线降低成本】在 RFID 的发展过程中，成本问题一直是制约其普及的一个瓶颈。Hueck 公司发明了金属化的 RFID 天线来降低成本。首先在一块聚酯底基上进行涂布处理，然后将只有一微米甚至更薄的电镀金属层镀在需要的区域上，从而形成 RFID 的天线。当然这种采用聚酯芯片来代替硅芯片的做法目前还处在研发过程中。另外也有公司提出采用印刷的方法来制作 RFID 的天线，也可以显著的降低成本。一旦这类技术获得实质性的突破，相信 RFID 的春天会很快到来。

【Seal－It 公司将推出全息影像收缩带和标签】位于美国纽约州 Faemingdale 市的 Seal－It 公司将会在 PACK EXPO 展会上展出全息影像收缩带和标签。这些产品是属于视觉可见的防伪技术，用于保护包装不被破坏并防止产品被伪造，它们可以根据用户的具体需求，加上复杂的图案和公司 logo。这些全息影像收缩带和标签适用的包装类型十分广泛，所产生的一种三维效果几乎不可能被制假者伪造。对于制药包装商来说这是十分有用的。

【德国生产可随意升降温度的饭盒】德国一家公司生产了一种既可冷冻，又可加温的新型饭盒。这种饭盒内装有半导体元件，配有两个插头。一个是降温的，插上这个插头，盒内食物便可降至于 0℃，即使在炎热的夏天，食物也不会变坏；食用前，再换插另一个插头，食物便很快加热至 85℃，这时喷香的热饭菜便可供人享用了。

【二氧化硅混合衬纸瓦楞纸板与纸箱】这种瓦楞纸板的保鲜性能良好，纸板的加工制作方法与普通的瓦楞纸板完全一样，无需在衬纸与瓦楞之间夹任何材料。它能起到保鲜作用是因为纸板的里衬中含有能够吸收乙烯气体的纳米粉剂。纳米粉剂是用白硅石为原料制成的以二氧化硅为主要成分的多孔型粉剂。由于白硅石对于乙烯气体的吸附能力比活性炭、稀土锆以及沸石都要好，所以采用添加了纳米白硅石粉剂的纸张作为瓦楞纸板的里衬纸具有更好的保鲜效果。

【美国生产人性化包装瓶】由美国 Kraft 食品公司生产并获得亚特兰大调味品协会颁发的包装奖的人性化包装瓶，具有独特的宽口设计，1 加仑装的 HDPP 塑瓶，采用手指凹槽的手柄，容易抓握；旋钮式的宽口盖设计，易于倾倒。它代替了原来的 1 加仑装、按压扣合式的圆形瓶。Kraft 食品公司产品分类商务主管说："以前的圆形瓶体设计在倾倒液体或果酱后容易弄脏瓶体，下次用时，既觉得瓶体拿不住，又弄脏了手。"而这款新瓶子采用方形设计，并且在瓶口的倾倒部分采用漏斗状设计，两个侧面构成 V 字形，这种锥面设计有助于引导液体产品顺利流出，避免弄脏瓶体。

【复合型保鲜瓦楞纸板】将镀铝保鲜膜层复合在瓦楞纸板的内表面，这种复合膜具有吸收乙烯气体的功能，既可防止水分蒸发，又有反辐射线的功能，可以防止箱内温度上升，起到保鲜作用。

【混合型保鲜瓦楞纸板】在瓦楞纸箱内面纸制造过程中，可以加入纳米级多孔型乙烯气体吸收粉剂，以防止催熟；也可在原纸上涂布能发出 6μm～14μm 波长红外线的特种陶瓷粉末。这种粉末在常温下能发射红外线，不仅能使果品中有关分子活化，提高抵抗微生物侵蚀的能力，还可使酶活化，提高果品甜度。应用这种方法制造的纸箱特别适用于包装桃、葡萄、杨梅等产品，保鲜效果极好。

【类似玻璃的塑料包装】施华蔻＆汉高（Schwarzkopf & Henkel）最近选择了伊士曼化学公司（Eastman Chemical Company）的玻璃聚合物，来作为他们最新的高档护发品牌 SEAH Hairspa 的包装材料。这种玻璃聚合物的化学组成和着色特性使得施华蔻＆汉高能够在不同产品系列中加以区分开来。它使用不同颜色来代表每个单独产品类别。

【铝瓶装的葡萄酒今夏在英国上市】一种采用

铝瓶包装的新型葡萄酒今夏在英国上市，这是一种葡萄牙产的桃红葡萄酒，名为 **Bright Pink**。铝瓶包装有很多优点，冷冻速度很快，冷冻一瓶 **Bright Pink** 所需时间只有玻璃瓶冷冻时间的五分之一。铝瓶包装比玻璃瓶包装要轻 **66%**，还具有防摔功能，非常适合户外携带。**Bright Pink** 还非常适合聚会和晚宴，在暗处酒瓶上的"**pink**"字体会发光。

这种酒是伦敦葡萄酒烈酒博览会之际英国 **Ehrmanns** 公司引进的，一上市就广受年轻女性欢迎。

【美国公司生产内带似血红蛋白质的啤酒瓶盖】美国加州阿拉米达市的一家公司与生产啤酒瓶盖的企业联合研制生产一种内带似血红蛋白质的啤酒瓶盖。把它盖在啤酒瓶上，即可抽出混入瓶内的氧气，防止啤酒因氧化而失鲜。

【美国公司研制出保鲜时间可长达 3 年的塑料保鲜袋】美国公司研制出保鲜时间可长达 3 年的塑料保鲜袋。这种保鲜袋是在普通塑料袋内侧附上一层塑料薄膜，薄膜中含有吸氧剂，它能吸收在食品包装过程中进入的氧气，这就使导致食品腐烂的微生物因缺氧而无法生存。

【美开发出可替代玻璃容器的塑料容器】美国道化学公司中央研究与开发试验室，开发出一种可替代玻璃容器的塑料容器。这种塑料容器，采用透明的苯氧型热塑性塑料制成。该聚合物，由芳香二环氧甘油醚与双酚类或二官能团胺反应生成。由于所生成的聚合物，链与链之间相互作用非常强，所以隔氧性能优异，抗冲击性能好，是一种刚性材料，即用来生产单层容器，其隔氧性能和抗冲击性能，也都优于玻璃容器。

【瑞士研制出既防水又溶于水的塑料容器】瑞士勃兰德公司最近研制成功的一种既防水又溶于水的塑料包装容器。它具有一般塑料包装容器的各种性能，不但能防水，而且在需要时，可用不同的方法溶于水。

用这种水溶性塑料制成容器后，用来包装食品，废弃后放入水中，即自行溶解；用其包装游泳池消毒化学品次氯酸钠，平时能防水，一经启封投入游泳池后，水一进入，整个容器及次氯酸盐都会溶解于水；用来制造人造肛门患者用的排便袋，弃入粪池后，也能溶解。因此这种塑料容器不会对环境造成污染。

【新型无色透明饮料包装瓶——UVA 瓶】目前，一种无色透明且能阻隔紫外线的 **UVA** 玻璃瓶的出现，引起人们广泛关注。玻璃瓶的最大特点就是具有能够清楚地看到内容物的透明性。但正因为如此，外界的光线也很容易透过容器，导致内容物质变、劣化。比如啤酒受阳光长时间照晒，便会产生异味和褪色现象。光线波长为 **406nm～500nm** 时，啤酒就会褪色直至发臭。

其制作方法是，一方面通过在玻璃中添加吸收紫外线的金属氧化物，同时利用颜色互补效应，在添加某些金属或其氧化物，使带有颜色的玻璃褪色。

对厚度 **3.5mm** 的 **UVA** 玻璃和普通玻璃进行波长 **330mm** 的光线透射率随机抽样测试表明，普通玻璃为 **60.6%**，而 **UVA** 玻璃仅为 **2.5%**。对普通玻璃瓶和 **UVA** 玻璃瓶装酒的日光照射实验也表明，前者酒的变色程度和口感劣化程度远远高于后者。

【延长药品保质期的圆瓶】此款应用在药品上的圆瓶采用高密度聚乙烯（**HDPE**）制成，其容器壁的最小厚度为 **0.05** 英寸，比标准瓶的厚度要高出两倍还多。经 **USP** 测试证明，此款药用圆瓶能极大程度地降低透湿性，因此可以延长产品的保质期。

【英国研制出一种新型薄纸板包装箱】英国一家公司研制出一种新型薄纸板包装箱，主要用于办公用纸的包装。这种薄纸板包装箱分上下两个独立部分：下部分约占整个纸箱高度的三分之一，在下部的两侧有两个把手；上部分做成整个高度的方壳，将这个壳体插入纸箱下部，便成为一个整体。用底部的把手搬运，所包装的纸张不会倾斜、掉下。使用纸张时，只需将上部取下就可以打开纸箱，周围没有遮挡，数纸、取纸都很方便。

【国外成功研制肉类新包装技术解决难题】肉类包装技术直接影响到肉类保存的期限和肉类质量。目前，国外对肉类包装流行真空包装技术，但肉类颜色易变成深红色，常常使消费者望而却步。造成色变的主要原因是由于真空包装使肉类表面上肌红蛋白减少。为了满足上述真空包装新方法的需要，国外已经研制成功一种新型的包装材料，这种材料既能满足肉类储存需氧的条件，又能适应二氧化碳含量的环境，从而控制了能够引起肉类产品在储存过程中造成腐败的微生物的生长，同时，也能控制乳酸菌的生长。新材料使用后，真空包装可以在温度为 **1℃**的条件下进行，从而延长牛肉储存期达 **8** 周以上。

【美国专家发明新的鱼类保鲜法】美国专家发明了一种新的鱼类保鲜法：将刚捕到的鱼装入塑料袋，袋内注入混合气体（其中二氧化碳60%、氧气21%、氮气19%），密封包好，然后将包装好的鲜鱼放入普通仓库内。4个星期后，鱼类的外观和味道都没改变，就象刚捕到时一样。

【欧洲开发出PET啤酒瓶共混合金化阻透技术】欧洲开出PET共混合金化阻透技术，该技术是提高阻透性、降低成本的一种尝试，受到不少公司的关注，据报道在欧洲已有一批啤酒瓶试生产并通过检测。

英国Shell公司研发了10%的PEN（Hiperfaf—8910）和90%的PET共混，据称盛装啤酒的货架寿命比PET延长2倍左右。

Superex聚合物公司研发了4.5%液晶聚合物LCP与95.5%PET共混，容积为400m l的PET瓶，氧的透过率可降低70%。LCP的阻氧性为PET的200倍，而且不受环境湿度影响，其主要问题是不易成型加工。

美国Nanocar公司与Eastman化学公司联合研发PET粘土纳米尼龙6共混的复合材料瓶子，透明性好，刚性高。美国Graham包装公司与美国BP公司合作开发出一种加入吸氧剂Amosorb DFC与PET共混制得供啤酒用的单层PET瓶，啤酒的保质期可大大延长。

【国外研制出减压保鲜法】这是一种新兴的蔬果贮存法，有很好的保鲜效果，且具有管理方便，操作简单，成本不高等优点，目前英、美、德、法等一些国家已研制出了具有标准规格的低压集装箱，已广泛应用于长途运输蔬果中。

【美国一家公司发明保鲜的新方法】美国一家公司发明了一种在包装箱里减少氧含量、增加氮含量，以使果蔬保鲜的新方法。该方法在运输中使用具有气调性能的新型包装箱，这种包装有一层特制的薄膜，能够吸收氧分子，而让氮气通过。这样在空气通过薄膜进入包装箱后，箱内的氮气含量可高达98%以上，从而使果蔬的呼吸作用减慢，达到较长时间保鲜目的。

【瑞典日本合作开发出商用包装技术】瑞典、日本合作开发出商用自动化包装技术。瑞典的罗脱纳路斯财团和日本住友公司合作研究开发了一种新的商用包装技术，准备提供给百货商店和大型商场使用。这种新技术能够加快售货速度，使每笔交易的时间缩短30%，而且可以大大减轻营业员的劳动强度。

新的包装技术大体是这样的：在营业柜台上安装有包装柜，可接收顾客选购好的货物。包装柜底部可以升降，以便根据欲包货物体积大小调整高度。在包装柜下套接着一只用于盛装货物的聚乙烯塑料管。塑料管的长度和宽度是由包装分配器选择的。包装分配器接在一只特殊设计自动记录器上，它可以控制由许多塑料管组成的一个宽度为320mm的卷轴以及一对封闭制动片。如此按照顾客所购货物的确切体积而裁剪的塑料包装，可以完全克服传统包装的浪费问题。根据研究，一般袋装的容积利用率平均仅为65%。上述自动化包装系统已在32个国家获得专利权，装置的原型亦已在日本经过一年试用，以后还要在瑞典、英国、加拿大、法国、荷兰、比利时等国进行推广使用。

【新型瓶盖定位技术】Asia公司宣布已经开发出了一种新型瓶盖定位技术，该技术可以使用户在着眼于保健和牙膏市场的同时，向化妆品／个人护理用品市场进军。

新型瓶盖定位技术已经应用到一些软管生产设备上。保证瓶盖能完美开启和管身印刷图案的精确套准是成功进入化妆品/个人护理用品市场的制胜之道。Asia的新技术不仅能做到这一点而且每分钟的生产速度可达到160个，可生产的软管直径为12.7mm～50mm，长度为45mm～200mm。防盗拉环盖、打入式掀盖、扣位掀盖通过将瓶盖上的注模标记与复合软管表面预印的参考标记对准就可以准确定位了。若软管有肩或瓶盖为特殊形状的话，通过预印的标记也可以进行对准。

【美国新技术使瓶内装的食物保持新鲜】美国科学家用等离子体蒸气沉淀技术在塑料瓶外形成一层柔软的聚酯薄膜，能够使瓶内装的食物保持新鲜。据介绍，这种塑料表面镀层能够使氧气减少10%以上。镀层类似石英，厚度小于3毫米，并且该塑料瓶在回收时不需要作特殊处理。

【英国一公司在食品包装上应用纳米银除臭防菌技术】英国JRNanotech正在研发一种含有纳米银的包装材料，以保护易腐烂的食品和农产品。该公司目前处于制作包装和喷雾器原型的最后阶段。它一直与一家韩国公司合作开发用于塑料产品的纳米银技术。

纳米银均匀分散在不同类型的聚合物中。它能被喷在食物接触的表面，例如剁肉板。公司也在与美国、加拿大和欧洲可能的食品行业合作者进行合作。

【包装材料连续切断跟踪控制系统】本专利涉及一种包装材料连续切断跟踪控制系统及控制方法，由初测信息接受装置、终测信息接受装置、切刀轮测速接受装置、走料轮动力装置、计算机及控制装置构成。它置于包装机、贴标机等包装机械前，工作时先向计算机输入设定参数并存储，指令走料轮动力装置送出定量长度的包装材料切断。之后不断接受各接受装置输入的信号，及控制开关的调整指令和校准包装材料切断处的标记，自行调整计算机程序参数并存储，按指令内容，执行新程序计数指令，使走料轮动力装置送出调整后的精确长度尺寸的包装材料进行切断。周而复始，直至切断出符合尺寸要求的包装切料或商标图案。

【德国发明多功能食品包装机】Multivac 公司的 Traysealer T350 WL 是 T350 模式的新版本，它可以在同一台机器上完成包装、称重和打标签过程。

T350 WL 可被用于包装任何一种食品，用托盘密封新鲜肉、家禽、加工肉、奶酪、速食膳食、蔬菜、沙拉和橄榄、面食、烘焙食品、鱼和水产品以及干燥水果。天平测量采用的是减法，空托盘的重量在天平上被归为零刻度，由此确定每个托盘内食品的重量。每个称量周期的范围在 20～7500 克之间，同时也可以处理极端的包装规格，每分钟称重机可以处理 36 个托盘。标签可根据标准计算机设计，内容可以在网上随意修改，这种机器处理的最大标签尺寸为 100 x 100 毫米，不同的数据可以通过热传导打印头打印。

【克朗斯公司开发成功高质量 PET 瓶循环再造系统】德国克朗斯公司开发成功高质量 PET 瓶循环再造系统，其年加工量可达 15000 吨 PET 饮料瓶，经加工后的 PET 原料可直接制作其他 PET 容器，对于降低生产成本和环境保护大有益处。

化学涂层消除技术。URRC 废料再造技术的独特之处，是以烧碱为化学涂层消除剂除去 PET 瓶的表面，从而能去除粘附其上的污染物，因此可处理任何种类的 PET 瓶的循环再造。总的来说，该技术可广泛处理非回收瓶，不再使用的可回收瓶，以及介乎两者之间的饮料瓶品种。

经 URRC 技术处理的再循环产品，不仅能直接混合制作瓶坯，同时，再循环产品的乙醛和黄色素含量低，而且能满足纯净和质量方面的要求，特别适用于食品和饮料工业。此外，其成本比一般的新材料低 20%～30%，这意味着现今的 PET 原材料也可以进行循环再造。

【英国公司制成了包装食品的气体测定分析仪】英国一家公司制成了一种包装食品的气体测定分析仪，利用它测定分析包装食品的二氧化碳和氧气含量的精度可达 98%，可广泛用于鱼肉食品和预制果蔬包装产品的气体监测。在使用时，分析数据可打印出来，内容包括气体分析结果、产品密码、生产线序号、日期和时间等。

【美开发出新型食品包装瓶罐诊断设备】最近，美国 Semsor Wire－less 公司开发出了一种新型用于食品装瓶和装罐生产线，对食品和饮料包装品质进行控制的无线诊断装置。这种名为 Agent QC 的定型设备包含有三个不同大小，4.5×2 英寸、5.5×2 英寸和 8×3.5 英寸，用食品级丙烯酸塑胶制的传感器，以及新型、功能广泛并具有升级能力的桌面数据软件。传感器能够安装在生产线上，直达各种规格大小的瓶和罐的肩部，在程序的支持下，通过传感器能报告任何瓶或罐的缺点、裂缝和其他问题，以及任何与填充、封装等操作有关的数据和其他问题，有关数据都会立即、不断地传递到控制室的计算机上，数据能够即时看到并进行统计学分析和记录存贮，达到品质诊断和品质控制的目的。

【意大利西帕公司开发出新型 PET 啤酒瓶生产线】日前，意大利西帕公司研制开发出一次性 PET 啤酒瓶生产线。从 PET 颗粒到成品瓶是一条流水线，生产出的 PET 啤酒瓶含氧量很低，刚生产出的瓶子外部立即涂层与着色，在线灌装和压盖，能防止瓶壁吸附氧气而释放到产品中去。

瓶子达超洁净程度，还节省了瓶子安放场地，省去了杀菌等工艺，而且瓶子的颜色和涂层清除后容易再循环，干净瓶子可涂层再使用。这种 PET 瓶装啤酒可确保啤酒质量，降低成本。

【意大利博高马公司开发出新型灌装机】意大利博高马公司新开发出 CXF illstar 型容器反压电子灌装机。该机是根据电磁流量计的原理开发，能够处理各种不同规格的瓶子和产品，具有较高的操作安全性。CXF illstar 型灌装机的灌装阀能处理各种清澈的液体产品或带浆料和食品纤维的液体产品。该机利用气动控制阀可完成多项灌装操作，所有的工作参数均能在机组前面的操作屏上进行存储和提取。CXF illstar 在各灌装阀门处装有一个外部模型瓶装置，可灵活地插入和取出模型瓶。该设备可用121℃的热水进行 CIP 清洗，在更换瓶子规格时，可以不必停机进行操作。

【德国巴斯夫研制成功环保纸包装保障性涂料】经过为期两年的反复试验，一种用于纸包装的保障性涂料，由世界化工巨头的德国巴斯夫化工集团科研人员研制成功，并已投放市场。巴斯夫公司推出的这种保障性涂料符合环保要求，用其聚合物分散液涂过的纸包装耐水、耐温、耐油脂，使造纸企业可以生产有利于环保而且又具有竞争力的供包装用的纸张，而且不用改变现有的造纸生产工艺。

【意大利用生化科技研制有机包装纸】意大利维特波大学的科研人员研制开发出全球第一张完全无毒性、工艺无污染的有机包装纸张。据悉，这种有机纸的主要原料为麦、玉米及其他谷类植物纤维，利用特殊生化科技，生产出浸透力强、微黄色并带有植物香味的纸张。目前，维特波大学已经与意大利一家生化公司签约，联手合作，在意大利南部设一家工厂，生产并销售这种有机包装纸张。

【美国推出可控制气体的新型包装材料】美国 Hercules 公司推出一种新型包装材料，具有可控制气体的功能。这种新材料带有细小气孔，可控制包装内氧气与二氧化碳气体交换，减缓交换速度，从而抑制果蔬自身的呼吸，达到保鲜效果。

【美国推出新型泡罩包装膜】美国塑料薄膜 Tekni—Plex 公司在高阻隔泡罩型复合包装膜生产中首次采用环烯烃共聚物 COC Topaz 和三氟氯乙烯 PCTFE 两种材料，使泡罩包装的水汽透过率大大降低。这种新型的泡罩包装膜的应用目标是药品包装。同一般的 PVC 和 PVDC 聚偏二氯乙烯为阻隔的泡罩包装膜相比，环烯烃共聚物在泡罩包装的开发成功，不仅使材料的水汽透过率非常低，而且厚度可以减薄，刚性增加。

【加拿大研制成功新型耐高热食品包装材料】加拿大安大略省 Gue Cph 大学食品技术中心研制成功了一种新型耐高热食品包装材料 PEN 聚乙烯萘酚树脂。据悉，采用这种 PEN 聚乙烯萘酚树脂材料与目前传统食品包装材料 PET 聚对苯二甲酸乙二醇酯混合后就形成了 PEN/PET 新型材料，具有耐高热、抗脆裂、不怕潮湿、抗氧化和耐紫外线辐照的优点。由于新型食品包装材料具有耐高热的特性，食品包装可以在高温处理中完成。比如果酱可以在 94℃ 中热包装，因而食品的寿命可有效地延长。

【美专家利用二氧化碳合成塑料包装材料】具有玻璃般的透明度和不透气性新型塑料包装材料被美国专家研制出来。所使用的原材料是广泛存在的二氧化碳。二氧化碳的化学性质稳定，单一的二氧化碳并不能制造塑料，但是，美国专家采用一项新的技术，使用特殊的锌系催化剂，将二氧化碳和环氧乙烷或环氧丙烷按同样的数量混合，便制成了具有新特性的塑料包装材料。该材料类似聚碳酸酯和耐纶酰胺纤维树脂，除了在 240 摄氏度的温度下就能完成热分解气化外，同时还具有生物分解性能，埋在土里几年时间就可以完全消失，不会污染环境。

【新型防腐食品包装材料】巴西维索萨联邦大学科研人员最近开发成功一种新型食品包装材料，并可使食品延长保质期，减小消费者防腐剂的摄入量。该大学科研人员开发的这种含有抗微生物剂的塑料薄膜，可以在一定期限逐渐向食品内释放防腐剂，这样不仅有效地保证了食品质量，还可以解决保质初期消费者摄入较多防腐剂的问题。研究人员利用面包和香肠所做的试验取得了令人满意的结果。用新型包装纸包装的面包保存 15 天后仍没有孳生任何微生物。

【澳大利亚成功研制出高屏蔽性能果汁包装杯】澳大利亚科研人员成功研制出具有高屏蔽性能果汁包装杯，已被水果加工商采用，效果显著。这种包装杯首先由澳大利亚最大水果加工商采用，主要包装果汁、果冻，已大量进入超级市场销售，该包装杯的货架寿命为18个月。该包装杯为3层共挤结构，含有一层 PP、一层 EVOH、一层粘结层。可替代部分金属罐包装果汁、果冻，应用前景十分广阔。

【滴水显示型防伪标签】颜色为灰色，当用水涂抹时，显示图案：擦净水之后 30～50 秒后，油墨又恢复到灰色，图案消失。此技术具有识别方便，可多次重复查验的优点。可制作成不干胶，塑料薄膜标签的形式。

【日本开发出粮食防霉包装袋】日本三菱化工合成公司开发出一种新型粮食防霉袋，它是用聚烯烃树脂膜制成，含有 0.01%～0.05%香草醛，能慢慢挥发渗入到粮食中，既可长期抑制霉菌，又可使粮食产生一种宜人的香味。

【澳大利亚等国已开发出易拉罐装葡萄酒】采用易拉罐装的啤酒酒质佳、品位高、携带方便、运输及饮用方便，不易被假冒，密封性能优越，干净、卫生，保持啤酒固有风味程度高，适用于高档精品的啤酒包装。易拉罐不仅用于啤酒包装，澳大利亚等国目前已开发出用易拉罐装葡萄酒。易拉罐可以完全隔绝空气，防止葡萄酒的氧化，比玻璃瓶方便、环保、安全。

【美国Longview纤维公司推出带柄零售纸袋】美国 **Longview** 纤维公司不久前推出的一种高质量带柄零售纸袋，可进行三色到四色印刷。用回收牛皮纸袋生产，分为原牛皮色、漂白色及其他颜色的纸袋。这种纸袋使用周期长，可生物降解，是塑料袋的替代产品。

【德国成功研制便携式真空包装器】一种体积小、重量轻、使用携带方便的真空包装器最近由德国一家公司研制成功。这种真空包装器在使用时，将点心、饭菜、食品等放在塑料食品袋内，按动真空包装器的按钮，即可在塑料食品袋的开口处将袋内空气抽净后密封，使袋内食品如同软包装罐头，密封后在室温下一周内食品不变质。用此法贮藏鱼、肉、青菜等，可保持味道不变，并能防止维生素、矿物质等营养成分被破坏。如将易变形食品放入真空塑料袋内，经过这种真空包装器处理后再冷藏可防止变形。真空包装器的问世，开辟了食品贮存的新途径，使用方便轻巧，可部分代替冰箱。

【法国开发成功难以伪造的气泡防伪塑料标签】法国蒙托邦包装塑胶设备公司研制开发成功一种难以伪造的气泡防伪塑料标签，这种标签可用于食品、电子产品和纺织品等产品的外包装。这种气泡防伪塑料标签是直径 **1～10ram** 的塑料圆片，在冷却过程中，会随机形成各种气泡图案。由于气泡图案相同的几率较小，且图案和序号都记录在数据库里，消费者在购买商品时，只需核查商品塑料标签中的气泡图像是否与数据库记录的气泡图像一致，就能辨别商品真假。这种气泡防伪塑料标签技术，还可用于护照等方面。

【法国推出一种不能被复印的油墨】目前，法国一家公司研制出一种不能被复印的油墨，该油墨通过改变油墨中的某些分子结构而改变油墨的性能，从而使油墨在曝光下隐行，而复印机的闪光装置或扫描仪的射束无法复印到油墨上，这样文件就不可能被复印。自动化使人们的工作与生活更加快捷和方便，各种文件可以轻而易举地被复印，而有些文件是不希望被复印的，这一愿望终于可以通过使用这种特殊油墨进行文件的印刷而得以实现。

【超市出现会“呼吸”的蔬菜包装袋】在香港中路一超市上有一种“会呼吸”的蔬菜包装袋，前来购买物品使用这种包装袋的市民络绎不绝。据供货商介绍，这是采用国际上先进的针孔工艺，根据不同种类的蔬菜，在包装袋上打出大小不一的孔。这种包装袋不仅透气性好、保鲜，而且还易降解，有利于保护环境。

【美国推出可自行降解的塑料杯】由谷物合成的塑料——**PU** 聚合物材料生产的杯子由美国一公司研制成功。该产品目前已投放美国市场，深受用户青睐。该公司是一家物质合成与生物降解的生产商。据介绍，用这种新材料制作的杯子，其物理性能可与石油合成塑料相媲美。它来源于谷物，能完全降解，而其环保性能则是石油合成塑料无法比拟的。它可以不用任何处理，与食品垃圾一道扔掉，降解成水、二氧化碳和有机物。据悉，其不但具有以上所列良好的环保性能，同时还具有极佳的合成稳定性。

【日本发明香蕉纤维制造包装袋】日本开发出以香蕉废弃物制造一种强度较高的纸。香蕉纤维非常硬，能否将其纤维处理成像棉纤维那样光滑的细纤维是技术的关键。日本东京都立产技术研究所的木通主任研究开发出能批量生产的加工方法。剥下香蕉茎上的皮，用制蔗糖用的压榨机使其脱水。然后把脱水后的茎在水中发酵，或者在碱水中浸泡发酵。把一般生产棉、麻等纤维用的开松机进行改造，在上面装上几个可以旋转的刀。用这样改造的开松机，可以制造 **100%**的香蕉纤维。这样制成的香蕉布手感如麻，可以用于制作出口咖啡的包装袋。

【蒸煮袋：不含铝箔、可微波加热】**Wornick** 公司为其亚洲风味系列方便食品设计的一款蒸煮自立袋包装的特色在于，整个包装袋没有铝箔层，因此可以连带包装一起微波加热。这一包装由 **Alcan** 公司提供，自立袋采用一层透明的高阻隔 **Ceramis** 二氧化硅涂布膜，一层聚丙烯密封膜和一层 8 色柔版背面印刷的聚酯。整个袋子经过充填、封口和蒸煮过程，有一年常温下的货架期。消费者可以用剪刀或刀片打开包装袋。**Wornick** 公司营销部副总裁 **Don Leifer** 指出，这些蒸煮袋比含铝箔阻隔层的成本高，成品的货架期则相对略短。“但可微波加热是它的优势，”他补充说，“该包装使消费者能充分享受到方便食品的便利。” **Wornick** 公司的这一包装袋，所有材料都来自美国国内，不需要向国外采购。**Leifer** 说，“正因为如此，我们的供应链比较稳定，效率也更高。”

【德国研制出可降解塑料新工艺】德国莱比锡一哈雷环境研究中心最近宣布，该中心已研究出利用沼气和细菌制造对环境无害且可降解的塑料新工艺。据介绍，这家研究中心利用的细菌是甲烷单菌，这种细菌可将甲烷经过新陈代谢，在其体内产生细微颗粒状的聚合多羟基丁酸，提取出来后可以制成塑料。聚合多羟基丁酸在物理特性上与 **PE**、**PVC** 等塑料产品相似，但却易于生物降解，且最后产物只有水、二氧化碳，不会污染环境。该中心表示，生产这种塑料所需要的原料是有机废物发酵产生的沼气，沼气中含有 **60%～80%** 甲烷。经过培养的甲烷单菌在反应器中经过 **24** 小时后，就可以生产出聚合多羟基丁酸，产出量可达 **0.02** 克 / 升，产生的废水、残余物和热量可以在反应中循环使用，从而节约成本。

【抗菌食品包装生产新工艺】一直以来，食品包装部门对抗菌涂层包装膜显示出浓厚的兴趣，因为其可以不用食品防腐剂就能起到阻止食品霉变的作用。目前，德国科学家利用医药专业技术创造出此类抗菌包装，可以适用于牛奶等液体饮料，这是食品包装技术的一个重要变革。为了防止包装袋中的食品被细菌污染，利用薄膜包装的食品通常带有添加的防腐剂如山梨酸和安息香酸，但是消费者希望食品中的添加剂越少越好，因此食品制造商希望在满足消费者这一需求的同时，使食品更安全。德国加工厂和包装 **Fraunhofer** 协会研究员发现要想替代食品中的防腐剂，需要用抗菌涂层给包装膜涂层，这种特殊的包装膜涂层可以通过复合树脂等物质为基础经特殊工艺加工而成。

【食品预装真空袋新工艺在美国问世】美国两家公司联合研制推出了排骨包装用预制袋真空包装新工艺，受到了市场的欢迎。这种排骨包装袋是用 **5** 层共挤膜制成，即乙烯醋酸乙烯 / 垫料 / 乙烯乙烯醇 / 垫料 / **EVA**。该收缩膜具有良好的抗刺穿性能，可防止排骨刺穿薄膜，并确保袋边耐摩擦，不渗漏肉汁，袋装排骨为 **5.1** 磅。该包装袋采用 **6** 色柔性版印刷，使袋抗光性能增加，大大提高了对排骨的阻氧保护作用。采取预制袋真空包装工艺，不仅保持了排骨的风味不变，同时又降低了相关费用。

【Drpont 公司研究成功能够提高聚酯瓶阻隔性的新技术】 **Dupont** 公司研究成功两种能够提高聚酯瓶阻隔性的新技术，第一种是使聚合物改性，能使原来 **PET** 的阻隔性提高 **2～3** 倍；第二种是使用“透明铝化合物”表面涂覆技术，能使原来 **PET** 的阻隔性提高 **30～40** 倍。使用这种涂层不存在回收方面的问题。

【德国防伪标签技术又有新突破】德国一家公司最近研制出一种新型防伪标签系统，利用激光束把数据信息以微米大小的光点形式打入标签里，通过识别光点形成的全息图鉴别产品真伪。据德国《世界报》报道，这套防伪系统是海德堡一家公司的两位物理学家开发研制的。新系统结合了全息摄影和聚合材料薄膜的数据存储技术的优点，通过激光束将随机数量的光点烙在一片仅有 **1/20000** 米厚的聚合材料薄膜上，每平方毫米薄膜可以烙 **100** 万个光点。这些光点可形成一个三维全息图，代表一个图像、数字代码或是企业标识。此外，光点中还可以储存 **1000** 字节的数据信息，比目前通行的条形码容量多出 **1000** 倍以上。使用时，通过特殊的读识装置和激光束，再现全息图， 并读出光点储存的产品信息。相比过去的防伪标签技术，尽管市场上全息图已经在防伪技术上有所应用，但由于传统防伪措施采用的是印刷技术，而且同类产品的防伪标识没有区别，已经无法适应防伪的需要。相比之下，新标签防伪系统采用随机产生的光点，使得每个标签的全息图都各不相同，加之光点本身还储存有特定的信息，使得对伪劣产品的鉴别更加准确、便捷。

【法国推出基于氢化碳的阻隔方案】一家法国公司推出了基于氢化碳的阻隔方案，甚至适用于高产量的瓶子生产过程。这种阻隔方案不仅可以阻止氧气的进入，还能有效地保持含碳饮料的气泡。具体使用方法是在容器的内壁上涂布一层这种阻隔材料。

【日研发尼龙纳米复合材料新技术】日本宇部兴产（**UBE**）公司与丰田汽车公司合作，日前研发出尼龙纳米复合材料（**NCH**）新技术。**UBE** 是日本最早的尼龙纳米复合材料生产商。该技术使纳米级无机化合物（蒙脱土）分散在尼龙树脂中，其生产的 **NCH** 新材料具有如下优点：少量无机填料能大幅改善材料力学性能，并适用于各种制品；对氧及水汽阻隔性比尼龙强1倍；对汽车燃油具有高阻隔性，可作为燃油管的阻隔层。UBE公司现已开始生产两个NCH新牌号：1015C1和1015C2。

【AISA公司提供新的化妆管包装产品】 AISA公司现提供新的化妆管包装产品。多年以来，AISA公司在层压管与塑胶管包装专用机械制造方面一直处于世界领先地位。AISA公司最新推出的管帽导向系统现已装备SAESA & reg2000制管机，这是该公司具有持久创新意识的又一明证。利用这种新技术可快捷、优质地进行制管。作为行业标准的制定者，SAESA &reg2000制管机是一种高速、多功能的层压管生产线，每分钟可生产200个直径为12.7mm～50mm的成品管，长度从45mm～200mm不等，并且总体质量可靠。

【Colbert为老年人设计的泡罩包装】 Colbert包装公司生产的Pharma Dial泡罩卡片获得了老年安全F1等级。它能顺利通过这一等级的考核是因为公司用了Blister Guard纸板，这种纸板使用了来自Valeron Strength Films的具有高抗撕裂强度的交叉层合薄膜。Pharma Dial的特点是：它有一个泡罩部件，使用者必须将其旋转90度才能获得药品，这个部件很容易抓住，在针对老年人进行的测试中反映良好。

【ENOTOP推出创新的香槟及汽酒瓶盖】 Enwtop是Geco Group集团旗下公司，主要生产汽酒瓶盖。该公司最近开发了一种适用于所有碳酸饮料，特别是香槟及汽酒的瓶盖，该瓶盖具备所有碳酸饮料瓶盖所需要的特点，还能降低成本、减少环境污染、提高设计灵活度。

开发Enotop Expedition瓶盖的创意，主要来自于公司对提高产量的要求、对环境保护的意识及汽酒市场对提高产品质量、降低生产成本的需求。打开Enotop Expedition瓶盖只需要30磅的力量，而传统瓶盖打开则需要70磅。此外，瓶盖可以重复多次开启，对瓶内的酒的质量没有任何影响（例如碳酸的流失等）。该种瓶盖无需任何装饰，如果需要，可以改变形状、花纹及颜色。

【德开发持久抗菌防护涂层】 德国科学家借助纳米技术开发出一种新型无毒防护涂层。该涂层中的主要有效成分是一种类金属材料，它可以持久清除微生物病菌。德国弗劳恩霍夫学会下属的化学技术研究所研究人员开发出的这种类金属材料，可以直接作用于微生物细胞壁，阻止病原体繁殖，甚至可以杀死病原体。研究人员说，这种类金属材料的颗粒直径大约在10纳米左右，这相当于霉菌孢子和细菌的千分之一。由于这种材料不会进入空气造成污染，它有望取代传统对付微生物的药物。利用这种类金属材料，研究人员最终合成了一种新型涂层。这种涂层不仅可以阻止墙壁表面受到霉菌和藻类等侵袭，还可以独自清除对抗生素具有抵抗性的“医院病菌”。研究人员认为，未来这项技术还可以用于假牙涂层、人造骨骼、心脏瓣膜、食品包装和玩具等领域。

【德西门子2007年将推出超薄的电子动画标签】 德国柏林的西门子公司将在2007年推出电子动画标签。超薄的彩色显示屏是建立在电致变色基材的基础上的，这种电致变色材料能随着分子内的电压的变化而变色，因为电压不同，所吸收的波长也不同。显示屏包括用电极拼成图案的电致变色材料，导电膜则作为另一个电极，数量是透明窗口的两倍。目前，硅整流元件提供控制，研究者们计划用印刷工艺来制造整个显示屏，包括控制电极和电源（如电池或天线），西门子公司技术和自动化和驱动的科学家们正在研究最优的材料，可以很快的改变颜色才能显示连续的动画。现在要解决问题是：如何将显示屏集成到生产，包装过程中去。

【杜邦推出数字印刷油墨】 业界领先的杜邦喷墨油墨最近推出了新品牌产品。可以用于室外的纺织品数字印刷。色牢度较高、并且耐紫外光照，可以用于室外的旗帜广告。新产品的品牌是Artistri Solar Brite，可以和特别设计的Solar Max品牌纺织品一起使用，获得更好的效果。Artistri是杜邦特有的纺织品数字印刷系统，具有很好的渗透力。杜邦负责该业务的经理约瑟夫·古托斯基（Joseph Gutosky）指出，这个油墨产品的牢固性以及杜邦新系统代表着整个行业的新方向。这种油墨和杜邦新系统相组合，可以使旗帜广告制造商从此达到全新的高度，质量、商业运转速度、客户家制能力，将是无往不胜的。特殊配方的杜邦油墨技术及其预处理技术，使得产品具有很好的耐紫外能力，经久耐用，色彩渗透力强。目前该品牌共有八种色彩。

【国外研制成功一种神奇抗腐塑料袋】 国外最近研制成功一种神奇抗腐塑料袋，它可使食物保鲜期延长至三年之久。它不仅适用于普通用户，而且特别适用于水果食品业、长途运输业。美国密西西比州特洛伊市已采取在常规包装袋中放入一层塑料薄膜的方式包装，初步收到良好效果。该薄膜含有一种被称为 Anosorp 的化学物质，可以消除包装袋内的氧气。经反复长时间的实验表明，存放在新型保鲜袋中的食物，能达到长期保鲜的效果。

澳大利亚韦恩汉德乐斯公司也在进行类似研究。科学家们采取将混合化学物质填入塑料袋中的方法制作，但不进行除氧，而是消除袋中促进水果成熟、变质的气体，从而使水果长期保鲜。澳大利亚科研组还在进行一种除氧化学物质的试验。该物质的物性与 Amosorp 相仿，只是保鲜效果更好。据说，该物质在特殊光波照射之前，一直处于休眠状态，当接受光波照射后，其中的化学分子才开始活跃。这也就是说，在进行包装食物时，无需进行复杂的除氧处理，只要在包装食物的最后一道工序用特殊光波照射即可。

【加拿大成功提高容器中纸板比例有助环保】 加拿大一家公司研制出一种新型食品饮料包装容器，这种包装容器由金属或玻璃等化学物以及纸板制成，大大减低了对环境的污染。这种容器分为两部分，一部分是供盛放和保存食品用的薄型容器，视乎食品的特性选择以塑料、金属或玻璃来制造，一般只占整个容器的10%～20%；另一部分是供容器嵌入的外层结构，由纸板制成，占80%～90%。由于这种容器所用塑料、金属或玻璃的比例较少，而纸板又是可生物降解和循环再用的物料，因此有助于解决废物处理的问题。这种容器可进行冷冻、加热、防腐和消毒处理，最适合代替目前半硬式容器包装。

【美 Ampacet 公司推出新型透明 LLDPE 薄膜爽口剂】 美国 Ampacet 公司日前推出透明 PE 薄膜抗粘连剂母料 102286。这是一种能改善 LLDPE 薄膜透明性的全新产品，由具有协同作用的无机抗粘连剂、透明剂和酰胺类滑爽剂组成，能分别提高薄膜透明性和光泽度 65%、50%。 102286 不会吸附其他助剂，而且还能使 LLBPE 结晶温度提高 13℃，使薄膜成型温度提高并加快成型速度。另外，用 102286 改善 LLDPE 薄膜透明性和光泽度，不再需要使用共混树脂，可降低原料成本，而且 102286 用量仅 2%，低于其他抗粘连剂产品。

【美国研发新型 PC 用发泡剂】 美国新泽西州 Bergen 国际公司开发出聚碳酸酯（PC）用放热型化学发泡剂 XO－230。该产品适用于高温发泡 PC 制品，如结构发泡成型、注塑和挤出发泡成型等。XO－230 的优点是不产生水汽，因而不会引起聚合物降解进而导致材料发脆，而有些发泡剂分解会产生水汽，使聚合物分子链开链，物理性下降。XO－230 为粒状母料，特别适用于要求最大程度降低相对密度的结构发泡成型，可降低或消除制品翘曲凹痕等缺陷。

【日本食品防窃包装问世】 日本食品专家开发出了一种食品防窃包装技术。采用该技术，只要将食品容器的瓶盖一打开，就会使透明瓶盖上的圆形标志改变颜色。据悉，这种食品防窃包装技术是将一小包氧化亚铁放入包装容器中，将另一氧气指示圆形标志安装在透明瓶盖上。一旦瓶盖被开启，容器内的缺氧气氛便遭到破坏，氧化亚铁就转变为氧化铁，圆形标志的颜色也随之改变。据说，这种食品防窃包装技术，可应用于粒状、粉状、焙烤和罐装食品中。

【日本研制成功不褪色颜料油墨】 日本精工开发出一种 200 年不褪色的照片画质颜料油墨。这种油墨可以用来打印招贴画和绘画作品。由于颜料粒子微粒极细，能使画质提高，兼有抑制光线漫反射的功能，使画质有光泽，并且具有防水性。

【透明的食品、医药 PP 外包装】 阿托菲那石化公司和 Milliken Chemical 公司联合开发了一种据说具有优异性能的聚丙烯材料。阿托菲那公司的催化剂技术可以控制分子量，这将有助于控制微晶的分布，而微晶的分布可直接影响材料的光泽度和透明度。据说 Milliken 公司的 PP 生产机构 Millad3988 更愿意根据其能力提高阿托菲那公司的目标材料性能。虽然该技术主要是为了满足顾客对食品、医药产品外包装的可见性的要求而研究开发的。当使用 PET、OPS、聚苯乙烯的混合物和苯乙烯一丁二烯的共聚物等材料生产时，Finacene M3282MZ 就可以满足顾客的需求。

【新西兰开发出新型航空用 PET 瓶】 新西兰奥克兰 Linkplas 公司为某酒厂开发出新型航空用 PET 酒瓶。现在新西兰航空公司已将其用于从澳大利亚起飞的航班，预计不久将用于其他航线。据悉，这种新型航空用 PET 酒瓶为单层瓶，容积为 187ml，质量仅为 33g，而相应体积的玻璃瓶则重达 154g。这种 PET 瓶的形状与玻璃瓶略有不同，但可以在酒的标准灌装线上运行。新型 PET 瓶虽然没有玻璃瓶重，但比同样大小的普通 PET 瓶重得多，这是为了保持像玻璃瓶那样的外观和能承受铝盖封装时 150kg 的顶压。同时，据 Limkplas 公司介绍，由于该瓶采用了独特的加工工艺和技术，因而实现了 PET 瓶最佳的阻隔性。

【新型系列低 VOC 油墨近日问世】 Jetrion 公司最近首次为连续式喷墨打印系统推出了一系列低 VOC（可挥发性有机物）油墨。这些油墨能够帮助印刷者显著地降低装订和印刷车间的 VOC 水平，使得 Bit Jet Jet Arrsy 和 BX 打印机的用户在扩大生产的同时保持较低的 VOC 排放量。据悉，Jetrion 公司的这款油墨在实际生产中的效果要好于该公司原来推出的以 MEK 为基础的油墨。

【英研制出新型除氧食品包装】 一家英国公司最近成功研制出一种新型塑料食品包装，该包装同时具备被动及主动屏障功能，可抑制氧的渗入，其功效甚至在食品袋经过蒸煮后仍不会减弱。据悉，该新包装由 6 层不同材料复合而成，其中第一层为聚丙烯；第二及第四层为粘合胶；第三层为阻氧聚合材料 EVOH；第五层是被称为主动屏障的除氧剂混合物，可阻止外来氧分子进入并吸附包装内的氧；而第六层则为聚丙烯材料。透过在有水分的情况仍能保持活性的除氧剂，新包装可延长产品的储存期，同时可直接放进微波炉加热，适合应用于方便食品包装上。

【诺瓦推出食品包装新型塑料树脂】 诺瓦化学公司宣布推出一种专门用于食品包装的高性能塑料树脂。据该公司介绍，这种塑料树脂可以满足食品包装市场对包装产品在保鲜、健康和方便等方面越来越高的要求。诺瓦的这种新型食品包装塑料树脂此前已经在纽约举办的厨房用品展览会上与观众见面，受到世界著名食品包装企业的推崇。据美国食品网负责人马克·萨默尔斯介绍，食品塑料包装已经成为发达国家现代家居生活的重要支撑，而诺瓦的新型塑料树脂迎合这种需求。

【荷兰将用多层生物降解塑料膜包装袋装冷冻蔬菜】 总部位于德国的 BIOP Biopolymer Technologies 是多层生物降解塑料膜的生产专家，公司的产品采用 1%～1.5% 的纳米微粒制成，公司与一些主要的蔬菜生产商合作，进行该材料的生产与应用。为了满足更多用户的需求，BILP Biopolymer Technologies 公司与著名的化工公司巴斯夫合作，建立了一家新厂，用于生产多层生物降解薄膜。新厂的厂址选在德国的 Brandenburg，到 2005 年 9 月份这种薄膜的年产量将提高至 10000 吨。公司还与荷兰的农业技术和食品创新技术研究中心（Agrotechnologyand Food Innovations）进行合作，进行该薄膜的开发，目前已经达到半工业化阶段。BIOP Biopolymer Tichnologies 的首席执行官 F ritzde Jong 说："这种薄膜几乎就是 PE 薄膜的拷贝品。他们之间最大的区别就在于这种三层可生物降解塑料薄膜有一个更好的隔氧层，并且具备很高的透湿率（WVTR），相比 PE 薄膜成本较低，因为 PE 薄膜还需要补充添加剂以提高隔膜的性能。BIO PBiopolymer Tichnologies 公司的单层可生物降解薄膜材料 BIOPAR 是采用淀粉和生物高聚物混合加工而成，已经被荷兰连锁超市 Ahold 用于可生物降解垃圾袋的生产。

【巴斯夫积极发展生物降解塑料】 巴斯夫公司近日表示愿意以环保材料鼎力支持北京"绿色奥运"，其名为 Ecoflex & reg 的产品就是一种用化石燃料制成的 100% 生物降解塑料。Ecoflex & reg 主要用于提高可再生原料的性能，可再生原料如淀粉、聚乳酸 PL、聚羟基烷酸酯 PHA 等与其共混后性能可得到极大改善，并开发出更多的全新应用领域。用 Ecoflex & reg 制成的生物降解包装材料或含 Ecoflex & reg 的共混物在堆肥条件下仅需几个星期即可完全分解，用作包装材料可显著减少令人头疼的"白色污染"。Ecoflex & reg 已通过欧洲、日本和美国各项标准认证。巴斯夫公司已成为生物降解材料工作组 BMG 的成员之一。该工作组是制定生物分解产品 BDP 标准的组织，致力于通过技术、应用研讨会、试点项目等方式广泛宣传在中国范围内生产、使用和处理 BDP。

【巴西成功研发出抗微生物塑料薄膜】 巴西维索萨联邦大学成功研发出一种新型食品包装材料，不但可延长食品的保质期，更可减少进食者对防腐剂的摄取量。这种塑料薄膜含有抗微生物剂，可于一段期限内逐渐向食品释放防腐剂，新材料可有效地保证食品质量，消费者若于保质初期进食食品，更可减少摄取多余的防腐剂。研究人员对面包及香肠所做的试验显示，用这种薄膜制作的新型包装纸包装的面包在保存 15 天后，仍没有孳生任何微生物。研究人员更会于今后将该技术使用于防腐塑料瓶上。

【美国开发可降解性植物塑料】 美国 Metabolix 公司和 Archer Daniels Midland 公司（ADM）正

计划组建一家双方出资比例为50∶50的合资企业，推进聚羟基脂肪酸酯（PHA）的商业化。PHA是一种由微生物合成的植物性聚酯，由于具有生物可降解性、生物相容性、压电性等许多优良性能，可能在众多领域，如生物降解性包装材料、组织工程材料、缓释材料以及电化学材料等方面得到广泛应用，因此正引起了科研领域和工业界的广泛兴趣。这两家公司称他们将建立一座5万吨/年的PHA生产装置。PHA聚合物是通过发酵工艺制得，该工艺是将农作物原材料如谷物糖类转化合成生物降解型塑料。据Metabolix说，这种PHA聚合物材料比其他的可降解塑料如聚乳酸（PLA）更具柔韧性和防潮性能，更适用于塑料餐具或作为涂层应用。Metabolix公司CEO Jim Barber说："与ADM公司签署合作协议是对公司和可降解塑料领域的一个巨大推动，我们可以加快推进PHA的商业化运作，争取产品早日投放市场。"

【自热包装袋将亮相欧洲市场】据国际媒体报导，一种由比利时包装供应商EPOCA和韩国技术开发商KSP技术公司联合开发的自热型包装袋将亮相欧洲市场。预计在汤、咖啡、茶业等市场有巨大的发展潜力。据介绍，这种包装袋内含有一种特殊成分，当消费者按下包装袋外的按钮时，内部就会发生化学反应对产品进行加热。这种包装袋根据需求分别由聚酯、聚乙烯和铝来制成。为了便于饮用，包装的外面还带有吸管。自热包装袋已经在包括马来西亚和韩国的亚太地区上市，但主要用于草药的包装。目前这种包装袋只能够加热至35摄氏度，开发商正逐步研究将温度提至60～70摄氏度以满足饮料加热需求。

【美国Pactiy公司推出用于食品包装的泡沫塑料板】位于美国伊利诺伊州的Pactiy公司前不久推出一种可以用于食品包装的PP泡沫塑料板Microfoam XPS。该包装材料每平方厘米有775个闭孔，具有防热透气缓冲消毒表面保护和保温作用。据有关方面人士介绍，Pactiy公司研发生产的Microfoam XPS符合美国食品包装和药品管理局FDA的有关规定可用于所有食品包装。这种PP泡沫塑料板摩擦系数高，非常适用于固定食品防止肉类和熟食品接触。另外由于其吸收性极小，因此特别不易被污染。同时Microfoam XPS还具有保温性强和气体透过性佳的优点。

【日本成功开发具有脱水功能包装纸】一种具有脱水功能的包装纸，目前由日本一家公司研发成功。据介绍，这种被称为PS的包装纸，选择只能透过水的半透膜为表面材料，内侧则放置高渗透压物质和高分子吸水剂。由于食品中水分以液体状态的渗透压差，可通过半透膜向高渗透压物质移动，所以这些水分就被高分子吸水剂固定。这种包装纸不会使食品组织细胞破坏，它是沿细胞间隙吸水，不仅能吸收食品表面的水分，而且可吸收内部深入的水分，还具有在低温下吸水等功能。

【意大利公司开发出食品包装阻气薄膜】由意大利的Tecmo Coating Engineering公司开发的一项专利加工技术—"三次起泡吹塑薄膜"，正在由几家欧洲肉类包装企业进行使用测试。它是用EVOH或尼龙做阻隔层的5或7层聚烯烃薄膜，它首先穿过一个水冷却环向下吹塑，软管膨胀到宽度为120mm；再到第二个塔进行再膨胀、加热、退火、空气循环冷却、绕卷；在经过第三次膨胀后，薄膜宽度达到600mm，这种新的薄膜适合用来做新鲜肉、干酪、以及加工过的肉制品的阻气袋。它将与聚二氯乙烯薄膜在肉类包装材料市场上一争高下。

【美国新型多层薄膜防潮性更强】美国研制出一种集环保、安全、防潮等优点于一身的多层薄膜——Novinex。Novinex薄膜是以无定型工程塑料Topascos做内层，聚丙烯做外层，据称其防湿透性较PVDC/聚合物多层薄膜更强。它又不含乙烯、卤素和增塑剂，因此在安全性和环保方面具有明显优势。此外，由于Novinex采用多层同时压制的方法制成，因而，与层层压制的薄膜相比，更难于制作时受到污染，而且加工程序也较容易掌握。按内层的不同，Novinex共分成三个等级，颜色各有不同，分别是透明、白色、琥珀色。另外，Topascos已得到美国FDA批准，可直接用于各种食品的接触性包装和药品包装。

【德国研制成无粘接多层阻隔膜】德国科学家开发一种低成本多层阻隔薄膜。与一般传统多层阻隔薄膜相比，运用无粘接多层薄膜技术，大幅度降低了生产成本，且提高了产品性能。新技术采用具有粘接性和结构（或阻隔）性树脂共混物为原料，制成无粘接层的3层塑料薄膜，代替以前的5层和7层薄膜。无粘接层阻隔薄膜主要应用于牛奶包装，用以延长牛奶的保质期并防止对牛奶的污染。

【日本生产30微米厚的钢片】日本一家公司生产了一种只有30um厚的钢片，其厚度还不到普通报纸的一半。这种极薄的钢片在电子工业有很大的用处，同时也是一种理想的包装材料。用它制成的包装箱。用完后丢入垃圾堆里，能全部锈蚀，不留残物地消失。

【德国研制出两种智能保鲜膜】据德国媒体报道，位于德国弗赖辛的夫琅禾费加工工艺与包装研究所的专家，正在开发一种具有防污染、防光线照射和更具抗氧化功能的保鲜膜。这种保鲜膜具有一种可称为“清道夫指示系统”，这系统不仅能捕获妨碍食物保鲜的氧，而且会变色，从而告诉使用者包装内的氧含量过高。当储存环境的温度上升时，保鲜膜会显示出色斑，让使用者知道食物曾处于温度过高的环境。同时，它可以减少抗氧化剂等食品添加剂的用量。据报道，目前这种保鲜膜能够防止玻璃或塑胶器皿的橙汁氧化。另一家德国公司也开发出一种在生产时混入了一微米厚矽酸盐层的聚醯胺薄膜，由于矽酸盐层大大延长氢分子的透膜进程，因此能防止食品氧化。此外，这种保鲜膜会随着空气温度上升而自动变厚，又可通过染色来提高抵挡光线照射的能力。

【美利用草药研制开发新型食品包装材料】据报道，近来美国农业部的食品专家推出了新型环保型食品包装材料。这种新型包装材料系采用了经粉碎的草药制成。专家表示，这种包装材料将有可能取代传统的聚乙烯塑料薄膜而成为食品包装业的新型材料。食品专家通过测试表明，用这种新型包装薄膜包装的食品不仅可以起到保鲜作用，而且还能改善香蕉和苹果等水果的味道。专家们经过研制认为，在不久的将来不仅是草药，就连胡萝卜等蔬菜和水果都可以用于制作包装材料。

【美吸入式药物用带吸嘴小袋代替气雾剂容器】美国俄亥俄州辛辛那提的 Ampac Flexibles 的三边缝、带吸嘴的小袋代替了吸入式药物传统的小瓶或是气雾剂容器。这种小袋的首次商业运用将会是吸入式胰岛素。这种袋是用高阻隔，薄规格的聚酯／金属薄片／密封剂层复合的 Flexi 6833 制成，标准尺寸是 1.5×1.5 英寸，其他尺寸也是可以获得的。气雾剂容器或是玻璃瓶取用时需要加压，因为气雾容器或是玻璃瓶的顶部空间可以造成分配困难，且由于产品与氧气接触，缩短了产品的货架寿命，这种袋的设计消除了需要加压的步骤，且避免了与氧气接触，延长了保存期。

【瑞典开发出 TPR 绿色包装材料】瑞典一家公司目前研制开发出一种名为 TPR 的新型绿色包装材料，这种包装材料适合于热压成型、吹塑成型、注塑成型和挤压成型等多种加工作业。据介绍，这种 TPR 包材是用碳酸钙经特殊工艺与聚烯烃类黏合而成的，其结构与鸡蛋壳极为相似，含有 95% 的碳酸钙，其余是作为黏合剂的聚丙烯。由于碳酸钙资源极为丰富，因此生产这种 TPR 绿色包装材料的原材料来源广泛，其废弃物对环境无污染。

【Eastman 开发出突破性的 PET 制造技术】Eastman 化学公司宣布开发成功一种 PET 树脂加工技术 Integ Rex。该公司将在南卡罗来纳州的 Columbia 建立一个年产 35 万吨的综合性 PET 制造厂以应用。这一新技术服务于包装行业。该公司希望与这种技术相关的 100 多种加工技术和产品革新能获得专利，包括整个从 PX 对位二甲苯到 PET 的加工技术。Eastman 将通过对现有的精细对苯二酸厂进行改造为工厂的扩张做准备，并计划投资 1 亿美元建设新工厂和相关支持基础设施。预计新工厂将于 2006 年第四季度实现全部在线生产能力，Eastman 董事长兼 CEO Brian Ferguson 称，Integ Rex 是对位二甲苯到 PET 生产技术的一项重大革新。Eastman 公司执行副总裁 Allan Rothwell 认为，Integ Rex 技术完全重新定义了从 PX 到 PET 的制造，使公司能够迎接未来市场的需求。

【澳大利亚新颖包装提升食物安全】为提高食品使用安全，澳大利亚食品科学委员会最近推出了几种新颖的活性包装技术。第一种是乙烯去除。澳大利亚科学家开发了一种“乙烯特效药（$C_2N_2N_4$）”作为去除乙烯制剂，这种物质可以在 4 小时内有效去除包装空间内的乙烯。第二种是二氧化硫释放。二氧化硫是一种有效的葡萄球抗菌剂，用以延长产品的保质期，不过，由于它的过敏性反应，现时许多国家还不提倡使用。澳洲科学家所发明的是一种可以释放二氧化硫的纤维板包装材料，当中含有机酸与亚硫酸钙组成的夹层；当有水蒸气存在时，二氧化硫就会形成，并连续地对外释放。第三种是破损显示。这种发明适用于软包装。当包装出现破损时，包装材料便会产生明显的颜色变化，以提醒消费者食品可能受到污染。

【巴西推出回收塑料复合包装新方法】巴西巴拉那理工学院的 8 位科研人员共同研制成功一种回收塑料复合包装材料的新方法，使强化塑料包装材料的分类回收成为可能。目前，由塑料、纸张、铝箔分层压制而成的强化复合包装正越来越多地应用于食品饮料和药品包装上。强化复合包装材料虽然有抗腐蚀、保鲜能力强的特点，但这种包装的结构特性使它们的回收成了令人头疼的问题，其在垃圾填埋场里的数量与日俱增。研究人员通过一种化学溶剂来回收包装中的3种成分。将强化包装袋浸入这种溶剂一段时间后，包装材料中的塑料、铝和纸张便会分层。随后由人工将这3层成分分离，高压除去残留的溶剂，3种物质就可以分类回收了。这种溶剂对纸张、PVC或是PE塑料都颇为有效。这项技术既适用于回收牛奶和果汁等饮料的包装，也适用于更薄的诸如食盐、真空咖啡以及鸡蛋等的包装。

【德国海思亚公司推出无菌型塑杯包装技术】德国海思亚公司在展会上推出了美国FDA委员会共同开发的无菌型的塑杯包装技术。本技术采用蒸气作为杀菌介质，相对于以往使用的双氧水杀菌，不用担心杀菌介质残留对产品颜色、风味、质量以及消费者本身的任何影响，真正作到了“绿色”、“环保”和“无污染”。

【美研究出用柑橘造塑料技术】美国康纳尔大学最近研究成功采用桔子等柑橘类植物和二氧化碳作为原料生产塑料的技术。据该大学研究人员介绍，柠檬油精是一种含碳化合物，存在于300多种植物中，桔子皮更是含有95%的柠檬油精。制造塑料时，先将柠檬油精通过氧化，生成柠檬油精氧化物，再使自己研制的催化剂，将柠檬油精氧化物和二氧化碳自动化合，其生成物碳化柠檬油精多聚物具有许多聚苯乙烯的特性。据了解，这种工艺所使用的材料来源稳定、丰富、可再生，不但有利于节省石油能源，而且生产中用到的二氧化碳将有助于减少大气中二氧化碳的含量，减轻温室效应。

【Comadis公司推出管状包装充填机】Comadis公司的管状包装充填作业线可以进行改装，从用于充填塑料管状包装到充填金属管状包装。整个改装过程只需要3分钟，并且不需要使用任何工具。它的工作方式有半自动到全自动的多种形式，充填速度从每分钟30管到每分钟250管。

【挪威推出绿色无内袋包装法】挪威Regai Moiie集团最近推出一种不含内袋的食品包装，主要用于包装早餐食品。这种食品包装采用具有良好阻隔性能的CTMR－Baseei包装纸板，特点除了省却了内袋物料外，还可回收利用，符合环保原则。据悉，该集团是根据其委托的研究机构，对各类纸板进行了全面的潮热、光线和食物气味影响分析后，才决定采用CTMR－Baseei包装纸板的。

【英国食品包装应用纳米银除臭防菌技术】英国JR Nanotech公司正在研发一种含有纳米银的包装材料，以保护易腐烂的食品和农产品。该公司目前处于制作包装和喷雾器原型的最后阶段。纳米银可以均匀地分散在不同类型的聚合物中。它能被喷在食物接触的表面，例如剁肉板。据介绍，纳米银颗粒并非特别昂贵的材料，其成本只比传统材料略高一点，而且，其成本正在下降。据了解，这家英国公司一直与一家韩国公司合作开发用于塑料产品的纳米银技术。同时也在与美国、加拿大和欧洲可能的食品行业合作者进行合作。

【德国研发出可以生产OPP材质瓶的吹瓶机】德国克朗斯公司已成功研发出可以生产OPP材质瓶的吹瓶机。据有关人士称，Contiform型吹瓶机是基于克朗斯2步法吹瓶技术。该机型可以达到与吹制PET瓶同样的速度。每个模腔每小时的吹瓶速度可达1500瓶，如果将吹瓶机瓶坯加热结构略微改进的话，速度可进一步提升。现在用于吹制pet瓶的克朗斯常规吹瓶机也同样可以在相同速度下吹制OPP材质瓶。

【加拿大成功研制出包装封装机】加拿大安大略省某公司开发成功包装热封装置。该装置可对塑料、乙烯、多层、角形、枕形以及10寸的屏蔽膜袋进行热封和冷却，作业运行速度为750个/每分钟。该袋可装重2磅的物品，系重型袋，需由输送进行分离，经加热可达到强热封，根据选择要求可调整热封头。

【Spectra II型旋转式拉伸包装机问世】Orion Packaging Systems公司推出的Spectra II型旋转式拉伸包装机在将灵活性和可靠性发挥到最大化的同时，也保证了维护工作的最小化。它所包装的堆垛尺寸可达55×55×90英寸（约合140×140×227厘米），负载重量可达5000磅（约合2268公斤），包装速度为45垛/小时。Spectra II的特点是采用了由无刷AC电机驱动的数字变频驱动器，与BC电机相比，它所需的维护更少。另外，自动链条张紧系统可以消除定期对旋转驱动链条的调节操作。另外的特点包括一台Allen Bradley Micrologix1000型可编程逻辑控制器，容易控制的工业级按钮和开关以及可以保护电机、变速箱和电子元件免遭破坏的封闭式设计。**Insta－Thred** 预拉伸架可以加快薄膜卷的更换操作，同时通过 **260%** 的预拉伸还可以将薄膜的利用效率提到最高。**Insta－cut** 功能可以在每次拉伸包装完成后自动切断薄膜，这样叉车操作员就不必从车上下来手工切断了。

【STSoffiaggio Tecnica 推出 TA 500L 一体化吹塑机】 **STSoffiaggio Tecnica** 公司最近推出了用于生产聚丙烯工具箱的 **TA 500 L** 一体化吹塑机。该机主要特色包括：锁模力达 **400 k／N**；挤塑机螺杆直径为 **90** 毫米，长径比（**L/D**）为 **24**；配有生产能力为 **260** 公斤/小时的 **5** 升储料机头和 **700×900** 毫米模具支撑面。各个系统均由公司自主制造，在不采用拉杆的前提下确保牢固的支承结构，这样，就可方便安装大型模具和辅助自动设备。

【美国一家公司开发出新型智能卡印刷机】美国的 **Fargo** 电子公司引进了一部高清晰度的卡片印刷机，它比之前的型号要小，而且价格便宜不少。**Fargo** 公司称 **HDP600** 特别适用于带有芯片的，表面不平坦的智能卡的生产。这台桌面系统装备了高清晰度的印刷技术，同样适用于图案设计在柔软薄膜内面上的印刷，然后与白卡的表面接合。据悉，**Fargo** 公司早在今年 **3** 月就宣布将为美国国防部提供 **125HDP** 较早型号的印刷机，已经为近五百万名军队和文官制作了身份识别卡片。**Fargo** 公司称新的 **HDP600** 比早前的设备体积小，自重轻，而且 **6995** 美元的售价也便宜了将近 **18%**。

【KALIX 推出新型装盒机】世界领先的灌装机生产厂商法国 **KALIX** 公司，向市场推出了新型装盒机。**KP600** 型该机是原有 **KPS** 机型的改进型，采用了所有的最新技术，提高了生产效率，生产速度可达到最大 **60** 盒/分钟。该机型的所有机械部件都得到了加固（取消了悬梁和滑轨等部件），尤其是在纸盒封口位置有了很大的改进，**KP600** 比 **KPS** 增加了一个工位，将产品推入纸盒和纸盒封口分别在两个工位上进行。在 **KP600** 上可安装各种选项，如：喷墨打印、热打印、热熔胶、打印批号、摄像机监控、条形码识别等。另外还可根据客户的需要安装说明书折叠、传送装置。该机型上纸盒的打开为主动式动作，纸盒和传送带之间的运动为同步运动，没有相对运动，可对纸盒表面起最大限度的保护作用，避免纸盒表面产生任何划痕。**KP600** 装盒机规模更换快捷，更换时间大约 **10** 分钟。同时该机设计小巧，占地面积为 **1.3** 平方米，该设备也是市场同类设备中投资回报率最高的设备。

【布鲁克纳 Formtec 提供流延聚丙烯 CPP 生产线】布鲁克纳 **Formtec** 公司是生产硬质薄膜和片材的塑料挤出设备和生产线的领先制造商之一，现在新增加流延聚丙烯 **CPP** 生产线到其产品组合之中。所提供的 **CPP** 生产线的薄膜宽度在 **3～6** 米，机械速度可达 **350** 米/分钟，产量可达到 **2000** 公斤/小时。这种生产线生产的流延薄膜广泛用于单层薄膜包装、文具和卫生薄膜、合成纸、用于制药和食品工业的高技术阻隔结构特殊薄膜。

【日立研制成功新型电脑包装喷印机】一种采用非接触式印字方式，可高速喷印标识和包装产品的制造日期、使用期限、流水号码、批号、商标、条码的新型电脑包装喷印机，已由日本日立公司研制成功。经使用证明，效果极佳。在生产高速化、自动化的趋势下，包装生产线终端产品标识印字作业已进入自动化。传统式的转印或接触式印字方式已无法满足高速化、自动化的要求。这种电脑包装喷印机，具有 **0.4** 英寸大型液晶中文操作方面版，操作、保养容易，且省耗材。喷印机字体大小 **2** 毫米～**8** 毫米均可调整，可喷印中文、英文、日文，最高印速每秒 **2270** 字，油墨溶剂消耗量小，印字成本低，具有自动清洗功能，应用包装领域广泛。

【德国 Engsol 公司推出机器手装盒机 P－888】德国 **Engsol** 公司推出的机械手装盒机 **P－888**，适用于各种装盒系统。机械手由不锈钢材料制成，从上端装盒，快速准确。

【德国成功研制出便携式食品真空包装器】德国一家公司成功研制出一种体积小、重量轻、使用携带方便的“真空包装器”。这种真空包装器在使用时将点心、饭菜、食品等放在塑料食品袋内，按动真空包装器的按钮，即可将袋内空气抽净后密封，使袋内食品如同软包装罐头，食品密封后在室温下一周内不变质。用此法贮藏鱼、肉、青菜等，可保持味道不变，并能防止维生素、矿物质等营养成分被破坏。如将易变形食品放入真空塑料袋内，经过这种真空包装器处理后再冷藏可防止变形。

【意大利 Amut 开发用于硬质食品包装的热成型机】意大利 **Amut** 公司最近开发了用于硬质食品包装的热成型机。这一生产系统（膜片共挤和复合热成型）专用于生产聚丙烯（**PP**）杯（单层透明型或三层不透明型，其内芯采用回用材料），生产能力大约为 **60000** 只/小时（以 **200** 立方厘米/杯容量计算）。从外观看，该设备是一套独立工作系统，主要包括：原材料上料和计重加料系统。挤出段包括：AMUT 单螺杆主挤出机，TA100 系列，配有 351 长/径比塑化系统，配置油动式双路换网器、齿轮泵和静态混合器，AMUT 单螺杆共挤机，EA48 系列，配有 331 长/径比塑化系统，配置换网器；三层共挤流动箱，带有互换式分料器、卧式扁平模头，带有内部熔体调节棒，最大有效宽度为 900 毫米。热成型段包括：配备模内同步成型和切割装置，采用下模板倾斜技术，便于多模腔生产时合理快速堆垛最终产品；有效成型/切割面积为 780×740 毫米。采用 PP 时，每分钟大约达到 22 次～23 次周期，采用 PS 时则达到 27 次～28 次；杠杆系统倾斜工序由固定于 4 根刚性柱上的凸轮控制。该设备还可配置 AMUT 的新型边缘成型机，专为 PP 产品设计，配有调温螺杆和自动包装机。

【德国公司推出新型食品装袋机】德国 Cornwell products machinery sales 公司展出的一种新型食品装袋机，可达到 200 袋/min 的装袋速度，并且配有计量设备，支持容积和比重的计量。

【Global Fill 双行灌装机】Global Fill 灌装机是为提供生产柔性而设计的，它的双行设计使得它的占地面积只有传统的灌装机的 40%，而产量是一样的。它能够同时灌装两种不同尺寸的容器，也可以同时灌装不同风味的饮料，系统更换方便快速，只需要更换一个零件。

【日本研究开发出木粉塑料包装材料】日本科技人员从松木中研究开发出一种木粉塑料包装材料，通过从木粉中制取出多元醇，然后与异氰酸酯发生反应，从而生成聚氨酯。这种木粉塑料抗热能力极强，而且可被生物分解，可用于制作耐温型包装袋等。

【英国成功研制出新型塑料食品包装】最近，英国某公司成功研制出一种新型塑料食品包装，该包装具有被动和主动屏障功能，可有效的抑制氧的渗入，甚至在食品袋蒸煮后，作用仍不会减弱。该新型塑料食品包装不仅可以延长产品的储存期，而且还可以直接采用微波炉加热，特别适用于方便食品的包装。这种新包装由 6 层不同材料复合而成。第一层为聚丙烯，是一种具有高阻油性的聚合材料；第二层和第四层为粘合胶；第三层是阻氧聚合材料 EVOH；第五层是除氧剂混合物，被称为主动屏障，不仅可以阻止外来氧分子进入，而且可以吸附包装内的氧；最后一层是聚丙烯材料。在新包装中除氧剂即使在有水分的情况下仍然能保持活性，因而可延长食品的保质期。

【英国研制成功油菜塑料包装材料】一种油菜塑料包装材料由英国研制成功。它是从制作生物聚合物的细菌中提取了三种能产生塑料的基因，再转移到油菜的植株中经过一段时期便产生一种塑料性聚合物液，经提炼加工便可得到一种油菜塑料。用这种塑料加工制成的包装材料或食品快餐包装材料，弃后能自行分解，没有污染残留物。

【欧美市场出现全新食品专用包装纸】欧美市场出现一种全新的 PLMEX 食品专用包装纸，它是 100%纯浆纸，不含荧光剂和危害人体的化学物质，具有防水、防油、抗粘、耐热，可耐 200～250℃高温的特点。使用方便、清理简单、安全卫生，符合美国 FDA 和德国 BGA 食品卫生标准。这种食品专用纸使用后经清洗可回收，并可反复使用 50 次。不管是用于蒸制还是烘烤、微波加热，都不会变形和褪色。

【德国利用医药专业技术】研制出抗菌塑料食品包装

据海外媒体报道，德国科学家利用医药专业技术成功研制出抗菌塑料食品包装。该包装适用于牛奶等液体饮料的包装，是食品包装技术领域的一项重要变革。德国加工工厂和包装技术协会的研究人员利用涂层技术在塑料包装膜上涂上一层防腐抗菌材料，替代了食品中添加的防腐剂。这种涂层可以通过复合树脂等为基础的材料和特殊技术实现。

【美国发明用鸡毛制作塑料制品】美国农业部农业研究服务实验室开发的一项新专利被披露。用这项专利技术，可以将清洁的鸡毛粉末加工成纺织纤维布、容器、塑料膜和其他由塑料制成的特殊产品。目前，美国鸡毛年产量可达 25 亿磅，且还在逐年增加。一些鸡毛已用于饲料，但更多的被当成垃圾处理掉。随着禽流感出现，鸡毛饲料发展面临威胁，科学家正在想办法利用鸡毛。新技术通过重新排列鸡毛中的主要成分角蛋白的分子结构，可以生产成任意长度和宽度的纤维织品及任意形状的塑料膜。据悉，这种新材料非常结实轻便，且可生物降解，对环境没有污染痕迹。

【美国研制出新型可循环再用塑料】美国最近研制出新型循环再利用塑料，可在室温环境及标准制造压力下进行循环再利用。制成新型塑料为解决

"白色污染"问题提供了新的可能。据悉，目前使用的塑料制品，要加热到200℃或是更高温度时才能够充分软化，进行再塑型。这种方法需要消耗大量能源并带来一定环境污染且不能进行循环再利用。麻省理工学院的安妮·梅斯等人在硬度较大的聚苯乙烯和另一种比较柔软的塑料的混合物中找到了一种新型物质。在标准的制造压力和室温下，这种混合物软化成一种可以被塑成各种新形状的透明塑料，而且可以重复利用达10次，其韧性强度始终保持不变。专家指出，如果这一新型塑料能投入工业化生产的话，将是解决"白色污染"问题领域的一项突破性进展。

【美国研制出大豆浓缩超滤膜】美国科学家利用膜分离技术，新研制出一种大豆浓缩超滤膜，其阻留分子量为10～30万，用它浓缩大豆液料分离蛋白，可除去腥味及98%的胀气糖。

【俄开发出杀菌吸水塑料袋】俄罗斯实用生物技术研究院开发出了一种可吸水、杀菌并能多次使用的塑料包装袋。可使奶酪、香肠等容易变质的食品保存较长时间。俄专家在塑料聚合物中添加了脱水的多种矿物盐和酶等物质。富含这些物质的塑料袋内表面可吸收多余水分、杀死细菌，从而改善包装袋的内部环境。添加物中的酶还能调节食物的气味，为食物中的营养成分营造自下而上的空间。这种新型塑袋能反复使用，可在特定的条件下反复使用9次。

【药瓶也能发短信息】最近一位南非的医生开发了一种名叫SIMpill的药瓶，这种药瓶能够通过短信息功能来远程监测病人使用药物的时间和频率，同时如果病人没有及时服药还能将提示信息发送到病人的手机中。该药瓶通过位于其底部的SIM卡将病人打开药瓶的记录实时发送到医院的监控中心，监控人员将通过病人的病历记录来确认其服药情况。

【最大2000毫升方砖型无菌包装推出】在欧洲和美国，推出了一种2000毫升方砖型无菌包装，这是方砖型无菌包装系列中最大的包装。对于子女多的家庭和大批量购物的消费者来说，这种包装物有所值，内装物更多，比屋顶式包装更方便，顶上有一个可再封的螺旋型封盖。2000毫升尺寸的包装主要在欧洲市场，1890毫升主要在北美市场，很好地解决了果汁、蔬菜汁、甘美饮料、不含气体的酒等产品的包装。特别在美国市场，大豆和各种大米粥，只要有人需要，商家都会去竞争一番。大尺寸无菌包装也是点心酒楼和饮食业职工喜欢使用的理想包装，产品种类主要是肉汤、现成酱汁、调味品、牛奶和冰淇淋搅拌饮料、冰淇淋调制食品等。这种包装能保证产品的质量，而且货架寿命长、成本低、实用、包装安全、容易打开、使用后处置方便。

【美国发明可自动放气的新型啤酒瓶盖内衬垫】美国发明一种新型啤酒瓶盖内衬垫，其特点是当啤酒瓶内压接近瓶所能承受的极限压力时可自动放气。此种内衬垫不仅在中等压力（约5×10 5 PA）下呈现出优异的密封性，以确保啤酒这一对气味极其敏感的饮品，既不会发生因环境中污染物（如氧气）的渗入而导致的变质，也不会发生因瓶内二氧化碳的外泄影响啤酒的口感，而且从食品安全的角度出发，这种新型的内衬垫的啤酒瓶内压接近瓶子所能承受的极限压力（约5×105PA）时所具有的自动放气的功能，避免了啤酒由于长时间暴露在高温或阳光下，瓶内自动产生的高压所引起的瓶子的破碎爆炸带来的危险。

【SABIC开发了新的乳制品包装】多年以来，高密度聚乙烯被广泛用于乳制品包装，它是惟一一种可用于所有三种类型牛奶——巴氏杀菌奶、超高温无菌奶及灭菌奶的包装材料。货架期较长的牛奶，对包装标准有非常严格的要求，既要保护牛奶不受到紫外线的辐射，HDPE包装瓶又不能与牛奶起化学反应。

针对这些严格的要求，SABIC开发了SABIC HDPE产品，集卓越的感官性、瓶的高硬度以及抗冲击性于一身。此外，由于原材料批次之间的差异较小,它还具有优异的加工性能。采用SABIC HDPE B6246LS及染色料自行共混模式，加工商及制造商能够节约大量成本。HDPE B6246LS为无色颗粒，可让加工商在成本和具体应用所需的颜色之间找到最佳平衡。与预混合树脂相比，染色料自行共混能够大幅减少整体包装成本。HDPE B6246LS已被广泛应用于乳制品行业的众多加工商及最终用户。

【抗菌塑料包装问世 食品告别防腐剂】德国科学家利用医药专业技术成功研制出抗菌塑料食品包装。该产品可以适用于牛奶等液体饮料的包装，这是食品包装技术的一个重要变革。据介绍，德国加工厂和包装技术协会的研究人员利用涂层技术对塑料包装膜加上一层防腐抗菌材料，替代食品中添加的防腐剂。这种涂层可以通过复合树脂等为基础的材料和特殊技术实现。

【可再闭合立式包装袋】纽约罗切斯特 **Birds Eye** 食品公司目前正在市场上的一系列带调味汁的冷藏蔬菜制品中试用一种可再封口立式包装袋。这种 **24** 盎司装的立式冷藏袋上面印有显眼的图标，最初只在纽约州和波士顿地区可以买得到。这种产品符合 **SIG Easy Snap Div** 的 **Easy Snap** 可再封口特性。由三部分组成的 **Esay Snap** 机械装置可提前将产品包装并打印。这种可再封口的包装袋，在关闭时声音清脆，闭合牢固，可以在大多数的垂直成型/填充/封口包装机上进行各种应用。**Birds Eyes** 方面说这种包装袋由 **Bemis** 包装公司生产，能竖起，打开方便、简单，因此其品牌的宣传效应是最好的。

【全透明液体胶囊走俏保健品包装】近年来，随着全球保健食品热的兴起，一大批液态天然保健食品在市场上十分畅销。与之相对应，一种标新立异的“全透明液体胶囊”**Licaps** 也正被越来越多的保健食品生产厂家所重视。以传统的明胶作为原料加工的软胶囊往往由于透明度不高，难以体现“绿色”保健食品的特色。针对这种情况，国外制剂厂商研制出了这种“全透明液体胶囊”，该胶囊系利用非明胶材料加工而成，透明度极高，适用于灌装 **VE**、**VA**、深海鱼油、大蒜精油、银杏叶提取物和其他各种液体或半液状的天然植物提取物。由于其高透明度，消费者一眼即可看到其中内容物的量与色泽，从而产生信任感，增强购买欲。同时，**Licaps** 还具有良好的耐药、耐湿性能及坚韧性，即使在 **40** ℃高温和 **70%** 湿度环境中贮存 **3** 个星期亦不会变形，质量指标完全符合 **24** 版“美国药典”标准。

【钢桶封闭器螺圈加工新工艺】该工艺包括落料拉延，切上端口盖，校平凸缘并上端内口面倒角，挤压卷边内径部分。其特征是所述挤压卷边内径部分工艺过程中，把卷边部分所需扩孔内径多余部分的材料反流到卷边侧壁高度上，扩孔后使得落料拉伸高度缩短，减小落料毛坯外径尺寸，节约了原材料；利用拉延壁上端内径的倒角把材料补充到因拉延造成侧壁上端面外壁圆角部分，从而保证侧壁与凸缘垂直；辊轧加工内螺纹使螺纹部分内径缩小到螺纹尺寸要求。

【沼气和细菌制造可降解塑料新工艺】利用沼气和细菌制造对环境无害且可降解的塑料新工艺由德国莱比锡哈雷环境研究中心研制成功。据报道，这家研究中心利用的细菌是甲烷单菌。这种细菌可将甲烷经过新陈代谢，在其体内产生细微颗粒状的聚合多羟基丁酸，提取出来后可以制成塑料。聚合多羟基丁酸在物理特性上与 **PE**、**PVC** 等石化塑料产品非常相似，但它却易于生物降解，并且最后产物只有水和二氧化碳，不会污染环境。生产这种塑料所需的原料是有机废物发酵产生的沼气，沼气中含有 **60%～80%** 甲烷。经过培养的甲烷单菌在反应器中经过 **24h**，就可以生产出聚合多羟基丁酸，产出量可达到 **0.02g/L**，产生的废水、残余物和热可以在反应中循环使用，能够节约成本。

【奥地利发明提高罐头抗压力的新方法】目前想用更薄的马口铁皮来制造罐头盒的尝试都不成功，因为在运输时这样的罐头容易变形。奥地利发明了一种增强罐头抗压能力的新方法，就是往装满食品的罐头里加入一些液氮。液氮在蒸发时，氮能使罐头内部产生更高的压力，从而使罐头提高了抗打击和撞击的能力。还有一个优点，氮能排挤罐头内的一部分氧，这样，就减少了由于氧化作用而使食品变质的可能性。

【镁质材料包装罐及制作方法】其特征是以氯化镁、玻璃纤维制作罐壁、罐底的一体结构包装罐，采用镁质材料制成凹凸形结构的罐盖与罐壁、罐底为一体结构的罐体相匹配，装配镁质材料预制成型的带有小口径出料孔的罐盖封合在罐上口内径中，形成整体罐。小口径出料孔采用塑料或橡胶塞盖。镁质材料替代马口铁、牛皮纸板制作包装容器，其原料来源广泛充足，价格低廉，其产品质地坚固、外形鲜艳、防渗漏，可作涂料、胶粘剂、黄油、种子、小五金的包装容器。

【英国研制成功无墨印刷技术】不久前，源自于英国柴郡 **Sherwood Technology** 的数字激光色彩转换工艺获得专利，该专利技术以低能量激光高速印刷图文、条码、防伪商标。通过数字激光的化学反应在纸张、纸板、金属、箔片、塑料材料上生成清晰持久的印迹。这种无保养工序不需要油墨、色带，优于所有普通的印刷涂料技术。

【欧洲公司推出玻璃涂层机】欧洲玻璃制造商 **PLM** 公司首次推出玻璃涂层机，每分钟可加工 **15～90** 个瓶子。其涂层顺序为输入瓶子→验收→浸入基层涂液中→干燥基层涂层→冷却→浸入最终涂液→干燥涂层→移动瓶子→涂层硬化→冷却。这一工艺为玻璃瓶涂层提供了两种方法：一是用于装饰用的单涂层系统；二是用于轻量可回收的和一次性用瓶子的双涂层系统。单涂层基用聚氨酯配方，可获得透明的、彩色透明的、无光的和彩色无光的等形式。双涂层的第一层叫基层，由低模量合成橡胶组成，可使瓶子避免破碎或散落成小碎片，并起到良好的防紫外线作用；第二层由高模量聚氨酯组成，可使瓶子耐腐蚀、耐冲击和耐化学侵蚀，从而提高了玻璃瓶子的强度，使瓶壁厚度减薄，质量减轻 50%，生产成本和运输费用相应降低。

【瑞典发明针对包装的香气测量仪器】最近，瑞典 **Iggesund Paperboard** 纸板公司的感观及化学分析实验室研发成功了一种独特的香气测量设备，它可以检测出穿透包装材料的香味量。该实验室得到了政府机构的感官分析认证，由（**Swedish Board for Technical Accreditation SWEDAC**）对实验室的工作进行监督，确保其质量。这将会给食品包装带来重大变革，而且对于 **Iggesund** 纸板公司那些研发不同用途的涂料纸的专家们来说非常有价值。实验室技术总监 **Gunnar Forsgren** 称，通常情况下，人们只注意研究氧气、水分、二氧化碳和不同的包装材料对内容物的影响，而现在我们可以对任何固态或液态形式的香气成分进行检测，而且还可以同时对四种不同的香气成分的作用进行测量。

Iggesund 公司的纸板主要用来包装敏感产品，如食品和糖果。同其他包装材料一样，纸板可以通过释放或吸收香味而最终影响到包装产品的口感和味道。如何密封包装材料以及有多少香气成分渗入或渗出都能决定需要包装的食品中应该添加的香料量，以及不同的储藏环境中对包装内容物的影响。就像橡木桶储藏可以改善葡萄酒和威士忌的风味一样，来自包装物的气味也有可能产生积极的效果。如果包装制造商改变印刷油墨、材料或成分，食品的风味也会发生改变，这就是为什么包装材料供应商对于保证长期稳定的产品质量是非常重要的原因。

【世界上第一台迷你数字覆膜机问世】**Autobond** 发布了世界上第一台迷你数字覆膜机。这台覆膜机目前已经在 **Cambridgeshire** 数字印刷厂 **CLE** 投入使用，**Autobond** 宣称在正式发布这款覆膜机之前，就已经又有两台机器被订购出去了。据说这款覆膜机能够解决油墨和着色剂所带来的影响印品和薄膜之间粘着性的问题。这款迷你数字覆膜机能够把无光泽或有光泽的厚度在 **115～450g/m2** 之间的聚丙烯软片（薄膜）和醋酸热敏薄膜黏附在尺寸在 **A4** 到 **36cm×52cm** 之间的纸张上。它每分钟的加工速度为 **30** 米。

【GANOPY——创新的灌装和封口机】由法国 **Serac** 公司制造的用于灌装 **PET** 瓶的新一代 **CANOPY** 灌装和封口机是一种创新的机器，与现有的旋转式灌装机有很大的区别。该灌装机的机械部分位于顶盖的上部，调整装置容易，并可以在一个人站立的高度位置进行各种维修。由颈部传送、重新设计的传感器，以及新发明的灌装量调配装置，称为 **Dynaflow**。此装置减少了灌装嘴之间的尺寸，使机器的外型更细小、更清晰。**CANOPY** 灌装和封口机的使用方法简易，只要调整好规定重量及灌装速度两个参数就能够启动机器。灌装调配时，是通过一个片状的喷口，灌装嘴和瓶子之间没有接触，避免了液体飞溅，溢出的液体会流入一个收集槽，清洗方便。**CANOPY** 灌装和封口机的价格适宜，比带流量计的同类产品更具优势。其生产能力为每小时罐装 **18000** 瓶一升量的瓶子，适用于灌装水和食用油。

【IBM 推出世界最快的商务印刷打印系统】蓝色巨人 **IBM** 推出了宣称是全世界最快速的商务印刷打印系统，以加快进军这一领域的步伐。新的商务印刷打印系统可在不到一分钟的时间内打印出托尔斯泰的全本《战争与和平》，或者在不到四分钟的时间内打印出高度超过帝国大厦的文档。**IBM** 表示，该设备最低售价约为 **50** 万美元，配备最顶级的型号售价为 **100** 万美元。 分析师表示，最新版 **IBM Infoprint 4100** 打印机拥有每秒 **330** 页的打印速度，比现有任何采用碳粉盒的激光打印机的速度都要快，部分喷墨打印机的速度要更快一些。**IBM** 表示，**4100** 系列产品一直在市场上畅销，对于每年会打印数以百万计文档的银行、电话公司和政府部门而言，该打印机节约了时间，也意味着降低了成本。

【德国开发出塑料复合材质分选系统】德国公司开发成功了一系列塑料回收设备，可以精确地将各种塑料包材分门别类。该系列回收设备最大的优点在于效率高，而且操作方便。**unisortp** 分类机专门为轻包装材料而设计，能方便地实现从饮料包装材料分选到混合塑料分选的功能转换。颜色分选机 **unisortcx** 能通过双卸料板同时进行三种颜色材料的分选。在这个分选步骤中，两种颜色的 **PET** 瓶用相关的卸料板正向分选出来，同时还可分选出筛漏的杂色 **PET** 瓶。而且，通过简单的手动操作选择开关或通过可编程逻辑控制器进行全自动转换，就可满足其他分类要求的功能转换。

【K2 系统集团的低成本数字涂布机】K2Digi Coater Premier 适用于数字和小幅面印刷。它的最大涂布尺寸为 **15×21** 英寸。这个机器是独立性的，具有输纸单元、涂布、紫外光固化系统以及一个收纸单元。它的最大速度为 **6000 sph**。**K2** 公司声称这台机器可以在葱皮纸或纸板等任意材料上进行涂布，设置快速，涂层厚度适中。机器占地面积仅为 **10×3** 英尺。**Digicoater Premier** 还能够进行单张纸的局部涂布。**K2** 公司说这款涂布机的清洗周期很短，还可以进行水性和特殊涂布。**K2** 公司还开发出了打印机或特殊油墨的涂布配方。这主要是因为数字印刷商拥有不同的色粉和液体油墨，要想达到理想的印后加工质量，就必须进行特殊的涂布。

【Langen Packaging 公司推出了新包装解决方案】Langen Packaging 公司推出了一种灵活的包装解决方案——不锈钢 **LEC－400 i** 顶部装填机器人系统，它可以处理多种的产品、托盘或纸箱形式。这套系统主要依靠一台 **FANUC Robotics** 公司提供的 **M420i** 型机器人，另外还有定制的机械手和模块化喂料系统。产品整理和货盘处理模块可以确保有最大的灵活性。**LRC－400i** 型机器人非常适合高速包装工作，可以很轻松地适应各种不同的食品和其他消费品。

【克朗斯推出可生产 OPP 材质瓶的吹瓶机】德国克朗斯公司已成功地研发出可以生产 **OPP** 材质瓶的吹瓶机。该机型基于克朗斯 **2** 步法吹瓶技术，可以达到与吹制 **PET** 瓶同样的速度，每个模腔每小时吹瓶速度可达 **1500** 瓶。如果将吹瓶机瓶坯加热站的加热结构略微改进的话，速度可进一步提升。现在用于吹制 **PET** 瓶的克朗斯常规吹瓶机也同样可以在相同速度下吹制 **OPP** 材质瓶。

【Heideberg 公司开发出 Digimastef 9110 网络印刷系统】Heideberg 公司开发出 **Digimaster9110** 网络印刷系统。它包括 **9110** 打印机、**9110SP** 复印机，都装有扫描以及新的操作软件。其中电子成像的 **Digimaster 9110** 是由 **Heideberg** 和 **Kodak** 的合资企业生产，**Nexpress Solutions LLC** 共同推出的。

【美国 Markem 公司推出 Cim Jet 200 打印/贴标机】美国 **Markem** 公司推出了 **CimJet 200** 打印/贴标机。该机具有和其他贴标机一样的可靠性、耐用性和高性能。**CimJet 200** 的特点是牢固，带有吹风辅助配件，可将标签紧紧贴在纸箱的一侧，而且工作速度可达到每分钟 **30** 个标签。该机打印准确，打印的条码、图形质量高，具有可变的及时数据。像 **CimJet** 打印/贴标机家族里的其他成员一样，**Cirrdet 200** 也具有在线性能上的高稳定性，为包装生产商提供持久的解决方案。其他优点还包括：操作简易，对操作员工的培训只需非常少的时间；内部数据存储方式排除了工厂车间安装电脑的需要；设计简洁，容易和现有的生产线、传输带、安全电路和剔除装置组合在一起。

【美国成功开发用于果汁灌装的全密封装置】美国威斯康星州 **Pillar—Technologies** 公司开发成功用于果汁灌装的全密封装置，可确保从充填线到包装线过程中果汁免遭热气与蒸气的不良影响。在充填温度低于 **250** 摄氏度时，仍可满足杀死细菌的要求，同时还可保持果汁灌装的稳定性。低于 **250** 摄氏度的温度可保证灌装的塑料瓶，特别是 **HDPE** 瓶在立式灌装时不致出现瓶侧壁倒塌现象。由于充填灌装处于全封闭状态，从而保持果汁酸，如柑桔酸的 **pH** 值处于低点，适于包装低酸饮料。该 **HDPE** 瓶采取共挤吹塑模方式制成，其充填灌装速度为 **32** 盎司 **200** 瓶/分，制瓶设备采用 **Foiler2450** 型 **Pillar** 机，附封盖装置，采用全密封箱膜件保证密封，该设备耗电 **4KW**。

【意大利开发出阻隔薄膜共挤设备】意大利邦德拉公司向公众展示了其生产高性能多层阻隔性薄膜的共挤出设备，加工的薄膜具有良好的柔软性。该设备包括 5 台挤出机，其中 **2** 台 **TR75AFS** 型挤出机用于生产外层，**2** 台 **TR35** 型挤出机用于粘接层，**1** 台 **TR65AFS** 型挤出机用于阻隔层。**TR75AFS** 型的螺杆设计适用于通用树脂，如 **LDPE**、**LLDPE**、**HDPE**、茂金属聚合物和离子型聚合物。阻隔材料 **EVOH** 或尼龙层厚度可控制在 **0.02～0.03mm**，生产薄膜最大宽度为 **1600mm**。生产高性能薄膜的关键是采用多组分质量式加料器和精确控制每台挤出机的进料量，靠高级监控系统确保各种原料进料量的最佳组合，监测每层膜的厚度，挤出机还配置了环管温控系统。该公司还依靠熔体流动分析和模拟软件设计机头，因而物料停留时间短，机头压力小，节省成本，薄膜厚度精度可达 **0.003mm**。

技术交流与研讨

TECHNICAL COMMUNICATION

复合包装材料及胶粘剂的应用

黄秀玲　王晓敏

随着人们生活水平的提高，对商品包装质量保证和卫生保证的意识也不断增强。在很多情况下，单一的包装材料很难达到多项特殊的需求。因此，由两个或两个以上独立的物理相，包括粘结材料(基体)和粒料、纤维或片状材料所组成的一种固体产物，即复合材料应运而生。复合材料的最大特点是复合后的材料特性优于组成该复合材料的各单一材料的特性。而复合包装材料，正是在微观结构上遵循扬长避短的结合，发挥所组成物质的优点，扩大使用范围，提高经济效益，使之成为一种更实用、更完备的包装材料，利用它们优良的综合性能，以达到商品包装的要求。另外，复合包装材料的性能好坏还与复合时所用胶粘剂有关，胶粘剂的选择必须考虑它的粘接性、抗介质性、耐热性、卫生性等。因此，一种优良的复合包装材料离不开优质的胶粘剂。

一、复合包装材料

1.常用的复合包装材料

常用的复合包装材料主要是各种复合薄膜。所谓复合薄膜，是指以纸、玻璃纸、塑料薄膜、金属箔等柔性包装材料为基础材料，经过各种复合加工方法所得到的具有综合性能的柔软性复合包装材料。具体包括：玻璃纸/塑料、纸/塑料、塑料/塑料、纸/金属箔、塑料/金属箔、玻璃纸/塑料/金属箔等。此外，还有干法纸/塑料、干法纸/塑料/其他材料等。

2.常用的复合方法

复合包装材料根据不同的内装物，可以用不同的结构材料和不同的复合工艺，而其中复合工艺的正确选择，不仅关系到复合材料的复合质量，而且影响到复合的生产效率。

(1)涂覆法

该法是指在薄膜表面涂上流动性的物质，使薄膜表面形成紧贴着皮膜的一种方法。可以提高薄膜的热粘合性、防湿性、气体隔绝性、紫外线吸收性及抗静电性等性能。例如，为了提高拉伸聚丙烯膜(OPP)的热粘合性和气体隔绝性，涂覆偏二氯乙烯树脂溶液并使之干燥，就是采用这种方法。

(2)干式复合法

干式复合法也叫干法层压复合，其工艺过程是：在基础薄膜(强度较大的复合基层材料)上涂上溶剂型粘合剂，经过热烘道使粘合层材料上粘合剂中的溶剂完全挥发，再与第二层基材经加温加压复合。这种复合不仅适合塑料薄膜之间的复合(如聚丙烯与聚乙烯、聚酯与聚乙烯、尼龙与聚乙烯等的复合)，也适合塑料薄膜与铝箔、纸张之间的复合(如双向拉伸聚丙烯，铝箔与聚乙烯三层复合，玻璃纸、铝箔与聚乙烯三层复合等)。干式复合法采用的粘合剂是用挥发性较强的有机溶剂制备的，其软化点温度应不影响薄膜性质，并且具有良好的粘合性能，再加热时也不会剥离。该法是生产铝箔复合包装材料中最常用的方法。其复合材料广泛用于巧克力、香烟、药品及蒸煮食品的包装。

(3)湿式复合法

湿式复合法也叫湿法层压复合，其工艺过程是：第一层基材(如塑料薄膜、铝箔等)表面涂布水溶性或水乳性粘合剂，在湿润状态下即与第二层基材(如纸、玻璃纸等)一起通过复合装置进行挤压复合，然后再通过烘道烘干除去溶剂，使两层基材复合在一起。这种工艺所使用的粘合剂多为以水为溶剂的粘胶液或乳化液，主要有聚乙烯醇、硅酸钠、淀粉、聚醋酸乙烯、乙烯—醋酸乙烯共聚物、聚丙烯酸酯、天然树脂等。由于湿法复合所用粘合剂具有水溶性，因此它的基材至少有一层应当是纸或干法纸或玻璃纸，且不能被水浸湿而引起变形。

(4)挤出复合法

挤出复合是将热塑性材料，如PP、PE等，在挤出机内熔融后，挤入平口模成片状热融薄膜作为粘合剂，这种热融薄膜是被拉伸到规定的厚度，再与另外的基材一起，由金属冷却辊和包胶辊组合的挤压装置进行复合完成。此法工艺简单，无需粘合剂，但加工材料中必须有一个是塑料(树脂)，否则难以成型。

热熔复合法

此法是将热熔融粘合剂加热熔解成流动状态后涂覆，并立即压粘其他薄膜以进行复合。与干式复合和湿式复合相比，其优点是无需热烘道干燥，复合时间短，节省能源，成本低，并且无溶剂公害。适用于纸、塑料和铝箔等复合。热熔法可采取以下三种加工方式完成复合作业：第一种是帘流复合，是把热熔物用泵从储料槽输送到“模头”(缝宽约0.5mm以下)，经空气加工形成热融物的均匀帘流，与基材复合，可以多次进行。第二种是缝模复合，热融物经过缝模器的“口模”，直接喷射到背辊上(面上覆有基材)，依据材料品种的不同用途而掌握其涂布量。第三种是辊式复合，所采用的辊式涂布机与造纸工业的涂布机大体相同。

二、胶粘剂

1.胶粘剂的选择

在设计产品包装时，除了对各种基材的正确选择外，对胶粘剂的选择至关重要。复合包装是多层薄膜粘结而成，大都是用于食品、药品包装袋，因此对胶粘剂要求柔软、耐热、耐低温、无毒无味、耐各种介质腐蚀、粘结能力良好。在我国市场上，复合包装胶粘剂主要以双组分聚氨酯胶粘剂为主，其具有优越的物理化学性能。主要体现在：(1)聚氨酯胶粘剂中含有极性高的异氰酸酯基(—NCO)和氨基甲酸基(—NHCOO—)，与含有活性氢的材料有着优良的粘结力，聚氨酯胶粘剂还与被粘合材料之间产生氢键作用，因而使粘合更加牢固。(2)可调节聚氨酯配方，粘合层从柔性至刚性可任意调整，从而满足不同材料粘合的需要。(3)聚氨酯胶粘剂可加热固化，也可室温固化，工艺简单。(4)聚氨酯胶粘剂固化时没有副作用产生，因此不易使粘合薄膜产生缺陷。(5)聚氨酯胶粘剂除具有良好的粘合强度和冲击强度外，耐油、耐化学药品、耐低温、无毒、无味、柔软性好。

聚氨酯双组分粘合剂有 A、B 两种组分调和使用。A 组分是含有多羟基(—OH)的聚酯或聚醚作为主剂；B 组分是含有多异氰酸酯基作为固化剂，使用时将 A(主剂)、B(固化剂)及稀释剂按一定比例混合。由于多异氰酸酯基中的(—NCO)与聚酯或聚醚中的多羟基(—OH)之间发生反应，生成含有一定量的异氰酸酯基的交联固化的聚氨酯胶层。例如，含有两个羟基的聚酯或聚醚的主剂与含有三个异氰酸酯基的固化剂间的反应为：

HO—R—OH＋2OCN—R—NCO→OCN—R—NHCO—R—COHN—R—NCO。

2.粘结机理

双组分聚氨酯胶粘剂的粘结机理是：主剂是由含许多活泼氢，如羟基、氨基等的物质组成。而固化剂则是由多异氰酸酯的化合物组成。当固化剂中的异氰酸酯与主剂中的活泼氢接触时，便会自动进行加成反应，生成氨基甲酸酯的结构，使主剂与固化剂结合，分子量成倍增加，甚至生成带支链结构的立体构像的交联产物，具有粘接力高的特点。由于聚氨酯分子中含有大量的极性基团，偶极矩大，对被粘材料有很大的亲和力，所以能同时对多种材料起到粘结作用。另外，固化剂中的异氰酸酯基(—NCO)是一个十分活泼的反应性基团，它除了能与主剂中的活泼氢反应外，也可以与被粘材料表面物质分子中的活泼氢反应，生成化学建，使胶粘剂分子同时与被粘的两种材料发生桥架作用，产生很好的粘接力。胶粘剂经充分交联固化后，有很高的内聚力，胶膜强韧柔软，产生的粘接力更强。

复合包装材料适合现代人们快速生活节奏，具有优良的特性，如：保护性、操作性、商品性、卫生性、耐油性等而深受人们喜爱。近年来，复合包装材料发展十分迅速，世界各国都在竞相研制，随着新的复合工艺、复合基材和更优良的粘合剂的不断涌现，复合包装材料必将为世界包装工业谱写更辉煌的篇章。

双工位五层共挤双模头中空成型机的性能与应用

赵延伟　孙维达

随着塑料工业的发展和人们环保意识及生活质量的不断提高，对适用于生产具有阻隔、密封、避光、耐腐蚀、耐温、抗菌、无毒、保质、防静电、阻燃、高强度、高韧性、耐冲击等性能的小型五层共挤塑料中空包装容器的设备需求量越来越大，该种包装容器可以代替玻璃瓶，适用于各种包装行业的技术要求，也可用于金属材料无法成型的形状复杂的机械零部件的包装。

由于国内多层共挤技术起步较慢，缺少核心技术，多于 2 层共挤的塑料中空成型机长期处于空白状态，现有产品技术落后，控制水平低，自动化程度不高，无法满足 PA(聚酰胺，俗称尼龙)、EVOH(乙烯一乙烯醇共聚物)等高阻隔原料的加工。目前只有德国、美国、意大利等少数国家能够生产，从国外引进的设备，每台价值约 80 万美元(不含关税)，一般中小企业无力购买。

该种设备采用塑料发泡先进技术，在经过特殊结构设计的五层共挤系统的任一层所用的塑料原料中加入发泡剂进行微发光，可以提高制品的保温、抗冲击等性能，同时可减轻制品的重量，减少原料的耗用。而单层塑料中空成型机制品使用的原料单一，配方简单，对性能要求高的制品，必须耗用大量的贵重原料。例如，为保证整个制品的阻隔性能，必须全部采用 PA；为提高制品的外观程度，必须比多层共挤制品增加 4～10 倍的珠光素，而珠光素成本高，无法维持正常生产。五层共挤塑料制品具有优异的阻隔功能，如果用来包装新鲜牛奶，保质期可长达 0.5～1 年以上(普通包装只有 1～1.5 个月)，包装番茄汁的保质期长达 2 年以上，满足了出口包装的需求；而且五层共挤原料消耗少、强度高，结构设计灵活方便。

为了满足市场的需求，广东金明塑料有限公司研制成功了 2SPEADV-1 双工位五层共挤双模头中空成型机，目前已通过省级科技成果鉴定，达到了国外同类产品的先进水平。

一、主要结构

2SPEADV-1 双工位五层共挤双模头中空成型机主要由 5 台自动加料机、5 台单螺杆塑料挤出机、热流道、五层共挤双模头、型坯壁厚自动控制、管坯自动封切、吹塑、双工位移膜、锁模成型、中空成型模具、余坯切除、制品自动输送、制品在线自动测漏、液压(比例压力、比例流量)、气动、机架及计算机集中控制系统等构成。

二、生产工艺流程

自动加料——塑化挤出——管坯成型、型坯壁厚控制——管坯封切——移模合模夹坯、预吹塑——移模吹塑成型——开模——制品自动输送——余坯切除——制品自动测漏——制品收集

三、主要技术参数

最大制品容积：1L；模头数：2 个；共挤层数：5 层；工位数：2 个；最大挤出产量：55kg/h；制品层间结构：A/B/C/D/E；螺杆直径：A、C、E 层 Φ40mm，B、D 层 Φ35mm；螺杆长径比：25；1；螺杆最大转速：65r/min ；螺杆驱动电机功率：A、C、E 层 5.5kW，B、D 层 3kW；模头结构：五层共挤双模头；模头口直径：根据制品配制；型坯壁厚自动控制点数：100 点；锁模力：40kW；主油路油泵电机功率：11kW；油泵型式：高压低噪声双联叶片泵；液压系统大泵工作压力：5 MPa 液压系统小泵保压压力：10 MPa；压缩空气压力：0.4～0.7MPa；压缩空气用量：$65m^3/h$；标称加热总功率：30kW；标称总功率：75kW；平均能耗：55kW；外形尺寸：3.872×2.73×2.67m；重量约 12t。

四、适用原料

PA、EVOH、EVA、HDPE、PP、粘合树脂、珠光素、发泡剂。

五、关键技术

1. 高阻隔树脂螺杆

PA、EVOH 是生产多层共挤高阻隔性能塑料制品的重要原料。在一般的螺杆加工过程中，由于需要在较长时间内承受较高的剪切作用，料温不断上升，容易造成挤出物料过热分解，既污染了挤出系统，又严重影响了薄膜的质量。该机采用一种具有企业自有专利知识产权的非圆塑料挤出螺杆技术，既保证原料充分剪切，又使熔体温度得以控制，保证挤出系统的清洁和制品的质量，解决了挤出部件的难题。

2. 五层共挤双模头

五层共挤双模头是产品成型的关键部件。设计时采用企业自有知识产权的专利技术——“塑料多层共挤机头装置”。为了提高生产率，模头设计为双模头结构(即互相平行的两个并联的模头)，能够同时挤出互相平行的两条熔融的管坯(即吹塑制品的毛坯)。由于需要保证两条管坯的挤出长度和重量相等，模头流道的尺寸必须保持一致，两个模头必须保持很高的对称度。因此，主流道、支流道、料流分布流道设计应有一定的压缩比，而且模头内压力分布要合理，避免流道设计出现死角；流道内光滑，才能使物料流动通畅，无积物等不良现象和避免熔体受热过度而分解产生焦料。由于 PA 与 EVOH、PE 的加工工艺温度相关很大，每一个模头必须分为上

下两张，同时使模头的加热能够分段设计，达到模头分段加热的目的，大大减少了温度对不同模头流道中挤出物料的影响。

3. 模头清洗通道

该机在模头熔料并合口处增加了模头清洗通道，解决了塑料加工中常存在的模头清洗、拆卸麻烦以及由于模头熔料并合熔体压力低而产生积料，造成制品更换颜色或配方时要耗用大量原料和时间排挤出旧料的问题。通道平时用螺塞旋合封闭，当改变制品颜色或更换配方时，只要旋下螺塞，就可将旧颜色和旧料通过该流道迅速挤出模头外，整个清洗挤出时间通常小于 20min。这一技术既能延长模头定期拆卸清洗的周期，又大大方便了平时设备变更制品的颜色和配方，减少清洗模头时间 8～24h，节约挤出熔料清洗模头的原料 400～1300kg。

4. 型坯壁厚自动控制

由于连续挤出的管坯从模头挤出时处于熔融状态，在熔体受到重力的作用下，管坯变薄，随着长度增加，管坯越变越薄，呈渐变式的下厚上薄现象。该设备通过控制点数为 100 点的型坯壁厚自动控制装置对管坯进行壁厚曲线实现自动循环控制，从而达到制品厚度分布合理、重量合适、原料节省、符合质量要求。

5. 双工位移模及锁模成型装置

由于制品在成型模具中冷却、定型需要一定的时间，因此，时间长短与原料加工温度的高低及制品的不同厚度有关。通过加大挤出机的挤出量，配套双工位移模、锁模装置，利用一个工位的制品在冷却时，另一个工位进行移模、合模、管坯封切等工作，从而合理地利用了设备的工作时间，达到提高制品产量的目的。

6. 余坯切除装置

以往中空制品成型后的余坯、飞边、提把孔挡壁等必须靠人工修除，工作效率低，经常发生工伤事故。该设备采用自动余坯切除装置，采用制品输送导轨、制品定位夹紧、余坯铲切、气动系统等装置提高了设备的工作效率和自动化水平。

7. 管坯自动封切装置

由于制品成型管坯是连续挤出的，必须利用切刀把管坯切断为一定的长度。通常中空成型机采用加热切刀对管坯实施切断，尽管选择了特殊的耐热合金钢，并在切刀的一端设计有切刀拉直装置，都无法解决切刀长期受热表面氧化、重重脱层、切刀受热弯曲变形、寿命短、管坯切口不整齐等缺陷。为了解决这些问题，该设备采用不必加热的常温切刀，共有 2 片，分别安装在前后刀架上。在驱动机构作用下，能同时向管坯中心合拢，在瞬间切断管坯。为满足管坯的预封底更加有利于制品的成型，刀架附带安装有凹凸槽的预封底装置，在管坯切断同时对管坯底部进行自动热封。由于切刀不需要加热，不仅切刀表面不易氧化、不脱层、不弯曲变形、寿命长、管坯切口整齐，同时也减少了电耗，降低了制品的生产成本。

8. 液压系统

由于挤出产量的提高使制品产量同步得到提高，带来了快速移模、开模、合模、锁模过程容易出现明显的液压冲击现象。为了解决这一问题，该机采用了国际先进水平的比例流量和比例压力的液压回路(即电液比例回路)，实现了系统工作过程压力、流量和速度能根据执行部件的位置要求进行灵活设定调整，使移模、开模、合模、锁模的动作平衡、柔和、协调，运动快捷，避免了液压冲击的不良现象发生。

9. 在线自动测漏

该机采用计算机控制系统，专门设计了自动控制软件对整机加工温度、螺杆转速、熔体压力、熔体温度、型坯壁厚、管坏封切、合模、锁模、开模、移模、吹塑、制品在线自动测漏等进行计算机集中控制。同时，显示和监控温度、电流、电压、压力、制品在线生产数量等参数，并具有自动报警和自诊断等功能。该系统操作简便，显示清晰易懂，信息以图文方式表示，能及时报警并提供故障报告，实施现场智能化精确控制、监测及远程参数化，同时可以储存制品的加工工艺参数，方便操作，便于企业管理，可明显提高生产线的经济效益，大大提高设备的自动化控制水平。

聚乙烯醇薄膜及聚乙烯涂布膜的性能与应用

周祥兴

聚乙烯醇树脂是聚醋酸乙烯树脂经醇解后生成的一种水溶性的结晶型聚合物，其性能与醇解度、含水量、聚合度有关。20 世纪 50 年代，由日本 Kuraray 公司首先开发生产，并应用于合成纤维的生产，这种纤维叫做维尼纶。到了 20 世纪 70 年代，该公司才把聚乙烯醇开始用于百纤维的应用。日本 Kuraray 公司生产的聚乙烯醇树脂的牌号和典型性能见下表 1 所示。

日本 Kuraray 公司生产的聚乙烯醇树脂牌号及性能

牌号	粘度※ MPa•s	醇解度分子 %	挥发分 %	灰分 %	pH 值
PVA-H	26.6～2	99.8～100.0	8	3.0	5～7
PVA-105	5.2～6	98～99	5	0.7	5～7
PVA-107	6～8	98～99	5	0.7	5～7
PVA-124	55～67	98～99	5	0.7	5～7
PVA-204	3.4～4.1	87～89	5	0.7	5～7
PVA-220	27～33	87～89	5	0.7	5～7
PVA-417	16～21	79.5～83.5	5	0.7	5～7
PVA-420	28～34	78.5～81.5	5	0.7	5～7

注：※4%水溶液 20℃下的粘度。

聚乙烯醇树脂的特性如下：(1)聚乙烯醇(PVAL)是白色或奶黄色固体粉末，能溶于水，加热下能迅速溶胀溶解。聚乙烯醇树脂制成的薄膜具有高度的阻隔气性，其阻气性比 PVC 树脂还要好；(2)聚乙烯醇熔融温度为 200～40℃以上时，PVAL 就会分解，在 250℃有氧气时会自燃，因而 PVAL 的熔融挤出成膜较困难；(3)PVAL 经干燥和热处理可以使之结晶化，结晶化了的 PVAL 有一定的耐水性，热处理温度不能超过 180℃，热处理后的 PVAL 薄膜可提高阻隔性；(4)用于挤出熔融成膜的 PVAL 平均聚合度为 1400～1800，平均分子量为 6～7 万个原子质量单位，皂化度为**99**%以上，残留醋酸盐小分子小于 0.2%，挤出时应添加 40%～50%的蒸馏水，以及适量的增塑剂甘油，才能挤出吹膜成膜；(5)PVAL 薄膜使用温度在 100℃以下，透明性优良，常用于复合膜中作中间层，以利用其高度的阻气特性；(6) PVAL 薄膜有高度的强度、耐撕裂、耐针孔性、抗静电性优、不易沾染灰尘。

聚乙烯醇薄膜的生产有两种，一种是把 PVAL 树脂溶解在水溶液中，然后涂布于一不锈钢转鼓上，经干燥成膜后揭下来卷取成膜。另一种是使用适合于熔融挤出的 PVAL 树脂，添加 40～50%蒸馏水和 5%左右的甘油增塑剂，以及 3%～4%的热稳定剂后，于 200～300℃下挤出吹膜，再保持 200℃和 3min 下热定型，整个过程始终保持 PVAL 膜中含有 15%～35%的水分，冷却后成膜。如使生产的 PVAL 薄膜在 55～95℃、50%～60%RH 下双向拉伸 3～4 倍，最后在 170～200℃下热定型 15～26 秒后再涂布 PVDC，则可以生产出具有良好热封性和阻氧、阻湿性的双面涂 K 的 PVAL 薄膜，可用于气体置换包装、除氧包装、干燥食品包装及药品包装。

由于 PVAL 的溶液涂布干燥成膜法和挤出吹膜法生产效率低，生产速度慢，技术要求高，为了获得高度的阻氧性，可以在 BOPP 薄膜上涂布水溶性的 PVAL 溶胶，经干燥后获得良好的阻氧性。此工艺的关键在于：一是 PVAL 涂布层的牢度问题，除了电晕处理涂布面外，还需要涂布层中添加树脂，例如，羟甲基三聚氰胺 0.1～17 份，PVAL 树脂 7～12 份，去离子水 80～93 份脲素 0.05～10 份，酸类催化剂 1-8 份，以提高 PVAL 胶液的涂布牢度；二是要涂布适当的厚度，才能有良好的阻隔性，而随着涂布厚度的增加，涂布的牢度会显得困难。

单种的 PVAL 薄膜，最近在农药包装中获得了广泛的应用，可以制成双袋农药包装。大的外包装袋，使用阻隔性良好的复合膜袋，而小的内包装袋仅使用 PVAL 薄膜袋，把有毒性的农药按最低使用量用小袋包装。使用时，拆开大外包装袋，把小的 PVAL 农药袋直接投入水中，溶解后使用，可减少工作人员受农药的毒害。

铝质材料在包装工业中的应用

肖丽娟　崔爽

铝是一种资源丰富的白色轻金属，全世界的铝产量仅次于钢铁。它在包装工业中的应用在有色金属中占首位。铝作为包装材料，一般使用铝板、铝块和铝箔以及镀铝薄膜。铝板通常作为制罐材料或制盖材料；铝块用来制造挤压成形和减薄拉深成型的罐；铝箔一般用来做防潮内包装或制作复合材料以及软包装等。

包装用铝材大多以合金和铝箔形式应用。其中铝合金中所含的合金元素主要有锰、镁、铜、锌、铁、硅、铬等，但主要合金元素仅为锰和镁，其含量范围分别为 0.21%～0.5%，0.8%～5%。这些铝合金板材均属防锈铝合金，锰和镁主要起提高材料强度、改善加工性能等作用；铜也可提高材料强度，同时也会降低耐蚀性能和加工性能；加入锌，特别是在与铜、镁同时加入时，其热处理效果变好，但耐蚀性和加工性会下降；硅的加入主要是降低铝的熔点，提高强度和熔融流动性，降低热膨胀系数。铝箔是由厚度为 0.4～0.7mm(较多用 0.5mm)的工业纯铝板经过多次冷轧减薄而制成的可挠性金属薄材。

一、铝质材料的特点

相比于其他包装材料，铝质材料具有以下优点：

(1)铝的密度非常小，为 2.7g/cm^3，仅为钢的35%。这使得容器易于实现轻量化。铝的表面能自然生成一层致密的三氧化二铝薄膜，这层无色薄膜能阻止容器氧化的进一步进行。

(2)铝无毒无味，符合包装食品的卫生标准。

(3)铝表面光泽度高，易于着色，印刷效果好。

(4)由铝材制成的易开盖开启性能优于镀锡板易开盖。

(5)铝对光、热的反射性能和传导性能优异，可提高食品罐头加热灭菌和低温处理的效果。

(6)铝的力学性能在低温状态下能保持不变，特别适用于冷冻食品的包装。

(7)用铝箔制造的复合薄膜完全不透气和不透光，可有效保护内装食品。铝箔还可以提高铝塑复合膜的强度。

(8)废料可回收再利用，既能节约能耗又能防止废弃物造成的公害，满足环保的要求。

但是铝质材料也存在一些不足，主要有：

(1)铝的生产相对马口铁和 TFS 来说能耗大得多，因此价格偏贵。

(2)铝是非磁性材料，因此原有的利用磁性吸取原料的设备必须进行改造。

(3)铝质材料耐蚀性较差，不宜用于盛装酸性、碱性及含盐量多的食品。

(4)铝材质地较软，与马口铁相比强度较低，在制造和运输中易因碰撞而发生变形、表面擦伤等情况。

(5)铝材焊接困难，因此只能用冲压或粘接的方法制造。

目前可以通过与其他材料的复合来弥补铝材的部分缺点。例如，铝箔与纸或塑的复合，可增加它的刚度和抗拉强度；为克服薄壁铝罐刚度低的缺点，可在封闭容器之前填充少量液氮，液氮汽化产生的内压力可增加容器的刚度和抗压性能；由硝基纤维素和改性聚烯烃涂布的铝箔，不但提高了铝箔的化学性能，保持了良好的印刷外观，而且提供了热封合性。

二、铝质材料在包装中的应用

1. 铝质防盗瓶盖

我国目前包装白酒、葡萄酒、药酒及饮料等多数仍以玻璃瓶为主，其中约有 50%的酒瓶盖使用铝材制造的防盗盖，我国防盗瓶盖将以每年 10%的速度增长，预计到 2010 年，防盗盖用量将达到 150 亿只，需用铝板带材 6 万吨左右。我国铝质瓶盖生产厂近 200 家，年设计能力约为 90 亿只，其中引进生产线 30 条，产能为 50 多亿只，可生产近百种各类瓶盖。铝质瓶盖多在自动化程度相当高的生产线上加工，因此对材料的强度、伸长率和尺寸偏差都要求很严格，否则会在深拉加工时产生破裂或折痕。为保证瓶盖成型后便于印刷，要求瓶盖料板面平坦，无滚痕、划伤和污斑，一般采用的合金材料有 8001-H14、3003-H16 等，用料规格一般厚度为 0.20～0.23mm，允许公差±0.1%，宽度为 449～796mm。

铝质瓶盖料的生产可分别采用热轧供坯或连铸

连轧供坯，经冷轧轧制而成。生产实践表明，在防盗盖的使用效果上热轧坯料要优于铸轧坯料。

2. 铝塑泡罩包装

目前，保健食品和药品片剂、胶囊包装采用泡罩包装形式越来越普遍，铝塑泡罩又称水泡眼包装，简称 PTP(Press Through Packaging)。泡罩包装采用的铝箔是密封在药用塑料聚氯乙烯(PVC)硬片上的封口材料，所以也称盖口材料。现代包装中几乎所有要求不透光或高阻隔复合材料的产品均采用铝箔作为阻隔层，这是因为铝箔有高度致密的金属晶体结构，完全可以阻隔任何气体，因此应用十分广泛。预计用于药品泡罩材料的包装将占未来药品的片剂、胶囊包装的 60%～70%左右，是目前发展前景最好的药品包装材料之一。

但是目前我国药用铝箔的质量与进口铝箔的差距甚远。从目前国内几个生产 PTP 药用包装的企业所反映的实际情况来看，主要存在以下两个方面的问题。

(1)药用铝箔针孔数远达不到要求。铝箔针孔是穿透性能缺陷，影响铝箔的阻隔性能，尤其是用于药品包装，很容易使氧气、水蒸气、光线穿透而使药品的药效降低。药用铝箔在国家标准中要求针孔直径不大于 0.3mm，直径在 0.1～0.3mm 的不能多于 1 个/m^2，目前国产铝箔很少能达到这个标准。

(2)药用铝箔厚度不均，抗拉强度低。由于铝箔厚度不均，容易造成在 PTP 铝箔机械涂布过程中胶粘剂涂布量难以达到标准涂布量范围，进而影响铝箔与聚氯乙烯硬片的热封强度。由于厚度不均，抗拉强度低导致在实际加工中放收卷施加张力后产生断箔，不利于生产的正常进行，这些问题需原料生产厂家引起重视。

3. 铝饮料罐

目前，铝饮料罐的开发具有三大特征，即易拉盖、特型罐、自加热/自冷却饮料罐。长期以来，尽管铝饮料罐等金属包装物一直受到镀锡板和 PET 材料的挑战，但由于其重量轻，且具有可回收优势，目前仍是主要的饮料包装形式之一，不仅得到稳定发展，而且也在不断的创新。

近来，Coins 包装公司研制成功了“EPOL”(易开启盖)。这种罐盖采用聚合物涂层的钢环和抗腐蚀铝箔片热封，可以用于现有的灌装设备，铝箔盖可以安全开启，更适合于老人和小孩使用。

由于 PET 瓶的竞争，近年来日本市场上饮料用铝罐的需求量逐渐减少，但随着新型铝瓶罐的开发，铝罐需求量又开始上升。目前，武内冲压工业、大和制罐和三菱材料等企业均已进入铝瓶罐生产领域，柴崎制造厂开发的铝瓶罐盖也同时投放市场。

日本大和制罐公司为了优势互补，着眼于 PET 瓶和铝质易拉罐两种饮料包装容器的优缺点，扬长避短，在世界上率先成功的开发出了能赋予金属罐以重新密封性的饮料包装新容器“新瓶型金属罐”(新瓶罐)。

新瓶罐是超越了已有的二片罐和三片罐结构框架而开发的一种全新包装容器，它不仅应用了当前三片金属罐的复合技术、卷边加盖技术、而且也应用了二片罐深冲压成形技术制成罐身，然后再利用现有罐装内容物和配以螺纹旋盖的加工技术，从而实现了使用金属铝材，加工形成了具有瓶型和直径为 28mm 饮口的新型金属瓶包装容器。新容器兼备了金属罐和 PET 瓶的优点，同时克服了两者所固有的缺点。考虑到环境问题，新瓶罐选用的是单一金属的铝合金材料，在材料的表面，即罐身的内层和外表面均复合以 PET 薄膜材料；底盖内层表面也加上了复合 PET 薄膜，外表面则涂装 PET；用低密度 PET 对瓶盖进行涂装，外表面施以印刷涂装。这样新瓶罐的内层面可以避免同内容物接触，无需使用金属罐传统使用的各种涂料。新瓶罐试制成功后，已在 2000 年澳大利亚制罐行业展览会上展出，并以日本公司的名义获得展览会颁发的大奖。这项技术在国际上也很引人注目，今后铝一PET 罐的需求量有可能进一步扩大。

据日本铝罐回收协会调查，由于这四家公司进入铝瓶罐的生产领域，2002 年仅铝瓶罐的销售量就达到 15 亿罐，是上年的 2.5 倍，2003 年在此基础上增加约 20%。

饮料包装市场是金属包装市场的最大市场之一。为改进品牌效应，除了利用铝的银白色特质之外，铝罐的外形也越来越重要，因此金属成型设备的制造厂家也在讨论铝罐成型的压花技术。由于铝更易于成形和达到要求的形状，研究人员正在探讨铝罐卷轴扩展成形、旋压成形和流变成形技术，在不久的将来会首先在啤酒罐方面得到使用。

啤酒和汽水等饮料使用铝罐包装增加了铝产品的用途，而目前其他行业也在考虑使用铝罐产品。据美国工业信息资源公司提供的信息，一年多以前，日本最大的铝罐生产厂商大和铝罐公司开始为啤酒和茶叶公司生产铝罐，这家公司2004年已生产了4.8亿个铝罐，加上另外两家日本铝罐生产厂商，预期今后2～3年内日本铝罐产量将翻一番。铝罐由于质轻且易回收而受到饮料行业的青睐，最近它又不断普及到其他行业并有取代玻璃瓶和金属瓶的趋势。

三、结论

专家认为，铝质材料新的市场份额还会随着所谓“有效包装”(Active packaging)的推进取得新的进展。由于铝质产品开发新技术的应用，今后铝材的需求量将进一步扩大。

药用高阻隔聚酯瓶的加工与成型技术

白　冰

聚酯塑料瓶(PET)是当前最主要的包装容器之一，主要用于药品、碳酸饮料的包装，还可用于酒类、茶饮料、果汁、矿泉水、食用油、调味品、化妆品、农药与洗涤剂等液体的包装。作为药品包装容器，聚酯瓶具有多种优点。首先，聚酯瓶质量轻、成型容易且瓶体牢固。强度和弹性明显高于其他塑料材料，可以承受相当大的冲击力而不破损，最适合作为壁薄、质轻、强度高的药品包装瓶。PET瓶在我国上世纪80年代初问世后，便以锐不可当的势头迅速发展。短短的二十几年时间便成为全球最主要的液体及固体包装容器。在药品包装领域的应用中，在装药容积相同的情况下，PET瓶重量只相当于玻璃瓶的1/10左右；同样直径的包装瓶，PET瓶的容量是玻璃瓶的1.5倍。用PET原料可以制作透明或不透明棕色的瓶体。其次，药用PET瓶具有良好的气体阻隔性。在常用的塑料材料中，PET瓶阻隔水气、氧气性能最为优良，可完全满足药品包装的特殊存储要求。PET具有优良的耐化学药品性能，能用于除强碱和部分有机溶剂外的所有物品的包装。第三，PET树脂的回收利用率高于其他塑料，作为废弃物燃烧处理时，由于它的燃烧热卡值低而易燃，而且不产生有害气体。第四，用PET制造的食品包装符合食品卫生要求，因为PET树脂不仅是一种无害树脂，而且还是一种没有任何添加剂的纯粹树脂，通过了包括美国、欧洲和日本在内的相当严格的食品卫生法的检验，被认为是一种合格并安全的药品和食品包装材料。这些优点使聚酯瓶成为塑料中的佼佼者。目前，全世界聚酯产量正以两位数的速率增长。以聚酯为主要原料制成的药用塑料瓶无论从外观、光泽，还是理化性能和质量保证方面都是目前最理想的包装产品之一。

一、药用聚酯瓶的加工技术

1.药用聚酯原料的特性

用于瓶体吹塑的聚酯(PET)原料为饱和线性热塑性聚酯，主要应用性能指标为：特性粘度(IV)应控制在70～85ml/g，使吹塑瓶具有较高的机械强度与透明性；用于容积大(大于2升)的瓶体，先用聚酯原料的特性粘度为70～75ml/g注射吹塑成型药用小容积瓶优先选用较高的特性粘度指标的材料生产为宜。由于原材料品种的选用正确与否，关系到生产过程成型工艺参数的选取和瓶体质量状况的优劣。因此，在生产药用PET瓶时，原料的特性粘度、结晶温度、冷却速率以及取向效应等工艺数据尤为重要。这是因为聚酯材料是一种可结晶的聚合物，其结晶速率很小，只为6μm/min(max)。即通过工艺控制结晶温度与冷却速率等条件，使聚酯瓶成为非结晶性或结晶性，并可改变晶体类型与数量。聚酯要求的结晶度一般在30%左右。在稍高于玻璃化温度或稍低于熔点的温度下，聚酯的结晶速率很小，结晶需要很长时间，在175℃左右的温度下，结晶时间要短得多。总之，仅通过加热来使聚酯结晶，其结晶过程较慢，有可能形成晶粒较大的球晶，这会折射光线，使制品呈白色，且脆性大。此外，聚酯的结晶速率随其IV的提高而降低。取向可使聚酯分子有序排列，促进结晶，所形成的晶体称为应变诱导晶体，其晶粒很小，不会折射光线，故取向聚酯制品为透明的。若对取向部分结晶的聚酯试样作热定型处理，使之进一步结晶，试样仍为透明的。所以，结晶与取向是影响拉伸吹塑聚酯瓶成型过程中保证性能的关键因素。若对瓶体进行热灌装并用巴式消毒处理，还需要对部分结晶的聚酯作热定型处理，使之进一步结晶以提高耐热性。

2.聚酯材料的去湿与干燥

由于加工聚酯时，其中所含的水分会在水解过程中与聚酯熔体发生化学反应而快速消耗，即水分在制品中产生气泡。水解会降低聚酯熔体的特性粘度，也影响制品的机械强度与性能，而聚酯原材料是吸湿性聚合物，故加工前应经严格干燥，使其剩余湿气含量小于0.005%。聚酯原料要采用去湿干燥系统来干燥。由于干燥装置提供的干燥热空气从料斗底部进入原料中，吸收原料所含的湿气后返回干燥装置。这延长干燥装置中去湿床的寿命，保持其效率，要使出自料斗的湿空气经过后冷却装置(可采用循环水冷却)，使空气温度低于65℃。要对后冷却装置进行恒温控制，以防止温度过高的空气进入去湿床。经冷却的空气通过过滤器，以除去空气中的微粒。空气由去湿床除去湿气，最后经过加热器加热后再次返回干燥料斗。干燥器干燥原料的条件：干燥温度为 140℃～180℃，空气露点为-40℃，空气量为 0.06 立方米/min(kg・h)，干燥时间为 4h。掌握好以上条件应注意：(1)当空气量取值高于 0.06 立方米/min（kg・h）时可拓宽操作范围，降低干燥温度，能耗会过高。(2)保证干燥露点尽可能低是很重要的，但露点低至-10℃时也不会有问题；但应严格监测空气露点，发现过高时，应及时降低。(3)干燥温度是一个关键的参数，可通过在多种温度下干燥并测量型坯的特性粘度来确定最佳的干燥温度，一般为150℃～163℃。停机时，干燥温度应降至120℃左右。(4)干燥时间加长会降低聚酯原料的特性粘度，合理掌握干燥温度成为关键参数，温度小幅提高就会导致聚酯的特性粘度有较大的降低，因此干燥时间应尽可能短些，以拓宽操作范围。在干燥过程中，由于聚酯的干燥温度高，设备的料斗应具有良好的隔热性能并采用玻璃纤维作隔热层，应避免干燥的聚酯原料与外界空气的接触，因为聚酯原料会快速地吸收空气中的湿气。例如，完全干燥的聚酯原料与相对湿度为35%～40%的空气接触12min后，含湿量即达到0.005%。

二、药用聚酯瓶的成型方法

聚酯瓶的成型方法有挤出吹塑与注射吹塑两种工艺。拉伸吹塑又有一步法与两步法之分。在一步法成型中，型坯的成型、冷却、加热、拉伸与吹塑和瓶体的取出均在一台机器上依次完成。两步法则采用挤出或注射成型型坯，并使型坯冷却至室温，成为半成品，然后将型坯再加热并在拉伸吹塑机中成为瓶体。即型坯的成型、拉伸与吹塑分别在两台机器上完成。一步法注射吹塑PET瓶，注吹设备中需要有两副模具，即注塑型坯模和吹塑模具。而注塑型坯模主要由型坯模腔及芯棒构成，其各部位尺寸参数选用的正确与否是瓶体能否成型的关键。因此，需要将模具型坯尺寸参数结合成型工艺进行合理选取。

1. PET瓶高度与其颈部螺纹直径的比值可确定型坯与芯棒的长径比(L/D)

芯棒长径比一般取值原则是不超过 10:1。这是因为在型坯模具中芯棒为悬臂梁，且在充模时受高注射压力的作用。长径比选值较大时，其芯棒弯曲较大，容易造成型坯壁厚分布不均匀。但是，通过程序来控制熔体的充模速度或在充模过程中用滑动顶针暂时固定芯棒头端以使芯棒对中，此时芯棒的长径比可取大值。型坯高度是参考瓶体的高度乘以高度系烤所得，一般为瓶体高度的92%～95%。为保证瓶体有好的透明度，熔体充入型坯模后，要快速将温度降至145℃以下，但要比聚酯材料的玻璃化温度(82℃)高些，且越接近玻璃化温度，吹塑瓶的透明度就越高。型坯模具冷却水温低至10℃～35℃，为了快速冷却型坯，还要采取液体或气体对芯棒连续进行内冷却，其中冷气可使芯棒有更一致的温度分布，其空气压力一般在1MPa左右。

2. 型坯注射时的熔体温度

熔体温度是PET型坯成型要注意的重要参数之一。从设备方面考虑，螺杆设计对PET熔融、混合均匀与熔体温度有较大影响。PET注射要采用低剪切、低压缩比(约2/1)的螺杆，进料段取得长些，过渡段与计量段取得短些。设备的机筒温度对熔体温度影响较大，提高机筒温度会降低PET熔体的特性粘度。机筒温度对型坯透明度有明显影响，提高机筒温度可改善型坯的透明度。例如当机筒温度为280℃时，对应的熔体温度为290℃，可保证型坯有最佳的透明度。而机筒温度进一步提高并不能改善透明度。机筒温度较低时，适当提高螺杆转速以及浇口温度，可小量地改善型坯的透明度。但由于熔体通过热流道系统的时间较短，其温度对型坯透明度改善的程度较小。提高注射压力，即注射速率时，熔体通过喷嘴时会产生较高的剪切热，明显提高熔体温度，使机筒温度较低时就可成型透明型坯。保压压力较高时，会提高型坯模具内熔体冷却时的结晶速率，降低型坯的透明度，尤其是在机筒温度较低时。在实际生产过程中，对某一给定的聚酯树脂与成型设备，可以这样来确定合适的熔体温度：先逐渐降低温度，至型坯开始出现雾状，然后提高温度，刚好达到成型透明型坯的温度，成为合适的熔体温度。

注射吹塑的瓶坯(即聚酯瓶树脂)中含有乙醛，会使被包装的药品，尤其是液体药品容易产生化学反应。所以，对瓶坯乙醛含量须加以控制，一般要求小于 **10ppm**。降低瓶坯乙醛含量是聚酯瓶生产工艺优质化的一项重要课题，型坯的乙醛含量与熔体的温度及停留时间有关。熔体温度低于 **265℃**时，乙醛含量与时间成线性关系；熔体温度高于 **265℃**时，两者成指数关系。由于型坯中乙醛含量与机筒温度成线性增加，支管与浇口温度的提高也会少量地增加乙醛含量，但提高流道温度时乙醛含量的增加幅度较小，这是因为熔体通过热流道系统的时间要比其在机筒内停留的时间短。设备的螺杆转速在较低值下增加对型坯中的乙醛含量没有影响，但转速进一步提高时，产生的剪切热会提高熔体温度，增加乙醛含量。增加背压会提高熔体温度，从而增加醛含量，因此在保证聚酯原料塑化均匀的前提下，要尽可能降低背压。注射压力增加时要提高熔体温度，但因熔体通过喷嘴的时间较短，这样乙醛含量只有少量的增加，而保压压力与型坯模具温度对乙醛含量没有影响。

由此可以看出，机筒温度对聚酯型坯的乙醛含量有明显影响，螺杆转速、注射速率、背压与热流道温度对乙醛含量的影响较小。因此，提高注射速率、降低机筒温度可以成型透明度高、乙醛含量低的型坯。在充模的初始时间内采用高注射压力，以稳定充模过程，然后以低压力注射，可取得较好效果。所以，成型聚酯型坯时，熔体温度的选取要适当，以保证型坯的透明度，同时又能控制乙醛的产生，熔体温度一般约取 **280℃**。

3. 注塑型坯与瓶体吹胀比的取值

注射吹塑小容积的聚酯瓶时，在工艺成型过程中，型坯主要发生轴向拉伸。轴向拉伸越小，吹胀比(指瓶体直径与型坯直径之比)越大，瓶壁厚分布不均匀的可能性也越大，易造成瓶肩与瓶身或瓶身与瓶底过渡区域的曲线部位壁厚不均匀。小容量瓶体吹胀比一般取 **1.5～1.8** 之间。对横截面为椭圆形的瓶体，若其椭圆比即椭圆长短轴的长度之比小于 **1.5∶1** 时，可采用横截面为圆形的型坯成型。椭圆比不超过 **2∶1** 时，可采用横截面为圆形的芯棒与椭圆形的型坯成型。椭圆比大于 **2∶1** 时，一般要求芯棒与型坯模腔均设计成椭圆形。椭圆比增加，型坯模具的设计难度与制造成本均提高，一般不应超过 **3∶1**。

4. 注塑型坯口部及颈部尺寸

型坯口部直径及螺纹尺寸应与瓶口尺寸螺纹相统一，并能与瓶盖的螺纹尺寸相匹配。因目前对此无统一的国家标准，故根据瓶体盛装物来决定瓶口部的尺寸。确定型坯颈部尺寸与吹塑模具型腔尺寸时，还应考虑瓶体成型后的收缩，**PET** 瓶在型坯内的吹胀气压为 **1.2Mpa**，采用 **5～10℃**的冷却水冷却吹塑模具，使型坯吹胀后得以快速冷却。

5. 瓶体注吹成型芯棒的功能

注射吹塑成型使用的芯棒的功能主要有五个方面：**(1)**确定成型型坯的形状与瓶体颈部的内径；**(2)**在机械转位过程中带走型坯或瓶体；**(3)**芯棒内设置有气道与空气出入口，输送压缩空气以吹胀型坯；**(4)**芯棒内部可通循环液体或空气，以调节型坯温度；**(5)**芯棒尾部处靠近配合面开设深 **0.10** 毫米的凹槽，使型坯端部楔入槽内，避免从型坯成型工位转至吹塑工位的过程中，型坯因其弹性收缩导致颈部螺纹错位。凹槽起到密封作用，减少吹胀过程中压缩空气的泄漏。

6. 芯棒长度与直径的选值

芯棒长度和直径主要由型坯来确定，芯棒直径要比瓶体颈部内径小些，便于瓶体脱模。但芯棒直径应在瓶颈内径范围内尽可能地取大值，以避免造成过大的吹胀比。芯棒同轴度应在直径 **0.05～0.08** 毫米内。瓶口部位芯棒直径尺寸是以瓶口外径和瓶口厚度而定，取值范围一般是瓶口芯棒直径等于瓶口外径减去两倍的瓶口壁厚。

7. 芯棒底部与型坯底部之间距离尺寸的确定

该距离尺寸即为型坯底部厚度，它的尺寸取值合理与否，直接影响瓶底部的厚度是否符合要求。一般的计算方法为：型坯底部的厚度(***B***)等于瓶底的最小厚度(***T***)加上 **0.1** 倍的瓶重量。芯棒体选用的材料为合金工具钢，硬度为 **HRC52～54**，比模具颈圈的硬度稍低。与熔体接触的芯棒表面要沿熔体流动方向抛光，并镀硬铬，以易于熔体充模和型坯的脱模。在 **PET** 瓶的吹塑与脱模工位，气体继续在芯棒内环流，保证芯棒有较一致的温度分布。芯棒各段的温度取值为：头部(对应型坯颈部)取 **45～55℃**，中部(对应型坯体)取 **40～50℃**，尾部取 **23～35℃**。在型坯注射工位，因熔体温度高，芯棒温度处于上述范围的上限，芯棒转至脱模工位时的温度因内冷而降至下限。在脱模工位顶出瓶体后，从外部对芯棒头部进行风冷，以降低芯棒的温度。

8. PET 瓶注射吹塑工艺参数取值

PET 瓶在注射吹塑时要控制好熔体温度，使其处于 **275℃～285℃**范围内，比多数注射吹塑级聚合物的温度高约 **50℃**。热流道系统要采用流线型、对称式设计，避免死角。喷嘴用锁闭式结构，外表面要加热。为保证型坯有高的透明性，熔体充入型坯模具后要快速冷却至 **145℃**以下，但要比其玻璃化温度(**82℃**)高些，且越接近玻璃化温度，吹塑瓶的透明度就越高，可拓宽加工范围。型坯模具冷却水温要低至 **10～35℃**，以快速冷却型坯。还要采用液体或气体对芯棒连续进行内冷却。其中气冷可使芯棒轴向有更一致的温度分布，同时还不会出现泄漏问题。芯棒内冷气压一般为 **1MPa**。最好采用液体/气体组合冷却方式，**PET** 型坯的吹胀气压约为 **1.2MPa**。采用的冷却水温度为 **5～10℃**，以冷却吹塑模具，也使型坯吹胀后得到快速冷却。

淀粉和纤维在生物降解包装材料中的应用

王立元　王建清

众所周知，聚合物工业的发展导致环境污染的不断加剧。塑料质轻且体积大，废料处理困难，填埋、焚烧都不是理想的解决办法，“白色污染”已成为全球性问题。另外，石油资源日益减少，寻找新的非石油生产聚合物迫在眉睫。近几十年来，人们不断通过各种途径寻求可代替传统塑料的可完全降解的材料，经过反复验证和多年实践，已达成共识，即降解材料必须在废弃后的较短时间内能够全部降解成为无害物质，如二氧化碳和水。因此，天然可降解物质的利用对于制备可降解材料具有极其重要的实际意义，以淀粉、植物纤维、甲壳质、壳聚糖等为主体的天然高分子材料适应了环保的要求和趋势。淀粉作为天然高分子物质，来源丰富，价格便宜，在微生物作用下可分解为葡萄糖，最后代谢为水和二氧化碳，是一种取之不尽的可再生资源。天然淀粉是以15～100μm 的小颗粒形式存在，颗粒内存在结晶结构的高分子化合物。淀粉由直链淀粉和支链淀粉组成，直链淀粉是葡萄糖以α-D-1,4 糖苷键结合的链状化合物，相对分子质量为(20-200)×10^4。支链淀粉中葡萄糖单元的连接方式除α-D-1,4 糖苷键外，还存在α-D-1,6 糖苷键，相对分子质量为(100-400)×10^6。天然植物纤维同样也是符合可持续发展要求的可再生资源，植物中的大量纤维是地球上最丰富的碳水化合物，在自然界中可被微生物分解酶降解，作为营养源而被植物或微生物摄取。

淀粉和植物纤维这两大天然高分子原料各自在降解材料中有着广泛的研究和应用，包括一次性餐饮具、医药包装材料、模塑制品、泡沫塑料等。淀粉和植物纤维就结构本身而言非常相似，但二者的构型和组成不同。纤维的主要成分纤维素是直链淀粉的异构体，葡萄糖单元通过β-1，4-苷键相连，氧原子和羟基成反式结构。这个微小的不同造成了直链淀粉和纤维素的空间构型的不同，直链淀粉的构型比较弯曲，而纤维素则相对要直，结果是两种异构体在溶液中的溶解性能和对化学物质的反应性差异很大，也在很大程度上导致了淀粉和纤维宏观性能上的巨大差异。而且，二者如不经过化学改性及特定工艺条件，在分子领域内难以进行一般的交联、接枝等化学反应。然而，人们总是想方设法把这两大天然高分子聚合物有机地结合起来，使其易于加工成型且具备良好的使用性能和降解性能。

一、淀粉和纤维在生物降解包装材料中的应用越来越广

淀粉与其他天然高分子物质如纤维素、半纤维素、木质素、果胶、甲壳质、蛋白质等复合，可制造出完全生物降解材料，这也是近年来发展很快的一种全天然生物降解材料。它具有很多优势，所需原料为可再生资源，其单位价格远比传统塑料低，平均成本随产量的递增而降低；并且能完全生物降解，降解产物对环境无危害，燃烧时不会产生有害气体；同时还具有一定的热塑性，可通过不同方法成型，是一种理想的生物降解材料。其膜材、片材可作为各类包装材料，也可加工成各种制品，用途广泛。目前，淀粉与纤维的综合应用在以天然物质为原料的生物降解材料中占有重要的一席之地，尤其在包装领域中的应用越来越广。大致分为以下两个方面：

1. 在一次性餐饮具、食品包装托盘、包装用膜

材和片材中的应用

(1)生物/光降解 PS 淀粉塑料发泡快餐具

通过将植物纤维混入 PS 淀粉树脂中，促使多组分交联，使分子链从原来的线形或轻度支链形结构转化为三维网状结构，形成纤维增强淀粉塑料泡沫，从而有效提高快餐具制品的降解性能、力学性能、加工性能，并降低成本。

制品中淀粉含量对生产工艺和各方面性能有着显著的影响。淀粉含量越高，降解性能越好，但达到 25%以后，制品的物理性能明显下降，其强度、刚性、表面质量和使用性能与 PS 泡沫塑料餐具相比，有明显的差异。在挤出发泡片材过程中，淀粉含量越高，其熔体强度越低，导致泡孔壁强度不足，难以承受气泡膨胀，结果泡体易破裂，产品开孔率高，引起泡孔密度和抗压性能下降；且淀粉含量越高，吹胀中丁烷越容易溢出损耗而造成泡孔坍塌，片材明显收缩，发泡倍数明显下降，既增加了生产成本，又使制品表面出现皱纹而影响外观质量；淀粉含量高的 PS 熔体流动性明显降低，适合于发泡的熔体粘弹性难以稳定维持，同时又不能通过提高料温来降低熔体粘度(易使淀粉变焦、泡体塌瘪现象加剧)，从而使挤出机的生产能力明显降低，质量稳定性差，有时还出现横向波纹。

将植物纤维混入 PS 淀粉树脂中作为工艺和性能改进的手段，但植物纤维与塑料的相容性较差，与淀粉一样具有很强的吸水性。因此在使用时，必须先进行改性及添加必要的相容、分散助剂，以保证混合均匀。首先应考虑植物纤维的粒度和添加量，为了使挤出发泡能形成均匀细密的泡孔、发泡过程连续稳定、制品机械性能明显提高，必须使纤维原材料细化，一般要达到 100 目以上。纤维在配方中的质量分数对发泡质量和制品的物理机械性能有很大的影响。实验发现，不加纤维的淀粉塑料发泡片材，气泡膨胀易合并成大气泡，开孔率高，泡体收缩率大，这是熔体强度较弱的缘故。加入纤维后，熔体高分子交联形成三维网状结构，使熔体强度提高，有利于气泡均匀膨胀而形成致密均匀的泡孔，也减少了挤出膨胀中气体的溢出，片材收缩率明显降低；但纤维素加入量过大时，熔体强度过高，弹性不足，气泡难以迅速均匀膨胀，故泡孔小而少，发泡倍数明显降低。植物纤维混入同时也需进行改性处理，马来酸酐是一种极性与非极性材料良好的相溶剂，纤维经马来酸酐、钛酸酯偶联剂处理后与淀粉 PS 树脂混合，会明显提高其相容性，并使混合物强度提高。马来酸酐一端含有酸酐基，能够与纤维的羧基发生酯化反应，减少纤维中的活性羧基，降低纤维的极性；另一端是大分子链，与 PS 基体有良好的相容性，通过其与 PS 的缠结作用使纤维与 PS 基体有着很强的界面结合，因此也强化了溶混物的三维网状结构。

(2)以改性淀粉、纤维、轻质碳酸钙及聚乙烯醇等为主要原料制备全解塑料片材

改性淀粉为阳离子淀粉，是由淀粉与含有氨基、亚氨基、铵、硫等基团的物质进行化学反应制得的。反应后的淀粉基团带有阳离子电荷，各基团之间离子键相互作用，再加上原有氢键的作用，增加了粘性，同量阳离子基团对带阴离子电荷的纤维素有吸附作用，从而使阳离子淀粉在纤维素和碳酸钙之间起离子桥的作用，将三者紧紧地结合在一起。反应式为：

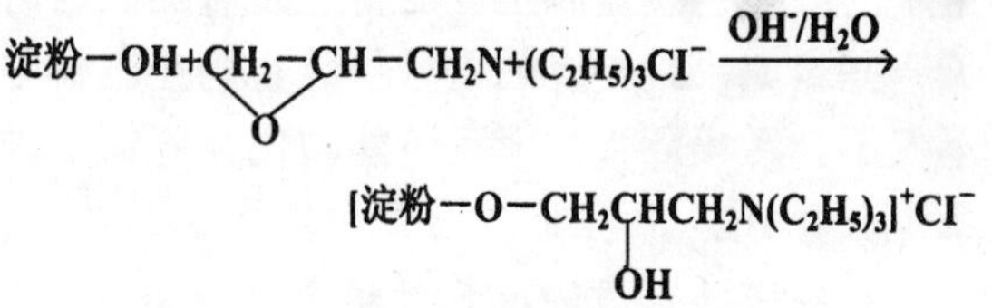

通过正交实验得到了各因素对材料性能的影响程度。其中，对拉伸强度的影响：纤维 >PVA>活性碳酸钙；对耐水性的影响：纤维<活性碳酸钙< PVA。碳酸钙在配料中起填料作用，目的是为了增大产品的稳定性，降低生产成本。其用量增大，产品的拉伸强度逐渐下降，耐热性能先升后降。纤维具有较强的机械强度和化学稳定性，它在产品中起骨架作用，可以显著提高产品的拉伸强度，但加入量过多时会使淀粉和碳酸钙由连续相转换为非连续相，影响它们和纤维间的充分结合，导致耐水性下降。碳酸钙作为无机填料与基体树脂界面存在大小不一的空穴，受外力时这些缺陷使力学性能随无机填料的添加比例提高而下降；无机填料本身具有耐水性，其用量增加会使耐水性提高，但加入量过多时会影响淀粉、碳酸钙和纤维之间的紧密结合，导致耐水性下降。

(3)秸秆粉(主要成分为植物纤维)和轻质碳酸钙为主体、PVA 和淀粉为胶粘剂的可降解模塑粉体系

利用该模塑粉，采用压缩模塑工艺，可制成生物降解的餐饮具、禽蛋包装托盘等，符合环保要求。其中，淀粉的用量对材料性能影响较大，淀粉与 PVA

并用对极性材料体系有协同作用，淀粉自身糊化后对秸秆粉也有一定的胶结作用。适当提高淀粉含量对加工性、制品外观、冲击强度均有利，但淀粉含量高时对设备粘附力强，对塑炼和模压操作有一定影响。植物纤维即秸秆粉用量过多时，纤维间易相互缠结造成混合及塑炼困难；过少时纤维之间难以搭接成桥，对冲击强度提高不大。

(4)荷兰瓦赫宁根农业大学研制出不含石化产品的可降解生物塑料

这种材料用小麦、玉米、马铃薯淀粉制作，并掺入大麻纤维以提高强度。可用作包装涂层、食物储藏箱、垃圾箱衬时、购物袋以及农用薄膜等。这种材料能完全溶于水，降解后成为水和二氧化碳。美国科学家采用小麦秸秆的纤维和麦粒中的淀粉制成的快餐包装盒，是一种价格便宜、对环境无污染的包装快餐新材料。用小麦秸秆纤维和麦粒淀粉制成的快餐包装盒，不仅完全可以生物降解，而且比常用的纸板包装盒和土豆淀粉包装盒的保温时间要长一些。如果把废弃的这种包装盒扔在肥料堆中，不仅不会污染环境，而且还能转化为肥料，应用前景十分看好。

2.在缓冲、运输包装领域中的应用

泡沫塑料是运输包装中最重要的缓冲材料，主要用于工业品的防震内衬，应用领域涵盖电子、机械零部件、工业仪表、电工、工具、家电、玻璃制品等行业，适用范围广，综合成本低，工艺简单，防静电、防腐蚀性能较好。淀粉和纤维两大天然高分子材料在替代传统的泡沫塑料中也有巨大的潜能，国内外对此十分重视且研究也较多。

G.M.Glenn 等研究了用烘焙法制备淀粉发泡缓冲材料时，$CaCO_3$ 及纤维对制品物理性能的影响。结果表明：纯淀粉制备的发泡缓冲材料与聚苯乙烯泡沫塑料相比，具有较低的断裂挠曲力和较小的断裂伸长；$CaCO_3$不能提高发泡缓冲材料的机械性能，但其密度较纯淀粉发泡缓冲材料大；纯淀粉中加入纤维使制品密度降低，断裂挠曲力显著提高。当淀粉与纤维的比例大约为 5∶1 时，断裂挠曲力比使用纯淀粉时高 5%，断裂伸长增加到原来的两倍。

R.L.Shogren 等的研究表明：淀粉中添加 5%～10%的纤维就能制备出较高强度的发泡缓冲材料，尤其在湿度较高及温度较低时效果更显著；电镜分析表明：淀粉与纤维基体粘结良好，起到增强的作用，当湿度降低淀粉变得较脆时，纤维能起到“桥”的作用，连接断裂面；当湿度较高时，无定形的泡沫结构开始变软，而纤维网络结构使制品强度增大，这可能是由于纤维的加入使得粘度及耐膨胀性增加。

德国不莱梅的 PSP 公司已开发出由旧书报、废纸和面粉作原料生产可替代泡沫塑料的材料。这也是淀粉和植物纤维结合利用的实例。该工艺先将回收的旧书报切成碎条，再分散成纤维状纸浆，将其与面粉 2∶1 的比例混合，混合后的纸浆料注入挤压机，压成圆柱颗粒，形成泡沫纸，用泡沫纸颗粒作原料，可以根据不同需要，生产不同形状的包装材料。该泡沫纸可一次成型，无需化学添加剂，使用后可回收重新加工。

干法纸浆模铸法(简称 DMPM)制备的包装材料也是淀粉与植物纤维结合利用的一种应用。它可替代传统的聚苯乙烯发泡塑料作为商品的缓冲包装。这种包装材料的主要成分是废纸(主体即植物纤维)和淀粉，二者的比例大约为 7∶3，其主要优点是价格便宜，在自然环境下可迅速发生降解。DMPM 制品已用于摩托车、汽车部件、发动机、变压器等较重产品的运输包装，并可生产垫板、一次性快餐、水果包装盒等。

张绍印等进行了干法纸浆模铸法制备缓冲包装制品的研究。DMPM 轻体包装制品的生产主要包括废纸粉碎、淀粉糊的制备、小粒子的膨化和模铸成型等工艺过程。是将废纸粉碎后与制备好的淀粉糊混合粘结，再切成小粒子加压膨化后送入模具热压，脱模后即为纸成型品。其中淀粉糊的制备即通过淀粉及其他辅料制备氧化淀粉粘合剂。作为粘合剂须与被粘合物有良好的亲和力，才能润湿被粘物，从而产生较大的粘合力，这就要求粘合剂的分子结构应具备较多的极性基团，使其与纸纤维上的-OH 产生作用力。淀粉经氧化后一些糖苷键断裂，分子量变小，而且在葡萄糖结构单元中的 C_2、C_3、C_6键形成的结晶区也被氧化破坏，形成羰基和羧基，从而增强了在纸上形成胶膜的塑性，提高了材料的弹性模量。碎纸在轻体包装材料中所起的是增强纤维的作用，要想获得体积密度小的轻体包装材料，关键取决于淀粉能否形成具有大量细微薄壁气室的结构。废纸纤维与淀粉在膨化过程中的机理与纯淀粉膨化的机理是一致的。要想提高孔隙率及封闭孔的百分率，首先应使纸屑和淀粉混合得尽可能均匀，并可加入碳酸氢钠一类的发泡剂。碳酸氢钠分解温度低，特别符合纸材料的物性，在加温、加压膨化过程中释放二氧化碳，在一定程度上改变了材料的内部孔隙率。

二、淀粉和纤维在降解材料中综合利用的发展前景

淀粉和植物纤维这两大天然材料有着无可比拟的优势。随着人类环保意识的增强和各国环保法规的完善，以淀粉的植物纤维为代表的天然高分子生物降解材料的潜在市场是巨大的，尤其是在一次性包装制品，如在餐饮和医用领域中。对于淀粉原料，国外如美国多年来库存数量巨大，我国近年来也大量压库，因此急需开拓利用，同时也需要提高其附加值来促进农业生产。天然纤维原料是自然界中丰富的有机原料，其品种众多，如谷壳、秸秆、草纤维和木材加工废弃物等。我国是生产稻谷的大国，每年废弃的谷壳超过5亿吨，而木材加工的废弃物也在3000万吨以上，毋庸置疑，纤维原料丰富价廉。这两大天然材料在可降解材料中的有机结合及综合利用已越来越被人们所重视，通过分子结构上的合理改性及工艺条件的完善是技术领域的发展趋势。相信淀粉和植物纤维二者的合理利用将推动可降解包装材料的使用性能和降解性能的不断提高和完善，为解决环境污染和节约能源做出更大的贡献。

丝网印刷在包装组合印刷中的功能

金银河

随着经济发展、物质生活日益丰富，人们对精神文化的需求越来越高。包装印刷品因具有艺术性、装饰性和美化生活的特点，也日益受到生产商和销售商的重视。尤其是印刷企业要想在激烈的市场竞争中立于不败之地，树立起质量竞争的观念十分必要。以烟酒包装为例，如今的产品包装较之以往更加华丽精美，工艺日益成熟，以一种印刷方式就能满足要求的日子已经一去不复返了。目前较普遍采用的是组合印刷生产工艺。

一、组合印刷

组合印刷是指由多种类型的印刷和印后加工机组所组成的生产流水线。目前常见的组合印刷方式包括：(1)向接凸印(凸版胶印)：主要应用于牙膏、两片罐等包装印刷；(2)向接凹印(凹版胶印～移印)：主要应用于曲面包装容器印刷；(3)凹凸压印(凹凸印)：主要应用于包装后立体浮雕感的加工；(4)柔～网组合印刷生产线；(5)胶～网组合印刷生产线等。

二、网印组合印刷应用范围

由于网版印刷所具有的独特性，可以弥补其他印刷的不足，提高印刷质量，增加装潢及艺术效果，使印刷品别具一格，从而更加吸引客户。因此，在组合印刷中，网版印刷有着广泛的应用前景。

目前，网印主要与柔印组合或与平版印刷组合。例如，以印刷精度极高的轮转网印单元配合柔印机的组合印刷，运用网印可以堆积出较为厚实的油墨层，具有优异的遮盖力，可进行粗颗粒印刷的特点，再利用柔印本身印刷速度快、清晰度高的优势，使其在包装印刷市场上逐步占据了重要地位。再如滚筒网印机，一般速度为4000件/小时左右，采用先进的定位方式，可与胶印机配套组合，实现高精细网目调胶印和特殊网印装潢的效果。

网印在组合印刷中，主要承担以下功能：(1)增强产品的吸引力。需采用空透效果设计，使用非常浓重的色彩或发光油墨等；(2)印制可在较为恶劣的环境中使用的标签。如电池标签、油漆标签等；(3)印制需要强调产品品牌及标识的产品。如药品说明标签、注射针剂标签等；(4)印制某些产品成分需按法律规定警示使用者的标签。如盲人等；(5)印制需要获得金银等金属效果的包装；(6)印制简单而精致的装潢效果的包装。如利用网印来印刷大面积的实地及反白字，而不再印刷精细文字；(7)需要在烟包或化妆品包装上显现浮凸、磨砂等效果；(8)印刷刮刮奖。如各类彩票等有价证券；(9)利用光变温度网印油墨，提高有价票证、商标的防伪功能。

三、纸包装网印特殊油墨

网印在纸包装印刷工艺中主要体现在特殊油墨的使用技术上。

1. 紫外线固化油墨

紫外线(UV)油墨的主要特征包括：(1)瞬间干燥。

印品受紫外灯管照射(300～400)瞬间固化，纸张可以马上折叠而不会蹭脏。热固化油墨的烘炉约需 **30M** 长，耗电量 **220kw**。而紫外固化装置为 **2M** 长，耗电量 **64kw** ,大大节省了厂房和能源消耗，提高了生产率；(2)无毒。UV 油墨不含溶剂，在固化过程中，除了有少量容易排除的臭氧外，不会散发任何污染物；(3)墨膜性能优异。在各种承印物上固着好，墨膜的完整性、耐划性、耐磨擦性、耐酸碱性、耐乙醇性能均大大超过普通油墨。

(1)UV 仿金属蚀刻油墨

UV 仿金属蚀刻印刷又称磨砂或砂面印刷，它是在有金属镜面光泽的承印物(如金银卡纸)上印上一层凹凸不平的半透明油墨，然后经过 UV 固化，便可以产生类似于蚀刻或磨砂的效果，立体感强，应用于包装产品可尽显高档化，目前已被烟标、酒标、化妆品、保健品等包装彩印业广泛使用。

(2)UV 皱纹花样油墨

用网印方式将 UV 皱纹油墨印于承印物表面后，经过紫外光干燥，可在承印物表面产生一种特制的皱纹花样效果。如羊皮纹、桔皮纹等。皱纹装饰的独特效果可显示精品包装，是烟酒、服装等包装印刷及标牌网印的理想选择。可应用于纸、复合纸、聚氯乙烯等材料。

(3)UV 冰花油墨

在具有金属光泽的承印物表面，采用网印方式将冰花油墨覆印其上，经紫外光固化后，可呈现出晶莹剔透、疏密有致的块状图案，犹如塞北农家玻璃窗上的朵朵冰花。在光照条件下，闪闪发亮，使包装产品更新颖别致、富丽华贵。目前，冰花油墨主要应用于高档烟酒包装，也可用于镜面或某些塑料和金属包装装饰。

(4)UV 局部上光

所谓上光是指在印刷品表面涂上一层无色透明的涂料，形成亮膜的工艺。由于涂料在印刷品表面的流平，增强了印刷品的表面性能，而且起到了保护印刷图文的作用，广泛应用于书籍封面和包装装潢。局部上光是指对印刷品表面局部重点部位加以上光，上光部位的亮度与未上光部位的亚光形成视觉对比，产生独特的装饰效果。网印局部 UV 上光的工艺步骤为：(1)扫描所需上光的印刷品；(2)用计算机处理扫描所得的图片，勾勒出需上光的部位；(3)出片，制成阳图片；(4)晒制网印版，采用 200～300 目/英寸的尼龙网；(5)选用 UV 上光油，并与需要上光的印刷品具有良好的粘附性；(6)一般选用强度为 **80w/cm** 的紫外灯干燥，干燥时间为 **0.5～0.8s**。

2. 微胶囊油墨

微胶囊制备技术是近 **30** 年来发展起来的技术，是在物质(固态、液态、气态)微粒(滴)的周围包裹上一层高分子材料薄膜，从而形成极微小的胶囊(5～200μm，壁厚 0.2μm 至几微米)。微胶囊的功能很多，在印刷方面的应用主要是降低挥发性、控制释放、隔离活性成分等，并具有良好的分离状态。

(1)发泡油墨

发泡印刷是采用微球发泡油墨，通过网印方式在纸张或织物上印刷，可获得图文隆起的印刷效果。除能增强装饰艺术效果外，还可以赋予盲文阅读的特殊功能，应用日益广泛。国外普遍将发泡油墨印刷应用于印刷书籍封面和装饰材料。印刷图文可表现出自然的浮雕效果。在塑料、皮革、纺织品等包装物上进行印刷，其外观手感、透气、透湿、耐磨、耐压、耐水、色泽等方面都具有独特之处。发泡油墨采用微胶囊技术制备而成。具体做法是在微胶囊中充入低沸点溶剂，经过加热，低沸点溶剂受热气化，可使微胶囊体积增大到原体积的 **10～30** 倍，将此种胶囊以适当的连接材料制成发泡油墨。

(2)香味油墨

自 **19** 世纪以来，人们除了追求视觉美的印刷效果外，香味印刷也是努力的方向。最早是在油墨或纸张中加入香料而得到香味，这种方法简单，但不持久。**1972** 年以来，流行将香料封入微胶囊内的香味油墨进行网印。香味印刷主要用于杂志、广告、传单、说明书、餐单、日历、教学挂图、服装等方面。

(3)液晶油墨

液晶既具有液体流动性和表面张力，又具有晶体光学特性的物质。其中，胆锱型液晶的光学性质可随温度而变化，将胆锱型液晶胶囊掺入油墨，即可进行网印。液晶印刷广泛应用于食品包装、礼品包装、商标印刷等，可随时显示贮存温度是否合适。

3. 结晶体光泽油墨(闪光油墨)

结晶体光泽印刷是指印刷品表面的透明涂料或墨层中隐含有结晶状的闪光物质，在日光入射角变化的情况下，能产生绚丽多彩和晶莹闪亮的特殊装饰效果，此工艺主要应用于制作广告。

结晶状闪光物质多采用涤纶喷镀层着色后粉碎状的微粒(0.05～1.60nm)或用特殊闪光纤维粉碎成的微粒。结晶体光泽印刷主要采用以下两种工艺：

(1)干洒粘接法。在印刷品需要装饰的部位网印透明粘接料，趁其未干立即将结晶闪光微粒干洒在其上，印后移至热源烘干，闪光微粒便固结于上；(2)制墨网印法。将结晶闪光微粒掺入连结料中，制成油墨，通过网印方式对印刷品所需装饰的部位进行直接印刷。

4. 折光网印

折光网印是指采用光折射原理，在标牌或包装产品表面加以装饰光纹，使其在视线角度发生变化时发生明暗渐变或上下跳跃式变化，产生耀眼的动感。具有折光效果的包装盒，以前是通过在铝箔复合纸上密纹压凸方式完成的，其设备投入资金大，生产过程复杂。新研制出的折光网印设备投入资金少，印制过程简捷，折光产品美妙绝伦，而且在任何材料上进行折光印刷均可产生极佳的折光效果。特别是在具有镜面效果的材料上进行折光印刷，能使其产品呈现出激光般的感觉，鲜艳夺目，栩栩动人。

折光图像全部由线条组成，线条有直线与曲线两种。直线是间隔距离相等的并行线，曲线是间隔距离相等的同心圆。每 1 均分 4 条阴阳线，就会产生折光效果，通常采用 6～7 条阴阳线。

包装折光网印的工艺要点是：(1)使用单丝聚酯丝网。根据折光线条粗细程度来确定丝网数目，一般为 300～500 目/英寸；(2)折光网版上胶需要 4 遍左右(视感光胶稀稠度而定)，只有第一遍需反复刮涂网版正反两面，然后在 40℃烘箱中干燥，第二三遍在网版印刷各刮涂一次，烘干，第四遍在网版油墨面刮涂一次，烘干；(3)选用高品质的折光油墨，最好是 UV 油墨，在无尘车间里，用高精密平网印刷机将折光图像印到已印好彩图或未印的具有金属光泽的金属版、金属膜或纸上即可产生折光效果。

5. 网印烫金

网印烫金是一种成本较低、操作方便的烫金方法，比铜锌凸版烫印方法成本低、周期短，而且无论图文多复杂，只要由计算机输出烫印版底片即可制版烫印。网版烫印方法可在金属、木、竹、纸张、玻璃、布类、塑料、皮革、石材等材料上制作烫金图文。其工艺流程为：(1)图文底片制作。用计算机制作出所需图文，利用激光打印机输出；(2)制网印版。用 100～200 目/英寸的涤纶丝网和水溶性感光胶印版；(3)选择烫金胶。烫金胶有水性、油性之分，水性烫金胶适合于纸张、布类材质的烫印；(4)印刷烫金胶。网印图文必须清晰；(5)烫印。待印刷烫金胶图文干燥后进行烫印，在烫印材质上放上所需的电化铝，选用烫面机或电烫斗等设备，烫印时注意温度要控制在 60℃，烫印几秒钟，冷却后慢慢把多余的电化铝撕下，就可以得到光彩夺目的烫金图。

网印烫金工艺流程

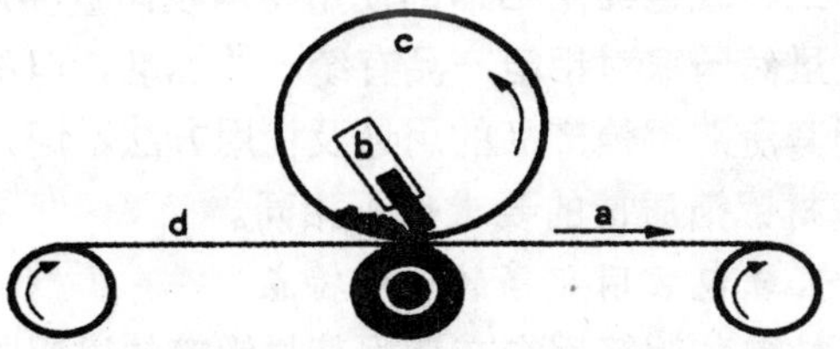

图1　圆网轮转印刷

a 印刷品方向一；b 刮墨刀；c 圆铜形模版；d 承印材

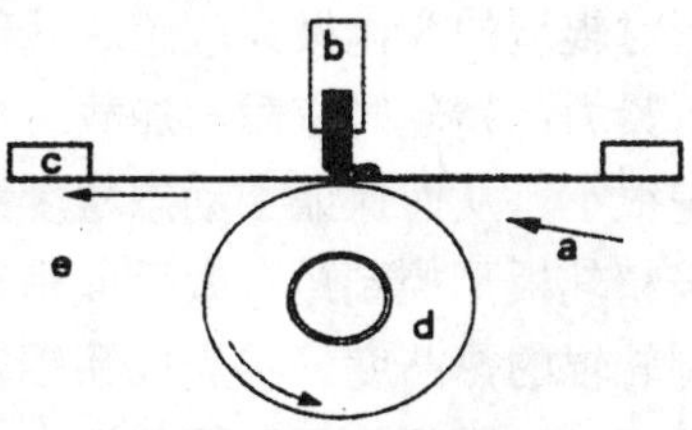

图2　平网滚筒印刷

a 印刷品方向一；b 刮墨刀；c 网框；d 支承压力滚筒；e 承印材料

软包装用铝箔的生产及质量控制

谢馨刚

一、铝箔的生产过程

1. 铝箔生产的工艺流程

铝箔生产是指从铝箔毛料开始到加工出素箔的全过程，它是铝板带冷轧工艺的延续。铝箔的坯料有热轧坯和铸轧坯两种，经冷轧成厚度为 0.4～0.7mm 的铝箔毛料，再经粗轧、中轧和精轧获得不同厚度的铝箔。生产铝箔的具体工艺流程是根据所生产产品的合金种类、成品规格、产品质量要求、产量的多少及生产设备的规格、生产能力等因素来确定的。软包装用铝箔(厚度为 0.0065mm～0.007mm)的整体生产工艺流程为：铝锭熔炼——铸轧——冷轧——中间退火——冷轧——铝箔毛料——粗轧——中轧——精轧(双合)——分切——成品退火——包装。

2．铝箔生产的特点

生产铝箔的最终目的，是要获得一种致密的、光洁度和平整度好的箔材，且厚度薄，精度要求高。因此，采用一般的板带材轧制方法是很难达到的。所以，除具有一般板带轧制的通性外，还有很多不同的特点：①铝箔毛料对铝箔质量有重要影响，其主要要求指标包括：含氢量(熔体含氢量不应超过 0.12ml/100g)非金属夹杂量(不超过 10ppm)、晶粒度(铸轧板坯晶粒度不大于 0.09mm)、力学性能(99.3%～99.6%AL 退火毛料，6b=59～98MPa，δ>20%)、厚度偏差和板形(铸轧板和热轧板坯的横向厚差不大于厚度的 1.0%，冷轧后板带的纵向厚差不大于板厚的±2%)及外观质量等。②铝箔轧制采用全油润滑，轧制润滑油的高精密过滤以及熔体金属的净化，对减少铝箔针孔度具有决定意义。③铝箔轧制的最后几道次，轧辊辊身已经压靠，处于无辊缝或负辊缝轧制状态，轧辊给箔材的压力对箔材厚度的影响明显减弱，而轧制速度和张力已成为厚度调节的主要手段，若选择不当易造成断带。此外，铝箔的板形对辊型的变化极为敏感。轧制时，由于较大的预压紧力，精轧时空载和加载对作用在轧辊上的压力差很小，从而保证了动态精度和辊型的稳定性。铝箔精轧板形控制最有效手段是利用冷却润滑剂，控制轧辊的热凸度。④当成品铝箔厚度小于最小可轧厚度时，需要将两张铝箔迭在一起同时轧制，又称双合轧制或叠轧。这不仅能生产单张不能轧制的箔材，而且减少断带次数，提高生产效率。双合时要在两张铝箔间加入润滑油，防止压合又便于分卷。

3. 铝箔生产过程中的质量控制

铝箔轧制过程中的质量控制包括很多方面，但总体来讲，可概括为板型质量、表面质量、几何尺寸三个方面。其中板型质量控制是箔材生产的核心技术之一。所谓板型，通常是指轧件的平直度，板型的好坏，取决于板带沿宽度方向的延伸是否相等。实际生产中，影响板型的因素是复杂的，包括毛料的板型质量、轧辊的凸度、轧制油的流量分布、轧件的对中等，为了提高板型控制水平，现代化的轧机都安装有板型自动控制系统。目前，用户对铝箔表面质量的要求越来越高，要求表面平整、洁净，无油污、辊眼、辊印、针孔少。因此，表面质量的控制对铝箔生产来讲已经越来越重要。铝箔的几何尺寸包括宽度、厚度、长度、卷径等，其中厚度控制也是箔材生产的核心技术之一，现代化轧机都安装有厚度自动控制系统。

4．铝箔的成品退火

铝箔轧制到成品厚度后所进行的最后一次退火称为成品退火。成品退火的目的是为了得到具有符合标准和满足用户要求的软制品及各种状态制品的内部组织和机械性能。成品退火时，必须严格控制退火工艺参数(加热速度、加热温度、保温时间、冷却速度等)以保证箔材的机械性能及表面除油效果大部分铝箔产品需要进行成品退火(250℃-400℃范围内保温 10～80 小时)。目前，铝箔行业对铝箔表面除油效果的检测主要是通过刷水试验(YS/T455.4-2003)来测定，即用棉球蘸取蒸馏水沿铝箔的宽度方向刷试表面，然后将铝箔倾斜 30℃～50℃(与垂直方向)观察铝箔表面试液的流线型状，如试液呈流线状且润湿面积基本不收缩时，则表明被检铝箔的表面除油效果良好，即“A”级；如试液明显收缩或继续呈小球状时表明被检铝箔的表面除油效果不好，即“B”级。

二、软包装用铝箔的使用特点及质量要求

虽然国家对铝箔产品有统一的标准，但不同厂家因其所购铝箔产品的用途及使用方法不同，所以对基材铝箔质量的要求也不相同。

1. 软包装用铝箔的使用特点

软包装铝箔用户在使用基材铝箔的过程中，往往都是通过与其他包装材料复合，然后进行表面印刷，进一步生产出耐高温软包装袋。在这个过程中需要对基材铝箔在高温下进行多次压折。其使用方法及用途决定了此类铝箔要具有好的机械性能，铝箔表面除油要干净，铝箔的针孔度要小并具有良好的表面质量。

2. 软包装用铝箔在生产中的质量控制要点

对于软包装用铝箔的质量要求，我们在生产过程中要有针对性地加以控制。为了满足用户对铝箔

产品机械性能及表面除油效果的要求（在高温下不变形、不开裂，6b=80～90MPa，δ>1.0%，表面刷水试验达到“A”级），首先要选择合适的合金成分（一般为 1235 合金），并在成品退火时选择合适的加热温度和保温时间（一般为 250℃～280℃，保温 30～50 小时。为了满足有的客户对铝箔产品针孔度的要求（针孔直径小于 0.3mm，数量每平方米不能超过 100 个），在铝箔生产过程中，我们采用在线精炼除气、高精度熔体过滤介质等多种方法提高熔体的净化质量；关于在线轧制油的过滤，目前我公司采用施耐德六层过滤器对轧制油进行过滤，并随时对轧制油的使用状况进行检查，以保证轧制油的过滤效果。另外，因为要进行表面印刷，所以对基材铝箔的表面质量也有较高的要求，不能有明显的表面条纹及明暗色差，严重的表面条纹可导致印刷废品。所以，在生产过程中，要严格控制各道次轧辊的磨削质量，特别是成品道次，我公司规定成品道次必须用新辊轧制，并严格控制轧制速度。

瓦楞纸板柔性印刷用环保型水性油墨

孙帮勇

在包装印刷领域中，瓦楞纸板的印刷占据较大的份额。随着包装市场的扩大和印刷技术水平的不断提高，瓦楞纸板印刷的数量和质量都得到较快发展，不过，当前人们对环保因素考虑的越来越多，因此瓦楞纸板印刷使用的油墨成了人们比较关心的问题，因为油墨是印刷中产生 VOC 的最主要物质。在瓦楞纸印刷中，常用的油墨主要是溶剂型油墨、水性油墨以及 UV 油墨。本文主要讨论瓦楞纸印刷中使用最多的水性油墨的组成、特点以及使用中的一些问题。

一、瓦楞纸常用的印刷方式和油墨种类

由于瓦楞纸板具有多层波浪形的瓦楞复合而成，表面平整度差，印刷压力不能过大，用丝网印刷方式只能印刷一些简单的图案、文字，印刷难度比较大，所以瓦楞纸板一般用柔性版印刷。这主要是因为：①柔性版的弹性变形在印刷过程中可以弥补瓦楞纸的厚薄误差与表面不平，使印刷墨色均匀，从而提高成品的质量；②柔性版印刷压力小，即使印版压缩变形后也能较好的与厚薄不均的瓦楞纸板接触，而避免厚的部分印迹发糊，薄的部分接触不良印迹空虚不实的现象；③柔性版印刷采用网纹辊传墨，便于水性油墨传递，印版只需轻轻接触瓦楞纸，水性油墨就会几乎全部被瓦楞纸板吸收；④柔性版印刷机结构简单，便于与其他工序，如压痕、开槽、模切、涂胶、制箱等相应机械组合在一起进行联机作业。

利用柔性版印刷瓦楞纸时，常用的油墨主要有溶剂型油墨、水性油墨和 UV 油墨，随着人们对环保因素的重视，溶剂型油墨所占比重在逐年减少，而水性油墨和 UV 油墨却越来越受欢迎。目前，水性油墨增长最快，所占市场份额也较大，例如在美国，90%左右的柔印油墨是水性的。而在瓦楞纸箱的柔性印刷中，水性油墨所占比例更大，这是因为在瓦楞纸箱上印刷的文字或简单图案无需很高的光泽，水性油墨可以满足印刷品质量的要求；再者，瓦楞纸箱是纤维疏松的交织物，有较强的吸水性，印刷水性油墨后，以渗透干燥为主，无需设置干燥装置；并且水性油墨无毒、无害，不易燃，使用方便安全，成本低。所以，综合这些因素，瓦楞纸最主要的印刷方式是柔印，而最常用的油墨是水性油墨。下面讨论一下用在瓦楞纸印刷中的水性油墨。

二、瓦楞纸印刷中的水性油墨

1. 水性油墨的组成

(1)连接料

水性油墨中的连结料是水溶性树脂的水性高分子乳液。水性树脂的种类很多，如松香马来酸树脂、苯乙烯马来酸树脂、丙烯酸共聚物、氨基丙烯酸乙酯等，高分子乳液，即水性分散树脂，有醋酸乙烯共聚物、丙烯酸共聚物、聚氨酯树脂、环氧树脂等。目前，水基丙烯酸树脂是水性网印油墨中最常用的连接料。应用最成功的丙烯酸聚合物主要是碱溶性树脂、丙烯酸乳液、胶态乳液和溶液以及特殊丙烯酸聚合物等四类。

(2)颜料

水性油墨主要使用耐碱性强、在水体系中分散性好的有机或无机颜料，水性油墨中的颜料必须耐碱性强、遮盖力高、色浓度高、易分散。

(3)助溶剂

由于水的溶解能力和润湿能力不大，故需选用相应的助溶剂，如乙醇、丙醇(正，异)、乙二醇单醋酸等。通过加入助溶剂可以改善油墨的缺点和提高其稳定性，可以降低水性墨的表面张力，增加对塑料的润湿，还有助于溶解树脂提高干燥速度。另外，树脂一般不溶于水，还必须加入适当的碱性物质来促使树脂溶于水。一般选用胺类物质如乙醇胺，其用量要视 PH 值而定。

(4)助剂

助剂种类很多，如稀释剂、分散剂、增光剂、消泡剂、冲淡剂、静电剂等，用以改善油墨的印刷适性。

2.用于瓦楞纸印刷中的水性油墨的要求

瓦楞纸箱的最大特点是纸质粗糙，表面不够平整，油墨渗透快，而且面纸大多为深黄褐色，要挥发出柔性版印刷所特有的墨层饱满、层次丰富且色彩鲜明的印刷效果，就利用高质量的水性墨。在具备了普通水性油墨的要求之外，以下几点是配制瓦楞纸印刷用水性油墨时要重点考虑的。

(1)基本色要鲜艳，着色力强，保证印迹具有很高的遮盖力；同时能够实现低黏度和高色浓度的基本平衡，使层次版和网点印刷能清晰分明。

(2)既要保持较快的渗透干燥性能，适应高速印刷，避免背面蹭脏，又要有良好的流平性能，使印迹平整、光洁，展现饱满、鲜明的色彩效果，并让印刷厂有条件选用很大范围的各种纸张和纸板。

(3)印刷过程中必须具有良好的再溶解性，保证展墨过程流畅，适应各种印刷速度。

(4)印迹具有良好的耐磨性和抗水性能，能满足包装材料不断提出的新的性能要求。

配方 1

原　料	质量分数（%）
丙烯酸树脂 joncryl 67	6
氨水(28%)	0.31
单乙醇胺	0.48
二乙氨基乙醇	0.72
异丙醇	2.4
水	14.09
无机颜料	36
苯乙烯化丙烯酸分散剂 joncryl87	35
微晶腊 jonwa×22 乳液	5

考虑到瓦楞纸的印刷特点和水性油墨的特性，下面列举两个用于瓦楞纸印刷的水性油墨的配方(仅供参考)。

瓦楞纸印刷中使用水性油墨的一些问题

1.柔性版印刷用网纹辊传墨，网穴较小，水性油墨桶中要加过滤网，以防杂质等损坏网纹辊。

2.水性油墨质地要细，色泽要鲜艳，油墨的黏度要与印刷速度相匹配。

3.瓦楞纸印刷选用的水性油墨，其连接料是树脂和水在表面活性剂的作用下，形成的油水混溶体系，该体系的稳定性较差。水性油墨的稳定性取决于其 PH 值的大小。当 PH 值下降到 7.8 左右或更低时，油墨开始混浊和稠化、易结膜，阻碍油墨的正常传递。碱性太强，对网纹辊有影响，一般 PH 值控制在 8～9。水性油墨偏碱性，类似皂溶液，容易起泡。

4.使用前须充分搅拌，保持水墨成分均匀；开启使用后，存墨应随即加盖封闭好，以防尘埃掉落及结皮干固；余墨如含有杂质应先行过滤，再配新墨一并使用；贮存期间避免接近高温或烈日照射，在正常条件下均贮存一年而不会变质。

5.合理使用油墨助剂。水性油墨的助剂类型很多，要根据说明书和经验正确使用，在正式印刷之前，要综合考虑印刷条件、承印物的表面特性、环境温湿度、水性油墨存放时间等诸多因素调配油墨。

当前，在瓦楞纸板印刷中，水性油墨已经占据了主导地位，其印刷质量已得到了人们的认可，并且污染小，所以应用也越来越多。目前，水性油墨还有一些问题需要解决，特别是其干燥速度的问题，不过伴随着油墨技术发展，水性油墨的发展前景还是一片光明的。

配方 2

原　料	质量分数（%）
丙烯酸树脂 joncryl 67	6
氨水(28%)	0.8
吗啉	0.5
异丙醇	2
邻苯二甲酸二丁酯	0.6
溶纤剂	0.6
水	24.5
无机颜料	40
苯乙烯化丙烯酸分散剂 joncry 187	20
微晶腊 jonwa×22 乳液	5

浅析适度包装

王唤明

编者按：

我国**2004**年包装工业产值已达到2730亿元。经济的快速发展使得包装物在生活垃圾中所占的比重越来越大，有效地控制和减少包装性废物，对于减少固体废物产生量十分重要。据调查，全国600多座城市当中，有200多座被各种垃圾包围，其主要原因就是包装过度；目前城市生活垃圾体积的30%是由各种包装物构成的。因此，对适度包装的研究应引起人们的高度重视。

一、适度包装的基本内涵

包装有两方面的含义，一是指对商品包装进行形象、颜色、图案和材料等方面的设计、制造过程，并在包装上进行品牌和商标的装潢和标记；一是指用设计成型的包扎物将商品进行包装，使之方便运输和销售。对产品进行包装主要是为了保护商品和环境、提高运营效率、促进销售、增加盈利等。一般而言，包装分三种：适度包装、过度包装和包装欠缺。适度包装是与过度包装相对应的，主要是制作简单、设计精致、可回收再利用的包装物对产品进行包扎。适度包装避免了商品损坏变质，美化和保护了商品，是节约资源；包装材料的生产造成资源减少，包装废弃物会增加环境污染，过度包装就会浪费资源和破坏环境。包装业发展的立足点就应该是对资源的有效利用，对生态环境的改善和保护。

1.从法律层面看适度包装

自2005年4月起，过度包装将被禁止，并从法律上鼓励人们使用易回收包装物。新修订的《固体废物污染环境防治法》明确规定："国务院标准化行政主管部门应当根据国家经济和技术条件、固体废物污染环境防治状况以及产品的技术要求，组织制定有关标准，防止过度包装造成环境污染。"

法律还规定，生产、销售、进口依法被列入强制回收目录的产品和包装物的企业，必须按照国家有关规定对该产品和包装物进行回收。法律明确，国家鼓励科研、生产单位研究、生产易回收利用、易处置或者在环境中可以降解的薄膜覆盖物和商品包装物。法律还要求，使用农膜的单位和个人，应当采取回收利用等措施，防止或者减少农用薄膜对环境的污染。

2.从营销层面看适度包装

在市场营销中，常见的包装策略有：类似包装策略；等级包装策略；双重用途包装策略；配套包装策略；附赠品包装策略等。经验数据表明包装不能超过商品本身价值的13%～15%，随着消费者的越来越理性，对产品价值的判断、对环境的关爱、对伦理消费的实行等都使得产品的包装应适度。

二、经济发达国家包装现状分析

在控制过度包装方面，美国和加拿大的政策明确规定，有下列情况之一者均属欺骗性包装：包装内有过多的空位；包装与容器物的高度、体积差异太大；无故夸大包装非技术上所需要者。上世纪80年代末，美国联邦政府制定"包装与环境保护"总政策：明确提出包装材料的减量、回收、再利用和焚烧。上世纪90年代，美国包装工业的发展方案有两种要求：按15%减少原料量和包装制品中至少25%可回收利用，这两种方案都得到包装行业的认可。不少专家认为，减少原料用量是发展的主要潮流。美国国家尚未立法，但至今已有37个州分别立法并各自确定包装废弃物的回收定额。根据美国环保局(DEP)每年各种材料的回收情况，凡回收达50%以上的容器可免除预收费。目前美国年度纸盒回收量高达4000万吨。

在加拿大，居民们把收集来的马口铁罐、玻璃瓶、报纸、铝罐、塑料等分门别类放入蓝色塑料箱内或塑料袋内，约1000万人将46万吨包装废弃物收集、分类，平均每位居民收集46公斤废弃物。

日本政府1992年起草《能源保护和促进回收法》，次年6月正式生效。该法强调须生产可回收的包装产品和有选择地收集可回收的包装废弃物。实施效果良好，97%的玻璃啤酒瓶和81%的米酒瓶被回收利用，兴建了5个年加工再生1000吨回收塑料的工厂。为提高包装废弃物的回收率，政府于1995年4月以"污染者付款"原则为基础提出：消费者负责将包装废弃物分类，市政府负责收集已分类的包装废弃物，私有企业获政府批准后对包装废弃物再处理。日本制定的《包装新指引》中规定：尽量缩小包装容器的体积，容器内的空位不应超过容器体积的 20%；包装成本不应超过产品出售价的 15%；包装应正确显示产品的价值，以免对消费者产生误导。另外，日本东京都制定的《商品礼盒包装适当化细要》中也有规定：包装容器中的间隙原则上不可超过整个容器的 20%；商品与商品之间的间隙必须在 1 厘米以下；商品与包装箱内壁之间间隙必须保持在 5 毫米以下；包装费用必须在整个产品价格的 15%以下。

德国政府规定，以膨大的包装夸大真实的内包装物容量的行为属于欺骗行为，将予以处理。德国 1986 年颁布的《垃圾法》和 1991 年 6 月颁布《包装法规》，成为世界上第一个规定由生产者和包装货物的厂商承担包装废弃物的收集分选和处理费用的法规，其宗旨是减少包装废弃物的总量。1990 年由 95 家包装企业、消费群体、零售行业成立废弃包装物处理组织(简称 DSD)，收集销售包装和消费后包装物。DSD 成员向 DSD 支付费用，同时享有“绿点”包装标志的权利，支付的费用根据包装材料的类型和重量决定。非 DSD 成员的公司必须执行包装法规中的经济法规，所花费用更高。国外进口商申请使用“绿点”包装要按包装材料类型及重量向 DSD 支付费用。

欧洲其他国家如奥地利、比利时、丹麦、荷兰等国，颁布执行有关的法律法规以解决包装废弃物对环境的影响。旁克特(PVNKT)是奥地利再循环处理组织的商标，要使用这个商标的公司必须获得许可证。在奥地利，50%的公民按《包装法规》自觉认真将家中包装废弃物分类。720 万人参与收集玻璃包装废弃物，家庭废弃物在大城市降低了 10%，小城市和乡村降低了 25%。比利时法律规定：凡食品直接接触的纸类包装免缴税金；如果有证据说明饮料罐容器重复使用过 7 次的免交税金，其他的则要交“生态税”。包装材料印上“绿点”商标表明该类包装在经费方面与专门收集、分类、回收系统有关。若某公司欲拥有“绿点”商标使用权，须支付一笔特别许可证费，其费用与包装材料和重量有关，并由“材料链赤字”决定。材料链赤字计算方法是：将用于包装材料的收集、分类所需全部费用扣除由于降低包装废弃物和出售已分类的包装废弃物所得的资金。丹麦家庭废弃物的 71%成为发电厂的燃料，早在 1975 年丹麦就制定《包装法规》。现在已将包装废弃物回收循环处理放在第一位，而使焚烧生产能源降为第二位。

三、国外法规对我国包装业的启示

综上分析可知，目前国外对过度包装的控制手段主要有三类：第一类是标准控制。即对包装物的容积、包装物与商品之间的间隙、包装层数、包装成本与商品价值的比例等设定限制标准；如韩国、日本、加拿大等国家。第二类是经济手段控制。如对非纸制包装和不能满足回收要求的包装征收包装税，如比利时；另外，通过垃圾计量收费，引导消费者选择简单包装，如荷兰。第三类是加大生产者责任。规定由商品生产者负责回收商品包装，通常采用押金制的办法委托有关商业机构回收包装。为了便于回收，生产者会主动选择使用材料少、容易回收的包装设计，如德国、法国等国家。

对于我国企业产品的适度包装，应注意如下几点：

1.进行包装物的科技创新

在实施适度包装的过程中，包装的科技创新是关键。如大力发展食品专用包装纸，使其能将熟食包装后保持香、鲜、热度，供人们方便地食用，以适应生活的快节奏。这种保温纸的原理像太阳能集热器一样，能够将光能转化为热能。通常人们只需把这种特制的纸放在阳光能照射的地方，该纸所包围的空间就会不断有热量补充进去，从而使纸内的食物保持一定的热度。在未来十几年中，随着全球经济发展，城市化进程加快，人们生活水平提高，消费结构升级，纸品市场供需仍将快速增长，纸包装业有着巨大的发展空间，纸质易拉罐的诞生将会克服了铝易拉罐的种种弊端，有着广阔的发展前景；并且使其广泛用于油漆、化工、食品、药品等包装和生产纸饭盒、纸杯、纸桶等系列产品。

2.重视包装物的回收利用

近年来，随着经济的快速增长，香港业内人士日益关注包装制品与环境保护的结合问题。利用废纸回收制成了再生纸盒、纸袋、纸箱等，取缔了部分不利于环保的塑料包装制品；利用废纸再生，取代发泡聚苯乙烯，已成为香港包装制品的发展趋势。实行生产责任延伸责任，即生产者不仅要对生产过程中的环境污染承担责任，还需要对报废后的产品或使用过的包装物承担回收利用或处置责任。“3R1D”，即包装要达到减量化、重复使用、再生使用和可降解，是世界包装业的绿色原则。中国包装联合会副秘书长车相福指出，商品的包装，在达到保护商品和美化商品目的的基础上，包装的体积与重量要尽量小和轻；包装物如瓶子等能重复使用若干次，不能重复使用的包装物要能够再生利用；而包装物没有效用后，要能够降解而不是成为有害垃圾。符合以上四条标准，就可称为绿色包装。

3.加强对消费者的宣传教育

加强对消费者法律意识、环保意识和额外成本的宣传教育，是有效地推行适度包装的基础。如在美国，消费者对简单包装的理解非常通俗，人们送礼的时候多是自己购买包装纸，自己包装，这或许是礼品包装的最高境界。香港特区政府推行的“月光宝盒计划”也比较有借鉴意义，即在中秋节过后，在全港 12 个大型商场和 27 间煤气公司客户中心及店铺设置回收站，收集纸质和铁质月饼盒。市民每交回 1 个月饼盒可得到 1 套优惠券，在指定的 130 家食品店、两家连锁饼店及煤气公司使用时，享受折扣或免费美食等优惠。对于购买过度包装的产品承担额外的处理成本。

总之，适度包装是未来的发展趋势。在实施产品包装时，可从包装设计上考虑，如爆果气饮料、白帝城牛奶、金帝巧克力等；可以从包装的颜色、包装的再利用等方面考虑适合本产品在不同场合的包装。

行业综述

SUMMARY ON INDUSTRY

行业综述
SUMMARY ON INDUSTRY

长三角包装业合作与发展的战略思考

张耀权

［编者按］

浙江省包装技术协会秘书长张耀权在这篇文章里概述了长三角地区区域经济优势和包装产业在区域经济中的地位与作用，通过对长三角地区联合发展包装产业的区位优势分析，提出了包装产业合作与发展中的若干重大问题和对策，这将对建设“长三角包装强区”产生积极的作用。

一、长三角区域经济发展的态势

改革开放 26 年来，特别是我国确立了社会主义市场经济框架之后，我国经济持续快速发展。据统计，2005 年上半年我国三大都市圈——长三角、珠三角、京津冀三大都市圈的国内生产总值(GDP)为 30994.28 亿元，约占全国经济总量的 37%，与上年同期相比增长 14.81%；社会固定资产投资总额达 10954.32 亿元，约占全国总规模的 33%；社会消费品零售总额达 10334.51 亿元，约占全国总额的 35%；进出口贸易总额为 4961.74 亿美元，约占全国总规模的 77%。这一系列数据表明，三大都市圈的经济实力已超过全国的 1/3，进出口量更接近全国的八成。因此，人们普遍认为这是推动我国经济发展的三大引擎。

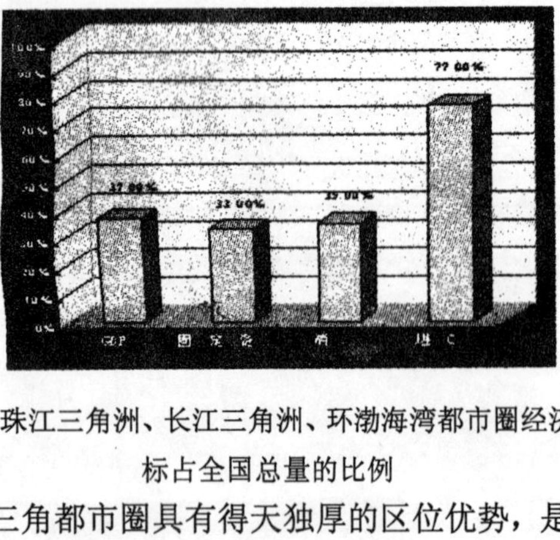

图 1 珠江三角洲、长江三角洲、环渤海湾都市圈经济指标占全国总量的比例

长三角都市圈具有得天独厚的区位优势，是我国历史上经济最繁荣的地区。以上海为核心，包括江苏、浙江省的 15 个地级及以上城市(15+1)构成了号称世界第六大城市群。它是中国经济最发达，文化最昌盛，人口、产业、城市、财富最密集的精粹之地。长三角以占全国 1%的国土面积(10024.2 平方公里)，养育了占全国 5.9%的人口(7570.58 万人)，分布着全国 8.3%的地级城市(55 座)。据统计，2004 年长三角地区单位国土面积 GDP 产出为 2627.9 万元/平方公里，创造了占全国 21.1%的 GDP(28775.49 亿元)，总量较珠三角和京津冀之和还高。

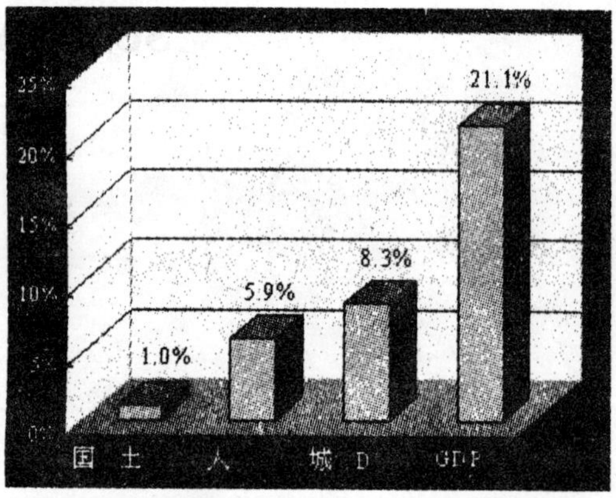

图 2 长三角资源及经济占全国总量的比例

换句话说，长三角的人口密度是全国平均水平的 6 倍，经济密度是全国的 19.5 倍，城市密度是全国的 8.3 倍，人均 GDP 是全国的 3 倍强，已率先实现了中国 2020 年全面建成小康社会的目标(即人均 GDP3000 美元)。所以说，长三角是我国基本实现现代化的先行示范区。特别是进入 21 世纪以来，长三角区域经济的发展异常迅猛，出现了一系列可喜的新现象和新变化。其主要表现为：

1.区域经济保持持续多年高速增长的势头，作为引领中国经济增长火车头的龙头地位彰显

2004 年长三角地区实现生产总值 28775.49 亿元，占全国的比重由上年的 20.4%上升到 21.1%，经济增速均值达到 15.6%，高于全国平均水平 6.1 个百分点，已成为拉动全国经济增长的重要贡献地区；人均 GDP(按户籍人口计算)达到 35147 元，按现行汇率折算为 4339 美元，突破 4000 美元大关，达到中等收入国家水平；人均收入达 13481 元，同比增长 13.7%；人均消费达 9685 元，平均增长 11.5%。

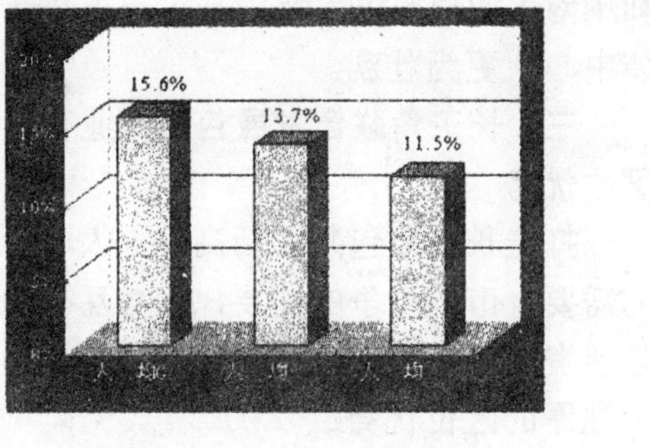

图 3　2004 年长三角地区人均经济指标增幅

2. 区域块状经济和特色经济充满生机和活力，比较优势与竞争优势彰显

在 **2004** 年公布的 **2003** 年度全国百强县中，江浙沪三省市共有 **49** 个县和县级市入选，占了全国的近一半。其中，浙江占了 **30** 席，为全国各省市第一；江苏 **16** 席，上海 **1** 席。在全国百强县前 **10** 名中，除广东佛山市的顺德和南海位居第一、六名外，其余的全被长三角的县市(昆山、江阴、张家港、常熟、萧山、武进、吴江、绍兴县)所包揽；在 **2004** 年末评选出来的 **2003** 年度全国“经济百强县”中，浙江、江苏、上海三省市分别又有 **27**、**21**、**3** 个县市入选，占据了全国的半壁江山，表现出十分鲜明的、建立在区域块状经济与园区特色经济基础之上的县域经济特征。

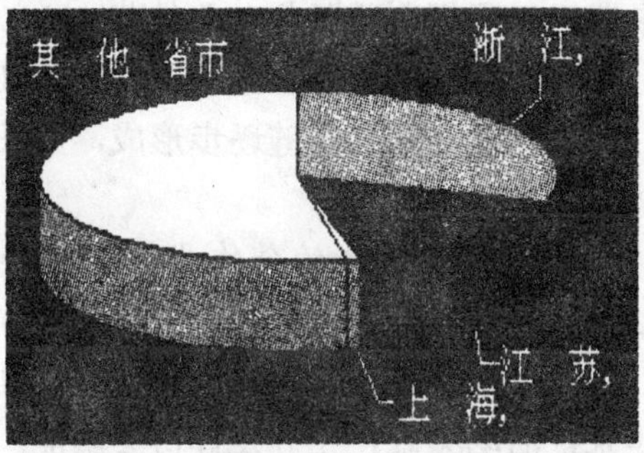

图 4　2003 年度全国“百强县”

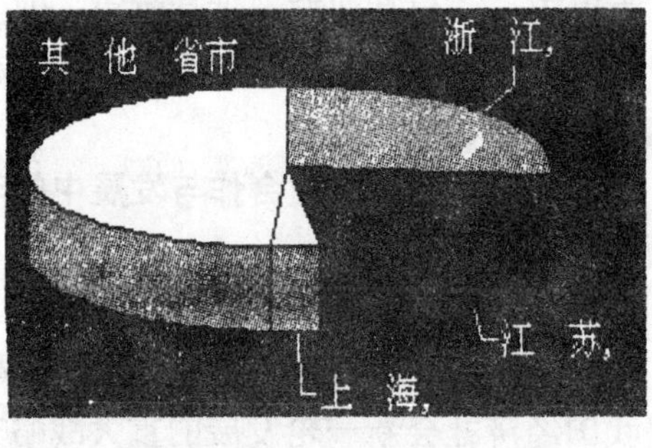

图 5　2003 年度全国“经济百强县”

3. 经济体制改革成效突出，外向型经济和个体私营经济迅猛发展，一个以股份制为公有制主要实现形式的、投资主体多元化的混合所有制经济体系框架已基本形成

在发展外向型经济方面，**2005** 年上半年，实际利用外资总额 **145** 亿美元，同比 **18.98%**，约占全国总量的 **51%**。目前，世界 **500** 强企业中已有 **400** 多家抢滩长三角，其中上海近 **300** 家、江苏 **180** 余家、浙江近 **60** 家，长三角已成为跨国公司在我国最为密集的地区。

在经济体制改革方面，江苏省形成了“公有制经济＋外向型经济＋民营经济”三分天下的“新苏南模式”。浙江省个体私营经济总产值、销售总额、社会消费品零售总额、出口创汇总额和全国民企 **500** 强企业户数等 **5** 项指标均居全国各省市第一，并在此基础上塑造了一个市场体制和机制全国最新商品市场和要素市场建设全国最好、市场经济发展的潜力与活力全国最大的“新浙江现象”。

4. 新一轮区域合作与发展的热潮蓬勃兴起

始自 **20** 世纪末，特别是本世纪初，长江三角洲地区掀起了新一轮合作与发展的热潮：一是江浙沪三省市主要领导人亲自率党政代表团互访和回访，有力地推动了长三角的区域经济一体化进程，并且通过定期召开“沪苏浙经济合作与发展座谈会”、“长三角城市经济协调会暨市长联席会议”，签订“沪浙经济技术合作协议”等形式，促使区域合作逐渐向着制度性安排的方向前进；二是各地各级政府职能部门通过对话沟通、会晤交流、友好协商，在众多管理领域达成了广泛的共识和默契，为构筑区域统一的政策平台与投资发展环境，为实现区域资源的共享、产业的互补、基础设施的衔接和政府对接，有了良好的开端；三是城市之间、企业之间的市场融合与经济联系日趋紧密，异地之间的各种招商引资、商贸洽谈、产权交易、企业并购、技术合作等活动十分频繁，“走出去”与“请进来”并举，政府、企业与社会中介组织互动，一个统一的区域共同市场呼之欲出；四是城际重大基础设施建设又有新的进展，沪宁高速和沪杭甬高速的全线拓宽，杭州湾跨海大桥，芦洋东海大桥和长江口越江通道相继动工；上海与江浙之间的快速通道将由目前的 **4** 条增加至 **9** 条，这些都有力地促进了长三角三小时交通圈和区域内交通网络体系的形成；五是各地纷纷以世博会为契机，以旅游业为先导，积极带动相关产业及产业链的发展，与上海共同打造世博经济圈，区域联动效应彰显。

二、包装产业在区域经济中的作用和地位

现代化的产品需要现代化的包装，现代化的工农业生产需要现代化的包装工业。包装工业是设计制造各种包装用品、包装设备以及开发生产包装原辅材料的产业，是依托、配套、覆盖于国民经济各个产业部门的综合性产业。包装业也是加工业的重要组成部分，经济发展、人民物质生活水平的提高必然要求包装业与之相适应。许多地方把包装业确定为城市型产业，更提升了包装产业在区域经济中的重要地位。

纵观世界，经济发达的国家包装业都很发达，而且在国民经济中都占有重要地位，在国民经济各行业排名一般都在前十位。

区域经济的发展强劲地带动了区域包装产业的发展。据国家统计局统计，2004 年全国包装工业产值 3283.02 亿元。其中上海 215.53 亿元，占 6.57%；江苏 399.38 亿元，占 12.16%；浙江 455.78 亿元，占 13.88%，合计 1070.69 亿元，占全国包装工业总产值的 32.61%，占本地区 GDP 的 3.72%，远远高于全国 2%的平均水平。

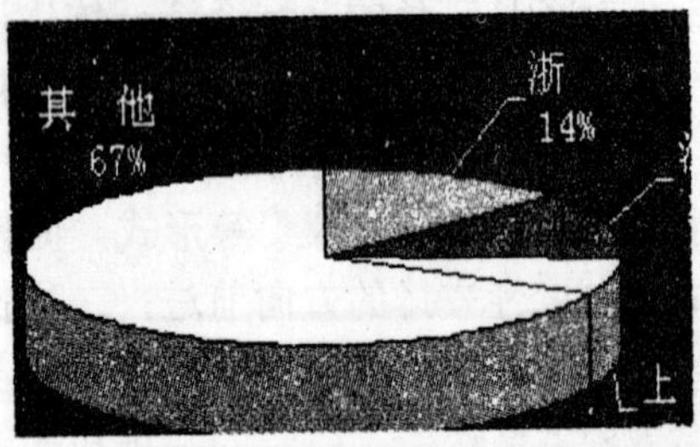

图 6　2004 年长三角包装产值占全的比例

由此可以看到，包装产业的发展是反映一个国家，特别是反映区域经济发展水平的重要标志，包装产业的发展须与经济发展和人民生活水平提高的需求相适应，在区域经济中包装产业的发展速度相对会更快一些，成为区域经济的一个重要支柱产业。

近年来我国的区域包装业快速发展，具有一些显著的特点：一是外资、港澳台资和民营资本的涌入使区域包装产业的发展具有强大的推动力；二是市场化程度比较高；三是技术起点比较高。企业在新投入中一般都瞄准当前世界先进技术和设备；四是包装产业园区的建设势头很猛。区域经济的高速发展，使产业集中度不断提高，如：温州龙港的印刷城、上海国际包装印刷城、昆山国际包装产业园、天津绿色包装产业苑、江阴国际软塑包装中心、深圳华南工业原料城，特别是杭州正在建设的亚洲包装中心，更为壮观。

三、长三角联合发展包装产业有着得天独厚的区位优势

打造长三角包装业新高地，人心所向，是发展的需要，市场竞争的需要，优势互补的需要，也是盘活资源的需要。长三角基础好，市场大，有着得天独厚的区位优势。

1. 传统文化相互交融，促进了长三角经济的交往互动

长三角一衣带水的地理位置文化积淀而成的风土人情、生活习惯、语言沟通一脉相承。海纳百川，融入都市经济圈是长三角各方能达成的共识。

2. 便捷的交通网络为长三角合作开辟了绿色通道

长三角交通优势明显，高速公路联网，有轨铁路连线，水路航运通港，空中航线如织，建立了良好的流通环境，正在为长三角包装产业的发展开辟了便捷的绿色通道。

3. 长期的合作经历为长三角联合开发奠定了坚实的基础

长三角有着长久的经济合作历史，源远流长，上世纪 70 年代，浙江布票在沪流通；80 年代上海的星期天工程师主要服务对象是苏、浙二省；90 年代上海与江、浙的联营企业不计其数。20 世纪江、浙、沪的包装物流供应链逐步形成，为长三角奠定了坚实的基础。

4. 地方行业协会的合作为长三角行业发展架起了桥梁

地属华东地区的长三角地方包装行业协会，20 多年来，活动频繁，充分发挥协会功能，开展卓有成效的行业活动、调研、考察、参观学习、经验交流，为谋求长三角行业发展献计献策，做到资源共享、经验共享、信息共享，为行业发展架起了四通八达的立交桥。

四、长三角包装产业合作与发展中的若干重大问题和对策

1. 关于加强区域包装产业统筹规划问题

党的十六届三中全会提出了“五个统筹”，这是指引我国经济社会新一轮发展的重大战略方针。而五个统筹的基础是什么？是统筹规划。如果没有一个长远的、超前的、立足于整体的规划，统筹就成了一句空话。在过去江浙沪三省市之间都是各自为

政的，自我规划、自我设计、自我为中心，甚少考虑自身规划与区域以及周边地区发展的关系。在一定程度上造成了各地发展的孤立性、封闭性和盲目性。但从上世纪末特别是近年来，情况发生了很大变化。首先上海市破天荒地开展了“十五期间上海与长江三角洲都市经济圈联动发展战略的思路及对策研究”，取得了很好的效果。江浙两省及长三角其他城市在制定规划时也纷纷响应，为近年来长三角地区之间的区域合作与联动发展奠定了良好的基础。

2005 年是中央及各地制订“十一五”计划的规划之年，包装行业也面临着规划新一轮宏伟发展蓝图的重大使命。在长三角各地的包装产业“十一五”规划中，如何体现中央提出的“五个统筹”的指导思想，如何从“立足全球、区域联动、优势互补、各展所长、错位发展、共赢共荣”的区域整体战略意识出发，在规划和预测自身发展的同时，密切关注区域中的城市及周边城市的发展态势及其相互关系，适时调整自己的发展目标和规划内容，至关重要。为此，建议以江浙沪三省市及长三角 15+1 城市的政府主管部门，会同包装行业协会，共同成立“长江三角洲包装产业规划与协调小组”，其主要任务是重点商讨区域包装产业建设和整合，协调各地规划，并在区域包装产业规划领域全面展开交流、磋商与共同发展。

2. 关于区域包装产业结构调整与优化升级问题

长三角地区包装产业发展中的一个重大问题，就是各地之间严重的包装产品类同问题，并且近年来还有不断加剧的迹象。

对于长三角地区严重的包装产品类同现象，究竟应当怎样认识？这种类同现象既有客观合理性的一面，也有现实危害性的一面，不能一概而论，需要进行深入系统的研究分析。就其合理性而言，长三角地区一是拥有共同自然、资源、区位条件；二是拥有相同的经济社会发展的历史基础；三是长三角包装产品类同现象的加剧都是在近年来经济大发展、大集聚的过程中形成的，类同性高的产业同时也证明区域集聚程度高。占市场份额大的优势产业，它从一个侧面反映了长三角包装产业整体发展的态势。就其危害性而言，一是导致城市之间，地区之间的互补性较弱，跨地区的产业分工合作难以展开，区域整体产业优势难以形成；二是这种趋同的产业结构很容易导致各种地方保护主义政策的出台，造成区域市场的分割与破碎，造成低水平的重复建设和无序争夺资源、争夺市场、争夺外资项目的恶性竞争，特别是在目前各地包装产业整体技术装备水平不高，自主知识产权和科技创新能力不强，上下游产业之间关联不甚紧密的情况下，更将加剧恶性竞争；三是这种趋同的产业结构也在一定程度上造成近年来长三角各地片面追求增长速度的超常规的增长，势必会产生区域产业结构下滑的负面影响。

在长三角包装产业结构调整与优化的过程中，为了打破长三角地区产业雷同、产品雷同的结构性障碍，上海作为长三角最大的经济中心城市，也是长三角都市经济圈中目标定位最高、产业结构最优、产业发展基础最好、城市综合竞争力最强的核心城市。上海有多高的产业高度、多大的产业结构调整与产业转移力度，都直接影响着长三角未来的包装产业调整力度和产业拓展空间。上海应充分发挥自己的装备精良、技术力量雄厚、生产工艺先进、研发能力强和人才等优势，把主要精力集中在高档、精品、技术领先的新型包装产品和包装材料及包装装备研发、生产上，将一些普通的传统包装产品逐步转移出去，充分利用长三角周边城市和地区为其配套服务。否则，周边城市和地区与上海在同一水平的包装产品层面上加剧竞争，竞相争夺资源和市场，最终造成两败俱伤。

长三角的包装产业应从区域的大环境下遵照“集中制板，分散制箱”，“集中制膜，分散制袋”，“集中印铁，分散制罐”，“集中生产零部件，分散组装整机”的原则进行区域资源合理配置，产品合理分工，产业各有侧重，拆除地域界限，三方联动发展。

鉴于长三角包装产业类同问题对于区域包装产业结构调整及优化升级的极端重要性，建议能否由江浙沪三省市经贸部门牵头，组织行业协会，针对区域包装行业类同的细分问题，以及区域包装产业的市场前景和拓展空间，各地相同产品的关联程度和区域分工状况等问题，开展深入的调研摸底和研究协调，并找到解决问题的方法。

3. 关于共同打造长三角强大包装产业群落问题

近年来，长三角区域经济一体化进程中出现的一个非常可喜的明显进展，就是作为市场经济主体的各地企业正在积极行动起来，以资产为纽带，以企业并购和企业内部的跨地区垂直分工为主要方式，积极实施“走出去”战略，大力开展跨地区、跨部门、跨所有制的资产运作，成为各地融入长三角，服务全国，走向世界的主力军。特别是江浙的一些民营企业，在基本完成了资本的原始积累后，在向集团化、多元化、专业化方向发展进程中谋求新的发展。仅浙江人在沪经营的达 25 万之多，浙江企业在沪投资总额已达500多亿元，浙江产品在沪消费总额已占到上海市消费品零售总额的 10%左右，上海企业所用的包装产品 30%来自浙江、江苏。

长三角各地企业的跨地区发展所带来的好处及其对区域经济一体化的推动作用是多方面的：一是有力地促进了各地的经贸往来与相互融合，提升了区域整体的经济关联度和产业关联度。二是有力地促进了区域内产业资源的整合，提升了区域支柱产业与优势产业的规模效应和集群效应。三是可以有效地化解由于产业类同、产品类同所造成的恶性竞争，通过打造跨地区的完整产业链，提升企业的核心竞争力，促进企业实现跨越式的新发展。

就目前长三角包装企业跨地区发展而言，一是要充分发挥在江浙二省的五大包装生产基地在区域中的示范作用。二是全行业形成合力，加快亚包中心建设，打造包装行业的航空母舰，使其成为长三角乃至全国包装行业新的经济增长点。世界包装组织同意在中国建设亚洲包装中心，给我国包装工业的发展提供了一个难得的机遇。

把亚包中心建成一个国际性的集科教、研发、制造、金融、贸易、会展、信息和服务于一体的世界包装产业中心，对于提升我国包装工业的国际形象，实现世界包装强国的目标具有重要的意义。亚包中心建设一是可以充分利用国际资源。吸引世界包装组织各成员国和亚洲包装联盟以及相关国际组织来我国设立办事机构或总部。二是可以整合我国包装产业的各种优势要素，推进我国包装产业结构的优化和升级。三是可以引领世界包装科技发展潮流，吸引世界先进包装教科研聚集于亚包中心，实现科工贸和产学研一体化，不断培养包装国际化人才。四是打造世界先进包装制造业基地。引入国际一流的知名企业、大企业、大集团、国内外包装龙头企业，从而改变我国目前包装企业多、小、散和生产效率低、技术含量不高、管理水平低的状况。

区域经济的特色在联合，优势在整体，联合是它的核心，更是精髓所在。要改变长三角包装产业大而不强的局面，在日益激烈的市场化竞争中迅速实现扩张和发展，真正建设成为包装强区，就必须要形成合力，立足于区域优势，有效地整合各方面资源，走产业集聚道路。力争在新一轮的竞争中，着重围绕技术支撑，扩大开放，加大投入，储存聚发展，品牌战略等重点。亚洲包装中心的建设正可以为长三角包装产业提供一个符合这种发展要求的产业集聚服务平台。

4.关于加快工业循环经济发展和联手建设绿色包装产业问题

循环经济是一种新的发展理念，是现代国际社会广为推崇和实践的新型经济增长模式。它是以资源的高效利用和循环利用为核心，以“减量化、再利用、再循环(资源化)”为原则，以低消耗、低排放、高效率为基本特征的可持续发展的经济增长新模式。传统经济增长直接依赖于对资源的消耗并对环境产生直接的污染，一端投入资源从事生产性消费，一端在产出的同时排放废弃的物、渣、气、水、热和污染因子，是一种线性增长模式。循环经济增长则立足于减少投入和节约消耗，并在再生产运行过程链上大力回收和再利用废弃的物、渣、气、水、热，变前一轮生产过程中的有害物、无用物为下一轮生产过程中的无害物、有用物，呈现为一种循环化的综合利用型增长模式。

循环经济和知识经济是未来经济的走向，工业循环经济是循环经济的主要内容。当前，工业生产已成为社会生产活动的核心。依靠大量消费能源和自然资源而推进的工业化进程，在推动经济高速增长的同时，也使经济增长越来越受资源和环境承受能力的制约。如何在资源和环境约束下实现工业生产的持续快速发展，走节约型道路，建设节约型社会，是工业化、现代化过程中必须解决的问题。结合我国包装工业的实际，合理、高效地利用能源和资源，制造维护生态环境安全的包装产品，发展绿色包装产业，建设绿色包装产业园区是包装工业健康发展的必由之路，也是促进社会进步，以人为本、构建和谐社会，造福人类的重大历史责任。

随着经济全球化趋势的发展，世界产业结构调整和转移不断加快，国际分工和合作不断深化，国际竞争不断加剧。这既给我们创造了难得的机遇，也带来了严峻的挑战。绿色产业、绿色产品蕴藏着巨大的市场潜力，绿色制造已成为产业竞争力的一个重要标志。从长三角目前的包装产业结构看，处于价值链低端的低层次、低技术产业仍占主体地位，而附加值较高的绿色产业、绿色产品比重偏小，循环型、节约型，环保型产业还很不发达。因此，加快包装工业循环经济发展、推行绿色制造、发展绿色包装产业，不仅是提升长三角包装产业层次，增强竞争力的迫切需要，也是应对发达国家非贸易壁垒的迫切需要。所以，在此关键时刻，长三角包装产业必须统筹协调发展，进一步转变经济增长方式，联手建设符合循环经济模式的绿色包装产业，走科技含量高、经济效益好、资源消耗低、环境污染少、人力资源优势得到充分发挥的新型工业化道路。

随着对注重环境质量和资源有效利用的循环经济 3R 理念已越来越被人们重视和关注，长三角各省市也纷纷出台了一些抑止过度包装、促进产品包装减量化、回收利用包装废弃物等方面的相关政策法规，如上海制定了《上海市月饼适度包装暂行办法》，浙江省将制定《浙江省商品包装管理办法》等，但本地区包装产业要真正推广循环经济，就必须重视区域联动效应，三省市可以通过加强区域性法律法规建设、采取适当的政策激励、加速产业结构调整、转变包装用户理念，加强对具有共性特点的技术攻关，突破制约包装循环经济发展的技术瓶颈，充分发挥行业协会的优势，建立和完善长三角包装工业循环经济信息交流平台和技术咨询服务体系等，联手建设符合循环经济模式的绿色包装产业；同时，还可以借助亚洲包装中心建设这一契机，创建包装工业生态示范园区。这些都将对长三角区域的包装产业发展产生重大而深远的影响。

以上海为核心的长江三角洲经济区的包装工业在进一步增强协作联动、产业分工的基础上，必须考虑如何营造具有全国性、全球性的区域突出优势和功能，特别是这一优势和功能要与上海向世界城市的发展相吻合，与以上海为核心的长江三角洲经济区在全国区域经济中的重要地位相吻合，与中国赶超型现代化进程的要求相吻合，与中国建设“包装强国”的宏伟目标相适应。

展望未来，长三角地区包装产业将坚持科学发展观，紧紧抓住重要的战略机遇，结合本地区的实际情况，统筹规划，整合资源，勇于实践，协调发展，实现互利共赢，共同打造“包装强区”，为我国建设“包装强国”做出新贡献，积累新经验。

对江苏沿江八市包装产业发展的思考

江苏省包装技术协会　卢桂成

江苏沿江 8 市(南京、苏州、无锡、常州、镇江、扬州、泰州、南通)地处江苏的苏中、苏南地区，东部与上海市接壤，南部与浙江、安徽等省相邻，历史上就有“江南鱼米之乡”的美称，所以其包装工业相对其他地区起步稍早。

现状及优势

1. 区位优势明显，发展基础较好

改革开放以来，尤其是在上海浦东大开发、大开放的辐射影响下，在苏南区域经济先期大发展的推动下，沿江地区包装工业发展迅速。据统计，近 20 多年来，江苏沿江 8 市的包装工业总产值，年平均增长速度达 19%以上。不仅高于所在地区工业年平均增长速度，而且也高于全省包装工业年平均增长速度。

2. 包装企业相对较多且经济成分多样化的程度较高

江苏沿江 8 市共有各类具有一定规模的包装企业 1900 多家，占全省包装企业总数的 84%，其中民营、三资企业占 93%。全省年销售收入 1000 万元以上的包装企业，绝大部分集中在沿江 8 市地区。尤以苏州、无锡、常州 3 市为最，包装工业已经成为当地经济发展的支柱产业。

仅以江阴市为例，现已拥有造纸和纸制品包装、彩色印刷装潢包装、塑料薄膜和印刷袋、印铁制罐、木包装制品、塑料包装原料、包装机械等八类包装骨干产品。2001 年以来，全市包装工业年销售收入始终保持在 40 亿元以上，年利税总额达到了 7 亿元以上，是该市的支柱产业之一。

3. 包装科研及人才培养资源丰富

目前，江苏境内设立了包装或与包装相关的专业院(系)的 5 所高等院校(江南大学、南京林业大学、南京艺术学院、江苏大学、南京工业大学)，都集中在沿江 8 市地区。这 5 所高校每年可培养近千名本科以上包装专业人才，并推出大量的科研成果。其中，江南大学的包装培训工程系(原无锡轻工大学)是我国最早设立包装专业的院(系)之一，也是国内率先获得包装工程硕士学位点、博士学位点资格的专业院(系)之一。该系师资科研力量雄厚，每年都能研发多项科研成果，培育和输送百名以上包装专业的本科生和硕士研究生。

4. 境外包装企业投资十分活跃

近几年来，一些国际知名的包装跨国公司纷纷落户江苏省沿江地区。如：瑞典的利乐公司、斯托拉集团、印尼的金光集团、芬兰的芬欧汇川集团、美国的九龙纸业、香港的理文纸业、日本的王子造纸等，都在苏州、镇江、南通等地投巨资设立了独资或合资企业。

当然，在江苏沿江 8 市包装工业发展进程中，也还存在着一些困难和问题。一是发展还不够平衡。地区与地区之间、企业与企业之间、行业门类与门类之间发展差距还比较大。二是企业规模普遍偏小，整体实力不够强。由于 95%以上都是中小企业，其经济状况、科研开发、管理创新、投资融资、抗击风浪等综合能力较弱。三是总体协调、共同开发的水平不够高。各地区、各企业、各门类、各专业之间各自为战，缺乏总体规划、统筹协调和应有的沟通与合作等。

发展思路

针对江苏沿江 8 市包装产业发展的优势、现状和特点，笔者认为，从现在起江苏沿江地区包装产业的发展，应融入长三角经济区开发的总体规划。以江苏“率先建成小康社会、率先基本实现现代化”为契机，以经济全球化为导向，按照全省经济发展总体战略以及建立制造业高地的布局要求，紧跟国际包装行业的发展趋势，调整优化产品结构，优先为当地经济发展配套服务。基本思路是：

1. 基本发展战略：发挥区域优势，赶超先进；瞄准国际一流水平，力争有所突破；整合现有资源，发挥综合效应；重视人才培养，确保可持续发展，努力建成包装强市。

2. 主要发展方向：大力发展纸包装、销售包装及包装基材；稳步发展塑料包装；优先发展绿色包装、环保型可循环使用的包装制品；积极开发计算机控制、机电仪一体化、高速、高质、全自动包装机械；提升玻璃包装、装潢印刷的质量档次。

3. 主要经济指标：根据江苏沿江 8 市包装产业现有实力，“十一五”期间年平均增长速度应保持在 12%以上。到 2010 年，包装工业总产值应达到 580 亿元以上。

4. 分类产品发展重点：

(1) 包装用纸及纸包装制品：在区域宏观统筹下，有计划、有重点地发展高档铜版纸及制品、高强度低克重牛皮箱板纸及瓦楞原纸、白板纸、玻璃卡纸及涂布牛皮箱板纸等，严格限制新上小造纸项目。同时，重点研制推广蜂窝结构包装、凹凸结构包装、新型快干粘合剂及各种纸质纸基复合包装机械、彩印纸箱纸盒设备等技术。

(2) 塑料包装制品：有重点、有步骤地发展塑料包装基材和高阻隔功能性包装材料，限制不利于环境保护的塑料包装制品，如各种 PVC 薄膜及制品、EPS 制品等。重点研制开发新型复合材料、降解薄膜及制品、BOPS 片材、PET 片材成型设备及制品、高速制袋、柔性制版和高速塑料彩印设备及各种胶粘剂等辅助材料。

(3) 金属包装制品：要在稳步发展金属包装、“连里带外”(即：既生产包装物又生产内容物)包装的同时，加速建设与金属罐配套和玻璃瓶配套的各种易开盖、全开盖、多旋盖及新型金属饮料盖，适度建设高档金属桶项目。严格控制新建金属三片罐、普通金属桶、小瓶盖等项目。积极开发各种金属包装涂料、油墨及印铁烘箱等辅助设备。

(4) 包装印刷装潢：重点是提高制版水平、印刷档次、增加品种，提高技术管理水平。限制新上各种小印刷、普通印刷及制版设备。在现有基础上，建立覆盖全省及长三角的胶版及凹版制作网络，适度引进无软片制版系统，建设高档多色纸张、纸板的凹版和胶版、柔性版印刷。加强制版、印刷技术管理，努力提高装潢印刷质量。积极开发各类特种印刷和特种防伪印刷技术及装备等。

(5) 玻璃包装制品：控制总量，重点发展节能窑炉，大力推广微机控制，提高产品合格率。稳步发展高白料酒瓶、化妆品瓶、黄药瓶，逐步淘汰耗能大、成品率低的窑炉，限制新上普通小制瓶生产线。积极开发高档玻璃酒瓶、饮料瓶表面装潢质量和能够提高成品率的新技术、新工艺。

(6) 包装机械：重点开发高技术、高质量、高附加值的农副产品、粮油、饮料等定量包装机械以及与现代化大生产配套的大型连续真空包装机，开发纸箱充填、封口、捆扎、堆垛全自动生产设备和药品、饮料及食品无菌包装机械等。积极引导包装机械生产企业走分工合作道路，大力开发替代进口、功能新颖、自动化操作、具有自主知识产权的各类包装印刷、包装材料生产设备。

应采取的保障措施

1. 统一制定规划，加强宏观调控。制定各地区包装产业发展规划，是事关各地包装产业整体协调发展的一项十分重要的基础工作。各级政府都要结合本地区经济发展总体战略，切实把包装产业当作促进本地区经济发展的一个产业，认真筹划，合理布局，研究制定出本地区包装工业的发展规划。其次，要切实发挥各相关部门的职能作用，认真组织好本区域内各类包装资源的合理整合，严格把好各类新上项目的选项、立项关，确保新上项目做到高起点、高水平。要通过各种有效手段，防止低档次移植、低水平复制、盲目跟进、重复建设等现象的发生。

2.注重技术进步，推进产业结构优化。各级政府要根据包装工业的发展需要，研究出台相关鼓励政策，在人才、资金、税收、环境等方面，主动支持包装企业的技术创新。另处，要充分利用沿江地区高等院校、科研单位多而强的优势，引导包装企业与之进行优势互补、校企合作，努力在人才培养、技术攻关、联合开发等方面多出成果。

3.突出区域重点，促进全面发展。发展沿江 8 市包装产业，必须要认真研究区域经济特点和产业现状，找准突破口，抓住一点，带动一片。努力建设成投资主体多元化、产品结构专业化、生产设备现代化、运作管理科学化、经营发展国际化的包装制造高地和集聚效应显著、国际一流的科技、绿色包装研发中心，促进沿江 8 市乃至长三角经济区包装工业的健康快速发展。

4.加大引资力度，保证发展速度。根据该地区已经基本实现小康的实际情况，首先在吸引国内民间资金上下功夫。进一步解放思想，更新观念，制定和出台有关政策措施，千方百计调动省内外民间资本的投资热情。其次是进一步吸引外商直接投资，重点是吸引国际知名包装企业来江苏沿江 8 市直接投资，以提高和保证该地区包装产业的发展速度。

5.抓好人才培养，实施科教兴包。充分发挥该地区高等院校、科研院所教育科研的资源优势，采用系统教育与短期集训，在校教育与在岗培训以及在校不离岗教育相结合的方法，培养一批产业发展必需的包装专业人才。同时要充分发挥现有包装企业的作用，采用以老带新、以师带徒、委托培养等形式，结合生产实践，培养一批企业急需的包装行业管理和技术人才。还要充分运用人力资源管理优势，敢于创新，大胆引进一批行业内外、国内外能够为我所用的包装复合型人才，全面提高包装从业人员的综合素质，增强该地区包装产业可持续发展的综合实力。

6.加强联手合作，推进共同发展。首先要加强长三角的区域合作，虚心向上海、浙江同行学习，优势互补，构造差别发展、错位竞争的产业格局。其次在为相关产业作“嫁衣”时，既为相关产业发展提供配套服务，又借助相关产业的发展来推动自身的发展。

7.健全管理体系，合力加强领导。在强化政府宏观调控职能的基础上，从做好规划、正确引导、制定政策、营造环境、提供服务、参与决策等方面入，切实加大政府的宏观调控力度。充分发挥行业协会作用，各级包协要充分发挥桥梁和纽带作用，认真履行服务职能，积极为当地包装产业的发展出谋划策，保驾护航。

对包装印刷园区建设的几点看法

中国包装联合会包装印刷委员会　陈麒祥

近几年，随着我国包装印刷业的高速发展，包装印刷园区建设已成为各地政府和业内外人士的热门话题，许多地方都倾全力投入，一时间，“包装印刷基地”、“包装印刷城”、“包装印刷产业园”犹如雨后春笋，在全国各地特别是沿海地区遍地开花。如广东中山的中国包装印刷基地、浙江温州的中国印刷城、江阴的软包装生产基地、河北雄县的中国北方塑料印刷基地、上海的国际包装印刷城、沈阳长三角印刷产业带、环渤海印刷产业带，还有大珠三角、泛珠三角印刷产业带等等新名词、新概念更是不绝于耳。园区建设呈现规模越来越大、范围越来越广、层次越来越高的发展趋势。

从这几年各地包装印刷园区的建设情况看，我个人认为成功的并不太多。那么，为什么还有那么多地方、那么多人趋之若鹜呢？而且据我了解，许多园区还是民营企业出资建设的。我想包装印刷园区作为产业发展的一种模式，它既然能够存在，能成为热点，而且还能持续升温，必然有其规律和优势所在。因此，我想对园区作一个简单的分析，谈谈自己一些不一定成熟的看法，希望能对正在或即将进行园区建设的领导和同行提供一些参考意见。

一、　包装印刷园区的优势

1.集聚效应

在一特定的空间内，高密度集聚同一行业的企业群，将大大促进企业经营意识、经营环境和作业流程的改善，这就是企业集聚所产生的效应。

在日常生活中，集聚效应表现作得最为典型的是大型超市和美食街。大型超市将衣、食、用等各种商品集聚在超市内，吸引了大量的客流，使超市销售量大幅度上升，超市的进货(采购量)也相应上升，采购成本大幅度下降，销售价格也随之大幅度下降，价廉物美吸引了更多的客流。这是良性循环。这个良性循环的关键就是商品的集聚，引来人气客流的集聚。

同样，包装印刷园区通过许多知名企业、有特色的企业包括包装印刷器材供应商的入驻，在园区内形成包装印刷企业及其供应商的集聚，许多客户也会慕名而来。他们来园区的感觉就如同进了大超市，选择余地大，不管要何种包装、哪种印刷，在园区内都能找到。由于园区内企业集聚，因此价格更合理、服务更完善、质量更放心。客户多了，人气旺了，销售高了，效益就好了。所以集聚效应最终会产生规模效益，不管是大型超市，还是包装印刷园区都是这样。

2.链接效应

园区一般招商引进的企业不仅有包装印刷企业，而且还有同一产业链上的原辅材料、机器设备供应商，甚至还有食品、日化、电子等下游产品生产企业。这些同一产业链上的上下游企业通过园区这一平台，将上下游企业在地域上相对集中地链接在一起，在园区内形成关系密切、相互依存的产业链。这种链接产生的效应是上下游产业之间信息沟通快捷，供货时间缩短，商务成本降低，售后服务方便，形成共赢的局面。

3.错位效应

错位效应就是企业发挥各自优势和特长，通过差异化发展，形成错位竞争。我们知道，园区招商引进的包装印刷企业规模大小、实力强弱、加工特点都不尽相同。可能有印前的设计、制版企业，有印刷如胶、凸、凹、柔、网印企业，还有后序加工如上光、覆膜、模切、烫金、糊盒等企业。

规模大、实力强的大企业，自我配套能力强，它可能拥有印前、印刷、后序加工的大部分设备和加工能力，但这样的企业毕竟为数不多。大部分企业会有协作配套的需求，特别是一些小企业，因为资金有限，他们不可能像大企业那样同时投资印前、印刷、印后多种设备。即使能这样做，因为受资金制约，其设备档次也不会高，这些设备加工的产品质量也不会好。因此这些企业可能会集中资金投资某一专业加工设备，如印刷机或糊盒机和模切机，这样的设备档次会相对较高。其所加工的产品也会相对较好。这样，在园区内实力不强的中小企业有的专门从事印刷，有的专门从事后序加工，形成差异化发展的产业格局。通过发挥各自设备的优势和加工特长，相互协作配套，照样能生产出包装印刷精品来。这不仅可以避免园区企业高度同质化所引起的恶性竞争，而且还能形成企业差异化发展所产生的错位竞争的良好效应。

4.效率效应

由于园区内企业集中，便于政府进行产业管理和政策引导，可大大节约政府的管理成本和提高政府的管理效率，同时，也有利于政府根据园区的特点和实际情况集中制定一些优惠、扶持政策或针对某一特定对象制定特殊的政策，使区内的企业得到更多的实惠和发展机会，这就是园区带来的效率效应。

二、　建设包装印刷园区的基本条件

建设包装印刷园区虽然有集聚效应等优势所在，但也并非任何地区都适合。建设包装园区也需要具备一些基本条件。

1.开发资金

开发建设包装印刷园区首先要买地造房，还有项目开发的前期费用，这都需要大量的资金投入。筹措这些项目建设资金，各地的做法也不尽相同。有的由地方政府与本地企业集团共同出资建设，如中山市包装印刷基地；有的地方是由当地与外地或境外的企业集团共同投资建设，如深圳华南城；也有的地方是引进一家公司直接投资建设，如上海国际•包装印刷城。但不管哪种方式，都必须先落实园区的开发建设资金，否则，园区变成无米之炊。至于筹措资金采取哪种模式，这要根据各地情况而定。

2.土地资源

我国虽然幅员辽阔，但真正可使用特别是可耕地面积非常有限，尤其是近年来许多地方滥征土地，农田面积连年大幅度下降。因此，2003 年开始，从国家到地方对土地征用实行了更加严格的控制与监管。2003 年国务院办公厅、国家发改委、国土资源部等部门，分别下发了《关于暂停审批各类开发区的紧急通知》、《关于清理整顿各类开发区加强建设用地管理的通知》等一系列文件，全国已撤消各类开发区 4800 多个，占开发区总数的 70%，核减开发区规划用地面积 20.49 万平方公里，占原有开发区面积的 65%。一些地方原先规划的工业开发区、工业园区因此搁浅、流产。所以，建设包装印刷园区首先要落实土地，要向政府申请用地，否则，园区建设就成了一句空话。现在提倡节约型社会，因此即使政府批准用地，也应该本着节约用地的原则，尽量少用或不用农田，还应提高土地的使用效率。

3.产业集中度

建设一个包装印刷园区，当地的产业集中度是非常重要的一个条件，也就是当地包装印刷产业的基础如何。如果当地的包装印刷产业与省内或周边地区相比并无产业优势，达不到一定的产业集中度，那么经营开发园区的风险应该是很大的。2001 年上海市政府为鼓励各区发展自己本区的特色产业，颁布了《关于支持各区特色产品试点工作的实施意见》（下称《意见》），《意见》允许每个区可向政府申报一个产业作为本区的特色产业，市政府对于各区申报并获批准的特色产业，在税收、资金、土地等方面给予一定的扶持。《意见》对各区申报特色产业设置的条件很多，其中很重要的一条，就是该区所申报的特色产业的产值必须占全市的 7% 以上。这就是产业集中度，或者说产业基础的要求。没有一定的产业集中度，开发园区就缺乏基础，即使开发以后，也难以成气候。广东中山包装印刷基地、浙江 温州中国印刷城、江苏江阴中国软包装生产基地等有非常雄厚的产业基地，产业集中度都非常高，因此这些“基地”、“城”都搞得比较成功。

三、 包装印刷园区要注意的两个问题

1.规划问题

建设园区要制定一个高水平的规划。园区建设的成败，一半是由规划决定的。园区建设是个系统工程，需要全面综合考虑各方面的因素。这里我要引进一个“产业簇群”的概念，我认为园区就是很典型的“产业簇群”。所谓“产业簇群”，就是指产业内相互联系，在地理位置上相对集中的公司和机构的集合。一个成熟完善的产业簇群，应该包括以下几个方面。

(1)主体产业：主要由一些市场份额或技术水准占领先地位的核心企业构成。

(2)辅助产业：由机器设备、原辅材料供应商构成。

(3)配套产业：由为主体产业的发展提供配套设施的企业构成，如展示中心、区域性研发中心、信息产业平台等。

(4)服务性机构：政府、行业协会、培训机构、科研机构、检测机构等。

我们在制定园区规划时应该考虑以上四个方面，对它们的作用、定位、相互关系要明确。以上四个方面的协调发展，园区建设的成功率就会高些。

在规划问题上我们强调的是高水平，而非高起点。因为起点的高低是要根据各地的实际情况来决定，有些地区产业基础不是很好，刚起步时就不一定要高起点，但高水平是必须的。所谓高水平，就是这个规划是在仔细分析当地优劣势的基础上，扬长避短，因地制宜，度身定制出来的，符合当地产业发展的实际情况，具有前瞻性、系统性和可操作性。总之，合适的才是最好的，才是高水平的。这就如同穿衣，流行的不一定适合你，只有适合你，才是最美的。所以制定规划最好请政府规划部门、高等院校、行业专家等各方人士共同参与制定、论证，这样的规划会比较客观、科学和切实可行。

2.有效的运作

园区运作对园区管理者是一个严峻的考验。一个高水平的园区建设规划，如果没有一个好的运作机构去有效运作，园区规划就难以实现，园区建设就不会成功。因此，园区建设成败的另一半是由运作决定的。

园区运作首先要有服务意识。园区管理对自己要有一个正确的定位，千万别自恃管理者，居高临下，指手画脚，管理者对园区的管理是通过服务来实现的。管理者不仅要为入驻企业向政府申请，提供一定的优惠政策，如扶持基金，退税政策等，同时还要协调产业簇群的各个方面，整合它们的优势，为入驻企业提供全方位的服务。如工商注册一站式服务、咨询服务、信息服务、技术服务、会展服务、培训服务、创新服务等，使它们享受园区外没有或难以得到、他们所需要的各种服务。帮助企业把主要的精力投入到自身的经营、管理和发展

上，为他们解决后顾之忧。

其次，园区运作要有市场意识。市场意识就是按市场规律规范运作。企业是利润中心，办企业就是为了有利可图。企业进驻园区，管理者的责任、义务和目标就是要通过服务为它们创造更多的盈利机会，给企业穿针引线、牵线搭桥，为它们提供商机，使企业真正得到实惠，企业就会安心并扎根园区。企业在园区内发展了、壮大了，园区的声誉也随之鹊起，园区也就成功了。

园区为企业提供的服务，有些是园区自身具备的，有些是需要购买的。比如企业提出一些科研项目，园区为他们引进科研机构、高等院校参与项目的研究开发；又如园区通过培训机构、高等院校，为企业提供专门人才的教育培训服务，由园区组织提供，企业“埋单”，按市场化运作方式进行。市场意识还体现在对园区建设的评判上。园区运作是否成功不是政府和园区管理者说了算，而应该由市场来检验，由入驻企业的发展和盈利水平来衡量。

塑机行业面临困境　前景光明

中国塑料机械工业协会常务副会长　戴仲尧

当人们早上刷牙的时候，用的是塑料牙刷；上班的时候，坐在钢塑结合的车厢内；工作时用的是塑料壳的电脑；中午就餐时用的是塑料制成的餐具；晚上在家看的是塑料外壳的电视，洗澡时穿的是塑料拖鞋……与纸、钢铁、木材一样，塑料制品已渗透到千千万万个家庭，并且在日常生活中起到越来越重要的作用。

近二三十年来，随着国民经济的发展，人民生活水平的提高，塑料工业迅猛发展，塑料制品不仅在许多工业领域替代了木材、钢铁，而且渗透到人们生活的各个领域。塑料工业的发展，推动了塑料机械工业的发展，我国生产各种塑料机械的企业达到 1000 多家。近两年塑料机械工业的现状如何？发展的前景如何？记者近日专程采访了在此领域工作多年的中国塑料机械工业协会常务副理事长、教授级高工戴仲尧先生(以下称戴理事长)。

戴理事长首先介绍了塑料机械的概念。他认为，塑料机械是一个大行业，包括生产塑料原料及各种塑料制品的机械。注塑、挤出当然属于塑料机械，凹印机、制袋机、分条机等软包装设备也应属于塑料机械，吹塑、中空成型、压延、拉丝也是塑料机械的重要组成部分。塑料机械从广义上来说是一个非常大的概念，但是注塑设备、挤出设备和中空成型设备应该说在塑料机械行业中属于重点，这三大类设备占到整个塑机行业的 80%左右。而注塑设备又可说是这三大类设备中的重点，占到这三大类设备中的 50%左右。可见，注塑设备在我国塑料机械工业发展中占据十分重要的位置。由此也可以看出，注塑制品在我国工业的发展和人们日常生活中起着十分重要的作用。

戴理事长在谈到我国塑料机械工业的发展情况时说，近些年，塑料机械工业发展很快，全国塑料机械生产企业已发展到 1000 家以上，但具有一定规模、实力的企业约 400 家左右。宁波的海天集团、广东的震雄集团在国内堪称是一流的。之所以称之为一流，是因为这些企业不仅具有国际一流的设备、一流的技术和一流的生产工艺，而且具有一流的科学管理手段，管理是一个企业成功与否的重要方面。而且这些企业规模大、实力雄厚，具有较强的抵御市场风险的能力。

塑料机械工业的发展与一个国家、一个地区的经济发展密切相关，从国际上看，发达国家中的美国、德国、意大利属于塑机及塑料行业发展较快的国家。从国内看，江浙、广东、山东等沿海地区经济比较发达的省份发展得比较快。正是因为这些地区的经济发展比较快，塑料制品需求量大，塑料加工业的发展，推动了塑料机械工业的发展。近年来，兴起的塑机企业有很大一部分属民营股份制企业。相反，在西藏、青海、宁夏、海南等经济发展相对缓慢、基础相对较薄弱的地区，塑机行业发展相对较慢，有些省份还没有塑料机械生产企业。

戴理事长用 8 个字概括了我国塑机行业的现状和前景：面临困境，前景光明。

所谓面临困境，是指近两年来由于钢材和塑料原料价格的上涨，造成了塑机生产企业处于两头受阻的局面。2004 年以来，工业用钢材价格一路上涨，在一些地区甚至上涨了 100%，年末虽有回落但仍呈起伏攀升态势。钢材的涨价直接造成了生产成本的上涨和企业流动资金的紧张，这可说是上游受阻。下游是指因石油价格上涨造成塑料原材料价格上涨，使得塑料制品加工企业不景气，不得不压缩投资，不购或少购设备。一方面是材料涨价，一方面是市场萎缩，再加上行业中无序的市场竞争，使不少塑机生产企业处于十分尴尬的境地，在利润空间越来越小甚至赔本的情况下，有些企业被迫减产。整个行业呈下滑态势。

塑料机械行业何时止住下滑，走出低谷，戴理事长认为，从时间上很难准确地说。这不是行业自身能解决的问题，有政府部门宏观调控的问题，主要是市场规律自身调节的问题。

对于塑机行业今后的发展，戴理事长充满了信心。他认为，这是一个朝阳产业，前景是光明的。我国的塑料工业近些年虽然有很大发展，但与国外相比仍有很大差距，塑料制品在工业用品、民用品、医药卫生事业上仍有相当大的发展空间。现在我们已经有了塑料水管、塑料汽车油箱、塑料输液袋、输血袋，不久的全塑汽车、塑料高压容器、植入人体内的塑料导管等先进技术也将会传入我国。高精塑料制品的出现，首先需要我们有高精的塑料制品加工机械，从长远看，塑料机械有着十分广阔的市场空间。我们要抓住机遇，预测市场，把握市场，不断开发出适应市场需求的新产品。

戴理事长认为，塑料制品的回收利用是一项十分艰巨、重要的任务，这是我国环保的一个重要课题。现在我国已经有了回收废旧塑料再利用的破碎机、造粒机，今后我们还要花大力气，加强废旧塑料回收利用设备和研制、开发工作，这也是我国塑料机械工业发展中的一项重要任务。

纳米包装印刷产业化的目标展望

包装印刷行业在国民经济的份额已排在第十四位，年产值超过 3000 亿元，年增长 15%左右，持续高速发展位居世界前列。无疑，我国已是世界包装大国，但还不是包装强国，环保、IT 技术与纳米技术相结合是本学科发展的动向。

纳米包装产业的重点是包装材料与包装技术。在包装领域更多的是应用纳米技术，开发纳米包装印刷与纳米包装材料。就目前的情况而言，纳米技术在包装中的研究及应用基本上还刚起步，然而，纳米技术必将成为世界包装领域的“制高点”。我国加入 WTO，凡事预则立，不预则废。过去我国包装工业的一些先进设备、先进材料、先进技术，大多是依靠进口。纳米技术的出现，将为我国的包装工业和技术创新带来机遇，必须加快技术创新的进程，力争走在世界前列。

和任何技术产生后一样，市场对纳米技术非常关注，全球纳米技术年营业额已经超过 500 亿美元，专家还预测到 2010 年纳米技术市场容量将超过 14400 亿美元。于细微处见神奇，知微见著的纳米科技将彻底改变目前的产业结构，并孕育着巨大的商机。根据斯坦福商业信息咨询公司的报告《纳米技术》预测，到 2010 年全世界纳米材料的市场规模预计将超过 2000 亿美元，很快就将展现给人们一个新时代。

为了使我国包装界在 21 世纪纳米技术产业化进程中占有一席之地，从前沿性、战略性、基础性来考虑，当前继续做好基础研究与应用研究的衔接和成果的转化，研究纳米合成、纳米添加对传统包装印刷材料改性和技术改造，扩大纳米材料在包装印刷的应用范围，提升高技术含量，抢占产业先机，实现跨越式的发展。很显然，谁要在 21 世纪站在世界最高新技术领域的前沿，谁就应该在纳米科技领域领先一步。

1. 在我国，纳米包装印刷材料的改性更贴近于应用，找到纳米技术的应用与现实技术体系结合，使之得到尽快的应用，国家 973 纳米领域首席科学家说：“纳米塑料将是我国最有希望实现产业化的纳米技术之一。”在包装印刷领域有：纳米油墨、纳米颜料、纳米纸、纳米薄膜、聚合物基纳米复合材料(PNMC)、纳米发光材料、纳米抗菌包装、纳米粘合剂、纳米防伪印刷、纳米军品防护包装、纳米绿色包装、纳米光刻印刷技术、纳米磁印刷等都已经获得突破，有些已经初步产业化，纳米材料和纳米结构的评价手段基本齐全，达到国际上个世纪 90 年代末的先进水平。

2. 下一步必须加快引进、消化、吸收与创新相结合，以重点示范企业为突破口，推动纳米产业发展，重点建设若干推广示范企业，引进若干纳米新技术和新产品，寻找若干纳米技术依托研究单位。由从事纳米技术包装印刷应用研究的高等院校、研究机构的纳米技术专家及开发纳米技术、纳米材料包装印刷应用的企业家，共同组建“全国纳米技术包装应用研究会”，承担全国范围的纳米技术包装印刷应用研究的咨询、规划、技术培训、研究课题及纳米包装印刷产业化的协调指导等工作。要不失时机地导入纳米技术，率先打开纳米级包装印刷领域的大门。

3. 纳米技术和纳米材料的应用和开发，为中国包装印刷界提供了一个快速发展的好时机，包装印刷业应该紧紧抓住这次机遇，坚持“有所为，有所不为”的原则，突出重点，强化支持。

（陈荣）

瓦楞纸箱业的未来发展

一、行业走向

瓦楞纸箱业的发展很快，这在造纸厂中尤其明显，这种趋势可能会导致超宽型造纸机的出现，以满足纸箱厂的原料需求。在国内外造纸厂以超宽为目标引进和购买造纸机。

纸箱厂和大型机械供应商内部价格战也会愈演愈烈，要想继续保持优势，就要增加宽幅、高速、高精瓦楞纸板生产线和水性印刷开槽机、平压平模切机。要占领纸箱市场份额，这些机械供应商唯有提高生产效率和产品质量，增强自身市场竞争能力。

未来的纸箱厂，要从改革着手，从设备、人力、管理三个方面提高效率，发挥规模优势，优化产品结构。

二、调整结构

一业为主，扩大包装产品

(1)造纸厂开办纸箱厂是一个趋势，自己造纸、自己生产纸箱可降低成本。

(2)以纸箱为主，扩大包装产品，造纸、模塑、泡沫、缠绕膜、纸管、纸角条、塑料制品为客户配合服务，增加产品品种，开拓市场，增加销售。

(3)利用瓦楞纸板生产线生产加工纸板，供应小纸箱厂提高生产线利用率和产品质量。

(4)林木造纸业结合，为造纸供应自己的原料。

1. 大中型纸箱厂

大中型纸箱厂(指5000万元/年销售额以上)大约占上海整个行业的10%左右。这些工厂条件好、产品种类多，门类齐全，增加价值高的订单，能按质按量将产品送到客户手中。

此类纸箱厂需要严格的原纸管理体系，机械操作和维修人员水平也相对比较高，原纸损耗低(一般在9%以下)，其利润比一般纸箱厂高。

2. 小纸箱厂即三级厂

三级厂由于设备简陋，大多数是原纸箱企业业务员、管理人员下海开办的，租借场地，投入少量资金，争抢大中纸箱业务，数量小，批量小，大中型纸箱厂不愿意做的产品，购买大中型纸箱厂纸板加工纸箱。这些三级厂运作灵活，价格较高一些。由于他们人员少，批量小，投入少，成本低，利润略高一些，开厂容易关厂也容易，这些小厂约占整个行业的90%左右，都是民营和私有企业，缺乏任何约束。

三、供应纸板

有一定规模的纸箱厂大部分向小厂供应纸板(拉片)，这很容易理解，因为大中型企业要生存，供应纸板有利于提高现有瓦楞纸板生产线的生产效率，又有利于开发新的客户和市场。只要管理适应，纸板带来的好处很多。

问题是，纸箱厂与拉片厂管理方式可能完全不同，提供纸板只是口头承诺较多，实际未必如此，因此造成欠账、转账、坏账，不守信用。如果改变管理，现付现金、支票，价格优惠，就解决了这个问题。

新兴小纸箱厂又不断地涌现，对解决当地的就业问题，促进经济发展作出重要贡献。我们认为：这是纸箱工业发展的必由之路，也是发展的必然趋势。

三级厂与顾客同步成长，获得双赢，一些势头比较好的工厂联合组建规模型企业，获得发展，如在美国和加拿大就是采用这些方法赢得发展机遇。这些拉片工厂只要运营成本低，灵活性高，能满足企业发展的需要即可。

四、行业规范

纸箱业中加强和提高安全、健康、卫生标准的呼声越来越高，上海联合包装装潢有限公司、上海民新包装材料厂等多家企业通过三项认证，从而提高企业知名度，销售在同行中排名居前，走向正规化管理的企业。

五、市场趋势

市场信息化、全球化，也是不可逆转的趋势，电子商户和网上购物虽然还不够成熟，但在未来必将产生广泛而深刻的影响。客户可能会在网上发布采购信息，征集各方投标全球性地搜集最便宜的原材料或产品供应商，询访、下订单也都会通过网络进行。

另外，立法对包装废弃物的限制，肯守会越来越严格，采用低克重的轻量化原料来生产纸板将成为发展趋势。

具有防伪功能的包装将被广泛采用，在瓦楞纸板中加入防伪、防盗、自动识别标记、信号发射接收入系统，都将有力地打击目前的假冒伪劣产品市场。

六、机械设备发展趋势

1.造纸机

宽幅、低克重、轻量化的原纸是当今的发展趋势，对纸中含水量的要求越来越高。

2.瓦楞纸板生产线

当前市场上被普通应用的各种规格的瓦线均被继续沿用，不同的是会加入更多自动控制设备，以提高其产量及灵活性，使用低克重的原纸，配备不同的瓦型辊、自动切换装置、自动接纸器，提高机械的可靠性。

各种幅宽的瓦线都有所发展，一般国内门幅发展到1.8～2.5米，生产能力200～250米/分钟，国外发展到门幅3.5～4.8米。这些宽幅瓦线，应用于新兴市场或特殊领域，承接一些特殊订单或协助其他瓦线分担部分工作。纸板加工多渠道选入门幅，这些新设备开发应着重于提高纸板加工质量，减少设备停机时间，减少浪费，简化操作，提高产量。

国内纸箱厂在引进和购置国产瓦线时，依赖于经济实惠，而选择进口设备功能强的计算机系统、机械系统越来越先进，操作更加方便，经济付出更大。

3.水性印刷机

可以预见，柔性多色网点水性印刷和印后设备的发展肯定会十分迅速，目前市场已有扩展，尤其是在更快速度的水性印刷开槽模切设备以及更为正确的印刷套印设备更受客户欢迎，因为符合国家环保或发展绿色包装印刷要求，未来前途无量。未来客户要求向高速、高效、高精自动化程度更高的方向发展。

配套发展印后设备，把印刷、开槽、模切、粘箱、打包一条龙连接机，有利于印刷后“一条龙”生产，减少工艺工序，大量节约人力，减少损耗，提高效率，提高产品质量，未来逐步成为“二条龙“生产方法，重点解决印后“一条龙”。

七、人力资源和管理发展趋势

目前人力资源是纸箱厂弱点，专业人才缺乏，这种过失应该受到谴责，近十年来政府部门有所重视，部分大学开办包装专业班，但还是跟不上形势发展。目前应该抓紧补上培训人才这一课，特别是总经理文化素质、技术负责人素质普遍较低，专业人才太少，专业设备维修保养人员、管理人员、营销人员、专职操作工缺乏专业知识，急需加强培训，以跟上未来纸箱工业的发展形势。

无论如何，利润是关系到企业未来发展的最重要的因素，开拓市场，开发新产品，开发新技术，采用新设计都是为了争取更大利润。在国内对产品质量和纸箱的要求都在不断提高的形势下，企业唯有更加专业，才能不断扩大市场份额，摆脱目前困境，同时企业管理上不应该一味地追求精益管理模式而因噎废食。

国家和地区的行业协会应积极发挥自身作用，宣传瓦楞包装的益处，提高其在整个包装界的份额，为企业服务，规范行业内部竞争，支持企业发展。

呼吁政府有关部门，为行业创造公平竞争的局面，想方设法取缔不公平竞争。目前，福利企业“双免税”政策和外资企业的优惠政策，影响市场平等竞争，以致企业意见很大。希望出现公平的市场竞争局面！

（王志星）

金属容器包装业发展循环经济的途径

循环经济是实现可持续发展的一种全新的经济运行模式，是追求更大经济效益、减少资源消耗、降低环境污染和更多劳动就业的先进经济模式。目前金属容器包装在资源能源和污染方面主要有以下特点：

(1)资源需求量大。目前金属包装所使用的资源以钢铁为主，其他金属为辅。在产品的成本中，金属材料所占的比例可达到70%～80%。所以说，金属包装业是资源消耗大户。

(2)能源需求量大。金属包装业在生产中对能源需求量也很大，比如在金属罐的印铁和金属桶的涂装生产中，因为需要进行烘干，所以需要消耗大量的电能、天然气、煤或油等等。

(3)环境污染比较大。在金属包装的生产过程中，还存在严重的环境污染问题，例如在印铁生产中由于烘干炉的废气造成的大气污染；在金属桶生产中，由于清洗磷化说生废水造成的水污染；在金属桶涂装和烘干中产生大量废气造成的污染等等。

(4)回收利用问题很多。金属罐包装产品多为一次性使用，且利用率比较低；金属桶一般可多次使用，但在回收利用时都要进行再次的清洗和翻新，同样要消耗大量的能源和造成污染。废旧金属包装物回收后多数都是进行回炉重炼，这不符合节省资源和能源的思路。

以上特点在未来行业的发展中将面临如何应对可持续发展的严峻挑战。确立循环经济的思想，在微观层面上实现企业内部的循环经济，对于金属容器包装企业的可持续发展具有重要意义。

按照循环经济的思路，金属包装业应该具备三个功能：一是提供产品；二是发挥资源转换的再生功能；三是发挥自然生态系统良性循环责任主体的功能。金属包装业要以零排放为目标，建立健全回收、再生、再利用和处理的完整体系。

金属容器包装业发展循环经济要把清洁生产、资源综合利用、生态设计和可持续消费等融为一体，改变传统的“资源一产品一污染排放”所构成的物质单行道流动的经济发展模式，按照自然生态系统的模式，建立“资源一产品一再生资源”的物质反复循环利用的经济发展模式。实际上，从环保来看，金属是与环境相对友好的材料，其环境的协调性更好些；从可回收利用的程度看，与塑料、陶瓷等其他包装业相比，金属包装业具有良好的循环再生能力。金属包装材料和产品可以再生，即使是回炉再炼产生的炉渣、炉尘也可以二次利用制造出水泥及其他建筑材料；冶炼的各种余热、余能可用来发电；金属的生态安全性好，可以通过自然降解回归自然，成为动、植物所需的微量元素。

目前，世界上先进的金属容器包装业正处于转型阶段，未来的金属容器包装业将从末端治理转向源头治理，即要从工艺改进和技术创新上找出路，在生产过程中减少以至消除污染源，从而推广绿色包装制造工艺，走向可持续发展的道路。通过对金属容器包装业制造流程的优化、集成与创新，使资源和能源的消耗达到最低，从源头上减轻环境负荷。与此同时，对末端产生的各种排放物再资源化、能源化，并进行无害化处理。

要真正实现金属包装业可持续发展，需要做好以下几方面的工作：

1. 制定科学的生产规程

金属包装容器生产属于循环经济中从资源到产品的过程，生产过程中的每个环节都要符合科学规范，从源头把关，预防和减少废弃物的产生。具体有以下三个原则：

(1)减量化。旨在减少进入生产过程中的物质和能源流量。例如，在生产过程中实行合理排料、精冲精裁，尽量提高材料利用率，减少资源的用量，产出尽可能多的包装产品，减少废料的排放。

(2)标准化。在产品、工艺设备的设计中尽量采用标准化，这样不仅可以使备品备件达到资源共享，减少库存，而且还可以使生产设施非常便捷地升级换代，而不必更换整套系统。

(3)清洁化。在生产过程中要尽量减少对人体健康和环境的不利影响。例如印铁和涂装生产中产生大量的废水、废气等既污染环境又对职工的健康不利。而采用水性漆涂装和采用预涂板生产，或采用废水废气的综合处理办法，就减少了污染的途径。因此，在工艺设计之初就必须考虑回收利用和环境保护问题，也就是所谓的“绿色设计”、“绿色制造”。

上述三个原则的实现，关键是依靠科技进步，积极采用无害和低害新工艺新技术、大力降低原材料和能源的消耗，实现少投入、高产出、低污染。

2. 对包装生产和使用过程中的各种废旧容器进行回收和再利用，用新技术支持再生资源回收利用，建立回收处理、拆解、翻新的产业化基地

充分利用废旧金属容器是实现金属包装生产持续发展的重要途径。除金属矿石外，再生金属已成为金属的另一个主要资源，它不需要建设矿山，具有能源消耗和生产成本低，环境污染小等优点。例如用矿石炼铁再炼钢，能耗为 1.11 吨标煤/吨钢，而用废钢炼钢，能耗仅 0.2 吨标煤/吨钢。利用废钢炼钢可减少空气污染 76%。发达国家用废钢炼的钢一般在 50%～70%(我国约 35%)，有的国家地区几乎全部用废钢炼钢。随着我国金属包装工业的进一步发展，金属材料的消耗还会增加，这就需要调整

我国的废金属包装回收政策，强化废金属包装回收产业，合理回收和利用废金属，运用生态学规律来指导钢铁工业的发展。

3.在工业企业较集中的区域，倡导建立生态工业园区，兼顾资源的循环利用，使上游的废包装成为下游的原料和动力，废包装通过梯形利用越来越少，最终形成“零排放”

金属包装企业在最大限度地把各种资源充分利用起来，做到资源共享，互为利用、共同发展。工业生态园是推行循环经济的一种好方式，模仿自然生态系统，使资源和能源在这个工业系统中充分使用，上家的废弃物成为下家的原料和动力，组成一个闭合型的产业链条。如金属容器涂装生产中产生的废气可以成为二次燃烧的热能；清洗废水可以进行治理进行二次利用；回收旧桶可以成为生产小型产品或附件的原材料等。要形成各环节之间没有废物概念而只有资源的概念，充分实现各环节之间的资源共享，将污染负效益转化成资源正效益。

4.制定长效性制度，确保资源合理开发和有偿使用，加大对环境污染的惩罚力度，还要利用经济杠杆提高排污费的收费标准　　　　（杨文亮）

现代包装印刷技术及其发展趋势

随着经济的不断腾飞及加入WTO后面临的新局面，我国包装总量在不断扩大，包装档次不断提高，包装印刷行业已占国民经济第十四位，2004年全国包装行业产值突破3000亿元大关，中国包装市场以每年10%～15%的速度增长，增长幅度与速度均居世办首位，无疑是一个极具潜力新的经济增长点和巨大的潜在市场。我国已形成了一个以纸、塑料、玻璃、金属、装潢印刷、包装机械为主体的现代包装印刷体系，且具有相当规模。我国是一个包装大国，但还不是包装强国。

21世纪是高科技的时代，很多高新技术将得到长足的发展和很好的应用，特别是包装工业历来都是吸纳和应用高新技术的产业，一旦某些新技术新工艺有所突破，都将在包装领域得到应用和推广，反过来又促使其进一步完善和不断创新。未来市场的竞争，更多的是技术的竞争。为此，包装设计、包装印刷、包装工艺、包装机械、纸箱包装等各方面的技术都有赖于我们进一步去钻研，加以合理的、充分的利用。

科学技术的迅猛发展，使得包装印刷技术不断与新兴科技和边缘学科相结合，在技术领域进行创新和突破。如出现了无需压力与印版也能使油墨或其他粘性色料转移到承印物上的新技术——静电印刷、喷墨印刷以及数字式印刷技术等。同时，各种电子媒体技术迅速发展，印前信息处理、印刷以及后加工等采用以电子技术、计算机技术、智能材料为代表的多种新技术，使包装印刷呈现出高科技的新局面。

预测未来是一项策略性的重要工作，依据“未来”来设计“未来”，对包装印刷业十分重要。影像来源数码化、多元化，印刷包装过程一体化，数码处理网络化、互通化、整合化、控制自动化，产品多元化、标准化已是大势所趋，包装印刷行业应以此种角度摸索、延伸，自然能为包装印刷业勾勒出一个未来的蓝图。

一、现代包装设计市场化

同18世纪初发明的蒸汽机带动了工业革命改变了人类历史一样，20世纪末及21世纪初，电脑、网络科技带来的变化更让人叹为观止。众所周知，上世纪70年代以前是生产力时代，产品生产出来就有市场；80年代是销售力时代，销售手段成为市场竞争的主要环节；进入90年代是形象力时代，商品形象的竞争引导消费潮流。

电脑桌面设计系统已悄悄进入包装印刷范畴，它超过了人脑的想像力和手的表现力，在包装上创造出了新视觉。产品的防伪技术、全息照相技术等在包装印刷上的应用，已成为提高产品档次、促进销售的理想手段。

现代包装设计已进入一个涉猎范围极广、制作流程比以往复杂得多的设计层面。科技、环保、市场需求与经验、顾客心理、企业形象、流程控制、文化潮流等元素，往往都结合到设计产品中，极具创意而又能发挥各方面功能。包装是商品销售时最重要的广告，是广告的载体，包装设计给人的印象，远远超过其他形式对产品宣传所起的作用。

世界变小了，市场变大了。以高科技为背景，市场 ON-DEMAND 化是包装印刷市场发展的必然趋势，因为 ON-DEMAND 系统不但符合客户的利益，而且将成为全球性电子传输包装印刷网络基础，和 21 世纪的资讯高速公路合成为完美的明日包装印刷。ON-DEMAND 即指印刷包装一体化，其标志是以无底片、无版的数码印刷方式，连接电子印前处理系统，广域网络系统和连线装订系统，做远距、彩色、短版印制处理，运用完全连线的方式，满足市场需求。

二、包装印刷工艺趋于简化

现代科技应用于包装印刷领域，使很多包装印刷工艺得以简化，更加科学合理。如过去塑料包装的挤压、热压、冲压等成型工艺已逐渐用到纸板包装的成型上，使过去不能用纸包装的产品也用上了纸类包装。

包装印后处理工艺更加科学与实用，包装性能和效果发生了显著的变化。例如过去的包装表面处理中的涂蜡、覆膜工艺，已逐渐被表面过胶(喷胶处理)取代，还有防伪包装制作工艺，已由局部印刷或制作转向整体式大面积的印刷与制作。

三、现代包装印刷机械智能化

目前，包装机械发展总的趋势是：包装机械的特征趋于“三高”——高速、高效、高质量。发展重点趋向于能耗低、自重轻、结构紧凑、占地空间小、效率高、外观造型适应环境和操作人员的心理要求、环保需求等。印刷设备向数字化与小型化发展，成本将趋于低廉。CIP 数字式印刷机也是使传统工序朝合理化、省力化方向发展。

进入 21 世纪，我国包装印刷机械行业将向机电化、智能化、自动化控制方向发展。包装机械的未来是各种高新技术、新技能、新控制方法的高度结合。当前，发达国家为满足现代商品包装多样化的需求，开始不断发展适应多品种、小批量的通用包装机械与设备。同时又紧跟当代高新技术发展步伐，不断应用先进的技术。开发和发展应用高新技术的现代化专用型包装机械。包括吹膜机械、复合机械、涂布机械、分切机械、印刷机械、制袋机械、罐装充填机械等多种类型。

国外包装机械发展的趋势是：体现了现代化先进包装机械的高新技术发展和开发应用高新技术的现代化专用型包装机械。将应用到的新技术有：航天工业技术(热管类)、微电子技术、磁性技术、信息处理技术、传感技术(光电及化学)、激光技术、生物技术及新的加工工艺、新的机械部件结构(如锥形同步齿形带传动等)、新的光纤材料等，使多种包装机械趋于智能化。

四、包装印刷加工一体化

很多包装新技术是建立在包装新思维之上的。包装新思维是超脱现有的包装技术与产品，将其他相关技术组合应用到包装上形成新的包装技术，这方面的技术有：(1)包装固化技术——固化与干燥能源在更新，从热转向光；(2)包装切割成型技术——新型切割与成型器械(3)包装与加工结合技术——包装与加工相结合；(4)包装功能借用技术——包装功能超出包装，发挥增值作用；(5)包装功能保护技术——在包装材料中加入保鲜、杀菌、防潮、防静电、防异味等功能性成分。

此外，还有对活鲜物的包装技术。随着包装新材料的出现，一些包装过程中的技术也有了新的变化。如自粘拉伸缠绕膜的出现，使得裹包、收缩、捆扎等工序合为一体，操作得以简化而且快捷。

美国印刷技术协会不久前宣布，新近出现的 11 项新技术产品在未来将对包装印刷业产生真正的冲击。这 11 项新技术包括：第一个以 PDF 为基础的高端印前生产系统；专用于柔版的网点技术；采用 CIP3 工作流程的波拉裁切系统；胶印轮转机；第一个成功采用激光技术雕刻凹印滚筒的工艺系统；专业数字化照相技术；干燥新技术(联机一次形成)；印制压敏内式标签新技术；软件包(印前系统)；扫描软件系统；按需印刷市场的印刷系统。

五、包装材料绿色化

随着环保意识的高涨，全球经济与产业体系正在兴起以包装革命为先导的“零度包装”、“绿色包装”的构想，并付诸实施，绿色商品和绿色包装将成为热点。绿色包装是一种高新技术形态的包装，从原料开始，到包装的设计、制造，再到产品的使用回收，每一个环节都要节源、高效、无害。生态包装材料得到世界的广泛关注，其研究要从开发、设计、生产、使用、废弃等过程全程考虑。此外，纸制品包装重点发展低克重、高强化、轻量化的高档纸包装，达到标准化、系列化、多品种、多基材、多用途的目标。

未来的包装将是绿色包装，由于塑料包装容器的公害问题，纸包装容器的未来发展趋势是：一次成型的模压纸容器将逐步取代现在的模切组合纸容器；深层涂塑技术逐步取代过去的涂蜡；复合技术成为纸容器研制的重要技巧；CAD 和 CAM 系统将会使纸包装容器的设计与制造周期大大缩短。而且，未来的销售包装容器与运输包装容器的界线逐渐消失。

近来，世界上许多国家都在积极开发新型包装，如由美国研制的 QLF 瓶，其抗氧能力比普通 PET 瓶高 3～10 倍，防潮能力提高 2 倍，可微波加热，适用于目前的 PET 回收工艺。防伪塑料包装，是将带有内存信息的塑料薄膜，填入多层聚合物包装中，当打开包装后，薄膜上会显示出内存信息，以防假冒。具有吸氧功能的啤酒瓶盖，能将啤酒保质期从 3～4 个月延长到 4～6 个月。德国还推出一种便启式瓶盖，专为年老体弱者及病人设计，以及能自动计量的特殊瓶盖。

六、包装印刷高科技数码化

以计算机处理为基础的电子系统的出现，是印刷包装发展史上的一个重大转折点。彩色电子系统主要包括图像处理技术、色彩分色的管理技术、图像扫描技术、数字视频技术、图像信息交换技术。21 世纪电子数码交换共用标准，由于跨行业、跨国界的数码交换，渐渐整合为国际通用的 ISO 标准，将进一步整合成运用 16 位表达 65000 个主要国际语言及符合的 Unicode 码。21 世纪由于印刷包装过程整个数码化、过程单一化而产生了整体控制数码资料 CIP3。数字式印刷技术与网络技术的结合将彻底改变传统的印刷生产模式。这是一种建立在“数字流程＋数字媒体/高密存储＋网络传输”基础上的一种崭新的生产方式。也可以说，传统包装印刷是“生产后再销售”的生产模式，而数字印刷是“销售后再生产”的生产模式。整个包装印刷业的数字化管理处于起步阶段，基础差是劣势，也是优势。起点低，提升空间大，易于达到较好的投入产出比，是目前包装印刷业投资回收率最高的投资方向之一。

由此，世界印刷业的发展趋势应该引起我们业界人士极大的关注。据有关资料介绍，在印刷业比较发达的国家和地区，传统印刷工业在当代数字技术与计算机网络技术的冲击下，已经发生重大变革和质的飞跃。总的发展趋势是：印刷产业正在向着具备“制造业”和“信息产业”软硬双重性的独特产业转变，并且正在不断强化“信息交流产业”的形象。伴随着这一变革，印刷产业不仅仅局限于信息加工业，而且还要扩大到信息中介业、信息发布业等领域。日本印刷界在面向 21 世纪的最新报告中，已经把印刷业重新定义为“信息价值创造产业”。

七、纳米包装印刷产业化

纳米技术的形成与纳米材料的出现是 21 世纪最活跃的三大前沿研究领域，取得了突破性成果。纳米技术将会带来一次技术革命与产业革命，也为中国包装印刷界提供了一个千载难逢的大好时机。

国家 973 纳米领域首席科学家张立德研究员说：“纳米塑料将是我国最有希望实现产业化的纳米技术之一。”印刷从其发明之日起，经历了 500 多年的“铅与火”岁月，渡过了近百年的“光与电”时光，现又进入了“数与网”的时代。几乎同时，20 世纪 90 年代，高保真印刷已悄然向我们走来，它的网点大约在 10μm～20μm 之间。这表明印刷的材料离纳米层次已经不远了。

最新十项纳米技术在包装印刷领域的应用及其产业化前景是：纳米塑料新材料(改性及功能保护，完全可降解塑料)；绿色环保型有色纳米薄膜及功能性纳米 PE 膜，纳米材料复合高分子保鲜塑料膜(保鲜包装材料)；新型纳米复合变色防伪膜与重离子微孔防伪技术；改性聚酯纳米 PET 容器，聚合物基纳米复合材料(PN·MC)及尼龙 6/粘土纳米薄膜；纳米复合单分散二氧化钛球形颗粒(纳米抗紫外 TiO_2)，纳米级轻质碳酸钙及纳米 SiO_2；纳米抗菌涂层(纳米有机、无机抗菌、无菌包装)；纳米材料在温敏、气敏、湿敏方面的应用；纳米油墨与纳米颜料(透明纳米级氧化铁)；纳米磁性印刷与纳米印刷术；纳米纸与二元纳米界面包装材料等。

纳米技术毕竟是高科技，在转化到产业的过程中需要成熟的技术，对这些材料合成和材料添加方面成熟的技术，要与包装印刷企业的工艺流程相吻合，必须找到纳米技术的应用与现实技术体系的结合点，结合得最好的纳米技术就会得到尽快的发展。从而提升高技术含量，抢占行业先机，实现跨越式的发展，并将导致一个全新的高科技产业的诞生。很显然，谁要在 21 世纪站在世界高新技术领域的前沿，谁就应该在纳米科技领域领先一步。

无菌包装技术四大发展趋向

无菌包装属于现代高新技术的包装手段，真正用于生产实践仅有几十年的历史。随着科技的飞速发展以及相关应用技术不断提高，无菌包装在食品及药品包装中的应用日益广泛。食品安全性第一与营养功能兼顾性原则逐步为消费者所认同，为无菌包装技术及装备市场化应用开拓了广阔的空间，以致业内公认无菌包装是未来食品包装业的发展方向，同时无菌包装业的发展也面临着前所未有的机遇和挑战。

纵观无菌包装业近几十年的发展历史，我们可以清楚地看到，无菌包装技术的发展无不伴随着现代高新技术的进步而发展，并日益显现出四大显著趋势。

1. 向向高新技术集成性和高可靠要求的方向发展

无菌包装技术是一项对食品及药品的安全性实现综合技术保障的系统工程，它集光机电一体化技术、现代化学、物理学、微生物学、自动控制、计算机通讯等多项高新技术为一体。为满足产品的安全性要求，系统本身的每一个子系统无不包含着新技术、新材料、新工艺的成果。为了满足高可靠度的要求，每一个子系统从设计到制造，从运行实验到运行监控，以及信息反馈与补偿修正都要融入现代质量的理念，达到设备固有可靠性与运行可靠性统一。高可靠度意味最终产品的高安全性，而实现高可靠度必须有诸多相关学科的高新技术做支撑。尽管各类无菌包装设备的技术指标与最终产品的环境特性存在着差异性，但最终必须以实现安全性保障为终极目标。

2. 向多个产业的应用领域发展和延伸

众所周知，无菌的概念和要求是医学发展的产物。随着现代微生物学和应用灭菌技术的发展，人类对杀灭包括细菌芽孢在内的全部病原微生物和非病原微生物有了更新的认识和控制手段。商业无菌作为评价食品安全性的技术指标为相关行业和市场认同。无菌包装技术进入食品工业首先以乳制品为切入点，以 **TETRA PAK** 公司为代表率先解决了牛乳这种高营养和高时效性食品的无菌包装技术，打破了牛乳生产与销售的时间与空间的限制，无疑是一项革命性的突破。近几十年来，伴随着新型包装材料和灭菌新工艺的不断涌现，以及生物技术产品的市场消费的推动，无菌包装从药品到乳品向啤酒、果汁、软饮料行业的热敏性食品领域扩展延伸，最具代表性的是啤酒、果汁、茶饮料的无菌包装设备逐步进入国内市场，而国内厂商为了构建和引领更新的市场消费理念和销售热点，不惜重金引进设备，也正说明了这一点。

3. 无菌包装设备向单一高速型方向发展

无论从技术含量和技术指标要求而言，都属于包装机械中的高端产品，应用领域涵盖了药品、食品的各个行业。对于使用厂家而言，这种技术和资本双重密集性的设备定位必须以提高生产效率为方向，而不同于现代包装机械向多功能和单一高速型两极化发展。从技术层面上讲，高可靠度的装备向多功能型发展，将意味着加大技术上的难度。虽然设备使用厂商为了构建自身产品的差异化优势而具有产品多样化的需求，但要达到装备的固有可靠性和运行可靠性的统一，从而保障投资的回报，单一高速型应该是最佳选择。

4. 向以技术创新优化性价比的方向发展

无菌包装设备本身的高技术含量和其具有的特点，决定了其高投入的特点。引进国外的一条生产线，少则上千万元，加上可观的运行费用，使多少企业望而却步。显然国内装备企业要推动无菌包装行业的健康发展，为市场提供价格适中，性价比优良的设备以推动消费市场，需要优化性价比来降低投入。那么要达到这一目的的惟一出路，就是走技术创新的道路。技术创新应采取集成性与突破性相融合的技术策略。所谓集成性，就是对国内外现已发展成熟的相关技术成果进行集成整合，以降低研发成本，简化人机界面。突破性则是对关键工艺和器件进行重点研究和突破。目前，国内致力于无菌包装发展的厂商在乳品、啤酒和果汁行业的无菌灌装设备的研发上已取得了长足的进步，为市场提供优良性价比的无菌包装设备已为期不远了。

无菌包装技术是一门多学科的系统工程。每一台无菌包装设备都具有不可或缺的机械、控制、微生物栅栏和质量监控保障系统。每个系统彼此既相对独立又相互联系，在主控计算机的监控下整体协同运行。随着科技成果向应用技术领域的转化速度加快，现代工程技术领域的技术创新是以工程技术专家对技术要素的优化整合为特征。无菌包装作为行业的前沿和高端技术，自然给新技术的应用开拓了新的天地。一台性能优良的无菌包装设备可以集中体现现代科技、现代制造与控制技术的精华，也是一个企业乃至一个国家整体技术水平的综合体现。

就机械与控制系统而言，光机电一体化技术的应用，使整机的固有可靠性和运行可靠性得到了很大的提升。从传动到终端执行部件，从物料输送到精确计量灌装，从控制到信号测控反馈与补偿，各部件、器件的高质量专业化生产，为实现整机理想技术状态奠定了坚实的基础。CAD 与 CAM 技术、伺服控制技术、传感器及计算机现场总线技术等多项新技术得到了广泛的应用。

从事无菌包装设备技术开发的工程师都知道，评价设备整机运行可靠性以及最终产品的安全性保障，很大程度上取决于无菌包装设备中微生物栅栏系统的优劣。目前，即使最先进的设备也存在着成品染菌率的指标，虽然每种产品贮存环境特性各异，但要将染菌率有效控制在最小的限度内，无疑是最具挑战性的课题。

微生物栅栏系统是指从包材及达到商业无菌要求的物料进入设备并完成无菌包装过程输出机外，并包括 CIP、SIP 系统功能的无菌保障的综合系统。其对外来微生物采取阻隔与灭菌两种技术手段。

阻隔采用的是物理过滤方法，目前大都采用通过直径为 0.3μm 的高效纤维层过滤器。但这种过滤器效率和耐压低、污染及损伤失效概率高，使用寿命短。近期开发应用的 PDF 折叠式空气除菌过滤器和金属烧结型过滤器以及高分子膜过滤器，过滤精度可达到 0.01μm，而且流量大，耐温性、耐压性好，安装方便，可进行蒸汽灭菌，从而保证了阻隔系统始终处在最佳工作状态，可稳定可靠地为系统提供安全、高可靠度的微生物阻隔技术支持。

微生物灭杀装置主要是包装容器和材料以及设备内在相关系统的无菌保障，按技术手段划分可分为化学灭菌和物理灭菌。

在无菌包装上采用的化学灭菌多采用强氧化剂，包括 H_2O_2、过氧乙酸、环氧乙烷、卤素等，主要是依靠强氧化剂的氧化能力与细胞酶蛋白中的 -SH- 巯基结合转化为-SS-基，破坏蛋白质的分子结构，干扰细菌酶系统的代谢，使其失去活性。按照分子生物学的观点，就是对细胞的 DNA 进行氧化性损伤，从而抑制细胞的增殖。使用化学灭菌会对容器和包材以及设备产生一定量的残留污染，必须采取严格的措施控制残留，以保障最终产品的安全性。

物理灭菌可分为蒸汽、电磁波和辐照三种方式。蒸汽灭菌属于经典式的灭菌方法；而电磁波灭菌多采用 2450nm 和 915nm 微波灭菌和超声波灭菌；辐照灭菌可分为离子性辐照和非离子性辐照，非离子性辐照采用最广泛的是 253.7nm 波长的紫外线，由于光源发出的强度所限，虽不存在残留问题，但以上物理灭菌方法都有一定的局限性。

目前，最具备应用前景的是近期开发的激发态紫外光脉杀菌技术。它不同于常规的物理灭菌手段，采用特制的光源和电源器件，在高频高压下产生单一波长 253.7nm 的紫外光，其强度可达到 200mw/立方厘米以上，是常规紫外线装置发光强度的 200 倍～300 倍，其脉冲可达到纳秒级，其能量足以打断细胞 DNA 结构中的 C-H 键、C-N 键和 O-H 键，使 DNA 结构产生致死性损伤。实践验证，它可以在几百毫秒时间内使物体表面和空气中 10 的 9 次方对数级细菌和 10 的 5 次方对数级芽孢致死。如果和低浓度 H_2O_2 协同作用，不但可以增大灭菌强度，同样可以使残留的 H_2O_2 分解。这种新技术的应用将为无菌包装设备的微生物栅栏系统提供更加强有力的技术支持。

在质量监控和保障系统中，现代传感技术和计算机及远程控制、通讯技术的采用，为设备的运行可靠性提供了技术支撑。现场总线技术的应用可以使设备的每个关键环节运行状态信号始终处在主控计算机的严密监控之下，从各种信号的跟踪反馈预警补偿修正进行闭环控制，保证整机处在良好的运行状态，从而保障了最终产品质量的稳定性。

无菌包装设备在使用中有严格的规定使用技术条件，这也是设备良好运行不可或缺的必要条件。所有的外围设备必须严格按照 GMP 规范设计施工，并引入 HACCP 程序，以确保整体目标的实现。

目前，国内使用的无菌包装设备多为欧美发达国家的产品。就其设备本身技术密集性和高价位以及未来市场的高成长性，使国内具备一定实力的包装机械制造商纷纷介入。2005 年，中国标准化委员会和中国包协无菌包装委员会会同国内外相关厂商编制了《液体食品包装设备验收规范》的国家标准，旨在与国际标准接轨，规范市场行为，促进企业技术创新，提高技术水平和竞争力。随着无菌包装行业的发展，要逐步建立无菌包装设备的认证制度，充分发挥行业引导和监督作用，为无菌包装设备的国产化和赶上国际先进水平，为企业营造更加科学合理、公正的市场环境。（菌包）

我国出口食品包装改进要找准方向

我国农产品占国民经济的比重很大，是国民经济的命脉。食品关系到人们的身体健康，关系到经济的持续稳定发展，而食品包装的质量同时也引起人们的重视。当今世界各国，尤其是发达国家，对食品等关系国民身体食健康的产品非常重视。不仅对食品本身的品质提出了严格的卫生要求，而且对其包装也制定了很高的标准，不断颁布一系列法律法规对食品作出有效的规范。尤其对于进口的食品、农产品的检验检疫更为严格，各国除了遵循国际标准外，对食品包装的限制措施和技术壁垒不断出现，不断在调整和变化；对进出口食品、农产品本身及其包装的技术检验和卫生检疫要求很高；再加上食品、农产品本身卫生问题，不少发达国家推出很多的法律法规对食品、农产品及其包装实行相当严格的准入制度。

近年来，我国食品、农副产品的出口量连年增大。根据市场调研，2003年和2004年，我国出口食品和农副产品的总量分别为11.780万吨和13.500万吨，预计2005年出口量为15.600万吨至2010年可达到25.500万吨。增长速度分别为14.6%(2003年～2004年)和36%(2005年～2010年)，每年递增平均6%。从2003年至今，在我国西部，大量投资发展农业经济，农产品、农副产品的生产基地也在不断递增。2004年，在内蒙、陕西，又投巨资引进8条番茄加工生产线和6条苹果加工生产线，为此用于盛装番茄酱和果汁的包装桶用量也会在原来的基础上增加100多万只。同时东北的经销商也看好我国东北和食油产品出口优势，大力扩大豆油、玉米和东北大米的生产，并积极筹建出口包装桶生产线，为粮食出口做准备。

目前，我国出口商品包装研究所正在重点着手做两件事：一是按照国家商务部的要求推出《出口商品技术指南》——包装技术指南部分，主要是让我国包装和出口商品企业了解国外对大宗商品包装的限制和要求，并且提出有效的应对措施；《技术指南》——包装技术部分主要介绍欧盟及其各成员国、北美地区、亚洲太平洋地区主要国家对出口商品包装的限制和要求，并且随着变化不断更新增补。
二是配合国内有关部门从我国食品、农产品包装发展战略出发促进国内展出口食品、农产品包装的改进和提高，达到进口国家对食品、农产品包装的要求，符合进口国家的包装技术法规。

近几年，发达国家对食品、农产品包装材料的化学成分分析和材料种类的选择要求相当高，并不是简单地达到抗冲击、无毒、避光、不散色、防渗漏，对食品本身不会产生化学影响而已，还要看它在保鲜、保质、延长食品运输和货架寿命方面的作用，看它是否具有明确的标识和提示，从而为消费者带来方便。

一、我国出口食品、农产品包装现状

早在上个世纪50年代，美国FDA对食品、农产品的包装和内容物检测予以同等重视。最近，美国对其进口的食品、农产品作出规定，要求必须经过FDA的认可，才能获准进入美国市场。从发达国家引进包装技术设备对食品、农产品进行加工和包装，其产品可以容易地进入发达国家；而用我国自己的包装机械设备对食品、农产品进行包装出口则相当困难，国内加工食品机械设备生产的食品出口也比较困难。我国先进的食品企业引进的食品、农产品生产线一般是前半段进行食品、农产品深加工，后半段进行无菌包装，国内的无菌包装技术很难达到出口的要求。

新鲜水果、蔬菜、肉类、花卉是我国出口产品中的大宗产品，尤其对东南亚地区出口量很大。但是包装和产品的保鲜技术不好，其出口运输包装多用传统的纸箱，没有广泛使用高密度聚乙烯透气性好的运输箱、周转箱，不仅导致在运输时不能载满，达不到额定载量和体积，从而使运输成本大大增加；而且运输过程中腐烂和损耗率相当惊人。据商

务部的数据显示，我国每年水果蔬菜总产量的 20%在运输储存过程中被损耗掉，损失高达700 亿美元。

对于西部盛产的果汁、果酱、蕃茄酱、蜂蜜等产品，由于西部深加工技术水平落后，大部分出口蜂蜜产品还需要运往秦皇岛进行深加工和出口检验。山东等地果汁酸度较大还需进行综合深加工。为了降低成本，供应商们纷纷采用内涂食品涂料的包装钢桶进行国内深加工前的包装运输，这样内涂钢桶的内壁质量卫生标准是否合格就显得非常重要。

二、水平不高

我国食品、农产品包装简陋，造成产品价格较低。一些国家进口我国的食品、农产品后还需要重新包装，再进入本国市场，其市场价格远比进口时高。尤其是水果、蔬菜、茶叶等农产品的运输包装和国外相比差距很大。在销售茶叶包装方面应该向省巢这样的国际品牌学习。

值得注意的是市场的食品、农产品门槛越来越高。其原因是欧美日等国家都有常设研究检验机构，对食品、农产品的卫生相当重视，不断研究排查他们认定的食品、农产品中的致癌物。不少人认为外国对进口中国食品、农产品进行技术限制是一种贸易歧视，但事实并非如此，他们对本国产品的技术要求是一样的。

近几年，我国在农产品的生产和加工方面也花费了很大的精力，使蜂蜜、番茄、苹果的农药含量得到了有效地控制，其出口量明显在以往的基础上有很大的突破。以前我国没有鉴定蜂蜜的国家标准，出口蜂蜜都是先将样品寄往国外，等人家鉴定合格后方可出口。这样会延误大好时机，又受国外技术壁垒的阻碍，所以严重影响了我国蜂蜜的出口和蜂产品的发展。近几年，通过秦皇岛质量技术监督局努力，制定了 25 项蜂蜜产品的检验标准，并得到德国等国家的好评。由于有了检验标准，出口量将会有大的增长。

目前用于盛装食品的内涂包装钢桶一般有：蜂蜜桶、果汁桶、番茄酱桶。如果用于盛装这些食品的内涂包装桶，由于其内壁涂料卫生质量达不到安全食品卫生要求，将会对其造成二次污染，从而影响其产品的内在质量。

我国食品加工企业应该生产经过深加工或者初级加工的能够直接食用的食品、农产品。尽可能减少带来城市垃圾的包装，同时也要减少运输消耗。国外对包装和产品本身产生垃圾较多的商品进口限制很严格，原因是为了减少城市的垃圾处理费用，我国在这方面还尚未引起应有的重视。

农产品应该进一步实行商业化运作，必须具有商品的特性，做到有等、有级、有品牌、有包装。目前我国对农产品缺乏工业化运作意识，运输和储存过程中产品的消耗量巨大，对社会资源造成了浪费。可以考虑在运输和储存过程中广泛使用透气高密度聚乙烯食品、农产品运输箱、周转箱或集装桶“W”环筋桶、锥形桶、及小的食品罐等；包装材料要透气、保湿且环保，这将大大降低损耗，从而提高食品、农产品品质。

出口食品、农产品包装应该符合国际联通的需要，其大小尺寸应该实行标准化。

三、食品包装卫生的特殊要求

包装材料除了满足无毒无害的基本要求外，还应该满足不同进口国的特殊要求。

下面是一些常用的食品包装内涂涂料。

我国容许使用在包装钢桶内壁上的食品涂料有：聚酰胺环氧树脂涂料、过氧乙烯涂料、有机氟涂料等。下面我们介绍这些内涂涂料的食品安全卫生要求。

1.聚酰胺环环氧树脂涂料的卫生要求

聚酰胺环氧树脂涂料属于环氧树脂类涂料。环氧树脂涂料属于固化成膜涂料。环氧树脂一般由双酚A(二酚基丙烷)与环氧氯丙烷聚合而成。根据聚合程度不同，环氧树脂的分子量也不同。从卫生角度看，分子量越大（即环氧值越小）越稳定，越不易有有害物质溶出向食品中迁移，因此其安全性越高。

聚酰胺作为聚酰胺氧树脂涂料的固化剂，其本身是一种高分子聚合物，未见有毒性报道。聚酰胺环氧树脂的质量(环氧树脂的环氧值)、固化剂的配比以及固化度。固化剂配比适当，固化度越高，环氧树脂涂料中向食品中迁移的未固化物质越少。按照 GB9686-88《食品容器内壁聚酰胺环氧树脂涂料卫生标准》的规定，聚酰胺环氧树脂涂料在各种溶剂中的蒸发残渣应控制在 30mg/1 以下。

2.过氯乙烯涂料的卫生要求

过氯乙烯涂料以过氯乙烯树脂为原料，配以增塑剂，经涂刷或喷涂包装内壁后自然干燥成膜。过氯乙烯涂料一般分为底漆和面漆。过氯乙烯树脂含有氯乙烯单体，氯乙烯是一种致癌的有毒化合物。

成膜后的过氯乙烯涂料中仍可能含有氯乙烯的残留，按照GB7105-86《食品容器过氯乙烯内壁涂料卫生标准》的规定，成膜后的过氯乙烯涂料中氯乙烯单体残留控制在1mg/kg以下。过氯乙烯涂料中所使用的增塑剂、溶剂等助剂必须符合GB9685-94《食品容器、包装材料用助剂作用卫生标准》的有关规定，不得使用有毒或高毒的助剂。涂膜应均匀、无气泡、斑点、皱折、脱落现象。

3.有机氟涂料的卫生要求

有机氟涂料包括聚氟乙烯、聚四氟乙烯、聚六氟丙烯涂料，这些涂料以氟乙烯、四氟乙烯、聚六氟丙烯为主要原料聚合而成，并配以一定助剂，喷涂在包装的内壁表面。有机氟涂料具有防粘、耐腐蚀的特点，但其耐酸性较差。所以它被广泛提高应用在盛装蜂蜜的内涂包装容器上。具体应用在内涂蜂蜜包装容器上的有机氟涂料聚四氟乙烯，简称为PVF涂料。它是一种高分子化合物，化学性质稳定，一般情况下不会有单体残留，是一种比较安全的食品包装内壁涂料。但是，由于聚四氟乙烯涂料对被涂包装容器的清洁程度要求较高，所以包装容器在喷涂前通常要先进行清洗处理。清洗包装容器内壁时，目前大部分包装生产企业都是采用喷淋清洗烘干线进行清洗。而清洗剂常用铬酸盐，这样有可能造成铬盐残留在容器表面，进而混入内涂涂料中。因此，在生产内涂蜂蜜包装容器时，应该按照GB1167-89《食品容器内壁聚四氟乙烯涂料卫生标准》的规定，对内涂蜂蜜包装容器进行检验。标准中规定，铬和氟的适宜量应分别控制在0.01mg/l和0.2mg/l以下。另外，聚四氟乙烯在烘烤时，如果温度达到280℃时就会发生裂变，产生挥发性很强的有毒氟化物，所以，在使用聚四氟乙烯内涂蜂蜜包装容器时，一般烘烤温度不得超过250℃。

四、出口食品包装对包装生产企业的要求

国内包装业要想为出口商品做出好“嫁衣”，必须做到下列几点：

1.加强包装企业内部管理，严格按工艺要求生产加工食品包装。

2.加快包装标准化工作进程，包括包装材料、包装技术要求、包装标识、包装制造等的标准化，特别是强制性的食品包装标准。目前我国有的包装技术标准还是空白，有的已经过时，有的需要修订，另外，在标准的执行方面还不够严格。

3.在完善技术标准的基础上，更要建立健全食品农产品包装法规，我国至今为止还没有一部《包装法》，政府应该重视起来，争取早出台一部《包装法》。

4.包装设计、生产和应用脱节，搞包装的不了解国外情况，搞设计生产的不懂包装的应用情况，包装业和食品、农产品等下游行业之间缺少有效的沟通和联合。

5.我国食品、农产品包装技术设备和运输包装与国外相比差距很大，应大力研究开发先进的包装技术设备，这是包装能够最终实现其有效功能的技术保障。只有采用先进的包装技术设备，才能够真正让出口食品、农产品达到进口国的要求，实现出口产品的大幅度增长。

6.政府和企业应该在农产品包装方面加强引导、管理和资金投入，不断加强对广大员工包装意识的培养，使农产品更好地走向广阔的国际市场，真正实现其商品附加值，使农民真正从高附加值的农产品中增加收入，得到实惠。

7.在加强食品、农产品包装的同时，也要提高食品、农产品的品质，抑制优良品种的退化。

8.食品包装要符合食品安全卫生的要求。从前面的分析可看出，涂于食品包装内壁的食品涂料，如果操作不当，不严格按工艺要求来控制，或多或少的都会有残留物向涂料涂层迁移，从而污染内盛的食品。而作为食品的包装，它必须满足食品的安全卫生标准，这是最基本的常识。近几年，我国出口的果汁、番茄酱、蜂蜜，总是因为农药含量超标而不能获得入境资格，甚至在口岸长期放置，最终被退回国内。所以，作为食品包装，除满足食品卫生性的基本要求外，还必须要求溶剂的残留量越低越好。这就要求食品包装的生产企业在生产食品内涂包装时，一定要按食品安全卫生要求。确保食品包装的清洁和残留有害物量不超过卫生标准要求；为了保证食品涂料的质量，食品包装生产企业应定期向食品涂料供应商索取当地上级质检部门出具的生产许可证和有效的食品安全卫生检验报告。质量技术监督部门也要定期对其食品内涂包装品进行监督检查，并出具检验报告；食品内涂包装品的使用客户也一定要向包装制造厂商索取上级质检部门出具的生产许可证和有效的食品安全卫生检验报告。

（辛巧娟）

2004 年
中国包装工业统计年报

2004年中国包装工业统计年报综述及简析

2004年,受国际经济形势较好及国内部分行业发展过快的共同影响下,中国包装工业总体发展较快。中国包装工业总产值的增长速度,在2003年出现小幅上跳后继续维持在高位运行。

一、包装工业总体运行情况良好

(一)工业总产值增幅较大,环比增长达到16.98%。

1.包装工业各门类工业总产值均有不同程度地增长。其中,纸包装业依然是增长最快的,环比增长达到24.32%。包装工业各门类工业总产值及增长速度见图1。

2004年,中国包装工业国有及年销售收入在500万元及以上非国有工业企业(下称规模以上企业)共完成工业总产值(当年价)3283.02亿元,环比增长16.98%,占我国GDP(136515亿元)的2.4%。其中,纸包装业完成1135.00亿元,环比增长24.32%;塑料包装业完成929.29亿元,环比增长18.56%;玻璃包装业完成88.66亿元,环比增长4.24%;金属包装业完成230.83亿元,环比增长7.79%;包装印刷业完成628.18亿元,环比增长1 1.44%;包装机械制造业完成169.59亿元,环比增长8.61%。

在包装工业各门类中,纸包装业对包装工业总产值的贡献率最大,塑料包装业次之,包装印刷业居第三位。

2.创新能力方面。塑料、纸、包装机械三个门类的创新能力相对较好,新产品产值均占包装工业新产品总产值的24%以上。包装工业各门类新产品工业产值所占比例见图2。

2004年,新产品产值总共完成127.68亿元,占全部包装工业总产值3.89%。其中,纸包装业完成32.54亿元,占25.49%;塑料包装业完成33.18亿元,占26%;玻璃包装业完成2.52亿元,占1.97%;金属包装业完成4.29亿元,占3.36%;包装印刷业完成13.30亿元,占10.42%:包装机械制造业完成31.22亿元,占24.45%。

在创新能力方面,塑料包装业贡献率最高,显示其新产品的更新速度最快,纸包装业次之,包装机械制造业位居第三。

图1　包装工业各门类工业总产值(当年价)及增长速度

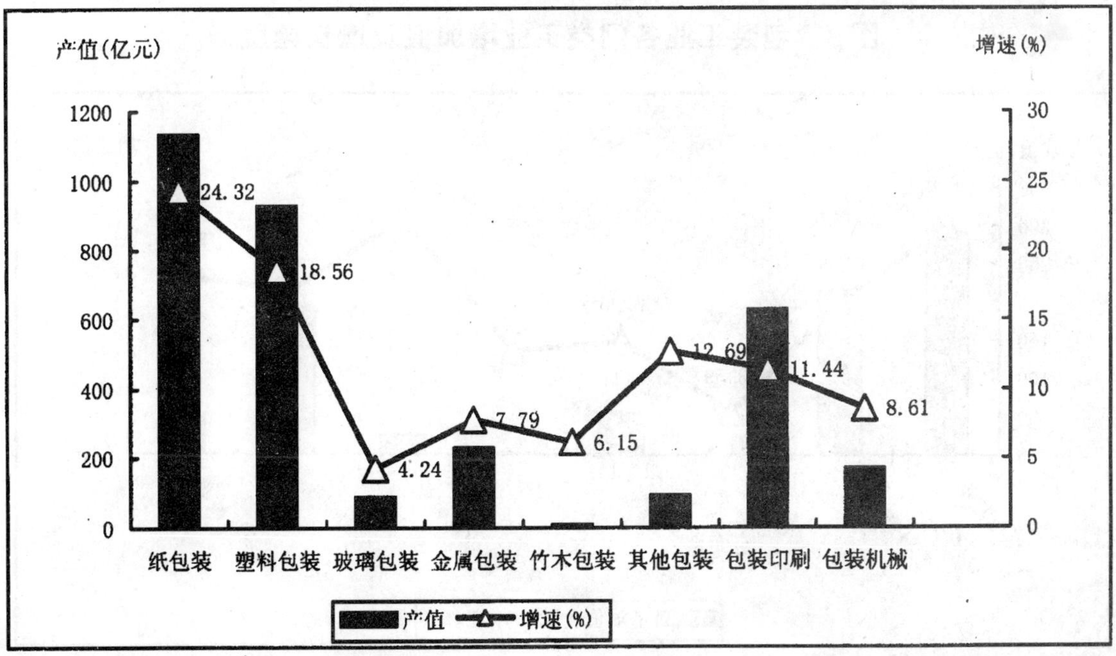

图 2　包装工业各门类新产品工业产值所占比例

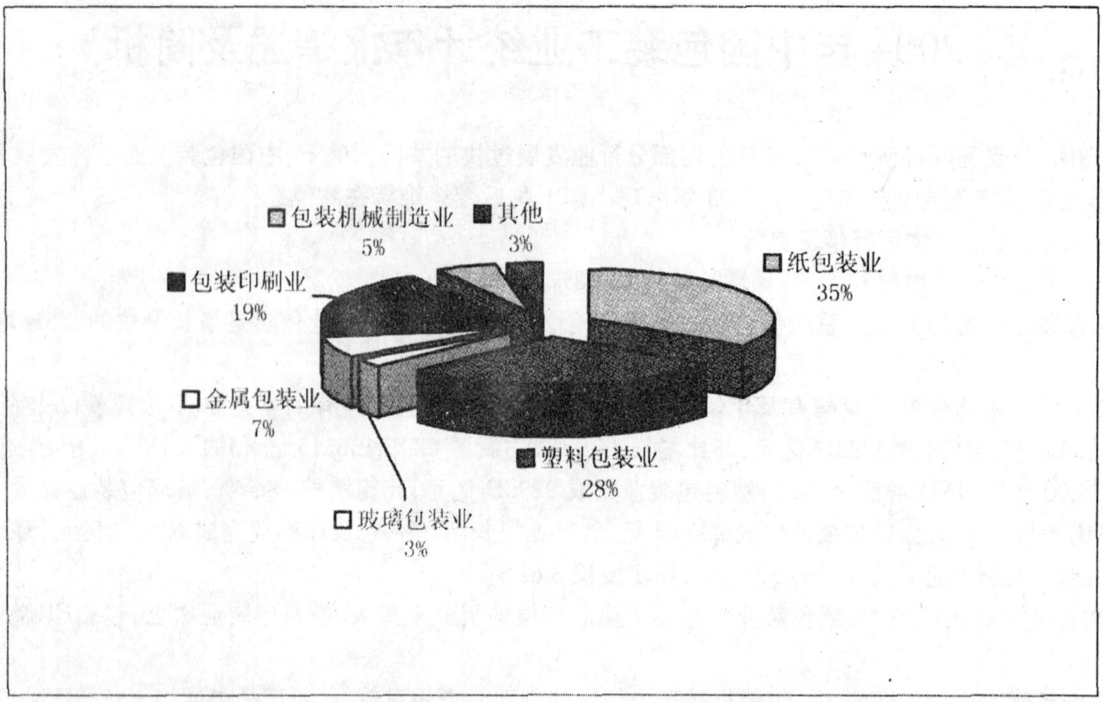

(二)工业增加值总体完成情况较好,环比增长 16.61%。其中,纸包装业工业增加值增长最大,环比达到 24.35%;玻璃包装业略有下降。包装工业各门类工业增加值及增长速度见图 3。

2004 年,中国包装工业规模以上企业共完成工业增加值(生产法)860.09 亿元,环比增长 16.61%。其中,纸包装业完成 292.41 亿元,环比增长 24.35%;塑料包装业完成 215.30 亿元,环比增长 12.96%;玻璃包装业完成 25.5 1亿元,环比下降 3.59%;金属包装业完成 56.35 亿元,环比增长 6.99%;包装印刷业完成 194.79 亿元,环比增长 14.55%;包装机械制造业完成 54.10 亿元,环比增长 16.49%。

在包装工业各门类中,纸包装业工业增加值增长最快,第二、第三名依次是包装机械制造业和包装印刷业。

图 3　包装工业各门类工业增加值及增长速度

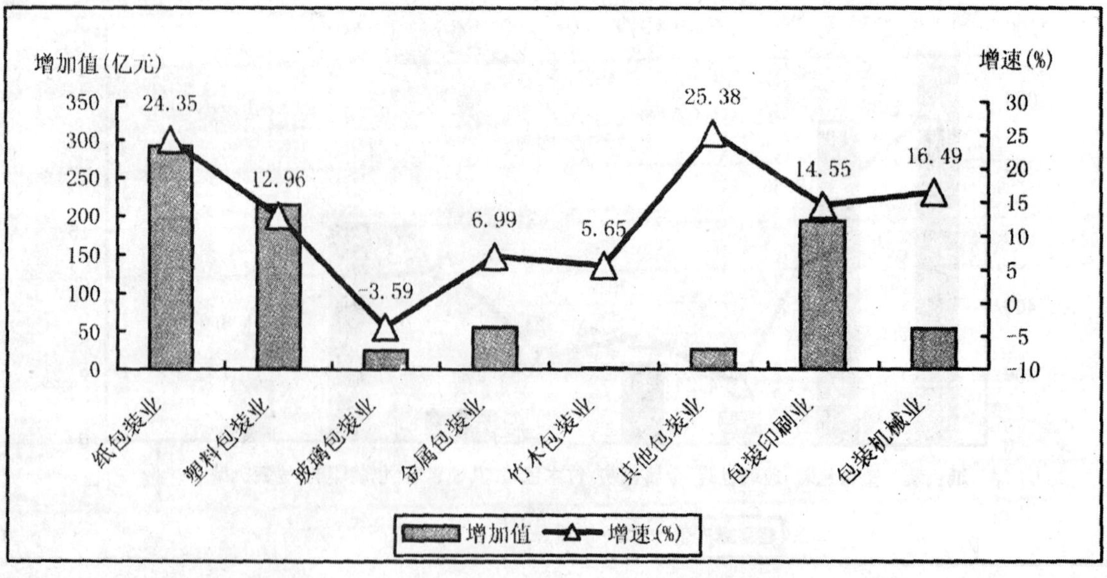

(三)工业销售产值增长幅度较大,产品出口形势较好。

1.工业销售产值总共完成3180.78亿元,环比增长17.70%。其中,纸包装业增幅最大,达到23.75%。包装工业销售产值及增长速度见图4。

2004年,中国包装工业规模以上企业共完成工业销售产值(当年价)3180.78亿元,环比增长17.70%。其中,纸包装业完成1085.70亿元,环比增长23.75%;塑料包装业完成923.34亿元,环比增长20.63%;玻璃包装业完成85.95亿元,环比增长10.23%;金属包装业完成226.22亿元,环比增长9.70%;包装印刷业完成601.96亿元,环比增长11.86%;包装机械制造业完成160.96亿元,环比增长8.49%。

在包装工业各门类中,销售情况最好的是纸包装业,其次是塑料包装业,包装印刷业位列第三。

2.包装工业出口交货值共完成365.69亿元,占全部销售总产值的11.50%。其中,塑料包装出口量最大,其出口交货值占包装工业出口交货总值的比例达到38.98%。包装工业各门类出口交货值所占比例见图5。

图4 包装工业销售产值及增长速度

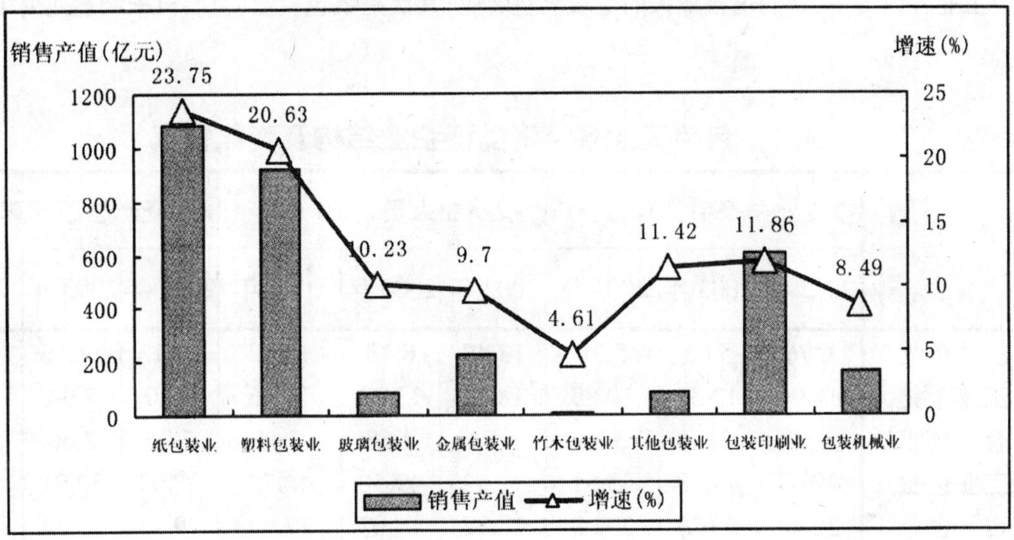

图5 包装工业各门类出口交货值所占比例

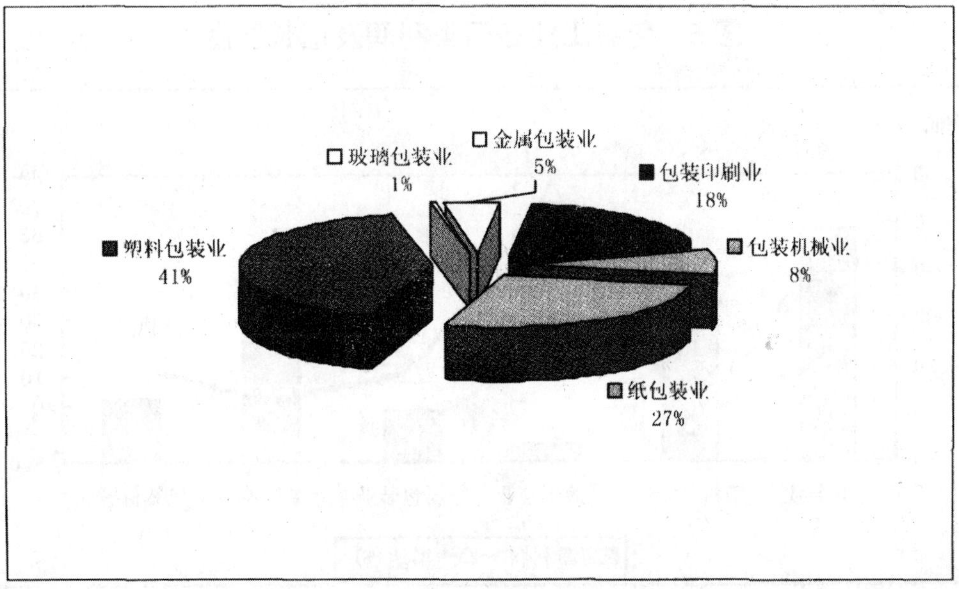

2004年,包装工业出口交货值共完成365.69亿元,占销售总产值的11.50%。其中,纸包装业完成94.04亿元,占出口交货总值25.72%;塑料包装业完成142.55亿元,占出口交货总值38.98%;玻璃包装业完成2.66亿元,占出口交货总值0.73%;金属包装业完成15.86亿元,占出口交货总值4.34%;包装印刷业完成62.26亿元,占出口交货总值17.03%1包装机械制造业完成26.49亿元,占出口交货总值7.24%。

在包装工业各门类中,塑料包装业出口情况最好,其次是纸包装业,包装印刷业列第三位。

(四)包装工业实现利润150亿元,环比增长7.22%。其中,纸包装业所占比重最大,达到32.53%;玻璃包装业增幅最大,环比增长74.41%;塑料包装业呈现负增长,环比下降6.71个百分点。包装工业各门类利润及增长速度见图6。

2004年,中国包装工业规模以上企业共实现利润150亿元,环比增长7.22%。其中,纸包装业完成48.80亿元,占32.53%,环比增长17.20%;塑料包装业完成29.49亿元,占19.66%,环比下降6.71%;玻璃包装业完成3.68亿元,占2.45%,环比增长74.41%;金属包装业完成10.78亿元,占7.19%,环比增长11.59%;包装印刷业完成41.63亿元,占27.75%,环比增长1.39%;包装机械制造业完成13.19亿元,占8.79%,环比增长13.81%。

在包装工业各门类中,利润增幅最大的是玻璃包装业,其次是纸包装业,包装机械制造业列第三位。

表1　包装工业各经济类型企业结构及变化情况

	按工业总产值计算(%)			按从业人员计算(%)			按资产总额计算(%)		
	2002年	2003年	2004年	2002年	2003年	2004年	2002年	2003年	2004年
国有工业企业	6.76	5.03	5.78	13.49	8.43	10.22	14.13	11.16	12.24
集体工业企业	14.90	12.37	10.80	18.42	13.29	11.86	9.40	7.94	7.48
股份合作企业	4.54	3.63	3.33	5.04	4.68	4.41	2.95	2.66	2.51
其他工业企业	39.69	44.68	45.51	41.52	49.50	44.78	37.09	39.91	39.31
“三资”企业	20.42	20.75	20.08	13.82	16.07	17.02	20.96	23.34	22.06
外商投资企业	13.69	13.54	14.49	7.71	8.03	8.71	15.47	14.99	16.40

图6　包装工业各门类利润及增长速度

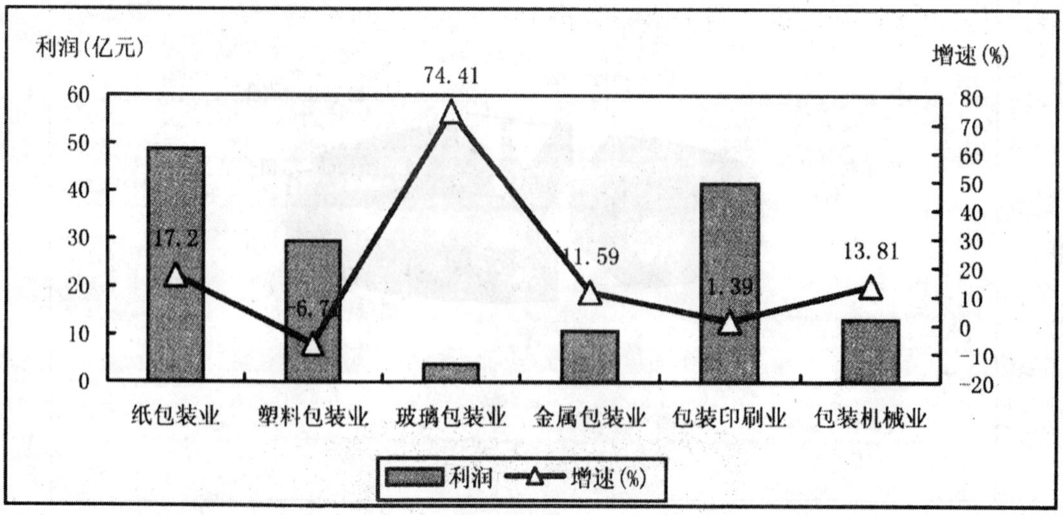

(五)包装工业综合经济效益指数进一步提高，达到133.12点。国有包装企业效益增长显著，环比增长70.59%。但是，按企业数量计算，包装工业亏损面略有增加。

2004年包装工业企业经济效益综合指数为133.12，环比增长近5.34点。但是，按企业数量计算，包装工业企业亏损面为20.48%，比去年增大2.20个百分点。在2004年亏损企业中，国有企业占18.51%，比去年增大0.97个百分点，但盈亏相抵后，国有企业的利润总额仍达到1.74亿元，增长明显，环比达到70.59%。

二、包装工业结构总体变化不大

1.从包装工业经济类型结构情况看，内资企业仍占主导地位。按企业数量计算，内资企业所占比重达到79.81%；按工业总产值计算，内资企业占全部包装工业总产值的65.43%。2004年包装工业经济类型企业结构比例见图7。

2004年，按企业数量计算，内资企业所占比重达到79.81%，比去年下降0.46个百分占，其中国有企业所占比重达8.53%，比去年增加0.66百分点；集体企业达到13.20%，比去年下降1,36个百分点；股份合作企业达到5.70%，比去年下降1.9个百分点；以民营企业为主的其他经济类型企业的比重高达51.76%，比去年增长0.52个百分点。外商投资企业和“三资”企业所占比重达20.19%，比去年的增加0.46个百分点，其中，“三资”企业达到13.27%，比去年增加0.26个百分点；91、商独资企业达到6.92%，比去年增加0.20个百分点。

按工业总产值计算，内资企业实现工业总产值2148.02亿元，占全部包装工业总产值的65.43%。其中，国有包装企业实现工业总产值189.83亿元，所占比重达5.78%，比去年增加0.75个百分点；集体企业实现工业总产值354.50亿元，达到10.80%，比去年下降1.57个百分点；股份合作企业实现工业总产值109.44亿元，达到3.33%，比去年下降0.30个百分点；其他企业合计实现工业总产值1494.25亿元，达到45.51%，比去年增长0.83个百分点。

“三资”和外商投资企业的工业总产值之和占包装工业总产值的34.57%，比去年增加0.28个百分点。其中，“三资”企业实现工业总产值659.39亿元，达到20.08%，比去年20.75下降0.67个百分点；外商投资企业实现工业总产值475.61亿元，达到14.49%，比去年增长0.95个百分点。

2.从包装工业各门类的结构比例来看，纸包装业所占比重最大。按工业总产值计算，纸包装业所占比重达到34.57%，环比增加2.04%。2004年包装工业各门类工业产值所占比重对比情况见图8。

2004年，纸包装业总产值占全国包装工业总产值的34.57%，比去年增加2.04个百分点。塑料包装业达

图7　2004年包装工业经济类型企业结构比例

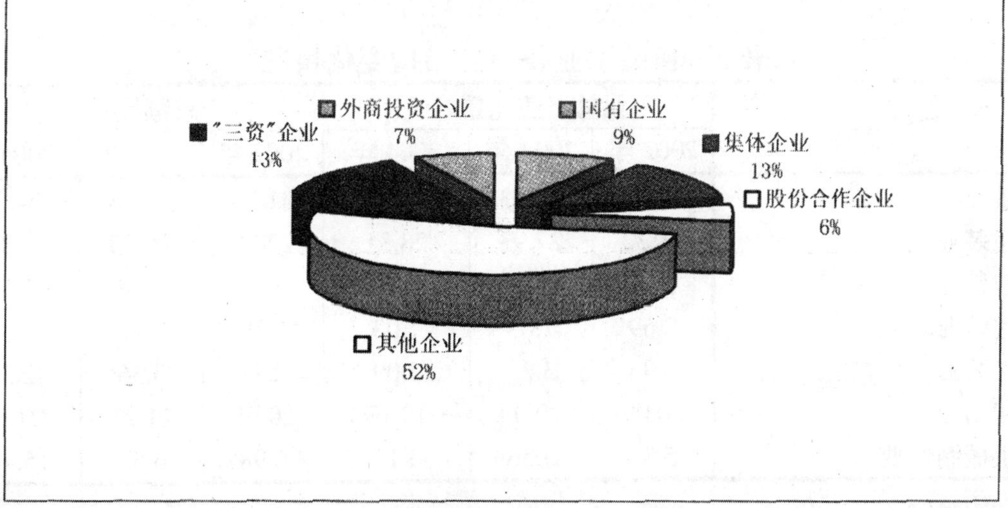

图 8　2004 年包装工业各门类工业产值所占比重对比情况

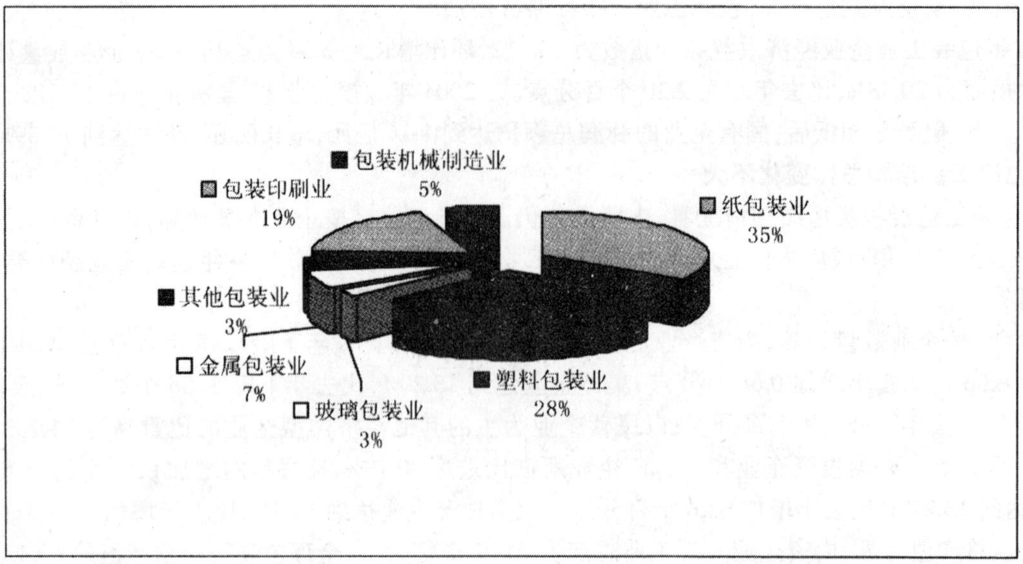

到 28.3 1%,比去年增加 0.38 个百分点。玻璃包装业达到 2.70%,比去年下降 0.33 个百分点。金属包装工作达到 7.03%,比去年下降 0.60 个百分点。其他包装业达到 3.09%,比去年下降 0.14 个百分点。包装印刷业达到 19.13%,比去年下降 0.96 个百分点。包装机械制造业达到 5.17%,比去年下降 0.39 个百分点。

从 2004 年中国包装工业总产值中各门类所占比重来看,纸包装业和塑料包装业两者之和所占比重仍超过 60%˜A2,达到 62.88%。如果再加上位居第三的包装印刷业,所占比重高达到 82.0l%。

包装工业各门类的结构比例与 2003 年相比,纸和塑料包装业保持增大的趋势,其他门类均有不同程度的缩小。

2002 年至 2004 年我国包装工业各门类结构变化情况见表 2 和图 9。

3.从包装工业企业的规模结构看,小型包装企业所占比重最大,达到 92.20%。这是我国包装工业的最大特点之一。

按企业数量计算。2004 年,小型企业数所占比重高达 92.20%,比去年下降 0.31 个百分点。中型企业数达到 7.48%,比去年增长 0.24 个百分点。大型企业数达到 0.32%,比去年增加 0.07 个百分点。

按企业数量和工业总产值分别计算的各类包装企业规模结构对比情况见表 3。

表 2　包装工业各门类结构变化情况

	工业总产值比重（%）			资产总额比重（%）		
	2002 年	2003 年	2004 年	2002 年	2003 年	2004 年
纸包装业	32.11	32.53	34.57	31.76	32.58	34.21
塑料包装业	28.32	27.93	28.31	27.29	26.43	27.85
玻璃包装业	2.94	3.03	2.70	3.51	2.94	2.53
金属包装业	7.69	7.63	7.03	7.19	7.42	6.59
其他包装业	2.96	3.23	3.09	2.74	3.36	2.32
包装印刷业	20.09	20.09	19.13	20.05	21.27	21.54
包装机械制造业	5.89	5.56	5.17	6.98	6.59	5.46

4.从包装工业的地区结构看，所占比重最大的是华东地区，其包装工业总产值占全国包装工业总产值的52.11%。增长幅度最大的是西北地区，环比增长达到33.37%。

从2004年全国各区域包装工业总产值来看：除东北地区以外，其他六大区域的环比值均有不同幅度的增长。全国七大区域包装工业总产值变化情况表见表4。

其中，西北地区增幅最大，环比增长达到33.37%；其次是华南地区，环比增长达到20.70%。东北地区出现负增长，环比下降7.97%。

从各区域包装工业总产值占全国包装工业总产值的比重来看，2004年华东和东北地区相对减少，其他五大地区均有不同程度的增加。其中，增加最大的地区是华中地区。全国各区域包装工业总产值所占比重及变化情况见表5和图10。

图9　包装工业各门类工业总产值比重变化情况

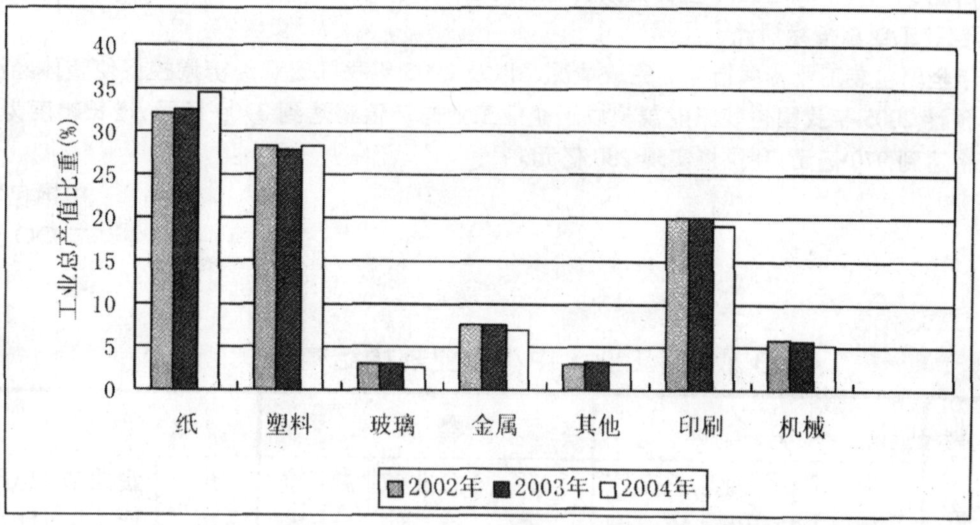

图10　全国各区域包装工业总产值所占比重及变化情况

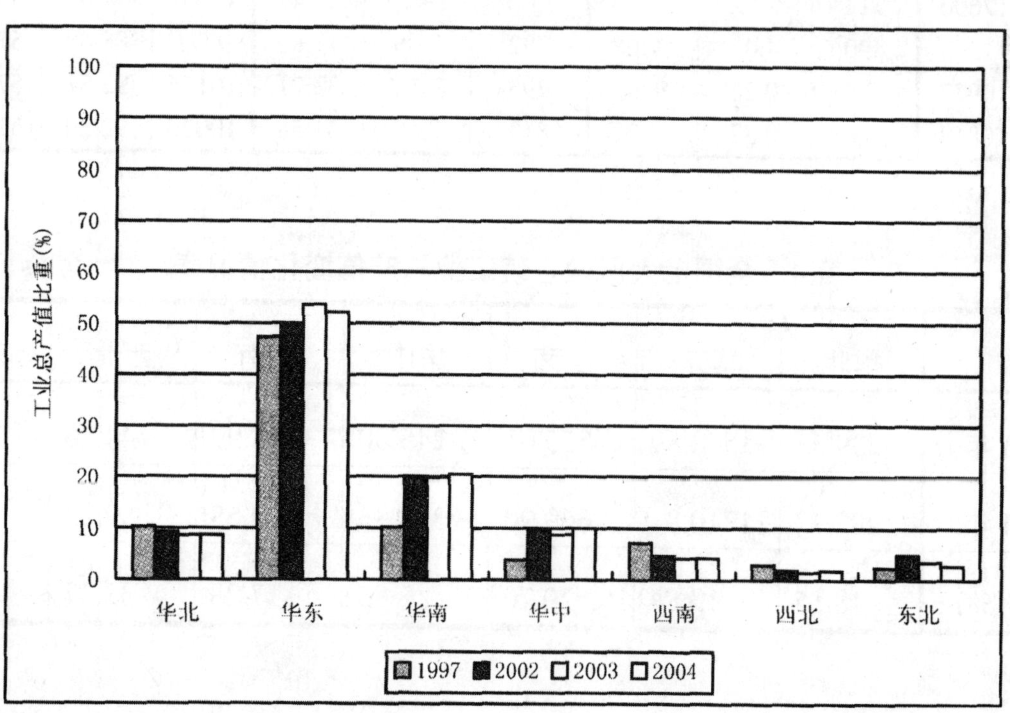

从不同经济类型企业的情况来看，2004年国有、集体、股份、其他、三资、外商投资等六种经济类型企业包装工业产值所占本地区包装工业总产值的比重情况与2003年相比有一定的变化。国有企业在各个区域中所占的比重均有不同程度的提高，一般列在第四、五位，有些地区列在第二、三位，最高的是西北地区，达到22.72%。以民营企业为主的其他经济类型企业在各个区域均占有最大的比重，。一般都在20%以上，最大的是西南地区，达到64.06%。"三资"企业在华南、华东和华北地区所占比重相对较大，华南地区列第一位，达到36.85%。外商投资企业在华北、东北和华东地区所占比重相对较大，最大的是华北地区达到18.25%。2003年、2004年全国各区域、各种经济类型企业工业产值所占本地区包装工业总产值比重情况见表6。

从包装工业各门类的结构比重情况看，2004年全国各区域包装工业各门类工业产值所占本地区包装工业总产值的比重情况看，列前三位的情况分别是：华中、华东、华北地区的纸包装业；东北、西北、华东地区的塑料包装业；西南、华北、华中地区的玻璃包装业；东北、华北、华南地区的金属包装业；西南、华南、华北地区的包装印刷业；西北、华中、华北地区的包装机械制造业。全国各区域包装各门类结构比重情况见表7。

三、2005年包装工业总指标预计

根据2004年全国包装工业各项指标的完成情况，以及2005年我国宏观经济调控促使整体经济均衡较好发展的情况，预计2005年我国包装工业规模以上企业工业总产值将达到3700亿元，增长幅度为12.7%左右，工业增加值将达到970亿元，利税将实现280亿元。

中国包装联合会

二OO五年七月

表3　包装工业大中小企业规模结构表

年份	企业总数（个）	大型企业			中型企业			小型企业		
		个数（个）	企业数比例（%）	总产值比例（%）	个数（个）	企业数比例（%）	总产值比例（%）	个数（个）	企业数比例（%）	总产值比例（%）
1997	17600	514	2.92	26.76	3377	19.19	33.41	13709	77.89	39.83
2002	11043	490	4.44	30.68	782	7.08	11.80	9771	88.48	57.51
2003	10977	27	0.25	9.50	795	7.24	33.21	10155	92.51	57.29
2004	10868	35	0.32	11.37	813	7.48	31.58	10020	92.20	57.05

表4　全国七大区域包装工业总产值变化情况表

	华北	华东	华南	华中	西南	西北	东北
2003年	239.33	1502.89	555.01	245.30	118.99	44.26	100.65
2004年	282.77	1710.83	669.90	328.33	139.55	59.03	92.63
环比（%）	18.15	13.84	20.70	3.85	17.28	33.37	-7.97

表5 全国各区域包装工业总产值所占比重及变化情况（%）

	华北	华东	华南	华中	西南	西北	东北
1997年的比重	10.34	47.30	10.15	3.95	7.18	2.99	2.48
2002年的比重	9.21	49.71	20.05	9.44	4.64	2.04	4.91
同比变化情况	-1.13	2.41	9.90	5.49	- 2.54	- 0.95	2.43
2003年的比重	8.53	53.55	19.78	8.74	4.24	1.58	3.59
环比变化情况	-0.68	3.84	-0.27	-0.70	-0.20	-0.46	-1.32
2004年的比重	8.61	52.11	20.40	10.00	4.25	1.80	2.82
环比变化情况	0.08	-1.44	0.62	1.26	0.01	0.22	-0.77

表6 全国各区域各类包装企业产值比重情况（%）

	华北		华东		华南		华中		西南		西北		东北	
	2003	2004	2003	2004	2003	2004	2003	2004	2003	2004	2003	2004	2003	2004
国有工业企业	8.73	9.28	4.34	2.85	1.93	4.40	10.12	9.45	4.92	15.81	10.39	22.72	9.16	8.94
集体工业企业	17.26	16.98	12.67	9.19	7.46	8.34	20.79	26.64	5.46	9.34	20.58	45.28	7.24	8.27
股份合作企业	2.36	2.22	5.20	9.29	0.77	1.01	2.30	2.88	3.09	2.09	4.79	5.01	2.32	5.23
其他工业企业	21.35	42.34	46.24	56.61	31.82	44.89	52.83	55.27	61.87	64.06	50.47	23.94	60.15	55.86
“三资”企业	11.75	10.93	16.01	11.32	46.25	36.85	11.44	4.54	14.86	4.45	4.88	0.83	8.88	5.05
外商投资企业	19.65	18.25	15.55	10.74	11.76	4.51	2.52	1.22	9.79	4.24	8.88	2.24	12.26	16.66

表7 全国各区域包装各门类结构比重情况（%）

	华北		华东		华南		华中		西南		西北		东北	
	2003	2004	2003	2004	2003	2004	2003	2004	2003	2004	2003	2004	2003	2004
纸包装业	33.66	30.27	33.46	36.28	31.42	29.99	35.00	40.97	20.94	24.74	30.41	25.07	24.32	26.90
塑料包装业	24.28	21.05	29.71	29.96	27.53	28.95	24.80	23.28	17.11	17.51	25.62	31.80	29.73	34.52
玻璃包装业	3.71	4.71	2.74	2.43	1.43	1.16	5.23	4.53	9.10	7.86	2.67	3.63	2.29	1.47
金属包装业	10.99	8.32	7.28	6.22	7.41	7.53	7.22	5.74	7.35	6.26	6.80	6.32	7.19	12.20
其他包装业	3.64	5.17	3.72	2.13	1.84	3.02	3.35	5.53	0.97	1.06	1.36	0.78	21.49	4.49
包装印刷业	15.64	23.58	16.35	16.61	28.30	27.29	16.81	17.02	41.53	39.86	17.13	20.97	11.50	16.67
包机制造业	8.08	6.90	6.74	6.37	2.07	2.06	7.59	7.59	3.00	2.72	16.00	11.35	3.47	3.76

中国包装行业工业企业全部国有及年销售收入在500万元以上非国有工业企业主要经济指标一览表

计量单位：亿元

指　标　名　称	2004年
全部企业单位数（个）	10868
其中：亏损企业数(个)	2226
工业总产值（当年价）	3283.02
其中：新产品产值	127.68
工业销售产值（当年价）	3204.40
其中：出口交货值	365.69
工业增加值（生产法）	860.09
工业中间投入	2521.34
本年应交增值税	98.40
全部从业人员年平均人数（人）	1306765
年末资产合计	3643.52
年末负债合计	2111.79
流动资产年平均余额	1690.78
固定资产净值年平均余额	1332.71
产品销售收入	3180.78
其中：产品销售成本	2737.65
产品销售费用	91.70
产品销售税金及附加	12.91
产品销售利润	338.51
管理费用	148.98
财务费用	46.05
利息支出	39.40
利润总额	150.00

华北地区包装行业工业企业全部国有及年销售收入在500万元以上非国有工业企业主要经济指标一览表

计量单位：亿元

指 标 名 称	2004年
全部企业单位数（个）	1137
其中：亏损企业数(个)	289
工业总产值（当年价）	282.77
其中：新产品产值	18.10
工业销售产值（当年价）	277.83
其中：出口交货值	15.42
工业增加值（生产法）	72.13
工业中间投入	219.72
本年应交增值税	9.08
全部从业人员年平均人数（人）	141928
年末资产合计	268.52
年末负债合计	206.52
流动资产年平均余额	161.16
固定资产净值年平均余额	132.15
产品销售收入	277.01
其中：产品销售成本	23565
产品销售费用	8.08
产品销售税金及附加	1.05
产品销售利润	32.23
管理费用	18.09
财务费用	3.28
利息支出	2.69
利润总额	15.14

东北地区包装行业工业企业全部国有及年销售收入在500万元以上非国有工业企业主要经济指标一览表

计量单位：亿元

指标名称	2004年
全部企业单位数（个）	514
其中：亏损企业数(个)	150
工业总产值（当年价）	92.63
其中：新产品产值	2.94
工业销售产值（当年价）	90.33
其中：出口交货值	4.85
工业增加值（生产法）	26.46
工业中间投入	69.32
本年应交增值税	3.15
全部从业人员年平均人数（人）	63631
年末资产合计	17738
年末负债合计	105.51
流动资产年平均余额	77.63
固定资产净值年平均余额	75.77
产品销售收入	89.03
其中：产品销售成本	76.81
产品销售费用	3.05
产品销售税金及附加	0.37
产品销售利润	8.81
管理费用	6.34
财务费用	1.87
利息支出	1.57
利润总额	2.69

华东地区包装行业工业企业全部国有及年销售收入在500万元以上非国有工业企业主要经济指标一览表

计量单位：亿元

指　标　名　称	2004年
全部企业单位数（个）	5003
其中：亏损企业数(个)	820
工业总产值（当年价）	1710.83
其中：新产品产值	7227
工业销售产值（当年价）	1667.86
其中：出口交货值	165.50
工业增加值（生产法）	430.42
工业中间投入	1333.60
本年应交增值税	53.19
全部从业人员年平均人数（人）	545068
年末资产合计	1808.05
年末负债合计	1061.52
流动资产年平均余额	820.52
固定资产净值年平均余额	661.68
产品销售收入	1657.04
其中：产品销售成本	1433.67
产品销售费用	46.24
产品销售税金及附加	6.54
产品销售利润	170.59
管理费用	70.68
财务费用	26.62
利息支出	22.78
利润总额	85.47

华中地区包装行业工业企业全部国有及年销售收入在500万元以上非国有工业企业主要经济指标一览表

计量单位：亿元

指　标　名　称	2004年
全部企业单位数（个）	1146
其中：亏损企业数(个)	179
工业总产值（当年价）	328.33
其中：新产品产值	16.50
工业销售产值（当年价）	32341
其中：出口交货值	5.01
工业增加值（生产法）	106.18
工业中间投入	232.59
本年应交增值税	10.44
全部从业人员年平均人数（人）	157979
年末资产合计	305.88
年末负债合计	171.31
流动资产年平均余额	140.26
固定资产净值年平均余额	114.64
产品销售收入	308.93
其中：产品销售成本	259.81
产品销售费用	10.88
产品销售税金及附加	2.15
产品销售利润	36.09
管理费用	12.64
财务费用	3.89
利息支出	3.48
利润总额	18.20

华南地区包装行业工业企业全部国有及年销售收入在500万元以上非国有工业企业主要经济指标一览表

计量单位：亿元

指 标 名 称	2004年
全部企业单位数（个）	2083
其中：亏损企业数(个)	473
工业总产值（当年价）	669.90
其中：新产品产值	12.85
工业销售产值（当年价）	654.33
其中：出口交货值	171.22
工业增加值（生产法）	166.78
工业中间投入	518.53
本年应交增值税	15.41
全部从业人员年平均人数（人）	263263
年末资产合计	67397
年末负债合计	383.60
流动资产年平均余额	350.30
固定资产净值年平均余额	233.54
产品销售收入	652.00
其中：产品销售成本	564.61
产品销售费用	17.27
产品销售税金及附加	1.88
产品销售利润	68.24
管理费用	27.79
财务费用	6.34
利息支出	5.08
利润总额	21.45

西南地区包装行业工业企业全部国有及年销售收入在500万元以上非国有工业企业主要经济指标一览表

计量单位：亿元

指　标　名　称	2004年
全部企业单位数（个）	662
其中：亏损企业数(个)	203
工业总产值（当年价）	139.55
其中：新产品产值	3.97
工业销售产值（当年价）	135.49
其中：出口交货值	0.41
工业增加值（生产法）	38.24
工业中间投入	106.63
本年应交增值税	5.32
全部从业人员年平均人数（人）	88731
年末资产合计	198.68
年末负债合计	121.03
流动资产年平均余额	89.00
固定资产净值年平均余额	73.79
产品销售收入	133.04
其中：产品销售成本	113.13
产品销售费用	4.22
产品销售税金及附加	0.63
产品销售利润	15.06
管理费用	9.19
财务费用	2.67
利息支出	2.47
利润总额	5.10

西北地区包装行业工业企业全部国有及年销售收入在500万元以上非国有工业企业主要经济指标一览表

计量单位：亿元

指 标 名 称	2004年
全部企业单位数（个）	323
其中：亏损企业数(个)	112
工业总产值（当年价）	59.03
其中：新产品产值	1.05
工业销售产值（当年价）	55.16
其中：出口交货值	3.27
工业增加值（生产法）	19.88
工业中间投入	40.96
本年应交增值税	1.81
全部从业人员年平均人数（人）	46266
年末资产合计	111.05
年末负债合计	62.30
流动资产年平均余额	51.92
固定资产净值年平均余额	42.14
产品销售收入	63.72
其中：产品销售成本	53.98
产品销售费用	1.96
产品销售税金及附加	0.29
产品销售利润	7.49
管理费用	4.25
财务费用	1.38
利息支出	1.33
利润总额	1.94

中国包装行业工业企业全部国有及年销售收入在500万元以上非国有工业企业主要经济指标（1-1）

计量单位：亿元

分类名称	全部企业单位数（个）	亏损企业单位数（个）	工业总产值（当年价）	新产品产值	工业销售产值（当年价）	出口交货值
总计	10868	2226	3283.021	127.68	3204.40	365.69
一、按登记注册类型分组						
1. 内资企业	8674	1626	2148.020	93.31	2091.090	99.40
(1)国有企业	927	412	189.83	16.67	186.46	6.23
(2)集体企业	1435	243	354.50	7.016	346.38	14.57
(3)股份合作企业	619	102	109.44	2.57	107.16	4.39
(4)联营企业	67	10	15.40	2.51	15.48	0.82
(5)有限责任公司	1442	300	508.48	29.031	495.18	35.17
(6)股份有限公司	270	63	209.21	24.98	202.65	8.57
(7)其他企业	3914	496	761.17	10.54	737.78	29.65
2. 港、澳、台商投资企业	1442	398	659.39	17.22	645.12	169.080
3. 外商投资企业	752	202	475.61	17.15	468.19	97.21
总计中：国有绝对控股	1224	503	395.53	42.68	386.90	15.49
国有相对控股	128	39	153.078	11.22	149.011	6.45
其他	9516	1684	2734.42	73.78	2668.49	343.75
二、按生产规模分						
1. 大型企业	35	1	373.34	29.17	367.66	40.94
2. 中型企业	813	152	1036.84	60.67	1010.62	144.86
3. 小型企业	10020	2073	1872.84	37.84	1826.12	179.88
三、按包装工业主要行业分						
（一）纸包装制品制造业	3579	662	1134.996	32.54	1108.24	94.044
1. 包装纸板	1336	258	575.59	21.90	561.96	24.99
2. 纸包装容器	1592	285	327.49	6.81	319.42	34.77
3. 其他纸制包装制品	651	119	231.91	3.83	226.87	34.28
（二）塑料包装制品制造业	3089	665	929.29	33.18	911.54	142.55
1. 塑料薄膜	581	157	287.77	20.10	283.19	46.024
2. 塑料片材	153	42	157.95	4.49	155.24	8.64
3. 塑料编织品	948	189	159.44	1.83	155.66	18.55

中国包装行业工业企业全部国有及年销售收入在500万元以上非国有工业企业主要经济指标（1-2）

计量单位：亿元

分类名称	工业增加值（生产法）	工业中间投入	本年应交增值税	全部从业人员年平均人数（人）	年末资产合计	年末负债合计
总　　计	860.089	2521.34	98.40	1306765	3643.52	2111.79
一、按登记注册类型分组						
1. 内资企业	562.29	1652.74	67.011	970509	2242.15	1373.86
(1)国有企业	53.69	144.87	8.73	133531	446.069	284.94
(2)集体企业	95.96	268.66	10.13	154959	272.56	169.15
(3)股份合作企业	25.97	87.23	3.76	57637	91.32	56.069
(4)联营企业	4.41	11.57	0.57	7241	23.19	9.68
(5)有限责任公司	118.81	405.65	15.99	210257	563.98	357.15
(6)股份有限公司	59.45	157.018	7.25	74173	322.56	174.58
(7)其他企业	204.004	577.74	20.58	332712	522.47	322.29
2. 港、澳、台商投资企业	167.077	508.94	16.63	222392	803.76	412.98
3. 外商投资企业	130.72	359.66	14.76	113863	597.61	324.94
总计中：国有绝对控股	108.39	303.41	16.28	208783	822.65	503.19
国有相对控股	46.66	113.32	6.90	34124	241.57	125.89
其他	705.040	2104.60	75.22	1063858	2579.30	1482.71
二、按生产规模分						
1. 大型企业	90.53	295.00	12.18	88534	559.77	320.98
2. 中型企业	270.039	800.46	33.65	377009	1373.70	782.39
3. 小型企业	499.52	1425.88	52.57	841222	1710.05	1008.42
三、按包装工业主要行业分						
（一）纸包装制品制造业	292.41	879.69	37.10	417446	1246.40	752.99
1. 包装纸板	143.69	454.013	22.11	201814	736.93	452.24
2. 纸包装容器	86.22	249.74	8.46	146229	266.45	156.31
3. 其他纸制包装制品	62.50	175.94	6.53	69404	243.017	144.45
（二）塑料包装制品制造业	215.30	733.68	19.68	351392	1014.70	579.98
1. 塑料薄膜	61.89	230.89	5.013	76247	352.43	216.17
2. 塑料片材	27.72	132.54	2.31	24086	177.94	113.898
3. 塑料编织品	42.81	120.84	4.20	116616	147.44	77.043

中国包装行业工业企业全部国有及年销售收入在500万元以上非国有工业企业主要经济指标（1-3）

计量单位：亿元

分类名称	流动资产年平均余额	固定资产净值年平均余额	产品销售收入	产品销售成本	产品销售费用
总计	1690.78	1332.71	3180.78	2737.65	91.70
一、按登记注册类型分组					
1. 内资企业	1039.63	783.42	2071.97	1802.14	56.73
(1)国有企业	180.37	161.22	190.048	159.46	6.85
(2)集体企业	137.17	91.63	339.35	298.42	8.51
(3)股份合作企业	48.90	29.65	104.53	93.39	2.48
(4)联营企业	10.26	9.14	15.75	13.10	0.49
(5)有限责任公司	254.23	207.61	489.91	427.41	12.31
(6)股份有限公司	137.90	108.80	214.38	180.79	7.85
(7)其他企业	270.79	175.37	718.015	629.57	18.24
2. 港、澳、台商投资企业	396.38	305.87	636.65	546.49	16.89
3. 外商投资企业	254.77	243.41	472.15	389.017	18.080
总计中：国有绝对控股	339.22	314.74	398.62	334.71	14.15
国有相对控股	92.48	91.83	165.79	133.90	6.30
其他	1259.077	926.14	2616.36	2269.036	71.25
二、按生产规模分					
1. 大型企业	219.018	204.33	397.91	342.54	12.20
2. 中型企业	585.74	526.39	1008.72	862.51	29.97
3. 小型企业	886.018	601.99	1774.15	1532.60	49.53
三、按包装工业主要行业分					
（一）纸包装制品制造业	548.44	488.37	1085.70	937.99	33.081
1. 包装纸板	293.097	311.57	558.58	485.14	15.54
2. 纸包装容器	147.19	87.598	306.42	266.90	9.18
3. 其他纸制包装制品	108.16	89.20	220.70	185.95	8.36
（二）塑料包装制品制造业	442.64	377.53	923.34	823.47	21.60
1. 塑料薄膜	147.49	134.98	296.23	267.64	6.15
2. 塑料片材	64.35	77.74	163.25	153.87	2.38
3. 塑料编织品	70.12	54.17	152.35	133.27	3.99

中国包装行业工业企业全部国有及年销售收入在500万元以上非国有工业企业主要经济指标（1-4）

计量单位：亿元

分类名称	产品销售税金及附加	产品销售利润	管理费用	财务费用	利息支出	利润总额
总　　计	12.91	338.51	148.98	46.046	39.40	150.003
一、按登记注册类型分组						
1. 内资企业	11.71	201.39	97.67	31.87	27.39	79.91
(1)国有企业	0.85	22.88	21.87	5.12	4.24	1.74
(2)集体企业	1.98	30.44	12.58	3.98	3.13	16.49
(3)股份合作企业	0.62	8.035	4.55	1.34	1.12	3.35
(4)联营企业	0.046	2.12	1.33	0.20	0.19	0.85
(5)有限责任公司	2.34	47.84	23.93	8.23	7.42	18.95
(6)股份有限公司	0.89	24.85	10.21	4.25	3.99	10.56
(7)其他企业	4.97	65.23	23.20	8.74	7.30	27.98
2. 港、澳、台商投资企业	0.59	72.68	26.91	7.84	6.86	36.80
3. 外商投资企业	0.62	64.44	24.41	6.34	5.14	33.30
总计中：国有绝对控股	1.63	48.13	36.035	9.29	8.29	11.76
国有相对控股	0.33	25.26	8.69	2.66	2.52	15.011
其他	10.95	265.12	104.26	34.10	28.59	123.23
二、按生产规模分						
1. 大型企业	1.29	41.88	15.92	7.51	7.26	23.10
2. 中型企业	2.71	113.53	52.45	17.80	16.15	52.92
3. 小型企业	8.92	183.10	80.60	20.74	15.99	73.98
三、按包装工业主要行业分						
（一）纸包装制品制造业	5.018	109.61	42.63	18.94	16.14	48.80
1. 包装纸板	2.81	55.090	20.73	12.79	11.064	23.18
2. 纸包装容器	1.42	28.92	12.86	3.21	2.51	13.008
3. 其他纸制包装制品	0.79	25.60	9.043	2.94	2.56	12.61
（二）塑料包装制品制造业	3.38	74.89	34.98	12.086	10.57	29.49
1. 塑料薄膜	0.51	21.93	10.96	4.029	3.53	7.36
2. 塑料片材	0.69	6.31	3.88	2.59	2.60	4.033
3. 塑料编织品	1.09	13.996	6.11	1.78	1.38	4.57

中国包装行业工业企业全部国有及年销售收入在500万元以上非国有工业企业主要经济指标（2-1）

计量单位：亿元

分类名称	全部企业单位数（个）	亏损企业数（个）	工业总产值（当年价）	新产品产值	工业销售产值（当年价）	出口交货值
总计	10868	2226	3283.021	127.68	3204.40	365.69
4. 塑料容器	648	144	158.016	4.27	154.77	22.23
5. 泡沫塑料	150	35	29.060	0.012	28.43	1.87
6. 塑料袋	371	65	86.60	2.40	84.90	32.40
7. 其他	238	33	50.46	0.084	49.35	12.83
（三）玻璃包装制品制造业	271	62	88.66	2.52	85.15	2.66
1. 日用玻璃瓶	194	42	56.50	1.81	54.79	2.55
2. 药用玻璃瓶	77	20	32.16	0.71	30.37	0.11
（四）金属包装制品制造业	677	146	230.83	4.29	224.88	15.86
1. 金属包装容器	439	92	139.78	0.57	136.87	10.24
2. 压力容器	74	16	26.98	0.97	26.50	2.19
3. 其他金属包装制品	164	38	64.06	2.74	61.52	3.43
（五）竹木包装制品制造业	165	25	9.66	0.21	9.40	2.23
1. 木制品	104	21	6.47	0.048	6.31	0.86
2. 竹制品	61	4	3.18	0.17	3.092	1.38
（六）其他包装制品制造业	255	46	91.83	2.46	88.61	15.001
1. 麻袋	22	5	2.15	0.0016	2.12	0.036
2. 其他制品	233	41	89.68	2.46	86.49	14.96
（七）包装印刷业	2345	528	628.18	13.30	613.23	62.26
（八）包装机械制造业	487	92	169.59	31.22	163.69	26.49
1. 通用包装设备	179	32	33.81	3.83	32.62	3.67
2. 纸包装制品制造专用设备	32	9	20.73	0.054	19.71	0.54
3. 塑料包装制品制造专用设备	35	9	4.42	0.23	4.075	0.46
4. 玻璃包装制品制造专用设备	10	3	4.81	0.30	4.74	0.61
5. 金属包装制品制造专用设备	8	2	1.49	0	1.40	0.17
6. 包装印刷机械	120	19	48.21	13.67	46.81	3.40
7. 其他包装机械	103	18	56.12	13.14	54.33	17.65

中国包装行业工业企业全部国有及年销售收入在500万元以上非国有工业企业主要经济指标（2-2）

计量单位：亿元

分类名称	工业增加值（生产法）	工业中间投入	本年应交增值税	全部从业人员年平均人数（人）	年末资产合计	年末负债合计
总　　计	860.089	2521.34	98.40	1306765	3643.52	2111.79
4. 塑料容器	38.49	123.96	4.44	58277	206.67	101.44
5. 泡沫塑料	7.95	21.74	0.63	11169	24.46	14.12
6. 塑料袋	22.91	65.39	1.71	40529	63.10	33.57
7. 其他	13.53	38.31	1.38	24469	42.66	23.73
（三）玻璃包装制品制造业	25.51	66.65	3.50	63976	92.05	60.71
1. 日用玻璃瓶	15.83	43.06	2.39	44066	60.27	41.42
2. 药用玻璃瓶	9.67	23.59	1.11	19910	31.78	19.29
（四）金属包装制品制造业	56.35	180.71	6.24	64646	240.13	138.91
1. 金属包装容器	33.82	109.93	3.97	40331	155.27	89.52
2. 压力容器	7.56	20.14	0.72	10398	19.67	13.28
3. 其他金属包装制品	14.98	50.64	1.55	13917	65.18	36.10
（五）竹木包装制品制造业	2.43	7.50	0.28	7213	6.30	3.91
1. 木制品	1.66	5.02	0.21	5118	4.75	3.23
2. 竹制品	0.77	2.48	0.067	2095	1.55	0.68
（六）其他包装制品制造业	27.27	66.66	2.10	35832	78.20	50.63
1. 麻袋	0.68	1.53	0.068	4589	4.29	4.15
2. 其他制品	26.59	65.13	2.034	31242	73.91	46.48
（七）包装印刷业	194.79	457.43	24.04.	329487	784.93	422.23
（八）包装机械制造业	54.10	122.11	6.62	60748	199.035	107.97
1. 通用包装设备	9.66	25.29	1.14	14469	42.55	25.42
2. 纸包装制品制造专用设备	6.76	14.47	0.50	7199	11.79	8.21
3. 塑料包装制品制造专用设备	0.87	3.69	0.14	1673	5.71	3.80
4. 玻璃包装制品制造专用设备	1.20	3.75	0.14	1456	5.33	2.41
5. 金属包装制品制造专用设备	0.46	1.10	0.072	1202	2.63	2.37
6. 包装印刷机械	17.51	33.37	2.67	17880	69.30	33.83
7. 其他包装机械	17.65	40.44	1.97	16869	61.71	31.94

中国包装行业工业企业全部国有及年销售收入在500万元以上非国有工业企业主要经济指标（2-3）

计量单位：亿元

分类名称	流动资产年平均余额	固定资产净值年平均余额	产品销售收入	产品销售成本	产品销售费用
总　　计	1690.78	1332.71	3180.78	2737.65	91.70
4. 塑料容器	87.68	69.16	149.98	128.35	4.21
5. 泡沫塑料	15.51	6.30	26.35	22.29	1.031
6. 塑料袋	35.24	19.19	84.60	74.55	2.52
7. 其他	22.26	15.999	50.58	43.50	1.32
（三）玻璃包装制品制造业	46.71	30.47	85.95	71.52	4.21
1. 日用玻璃瓶	30.87	19.93	55.51	46.50	2.92
2. 药用玻璃瓶	15.85	10.54	30.44	25.021	1.30
（四）金属包装制品制造业	130.48	80.002	226.22	195.88	6.78
1. 金属包装容器	89.50	50.91	139.65	121.94	4.10
2. 压力容器	11.74	4.58	26.16	22.58	0.99
3. 其他金属包装制品	29.24	24.51	60.41	51.36	1.69
（五）竹木包装制品制造业	3.73	1.94	9.069	7.75	0.30
1. 木制品	2.89	1.43	6.15	5.31	0.20
2. 竹制品	0.84	0.51	2.92	2.44	0.10
（六）其他包装制品制造业	39.041	27.12	86.17	74.75	2.63
1. 麻袋	2.075	1.19	1.94	1.73	0.055
2. 其他制品	36.97	25.94	84.24	73.025	2.57
（七）包装印刷业	373.65	292.021	601.96	495.28	15.16
（八）包装机械制造业	113.11	47.97	160.96	126.73	7.061
1. 通用包装设备	24.080	10.13	33.74	27.85	1.38
2. 纸包装制品制造专用设备	7.16	3.59	17.73	15.82	0.30
3. 塑料包装制品制造专用设备	3.58	1.52	4.067	3.41	0.21
4. 玻璃包装制品制造专用设备	2.999	1.072	4.69	3.83	0.25
5. 金属包装制品制造专用设备	1.23	1.16	1.34	1.039	0.041
6. 包装印刷机械	38.029	15.73	46.90	34.013	3.040
7. 其他包装机械	36.036	14.77	52.49	40.77	1.84

中国包装行业工业企业全部国有及年销售收入在500万元以上非国有工业企业主要经济指标（2-4）

计量单位：亿元

分类名称	产品销售税金及附加	产品销售利润	管理费用	财务费用	利息支出	利润总额
总　　计	12.91	338.51	148.98	46.05	39.40	150.00
4. 塑料容器	0.46	16.95	7.23	2.36	2.0091	6.94
5. 泡沫塑料	0.085	2.94	1.65	0.40	0.33	0.79
6. 塑料袋	0.27	7.28	3.08	0.61	0.45	3.13
7. 其他	0.27	5.48	2.064	0.32	0.26	2.68
（三）玻璃包装制品制造业	0.64	9.58	4.20	1.15	0.93	3.68
1. 日用玻璃瓶	0.48	5.62	3.09	0.64	0.49	1.83
2. 药用玻璃瓶	0.17	3.95	1.11	0.51	0.44	1.85
（四）金属包装制品制造业	0.64	22.92	10.042	2.96	2.35	10.78
1. 金属包装容器	0.40	13.21	6.46	1.69	1.27	6.74
2. 压力容器	0.080	2.51	1.24	0.30	0.25	1.061
3. 其他金属包装制品	0.16	7.20	2.35	0.97	0.84	2.98
（五）竹木包装制品制造业	0.058	0.96	0.51	0.058	0.043	0.26
1. 木制品	0.041	0.60	0.40	0.033	0.026	0.152
2. 竹制品	0.017	0.36	0.12	0.024	0.017	0.10
（六）其他包装制品制造业	0.23	8.56	3.30	0.78	0.69	4.30
1. 麻袋	0.0085	0.1427	0.152	0.028	0.024	0.032
2. 其他制品	0.22	8.42	3.15	0.75	0.66	4.27
（七）包装印刷业	2.37	89.16	41.99	7.48	6.59	41.63
（八）包装机械制造业	0.59	26.58	13.39	2.18	1.79	13.19
1. 通用包装设备	0.133	4.38	2.70	0.45	0.36	1.89
2. 纸包装制品制造专用设备	0.066	1.54	0.60	0.143	0.125	0.69
3. 塑料包装制品制造专用设备	0.012	0.44	0.31	0.063	0.040	0.11
4. 玻璃包装制品制造专用设备	0.019	0.59	0.21	0.027	0.021	0.37
5. 金属包装制品制造专用设备	0.0073	0.25	0.16	0.067	0.067	0.054
6. 包装印刷机械	0.106	9.74	5.11	0.82	0.61	4.38
7. 其他包装机械	0.24	9.63	4.30	0.61	0.57	5.68

华北地区包装行业工业企业全部国有及年销售收入在500万元以上非国有工业企业主要经济指标(1-1)

计量单位：亿元

分类名称	全部企业单位数（个）	亏损企业数（个）	工业总产值（当年价）	新产品产值	工业销售产值（当年价）	出口交货值
总计	1137	289	282.77	18.10	277.83	15.42
一、按登记注册类型分组						
1. 内资企业	960	230	200.26	10.42	195.79	4.97
(1)国有企业	238	108	26.23	1.77	26.12	0.082
(2)集体企业	235	47	48.02	0.53	46.75	1.75
(3)股份合作企业	40	12	6.29	0.070	6.22	0.11
(4)联营企业	6	2	0.55	0	0.54	0.019
(5)有限责任公司	143	30	45.10	3.21	44.97	2.18
(6)股份有限公司	38	8	18.64	4.46	17.41	0.70
(7)其他企业	260	23	55.43	0.39	53.77	0.12
2. 港、澳、台商投资企业	74	25	30.90	1.64	30.37	1.53
3. 外商投资企业	103	34	51.61	6.04	51.68	8.93
总计中：国有绝对控股	291	125	65.41	8.70	64.57	1.98
国有相对控股	23	10	10.54	1.00	10.31	0.48
其他	823	154	206.82	8.39	202.95	12.96
二、按生产规模分						
1. 大型企业	2	0	19.51	1.15	19.81	0.35
2. 中型企业	94	25	89.069	5.01	88.04	5.40
3. 小型企业	1041	264	174.19	11.93	169.98	9.68
三、按包装工业主要行业分						
（一）纸包装制品制造业	354	89	85.59	6.47	83.25	5.57
1. 包装纸板	143	38	37.57	4.23	36.95	1.71
2. 纸包装容器	162	38	37.55	1.75	36.16	3.65
3. 其他纸制包装制品	49	13	10.46	0.49	10.13	0.21
（二）塑料包装制品制造业	268	75	59.51	1.41	59.43	2.59
1. 塑料薄膜	70	20	12.27	0.41	12.12	0.95
2. 塑料片材	8	3	0.69	0	0.62	0.037
3. 塑料编织品	75	22	22.46	0.47	22.33	0.86

华北地区包装行业工业企业全部国有及年销售收入在500万元以上非国有工业企业主要经济指标(1-2)

计量单位：亿元

分类名称	工业增加值（生产法）	工业中间投入	本年应交增值税	全部从业人员年平均人数（人）	年末资产合计	年末负债合计
总　　计	72.13	219.72	9.08	141928	368.52	206.52
一、按登记注册类型分组						
1. 内资企业	51.52	155.17	6.43	118587	275.48	159.38
(1)国有企业	7.73	20.05	1.55	27750	105.46	62.20
(2)集体企业	11.87	37.50	1.34	26471	34.72	21.90
(3)股份合作企业	1.25	5.24	0.20	3627	5.63	3.44
(4)联营企业	0.10	0.49	0.041	666	7.41	2.14
(5)有限责任公司	9.23	37.14	1.28	25713	62.34	40.38
(6)股份有限公司	6.08	13.33	0.77	9083	31.56	11.96
(7)其他企业	15.26	41.41	1.24	25278	28.35	17.36
2. 港、澳、台商投资企业	6.51	25.38	0.98	8993	37.10	20.97
3. 外商投资企业	14.10	39.17	1.67	14348	55.94	26.17
总计中：国有绝对控股	16.44	51.76	2.79	42620	179.88	99.85
国有相对控股	3.93	7.26	0.66	2940	12.16	5.43
其他	51.76	160.69	5.63	96368	176.48	101.24
二、按生产规模分						
1. 大型企业	3.23	17.06	0.78	6009	31.14	19.82
2. 中型企业	21.56	70.14	2.63	40101	127.95	66.75
3. 小型企业	47.34	132.51	5.67	95818	209.43	119.95
三、按包装工业主要行业分						
（一）纸包装制品制造业	20.35	67.67	2.44	42308	123.55	74.12
1. 包装纸板	8.54	30.17	1.14	19198	52.20	35.64
2. 纸包装容器	8.89	29.68	1.02	18883	60.54	31.02
3. 其他纸制包装制品	2.93	7.82	0.28	4227	10.813	7.45
（二）塑料包装制品制造业	13.37	47.59	1.45	32837	67.77	38.36
1. 塑料薄膜	2.51	10.00	0.23	7433	22.97	10.54
2. 塑料片材	0.25	0.46	0.020	800	2.23	1.52
3. 塑料编织品	5.18	17.78	0.51	9882	18.84	9.78

华北地区包装行业工业企业全部国有及年销售收入在500万元以上非国有工业企业主要经济指标（1-3）

计量单位：亿元

分类名称	流动资产年平均余额	固定资产净值年平均余额	产品销售收入	产品销售成本	产品销售费用
总　　计	161.16	132.15	277.013	235.65	8.08
一、按登记注册类型分组					
1. 内资企业	114.06	95.87	193.80	166.66	5.28
(1)国有企业	39.85	30.33	26.59	21.67	0.70
(2)集体企业	17.22	12.46	45.63	39.86	1.13
(3)股份合作企业	3.10	2.12	6.34	5.66	0.28
(4)联营企业	2.28	3.66	0.81	0.74	0.018
(5)有限责任公司	25.54	23.63	45.63	39.13	1.26
(6)股份有限公司	12.45	11.43	17.42	14.09	0.74
(7)其他企业	13.63	12.23	51.37	45.50	1.15
2. 港、澳、台商投资企业	18.31	14.71	30.56	26.55	0.92
3. 外商投资企业	28.78	21.57	52.65	42.44	1.87
总计中：国有绝对控股	67.54	59.34	65.57	54.59	1.92
国有相对控股	7.87	3.34	10.82	7.57	0.59
其他	85.74	69.47	200.62	173.50	5.57
二、按生产规模分					
1. 大型企业	10.44	13.64	20.49	16.87	0.40
2. 中型企业	52.23	44.94	89.70	77.99	2.88
3. 小型企业	98.49	73.57	166.82	140.79	4.80
三、按包装工业主要行业分					
（一）纸包装制品制造业	50.64	39.84	83.43	70.91	2.57
1. 包装纸板	21.47	21.63	37.19	32.01	0.97
2. 纸包装容器	23.54	14.50	36.37	30.57	1.27
3. 其他纸制包装制品	5.63	3.71	9.87	8.33	0.34
（二）塑料包装制品制造业	29.29	26.42	57.37	50.45	1.58
1. 塑料薄膜	8.50	9.16	12.39	11.14	0.30
2. 塑料片材	1.14	0.72	0.64	0.53	0.037
3. 塑料编织品	8.40	7.30	21.38	18.50	0.60

华北地区包装行业工业企业全部国有及年销售收入在500万元以上非国有工业企业主要经济指标（1-4）

计量单位：亿元

分类名称	产品销售税金及附加	产品销售利润	管理费用	财务费用	利息支出	利润总额
总　　计	1.05	32.23	18.09	3.284	2.69	15.14
一、按登记注册类型分组						
1. 内资企业	0.96	20.90	13.58	2.40	2.02	8.63
(1)国有企业	0.17	4.04	6.08	0.37	0.35	0.15
(2)集体企业	0.16	4.48	1.55	0.43	0.32	2.61
(3)股份合作企业	0.020	0.38	0.27	0.058	0.055	0.17
(4)联营企业	0.0021	0.049	0.23	0.0071	0.0069	-0.0089
(5)有限责任公司	0.18	5.053	2.77	0.84	0.73	1.95
(6)股份有限公司	0.088	2.51	1.48	0.25	0.17	1.23
(7)其他企业	0.33	4.39	1.18	0.45	0.39	2.53
2. 港、澳、台商投资企业	0.080	3.01	1.54	0.33	0.27	1.40
3. 外商投资企业	0.016	8.32	2.97	0.55	0.39	5.11
总计中：国有绝对控股	0.30	8.77	9.26	1.07	0.92	2.01
国有相对控股	0.015	2.65	0.70	0.077	0.071	2.09
其他	0.74	20.82	8.13	2.14	1.69	11.05
二、按生产规模分						
1. 大型企业	0.084	3.13	2.13	0.38	0.34	1.08
2. 中型企业	0.21	8.62	6.05	1.21	1.042	3.92
3. 小型企业	0.76	20.47	9.91	1.70	1.31	10.14
三、按包装工业主要行业分						
（一）纸包装制品制造业	0.35	9.60	5.24	1.26	0.996	4.20
1. 包装纸板	0.11	4.10	2.34	0.68	0.53	1.73
2. 纸包装容器	0.15	4.39	2.36	0.46	0.40	1.85
3. 其他纸制包装制品	0.089	1.11	0.54	0.13	0.063	0.62
（二）塑料包装制品制造业	0.20	5.13	2.76	0.63	0.55	2.01
1. 塑料薄膜	0.041	0.91	0.88	0.17	0.16	0.19
2. 塑料片材	0.0021	0.072	0.067	0.030	0.027	-0.023
3. 塑料编织品	0.088	2.20	0.71	0.14	0.104	1.19

华北地区包装行业工业企业全部国有及年销售收入在500万元以上非国有工业企业主要经济指标（2-1）

计量单位：亿元

分类名称	全部企业单位数（个）	亏损企业数（个）	工业总产值（当年价）	新产品产值	工业销售产值（当年价）	出口交货值
总计	1137	289	282.77	18.10	277.83	15.42
4. 塑料容器	64	21	10.39	0.17	10.68	0.58
5. 泡沫塑料	14	3	3.88	0.19	4.03	0.15
6. 塑料袋	25	3	6.50	0.036	6.39	0.010
7. 其他	12	3	3.32	0.14	3.26	0
（三）玻璃包装制品制造业	42	14	13.31	0.39	13.51	0.17
1. 日用玻璃瓶	35	12	12.52	0.39	12.77	0.17
2. 药用玻璃瓶	7	2	0.79	0	0.74	0
（四）金属包装制品制造业	88	28	23.54	0.69	23.23	0.47
1. 金属包装容器	55	14	17.54	0.29	17.32	0.37
2. 压力容器	11	6	0.60	0	0.61	0.070
3. 其他金属包装制品	22	8	5.40	0.39	5.29	0.025
（五）竹木包装制品制造业	14	4	1.83	0	1.79	0
1. 木制品	14	4	1.83	0	1.79	0
2. 竹制品	0	0	0	0	0	0
（六）其他包装制品制造业	30	4	12.79	0	12.15	0.89
1. 麻袋	1	0	0.27	0	0.28	0
2. 其他制品	29	4	12.53	0	11.87	0.89
（七）包装印刷业	272	64	66.69	4.07	66.20	5.21
（八）包装机械制造业	69	11	19.50	4.65	18.46	1.13
1. 通用包装设备	18	5	3.18	0	3.12	0.046
2. 纸包装制品制造专用设备	7	1	3.73	0	3.71	0.75
3. 塑料包装制品制造专用设备	4	1	0.46	0	0.38	0
4. 玻璃包装制品制造专用设备	0	0	0	0	0	0
5. 金属包装制品制造专用设备	1	1	0.12	0.012	0.13	0.0068
6. 包装印刷机械	17	2	8.33	4.30	7.37	0.14
7. 其他包装机械	22	1	3.68	0.34	3.76	0.19

华北地区包装行业工业企业全部国有及年销售收入在500万元以上非国有工业企业主要经济指标（2-2）

计量单位：亿元

分类名称	工业增加值（生产法）	工业中间投入	本年应交增值税	全部从业人员年平均人数（人）	年末资产合计	年末负债合计
总　　计	72.13	219.72	9.08	141928	368.52	206.52
4. 塑料容器	1.63	9.03	0.28	7346	12.42	9.56
5. 泡沫塑料	1.10	2.91	0.13	1624	5.03	3.13
6. 塑料袋	1.57	5.12	0.20	3887	5.19	3.22
7. 其他	1.12	2.28	0.088	1864	1.09	0.61
（三）玻璃包装制品制造业	3.11	10.98	0.78	7602	19.45	8.69
1. 日用玻璃瓶	2.84	10.44	0.77	7169	17.76	7.79
2. 药用玻璃瓶	0.26	0.55	0.016	433	1.69	0.90
（四）金属包装制品制造业	5.97	18.32	0.74	8977	25.17	14.30
1. 金属包装容器	4.92	13.25	0.63	6140	16.84	8.53
2. 压力容器	0.28	0.33	0.013	639	1.20	1.08
3. 其他金属包装制品	0.76	4.74	0.10	2198	7.13	4.69
（五）竹木包装制品制造业	0.38	1.50	0.051	1094	1.44	0.82
1. 木制品	0.38	1.50	0.051	1094	1.44	0.82
2. 竹制品	0	0	0	0	0	0
（六）其他包装制品制造业	3.91	9.09	0.21	5972	11.37	6.39
1. 麻袋	0.022	0.26	0.015	142	0.24	0.15
2. 其他制品	3.89	8.83	0.19	5830	11.13	6.24
（七）包装印刷业	19.53	50.09	2.92	34156	84.30	50.55
（八）包装机械制造业	6.34	13.79	0.63	9122	34.92	12.77
1. 通用包装设备	0.81	2.44	0.066	1142	1.74	1.22
2. 纸包装制品制造专用设备	1.26	2.48	0.0085	1941	5.13	2.45
3. 塑料包装制品制造专用设备	0.041	0.43	0.013	171	0.13	0.071
4. 玻璃包装制品制造专用设备	0	0	0	0	0	0
5. 金属包装制品制造专用设备	0.019	0.10	0.0035	45	0.13	0.10
6. 包装印刷机械	3.11	5.65	0.42	3800	21.99	5.65
7. 其他包装机械	1.10	2.69	0.11	2024	5.82	3.27

华北地区包装行业工业企业全部国有及年销售收入在500万元以上非国有工业企业主要经济指标（2-3）

计量单位：亿元

分类名称	流动资产年平均余额	固定资产净值年平均余额	产品销售收入	产品销售成本	产品销售费用
总　　计	161.16	132.15	277.01	235.65	8.08
4. 塑料容器	6.30	4.54	10.77	9.73	0.28
5. 泡沫塑料	2.08	2.19	3.63	3.07	0.12
6. 塑料袋	2.19	2.21	5.82	5.03	0.22
7. 其他	0.68	0.30	2.75	2.46	0.032
（三）玻璃包装制品制造业	8.57	8.43	13.77	10.97	0.24
1. 日用玻璃瓶	7.66	8.00	13.12	10.44	0.23
2. 药用玻璃瓶	0.91	0.43	0.65	0.534	0.014
（四）金属包装制品制造业	10.67	10.98	24.07	21.13	0.80
1. 金属包装容器	7.51	7.69	17.97	15.46	0.72
2. 压力容器	0.57	0.49	0.53	0.43	0.011
3. 其他金属包装制品	2.59	2.80	5.57	5.24	0.077
（五）竹木包装制品制造业	0.77	0.62	1.57	1.44	0.044
1. 木制品	0.77	0.62	1.57	1.44	0.044
2. 竹制品	0	0	0	0	0
（六）其他包装制品制造业	5.25	3.25	11.49	10.16	0.16
1. 麻袋	0.078	0.14	0.32	0.32	0.0017
2. 其他制品	5.17	3.10	11.18	9.84	0.16
（七）包装印刷业	41.38	33.44	66.91	54.88	2.22
（八）包装机械制造业	14.99	9.45	18.70	15.29	0.50
1. 通用包装设备	0.91	0.68	3.03	2.73	0.058
2. 纸包装制品制造专用设备	2.43	1.26	3.71	3.03	0.086
3. 塑料包装制品制造专用设备	0.065	0.060	0.34	0.29	0.0024
4. 玻璃包装制品制造专用设备	0	0	0	0	0
5. 金属包装制品制造专用设备	0.077	0.047	0.14	0.12	0.0058
6. 包装印刷机械	8.13	5.86	7.36	5.53	0.27
7. 其他包装机械	3.37	1.54	4.13	3.60	0.075

华北地区包装行业工业企业全部国有及年销售收入在500万元以上非国有工业企业主要经济指标（2-4）

计量单位：亿元

分类名称	产品销售税金及附加	产品销售利润	管理费用	财务费用	利息支出	利润总额
总　　计	1.05	32.23	18.09	3.28	2.69	15.14
4. 塑料容器	0.031	0.73	0.57	0.10	0.0933	0.21
5. 泡沫塑料	0.0067	0.42	0.16	0.062	0.055	0.10
6. 塑料袋	0.021	0.54	0.28	0.12	0.11	0.18
7. 其他	0.011	0.25	0.088	0.0075	0.0055	0.17
（三）玻璃包装制品制造业	0.078	2.48	1.997	0.16	0.14	0.78
1. 日用玻璃瓶	0.076	2.38	1.97	0.13	0.11	0.75
2. 药用玻璃瓶	0.0018	0.098	0.028	0.034	0.034	0.036
（四）金属包装制品制造业	0.055	2.08	1.16	0.24	0.21	0.86
1. 金属包装容器	0.047	1.75	0.82	0.19	0.17	0.89
2. 压力容器	0.0011	0.088	0.055	0.017	0.016	-0.0043
3. 其他金属包装制品	0.0066	0.24	0.29	0.033	0.031	-0.023
（五）竹木包装制品制造业	0.0011	0.092	0.060	0.011	0.0094	0.026
1. 木制品	0.0011	0.092	0.060	0.011	0.0094	0.026
2. 竹制品	0	0	0	0	0	0
（六）其他包装制品制造业	0.021	1.16	0.57	0.10	0.10	0.73
1. 麻袋	0	0	0.027	0.0024	0.0024	0.017
2. 其他制品	0.021	1.16	0.54	0.10	0.10	0.71
（七）包装印刷业	0.28	9.54	5.03	0.80	0.63	5.21
（八）包装机械制造业	0.083	2.82	1.53	0.10	0.058	1.80
1. 通用包装设备	0.014	0.23	0.081	0.024	0.013	0.11
2. 纸包装制品制造专用设备	0.0085	0.58	0.13	0.035	0.014	0.46
3. 塑料包装制品制造专用设备	0.0011	0.042	0.0082	0.00058	0.00058	0.032
4. 玻璃包装制品制造专用设备	0	0	0	0	0	0
5. 金属包装制品制造专用设备	0	0.012	0.018	0.00076	0.00071	-0.0067
6. 包装印刷机械	0.045	1.52	0.88	0.024	0.022	0.79
7. 其他包装机械	0.014	0.44	0.41	0.015	0.0081	0.42

东北地区包装行业工业企业全部国有及年销售收入在500万元以上非国有工业企业主要经济指标(1-1)

计量单位：亿元

分类名称	全部企业单位数（个）	亏损企业数（个）	工业总产值（当年价）	新产品产值	工业销售产值（当年价）	出口交货值
总计	514	150	92.63	2.94	90.33	4.85
一、按登记注册类型分组						
1. 内资企业	435	124	72.52	1.88	70.81	4.18
(1)国有企业	67	24	8.28	0.13	8.14	0.20
(2)集体企业	66	18	7.66	0.0013	7.56	0.34
(3)股份合作企业	25	5	4.84	0.55	4.76	0.51
(4)联营企业	1	0	0.090	0	0.090	0
(5)有限责任公司	92	29	16.16	0.33	16.24	1.70
(6)股份有限公司	28	10	3.35	0.019	3.12	0.37
(7)其他企业	156	38	32.14	0.85	30.89	1.05
2. 港、澳、台商投资企业	26	8	4.68	0.15	5.03	0.61
3. 外商投资企业	53	18	15.43	0.91	14.49	0.065
总计中：国有绝对控股	102	43	19.35	1.57	19.34	0.059
国有相对控股	11	4	4.84	0	4.83	0.0013
其他	401	103	68.44	1.37	66.15	4.79
二、按生产规模分						
1. 大型企业	1	0	3.90	0.55	3.84	0
2. 中型企业	36	12	26.04	1.53	24.81	0.46
3. 小型企业	477	138	62.69	0.85	61.68	4.39
三、按包装工业主要行业分						
（一）纸包装制品制造业	160	41	24.92	0.26	24.14	1.22
1. 包装纸板	64	20	10.16	0.25	9.93	0.026
2. 纸包装容器	69	16	11.41	0.0021	10.96	0.84
3. 其他纸制包装制品	27	5	3.35	0	3.25	0.35
（二）塑料包装制品制造业	166	54	31.98	0.46	30.99	1.84
1. 塑料薄膜	35	14	8.50	0.32	8.53	0.078
2. 塑料片材	9	1	1.05	0.00048	1.11	0
3. 塑料编织品	61	18	13.67	0	12.69	1.03

东北地区包装行业工业企业全部国有及年销售收入在500万元以上非国有工业企业主要经济指标(1-2)

计量单位：亿元

分类名称	工业增加值（生产法）	工业中间投入	本年应交增值税	全部从业人员年平均人数（人）	年末资产合计	年末负债合计
总　　计	26.46	69.32	3.15	63531	177.38	105.51
一、按登记注册类型分组						
1. 内资企业	20.67	54.47	2.62	50338	132.28	76.87
(1)国有企业	2.13	6.44	0.30	5615	11.20	6.24
(2)集体企业	2.25	5.68	0.27	6252	8.05	5.50
(3)股份合作企业	1.37	3.67	0.20	2998	7.04	4.40
(4)联营企业	0.023	0.068	0.00081	49	0.019	0.0091
(5)有限责任公司	4.28	12.51	0.63	9911	36.02	24.67
(6)股份有限公司	1.27	2.20	0.12	2397	4.33	2.34
(7)其他企业	9.34	23.90	1.10	23118	65.63	33.70
2. 港、澳、台商投资企业	1.13	3.69	0.14	3109	11.89	8.87
3. 外商投资企业	4.67	11.16	0.40	10083	33.21	19.77
总计中：国有绝对控股	5.32	15.01	0.99	21538	81.25	47.79
国有相对控股	1.85	3.16	0.16	1804	7.62	4.35
其他	19.29	51.14	2.00	40189	88.51	53.37
二、按生产规模分						
1. 大型企业	1.10	3.10	0.30	1574	9.69	5.12
2. 中型企业	6.95	19.90	0.81	21996	82.34	45.72
3. 小型企业	18.41	46.32	2.04	39961	85.34	54.67
三、按包装工业主要行业分						
（一）纸包装制品制造业	6.71	18.97	0.76	17936	48.30	31.72
1. 包装纸板	1.90	8.66	0.39	10267	33.81	23.67
2. 纸包装容器	3.78	7.88	0.26	5872	10.86	5.96
3. 其他纸制包装制品	1.03	2.43	0.11	1797	3.63	2.09
（二）塑料包装制品制造业	8.87	23.76	0.65	21155	59.10	28.60
1. 塑料薄膜	2.15	6.51	0.16	3667	11.54	7.28
2. 塑料片材	0.25	0.81	0.011	580	0.88	0.40
3. 塑料编织品	3.67	10.26	0.26	13557	34.53	15.03

东北地区包装行业工业企业全部国有及年销售收入在500万元以上非国有工业企业主要经济指标（1-3）

计量单位：亿元

分类名称	流动资产年平均余额	固定资产净值年平均余额	产品销售收入	产品销售成本	产品销售费用
总　　计	77.63	75.77	89.03	76.81	3.05
一、按登记注册类型分组					
1. 内资企业	59.90	55.84	69.18	59.49	2.39
(1)国有企业	4.68	5.09	7.30	6.21	0.22
(2)集体企业	4.36	2.71	7.59	8.19	0.22
(3)股份合作企业	3.32	3.32	4.66	3.89	0.19
(4)联营企业	0.0087	0.010	0.089	0.085	0.00041
(5)有限责任公司	17.01	15.19	17.22	15.01	0.65
(6)股份有限公司	1.35	2.69	3.15	2.63	0.11
(7)其他企业	29.18	26.84	29.18	23.47	1.01
2. 港、澳、台商投资企业	3.93	3.33	4.79	4.15	0.11
3. 外商投资企业	13.80	16.60	15.05	13.17	0.55
总计中：国有绝对控股	31.38	37.48	20.27	16.55	0.86
国有相对控股	4.23	2.61	3.69	2.72	0.15
其他	42.03	35.68	65.07	57.54	2.05
二、按生产规模分					
1. 大型企业	3.27	4.25	4.02	2.46	0.37
2. 中型企业	33.74	36.89	25.82	23.74	0.87
3. 小型企业	40.62	34.63	59.18	50.61	1.81
三、按包装工业主要行业分					
（一）纸包装制品制造业	19.02	21.95	23.25	20.38	0.81
1. 包装纸板	12.21	15.83	9.84	8.93	0.29
2. 纸包装容器	4.89	4.83	10.38	8.93	0.40
3. 其他纸制包装制品	1.92	1.29	3.03	2.52	0.11
（二）塑料包装制品制造业	27.18	25.40	28.84	25.01	0.70
1. 塑料薄膜	5.96	4.48	7.88	7.05	0.18
2. 塑料片材	0.38	0.34	1.00	0.88	0.030
3. 塑料编织品	14.77	15.79	12.62	10.81	0.35

东北地区包装行业工业企业全部国有及年销售收入在500万元以上非国有工业企业主要经济指标（1-4）

计量单位：亿元

分类名称	产品销售税金及附加	产品销售利润	管理费用	财务费用	利息支出	利润总额
总　　计	0.37	8.81	6.34	1.87	1.57	2.69
一、按登记注册类型分组						
1. 内资企业	0.30	7.00	4.90	1.38	1.10	2.99
(1)国有企业	0.035	0.83	0.65	0.12	0.10	0.10
(2)集体企业	0.051	-0.86	0.42	0.10	0.080	0.13
(3)股份合作企业	0.017	0.56	0.35	0.12	0.091	0.11
(4)联营企业	0.00014	0.0035	0.00074	0.00068	0.00068	0.0020
(5)有限责任公司	0.076	1.49	1.33	0.40	0.25	0.20
(6)股份有限公司	0.0078	0.39	0.22	0.043	0.039	0.0088
(7)其他企业	0.12	4.59	1.93	0.59	0.54	2.45
2. 港、澳、台商投资企业	0.017	0.52	0.34	0.17	0.16	0.020
3. 外商投资企业	0.046	1.29	1.10	0.32	0.31	-0.32
总计中：国有绝对控股	0.11	2.76	2.76	0.73	0.71	-0.25
国有相对控股	0.0057	0.82	0.23	0.079	0.075	0.29
其他	0.25	5.23	3.34	1.05	0.78	2.65
二、按生产规模分						
1. 大型企业	0.030	1.17	0.45	0.12	0.12	0.82
2. 中型企业	0.068	1.14	2.40	0.85	0.84	-0.0082
3. 小型企业	0.27	6.50	3.49	0.89	0.61	1.88
三、按包装工业主要行业分						
（一）纸包装制品制造业	0.10	1.97	1.58	0.47	0.40	-0.0062
1. 包装纸板	0.054	0.57	0.89	0.32	0.31	-0.51
2. 纸包装容器	0.038	1.01	0.45	0.10	0.062	0.42
3. 其他纸制包装制品	0.008	0.39	0.24	0.047	0.028	0.085
（二）塑料包装制品制造业	0.11	3.03	1.51	0.46	0.41	1.10
1. 塑料薄膜	0.030	0.62	0.39	0.11	0.10	0.069
2. 塑料片材	0.010	0.082	0.031	0.0091	0.0095	0.061
3. 塑料编织品	0.05	1.41	0.68	0.24	0.23	0.66

东北地区包装行业工业企业全部国有及年销售收入在500万元以上非国有工业企业主要经济指标（2-1）

计量单位：亿元

分类名称	全部企业单位数（个）	亏损企业数（个）	工业总产值（当年价）	新产品产值	工业销售产值（当年价）	出口交货值
总计	514	150	92.63	2.94	90.33	4.85
4. 塑料容器	30	10	5.53	0.13	5.64	0.40
5. 泡沫塑料	7	4	0.33	0.0012	0.32	0.058
6. 塑料袋	12	2	1.84	0	1.83	0.26
7. 其他	12	5	1.08	0	0.87	0.012
（三）玻璃包装制品制造业	11	3	1.36	0	1.31	0
1. 日用玻璃瓶	9	2	1.04	0	1.03	0
2. 药用玻璃瓶	2	1	0.32	0	0.28	0
（四）金属包装制品制造业	35	8	11.30	0.50	10.93	0.093
1. 金属包装容器	25	7	6.72	0.093	6.46	0.093
2. 压力容器	2	0	0.61	0.016	0.60	0
3. 其他金属包装制品	8	1	3.96	0.39	3.87	0
（五）竹木包装制品制造业	14	3	0.72	0	0.70	0.29
1. 木制品	14	3	0.72	0	0.70	0.29
2. 竹制品	0	0	0	0	0	0
（六）其他包装制品制造业	9	3	3.44	0	3.74	0.64
1. 麻袋	0	0	0	0	0	0
2. 其他制品	9	3	3.44	0	3.74	0.64
（七）包装印刷业	92	29	15.44	0.93	15.26	0.46
（八）包装机械制造业	27	9	3.48	0.76	3.40	0.14
1. 通用包装设备	11	2	1.22	0.11	1.20	0.10
2. 纸包装制品制造专用设备	1	1	0.30	0	0.29	0
3. 塑料包装制品制造专用设备	1	1	0.061	0	0.052	0.0017
4. 玻璃包装制品制造专用设备	0	0	0	0	0	0
5. 金属包装制品制造专用设备	1	0	0.52	0	0.50	0
6. 包装印刷机械	9	3	1.10	0.59	1.10	0.028
7. 其他包装机械	4	2	0.27	0.057	0.26	0.011

东北地区包装行业工业企业全部国有及年销售收入在500万元以上非国有工业企业主要经济指标（2-2）

计量单位：亿元

分类名称	工业增加值（生产法）	工业中间投入	本年应交增值税	全部从业人员年平均人数（人）	年末资产合计	年末负债合计
总　　计	26.46	69.32	3.15	63531	177.38	105.51
4. 塑料容器	1.70	3.97	0.14	1688	8.83	4.26
5. 泡沫塑料	0.11	0.23	0.012	257	0.36	0.18
6. 塑料袋	0.55	1.33	0.042	662	1.34	0.52
7. 其他	0.45	0.65	0.022	744	1.62	0.94
（三）玻璃包装制品制造业	0.47	0.96	0.067	2249	4.99	4.57
1. 日用玻璃瓶	0.34	0.75	0.053	1911	4.38	3.96
2. 药用玻璃瓶	0.13	0.21	0.014	339	0.61	0.60
（四）金属包装制品制造业	3.57	8.37	0.65	3879	20.75	13.93
1. 金属包装容器	2.30	4.81	0.38	2305	12.20	9.29
2. 压力容器	0.12	0.51	0.019	106	0.63	0.36
3. 其他金属包装制品	1.16	3.05	0.24	1468	7.92	4.29
（五）竹木包装制品制造业	0.28	0.44	0.012	1825	1.11	0.98
1. 木制品	0.28	0.44	0.012	1825	1.11	0.98
2. 竹制品	0	0	0	0	0	0
（六）其他包装制品制造业	0.92	2.60	0.072	1272	4.80	2.65
1. 麻袋	0	0	0	0	0	0
2. 其他制品	0.92	2.60	0.072	1272	4.80	2.65
（七）包装印刷业	4.67	11.54	0.77	11743	31.95	17.37
（八）包装机械制造业	0.97	2.71	0.21	3064	7.48	5.88
1. 通用包装设备	0.39	0.90	0.070	724	1.58	0.85
2. 纸包装制品制造专用设备	0.024	0.28	0	150	0.29	0.19
3. 塑料包装制品制造专用设备	0.0082	0.055	0.0019	65	0.047	0.036
4. 玻璃包装制品制造专用设备	0	0	0	0	0	0
5. 金属包装制品制造专用设备	0.21	0.36	0.041	433	1.70	1.74
6. 包装印刷机械	0.25	0.93	0.075	1442	3.46	2.83
7. 其他包装机械	0.096	0.19	0.018	249	0.40	0.24

东北地区包装行业工业企业全部国有及年销售收入在500万元以上非国有工业企业主要经济指标（2-3）

计量单位：亿元

分类名称	流动资产年平均余额	固定资产净值年平均余额	产品销售收入	产品销售成本	产品销售费用
总　　计	77.63	75.77	89.03	76.81	3.05
4. 塑料容器	4.43	3.57	4.59	3.92	0.079
5. 泡沫塑料	0.21	0.16	0.32	0.28	0.010
6. 塑料袋	0.70	0.41	1.71	1.48	0.029
7. 其他	0.73	0.64	0.72	0.58	0.013
（三）玻璃包装制品制造业	2.16	1.63	1.45	1.20	0.056
1. 日用玻璃瓶	1.80	1.42	1.19	0.99	0.050
2. 药用玻璃瓶	0.35	0.21	0.26	0.22	0.005
（四）金属包装制品制造业	10.95	7.43	11.85	10.75	0.64
1. 金属包装容器	7.83	3.78	7.46	7.67	0.36
2. 压力容器	0.24	0.17	0.61	0.55	0
3. 其他金属包装制品	2.88	3.48	3.78	2.53	0.28
（五）竹木包装制品制造业	0.42	0.57	0.65	0.59	0.016
1. 木制品	0.42	0.57	0.65	0.59	0.016
2. 竹制品	0	0	0	0	0
（六）其他包装制品制造业	1.51	2.05	3.73	3.25	0.10
1. 麻袋	0	0	0	0	0
2. 其他制品	1.51	2.05	3.73	3.25	0.10
（七）包装印刷业	12.48	15.02	16.68	14.06	0.47
（八）包装机械制造业	4.04	2.50	3.35	2.48	0.19
1. 通用包装设备	1.00	0.44	1.17	0.85	0.043
2. 纸包装制品制造专用设备	0.21	0.082	0.29	0.29	0
3. 塑料包装制品制造专用设备	0.038	0.0083	0.054	0.046	0.0046
4. 玻璃包装制品制造专用设备	0.00	0.00	0.00	0.00	0.00
5. 金属包装制品制造专用设备	0.64	0.90	0.50	0.32	0.013
6. 包装印刷机械	1.89	0.96	1.07	0.79	0.099
7. 其他包装机械	0.27	0.11	0.27	0.18	0.033

东北地区包装行业工业企业全部国有及年销售收入在500万元以上非国有工业企业主要经济指标（2-4）

计量单位：亿元

分类名称	产品销售税金及附加	产品销售利润	管理费用	财务费用	利息支出	利润总额
总　　计	0.37	8.81	6.34	1.87	1.57	2.69
4. 塑料容器	0.0069	0.58	0.25	0.087	0.069	0.19
5. 泡沫塑料	0.000078	0.030	0.053	0.00079	0.00046	-0.026
6. 塑料袋	0.0038	0.20	0.052	0.00020	0.000052	0.12
7. 其他	0.0019	0.12	0.052	0.0074	0.0042	0.017
（三）玻璃包装制品制造业	0.010	0.18	0.14	0.041	0.030	0.013
1. 日用玻璃瓶	0.0088	0.15	0.11	0.027	0.016	0.018
2. 药用玻璃瓶	0.0012	0.037	0.027	0.014	0.014	-0.0048
（四）金属包装制品制造业	0.054	0.40	0.82	0.31	0.19	1.03
1. 金属包装容器	0.029	-0.60	0.44	0.18	0.063	0.39
2. 压力容器	0.0022	0.051	0.025	0.010	0.0070	0.017
3. 其他金属包装制品	0.023	0.95	0.36	0.12	0.12	0.62
（五）竹木包装制品制造业	0.0049	0.036	0.11	0.0051	0.0036	-0.080
1. 木制品	0.0049	0.036	0.11	0.0051	0.0036	-0.080
2. 竹制品	0	0	0	0	0	0
（六）其他包装制品制造业	0.0082	0.37	0.096	0.060	0.055	0.12
1. 麻袋	0	0	0	0	0	0
2. 其他制品	0.0082	0.37	0.096	0.060	0.055	0.12
（七）包装印刷业	0.058	2.09	1.80	0.36	0.32	0.16
（八）包装机械制造业	0.018	0.66	0.40	0.16	0.15	0.15
1. 通用包装设备	0.0085	0.27	0.088	0.029	0.028	0.15
2. 纸包装制品制造专用设备	0	0.0045	0.0092	0.0044	0	-0.0010
3. 塑料包装制品制造专用设备	0.00020	0.0037	0.00502	0.00051	0.00051	-0.0019
4. 玻璃包装制品制造专用设备	0	0	0	0	0	0
5. 金属包装制品制造专用设备	0.0041	0.16	0.10	0.060	0.060	0.019
6. 包装印刷机械	0.0049	0.17	0.17	0.064	0.061	-0.033
7. 其他包装机械	0.000066	0.051	0.032	0.0057	0.0056	0.015

华东地区包装行业工业企业全部国有及年销售收入在500万元以上非国有工业企业主要经济指标(1-1)

计量单位：亿元

分类名称	全部企业单位数（个）	亏损企业数（个）	工业总产值（当年价）	新产品产值	工业销售产值（当年价）	出口交货值
总计	5003	820	1710.83	72.27	1667.86	165.50
一、按登记注册类型分组						
1. 内资企业	3983	614	1333.39	56.84	1299.39	128.28
(1)国有企业	184	38	48.78	1.29	47.87	4.206
(2)集体企业	521	89	157.20	3.25	151.96	12.31
(3)股份合作企业	442	84	158.94	11.286	155.80	17.45
(4)联营企业	29	1	3.55	0	3.50	0.227
(5)有限责任公司	660	88	326.34	13.53	317.91	26.01
(6)股份有限公司	88	7	25.60	0.89	24.81	1.90
(7)其他企业	2059	307	612.97	26.59	597.54	66.18
2. 港、澳、台商投资企业	591	120	193.64	14.31	187.94	14.15
3. 外商投资企业	429	86	183.80	1.11	180.53	23.06
总计中：国有绝对控股	267	87	158.73	17.66	154.11	6.92
国有相对控股	45	7	87.43	6.31	84.65	2.92
其他	4691	726	1464.67	48.30	1429.10	155.66
二、按生产规模分						
1. 大型企业	19	1	243.72	11.42	239.31	21.38
2. 中型企业	364	52	575.829	46.42	560.95	70.53
3. 小型企业	4620	767	891.27	14.42	867.60	73.59
三、按包装工业主要行业分						
（一）纸包装制品制造业	1648	275	620.77	18.06	603.89	37.31
1. 包装纸板	613	110	324.72	13.43	314.25	6.86
2. 纸包装容器	754	126	160.03	1.36	155.90	10.92
3. 其他纸制包装制品	281	39	136.02	3.27	133.74	19.53
（二）塑料包装制品制造业	1485	252	512.57	18.79	503.43	76.94
1. 塑料薄膜	272	51	145.62	10.36	143.75	24.43
2. 塑料片材	93	23	125.62	2.99	123.44	5.364
3. 塑料编织品	441	78	84.39	1.46	82.47	14.42

华东地区包装行业工业企业全部国有及年销售收入在500万元以上非国有工业企业主要经济指标(1-2)

计量单位：亿元

分类名称	工业增加值（生产法）	工业中间投入	本年应交增值税	全部从业人员年平均人数（人）	年末资产合计	年末负债合计
总计	430.42	1333.60	53.19	545068	1808.05	1061.52
一、按登记注册类型分组						
1. 内资企业	343.48	1032.60	42.69	430879	1428.09	845.11
(1)国有企业	11.98	38.30	1.50	16297	52.64	28.90
(2)集体企业	41.06	121.15	5.00	54842	159.99	103.36
(3)股份合作企业	42.14	122.38	5.58	48670	175.51	102.37
(4)联营企业	0.88	2.79	0.120	1615	2.77	1.71
(5)有限责任公司	84.13	253.99	11.78	86089	425.62	238.09
(6)股份有限公司	6.29	19.83	0.53	9095	22.72	14.32
(7)其他企业	157.00	474.15	18.18	214271	588.85	356.36
2. 港、澳、台商投资企业	46.96	153.01	6.33	65761	206.30	117.64
3. 外商投资企业	39.97	147.99	4.17	48427	173.66	98.78
总计中：国有绝对控股	45.78	119.64	6.69	51438	240.30	158.25
国有相对控股	25.18	66.35	4.10	17479	146.74	73.56
其他	359.46	1147.60	42.40	476151	1421.00	829.71
二、按生产规模分						
1. 大型企业	58.59	192.76	7.63	42430	319.90	189.53
2. 中型企业	147.39	447.78	19.34	154337	703.87	413.51
3. 小型企业	224.44	693.05	26.21	348300	784.28	458.48
三、按包装工业主要行业分						
（一）纸包装制品制造业	152.84	489.17	21.24	181688	717.89	440.96
1. 包装纸板	79.65	258.48	13.41	89933	429.22	266.21
2. 纸包装容器	40.17	124.22	4.36	60984	125.89	76.76
3. 其他纸制包装制品	33.02	106.47	3.47	30771	162.786	97.99
（二）塑料包装制品制造业	115.68	407.63	10.73	156047	495.66	288.68
1. 塑料薄膜	33.68	114.48	2.54	32008	156.01	93.99
2. 塑料片材	22.14	105.34	1.854	15370	118.38	79.02
3. 塑料编织品	21.30	65.26	2.17	51878	59.00	32.62

华东地区包装行业工业企业全部国有及年销售收入在500万元以上非国有工业企业主要经济指标（1-3）

计量单位：亿元

分类名称	流动资产年平均余额	固定资产净值年平均余额	产品销售收入	产品销售成本	产品销售费用
总　　计	820.52	661.68	1657.045	1433.67	46.24
一、按登记注册类型分组					
1. 内资企业	664.59	507.89	1294.90	1114.23	38.08
(1)国有企业	27.13	16.85	48.50	42.63	1.36
(2)集体企业	82.27	46.58	151.08	131.10	5.07
(3)股份合作企业	85.09	71.02	154.27	129.58	4.94
(4)联营企业	1.78	0.76	3.46	3.04	0.061
(5)有限责任公司	167.38	160.75	325.32	273.38	11.08
(6)股份有限公司	10.34	8.84	24.30	21.10	0.53
(7)其他企业	290.61	203.09	587.98	513.40	15.03
2. 港、澳、台商投资企业	87.54	82.17	185.34	161.61	5.04
3. 外商投资企业	68.39	71.63	176.80	157.83	3.12
总计中：国有绝对控股	100.58	94.00	153.18	128.40	6.05
国有相对控股	50.61	55.31	93.21	75.30	4.02
其他	669.33	512.36	1410.66	1229.98	36.17
二、按生产规模分					
1. 大型企业	117.65	112.02	248.75	216.62	7.72
2. 中型企业	289.30	273.61	560.37	476.97	16.66
3. 小型企业	413.58	276.05	847.92	740.09	21.87
三、按包装工业主要行业分					
（一）纸包装制品制造业	303.58	281.85	596.46	518.81	17.33
1. 包装纸板	171.44	177.31	313.36	272.87	8.58
2. 纸包装容器	69.02	41.49	151.04	132.70	4.32
3. 其他纸制包装制品	63.13	63.04	132.06	113.24	4.42
（二）塑料包装制品制造业	207.42	184.13	503.53	452.52	10.96
1. 塑料薄膜	64.24	58.39	147.15	132.21	3.13
2. 塑料片材	36.09	54.56	123.00	117.04	1.396
3. 塑料编织品	32.14	17.05	80.67	71.77	1.93

华东地区包装行业工业企业全部国有及年销售收入在500万元以上非国有工业企业主要经济指标（1-4）

计量单位：亿元

分类名称	产品销售税金及附加	产品销售利润	管理费用	财务费用	利息支出	利润总额
总　　计	6.54	170.59	70.68	26.624	22.78	85.47
一、按登记注册类型分组						
1. 内资企业	5.03	137.56	57.51	21.54	18.22	67.95
(1)国有企业	0.16	4.35	2.35	0.49	0.41	2.00
(2)集体企业	0.76	14.14	6.99	2.49	2.21	6.52
(3)股份合作企业	0.528	19.22	8.54	2.995	2.425	8.16
(4)联营企业	0.0206	0.341	0.14	0.0321	0.0295	0.1653
(5)有限责任公司	0.89	39.970	14.05	6.29	5.69	22.70
(6)股份有限公司	0.088	2.57	0.84	0.30	0.27	1.55
(7)其他企业	2.57	56.97	24.61	8.94	7.19	26.85
2. 港、澳、台商投资企业	0.724	17.97	7.85	2.75	2.35	11.57
3. 外商投资企业	0.791	15.06	5.31	2.33	2.20	5.96
总计中：国有绝对控股	0.51	18.21	11.14	3.95	3.05	5.71
国有相对控股	0.216	13.68	4.22	1.568	1.505	8.93
其他	5.82	138.70	55.32	21.10	18.23	70.84
二、按生产规模分						
1. 大型企业	0.812	23.61	7.62	4.88	4.70	14.38
2. 中型企业	1.54	65.20	26.14	10.92	9.883	32.51
3. 小型企业	4.19	81.78	36.92	10.83	8.20	38.59
三、按包装工业主要行业分						
（一）纸包装制品制造业	2.54	57.78	21.38	12.12	10.316	25.82
1. 包装纸板	1.41	30.50	10.49	8.24	6.98	13.70
2. 纸包装容器	0.71	13.30	6.35	1.78	1.41	6.10
3. 其他纸制包装制品	0.418	13.99	4.54	2.10	1.924	6.02
（二）塑料包装制品制造业	1.77	38.28	17.27	6.89	6.01	19.68
1. 塑料薄膜	0.266	11.55	4.79	2.01	1.78	5.45
2. 塑料片材	0.5478	4.015	2.652	2.049	1.944	3.543
3. 塑料编织品	0.470	6.50	2.80	0.81	0.637	2.93

华东地区包装行业工业企业全部国有及年销售收入在500万元以上非国有工业企业主要经济指标（2-1）

计量单位：亿元

分类名称	全部企业单位数（个）	亏损企业数（个）	工业总产值（当年价）	新产品产值	工业销售产值（当年价）	出口交货值
总计	5003	820	1710.83	72.27	1667.86	165.50
4. 塑料容器	346	56	83.36	2.71	81.84	12.76
5. 泡沫塑料	69	10	15.64	0.0042	15.30	0.63
6. 塑料袋	174	27	37.21	1.240	36.42	15.977
7. 其他	90	7	20.73	0.03	20.22	3.37
（三）玻璃包装制品制造业	90	11	41.59	2.06	39.68	1.88
1. 日用玻璃瓶	59	5	22.61	1.77	21.96	1.77
2. 药用玻璃瓶	31	6	18.99	0.29	17.72	0.11
（四）金属包装制品制造业	306	61	106.38	2.54	103.67	6.43
1. 金属包装容器	183	37	62.15	0.03	60.79	3.03
2. 压力容器	41	9	14.46	0.40	14.26	0.908
3. 其他金属包装制品	82	15	29.78	2.12	28.63	2.491
（五）竹木包装制品制造业	95	15	5.65	0.05	5.46	1.21
1. 木制品	52	12	3.44	0	3.33	0.25
2. 竹制品	43	3	2.21	0.05	2.14	0.96
（六）其他包装制品制造业	112	19	30.78	0.06	28.75	3.13
1. 麻袋	4	2	0.40	0	0.40	0.0033
2. 其他制品	108	17	30.38	0.06	28.35	3.12
（七）包装印刷业	992	153	284.15	4.43	276.48	10.19
（八）包装机械制造业	275	34	108.94	20.21	106.26	19.55
1. 通用包装设备	97	12	18.19	2.48	18.27	1.945
2. 纸包装制品制造专用设备	15	3	14.90	0	14.41	0.41
3. 塑料包装制品制造专用设备	17	2	2.56	0.21	2.36	0.36
4. 玻璃包装制品制造专用设备	7	1	2.10	0.03	2.03	0
5. 金属包装制品制造专用设备	6	1	0.90	0	0.85	0.1685
6. 包装印刷机械	75	7	33.63	7.83	33.07	2.81
7. 其他包装机械	58	8	36.65	9.65	35.28	13.85

华东地区包装行业工业企业全部国有及年销售收入在500万元以上非国有工业企业主要经济指标（2-2）

计量单位：亿元

分类名称	工业增加值（生产法）	工业中间投入	本年应交增值税	全部从业人员年平均人数（人）	年末资产合计	年末负债合计
总　　计	430.42	1333.60	53.19	545068	1808.05	1061.52
4. 塑料容器	19.50	66.34	2.47	28946	102.22	49.97
5. 泡沫塑料	4.08	11.92	0.36	5356	11.85	6.14
6. 塑料袋	9.85	28.06	0.69	15720	28.85	16.22
7. 其他	5.13	16.23	0.637	6770	19.36	10.73
（三）玻璃包装制品制造业	12.08	31.19	1.67	22862	40.54	21.15
1. 日用玻璃瓶	6.75	16.90	1.04	14348	20.69	10.41
2. 药用玻璃瓶	5.32	14.29	0.627	8514	19.85	10.74
（四）金属包装制品制造业	22.66	86.75	3.04	26589	105.47	60.03
1. 金属包装容器	12.51	51.39	1.75	14388	67.68	37.23
2. 压力容器	3.72	11.19	0.456	5741	10.01	6.72
3. 其他金属包装制品	6.44	24.17	0.83	6460	27.78	16.07
（五）竹木包装制品制造业	1.27	4.55	0.167	2915	3.03	1.63
1. 木制品	0.77	2.79	0.126	1434	1.90	1.09
2. 竹制品	0.50	1.75	0.04	1481	1.12	0.53
（六）其他包装制品制造业	8.49	22.99	0.70	11566	27.50	16.50
1. 麻袋	0.102	0.31	0.010	877	2.13	2.05
2. 其他制品	8.39	22.68	0.69	10689	25.37	14.45
（七）包装印刷业	88.68	207.37	11.91	123419	323.66	174.96
（八）包装机械制造业	34.17	79.25	4.48	31260	103.07	58.47
1. 通用包装设备	4.85	14.03	0.687	6887	25.21	14.01
2. 纸包装制品制造专用设备	4.70	10.58	0.3812	4200	6.68	4.58
3. 塑料包装制品制造专用设备	0.522	2.13	0.084	758	3.17	2.009
4. 玻璃包装制品制造专用设备	0.63	1.58	0.10	590	1.43	0.78
5. 金属包装制品制造专用设备	0.247	0.68	0.0300	530	0.70	0.36
6. 包装印刷机械	12.15	23.34	1.87	9600	36.20	20.23
7. 其他包装机械	11.07	26.92	1.33	8695	29.69	16.50

华东地区包装行业工业企业全部国有及年销售收入在500万元以上非国有工业企业主要经济指标（2-3）

计量单位：亿元

分类名称	流动资产年平均余额	固定资产净值年平均余额	产品销售收入	产品销售成本	产品销售费用
总　　计	820.52	661.68	1657.04	1433.67	46.24
4. 塑料容器	41.14	34.41	80.92	70.09	2.17
5. 泡沫塑料	7.27	3.24	14.38	11.45	0.72
6. 塑料袋	16.62	8.83	37.47	33.22	1.05
7. 其他	9.93	7.65	19.93	16.73	0.565
（三）玻璃包装制品制造业	21.20	12.71	40.96	33.19	1.92
1. 日用玻璃瓶	11.81	5.92	22.87	18.73	1.23
2. 药用玻璃瓶	9.39	6.79	18.10	14.460	0.695
（四）金属包装制品制造业	58.38	35.77	105.21	91.41	3.28
1. 金属包装容器	38.88	23.47	61.77	53.99	1.84
2. 压力容器	6.21	2.12	13.95	12.02	0.607
3. 其他金属包装制品	13.29	10.19	29.49	25.39	0.829
（五）竹木包装制品制造业	2.00	0.69	5.29	4.60	0.190
1. 木制品	1.35	0.38	3.31	2.87	0.133
2. 竹制品	0.65	0.31	1.98	1.73	0.06
（六）其他包装制品制造业	13.60	9.49	28.67	24.89	0.83
1. 麻袋	0.731	0.62	0.26	0.23	0.0054
2. 其他制品	12.87	8.86	28.41	24.66	0.82
（七）包装印刷业	161.88	118.22	270.48	220.55	6.74
（八）包装机械制造业	58.99	24.72	104.55	83.29	4.42
1. 通用包装设备	12.78	6.19	19.61	16.47	0.701
2. 纸包装制品制造专用设备	4.46	2.09	12.85	11.79	0.140
3. 塑料包装制品制造专用设备	1.939	0.830	2.46	2.06	0.1068
4. 玻璃包装制品制造专用设备	0.78	0.30	2.05	1.72	0.07
5. 金属包装制品制造专用设备	0.504	0.131	0.81	0.69	0.0285
6. 包装印刷机械	22.85	7.43	33.85	24.23	2.30
7. 其他包装机械	15.67	7.75	32.92	26.32	1.078

华东地区包装行业工业企业全部国有及年销售收入在500万元以上非国有工业企业主要经济指标（2-4）

计量单位：亿元

分类名称	产品销售税金及附加	产品销售利润	管理费用	财务费用	利息支出	利润总额
总　　计	6.54	170.59	70.68	26.62	22.78	85.47
4. 塑料容器	0.296	8.36	3.58	1.20	0.9833	4.18
5. 泡沫塑料	0.0458	2.16	1.10	0.303	0.258	0.72
6. 塑料袋	0.092	3.11	1.43	0.33	0.24	1.25
7. 其他	0.053	2.58	0.911	0.1930	0.1653	1.61
（三）玻璃包装制品制造业	0.314	5.54	2.146	0.54	0.43	2.70
1. 日用玻璃瓶	0.225	2.69	1.52	0.27	0.17	1.22
2. 药用玻璃瓶	0.0888	2.852	0.621	0.274	0.261	1.481
（四）金属包装制品制造业	0.320	10.21	4.09	1.48	1.24	5.95
1. 金属包装容器	0.166	5.78	2.62	0.72	0.63	3.26
2. 压力容器	0.0606	1.259	0.508	0.194	0.151	0.8153
3. 其他金属包装制品	0.0934	3.17	0.97	0.566	0.458	1.873
（五）竹木包装制品制造业	0.0345	0.472	0.232	0.034	0.0277	0.191
1. 木制品	0.0253	0.280	0.152	0.021	0.0169	0.137
2. 竹制品	0.01	0.19	0.08	0.01	0.01	0.05
（六）其他包装制品制造业	0.099	2.85	1.36	0.34	0.29	1.42
1. 麻袋	0.0002	0.02	0.011	0.0013	0.0013	0.009
2. 其他制品	0.099	2.83	1.35	0.33	0.28	1.41
（七）包装印刷业	1.21	41.98	17.90	3.64	3.34	22.64
（八）包装机械制造业	0.300	16.54	7.74	1.33	1.012	8.82
1. 通用包装设备	0.046	2.39	1.400	0.255	0.199	1.26
2. 纸包装制品制造专用设备	0.0390	0.89	0.36	0.082	0.074	0.46
3. 塑料包装制品制造专用设备	0.0050	0.284	0.1554	0.03210	0.01330	0.120
4. 玻璃包装制品制造专用设备	0.01	0.26	0.10	0.02	0.02	0.16
5. 金属包装制品制造专用设备	0.0031	0.091	0.058	0.00751	0.00748	0.0421
6. 包装印刷机械	0.049	7.26	3.50	0.537	0.333	3.65
7. 其他包装机械	0.151	5.37	2.16	0.396	0.3686	3.12

华中地区包装行业工业企业全部国有及年销售收入在500万元以上非国有工业企业主要经济指标(1-1)

计量单位：亿元

分类名称	全部企业单位数（个）	亏损企业数（个）	工业总产值（当年价）	新产品产值	工业销售产值（当年价）	出口交货值
总计	1146	179	328.33	16.50	323.41	5.01
一、按登记注册类型分组						
1. 内资企业	1057	161	309.41	16.20	305.08	4.22
(1)国有企业	119	29	31.02	0.03	30.70	1.011
(2)集体企业	239	28	87.47	8.81	85.79	1.05
(3)股份合作企业	42	1	9.47	0.082	9.42	0
(4)联营企业	7	0	2.96	0	2.96	0
(5)有限责任公司	170	31	46.39	1.64	45.63	0.30
(6)股份有限公司	56	15	20.66	0	20.41	0.03
(7)其他企业	424	57	111.45	5.64	110.18	1.84
2. 港、澳、台商投资企业	67	15	14.92	0.30	14.47	0.79
3. 外商投资企业	22	3	3.99	0	3.86	0
总计中：国有绝对控股	161	58	71.16	12.48	70.72	0.82
国有相对控股	15	5	7.71	0.33	7.64	0.07
其他	970	116	249.46	3.69	245.05	4.12
二、按生产规模分						
1. 大型企业	5	0	46.88	11.72	46.57	0.66
2. 中型企业	71	15	82.071	1.31	81.44	1.72
3. 小型企业	1070	164	199.37	3.47	195.40	2.63
三、按包装工业主要行业分						
（一）纸包装制品制造业	425	55	134.52	8.70	132.92	0.97
1. 包装纸板	206	19	85.53	3.68	85.20	0.0013
2. 纸包装容器	158	26	34.79	4.93	34.04	0.93
3. 其他纸制包装制品	61	10	14.20	0.09	13.68	0.04
（二）塑料包装制品制造业	312	50	76.44	4.54	75.18	1.06
1. 塑料薄膜	36	13	19.51	3.43	19.10	0.09
2. 塑料片材	14	4	10.89	0.36	10.81	0.016
3. 塑料编织品	164	17	22.79	0.09	22.44	0.05

华中地区包装行业工业企业全部国有及年销售收入在500万元以上非国有工业企业主要经济指标(1-2)

计量单位：亿元

分类名称	工业增加值（生产法）	工业中间投入	本年应交增值税	全部从业人员年平均人数（人）	年末资产合计	年末负债合计
总　　计	106.18	232.59	10.44	157979	305.88	171.31
一、按登记注册类型分组						
1. 内资企业	99.84	219.43	9.87	146661	289.72	160.98
(1)国有企业	11.26	20.90	1.14	17643	30.85	12.98
(2)集体企业	25.41	64.70	2.65	34966	99.65	53.09
(3)股份合作企业	2.92	6.88	0.33	5734	5.53	2.87
(4)联营企业	1.23	1.82	0.093	567	2.06	0.99
(5)有限责任公司	14.17	33.20	0.98	21330	41.75	26.86
(6)股份有限公司	5.34	16.27	0.96	17459	16.02	9.07
(7)其他企业	39.50	75.67	3.72	48962	93.86	55.14
2. 港、澳、台商投资企业	4.94	10.36	0.37	9310	12.50	8.04
3. 外商投资企业	1.40	2.79	0.21	2007	3.67	2.29
总计中：国有绝对控股	18.77	55.36	2.97	32083	131.20	78.88
国有相对控股	3.76	4.20	0.26	2143	9.05	4.10
其他	83.65	173.02	7.21	123753	165.64	88.33
二、按生产规模分						
1. 大型企业	11.45	37.24	1.81	12280	94.35	48.68
2. 中型企业	25.94	58.98	2.85	40086	88.04	53.40
3. 小型企业	68.79	136.37	5.79	105613	123.49	69.23
三、按包装工业主要行业分						
（一）纸包装制品制造业	41.94	97.19	4.61	56247	139.68	72.01
1. 包装纸板	25.11	63.85	3.42	34419	100.63	53.50
2. 纸包装容器	11.45	24.25	0.90	14855	31.22	13.84
3. 其他纸制包装制品	5.39	9.09	0.29	6972	7.831	4.67
（二）塑料包装制品制造业	20.58	57.88	2.03	40374	65.36	37.84
1. 塑料薄膜	5.04	14.91	0.43	10731	23.39	14.93
2. 塑料片材	1.21	9.85	0.174	2098	12.14	7.50
3. 塑料编织品	7.01	16.33	0.55	15902	11.55	6.44

华中地区包装行业工业企业全部国有及年销售收入在500万元以上非国有工业企业主要经济指标（1-3）

计量单位：亿元

分类名称	流动资产年平均余额	固定资产净值年平均余额	产品销售收入	产品销售成本	产品销售费用
总　　计	140.26	114.64	308.933	259.81	10.88
一、按登记注册类型分组					
1. 内资企业	132.75	108.39	291.57	245.15	10.30
(1)国有企业	12.22	14.69	28.93	23.98	0.55
(2)集体企业	45.75	33.29	83.40	70.41	3.12
(3)股份合作企业	2.53	2.25	9.41	7.85	0.44
(4)联营企业	0.97	0.57	2.91	2.47	0.027
(5)有限责任公司	19.21	15.50	41.64	35.57	1.19
(6)股份有限公司	8.42	4.82	20.33	18.41	0.34
(7)其他企业	43.65	37.28	104.94	86.46	4.63
2. 港、澳、台商投资企业	5.80	5.26	13.17	11.39	0.33
3. 外商投资企业	1.70	0.99	4.19	3.27	0.25
总计中：国有绝对控股	59.76	46.87	71.60	59.86	2.69
国有相对控股	4.35	3.25	7.45	5.16	0.17
其他	76.14	64.51	229.89	194.78	8.02
二、按生产规模分					
1. 大型企业	42.60	33.70	47.84	40.42	2.00
2. 中型企业	39.04	32.77	78.27	66.50	1.99
3. 小型企业	58.61	48.17	182.83	152.89	6.89
三、按包装工业主要行业分					
（一）纸包装制品制造业	60.93	51.82	127.16	105.50	5.28
1. 包装纸板	40.76	38.84	83.89	69.98	3.35
2. 纸包装容器	16.60	10.84	31.13	25.75	1.12
3. 其他纸制包装制品	3.58	2.14	12.15	9.78	0.81
（二）塑料包装制品制造业	29.04	23.92	73.52	64.73	1.78
1. 塑料薄膜	11.52	7.12	18.86	17.07	0.29
2. 塑料片材	3.60	6.99	10.72	10.51	0.137
3. 塑料编织品	5.32	4.05	22.47	18.59	0.77

华中地区包装行业工业企业全部国有及年销售收入在500万元以上非国有工业企业主要经济指标（1-4）

计量单位：亿元

分类名称	产品销售税金及附加	产品销售利润	管理费用	财务费用	利息支出	利润总额
总　　计	2.15	36.09	12.64	3.886	3.48	18.20
一、按登记注册类型分组						
1. 内资企业	2.02	34.10	11.71	3.67	3.32	17.60
(1)国有企业	0.23	4.17	1.47	0.22	0.19	1.91
(2)集体企业	0.48	9.39	3.33	1.12	0.99	5.26
(3)股份合作企业	0.095	1.02	0.39	0.082	0.075	0.48
(4)联营企业	0.0069	0.411	0.09	0.0340	0.0342	0.2846
(5)有限责任公司	0.28	4.597	1.89	0.64	0.53	1.63
(6)股份有限公司	0.139	1.45	0.61	0.15	0.13	0.81
(7)其他企业	0.78	13.07	3.93	1.42	1.37	7.23
2. 港、澳、台商投资企业	0.101	1.35	0.73	0.16	0.11	0.26
3. 外商投资企业	0.031	0.64	0.20	0.05	0.05	0.34
总计中：国有绝对控股	0.33	8.71	4.68	1.11	1.24	4.12
国有相对控股	0.021	2.09	0.49	0.080	0.075	1.02
其他	1.80	25.29	7.47	2.70	2.16	13.06
二、按生产规模分						
1. 大型企业	0.210	5.21	2.00	0.91	0.91	3.29
2. 中型企业	0.30	9.48	3.94	0.71	0.811	5.66
3. 小型企业	1.64	21.40	6.70	2.26	1.76	9.25
三、按包装工业主要行业分						
（一）纸包装制品制造业	0.93	15.46	4.49	1.95	1.728	8.31
1. 包装纸板	0.52	10.04	2.70	1.52	1.42	6.05
2. 纸包装容器	0.27	3.99	1.30	0.30	0.22	1.75
3. 其他纸制包装制品	0.131	1.43	0.49	0.12	0.092	0.51
（二）塑料包装制品制造业	0.59	6.42	2.51	0.66	0.62	2.38
1. 塑料薄膜	0.057	1.45	0.57	0.12	0.11	0.53
2. 塑料片材	0.0209	0.045	0.314	-0.07	0.073	-0.131
3. 塑料编织品	0.352	2.76	0.82	0.36	0.221	0.87

华中地区包装行业工业企业全部国有及年销售收入在500万元以上非国有工业企业主要经济指标（2-1）

计量单位：亿元

分类名称	全部企业单位数（个）	亏损企业数（个）	工业总产值（当年价）	新产品产值	工业销售产值（当年价）	出口交货值
总计	1146	179	328.33	16.50	323.41	5.01
4. 塑料容器	49	11	7.38	0.03	7.26	0.31
5. 泡沫塑料	8	0	3.36	0	3.33	0
6. 塑料袋	25	3	10.11	0.625	9.92	0.591
7. 其他	16	2	2.41	0	2.32	0
（三）玻璃包装制品制造业	44	5	14.88	0.26	14.64	0.0029
1. 日用玻璃瓶	28	5	9.67	0	9.53	0.0029
2. 药用玻璃瓶	16	0	5.21	0.26	5.11	0
（四）金属包装制品制造业	56	7	18.83	0.04	18.17	0.97
1. 金属包装容器	34	4	9.82	0.03	9.53	0.97
2. 压力容器	6	0	3.83	0.02	3.79	0
3. 其他金属包装制品	16	3	5.19	0	4.85	0
（五）竹木包装制品制造业	18	0	1.10	0.14	1.10	0.26
1. 木制品	8	0	0.57	0.03	0.57	0
2. 竹制品	10	0	0.53	0.11	0.53	0.26
（六）其他包装制品制造业	37	4	17.06	0.09	16.75	1.44
1. 麻袋	10	0	1.51	0.0019	1.48	0.04
2. 其他制品	27	4	15.56	0.09	15.28	1.40
（七）包装印刷业	209	41	55.87	1.60	56.00	0.14
（八）包装机械制造业	45	17	9.62	0.66	8.86	0.13
1. 通用包装设备	23	7	5.27	0.29	4.92	0.067
2. 纸包装制品制造专用设备	7	2	3.05	0.05	2.70	0.04
3. 塑料包装制品制造专用设备	3	2	0.17	0	0.19	0
4. 玻璃包装制品制造专用设备	1	1	0.07	0	0.07	0
5. 金属包装制品制造专用设备	0	0	0	0	0	0
6. 包装印刷机械	6	3	0.55	0.32	0.48	0.01
7. 其他包装机械	5	2	0.50	0	0.50	0.01

华中地区包装行业工业企业全部国有及年销售收入在500万元以上非国有工业企业主要经济指标（2-2）

计量单位：亿元

分类名称	工业增加值（生产法）	工业中间投入	本年应交增值税	全部从业人员年平均人数（人）	年末资产合计	年末负债合计
总　　计	106.18	232.59	10.44	157979	305.88	171.31
4. 塑料容器	2.05	5.56	0.23	3346	6.87	3.58
5. 泡沫塑料	1.49	1.92	0.05	999	1.18	0.87
6. 塑料袋	3.08	7.52	0.49	6085	8.97	3.92
7. 其他	0.71	1.79	0.094	1214	1.26	0.60
（三）玻璃包装制品制造业	4.62	10.69	0.43	8321	8.83	5.64
1. 日用玻璃瓶	3.00	7.00	0.33	4949	6.49	4.16
2. 药用玻璃瓶	1.62	3.68	0.099	3372	2.34	1.48
（四）金属包装制品制造业	7.44	11.81	0.41	5550	12.72	7.92
1. 金属包装容器	4.32	5.76	0.26	3131	8.54	5.02
2. 压力容器	1.86	2.06	0.098	1348	1.65	1.13
3. 其他金属包装制品	1.26	3.99	0.06	1071	2.53	1.77
（五）竹木包装制品制造业	0.35	0.77	0.023	731	0.63	0.39
1. 木制品	0.20	0.38	0.010	387	0.32	0.29
2. 竹制品	0.15	0.40	0.01	344	0.31	0.10
（六）其他包装制品制造业	7.05	10.36	0.35	10095	7.59	4.77
1. 麻袋	0.505	1.04	0.035	2498	1.90	1.39
2. 其他制品	6.54	9.33	0.31	7597	5.69	3.39
（七）包装印刷业	21.96	36.43	2.52	32174	60.58	36.02
（八）包装机械制造业	3.43	6.43	0.24	6081	10.62	7.10
1. 通用包装设备	1.69	3.68	0.098	2889	5.70	3.61
2. 纸包装制品制造专用设备	1.31	1.84	0.1012	1488	2.12	1.83
3. 塑料包装制品制造专用设备	0.047	0.13	0.005	402	0.64	0.610
4. 玻璃包装制品制造专用设备	0.03	0.05	0.0018	162	0.29	0.28
5. 金属包装制品制造专用设备	0	0	0	0	0	0
6. 包装印刷机械	0.18	0.38	0.01	760	1.21	0.43
7. 其他包装机械	0.17	0.35	0.03	380	0.67	0.34

华中地区包装行业工业企业全部国有及年销售收入在500万元以上非国有工业企业主要经济指标（2-3）

计量单位：亿元

分类名称	流动资产年平均余额	固定资产净值年平均余额	产品销售收入	产品销售成本	产品销售费用
总　　计	140.26	114.64	308.93	259.81	10.88
4. 塑料容器	2.56	2.97	7.16	6.05	0.21
5. 泡沫塑料	0.63	0.35	2.30	2.02	0.04
6. 塑料袋	4.79	1.98	9.62	8.39	0.29
7. 其他	0.63	0.47	2.39	2.10	0.048
（三）玻璃包装制品制造业	4.65	3.06	13.83	11.74	0.52
1. 日用玻璃瓶	3.74	2.03	9.14	7.63	0.38
2. 药用玻璃瓶	0.91	1.03	4.69	4.108	0.134
（四）金属包装制品制造业	6.80	4.82	17.77	15.71	0.53
1. 金属包装容器	4.42	3.07	9.42	8.28	0.30
2. 压力容器	1.19	0.58	3.73	3.13	0.178
3. 其他金属包装制品	1.18	1.17	4.62	4.30	0.053
（五）竹木包装制品制造业	0.27	0.28	1.01	0.82	0.041
1. 木制品	0.15	0.12	0.47	0.38	0.017
2. 竹制品	0.12	0.16	0.55	0.44	0.02
（六）其他包装制品制造业	4.03	2.82	13.88	12.48	0.32
1. 麻袋	1.059	0.50	1.45	1.29	0.0403
2. 其他制品	2.97	2.33	12.44	11.19	0.28
（七）包装印刷业	28.21	25.50	53.64	41.83	1.86
（八）包装机械制造业	6.24	3.08	7.89	6.35	0.49
1. 通用包装设备	3.56	1.26	4.58	3.52	0.286
2. 纸包装制品制造专用设备	1.12	0.76	2.35	2.07	0.103
3. 塑料包装制品制造专用设备	0.404	0.269	0.12	0.11	0.0020
4. 玻璃包装制品制造专用设备	0.18	0.08	0.10	0.07	0.02
5. 金属包装制品制造专用设备	0	0	0	0	0
6. 包装印刷机械	0.61	0.53	0.30	0.24	0.03
7. 其他包装机械	0.36	0.19	0.45	0.33	0.050

华中地区包装行业工业企业全部国有及年销售收入在500万元以上非国有工业企业主要经济指标（2-4）

计量单位：亿元

分类名称	产品销售税金及附加	产品销售利润	管理费用	财务费用	利息支出	利润总额
总　　计	2.15	36.09	12.64	3.89	3.48	18.20
4. 塑料容器	0.047	0.86	0.40	0.10	0.0861	0.27
5. 泡沫塑料	0.0077	0.23	0.06	0.024	0.023	0.10
6. 塑料袋	0.062	0.88	0.27	0.10	0.10	0.66
7. 其他	0.042	0.20	0.071	0.0175	0.0101	0.09
（三）玻璃包装制品制造业	0.147	1.43	0.344	0.14	0.09	0.66
1. 日用玻璃瓶	0.113	1.01	0.24	0.10	0.08	0.47
2. 药用玻璃瓶	0.0343	0.413	0.102	0.035	0.010	0.191
（四）金属包装制品制造业	0.067	1.46	0.50	0.17	0.16	0.64
1. 金属包装容器	0.050	0.80	0.30	0.08	0.07	0.51
2. 压力容器	0.0064	0.415	0.124	0.022	0.022	0.0861
3. 其他金属包装制品	0.0103	0.25	0.08	0.070	0.064	0.045
（五）竹木包装制品制造业	0.0083	0.145	0.041	0.011	0.0049	0.047
1. 木制品	0.0040	0.064	0.024	0.002	0.0012	0.014
2. 竹制品	0.0044	0.08	0.02	0.01	0.0037	0.03
（六）其他包装制品制造业	0.052	1.02	0.42	0.12	0.10	0.52
1. 麻袋	0.01	0.10	0.071	0.0250	0.0207	0.035
2. 其他制品	0.045	0.92	0.35	0.09	0.08	0.48
（七）包装印刷业	0.26	9.69	3.54	0.72	0.66	6.02
（八）包装机械制造业	0.076	0.99	0.89	0.11	0.106	0.27
1. 通用包装设备	0.059	0.71	0.628	0.040	0.036	0.22
2. 纸包装制品制造专用设备	0.0076	0.17	0.11	0.039	0.037	0.06
3. 塑料包装制品制造专用设备	0.0015	0.005	0.0426	0.01404	0.01395	-0.032
4. 玻璃包装制品制造专用设备	0.0034	0.0028	0.0125	0.0003	0.0003	-0.0001
5. 金属包装制品制造专用设备	0	0	0	0	0	0
6. 包装印刷机械	0.002	0.03	0.06	0.003	0.003	-0.02
7. 其他包装机械	0.003	0.06	0.04	0.017	0.0153	0.04

华南地区包装行业工业企业全部国有及年销售收入在500万元以上非国有工业企业主要经济指标(1-1)

计量单位：亿元

分类名称	全部企业单位数（个）	亏损企业数（个）	工业总产值（当年价）	新产品产值	工业销售产值（当年价）	出口交货值
总计	2083	473	669.90	12.85	654.33	171.22
一、按登记注册类型分组						
1．内资企业	1339	276	392.85	7.65	383.36	85.77
(1)国有企业	136	34	29.48	0.44	28.38	3.238
(2)集体企业	230	46	55.90	0.10	54.06	9.38
(3)股份合作企业	30	4	6.76	0	6.54	0.49
(4)联营企业	12	2	2.20	0	2.05	0.002
(5)有限责任公司	181	36	49.25	0.40	47.99	10.18
(6)股份有限公司	22	4	24.12	3.57	23.78	2.61
(7)其他企业	728	150	225.13	3.13	220.57	59.87
2．港、澳、台商投资企业	633	161	246.85	4.72	241.32	73.42
3．外商投资企业	111	36	30.20	0.49	29.64	12.03
总计中：国有绝对控股	166	78	31.48	0.36	30.71	3.14
国有相对控股	12	7	31.57	3.57	31.33	2.52
其他	1905	388	606.85	8.92	592.28	165.56
二、按生产规模分						
1．大型企业	4	0	43.38	3.57	42.59	16.31
2．中型企业	162	23	190.684	4.19	186.30	65.86
3．小型企业	1917	450	435.84	5.09	425.44	89.06
三、按包装工业主要行业分						
(一)纸包装制品制造业	700	125	200.88	4.31	197.45	48.83
1．包装纸板	182	30	88.45	3.86	86.90	17.85
2．纸包装容器	336	65	68.47	0.23	67.52	19.80
3．其他纸制包装制品	182	30	43.97	0.22	43.03	11.18
(二)塑料包装制品制造业	598	154	193.92	4.37	188.08	57.52
1．塑料薄膜	115	31	74.26	3.72	72.35	20.90
2．塑料片材	18	7	5.20	0.23	5.01	1.844
3．塑料编织品	79	23	12.57	0.0046	12.13	2.60

华南地区包装行业工业企业全部国有及年销售收入在500万元以上非国有工业企业主要经济指标(1-2)

计量单位：亿元

分类名称	工业增加值（生产法）	工业中间投入	本年应交增值税	全部从业人员年平均人数（人）	年末资产合计	年末负债合计
总　　计	166.78	518.53	15.41	263263	673.97	383.60
一、按登记注册类型分组						
1. 内资企业	97.35	303.82	8.32	160139	400.95	240.94
(1)国有企业	7.44	22.65	0.61	12429	34.95	22.20
(2)集体企业	14.17	42.84	1.10	25129	46.23	28.12
(3)股份合作企业	1.58	5.39	0.21	4391	9.60	6.22
(4)联营企业	0.55	1.72	0.08	1129	1.70	0.86
(5)有限责任公司	13.11	37.27	1.12	21097	45.58	25.94
(6)股份有限公司	5.16	19.64	0.68	5893	36.75	24.52
(7)其他企业	55.35	174.30	4.52	90070	226.14	133.07
2. 港、澳、台商投资企业	62.48	190.88	6.50	84171	245.08	128.25
3. 外商投资企业	6.95	23.83	0.59	18953	27.94	14.41
总计中：国有绝对控股	8.27	24.25	1.04	18742	63.80	41.26
国有相对控股	7.46	25.44	1.33	5698	49.88	32.53
其他	151.06	468.84	13.05	238823	560.30	309.81
二、按生产规模分						
1. 大型企业	11.33	33.38	1.33	20352	63.56	34.01
2. 中型企业	46.17	149.30	4.79	73600	248.94	137.35
3. 小型企业	109.28	335.86	9.30	169311	361.47	212.24
三、按包装工业主要行业分						
（一）纸包装制品制造业	51.03	154.87	5.02	77044	184.49	106.03
1. 包装纸板	21.56	69.32	2.43	25595	89.30	50.49
2. 纸包装容器	16.51	53.15	1.20	35590	57.79	35.55
3. 其他纸制包装制品	12.96	32.40	1.40	15859	37.40	19.98
（二）塑料包装制品制造业	44.48	153.04	3.61	71570	203.59	116.20
1. 塑料薄膜	14.36	61.09	1.19	15631	86.96	54.21
2. 塑料片材	1.19	4.14	0.13	1392	8.37	5.17
3. 塑料编织品	3.18	9.64	0.25	8287	7.84	5.22

华南地区包装行业工业企业全部国有及年销售收入在500万元以上非国有工业企业主要经济指标（1-3）

计量单位：亿元

分类名称	流动资产年平均余额	固定资产净值年平均余额	产品销售收入	产品销售成本	产品销售费用
总　　计	350.30	233.54	652.000	564.61	17.27
一、按登记注册类型分组					
1. 内资企业	200.88	137.95	383.88	332.85	9.43
(1)国有企业	14.03	16.62	27.97	24.72	0.57
(2)集体企业	24.68	16.55	53.67	45.23	1.51
(3)股份合作企业	3.06	5.17	6.26	5.48	0.12
(4)联营企业	1.00	0.56	2.04	1.47	0.116
(5)有限责任公司	25.68	12.78	46.36	40.05	1.24
(6)股份有限公司	12.88	16.33	34.45	30.91	0.61
(7)其他企业	119.55	69.94	213.13	184.98	5.26
2. 港、澳、台商投资企业	133.53	86.05	238.76	205.26	7.07
3. 外商投资企业	15.89	9.54	29.36	26.50	0.77
总计中：国有绝对控股	24.60	27.97	32.09	27.94	0.88
国有相对控股	17.70	22.96	40.33	34.92	1.03
其他	308.00	182.61	579.58	501.75	15.36
二、按生产规模分					
1. 大型企业	24.06	29.85	51.20	44.54	0.91
2. 中型企业	120.59	88.07	185.69	161.14	5.11
3. 小型企业	205.66	115.61	415.11	358.93	11.26
三、按包装工业主要行业分					
（一）纸包装制品制造业	94.76	71.07	193.50	169.30	4.94
1. 包装纸板	36.76	42.11	85.99	76.27	1.52
2. 纸包装容器	36.74	15.84	66.06	58.57	1.77
3. 其他纸制包装制品	21.27	13.12	41.45	34.46	1.65
（二）塑料包装制品制造业	99.04	69.86	195.25	173.33	5.20
1. 塑料薄膜	38.94	34.97	82.12	75.30	1.66
2. 塑料片材	4.42	2.03	4.84	4.34	0.098
3. 塑料编织品	4.30	2.89	11.49	9.93	0.43

华南地区包装行业工业企业全部国有及年销售收入在500万元以上非国有工业企业主要经济指标（1-4）

计量单位：亿元

分类名称	产品销售税金及附加	产品销售利润	管理费用	财务费用	利息支出	利润总额
总　　计	1.88	68.24	27.79	6.34	5.08	21.45
一、按登记注册类型分组						
1. 内资企业	1.35	40.25	15.59	4.37	3.58	10.76
(1)国有企业	0.16	2.52	1.26	0.47	0.38	0.48
(2)集体企业	0.25	6.68	2.61	0.55	0.45	0.50
(3)股份合作企业	0.04	0.62	0.27	0.13	0.12	0.19
(4)联营企业	0.02	0.44	0.19	0.02	0.02	0.15
(5)有限责任公司	0.18	4.88	1.99	0.55	0.35	1.79
(6)股份有限公司	0.05	2.87	1.55	0.54	0.54	1.02
(7)其他企业	0.65	22.23	7.71	2.11	1.73	6.64
2. 港、澳、台商投资企业	0.49	25.94	10.83	1.82	1.38	10.22
3. 外商投资企业	0.03	2.05	1.37	0.15	0.12	0.47
总计中：国有绝对控股	0.09	3.18	2.64	0.84	0.80	0.22
国有相对控股	0.05	4.33	2.25	0.71	0.67	1.73
其他	1.74	60.74	22.90	4.79	3.61	19.50
二、按生产规模分						
1. 大型企业	0.04	5.72	2.57	0.65	0.64	1.94
2. 中型企业	0.33	19.11	8.50	2.51	2.02	7.88
3. 小型企业	1.51	43.42	16.72	3.17	2.42	11.63
三、按包装工业主要行业分						
（一）纸包装制品制造业	0.77	18.49	7.89	2.06	1.62	7.57
1. 包装纸板	0.43	7.78	3.04	1.32	1.08	2.72
2. 纸包装容器	0.19	5.53	2.80	0.38	0.27	1.82
3. 其他纸制包装制品	0.16	5.18	2.06	0.36	0.28	3.03
（二）塑料包装制品制造业	0.42	16.29	7.34	2.11	1.81	3.37
1. 塑料薄膜	0.08	5.08	2.89	0.99	0.89	0.73
2. 塑料片材	0.01	0.39	0.22	0.08	0.07	-0.04
3. 塑料编织品	0.05	1.08	0.39	0.12	0.09	0.11

华南地区包装行业工业企业全部国有及年销售收入在500万元以上非国有工业企业主要经济指标（2-1）

计量单位：亿元

分类名称	全部企业单位数（个）	亏损企业数（个）	工业总产值（当年价）	新产品产值	工业销售产值（当年价）	出口交货值
总计	2083	473	669.90	12.85	654.33	171.22
4. 塑料容器	120	35	41.97	0.26	39.73	7.54
5. 泡沫塑料	46	16	7.74	0.01	7.52	1.05
6. 塑料袋	120	26	29.56	0.15	28.96	14.43
7. 其他	100	16	22.62	0	22.37	9.14
（三）玻璃包装制品制造业	17	2	7.77	0	7.74	0.61
1. 日用玻璃瓶	13	2	7.36	0	7.34	0.61
2. 药用玻璃瓶	4	0	0.41	0	0.40	0
（四）金属包装制品制造业	130	30	50.45	0.09	49.91	6.29
1. 金属包装容器	104	19	40.02	0.09	39.89	5.77
2. 压力容器	7	2	2.18	0	2.14	0.18
3. 其他金属包装制品	19	9	8.25	0.0043	7.88	0.34
（五）竹木包装制品制造业	21	2	1.29	0	1.26	0.47
1. 木制品	13	1	0.85	0	0.83	0.31
2. 竹制品	8	1	0.44	0	0.43	0.16
（六）其他包装制品制造业	58	12	18.97	0	18.26	4.93
1. 麻袋	2	2	0.06	0	0.05	0.0026
2. 其他制品	56	10	27.32	0	26.29	7.10
（七）包装印刷业	515	140	182.79	4.25	178.30	51.77
（八）包装机械制造业	44	8	13.83	0.27	13.52	2.65
1. 通用包装设备	23	4	6.30	0	5.92	0.96
2. 纸包装制品制造专用设备	1	0	0.22	0	0.14	0
3. 塑料包装制品制造专用设备	9	2	1.10	0	0.95	0.09
4. 玻璃包装制品制造专用设备	1	0	2.61	0.27	2.61	0.61
5. 金属包装制品制造专用设备	0	0	0	0	0	0
6. 包装印刷机械	5	1	1.17	0	1.55	0.11
7. 其他包装机械	5	1	2.43	0	2.36	0.88

华南地区包装行业工业企业全部国有及年销售收入在500万元以上非国有工业企业主要经济指标（2-2）

计量单位：亿元

分类名称	工业增加值（生产法）	工业中间投入	本年应交增值税	全部从业人员年平均人数（人）	年末资产合计	年末负债合计
总　　计	166.78	518.53	15.41	263263	673.97	383.60
4. 塑料容器	10.40	32.60	1.02	14089	57.78	28.01
5. 泡沫塑料	1.73	6.16	0.15	3157	7.48	4.25
6. 塑料袋	7.61	22.29	0.35	15148	18.14	9.54
7. 其他	6.00	17.12	0.506	13864	17.02	9.79
（三）玻璃包装制品制造业	0.90	7.17	0.31	2942	9.08	6.64
1. 日用玻璃瓶	0.80	6.86	0.30	2458	8.83	6.57
2. 药用玻璃瓶	0.11	0.31	0.010	484	0.25	0.07
（四）金属包装制品制造业	12.14	39.40	1.09	13456	51.82	29.31
1. 金属包装容器	9.24	31.69	0.91	11864	41.82	23.00
2. 压力容器	0.51	1.72	0.053	502	1.54	1.39
3. 其他金属包装制品	2.39	5.98	0.12	1089	8.46	4.91
（五）竹木包装制品制造业	0.34	1.00	0.048	935	0.77	0.52
1. 木制品	0.22	0.67	0.035	664	0.65	0.48
2. 竹制品	0.12	0.33	0.01	270	0.11	0.04
（六）其他包装制品制造业	4.69	14.67	0.38	4340	13.74	11.77
1. 麻袋	0.010	0.05	0.003	849	0.48	1.02
2. 其他制品	6.75	21.12	0.55	6249	19.79	16.95
（七）包装印刷业	49.96	137.37	4.53	94362	195.90	100.49
（八）包装机械制造业	3.51	10.74	0.43	4800	19.17	11.61
1. 通用包装设备	1.69	4.80	0.185	2330	7.05	5.15
2. 纸包装制品制造专用设备	0.06	0.17	0.0042	80	0.29	0.26
3. 塑料包装制品制造专用设备	0.263	0.87	0.033	320	1.20	0.758
4. 玻璃包装制品制造专用设备	0.54	2.11	0.03	682	3.58	1.33
5. 金属包装制品制造专用设备	0	0	0	0	0	0
6. 包装印刷机械	0.39	0.92	0.14	692	1.85	1.57
7. 其他包装机械	0.57	1.89	0.03	695	5.20	2.55

华南地区包装行业工业企业全部国有及年销售收入在500万元以上非国有工业企业主要经济指标（2-3）

计量单位：亿元

分类名称	流动资产年平均余额	固定资产净值年平均余额	产品销售收入	产品销售成本	产品销售费用
总计	350.30	233.54	652.00	564.61	17.27
4. 塑料容器	26.13	16.95	37.32	31.11	1.20
5. 泡沫塑料	5.92	1.19	7.37	6.66	0.20
6. 塑料袋	10.32	5.73	28.02	24.56	1.00
7. 其他	9.01	6.10	24.07	21.44	0.606
（三）玻璃包装制品制造业	3.88	4.50	7.83	6.60	0.35
1. 日用玻璃瓶	3.76	4.41	7.44	6.25	0.33
2. 药用玻璃瓶	0.13	0.09	0.39	0.349	0.012
（四）金属包装制品制造业	30.27	14.71	48.82	40.46	1.14
1. 金属包装容器	24.86	12.11	39.55	33.43	0.98
2. 压力容器	1.05	0.21	2.11	1.97	0.023
3. 其他金属包装制品	4.36	2.39	7.16	5.07	0.135
（五）竹木包装制品制造业	0.53	0.18	1.25	0.98	0.039
1. 木制品	0.46	0.14	0.86	0.70	0.016
2. 竹制品	0.07	0.04	0.39	0.28	0.02
（六）其他包装制品制造业	7.86	4.27	17.94	15.73	0.57
1. 麻袋	0.216	0.17	0.03	0.02	0.0001
2. 其他制品	11.31	6.15	25.84	22.66	0.82
（七）包装印刷业	103.02	67.79	174.39	148.00	4.10
（八）包装机械制造业	12.22	3.98	13.19	10.57	0.64
1. 通用包装设备	4.92	1.33	6.09	5.23	0.234
2. 纸包装制品制造专用设备	0.24	0.01	0.14	0.11	0.005
3. 塑料包装制品制造专用设备	0.765	0.272	0.91	0.71	0.0772
4. 玻璃包装制品制造专用设备	2.01	0.69	2.52	2.01	0.16
5. 金属包装制品制造专用设备	0	0	0	0	0
6. 包装印刷机械	1.03	0.49	1.37	1.00	0.14
7. 其他包装机械	3.25	1.19	2.17	1.52	0.021

华南地区包装行业工业企业全部国有及年销售收入在500万元以上非国有工业企业主要经济指标（2-4）

计量单位：亿元

分类名称	产品销售税金及附加	产品销售利润	管理费用	财务费用	利息支出	利润总额
总　　计	1.88	68.24	27.79	6.34	5.08	21.45
4. 塑料容器	0.073	4.94	1.75	0.69	0.6226	1.29
5. 泡沫塑料	0.0285	0.49	0.29	0.024	0.008	0.08
6. 塑料袋	0.072	2.39	0.99	0.12	0.06	0.69
7. 其他	0.101	1.92	0.798	0.0819	0.0690	0.52
（三）玻璃包装制品制造业	0.022	0.86	0.413	0.07	0.06	0.10
1. 日用玻璃瓶	0.019	0.83	0.40	0.06	0.06	0.09
2. 药用玻璃瓶	0.0030	0.030	0.009	0.002	0.001	0.018
（四）金属包装制品制造业	0.132	7.09	2.20	0.45	0.35	1.69
1. 金属包装容器	0.115	5.03	1.78	0.42	0.33	1.57
2. 压力容器	0.0052	0.115	0.039	0.018	0.017	0.0531
3. 其他金属包装制品	0.0109	1.94	0.38	0.017	0.006	0.069
（五）竹木包装制品制造业	0.0059	0.228	0.057	0.003	0.0034	0.071
1. 木制品	0.0028	0.141	0.038	0.001	0.0013	0.053
2. 竹制品	0.0031	0.09	0.02	0.0021	0.0021	0.02
（六）其他包装制品制造业	0.022	1.62	0.53	0.08	0.07	0.54
1. 麻袋	0.0002	0.0025	0.010	0	0	-0.005
2. 其他制品	0.032	2.33	0.76	0.12	0.10	0.78
（七）包装印刷业	0.45	21.84	8.84	1.28	0.89	7.63
（八）包装机械制造业	0.032	1.94	0.77	0.21	0.182	0.51
1. 通用包装设备	0.015	0.61	0.316	0.107	0.085	0.08
2. 纸包装制品制造专用设备	0.0024	0.02	0.02	0.001	0.001	0.0050
3. 塑料包装制品制造专用设备	0.0039	0.120	0.0702	0.00935	0.00544	0.038
4. 玻璃包装制品制造专用设备	0.01	0.34	0.09	0.01	0.0045	0.22
5. 金属包装制品制造专用设备	0	0	0	0	0	0
6. 包装印刷机械	0.0004	0.23	0.12	0.020	0.019	-0.02
7. 其他包装机械	0.002	0.63	0.15	0.068	0.0676	0.18

西南地区包装行业工业企业全部国有及年销售收入在500万元以上非国有工业企业主要经济指标(1-1)

计量单位：亿元

分类名称	全部企业单位数（个）	亏损企业数（个）	工业总产值（当年价）	新产品产值	工业销售产值（当年价）	出口交货值
总计	662	203	139.55	3.97	135.49	0.41
一、按登记注册类型分组						
1. 内资企业	591	179	127.42	3.27	123.34	0.41
(1)国有企业	104	32	22.06	0.47	21.40	0.048
(2)集体企业	64	23	13.04	0.21	12.57	0.0017
(3)股份合作企业	26	4	2.92	0.075	2.88	0.01
(4)联营企业	7	2	1.15	0	1.18	0
(5)有限责任公司	141	37	30.42	0.68	29.73	0.05
(6)股份有限公司	28	13	3.12	0	3.09	0
(7)其他企业	221	68	54.71	1.84	52.50	0.30
2. 港、澳、台商投资企业	45	20	6.21	0.23	6.27	0
3. 外商投资企业	26	4	5.92	0.48	5.88	0
总计中：国有绝对控股	137	66	24.51	0.96	23.93	0.09
国有相对控股	12	5	4.15	0.0043	4.30	0.04
其他	513	132	110.89	3.01	107.27	0.29
二、按生产规模分						
1. 大型企业	2	0	4.42	0.03	4.30	0
2. 中型企业	63	18	52.123	1.96	50.13	0.27
3. 小型企业	597	185	83.01	1.98	81.06	0.14
三、按包装工业主要行业分						
（一）纸包装制品制造业	191	63	34.52	0.72	33.22	0.11
1. 包装纸板	81	33	15.66	0.51	15.28	0.10
2. 纸包装容器	72	17	12.00	0.07	11.54	0.01
3. 其他纸制包装制品	38	13	6.86	0.14	6.40	0.0013
（二）塑料包装制品制造业	165	49	24.43	1.06	24.28	0.06
1. 塑料薄膜	39	14	7.99	0.04	7.86	0
2. 塑料片材	6	1	4.77	0.65	4.81	0
3. 塑料编织品	71	20	5.61	0.0039	5.66	0.06

西南地区包装行业工业企业全部国有及年销售收入在500万元以上非国有工业企业主要经济指标(1-2)

计量单位：亿元

分类名称	工业增加值（生产法）	工业中间投入	本年应交增值税	全部从业人员年平均人数（人）	年末资产合计	年末负债合计
总　　计	38.24	106.63	5.32	88731	198.68	121.03
一、按登记注册类型分组						
1. 内资企业	34.99	97.10	4.67	78656	182.27	111.15
(1)国有企业	5.51	17.29	0.73	14124	34.88	23.47
(2)集体企业	3.40	10.12	0.48	7520	14.81	9.12
(3)股份合作企业	0.68	2.34	0.09	3194	2.55	5.13
(4)联营企业	0.34	0.85	0.043	626	1.69	1.09
(5)有限责任公司	9.08	22.46	1.12	19892	42.23	25.15
(6)股份有限公司	0.87	2.35	0.10	3074	4.68	3.72
(7)其他企业	15.11	41.70	2.10	30227	81.44	43.48
2. 港、澳、台商投资企业	1.72	4.82	0.32	4958	8.56	5.49
3. 外商投资企业	1.53	4.71	0.33	5117	7.85	4.39
总计中：国有绝对控股	5.87	19.70	1.06	20505	57.82	37.62
国有相对控股	1.40	2.99	0.25	2213	6.31	2.85
其他	30.97	83.94	4.01	66013	134.55	80.56
二、按生产规模分						
1. 大型企业	0.94	3.71	0.23	2056	8.98	6.64
2. 中型企业	14.51	39.90	2.29	29280	83.41	46.81
3. 小型企业	22.78	63.02	2.80	57395	106.29	67.58
三、按包装工业主要行业分						
（一）纸包装制品制造业	9.10	26.64	1.22	21921	42.39	31.32
1. 包装纸板	3.84	12.51	0.69	11013	24.73	19.85
2. 纸包装容器	3.55	8.79	0.34	8087	11.51	7.48
3. 其他纸制包装制品	1.71	5.33	0.19	2821	6.153	3.99
（二）塑料包装制品制造业	4.64	20.37	0.58	13865	38.74	22.37
1. 塑料薄膜	1.19	6.98	0.18	2632	15.67	9.51
2. 塑料片材	0.54	4.35	0.122	889	8.72	3.75
3. 塑料编织品	1.53	4.23	0.15	6581	7.41	4.13

西南地区包装行业工业企业全部国有及年销售收入在500万元以上非国有工业企业主要经济指标（1-3）

计量单位：亿元

分类名称	流动资产年平均余额	固定资产净值年平均余额	产品销售收入	产品销售成本	产品销售费用
总　　计	89.00	73.79	133.040	113.13	4.22
一、按登记注册类型分组					
1. 内资企业	80.74	68.37	120.94	103.03	3.75
(1)国有企业	15.52	11.62	20.78	18.05	0.59
(2)集体企业	6.50	5.04	12.07	10.46	0.43
(3)股份合作企业	1.42	0.91	2.68	2.43	0.10
(4)联营企业	0.83	0.56	1.12	0.94	0.018
(5)有限责任公司	19.53	17.29	28.94	25.23	1.00
(6)股份有限公司	2.25	1.58	2.98	2.60	0.08
(7)其他企业	34.68	31.37	52.38	43.31	1.54
2. 港、澳、台商投资企业	4.96	2.98	6.31	5.34	0.23
3. 外商投资企业	3.30	2.45	5.79	4.76	0.24
总计中：国有绝对控股	23.33	23.10	22.97	19.42	0.66
国有相对控股	3.47	2.10	4.20	3.31	0.09
其他	62.20	48.59	105.87	90.39	3.47
二、按生产规模分					
1. 大型企业	2.15	2.73	4.32	3.41	0.11
2. 中型企业	36.64	33.46	49.46	40.34	1.86
3. 小型企业	50.21	37.60	79.25	69.38	2.25
三、按包装工业主要行业分					
(一) 纸包装制品制造业	17.99	15.24	32.10	27.78	1.22
1. 包装纸板	8.91	9.58	15.18	13.06	0.58
2. 纸包装容器	5.97	3.68	10.87	9.38	0.40
3. 其他纸制包装制品	3.11	1.98	6.05	5.34	0.23
(二) 塑料包装制品制造业	16.73	15.24	24.59	22.04	0.56
1. 塑料薄膜	6.58	6.33	8.40	7.35	0.19
2. 塑料片材	3.40	4.11	4.65	4.19	0.148
3. 塑料编织品	3.47	2.01	5.71	5.28	0.09

西南地区包装行业工业企业全部国有及年销售收入在500万元以上非国有工业企业主要经济指标（1-4）

计量单位：亿元

分类名称	产品销售税金及附加	产品销售利润	管理费用	财务费用	利息支出	利润总额
总计	0.63	15.06	9.19	2.669	2.47	5.10
一、按登记注册类型分组						
1. 内资企业	0.55	13.61	8.19	2.41	2.24	4.80
(1)国有企业	0.16	1.97	1.44	0.45	0.43	0.36
(2)集体企业	0.03	1.14	0.69	0.22	0.19	0.45
(3)股份合作企业	0.012	0.14	0.20	0.101	0.096	-0.13
(4)联营企业	0.0025	0.162	0.04	0.0268	0.0266	0.0945
(5)有限责任公司	0.14	2.573	2.17	0.45	0.43	0.83
(6)股份有限公司	0.007	0.29	0.17	0.12	0.12	-0.01
(7)其他企业	0.19	7.34	3.49	1.05	0.94	3.20
2. 港、澳、台商投资企业	0.037	0.70	0.55	0.14	0.12	0.07
3. 外商投资企业	0.041	0.75	0.45	0.12	0.11	0.23
总计中：国有绝对控股	0.16	2.73	3.00	0.70	0.69	-0.46
国有相对控股	0.011	0.79	0.46	0.075	0.058	0.28
其他	0.45	11.55	5.74	1.89	1.72	5.28
二、按生产规模分						
1. 大型企业	0.027	0.78	0.38	0.15	0.14	0.21
2. 中型企业	0.17	7.09	3.76	1.18	1.149	2.52
3. 小型企业	0.43	7.19	5.06	1.33	1.18	2.37
三、按包装工业主要行业分						
（一）纸包装制品制造业	0.16	2.94	1.72	0.79	0.742	0.58
1. 包装纸板	0.09	1.45	0.83	0.52	0.49	-0.01
2. 纸包装容器	0.06	1.03	0.60	0.19	0.18	0.38
3. 其他纸制包装制品	0.014	0.47	0.29	0.07	0.068	0.20
（二）塑料包装制品制造业	0.07	1.93	1.38	0.44	0.39	0.22
1. 塑料薄膜	0.008	0.85	0.50	0.22	0.17	0.10
2. 塑料片材	0.0197	0.297	0.142	0.107	0.105	0.043
3. 塑料编织品	0.032	0.31	0.38	0.06	0.055	0.0040

西南地区包装行业工业企业全部国有及年销售收入在500万元以上非国有工业企业主要经济指标（2-1）

计量单位：亿元

分类名称	全部企业单位数（个）	亏损企业数（个）	工业总产值（当年价）	新产品产值	工业销售产值（当年价）	出口交货值
总计	662	203	139.55	3.97	135.49	0.41
4. 塑料容器	28	10	3.65	0.38	3.59	0.00001
5. 泡沫塑料	5	3	0.70	0	0.70	0
6. 塑料袋	10	1	0.83	0	0.84	0
7. 其他	6	0	0.88	0	0.82	0
（三）玻璃包装制品制造业	55	15	10.97	0.21	10.44	0.01
1. 日用玻璃瓶	40	7	5.90	0.04	5.70	0.01
2. 药用玻璃瓶	15	8	5.07	0.17	4.74	0
（四）金属包装制品制造业	44	16	8.74	0.31	8.65	0.07
1. 金属包装容器	25	11	2.39	0.22	2.38	0
2. 压力容器	3	1	0.88	0	0.83	0.028
3. 其他金属包装制品	16	4	5.47	0.09	5.45	0.042
（五）竹木包装制品制造业	3	1	0.40	0.0046	0.40	0
1. 木制品	3	1	0.40	0.0046	0.40	0
2. 竹制品	0	0	0	0	0	0
（六）其他包装制品制造业	7	0	1.08	0	1.04	0.01
1. 麻袋	4	0	0.55	0	0.54	0
2. 其他制品	3	0	0.53	0	0.50	0.01
（七）包装印刷业	181	54	55.63	1.13	53.88	0.01
（八）包装机械制造业	17	5	3.79	0.37	3.44	0.08
1. 通用包装设备	5	1	0.13	0.01	0.11	0
2. 纸包装制品制造专用设备	1	1	0.56	0.01	0.50	0.05
3. 塑料包装制品制造专用设备	1	1	0.03	0.01	0.04	0.0043
4. 玻璃包装制品制造专用设备	1	1	0.03	0.00	0.03	0
5. 金属包装制品制造专用设备	0	0	0	0	0	0
6. 包装印刷机械	2	0	0.51	0.21	0.42	0.0023
7. 其他包装机械	7	1	2.54	0.14	2.33	0.02

西南地区包装行业工业企业全部国有及年销售收入在500万元以上非国有工业企业主要经济指标（2-2）

计量单位：亿元

分类名称	工业增加值（生产法）	工业中间投入	本年应交增值税	全部从业人员年平均人数（人）	年末资产合计	年末负债合计
总　　计	38.24	106.63	5.32	88731	198.68	121.03
4. 塑料容器	0.81	2.91	0.08	1869	4.88	3.90
5. 泡沫塑料	0.18	0.55	0.02	318	0.63	0.26
6. 塑料袋	0.18	0.67	0.02	838	0.59	0.34
7. 其他	0.21	0.68	0.013	737	0.85	0.48
（三）玻璃包装制品制造业	4.06	7.52	0.61	14698	13.29	8.50
1. 日用玻璃瓶	2.14	4.06	0.30	9711	6.18	4.11
2. 药用玻璃瓶	1.91	3.46	0.309	4987	7.11	4.39
（四）金属包装制品制造业	1.92	7.06	0.23	3740	13.80	6.65
1. 金属包装容器	0.55	1.91	0.07	1696	3.36	2.30
2. 压力容器	0.19	0.71	0.014	483	1.02	0.61
3. 其他金属包装制品	1.18	4.44	0.15	1561	9.42	3.74
（五）竹木包装制品制造业	0.09	0.32	0.014	323	0.20	0.09
1. 木制品	0.09	0.32	0.014	323	0.20	0.09
2. 竹制品	0	0	0	0	0	0
（六）其他包装制品制造业	0.35	0.80	0.07	2067	1.26	1.03
1. 麻袋	0.182	0.40	0.033	1171	0.52	0.41
2. 其他制品	0.17	0.40	0.04	897	0.74	0.62
（七）包装印刷业	18.09	40.17	2.63	28512	78.33	43.18
（八）包装机械制造业	1.33	2.64	0.18	3404	9.07	6.24
1. 通用包装设备	0.05	0.07	0.001	258	0.32	0.19
2. 纸包装制品制造专用设备	0.25	0.31	0.0034	494	1.50	1.03
3. 塑料包装制品制造专用设备	0.001	0.03	0	36	0.43	0.301
4. 玻璃包装制品制造专用设备	0.01	0.02	0.0019	22	0.02	0.02
5. 金属包装制品制造专用设备	0	0	0	0	0	0
6. 包装印刷机械	0.15	0.37	0.01	162	0.54	0.36
7. 其他包装机械	0.87	1.83	0.16	2432	6.26	4.34

西南地区包装行业工业企业全部国有及年销售收入在500万元以上非国有工业企业主要经济指标（2-3）

计量单位：亿元

分类名称	流动资产年平均余额	固定资产净值年平均余额	产品销售收入	产品销售成本	产品销售费用
总　　计	89.00	73.79	133.04	113.13	4.22
4. 塑料容器	2.41	2.08	3.45	3.04	0.08
5. 泡沫塑料	0.29	0.21	0.75	0.70	0.01
6. 塑料袋	0.34	0.07	0.84	0.75	0.01
7. 其他	0.24	0.44	0.79	0.72	0.023
（三）玻璃包装制品制造业	7.55	3.40	10.43	8.54	0.87
1. 日用玻璃瓶	3.37	1.65	5.66	4.67	0.46
2. 药用玻璃瓶	4.18	1.75	4.76	3.871	0.405
（四）金属包装制品制造业	5.51	5.93	8.22	7.57	0.24
1. 金属包装容器	1.55	1.28	2.41	2.20	0.08
2. 压力容器	0.58	0.22	0.80	0.69	0.029
3. 其他金属包装制品	3.38	4.43	5.01	4.67	0.137
（五）竹木包装制品制造业	0.16	0.05	0.35	0.30	0.007
1. 木制品	0.16	0.05	0.35	0.30	0.007
2. 竹制品	0	0	0	0	0
（六）其他包装制品制造业	0.79	0.32	1.01	0.90	0.04
1. 麻袋	0.374	0.13	0.52	0.46	0.0192
2. 其他制品	0.42	0.19	0.49	0.44	0.02
（七）包装印刷业	34.12	31.49	53.17	42.71	1.11
（八）包装机械制造业	5.38	2.02	3.29	2.36	0.12
1. 通用包装设备	0.14	0.05	0.10	0.08	0.005
2. 纸包装制品制造专用设备	0.65	0.22	0.50	0.39	0.034
3. 塑料包装制品制造专用设备	0.301	0.049	0.03	0.03	0.0043
4. 玻璃包装制品制造专用设备	0.03	0.0018	0.03	0.03	0.0029
5. 金属包装制品制造专用设备	0	0	0	0	0
6. 包装印刷机械	0.29	0.08	0.42	0.36	0.01
7. 其他包装机械	3.97	1.63	2.19	1.47	0.064

西南地区包装行业工业企业全部国有及年销售收入在500万元以上非国有工业企业主要经济指标（2-4）

计量单位：亿元

分类名称	产品销售税金及附加	产品销售利润	管理费用	财务费用	利息支出	利润总额
总　　计	0.63	15.06	9.19	2.67	2.47	5.10
4. 塑料容器	0.006	0.31	0.25	0.04	0.0367	0.03
5. 泡沫塑料	0.0006	0.04	0.03	0.003	0.002	0.01
6. 塑料袋	0.003	0.08	0.05	0.01	0.01	0.03
7. 其他	0.001	0.04	0.022	0.0096	0.0093	0.01
（三）玻璃包装制品制造业	0.114	0.90	0.626	0.24	0.20	0.23
1. 日用玻璃瓶	0.087	0.44	0.33	0.09	0.09	0.13
2. 药用玻璃瓶	0.0273	0.461	0.298	0.151	0.118	0.105
（四）金属包装制品制造业	0.022	0.38	0.48	0.13	0.13	-0.13
1. 金属包装容器	0.008	0.12	0.19	0.05	0.04	-0.09
2. 压力容器	0.0010	0.075	0.068	0.004	0.003	0.0131
3. 其他金属包装制品	0.0130	0.19	0.23	0.079	0.081	-0.053
（五）竹木包装制品制造业	0.0018	0.036	0.035	0.001	0.0007	0.009
1. 木制品	0.0018	0.036	0.035	0.001	0.0007	0.009
2. 竹制品	0	0	0	0	0	0
（六）其他包装制品制造业	0.006	0.07	0.11	0.01	0.01	0.01
1. 麻袋	0.0033	0.04	0.086	0.0072	0.0072	0.001
2. 其他制品	0.003	0.02	0.02	0.0044	0.0044	0.01
（七）包装印刷业	0.25	9.10	4.35	0.92	0.87	5.17
（八）包装机械制造业	0.022	0.79	0.70	0.10	0.099	0.12
1. 通用包装设备	0.001	0.01	0.019	0.003	0.001	-0.0013
2. 纸包装制品制造专用设备	0.0024	0.08	0.09	0.013	0.013	-0.0032
3. 塑料包装制品制造专用设备	0	0.004	0.0131	0.00527	0.00528	-0.015
4. 玻璃包装制品制造专用设备	0.0002	0.0001	0.0035	0.00001	0	-0.0035
5. 金属包装制品制造专用设备	0	0	0	0	0	0
6. 包装印刷机械	0.001	0.05	0.02	0.009	0.007	0.02
7. 其他包装机械	0.019	0.64	0.56	0.073	0.0728	0.12

西北地区包装行业工业企业全部国有及年销售收入在500万元以上非国有工业企业主要经济指标(1-1)

计量单位：亿元

分类名称	全部企业单位数（个）	亏损企业数（个）	工业总产值（当年价）	新产品产值	工业销售产值（当年价）	出口交货值
总计	323	112	59.03	1.05	55.16	3.27
一、按登记注册类型分组						
1. 内资企业	309	109	57.22	0.98	53.51	3.27
(1)国有企业	79	27	13.41	0.09	12.24	0.085
(2)集体企业	80	31	26.73	0.74	25.35	2.67
(3)股份合作企业	14	5	2.96	0.106	2.87	0.12
(4)联营企业	5	1	0.43	0	0.35	0
(5)有限责任公司	55	17	7.07	0	6.58	0.07
(6)股份有限公司	10	3	1.26	0	1.20	0
(7)其他企业	66	25	5.37	0.05	4.92	0.32
2. 港、澳、台商投资企业	6	1	0.49	0	0.40	0
3. 外商投资企业	8	2	1.32	0.07	1.25	0
总计中：国有绝对控股	100	46	24.89	0.94	23.52	2.48
国有相对控股	10	1	6.84	0	5.96	0.42
其他	213	65	27.29	0.11	25.68	0.37
二、按生产规模分						
1. 大型企业	2	0	11.53	0.71	11.25	2.25
2. 中型企业	23	7	21.028	0.25	18.95	0.62
3. 小型企业	298	105	26.46	0.09	24.96	0.39
三、按包装工业主要行业分						
(一) 纸包装制品制造业	102	29	14.80	0.09	13.99	0.21
1. 包装纸板	48	11	8.05	0.09	7.76	0
2. 纸包装容器	41	13	5.26	0	4.86	0.21
3. 其他纸制包装制品	13	5	1.50	0.0045	1.38	0
(二) 塑料包装制品制造业	95	34	18.77	0.10	17.73	1.73
1. 塑料薄膜	14	5	2.81	0	2.66	0
2. 塑料片材	5	3	7.52	0.09	7.13	1.412
3. 塑料编织品	57	20	6.15	0	5.86	0.04

西北地区包装行业工业企业全部国有及年销售收入在500万元以上非国有工业企业主要经济指标(1-2)

计量单位：亿元

分类名称	工业增加值（生产法）	工业中间投入	本年应交增值税	全部从业人员年平均人数（人）	年末资产合计	年末负债合计
总　　计	19.88	40.96	1.81	46266	111.05	62.30
一、按登记注册类型分组						
1. 内资企业	19.12	39.89	1.78	44266	109.04	60.88
(1)国有企业	3.84	10.08	0.51	10970	18.95	12.18
(2)集体企业	9.85	17.70	0.82	17989	67.48	33.81
(3)股份合作企业	0.94	2.10	0.08	2082	3.25	2.15
(4)联营企业	0.16	0.28	0.010	361	0.64	0.50
(5)有限责任公司	2.38	4.88	0.19	5908	8.41	5.25
(6)股份有限公司	0.38	0.91	0.03	1002	1.36	0.48
(7)其他企业	1.57	3.95	0.14	5954	8.95	6.51
2. 港、澳、台商投资企业	0.19	0.30	0.01	997	0.99	0.74
3. 外商投资企业	0.57	0.77	0.03	1004	1.02	0.68
总计中：国有绝对控股	7.95	17.68	0.73	21857	68.40	39.53
国有相对控股	3.08	3.91	0.15	1848	9.82	3.08
其他	8.85	19.37	0.93	22561	32.83	19.68
二、按生产规模分						
1. 大型企业	3.89	7.75	0.10	3832	32.14	17.17
2. 中型企业	7.51	14.46	0.95	17610	39.15	18.86
3. 小型企业	8.48	18.75	0.76	24824	39.75	26.26
三、按包装工业主要行业分						
（一）纸包装制品制造业	5.18	10.17	0.55	13956	23.11	16.02
1. 包装纸板	2.59	5.78	0.32	8116	15.99	11.17
2. 纸包装容器	2.01	3.44	0.19	4486	5.62	3.66
3. 其他纸制包装制品	0.59	0.95	0.04	1354	1.495	1.19
（二）塑料包装制品制造业	5.67	13.43	0.33	13677	46.52	25.52
1. 塑料薄膜	0.64	2.18	0.01	1180	3.29	1.87
2. 塑料片材	1.98	5.48	-0.064	2312	24.28	15.19
3. 塑料编织品	2.31	4.18	0.34	9051	15.70	6.40

西北地区包装行业工业企业全部国有及年销售收入在500万元以上非国有工业企业主要经济指标（1-3）

计量单位：亿元

分类名称	流动资产年平均余额	固定资产净值年平均余额	产品销售收入	产品销售成本	产品销售费用
总　　计	51.92	41.14	63.717	53.98	1.96
一、按登记注册类型分组					
1. 内资企业	51.00	40.15	62.60	53.05	1.93
(1)国有企业	8.88	7.92	12.87	10.78	0.33
(2)集体企业	31.26	23.55	35.15	29.74	1.17
(3)股份合作企业	2.18	0.79	2.72	2.26	0.10
(4)联营企业	0.38	0.26	0.30	0.29	0.004
(5)有限责任公司	3.69	3.52	5.72	4.89	0.12
(6)股份有限公司	0.59	0.70	1.18	1.04	0.03
(7)其他企业	4.01	3.40	4.66	4.05	0.18
2. 港、澳、台商投资企业	0.43	0.54	0.34	0.29	0.02
3. 外商投资企业	0.49	0.45	0.78	0.64	0.01
总计中：国有绝对控股	32.03	25.96	32.95	27.95	1.09
国有相对控股	4.25	2.26	6.09	4.92	0.24
其他	15.64	12.92	24.68	21.11	0.62
二、按生产规模分					
1. 大型企业	18.86	8.15	21.28	18.22	0.70
2. 中型企业	14.20	16.64	19.40	15.84	0.59
3. 小型企业	18.85	16.35	23.04	19.91	0.66
三、按包装工业主要行业分					
（一）纸包装制品制造业	9.96	10.01	13.16	11.55	0.41
1. 包装纸板	6.18	7.67	7.47	6.67	0.21
2. 纸包装容器	2.78	2.06	4.49	3.83	0.14
3. 其他纸制包装制品	1.00	0.27	1.20	1.05	0.05
（二）塑料包装制品制造业	21.98	18.18	25.39	22.27	0.66
1. 塑料薄膜	1.93	1.15	2.53	2.27	0.04
2. 塑料片材	14.40	7.00	16.08	14.25	0.479
3. 塑料编织品	4.43	8.26	4.92	4.20	0.08

西北地区包装行业工业企业全部国有及年销售收入在500万元以上非国有工业企业主要经济指标（1-4）

计量单位：亿元

分类名称	产品销售税金及附加	产品销售利润	管理费用	财务费用	利息支出	利润总额
总　　计	0.29	7.49	4.25	1.380	1.33	1.94
一、按登记注册类型分组						
1. 内资企业	0.29	7.33	4.12	1.36	1.32	1.90
(1)国有企业	0.05	1.70	1.17	0.20	0.19	0.46
(2)集体企业	0.14	4.09	1.85	0.67	0.66	1.51
(3)股份合作企业	0.008	0.35	0.24	0.026	0.025	0.07
(4)联营企业	0.0006	0.006	0.02	0.0078	0.0078	-0.0185
(5)有限责任公司	0.03	0.674	0.31	0.14	0.14	0.04
(6)股份有限公司	0.012	0.10	0.06	0.01	0.0033	0.0034
(7)其他企业	0.04	0.40	0.47	0.30	0.29	-0.17
2. 港、澳、台商投资企业	0.001	0.03	0.06	0.01	0.0037	-0.01
3. 外商投资企业	0.003	0.12	0.08	0.01	0.01	0.05
总计中：国有绝对控股	0.14	3.78	2.55	0.88	0.87	0.40
国有相对控股	0.011	0.91	0.34	0.070	0.066	0.68
其他	0.14	2.80	1.36	0.43	0.40	0.86
二、按生产规模分						
1. 大型企业	0.084	2.27	0.78	0.41	0.41	1.38
2. 中型企业	0.08	2.89	1.66	0.42	0.409	0.45
3. 小型企业	0.13	2.34	1.81	0.55	0.51	0.12
三、按包装工业主要行业分						
（一）纸包装制品制造业	0.07	1.13	0.63	0.36	0.344	0.17
1. 包装纸板	0.04	0.54	0.32	0.27	0.26	-0.10
2. 纸包装容器	0.02	0.50	0.26	0.08	0.08	0.26
3. 其他纸制包装制品	0.005	0.10	0.05	0.01	0.007	0.01
（二）塑料包装制品制造业	0.12	2.33	1.22	0.54	0.52	0.07
1. 塑料薄膜	0.004	0.22	0.18	0.02	0.02	-0.03
2. 塑料片材	0.0652	1.286	0.417	0.386	0.386	0.493
3. 塑料编织品	0.031	0.61	0.46	0.07	0.061	-0.49

西北地区包装行业工业企业全部国有及年销售收入在500万元以上非国有工业企业主要经济指标（2-1）

计量单位：亿元

分类名称	全部企业单位数（个）	亏损企业数（个）	工业总产值（当年价）	新产品产值	工业销售产值（当年价）	出口交货值
总计	323	112	59.03	1.05	55.16	3.27
4. 塑料容器	11	5	1.06	0.01	1.02	0
5. 泡沫塑料	1	0	0.07	0	0.05	0
6. 塑料袋	5	1	0.87	0	0.73	0.277
7. 其他	2	0	0.30	0	0.29	0.0021
（三）玻璃包装制品制造业	12	7	2.14	0	1.77	0
1. 日用玻璃瓶	10	6	2.10	0	1.73	0
2. 药用玻璃瓶	2	1	0.05	0	0.04	0
（四）金属包装制品制造业	18	5	3.73	0.06	3.54	0
1. 金属包装容器	13	3	3.62	0.06	3.43	0
2. 压力容器	4	1	0.08	0	0.08	0
3. 其他金属包装制品	1	1	0.03	0	0.03	0
（五）竹木包装制品制造业	0	0	0	0	0	0
1. 木制品	0	0	0	0	0	0
2. 竹制品	0	0	0	0	0	0
（六）其他包装制品制造业	2	1	0.46	0	0.43	0
1. 麻袋	1	1	0.01	0	0.03	0
2. 其他制品	1	0	0.45	0	0.41	0
（七）包装印刷业	84	31	12.38	0	11.35	0
（八）包装机械制造业	10	5	6.70	0.62	6.25	0.96
1. 通用包装设备	2	1	0.09	0	0.05	0
2. 纸包装制品制造专用设备	0	0	0	0	0	0
3. 塑料包装制品制造专用设备	0	0	0	0	0	0
4. 玻璃包装制品制造专用设备	0	0	0	0	0	0
5. 金属包装制品制造专用设备	0	0	0	0	0	0
6. 包装印刷机械	6	4	1.65	0.14	1.64	0.11
7. 其他包装机械	2	0	4.96	0.48	4.55	0.85

西北地区包装行业工业企业全部国有及年销售收入在500万元以上非国有工业企业主要经济指标（2-2）

计量单位：亿元

分类名称	工业增加值（生产法）	工业中间投入	本年应交增值税	全部从业人员年平均人数（人）	年末资产合计	年末负债合计
总计	19.88	40.96	1.81	46266	111.05	62.30
4. 塑料容器	0.35	0.72	0.01	609	1.55	1.18
5. 泡沫塑料	0.03	0.03	0.0006	54	0.02	0.01
6. 塑料袋	0.25	0.63	0.02	311	1.27	0.83
7. 其他	0.10	0.21	0.010	160	0.41	0.04
（三）玻璃包装制品制造业	0.67	1.54	0.06	2588	2.31	2.05
1. 日用玻璃瓶	0.68	1.47	0.06	1976	1.89	1.59
2. 药用玻璃瓶	-0.01	0.06	0.003	613	0.42	0.46
（四）金属包装制品制造业	0.93	2.93	0.12	3311	6.60	4.40
1. 金属包装容器	0.89	2.85	0.12	2945	5.90	4.00
2. 压力容器	0.03	0.06	0.006	304	0.52	0.21
3. 其他金属包装制品	0.01	0.02	0.0013	62	0.18	0.18
（五）竹木包装制品制造业	0	0	0	0	0	0
1. 木制品	0	0	0	0	0	0
2. 竹制品	0	0	0	0	0	0
（六）其他包装制品制造业	0.14	0.32	0.01	206	0.42	0.07
1. 麻袋	0.002	0.0048	0	106	0.05	0.06
2. 其他制品	0.14	0.32	0.01	100	0.36	0.01
（七）包装印刷业	3.62	9.34	0.58	10337	22.09	11.14
（八）包装机械制造业	3.22	3.69	0.21	2980	9.57	3.32
1. 通用包装设备	0.05	0.04	0.003	79	0.12	0.06
2. 纸包装制品制造专用设备	0	0	0	0	0	0
3. 塑料包装制品制造专用设备	0	0	0	0	0	0
4. 玻璃包装制品制造专用设备	0	0	0	0	0	0
5. 金属包装制品制造专用设备	0	0	0	0	0	0
6. 包装印刷机械	0.53	1.20	0.07	1479	2.30	1.54
7. 其他包装机械	2.64	2.45	0.13	1421	7.16	1.72

西北地区包装行业工业企业全部国有及年销售收入在500万元以上非国有工业企业主要经济指标（2-3）

计量单位：亿元

分类名称	流动资产年平均余额	固定资产净值年平均余额	产品销售收入	产品销售成本	产品销售费用
总　　计	51.92	41.14	63.72	53.98	1.96
4. 塑料容器	0.61	0.88	0.83	0.71	0.01
5. 泡沫塑料	0.01	0.0036	0.04	0.04	0
6. 塑料袋	0.31	0.78	0.70	0.56	0.03
7. 其他	0.29	0.10	0.29	0.25	0.025
（三）玻璃包装制品制造业	0.98	0.87	1.63	1.43	0.04
1. 日用玻璃瓶	0.76	0.68	1.55	1.38	0.03
2. 药用玻璃瓶	0.23	0.19	0.08	0.054	0.001
（四）金属包装制品制造业	3.50	1.98	3.50	2.86	0.18
1. 金属包装容器	3.30	1.81	3.38	2.75	0.18
2. 压力容器	0.15	0.08	0.07	0.07	0.001
3. 其他金属包装制品	0.05	0.09	0.04	0.03	0.001
（五）竹木包装制品制造业	0	0	0	0	0
1. 木制品	0	0	0	0	0
2. 竹制品	0	0	0	0	0
（六）其他包装制品制造业	0.14	0.27	0.44	0.39	0.01
1. 麻袋	0.047	0.0039	0.03	0.03	0.0001
2. 其他制品	0.09	0.27	0.41	0.36	0.01
（七）包装印刷业	8.37	8.44	12.10	9.70	0.27
（八）包装机械制造业	6.06	1.78	7.01	5.39	0.33
1. 通用包装设备	0.05	0.06	0.05	0.04	0.002
2. 纸包装制品制造专用设备	0	0	0	0	0
3. 塑料包装制品制造专用设备	0	0	0	0	0
4. 玻璃包装制品制造专用设备	0	0	0	0	0
5. 金属包装制品制造专用设备	0	0	0	0	0
6. 包装印刷机械	1.67	0.57	1.60	1.29	0.09
7. 其他包装机械	4.34	1.15	5.36	4.06	0.231

西北地区包装行业工业企业全部国有及年销售收入在500万元以上非国有工业企业主要经济指标（2-4）

计量单位：亿元

分类名称	产品销售税金及附加	产品销售利润	管理费用	财务费用	利息支出	利润总额
总　　计	0.29	7.49	4.25	1.38	1.33	1.94
4. 塑料容器	0.003	0.10	0.06	0.03	0.0207	0.0034
5. 泡沫塑料	0.00005	0.0007	0.0002	0.0002	0	0.0003
6. 塑料袋	0.020	0.10	0.08	0.03	0.03	0.08
7. 其他	0.00001	0.01	0.018	0.0001	0.0001	0.0048
（三）玻璃包装制品制造业	0.01	0.16	0.05	0.01	0.01	-0.02
1. 日用玻璃瓶	0.0049	0.14	0.04	0.01	0.01	-0.01
2. 药用玻璃瓶	0.0002	0.02	0.01	0.0001	0.0001	-0.0039
（四）金属包装制品制造业	0.01	0.45	0.49	0.07	0.06	-0.05
1. 金属包装容器	0.01	0.44	0.47	0.06	0.06	-0.02
2. 压力容器	0.0006	-0.0020	0.01	0.0005	0.0005	-0.02
3. 其他金属包装制品	0.00005	0.01	0.01	0.01	0.01	-0.0047
（五）竹木包装制品制造业	0	0	0	0	0	0
1. 木制品	0	0	0	0	0	0
2. 竹制品	0	0	0	0	0	0
（六）其他包装制品制造业	0.01	0.03	0.01	0.00	0.00	0.01
1. 麻袋	0.00003	0.0002	0.0010	0.00003	0.00003	-0.0008
2. 其他制品	0.01	0.03	0.01	0.0043	0	0.01
（七）包装印刷业	0.06	2.07	1.30	0.26	0.25	0.83
（八）包装机械制造业	0.02	1.27	0.62	0.15	0.15	0.81
1. 通用包装设备	0.0002	0.0027	0.0097	0.0012	0.0012	-0.0014
2. 纸包装制品制造专用设备	0	0	0	0	0	0
3. 塑料包装制品制造专用设备	0	0	0	0	0	0
4. 玻璃包装制品制造专用设备	0	0	0	0	0	0
5. 金属包装制品制造专用设备	0	0	0	0	0	0
6. 包装印刷机械	0.01	0.21	0.26	0.14	0.14	-0.11
7. 其他包装机械	0.01	1.06	0.35	0.01	0.01	0.92

中国各省、市、自治区包装行业工业企业全部国有及年销售收入在500万元以上非国有工业企业主要经济指标（1）

计量单位：亿元

分类名称	全部企业单位数（个）	亏损企业数（个）	工业总产值（当年价）	新产品 产值	工业销售产值（当年价）	出口交货值
全国总计	10868	2226	3283.02	127.68	3204.40	365.69
北京	332	103	68.71	6.92	67.33	3.58
天津	276	61	59.01	8.43	58.21	8.39
河北	434	99	142.56	2.48	140.08	3.35
山西	75	24	8.88	0.26	8.72	0.10
内蒙	20	2	3.61	0	3.49	0
辽宁	279	96	53.08	1.95	52.87	4.75
吉林	96	24	17.27	0.28	16.70	0.098
黑龙江	139	30	22.28	0.71	20.76	0
上海	795	133	215.53	7.991	212.69	23.00
江苏	998	192	399.38	10.51	391.04	33.057
浙江	1522	164	455.78	30.84	443.74	50.12
安徽	242	70	73.79	11.83	72.92	1.97
福建	537	128	160.08	0.06	156.98	35.25
江西	104	19	21.59	0.05	20.57	0.15
山东	805	114	384.68	11.00	369.91	21.96
河南	481	48	137.49	0.86	135.36	0.16
湖北	390	70	121.91	9.16	118.72	3.50
湖南	275	61	68.92	6.48	69.34	1.35
广东	1887	387	640.30	11.27	625.24	169.73
广西	155	72	23.48	1.58	22.95	0.92
海南	41	14	6.120	0	6.14	0.57
重庆	113	34	22.07	1.83	21.56	0.09
四川	300	71	65.78	2.08	64.19	0.20
贵州	80	30	8.26	0.06	7.71	0
云南	162	66	43.14	0.01	41.74	0.12
西藏	7	2	0.30	0	0.29	0
陕西	127	41	29.00	0.77	26.71	1.48
甘肃	103	27	9.87	0.21	9.14	0.22
青海	11	5	0.40	0	0.28	0
宁夏	13	5	3.66	0	3.60	0
新疆	69	34	16.10	0.07	15.41	1.57

中国各省、市、自治区包装行业工业企业全部国有及年销售收入在500万元以上非国有工业企业主要经济指标（2）

计量单位：亿元

分类名称	工业增加值（生产法）	工业中间投入	本年应交增值税	全部从业人员年平均人数（人）	年末资产合计	年末负债合计
全国总计	860.09	2521.34	98.40	1306765	3643.52	2111.79
北京	21.08	50.41	2.78	31462	122.46	57.90
天津	11.78	48.90	1.67	25299	85.60	49.63
河北	35.23	111.43	4.11	69443	140.27	85.49
山西	2.93	6.35	0.39	12555	15.06	10.14
内蒙	1.11	2.63	0.13	3168	5.13	3.37
辽宁	13.56	41.29	1.77	31239	111.90	59.86
吉林	6.27	11.53	0.53	15366	27.45	19.18
黑龙江	6.64	16.49	0.85	16926	38.03	26.46
上海	54.34	168.87	7.68	67841	283.56	138.65
江苏	100.90	310.57	12.093	113328	396.92	259.50
浙江	95.13	375.00	14.35	138515	452.32	266.78
安徽	19.70	56.17	2.08	30765	100.30	59.48
福建	38.65	125.16	3.73	51867	166.61	80.45
江西	7.79	14.41	0.61	13566	20.11	13.07
山东	113.91	283.40	12.64	129185	388.22	243.60
河南	43.49	98.28	4.28	75284	87.97	46.35
湖北	44.47	80.77	3.32	51580	113.37	63.24
湖南	18.23	53.54	2.84	31115	104.55	61.72
广东	158.35	496.25	14.29	240975	632.45	356.10
广西	6.58	17.75	0.85	18105	33.40	22.57
海南	1.85	4.53	0.27	4183	8.12	4.92
重庆	5.78	17.16	0.87	15249	25.58	16.32
四川	18.23	49.83	2.27	43883	94.04	61.58
贵州	2.31	6.30	0.34	9179	15.76	8.59
云南	11.73	33.23	1.82	19973	62.51	34.41
西藏	0.20	0.11	0.01	447	0.78	0.14
陕西	10.10	19.84	0.93	19562	46.313	25.49
甘肃	3.97	6.15	0.26	9286	12.37	7.50
青海	0.0034	0.40	0.01	796	0.78	0.61
宁夏	1.21	2.63	0.174	3480	3.60	2.49
新疆	4.60	11.93	0.44	13142	47.97	26.20

中国各省、市、自治区包装行业工业企业全部国有及年销售收入在500万元以上非国有工业企业主要经济指标（3）

计量单位：亿元

分类名称	流动资产年平均余额	固定资产净值年平均余额	产品销售收入	产品销售成本	产品销售费用
全国总计	1690.78	1332.71	3180.775	2737.65	91.70
北京	54.83	41.92	68.980	56.20	2.25
天津	36.14	27.28	57.669	49.82	1.41
河北	60.69	55.12	138.478	119.88	4.05
山西	6.80	6.02	8.357	6.95	0.31
内蒙	2.70	1.81	3.53	2.80	0.06
辽宁	50.25	48.28	53.13	47.15	1.74
吉林	10.64	10.63	14.88	12.47	0.43
黑龙江	16.74	16.85	21.02	17.19	0.87
上海	137.04	95.61	220.98	184.33	7.67
江苏	177.84	149.22	387.18	332.89	12.332
浙江	223.52	148.20	442.75	392.73	7.25
安徽	44.39	32.88	72.94	63.82	2.63
福建	70.99	68.05	152.10	135.94	2.93
江西	8.87	7.60	18.80	16.03	0.63
山东	157.88	160.12	362.29	307.94	12.81
河南	38.90	35.83	126.23	108.89	4.13
湖北	55.93	40.57	111.99	92.46	4.53
湖南	45.43	38.23	70.71	58.46	2.22
广东	330.87	218.51	625.14	542.01	16.52
广西	14.22	13.15	21.49	18.35	0.47
海南	5.21	1.88	5.37	4.25	0.28
重庆	13.35	7.80	20.94	18.97	0.85
四川	38.24	36.69	63.30	54.79	2.42
贵州	7.66	5.06	6.96	5.80	0.23
云南	29.58	23.68	41.58	33.36	0.71
西藏	0.18	0.56	0.26	0.21	0.01
陕西	22.31	15.01	27.67	22.55	1.01
甘肃	5.10	5.52	7.56	6.34	0.17
青海	0.36	0.37	0.23	0.19	0.0026
宁夏	1.49	1.62	3.77	3.35	0.063
新疆	22.66	18.61	24.49	21.54	0.71

中国各省、市、自治区包装行业工业企业全部国有及年销售收入在500万元以上非国有工业企业主要经济指标（4）

计量单位：亿元

分类名称	产品销售税金及附加	产品销售利润	管理费用	财务费用	利息支出	利润总额
全国总计	12.91	338.51	148.98	46.046	39.40	150.00
北京	0.24	10.29	6.91	0.647	0.40	5.32
天津	0.14	6.31	3.16	0.521	0.37	3.07
河北	0.62	13.93	6.90	1.876	1.69	6.43
山西	0.05	1.04	0.66	0.181	0.17	0.08
内蒙	0.01	0.66	0.46	0.06	0.06	0.24
辽宁	0.20	4.04	3.55	1.12	0.85	1.17
吉林	0.06	1.91	1.23	0.34	0.33	0.27
黑龙江	0.10	2.85	1.56	0.40	0.38	1.26
上海	0.329	28.65	16.47	2.508	2.114	13.03
江苏	1.5155	40.447	17.33	5.7631	5.0033	18.0402
浙江	2.29	40.482	14.35	7.76	7.37	21.82
安徽	0.243	6.25	2.97	1.23	1.11	2.74
福建	0.41	12.82	5.22	1.76	1.52	8.50
江西	0.098	2.05	0.79	0.32	0.29	0.71
山东	1.654	39.89	13.53	7.29	5.38	20.64
河南	0.80	12.41	3.50	1.37	1.14	7.76
湖北	0.835	14.17	5.09	1.598	1.341	5.53
湖南	0.52	9.52	4.04	0.92	0.99	4.91
广东	1.77	64.84	26.15	5.93	4.71	20.17
广西	0.090	2.58	1.26	0.39	0.35	0.78
海南	0.02	0.82	0.37	0.02	0.022	0.49
重庆	0.11	1.01	1.37	0.30	0.26	0.45
四川	0.32	5.77	3.24	1.47	1.38	1.17
贵州	0.03	0.90	0.80	0.17	0.128	0.07
云南	0.14	7.37	3.75	0.73	0.70	3.40
西藏	0.03	0.01	0.03	0.0010	0.01	0.01
陕西	0.114	3.99	2.06	0.62	0.594	1.84
甘肃	0.06	0.99	0.64	0.16	0.15	0.07
青海	0.001	0.04	0.06	0.0006	0.0006	-0.0042
宁夏	0.0160	0.341	0.147	0.068	0.068	0.108
新疆	0.102	2.13	1.35	0.52	0.521	-0.08

国内包装企业简介

浙江一鸣包装印刷有限公司

浙江一鸣包装印刷有限公司坐落在风光旖旎的富春江畔，距杭州市区和沪杭甬高速公路25公里，是浙江省出入境检验检疫局出口商品包装定点生产企业；是具备商标印刷、烟草药品商标印刷、包装装潢和零件印刷、瓦楞纸箱纸版生产、食品甜筒生产的综合性企业。现有厂房25000余平方米，员工330人，各类专业技术人员35人，资产7800万元；年产值6000万，销售5800万，创利税530万元。2004年7月份与浙江华达通信集团有限公司共同合作，投资注册资金为6000万元组建浙江华达钢业有限公司，年销售产值8亿元。

公司历年来被评为"AAA"信用企业；富阳市国税局一级纳税"信誉企业"，富阳市国税局、地税局"A类企业"，市级"先进企业；"富阳市"515"工程企业。2003年被浙江省包装技术协会、浙江省印刷技术协会认定为浙江省包装印刷业重点推广优秀企业。2004年杭州市人民政府授予信用AAA级企业。2004年10月被富阳市人民政府授予富阳市信用示范企业。2005年6月被杭州市工商行政管理局富阳分局评为浙江省工商企业守合同重信用单位。2005年7月被中共杭州市委宣传部、杭州市工商行政管理局、杭州市民营企业会授予"杭州市诚信民营企业。"

董事长、总经理赵乃桂，多次当选为市人大代表、优秀企业家；具有较强的创新开拓能力，为包装事业和地方经济发展作出了较大的贡献。

公司建立了符合市场发展需要的组织机构和管理框架。运行ISO9002质量管理体系。提高优质服务是我们公司的立足之本，想客户所想，急客户所急，客户的需要就是我们的需要。公司一如既往信守合同，诚信为本，客户至上、质量是生命，广交朋友，共同发展。欢迎海内外的朋友光临合作。

单位地址：富阳市里山镇江边 **邮政编码：**311418
电　　话：0571－63531226　63531568 **传　　真：**0571－63531288
网　　址：WWW.yimingpack.com E－mail：zng@yimingpack.com

山东青岛崂发包装制品集团公司

朱建世，男，汉族，1946年1月生，山东崂山人，中共党员。高级经济师，大专学历。现为青岛崂发包装制品集团公司董事长兼总经理，党总支书记。青岛市政协委员、青岛市包装行业协会会长、青岛市包装技术协会副会长、青岛市崂山区工商联副会长、青岛市崂山区劳模协会副会长、青岛市崂山区王哥庄街道工商业联合会会长。

1989年，他在欠下高额外债的王哥庄乳胶厂废墟上白手起家创建企业，当年扭亏为盈。现已发展成为拥有固定资产1亿余元，产值、销售收入双过亿元的全国包装龙头企业、全国诚信守法企业、"青岛市百强民营企业"、"青岛市文明单位"，并通过ISO9000质量体系认证。他投资100余万元建成崂发小学，投资700余万元建成崂发家园，为扶贫、助教、敬老院累计捐款200余万元。他先后荣获全国优秀企业家、中国当代包装行业企业家、全国创业之星、山东省"富民兴鲁"劳动奖章、"齐鲁十大新闻人物"，山东省优秀企业家、青岛市劳动模范、青岛市优秀中国特色社会主义事业建设者、青岛市文明市民等荣誉称号，吴官正等中央领导专程到该公司考察，并给予高度评价。他的事迹受到各级新闻媒体的报道和播出，并编入《中国企业家大辞典》。

总 经 理：朱建世
单位地址：青岛市崂山区王哥庄街道办事处 **邮政编码：**266105
电　　话：0532－87841267　0532－87843032 **传　　真：**0532－87841456
电子邮箱：qdzhujianshi@126.com

大连吉润塑料包装制品有限公司

高吉良，1954年7月28号生人，汉族、中共党员、工程师、大连金州区政协委员，现任大连吉润塑料包装制品有限公司董事长兼总经理。

1998年高吉良开始创办企业，在短暂的7年里，他本着以人为本、科技兴企、以德治厂、诚挚至上的经营理念，精心打造现代化企业，目前已拥有两家工厂，总占地面积24000平方米，设备先进，产品由单品种小数量发展为大批量生产三层、五层液体包装膜、复合膜及其他塑料类软包装制品。产品质量、卫生标准均达到GB、QB标准要求。2003年被评为国家包装行业标兵产品；2004年"吉润牌"商标成为《辽宁省著名商标》；2005年被评为《辽宁省用户满意产品》。

高吉良与大连理工大学进行校企联合，已开发出防锈膜、保护膜等高技术含量的新产品，现正在研发农品、果蔬保鲜膜，并已同大连理工大学签订合同，共同研制多层次高阻隔包装机械项目。

高吉良用一个小企业，闯出了个大市场，吉润人坚信吉润的明天更美好！

单位地址：大连金州区石河南台小区　　**邮政编码**：116101

电　　话：0411－87160238　　**传　　真**：0411－87160186

电子信箱：gym11@yahoo.com.cn

上海市崇明县裕安印刷厂

主要从事包装装潢及零件印刷、纸箱、纸盒、书刊排版，书刊印刷，书刊装订等业务，涉及许可经营的凭许可证经营。

单位地址：崇明陈家镇裕安路1号　　**邮政编码**：202162

电　　话：(021)59403765　　**传　　真**：(021)59404013

网　　址：www.yuanbaoznuang.com　　**电子信箱**：yu－an@vip.163.com

河南黄淮包装有限公司

李书堂，男，汉族，生于1956年6月26日，河南省项城市人。中共党员，大学本科毕业，高级经济师。现任河南黄淮包装有限公司董事长。

1973年11月参加工作，于1974年11月26日加入中国共产党。先后在北京卫戍区、项城市教委、项城市人民法院任职。1987年11月调入项城市人事局编委工作，任编委办公室副主任。1990年11月至今一直从事包装行业生产经营与管理。曾多次赴日本、美国、韩国等国家和地区考察。先后完成了本公司包装工程的立项、考察、设计与安装。同时，自行设计、改进了从韩国进口的流涎复合机，使其成为干、湿两用复合机，并在2001年和2003年第一期《包装工程》杂志上发表了"论味精复合袋的复膜质量与阻隔性能"和"聚氨酯粘合剂不同配比对味精复合袋质量的影响"的论文等论著。

江苏申龙高科集团股份有限公司

新型包装材料、塑料制品、精密模具、印花印刷辊筒的研制、销售;纸制品、通信设备(卫星地面接收设施除外)、电子计算机及外部设备、机械设备、化工产品(危险品除外)及化工原料(危险品除外)的销售;电子计算机软件开发、销售。包装印刷;经营本企业自产产品及技术的出口业务;经营本企业生产、科研所需的原辅材料、仪器仪表、机械设备、零配件及技术的进口业务(国家限定公司经营和国家禁止进出口的商品及技术除外);经营进料加工和“三来一补”业务。实业投资。

产品品牌标识:集团 logo

单位地址:中国江苏江阴市滨江西路589号 **邮政编码:**214443

电　　话:0510-86686444 **传　　真:**0510-86683903

宁波东升包装材料有限公司

宁波东升包装材料有限公司位于宁波市科技园区梅墟街道,占地面积23440平方米,生产车间、仓库和综合楼的建筑面积9668平方米。主要产品:双向拉伸聚苯乙烯(BOPS)片材。

公司引进了日本“三菱”重工年产8000吨片材生产线和BOPS片材的专有技术。产品性能优良,质量稳定,符合国际包装材料食品卫生标准,达到日本、美国同类产品的质量标准。公司已获得了ISO9001:2000质量体系认证证书。

公司创新开发的“改进型双向拉伸聚苯乙烯(BOPS)片材”荣获国家科技部等五部、局联合颁发的《国家重点新产品证书》,产品质量达到了国际先进水平。

公司多次荣获中国包协、省、市包协颁发的荣誉证书和被评为先进包装企业,并荣获市科技进步奖等。

东升公司为用户提供优质的产品,富有竞争力的价格,迅捷的交货和周到的服务,使公司在中外用户中享有良好的信誉。

石狮市锦兴机械制造有限责任公司

石狮市锦兴机械制造有限责任公司创建于1998年,坐落福建省石狮市,公司以“确保质量第一,争创行业名牌,竭诚为客户服务”的质量方针,按照行业国际标准,做上佳产品。为了规范企业运作及更好地服务于客户,公司于2001年通过ISO9001:2000质量体系认证,实现国际标准化运营。

公司与台湾技术合作,拥有各种机床设备(镗床、铣床、车床等加工设备),生产三层、五层纸板生产线、全自动裱纸机、液压原纸架、电脑薄刀分切机、电脑纵切机、AC伺服电脑横切机、水性印刷机械、印刷后道加工机械设备;公司引进进口专用数控磨床,采用超音频淬火技术和等离子氮化脉冲技术,其制造的瓦楞棍表面生成既硬又韧的生层,以提高瓦楞辊的耐磨性,大大延长其瓦楞辊的使用寿命,另公司承接和翻修各种规格型号的压力辊、胶水辊等。

今天,锦兴产品已形成立足石狮,辐盖闽南,面向全国的市场格局。成为闽南地区声名远播的包装机械制造企业,也成长为石狮市包装行业的龙头企业,锦兴是中国包装联合会常务理事单位、福建省包装联合会常务理事单位、福建省包装联合会副会长单位、石狮市包装印刷协会会长单位等大批行业协会组织的成员资格。

锦兴热诚欢迎各界朋友与我公司加强沟通合作,增进互利互惠,实现共荣双赢的良好愿景!

公司地址:福建省石狮市蚶江镇厝仔工业区(锦明东17号) **邮政编码:**362700

电　　话:0595-88917728/88912783 **传　　真:**0595-88917728/88913636

哈尔滨绿环生物降解制品开发有限公司

哈尔滨绿环公司是专门致力于生物技术领域内淀粉基生物全降解环保材料、制品及设备研制开发的民营高新技术企业,是黑龙江省经贸委绿色包装专业委员会主任会员单位;黑龙江省经贸委批准的“一次性快餐饮具定点生产企业”;先后通过了美国FDA检测和韩国环保认证。拥有"绿卓群"注册商标。

公司年可生产3万吨全降解母粒料和片材,5亿只一次性餐饮具。目前,绿环公司的淀粉基生物降解制品已远销韩国、日本、美国等十几个国家和地区。

产品品牌标识:绿卓群

单位地址:哈尔滨市南岗区和兴路237-2号 **邮政编码:**150080

电　　话:0451-86372308 85950599 82812599 13904655038

传　　真:0451-85950799

无锡圣马塑业有限公司　江苏雪豹喷雾罐业有限公司

本公司是一家专业生产各种日化、医药、食品、卫生保健用微型喷雾泵(阀),并配套铝罐、塑料瓶的制造型企业,为中国医药包装协会、国家科技协会、国家环保产业协会、中国保健科学协会的会员生产单位。主要产品有乳液泵、轧口泵、罗口泵、微型铝罐以及PP、PE、PET系列塑料瓶等近千个规格品种。

公司还可根据客户不同要求,设计制作各式模具,生产不同规格、型号的注、吹塑产品。

公司占地面积4.5公顷,建筑面积4.2万平方米,拥有国内先进的注、吹塑机200多台套,铝冲压机近400台,四条自动氧化线,具有精密制造模具的加工设备30多台套,并设有专业生产药包材产品的净化厂区800平方米。

公司拥有员工2500多人,其中专业技术、管理人员380人,并拥有保证质量体系营运的各类检测设备80多台套,雪豹人视产品质量为企业生命,2000年通过ISO9002质量体系认证,2004年又通过ISO9001:2000质量管理体系认证。药包产品严格按照GMP规范动作。有四个产品被国家食品药品监督管理局注册批准为药包材产品。

公司已有23个产品(技术)获得了拥有知识产权的国家专利,自主开发研制的药用铝印制微型喷雾罐填补了国内空白,质量标准达到国际先进水平。产品深受广大客商的青睐,不仅畅销国内,还远销世界60多个国家和地区。

至2005年,公司的规模及生产产量已跃居国内同行前列,并正着手与世界多家著名公司共同联手打造喷雾行业国际化新型公司。

董 事 长:孙秉忠
单位地址:江苏省江阴市霞客镇璜塘金凤工业园
电　　话:86-510-86911760　86534301　　**传　　真:**86-510-86534300　86531883
网　　址:http://www.jsjyxb.com　　E-mail:jsjyxb@public1.wx.js.cn

中山中粤马口铁工业有限公司

中山中粤马口铁工业有限公司成立于1989年,是广南(集团)有限公司与中山市合资经营的合资企业。总投资11,306.42万美元,注册资本6,370.62万美元,现有固定资产4.8亿元人民币。公司专业生产、经营马口铁系列产品马口铁基板、镀锡板、镀铬板及其深加工产品涂料铁、印花铁。公司主产品电镀锡薄钢板(马口铁)和电镀铬薄钢板,是广泛应用于食品、轻工、化工行业的金属包装材料,产品严格按GB/T2520-2000的国家标准和ISO11950:1995(E)的国际标准组织生产。公司马口铁和电镀铬薄钢板产品是广东省名牌产品,均获得广东省科技三等奖,其中低铬马口铁和电镀铬薄钢板产品填补了国内生产空白,并分别获得国家发明专利。电镀铬薄钢板还被列为2001年度国家重点新产品,目前仍属国内独家生产的产品。公司坚持"品质唯上、精心生产顾客满意的马口铁系列产品"的质量方针,1996年通过ISO9000质量体系认证,以优质的产品和良好的服务赢得了广大顾客的信赖与赞誉,产品远销全国21个省市近400家企业。在市场充分竞争的今天,公司不断追求卓越的品质和优越的服务,将以更多更好的产品来满足国内外商家对金属包装材料的需求。

单位地址:广东省中山市中山港第二加工区　　**邮政编码:**528437
电　　话:0760-5596487　　**传　　真:**0760-5596252
网　　址:www.gdtp.com　　**电子信箱:**zymkt@gdtp.com

·「知名品牌」·

太仓兴达制罐有限公司

興達集團

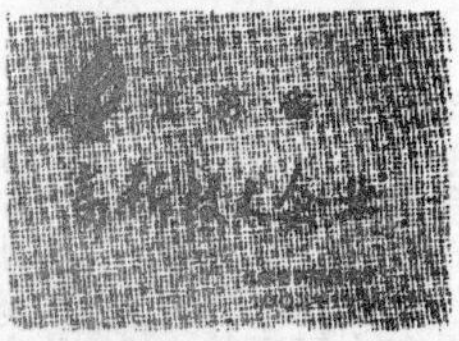

太仓兴达制罐有限公司是 1993 年 10 月批准成立的外商（台资）独资企业，总投资 2950 万美元，注册资本 1940 万美元。至今已发展成为拥有二条三片罐高速制罐生产线；十四条易开盖生产线及六条马口铁、铝片、彩色印刷流水线；五条涂装流水线。全年可生产各种规格饮料、食品罐 2 亿个；易拉罐盖 50 亿片；印刷涂布 2 万吨的生产能力。公司固定资产已达 4500 万美元以上，年销售 3.5 亿元，利税近亿元。生产的铝质易开罐头盖品种多、规格齐已为国内可口可乐、百事可乐、娃哈哈、椰树、旺旺、露露、红牛、健力宝、博卡等公司选用；同时出口日本、韩国、泰国、印度、伊朗等地。公司 2002 年研究开发的“四线启破易拉罐头盖”获得了国家实用新型专利和 2002 年江苏省高新技术产品。公司被评为江苏省高新技术企业和外商投资技术密集、知识密集型企业及先进技术企业。

总 经 理：施正南

单位地址：江苏省太仓市陆渡镇浏太路 888 号　　**邮政编码：**215412

电　　话：0512－53458999　　**传　　真：**0512－53458633

·「简　介」·

泸州市鑫益实业有限公司

泸州市鑫益实业有限公司始创于 1979 年，是从二角八分钱白手起家，历经不断改革创新和跨越发展并通过 ISO9001:2000 质量管理体系和出口商品包装容器质量许可双认证的科技产业型企业。公司占地面积 5 万多平方米，总资产 5 千多万元，业已建成花园式现代化生产基地。旗下拥有瓶盖、纸业、印务等三个分公司，国内一流的电脑程控生产设备，近千名高素质的员工队伍。专业设计生产瓶盖、纸箱、彩印、印铁制罐等各类、各档包装制品系列，产品质量居国内同行业先进水平，营销地域遍及全国各地，年销售产值突破亿元。

公司以科学发展观为指导，始终坚持“以人为本、诚信经营、改革创新、与时俱进”的企业理念和“技术创新、质量创优、服务创好”的“三创”精神，鑫益品牌赢得了广大客户的青睐和赞誉。二十五年来的超常发展和骄人业绩受到了各级领导的充分肯定和社会的好评，相继获得四川省最佳文明单位、质量工作先进单位、四川省企业文化建设先进单位、四川省思想政治工作先进单位、四川省厂务公开先进单位、四川省包装行业先进单位、工业企业最佳效益 500 强等 100 多项荣誉和称号。

上海浦东民新包装材料厂

上海浦东民新包装材料厂创建于 20 世纪 80 年代，坐落在浦东新区合庆镇东川公路 7549 号，占地面积 5 万多平方米，其中，厂房建筑面积 1.6 万多平方米，厂区绿化面积约 3.5 万平方米，专业生产和销售三层、五层、七层瓦楞纸板、纸箱、纸盒、彩印、彩面复裱成型等纸制品；产品销往国内外，具有生产能力 5000 万平方米以上。

企业拥有幅度 2.2m、1.6m 五层瓦楞纸板生产线；拥有国内最先进的全电脑高速水性印刷开槽机；激光制版雕刻机及其他各种配套设备近 60 多台。

近年来，企业不断发展壮大，先后推行了 ISO9001 质量管理体系；ISO14001 环境管理体系及 OHSAS18001 职业健康安全管理体系的认证。企业范围实行 ERP 现代化管理，被评为中国重质量、讲诚信、守规则企业；上海市优秀包装企业；AA 级合同信用企业；上海市百佳爱心助老特色基地企业；上海市包装技术协会纸容器行业五星级包装企业，上海市浦东新区文明单位。

企业本着“信为企业本，诚招天下客”的经营理念和“以人为本，追求卓越”的企业精神，不断完善和满足包装产品对市场的需求。

目前，企业在取得经济效益的同时，不忘回报社会，投资 1500 多万元建设了一所具有规模的老人养老基地——上海浦东新青墩福利院。全厂为构建和谐企业，为优化社会环境而努力。

总经理：张惠根

地　址：上海市浦东新区东川公路 7549 号　　**邮　编：**201201

电　话：021－68911810　　**传　真：**021－68911813

网　址：www.shmxbz.com　　**邮　箱：**webmasle@shmxbz.com

杭州月牙湖包装有限公司

杭州月牙湖包装有限公司,地处浙江杭州下沙经济技术开发区,交通便捷,地理位置优越。公司占地20.68万平方米,建筑面积3万平方米,资产8000余万元。下设纸箱、彩印、综合等三个分公司。专业生产各类瓦楞纸箱、彩盒和承接来料加工业务,年产值超亿元。公司设备工艺先进,技术力量雄厚,拥有各类进口和国产瓦楞纸箱、彩盒生产设备,主要有:台湾产五层瓦楞纸板生产线、四色印刷模切开槽机、BE型单面瓦楞纸板生产线,德国产罗兰全张四色、海德堡大对开四色、双色胶印机,上光、压光、覆膜机,全自动贴面机,模切机等。

公司十分注重企业整体素质的提高,一贯致力于提高产品质量和企业的内部管理水平。是首批获得国家一类瓦楞纸箱生产许可证的企业,并在行业中率先通过了ISO9002、ISO9001:2000质量管理体系、GB/T28001职业健康安全管理体系认证。连续数年获得浙江省包装企业50强、AAA级信用企业等多项荣誉称号。产品在国家包装产品质量监督检验中及省技术监督局多次抽检中合格,被列入推荐企业名录。

公司始终坚持"顾客至上、合作双赢"的原则,牢固树立诚信服务和公平竞争的理念,以客户满意的优质产品和优良服务赢得市场,已与省内外几十家大中型企业建立了长期、稳定的友好合作关系,受到广大客户普遍欢迎。

公司热忱欢迎各界朋友洽谈合作事宜,共谋发展伟业!

单位地址:浙江省杭州市下沙光明路5号　　邮政编码:310019
电　话:0571-86719523　传　真:0571-86719888　电子信箱:hzyyhbzyxgs@126.com

云南楚兴包装有限公司

云南楚兴包装有限公司是云南红塔集团楚雄烟草企业,楚雄州汇东工贸公司和香港岭东实业(集团)有限公司共同投资兴建的,公司采用目前国内先进的大型无导爪瓦楞纸生产线。具有年产三、五、七层中高档瓦楞纸板1200万平方米,各种规格包装纸箱1000万只以上的生产能力,从1993年8月建成投产至今,一方面加强内部管理,另一方面在生产工艺上不断改进创新,使公司产品质量稳步提高,产品深受用户好评。公司先后被国家、省级有关部门评为"烟草包装质量信得过单位"、瓦楞纸箱行业"明星企业"、云南省三资企业,税利总额排序"30强"、"云南省外商投资先进企业"、"先进技术企业"。云南楚兴包装有限公司自投产以来,取得了较好的社会效益和经济效益。

公司地处素有"迤西咽喉"之称的楚雄市,广大铁路、楚大高速公路、安楚公路距公司均不过千米,交通极为便利。

总 经 理:李盛民
单位地址:楚雄市鹿城东路46号　　邮政编码:675000
电　　话:0878--3017249　　传　　真:0878—3012598

湖北工业大学机械工程学院

湖北工业大学是一所以工科为主,文、理、经、管等多学科协调发展的省属重点多科性大学。校址位于素有"九省通衢"之称的中部重镇武汉市,校园占地面积1600余亩,校舍建筑面积50万平方米。花园式的校园里,楼宇错落,绿草如茵,环境幽静,是莘莘学子求学成才的理想园地。

我校于1987年正式成立了包装工程专业,并于当年招收了第一届专科学生,1999年成功申报了包装工程本科专业,累计向社会输送了近700名本专科学生。从1994年开始依托轻工机械硕士点培养包装工程方向的硕士研究生,至今已有十年,为国家培养了近20名包装行业的高级技术人才,许多成为本行业的技术骨干和高级管理工作者。我校包装工程系现有教师12人,其中教授2人,副教授6人,具有博士学位和正在攻读博士学位的教师有5人。拥有如国家自然科学基金项目瓦楞纸板成型机理的研究、国家教育部骨干教师资助项目异型缓冲包装结构的可靠性设计、湖北省自然科学基金项目缓冲包装仿真技术研究等多项科研课题。目前在校本科生139人,包装专业方向硕士生6人。依托于机械学院的大机类平台,以培养工程应用型人才为主,包装专业主修课程有包装机械、包装材料学、包装测试、缓冲包装动力学、包装CAD、包装结构与装潢设计等。

我校多年来包装工程专业依托学科群办学,收到了良好的效果。我校的高分子材料学科、金属成型与模具设计学科、工业设计与工业造型学科、测试计量学科、纸浆造纸学科、环境工程学科等有力的支撑了包装工程专业的教学和科研工作,在信息互通,资源共享的基础上培养了大量的复合性人才,受到用人单位的一致好评。

无锡市前程木业包装有限公司

无锡市前程木业包装有限公司(原南站木材公司)是一家民营股份制企业,位于无锡市新区梅村新泰工业园锡鸿路18号,交通便利。

公司创建于1984年,是一家专业生产木托盘、木包装箱、铁木电缆盘,包装专用胶合板等产品的实业型企业。同时供应各种包装原辅材料,代理纸托盘、纸箱、纸护角、塑料托盘等各类包装材料。公司在木托盘、大型木包装的生产和运输、产品的捆扎固定、集装箱作业及真空包装方面拥有专业的服务队伍。

2001年,公司在江苏省木包装行业首家通过了ISO9001质量体系认证。我公司是江苏省出入境检验检疫局无锡地区仅有的木制品包装熏蒸单位、输欧木制包装热处理单位;拥有江苏省进出口商品检验检疫局颁发的"出口商品包装质量许可证";是江苏省出入境检验检疫协会的常务理事单位;是南京林业大学的教学科研实习基地;是江苏省包装技术协会理事单位;是中国物流与采购联合会托盘专业委员会会员单位;国家轻工业包装质量监督中心是我公司的技术协作单位。公司的目标:做全国木包装行业的第一。

公司的宗旨:始终关注着客户的要求、全力满足客户的需要。

单位地址:无锡市新区梅村新泰工业园锡鸿路18号　　邮政编码:214112
电　　话:0510-88551666　0510-88551222　　传　　真:0510-88550777
网　　址:http://www.qianchengpack.com　　邮　　件:qiancheng@pack.net.cn

「简　介」

东经控股集团有限公司

东经控股集团创建于 1994 年，是集纸张贸易、彩印加工、纸制品生产销售、纸箱检测、包装设计研发、包装管理咨询等为一体的专业包装服务企业；是中国包装管理专业服务的先驱，首创了精益包装管理的新理念和新技术。东经以帮助客户解决包装系统问题为自己的使命，组建了专业的包装科研、包装设计、包装管理专家队伍，大胆探索包装科学技术，不断创新包装管理方法，有效整合包装供应资源，为客户提供专业、科学的整体包装解决方案，帮助客户降低成本、增加价值，与客户共同发展！

集团拥有强大的科研实力，建立了承担着温州内外销瓦楞纸箱的检测工作的"纸制品检测中心"；成立了国内第一家"中包纸包装技术研发推广中心"；与多家大学院校合作建立了获得省科技厅审批通过的"东经包装技术研发中心"、"产学研基地"；建立了"浙江省纸包装行业技术中心"；被列为"浙江省纸包装制造基地"、"温州市企业技术中心"、"温州高新技术企业"。

东经提出"企业是一个生命有机体"的企业观，总结提炼了"和谐"的东经哲学，以"您成功，我发展"为核心理念，追求客户、企业、供应商成为"相应相合"的价值共同体；追求东经与整个产业、社会发展趋势的和谐统一。

单位地址：浙江省温州市 104 国道丽岙段东经路 1 号　　**邮政编码：**325202

电　　话：0755－85399999　　**传　　真：**0577－85390777

网　　址：www.dongjing.com　　E－mail：dongjing@dongjing.com

襄樊金飞环彩色包装有限公司

襄樊金飞环彩色包装有限公司拥有 UTECO 七色凹印机、雅加发八色柔印机、BOBST 模切机、有恒烫模机、亚华烫模机以及伊藤切纸机等各种先进的印刷和后加工设备，是专业生产卷烟包装的大型企业。公司现已形成年产烟标 40 万大箱的生产能力。

公司在蒋祥瑜总经理的领导下，以顾客为中心、以品质求生存、以创新图发展、以人为本，不断地开发市场需求、顾客满意、技术领先、品质优良的产品。

襄樊金飞环彩色包装有限公司期待与更多的新老企业结成合作伙伴，共创美好的未来。

地址：湖北省襄樊市丹江路 12 号　　**邮编：**441000　　**电话：**0710－3489778　3444930

传真：0710－3489777　　http://www.cnbcd.com　　**电子信箱：**jfh@cnbcd.com

青岛美特容器有限公司

青岛美特容器有限公司是由山东铝业公司、波尔亚太投资有限公司、东方鑫源实业投资有限公司三方共同投资兴建的现代化包装企业，投资比例分别为 40%、40%、20%，于 1993 年 8 月成立，是国内最早生产铝质两片易拉罐的厂家之一。

公司拥有从美国引进国内一流的专业设备及先进的技术和工艺管理，生产能力为 1100 只/分钟、全年可生产 6 色铝质两片易拉罐 4 亿套，并具有 4000 万套产品的仓储能力，能够保障生产、运输、售后一条龙综合服务。

公司于 1995、2004 年先后在国内易拉罐行业首家通过 ISO9001－1994 质量体系、ISO14001 －1996 环境体系认证。青岛啤酒、可口可乐、百事可乐、健力宝集团等同我司建立了长期、紧密的战略合作伙伴关系，已连续多年实现客户零投诉。

公司多次荣获"中国包装龙头企业"、"中国包装优秀企业"称号，其全铝两片易拉罐为"山东省优质品牌产品"，被评为青岛市先进技术企业、青岛市"依法纳税先进单位"、青岛市劳动和社会保障"信得过单位"等。公司在生产经营发展的基础上，逐步提高员工的工资福利待遇，在青岛市外商投资企业中享有较高知名度。

公司现有员工 130 人，其中管理及技术人员 42 人，拥有大专及以上文化程度人员占 41%。采用"扁平式"的机构设置，共设"八部一会"，即人力资源及行政部、财务部、采购部、销售部、生产控制部、生产部、工程部、品质保证及客户服务部、工会。

单位地址：中国青岛市李沧区沔阳路 18 号甲　　**邮政编码：**266041

电　话：086－53284619666　　**传　真：**086－53284635161　　**电　邮：**qmcp@qmcp.com.cn

TaiHe 温州泰和印刷包装有限公司

温州泰和印刷包装有限公司主要生产啤酒商标、出口罐头商标及各种精致包装盒，现拥有四条国际先进的印刷包装生产流水线，生产设备完善，配有电脑制作系统，公司计划再引进二条专印铝箔产品的先进生产流水线，届时将形成国内一流的印刷包装企业。

多年来，本公司坚持"以人为本，科技为先"的战略方针，坚持质量第一、诚信经营，取得了良好的业绩。其产品质量、售后服务都在同行中名列前茅，率先通过 ISO9001：2000 国际质量管理体系认证。

本公司现拥有一批较高素质的管理人才，为公司的继续发展奠定了基础。几年来，公司强化内部管理，全面推行国际质量体系管理，产品质量稳定可靠，售后服务完善，深受广大用户的青睐，相继被评为瑞安市"重合同、守信用"单位，浙江省"重质量、守诚信"示范单位，浙江省质量诚信消费者信得过单位，浙江省守法经营质量优秀示范单位，中国印刷包装行业诚信经营示范企业，中国"企业诚信暨质量达标"单位，中国"质量好、信誉好"优秀单位。并经过中国新闻社评价中心专家组的严格审核，被认定为"中国最具竞争力印刷行业百强"。

本公司的经营方针是：诚信经营、品质优秀、精益求精、持续创新。

法人代表：叶志金

地　　址：浙江省瑞安市沿江西路 163 号　　**邮　　编：**325200

电　　话：0577－65661088　　65669188　　**传　　真：**0577－65669198

云南新美铝铝箔有限公司

云南新美铝铝箔有限公司是云南铝加工厂与美国铝业公司共同投资兴建的合资企业。经国家外经部批准，于1996年3月28日正式成立。工程投资总额为6700万美元，是云南省为配套卷烟生产具有影响力的合资企业。企业现有国内一流的铝箔生产体系，并且充分利用云南拥有位居全国首位的烟草业其烟箔用量十分巨大的市场，以及濒临东南亚市场的地理位置优势，生产具有国际一流水准的铝箔产品，并拥有良好的商业信誉、一流的产品品质及完善的售后服务，目前生产能力为：双零箔10000吨/年，单零箔4000吨/年，其他箔类产品5000吨/年。

公司在具有现代铝加工技术装备及管理水平的基础上，于2003年顺利通过ISO9001：2001质量管理体系国际认证；并被中国有色金属加工工业协会评为《中国铝箔企业十强》企业；被云南省政府确定为省级《重点保护非公有制企业》。

2005年下半年，云南新美铝铝箔有限公司开始对国内紧缺的0.005mm厚度铝箔产品进行技术攻关，经过生产、技术人员的共同努力，目前采用自产铸轧坯料生产0.005mm厚度铝箔产品已获成功，实际厚度在0.0047~0.0054mm范围，现已转入批量生产阶段。

单位地址：云南省昆明市金马寺太平村 **邮政编码：650216**
联系电话：0871-3857135 **传真：0871-3813744** Email：office@yxaf.cn
联系电话：0871-3859065 **传真：0871-3852772** Email：sales@yxaf.cn

杭州吴杭包装材料有限公司

杭州吴杭包装材料有限公司（前身为杭州玉皇印铁制罐有限公司），创建于1985年，是一家集印铁、制罐、制盖和贸易为一体的股份制企业。公司下属有杭州吴杭印铁有限公司、杭州欣业制盖有限公司（前身为杭州玉皇瓶盖厂）、金华环球印铁制罐厂。总固定资产5000多万元，年产值近2.5亿元。现有职工358人，总占地面积40亩，厂房整齐宽敞，生产环境优雅，尤其是公司地处320国道边，交通十分方便。

公司下属杭州吴杭印铁有限公司专业生产系列油漆罐和油墨罐等化工包装。公司拥有日本富士双色自动印铁机壹台，富士涂料机壹台，台湾单色自动印铁机壹台，国产涂料机壹台。印刷精美、工艺先进、质量上乘、价格合理、交货及时、服务周到，深受广大用户欢迎，公司业务遍及杭州、宁波、上海、金华等地区。

公司下属杭州欣业制盖有限公司是一家专业生产皇冠瓶盖的企业。公司在2002年投资1000多万元对华中最大的瓶盖生产厂——武汉印铁制罐厂的生产经营性资产进行并购，并且成立了武汉分公司，开创了全国瓶盖行业并购之先例。2003年的年销售量为23亿只，跻身全国前四名。2004年的年销售量又由2003年的23亿只猛增到35亿只。2005年3月公司又投资883万元授让"浙江省制盖实业有限公司"1000万元股权。预计2005年的年销售量将超过65亿只，排名全国同行第二名。公司拥有17条由意大利SACMI公司引进的皇冠瓶盖自动生产线，有一整套产品检测、检验设备。产品覆盖全国最大的啤酒集团公司，如：华润集团、青岛集团、燕京集团、英特布鲁集团、重啤集团、哈啤集团等近80家啤酒生产企业。

我公司自创建至今二十年来，不断发展壮大，"以质量求生存，以管理求效益"，是我公司一贯奉行的宗旨，我们感谢各新老客户对我公司一如既往的支持，同时希望与新老客户携手共进，共创未来。

单位地址：杭州市余杭区临平街道丝绸街896号（320国道边） **邮政编码：311100**
电　　话：0571-86168191 86168193 **传　　真：0571-86168190**

云南昆岭薄膜工业有限公司（三株集团成员）

云南昆岭薄膜工业有限公司是印尼三株集团与香港国际企业集团投资2900万美元兴建的外商独资企业，年生产双轴延伸聚丙烯（BOPP）薄膜10000吨，于1996年8月21日建成投产。

公司引进国际上先进的德国布鲁克纳（BRUCKNER）和英国阿特拉斯（ATLAS）的生产设备，生产厚度12微米至50微米的高品质可热封性、可印性、热收缩性各类BOPP薄膜，广泛用于食品、药物、香烟及多种轻工业产品的包装，也可作为印刷真空镀铝及复合之基材。我公司生产的优质"爱岭"（ilene）牌BOPP薄膜，尤其是高速、热收缩型等高档卷烟包装膜，已被国内外许多烟厂广泛使用。

我公司在云南省、市政府及国内外客户的支持与厚爱下，多次被评为"中国包装龙头企业"、"外商投资先进企业"。自1993年至2003年连续六年被昆明市评为"重信用守合同"单位。2003年9月30日被国务院侨办授予"2000-2002年度全国百家明星侨资企业"荣誉称号。2005年1月云南省监察厅授予我公司为"2004年-2006年度云南省省级重点保护非公有制企业"。从1998年3月到2005年1月累计荣获各种荣誉称号30余项。

1999年4月9日，2002年5月17日，2005年6月1日分别通过了英国劳氏质量认证有限公司的ISO9002：1994和ISO9001：2000质量体系认证。自投产以来累计上缴税金1.6亿元。

公司全体员工在董事会领导下，遵循"以市场为主导、专业化的管理、建设性的合作"的企业哲学思想，在国内业务蒸蒸日上，并把中国制造带进国际市场。

单位地址：云南省昆明国家经济技术开发区昆岭路10号 **邮政编码：650217**
电　　话：（86-871）7265636 7266661 7265623 **传　　真：（86-871）7265625 7264176**

上海药用包装材料有限公司

上海药用包装材料有限公司，前身是上海药用包装材料厂，始建于1937年。是一家专门生产各种药用及其他行业相似的瓶盖（盒）的专业公司。2002年4月进行了改制，改名为上海药用包装材料有限公司。公司地处上海浦东新区曹路镇工业开发小区内，是一个集产品开发、制造、服务于一体的企业。厂房内包括生产铝塑复合盖10万级净化车间、铝盖生产车间和铁盖（盒）生产车间，生产产品达70余种，客户包括上海新先锋药业有限公司、上海新亚药业有限公司、上海中华制药厂、武汉生物制品研究所、宁波市卫汉生物工程有限公司、境外新加坡虎豹医药保健品有限公司等50多家，遍及全国各地和境外。年生产产品7亿多只（套），年销售额达三千多万元。

生产上采用新技术、新工艺、设备上选用较为先进的双头铆接机、二冲头模具及深颈、数控送料机。

公司的经营宗旨："客户需求-就是我们的目标。"

公司的经营理念："建设一流的企业，生产一流的产品，创建一流的服务水平。"

公司主要生产产品有：

一、铝塑组合盖系列：为各种抗生素针剂、生物化学制剂及同类产品配套生产，包括各种规格的铝塑盖等。

二、铝盖系列：用铝合金或纯铝材料制作的各种抗生素针剂铝盖、大输液铝盖、血浆铝盖、白蛋白铝盖，各种口服液、营养补剂铝盖等。

三、铁盖（盒）系列：包括各种药膏铁盒、药用铁盒、各种铁盖封口等。

公司运用六十余年积累的生产经验，为有特殊需要和特殊规格的客户设计、制造各种瓶盖，满足不同客户的需要。

法人代表兼总经理金照仁携全体职工热忱欢迎各用户单位前来联系、洽谈业务。

法人代表：金照仁
单位地址：上海浦东新区曹路镇工业区民秋路198号 **邮政编码：201209**
电　　话：021-68720286 **传　　真：021-68720286**

「简 介」

廊坊津瑞制桶有限公司

廊坊津瑞制桶有限公司是中国石化股份公司润滑油天津分公司（原中石化燕化集团天津润滑油脂有限公司）和（株式会社）日本前田制作所共同投资兴建的一个集制版、印刷、制罐于一体的大型金属、塑料包装产销企业。公司总部位于廊坊经济技术开发区，下设廊坊、上海、天津三个生产基地，交通便利，可通过公路汽运、铁路运输、轮船运输、空运等多种方式向顾客提供包装产品。

公司生产设备先进，年生产能力为：18/20升钢提桶600万只；18/20升塑桶500万只；4升金属方桶500万只；4升塑桶300万只；1升注塑桶100万只。

公司产品广泛应用于润滑油、润滑脂、油墨、油漆、清洗剂、石油添加剂等化工行业。公司的主要客户有：中石化长城润滑油公司、中石油兰炼润滑油公司、日本石油润滑油公司、日本能源润滑油公司、天津润滑油脂公司、上海国际造漆公司、上海中涂化工公司、北京红狮涂料公司、上海关西涂料公司、北京富亚涂料公司等。

公司自成立以来，以顾客为中心，凭借优良的产品和优质的服务，赢得了广大客户的信赖，连续被评为省级"包装先进企业"，市级"质量信得过企业"和"重合同守信用"企业，2000年度"中国200强先进包装企业"，"2000年度AA级信用企业"等称号。

公司拥有自营进出口权，钢桶所需的马口铁、镀铬板、冷轧板基本由日本进口。技术人员和生产工人经过了日方技术专家的培训。

2000年7月，公司通过DNVISO9002版质量体系认证。

2001年3月取得"海运危险品包装生产许可证"。

2003年7月，公司通过DNVISO2000版质量体系认证。

公司承诺：

在任何工作上追求第一次就符合要求的卓越表现；尊重和贯彻质量管理的基本原则，制定有效的衡量和激励政策、工作目标、策略、制度和程序，驱动全员参与质量改进；为实施有效的质量管理、提升公司的质量和品牌竞争力提供足够的资源保障。

单位地址：河北省廊坊经济技术开发区　　**邮政编码**：065001

电　　话：0316－6089795，6087320　　**传　　真**：0316－6088910，6099776

网　　址：http://www.jinrui.com　　**电子信箱**：jrgongsi@vip.sina.com

宁波市气雾剂制造公司（宁波市洪塘液压设备配套厂）

生产医药用铝罐、农药用铝罐、灭火器铝罐、铝质高压储气瓶、喷枪料罐、饮水瓶、香料瓶、雪茄铝管等各类百余种规格的产品。

单位地址：宁波市洪塘镇安山村　　**邮政编码**：315033

电　　话：0574－87586487　87575688　　**传　　真**：0574－87586506

网　　址：www.china－aluminumcans.com　　www.china－aluminumpots.com

电子信箱：webmaster@china－aluminumcans.com　　webmaster@china－aluminumpots.com

云南玉溪水松纸厂

经营本企业自产产品及技术的出口业务，经营本企业生产所需的原辅材料、机械设备、仪器仪表、零配件及相关技术的进口业务，经营进料加工和"三来一补"业务。

单位地址：云南省玉溪市大营街镇工业区　　**邮政编码**：653103

电　　话：0877－2771528　　**传　　真**：0877－2771528

电子信箱：ssz2771528@sina .com

成都若兰包装公司

成都若兰包装公司成立于1996年，现已发展成为一家集纸板、纸箱、纸棺生产与三维立体设计为一体的现代化大型包装企业，占地面积80余亩，建筑面积3.1万m^2，员工400余人，资产总额4000余万元，目前已拥有2条国内领先水平的全电脑高速瓦楞纸板生产线，拥有独特双层同拱瓦楞合成技术，引进了台湾四色全电脑水性印刷开槽设备及全自动磨切机、电脑柔性制版机等生产装备。瓦楞纸箱年生产能力达4000万m^2。若兰公司技术力量雄厚，拥有中高级技术人才69人，这在公司的技术板块中形成了核心竞争力。其中技术研发、制版、印刷、成型质量、抗压强度和深层次的技术、工艺方面在同行遥遥领先。

经过几年的市场开发，现已在川内及周边地区形成了较为成熟的营销网络，培育出了较为稳固的长期的战略性合作客户：百事可乐、可口可乐、乐百氏、统一集团、汇源、国泰味精、嘉里粮油等知名企业。领导班子历来注重高品质、精工艺的市场定位，一贯坚持与国际标准化接轨的方针，实行全面质量管理，依法治厂。公司于1999年7月顺利通过了ISO9002质量体系认证。在激烈的市场竞争中，公司秉承"今日包装在若兰"精神和"与你共创包装新天地"的理想，力求为社会提供快捷、方便、完美的服务，并确立了向跃居西部包装行业龙头地位迈进的经营发展方向。

单位地址：四川成都市青羊区文家场绕城高速公路口右侧　　**邮政编码**：610091

电　　话：028－87071637　　**传　　真**：028－87071637　　**网　　址**：www.ruolan.cn

上海惠昕包装制品有限公司

设计开发、制造和销售环保型PP中空格子板材，PP+PE复合中空板制成的隔档，各种规格和折叠式的中空板周转箱。

PU、PE、EVAEPDM、CR等发泡制品(海绵、珍珠棉、聚乙稀烯发泡材料)纸塑复合制品。

电子产品所需防静电、导电、防锈材料制成的成型包装制品。

公司有专业设计人员为用户设计各类材质、形式繁多的成型缓冲包装制品。

欢迎来电、来函垂询。

单位地址:上海市南大路373号第7、8、15栋　　**邮政编码**:200436
电　　话:021-62843284　52843068　　**传　　真**:021-62842686　52843067
E-mail:taotao6868@vip.sina.com

上海纺印利丰印刷包装有限公司

各类印刷品及各类包装用品，普通商标印制兼人用药品、烟草制品商标印刷。

单位地址:上海市杨浦区隆昌路399号　　**邮政编码**:200090
电　　话:021-65432325　　**传　　真**:021-65430511
电子邮件:FYLF@Public2sta.net.cn

武汉市天虹纸塑彩印有限公司

武汉市天虹纸塑彩印有限公司成立于1994年8月18日，是一家集设计、印刷、制作于一体的现代化企业，秉持"团结、进取、务实、创新"的企业精神，"平等、互利、共赢"的经营理念，热忱服务于食品(调料)、医药、种籽、农药、化工、服装、一次性用品、环保等行业。业务范围遍及湖北及中南五省市，辐射全国，拥有八条包装生产线，高素质的员工队伍，完善的质量保证体系及检测设备，可以生产各种规格、档次的包装制品(含蒸煮、真空袋、自立袋、防伪袋、铝箔袋、镀铝保鲜袋、拉链袋、纸塑环保袋、瓶贴、盖杯膜、卷膜等)。

目前，公司着眼于未来的市场竞争和整体长远的发展，广泛开展与国内大专院校、科研院所的合作，成立了"湖北省软包装研究所"，专门从事新材料、新工艺在软包装上的研究和运用。公司还拥有具有国际先进水平的十色、八色等高速机和高速复合机硬件设备以及专业的管理和技术人才。公司导入国际先进的管理理念，并通过了ISO9001质量管理体系认证，使公司的管理水平和产品品质更上一层楼。与此同时建立和完善各种管理制度，以更优质的产品、更专业的精神服务于社会。

单位地址:湖北省武汉市武昌区科技工业园堤东街20号　　**邮政编码**:430064
电　　话:(027)88159391　88159392　88159376　　**传　　真**:(027)88159375
网　　址:htt://www.tianhong.com.cn　　**邮　　箱**:office@tianhong.com.cn

山西金鹰电子印业科技有限公司

山西金鹰电子印业科技有限公司占地50亩，总建筑面积10000多平方米，总投资4500万元，是目前华北地区最大的印刷包装企业之一。

公司主要有三条全自动生产流水线，专业生产各种中高档瓦楞包装箱、各种精制礼品盒药品盒等。精美印刷各种书刊、画册、商标等。印刷生产各种塑料软包装袋、铝箔袋等。年产值近亿元。

单位地址:山西省忻州市经济开发区　　**邮政编码**:034000
电　　话:0350-3391881　3391888　　**传　　真**:0350-3391889
电子信箱:jy3391888@163.com

雷盛德奎集团

经营范围：彩妆、个人护理、保洁、医疗及食品包装服务。雷盛德奎集团拥有三十多年包装经验、五个地点优越的生产厂，分别位于天津、上海、深圳和印尼的泗水和雅加达。各厂均拥有多元化成型、吹瓶、射吹机器，各式二次加工生产设备和技术，为世界知名品牌客户提供彩妆、个人护理、保洁产品包装服务。同时，深圳、上海及天津厂均设有十万级的洁净车间，为保健及医疗食品客户提供最严格的洁净车间包装服务。

单位地址：上海市奉贤区齐贤镇航南公路 3358 号　　**邮政编码：**201403

电　　话：86－21－57578066　　**传　　真：**86－21－57576541

云南省玉溪市东升纸业有限责任公司

云南省玉溪市东升纸业有限责任公司是由原云南省玉溪市第一造纸厂改制后重新组建的有限责任公司。它是一个造纸和纸箱制作一体化的公司，现有员工 350 人，占地 126 亩，总资产 5900 万元，是中国 500 家最大造纸及纸制品企业之一。在云南省排序为第四位，是云南省的中型企业及科技先进企业。

该公司现有 1600 型、1760 型多网多缸造纸机各一台，年能生产 A 级、C 级箱板纸共 2 万吨。

生产瓦楞纸箱的主要设备有 1800 型三层至五层、三层至七层瓦楞纸箱自动生产线各一条，年能生产各种瓦楞纸箱 3000 万平方米。

我公司生产的瓦楞纸箱产品专门为云南红塔集团玉溪卷烟厂生产的红塔山等卷烟包装服务，公司取得 ISO9001：2000 质量体系国际认证，获得出口商品包装质量许可证，可以生产出口商品包装用瓦楞纸箱。

法人代表：聂　刚

单位地址：云南省玉溪市红塔区东风水库旁　　**邮政编码：**653100

电　　话：0877－2052749　0877－2050672

青岛润海包装材料有限公司

青岛润海包装材料有限公司成立于 2002 年，总投资 6000 万元，占地面积 20000 余平方米，建筑面积 15000 平方米，位于青岛城阳区城北工业园春城路中段，地理位置十分优越，交通便利。

公司现主要生产 A、B、C、E 等楞型的瓦楞纸板、纸箱与彩盒。2005 年销售收入达 6000 万元，利润达到 196 万元，税金 221 万元，销售总产量 5000 万平方米，年消耗原材料总量达 9300 吨。

公司先后引进台湾 WJ－2500－II 型五层瓦楞纸板高速生产线，北京航天机械生产的全自动四色印刷开槽机、台湾生产的全自动三色印刷开槽机、上海旭恒全自动高速平压平模切机、全自动覆面机、粘箱机、钉箱机等自动化程度较高的纸箱包装设备，能满足不同客户对各类产品的需求，班生产能力达 10 万平方米。

为提高企业的市场竞争能力，充分满足国内外顾客的需求，公司建立了完善的质量管理体系，通过了 ISO9001：2000 版质量管理体系认证，能够做到为客户提供质量高、性能好的产品。

公司自成立以来始终坚持"质量第一、客户满意"的经营方针，以顾客为上帝，把质量视为企业的生命，从而得到国内许多知名企业的信任和支持。公司日前为海信、青岛啤酒、澳柯玛、蒙牛等 60 余个大中型集团公司及大型外资企业配套供应包装纸箱。

公司凭借优良的品质，良好的信誉赢得了客户的普遍赞誉，被国家包协评为"中国包装产品定点生产企业"、包装行业先进企业、守信用重合同企业、"出口包装产品生产企业"等称号。

"团结、务实、文明、开拓"的企业精神、科学的管理，优质的产品和严格的质量管理体系，是您选择润海包装材料有限公司合作的最大信用保证。

单位地址：青岛市城阳区城北工业园春城路 206 号　　**邮政编码：**266109

电　　话：0532－87962085　　**传　　真：**0532－87962437　　**网　　址：**www.yunhaipacking.com

四川省宜宾环球集团有限公司

环球集团是一家多元化、现代化的高科技专业制造企业集团，由华夏玻璃股份有限公司、美格包装有限公司、神州玻璃有限公司、天沃商贸有限公司组成。以研发、设计、生产、销售晶质料、高白料、普高料类玻璃酒瓶、玻璃包装、光学玻璃制品、精密仪器玻璃、高档灯具玻璃、彩色水晶玻璃、超白玻璃及玻瓶磨花、烤花、磨砂、蒙砂、水晶玻璃内雕等后工序加工、中高档纸箱包装和物流、建材、食品、煤炭等商贸交易的一体化企业。

单位地址：四川省宜宾市南岸航天路中段东侧 20 号　　**邮政编码：**644002

电　　话：0831－2362722　2363300　　**传　　真：**0831－2362122

网　　址：www.huan－qiu.cn　　**邮　　箱：**huanqiu@huan－qiu.cn

河南省新乡市群星彩印包装有限公司

新乡市群星彩印包装有限公司坐落在美丽富饶的凤凰山脚下，位于京广铁路、107国道、京珠高速等交通要道旁边，交通极为便利。

新乡市群星彩印包装有限公司是中华人民共和国认定的中型股份制企业，现有职工188人，大专以上学历20人，专业技术人员28人，其中工程师5人，中级职称以上管理人员10人，技术力量雄厚，管理水平先进。总资产1800余万元，拥有固定资产千万元。两条三—五层板全自动生产线、五台三包编程自动调色印刷机、三台全自动软模切机等各种现代化机械设备百余台。年生产各种型号规格三至五层的高中档包装箱4800万只。以现代化全自动电脑自控生产线为基础，具有严谨的质检程序，先进的机械设备，科学的管理模式，在广大的知名名牌企业客户中树立了良好的口碑，形成了辐射全国的销售网络。

辛勤的耕耘，换来丰硕的收获。2002年被新乡市人民政府授予"质量效益型企业"和"用户满意单位"，2003年被授予"质量管理先进单位"、"河南省诚信守法乡镇企业""AAA级信用企业"的称号，又获得中华人民共和国进出口企业资格证书。

硕果累累，群星灿烂。"群星人"以大海一样的心胸去迎接来自五湖四海的宾客。"群星人"将会推出更高质量的产品回报社会各界。

法人代表：郝同文
单位地址：河南省新乡市凤泉区宝山东路　　**邮政编码：**453011
电　　话：0373－7053001　3975818　　**传　　真：**0373－3975574　　**联系人：**冯臣永

山西翔宇彩印包装股份有限公司

经　营：彩色印刷品、出版物、商品标志印刷、制版、彩面纸盒、各种纸箱、特种纸包装及印刷品。
兼　营：其他纸制品生产销售、广告及包装创意制版、销售包装印刷原辅材料。
简　介：山西翔宇彩印包装股份有限公司系山西省经济建设投资公司控股的股份制企业，位于运城市军营路2号，占地面积19324万平方米，总资产5200万元，年生产能力1200万平方米，有职工200余人，其中高级工程师3名，工程师8名，大中专毕业生占职工总数的80%以上。公司是全国包装行业的骨干企业，山西省"科技型小企业"连续十余年被省、市评为先进企业，全国跨世纪优秀包装企业，省经济建设投资公司"先进单位""省科技示范企业"，2003年运城市政府授予"优势企业"，总经理李祥生被评为全国跨世纪优秀包装企业家，2003年被特聘为中国管理科学研究院研究员。

公司实力雄厚，拥有以世界先进水平的德国曼·罗兰全自动五色胶印机，台湾自动裱纸机、模切机、糊盒机为主的纸制品生产线，主要产品为E型、B型瓦楞彩盒，彩色印刷品及瓦楞纸箱。公司产品覆盖了整个华北和西北地区，并出口到日本、美国、新加坡、加拿大等国家。公司印刷的《山西画报》获全国评比第二名，在华北地区包装设计大奖赛中获包装装潢印刷铜奖、印刷优秀奖、包装设计优秀奖等五项大奖，及省包装展销会上，获两金一银、五铜等十一项奖。

我们愿与四海客商和各界朋友携手共进，相互支持，共谋发展，接受挑战，再创新辉煌。

单位地址：运城市军营路2号　　**邮政编码：**044000
电　　话：0359－2124608　　**传　　真：**0359－2129566

株洲市容昌金属包装有限责任公司

株洲市容昌金属包装有限责任公司是于1996年改制成功的股份制企业，公司地处京珠高速和320国道交汇处，交通便利，物流快捷。公司占地15000平方米，年产值达5000万元。

我公司是湖南省包装门类最齐、规格最全、品种最多的专业包装企业。公司主要产品为钢桶系列、塑料桶系列、纸桶系列包装。钢桶包装容量从11升～260升，规格从φ240～φ560mm，品种有直口、收口、中口、闭口、收底五大类；2003年公司引进了塑料桶包装生产线，至今为止，塑料桶包装容量从20L～200L，品种有开口、闭口两大类。钢桶、塑料桶系列包装广泛应用于五矿、化工、农药、石油、粮油、土畜（蜂蜜、香料油）、医药、食品等行业的液体或固体产品的包装。

公司现有员工136人，技术力量雄厚，有丰富的制桶经验。各种钢桶均采用"三重圆卷边"工艺，达到《国际海上危险货物运输规则》I类包装标准，200升和100升防腐内涂桶（包括食品内涂桶）1990年通过湖南省省级鉴定，填补了湖南省的空白。塑料桶通过常州商检局的抽样检测，符合危险品出口包装要求。公司管理严谨，体制先进，并通过了ISO9001:2000质量体系认证。

公司始终以市场为主导、以管理为基础、以技术质量为中心，紧紧围绕客户的需求，运用科学的管理方法和先进的加工技术，在质量、成本、服务上为客户提供最佳组合。

单位地址：湖南省株洲市石峰区响石岭丁山路20号　　**邮政编码：**412005
电　　话：8340234　　**传　　真：**8340234
网　　址：rcbz.cn.alibaba.con　　Email:rcbz@alibaba.com.csn

兰州大铭包装制品有限公司

兰州大铭包装制品有限公司是经国有企业主辅分离改制，由中国核工业五〇四厂参股的民营股份（合作）企业，是三层、五层瓦楞纸板、纸箱的专业生产企业。公司地处黄河岸边，兰新铁路、312国道由此通过，有铁路专用线，距兰州火车站35公里。公司占地40余亩，建筑面积近5000 m^2，总资产1000万元。企业拥有先进可靠的生产技术条件和技术装备，具有一定的技术创新和产品研发能力。有省内目前最为先进的真空内吸式瓦楞机、高速薄刀纵切机、电脑控制横切机的瓦楞纸板生产线及配套的印刷机、模切机、钉箱机、粘箱机等成套设备。形成日产30000 m^2 的纸板、纸箱加工能力。

公司于2000年通过ISO9001:2000质量体系认证，2001年获得《出口商品包装容器质量许可证》，2005年获《采用国际标准产品标志证书》。产品按行业标准、国家标准或国际标准及客户要求组织生产。企业具有完备的原材料检测、产品检测设备及计量器具，公司质量管理体系健全，并持续有效运行。多年来，甘肃省质量技术监督局和甘肃省出入境检验检疫局到企业抽检和出口报检全部合格，并优于检验标准。公司坚持"争创一流、客户为本、效率优先、利益共赢"的管理思想。产品销往甘肃、青海、新疆、内蒙等地区，在医药、食品、农副产品、化工等产品外包装箱中享有良好声誉。公司有信心成为市场用户的流通供应商，以雄厚的实力和优质的服务成就于市场。

云南化工机械厂

云南化工机械厂创建于1965年，是一个集压力容器、金属包装钢桶、化工机械、防腐设备、液化石油罐等产品设计、制造为一体的机械加工企业：其中金属包装公司是云南省最大的专业化制桶公司，年产钢桶能力20万只（危险货物黄磷钢桶年产12万只）。

公司具备生产20L－210L闭口及开口钢桶的全套设备、工装模具及检测器具，销往国内外的钢桶均采用最新版本的钢桶标准制造、检验。并通过了ISO9001：2000质量管理体系认证。

多年来，我厂注重产品质量，依靠科技进步，不断更新钢桶生产工艺及设备，曾先后获得“全国优秀包装产品更新换代鼓励奖”、“化工部优质产品及云南省优秀产品证书”，2000年评为“中国200强先进包装企业”，2001年评为“云南包装30强企业”。

年开发的不锈钢水塔（箱）材料采用进口304/2B奥氏体不锈钢板材，具有优良的密闭性，能保持盛装介质的清洁卫生及不易受外界的污染，清洗方便。该水塔（箱）采用了工业用奥氏体不锈钢板制造，还可广泛用于食品，医药，卫生等行业的液体介质存贮（如酒精，饮料，糖液等等）。

由于其产品结构合理，加工技术先进，价格较玻璃钢水塔低，受到用户好评，已成为替代房顶水泥池玻璃钢水塔的首选产品。

地址：云南省昆明市穿金路263号　　邮编：650225

电话：0871－5623991　　总机：0871－5624052　　传真：0871－5624052

太原市恒顺得纸制品包装有限公司

太原市恒顺得纸制品包装有限公司是由原太原市三江纸箱厂改制后新建的公司。我公司具有30多年的制作纸箱包装经验，纸制品包装具有出口的资质，本公司并通过ISO9001－2000质量管理体系认证。地址位于小店区汾东南路82号，紧傍大运公路和汾河大桥，交通便利，厂区环境优美，占地一万平方米，拥有技术人员30余人，员工80人，资产总额1500余万元，年生产能力432万平方米，年产值达2千万元。

我公司具备了纸箱生产的全套设备，有BZ18W－1600型，五层瓦楞生产线，配务有开槽印刷机、模切机、贴面机、粘箱机、订箱机等专业设备，采用高清晰度柔版印刷和电脑制版双色、三色、四色水性印刷，可满足不同用户的需求。技术力量雄厚，生产设备先进，是生产高质量产品的保证。

我公司可加工生产三层、五层、七层瓦楞纸箱，彩色纸箱、纸盒的设计及制作，可为用户提供产品包装的外形设计、原料选定、打样到定型生产送货一条龙全程服务。

总 经 理：殷保平

地　　址：山西省太原市小店区汾东南路82号　　邮　编：030032

业务电话：0351－7093531　0351－7096551（电话、传真）

网址：www.tyhsd.com　　邮　箱：bpsj0351@163.com

天水新华包装印务有限责任公司

企业经营：生产各类包装装璜、纸箱（盒）及印刷、装订制品。

地　　址：甘肃省天水市秦州区赤峪路109号

邮　　编：741000

电　　话：0938－8360684

传　　真：0938－8363691

电子信箱：tsxhbzyw@163.com

宁波金鼎包装有限公司

企业经营：专业生产各类瓦楞纸板，纸箱、纸浆模塑等包装产品。

地　　址：浙江省余姚市经济开发区南区凤仪路31号。

邮　　编：315403

电　　话：0574－62563328

传　　真：0574－62563319

网　　址：HTTP://www.JDBZ.com

电子信箱：www.NBJD@uip.sina.com

深圳华特容器有限公司

深圳华特容器有限公司是成立于1985年的一家中外合资企业，从事印铁制罐已有20多年的历史，是中国最大、最早的马口铁包装企业业之一，深圳市包装协会会长单位。公司拥有资产2.3亿元人民币，总面积为3.2万平方米，下属两家全资分公司，分别坐落在上海和天津。

公司设备先进，技术力量雄厚。主要产品为印铁、奶粉罐、气雾罐、方便桶、圆罐、方罐、礼品糖果罐、罐用配件包括气雾罐用上下肩，螺旋浆及马口铁裁剪等。

通过20多年的不懈努力，公司被深圳市包装协会推选为会长单位，同时被广东省涂料协会推选为副会长单位，荣获“广东省级先进企业称号”、“深圳市高新技术企业”、被深圳政府评为“文明企业”、被深圳市评为“外商投资先进技术企业”，被中国包协评为“中国200强先进包装企业”、被推选为中国包协金属容器委员会理事单位等。

总部地址：中国深圳市宝安区福永镇同富裕工业区重庆路西　　邮　编：518103
电话：0066—755—27314282　　传　真：0086—755—27314253
网址：http://www.sz-huato.com　　电子信箱：wobmeater@sz-huate.com

深圳市奥瑞蜂窝技术产业有限公司

深圳奥瑞蜂窝技术产业有限公司拥有国家发明专利“全自动蜂窝纸板的制造方法”，开发出了国内第一套真正拥有自主知识产权的全自动蜂窝纸芯(纸板)生产设备。

深圳奥瑞纸蜂窝技术具有自主创新性，填补了蜂窝领域的空白，达到国际先进水平。

深圳奥瑞公司正在努力构建以自主知识产权为基础和以低成本为核心能力的中国蜂窝纸包装产业新格局，打造“纸蜂窝技术—纸蜂窝设备—纸蜂窝芯、板材料—纸蜂窝制品—纸蜂窝用户”的纸蜂窝产业链。

服务内容：

1. 纸蜂窝技术、设备推广；
2. 纸蜂窝芯、板材料；
3. 纸蜂窝制品；
4. 纸蜂窝技术、设备、材料和制品市场的区域合作开发或项目合作。

地　址：深圳市高新区高新南一道 中国科技开发院孵化楼106号　　邮　编：518057
电　话：0755－26995332、26995350　　传　真：0755－26995337
网　址：www.orui.cn　　电子信箱：info@orui.cn

天津华北石化制桶厂

天津华北石化制桶厂建于1908年。前身是美国美孚石油公司在天津的一个制听车间。解放后，收归国有。1999年之前，属于中石化销售华北公司。现为中石化润滑油分公司旗下的专业的200升制桶包装厂，以生产200升铁制包装桶为主，年生产能力达80万只。主要生产线采用美国卡兰多公司生产的设备。生产的主要品种为各种200升铁制包装桶。品种有小开口桶、开口桶、镀锌桶。规格有Φ571.5mm和Φ560mm等。厚度有1.0mm×1.2mm×1.0mm、1.0mm×1.0mm×1.0mm　0.9mm×0.9mm×0.9mm　0.9mm×1.0mm×0.9mm、1.2mm×1.2mm×1.2mm等。外观采用多色喷涂和丝网印刷技术，产品光洁明亮，内部洁净度好。适合于盛装石油、石化制品，也适合盛装粮油、果酱等食品包装。

地　址：天津市北辰科技园区　　邮　编：300402
电　话：022－86993750　　传　真：022－86993760
电子信箱：tongchang@sinolube.com

上海美丰包装材料有限公司简介

上海美丰包装材料有限公司是上海喔喔集团的下属公司，位于上海市浦东新区合庆镇北，建筑面积8000m²，现有固定资产1.3亿元，员工120余人，其中各类中高级技术管理人员16人，是上海市包装企业50强之一，公司年产值与销售额亿元以上。

公司主要产品为未拉伸流延聚丙烯薄膜(CPP)和聚乙烯(PE)吹塑薄膜，其中CPP主要品种有复合膜、蒸煮膜、增韧膜和抗静电膜等。

PE吹塑薄膜主要品种有普通复合膜(包括乳白膜等有色膜)、冷冻膜、液体包装膜、重载膜、专用车贴膜和抗静电膜等。

产品厚度10mm～160um，幅宽320mm～2200mm，最大收卷直径1000mm。

此外，公司还可生产ELPP、CPE、EVA、EVOH等特种薄膜。

公司技术力量雄厚，设备先进，拥有两条日本三菱重工和一条美国巴登菲尔特多层共挤非拉伸流延薄膜生产线，以及两部英国(ATLAS)和一部日本PUJI株式会社不二铁工所薄膜分切机。

公司拥有先进的检测仪器：融指仪、热封仪、雾度仪、摩擦系数仪、和万能拉伸仪等。

本公司建立了完善的质量管理体系，获得了ISO9001:2000标准认证，通过持续改进管理体系，使产品质量不断提高，满足顾客的需求。

本着“以客户的要求为工作的目标，以客户的满意为追寻的方向，系统管理基于事实实施决策，全员参与持续改进创新发展”的质量方针，激励全公司员工不断进取，使质量水平更上一层楼。

地　址：上海市浦东新区合庆镇北东川公路5335号　　邮　编：201201
电　话：58972888－126、245、628　　传　真：58971731
网　址：http://wwwmeifengpackcom　　电子信箱：wowomf@sh163net

单位名称：南通三信电子有限责任公司
单位地址：江苏省启东市台角工业园区
邮政编码：226200
单位概况：公司通过ISO9001质量管理体系认证，产品通过技术鉴定，被评为国家级重点新产品

多层共挤流延薄膜机组可生产CPP，CPE，宽度2700mm，厚度：0.02～0.20mm，最高机械线速度：180m/min，卷取最大直径：800mm，最大挤出量：600kg/h

塑料表电晕处理设备　最大可处理宽度：8m，最大输出功率（单台）：30kw，适用于各种塑料薄膜、板材、金属膜、编织布、纸张、电线电缆、石油输送管道、汽车密封条等表面处理。

经　　理：陈伟
电　　话：0513－3214154　3210768
传　　真：0513－3214152
网　　址：//www.ntsanxin.com
E－mail：qdcdl@pub.nt.jsinfo.net

单位名称：吉林市颐龙包装有限公司
单位地址：吉林市龙潭区遵义西路89号
邮政编码：132021
经营范围：制做各种瓦楞纸箱、纸盒彩色印刷、商标印刷。
总 经 理：张　洪
电　　话：0432－3036606　3039781
传　　真：0432－3039046
邮　　箱：jlsylbz@126.com

单位名称：长春市净月包装有限公司
单位地址：吉林省长春市净月旅游开发区小合台村
邮政编码：130117
经营范围：长春市净月包装有限公司是吉林省包装行业的龙头企业，主要生产高强瓦楞纸，B级箱板纸、纸板、一类纸箱、二类纸箱、出口纸箱、彩色纸箱、模切纸箱，产品远销美国、日本、韩国等。

本公司通过ISO9002：2000包装产品国际认证，公司的质量方针：以质量求信誉，以信誉求发展，以制度求规范，以创新求市场。并先后被评为全国包装200强、全国用户满意单位、吉林省精神文明先进单位。

电　　话：4513721
传　　真：4515475

单位名称：云南侨通包装印刷有限公司
单位地址：云南省昭通市昭阳区侨通路
邮政编码：657000
企业简介：公司成立于1993年5月，是一家滇港合资以纸制品包装印刷和设计制作为一体的高新技术企业。公司现有员工700余人，总资产4.7亿元，属中国包装印刷龙头企业、全国百家明星侨资企业。

公司以科技为先导，配置了完善的计算机设计、激光照排分色、打样等印前设备，引进瑞士、德国等先进的印刷、印后加工设备和工艺技术，以雄厚实力致力于烟标、酒盒、药盒等高档纸包装产品的印制。严格按照ISO9002国际质量体系要求生产，为诸多著名企业提供精美包装，如：红塔集团曲靖烟厂、楚雄烟厂、昆明烟厂、昭通烟厂、会泽烟厂、成都烟厂、什邡烟厂、和郎酒厂、湘泉酒厂、全兴酒厂、重庆太极集团等等。

法人代表：许经振
电　　话：0870 2229174
传　　真：0870 2223868
网　　址：http://www.qtbzys.com
联 系 人：阳应成

单位名称：运城市新鸿远彩印包装有限公司
单位地址：运城市盐湖区工业园
邮政编码：044000
经营范围：加工、销售聚乙烯薄膜，承印各种塑料彩印包装袋、复合袋、铝箔袋、珠光膜袋、食品袋、冷饮袋、真空包装、蒸煮袋、异形袋成品卷材、液体灌装袋。
电　　话：0359－2508666
传　　真：0359－2508667
网　　址：http://www.web0359.net/cy－hy.htm

单位名称：上海西西艾尔气雾推进剂制造与罐装有限公司
单位地址：上海浦东新区顾高路1001路
邮政编码：201208
经营范围：上海西西艾尔气雾推进剂制造与罐装有限公司（中文简称上海西西艾尔公司，英文简称SCAL），是国内首家集优质气雾推进剂制造与罐装为一体的大规模现代化罐装中心，位于浦东新区，占地66000平方米，总投资1900万美元。公司拥有全套进口水处理设备，各类化学原液配制设备和六条罐装生产线，可以灌装各类液体，气雾剂，软管和袋装产品，年罐装生产能力超过1亿只，能为客户生产高品质、多品种的各种个人护理品和家庭用品。

目前，上海西西艾尔公司已拥有宝洁、安利、吉列、拜耳、伊卡璐、强生（中国）公司和联合利华等国际知名公司为代表的众多客户。

本公司技术力量雄厚、检测设备先进，以优质的产品与服务，热忱欢迎国内外新老客户惠顾、垂询。

电　　话：8621－68488988
传　　真：8621－68488088　68485540
网　　址：www.shcal.com

单位名称:上海申加机械工贸有限公司
单位地址:上海市嘉定区徐行永新路 1155 号
邮　　编:201808
经营范围:上海申加机械工贸有限公司系民营独资企业,成立 1993 年。公司占地面积 20000 平方米,生产厂房 10000 平方米。

公司拥有各类机械加工设备。于 2003 年通过 ISO9001:2000 认证。

公司法人、总经理徐云。

公司拥有员工 60 余人,工程技术人员 10 余人。

主要产品:

一、纸箱后道设备比较齐全,具有系列自动印刷开槽模切机,自动模切机、自动开模切、纵切机、自动接纸机等。

二、网缘辊、瓦楞辊、涂布辊。

我们的宗旨是:不求最大,但求最好,诚实守信,优质服务。

公司热忱欢迎国内外新老客户光临指导、共创未来。

电　　话:021-59555272　021-595558312
传　　真:021-59555057

单位名称:无锡市印刷物资有限公司
单位地址:无锡市梁清路 22 号
邮政编码:214062
经营范围:无锡市印刷物资有限公司地处江南水乡太湖之滨,是中国印刷机械协会会员,中国丝网印刷协会成员单位。现有总资产 2000 万元,营业面积为 9000 平方米。公司下设印刷机械制造分公司,印刷机械销售分公司,常年从事印刷机械制造和销售服务。多年来本着"立足市场,用户至上,质量第一,服务周到"的经营理念,不断加强自身建设,诚信服务,严格质量管理,全心全意为广大印刷厂家提供最新的科技信息,优良先进的设备器材和完善及时的售后服务,受到了业界和周边同行的一致好评。公司集研发、制造、经销、服务为一体,取得有国内外诸多知名品牌的地区代理资格。公司是 ISO9001:2000 国际质量体系认证企业。
电　　话:0510-85868275
传　　真:0510-85804197
网　　址:WWW.YS-WZ.com.
电子信箱:①Webmaster@YS-WZ.com.
②YSWZ22@163.com

单位名称:徐州市今日彩色印刷有限公司

单位地址:徐州市青年东路 62 号

邮政编码:221003

单位概况:主要经营彩色印刷、制版业务、印刷设备及印刷材料销售、设计、制作、发布、代理国内各类广告业务。

电　　话:0516-3702000

传　　真:0516-2327186

网　　址:www.todayprint.com.cn

邮　　箱:xztoday@yahoo.com.cn

单位名称:青岛人民印刷有限公司
单位地址:山东省青岛市李沧区兴华路 15 号
邮政编码:266041
经营范围:青岛人民印刷有限公司位于中国北方美丽的海滨城市——青岛,为国家书刊定点印刷企业、条码印刷指定单位,曾被评为全国优秀包装企业和先进包装企业。公司占地 4.3 万平方米,建筑面积 3 万平方米。

2000 年以来,公司实现了经营方向向食品软包装行业的战略调整,先后引进了具有世界水平的凹版印刷机、柔版印刷机、淋膜复合机、热封糊盒机及配套设备,建立了密封净化消毒车间和标准化洁净车间、微生物实验室,严格按照食品安全质量管理体系进行生产,并向客户提供产品设计、相应设备维修、配件供应等全方位技术服务。优良的品质和服务受到乳品行业的欢迎,公司与百余家企业建立了包装配套协作关系。

"励精图治,开拓进取",进入世界同行业先进行列是企业奋斗的方向。我们有信心以优秀的产品满足乳品、饮料、食品各界客户的需求,推动中国印刷包装行业的快速发展。

电　　话:(0532)84630571　84630577
传　　真:(0532)84630576　84630586
电子信箱:qdrmys@sina.com
网　　址://www.Chinarmp.com

单位名称:江苏晟泰集团公司
单位地址:江苏省昆山市淀山湖经济开发区
邮政编码:215345
单位概况:江苏晟泰集团公司,位于"中国 21 世纪示范镇"——淀山经济技术开发区,东临上海,西靠苏、锡、常。厂房占地面积 10 万平方米,厂房面积 4 万 5 千平方米,资产总额 1.8 亿元,年生产纸板能力达 1.2 亿平方米。被国家农业部评为国家乡镇企业集团,成为中国包装纸箱行业中的大型生产企业。

公司以优良的品质保证,一流的服务水准和现代的管理手段,通过了国际 ISO 9001:2000 版质量体系认证。先后荣获"江苏省现场管理优秀企业"、"苏州市明星企业"等光荣称号。

公司以"为用户提供品质适用、价格便宜、数量准确的产品和准时周到的服务"为质量方针,对产品质量产生、形成和实现的整个过程,实施分阶段的质量控制。同 100 多家国内外著名品牌企业建立了长期稳定的协作关系。产品质量信誉,深得客户信赖。

在未来的发展中,江苏晟泰集团公司将以饱满的热情、踏实的作风,向"不求中国最大,但求中国最好"的目标进军!

电　　话:0512-57480089
传　　真:0512-57482225
网　　址:http://www.shengtai.com
E-mail:pub@shengtai.com

单位名称:南京安顺自动化装备有限公司

单位地址:南京市和燕路 291 号金港大厦 A 座 906

邮政编码:210028

经营范围:薄膜分切机、分条机、双螺杆挤出机

董 事 长:彭凌云

电　　话:025—85551179

传　　真:025—85551279

邮　　箱:chinaascent@yahoo.con.cn

国家包装标准选登
SELECTED CHINA PACKAGING STANDARDS

ICS 55.100
A 82

中华人民共和国国家标准

GB 19778—2005

包装玻璃容器　铅、镉、砷、锑溶出允许限量

Packaging glass containers—Release of lead cadmium arsenic and antimony—Permissible limits

(ISO 7086-2 Glass hollowware in contact with food—Release of lead and cadmium—Permissible limits, MOD)

2005-05-23 发布　　　　2005-12-01 实施

中华人民共和国国家质量监督检验检疫总局
中国国家标准化管理委员会　发布

包装玻璃容器　铅、镉、砷、锑溶出允许限量

1　范围

本标准规定了各种不同容积玻璃容器铅、镉、砷、锑溶出量的允许限量。

本标准适用于盛装食品、药品、酒、饮料、饮用水等直接进入人体的物料的各种包装玻璃容器。

2　规范性引用文件

下列标准中的条款通过本标准引用而成为本标准的条款。凡是注日期的引用文件，其随后所有的修改单(不包括勘误的内容)或修订版均不适用于本标准，然而，鼓励根据本标准达成协议的各方研究是否可使用这些文件的最新版本。凡是不注日期的引用文件，其最新版本适用于本标准。

GB/T 4548—1995　玻璃容器内表面耐水侵蚀性能测试方法及分级(eqv ISO 4802-1:1988)

GB/T 5009.11—1996　食品中总砷及无机砷的测定方法

GB/T 5009.63—1996　搪瓷食具容器卫生标准的分析方法

GB/T 13485—1992　接触食物的搪瓷制品铅、镉析出量测试方法

3　定义

3.1　包装玻璃容器：用于盛装食品、药品、酒类、饮料、饮用水等直接进入人体的物料的玻璃容器和微晶玻璃容器。

3.2　扁平容器：从容器内部最低平面至口缘水平面的深度小于 25 mm 的玻璃容器。

3.3　小容器：容积小于 600 mL 的容器。

3.4　大容器：容积介于 600 mL 和 3 L 之间的容器。

3.5　贮存罐：容积大于 3 L 的容器。

3.6　耐热玻璃容器：盛装食品后再进行加热的容器，如微波炉烤盘、咖啡壶、火锅等玻璃容器。

4　允许限量

包装玻璃容器类型	单位	允许限量			
		铅	镉	砷	锑
扁平容器	mg/dm^2	0.8	0.07	0.07	0.7
小容器	mg/L	1.5	0.5	0.2	1.2
大容器	mg/L	0.75	0.25	0.2	0.7
贮存罐	mg/L	0.5	0.25	0.15	0.5

5　浸泡条件

样品按 GB/T 4548 要求清洗，内装 4%(体积分数)乙酸，其中耐热玻璃容器在 98℃±1℃加热 120 min±2 min；一般玻璃容器在 22℃±2℃浸泡 24 h。

6 检验方法

浸出液按下列方法进行检验：

铅和镉按 GB/T 13485--1992 第一篇进行测试；

砷按 GB/T 5009.11--1996 第一篇进行测试；

锑按 GB/T 5009.63—1996 测试。

ICS 55.040
A 82

中华人民共和国国家标准

GB/T 19787—2005

包装材料　聚烯烃热收缩薄膜

Heat-shrinkable polyolefine films for packaging materials

2005-05-25 发布　　　　2005-11-01 实施

中华人民共和国国家质量监督检验检疫总局
中国国家标准化管理委员会　发布

包装材料　聚烯烃热收缩薄膜

1　范围

本标准规定了聚烯烃热收缩薄膜(以下简称薄膜)的产品规格、技术要求、试验方法、检验规则和标志、包装、运输、储存。

本标准适用于以共聚聚丙烯(PP)和线性低密度聚乙烯(LLDPE)树脂为主要原料，经三层共挤制得的具有PP/LLDPE/PP结构的薄膜。

2　规范性引用文件

下列文件中的条款通过本标准的引用而成为本标准的条款。凡是注日期的引用文件，其随后所有的修改单(不包括勘误的内容)或修订版均不适用于本标准，然而，鼓励根据本标准达成协议的各方研究是否可使用这些文件的最新版本。凡是不注日期的引用文件，其最新版本适用于本标准。

GB/T 2410—1980　透明塑料透光率和雾度试验方法(eqv ASTM D 1003:1997)

GB/T 2828.1—2003/ISO 2859-1:1999　计数抽样检验程序　第1部分:按接收质量限(AQL)检索的逐批检验抽样计划

GB/T 2918—1998　塑料试样状态调节和试验的标准环境(idt ISO 291:1977)

GB/T 5009.60—1996　食品包装用聚乙烯、聚苯乙烯、聚丙烯成型品卫生标准的分析方法

GB/T 6672—2001　塑料薄膜和薄片厚度的测定　机械测量法(idt ISO 4593:1993)

GB/T 6673—2001　塑料薄膜和薄片长度和宽度的测定(idt ISO 4592:1992)

GB 9688　食品包装用聚丙烯成型品卫生标准

GB/T 10006—1988　塑料薄膜和薄片摩擦系数测定方法(idt ISO 8295:1986)

GB/T 13022—1991　塑料　薄膜拉伸性能试验方法(neq ISO 1184:1983)

QB/T 1130—1991　塑料直角撕裂性能试验方法(neq JIS K 6732:1987,7.6)

QB/T 2358—1998　塑料薄膜包装袋热合强度试验方法(neq JIS Z 0238:1995)

3　产品规格

3.1　规格范围

宽度:50 mm～2 400 mm，厚度:12 μm～30 μm。特殊规格，由供需双方商定。

3.2　薄膜接头

薄膜允许有接头，接头数量不得超过2个，接头应牢固。每段薄膜连续长度不得小于200 m。

4　要求

4.1　宽度偏差

产品宽度偏差:±5 mm。

4.2　厚度偏差

厚度极限偏差见表1，平均厚度偏差见表2。

表 1 厚度极限偏差 单位为微米

公称厚度	极限偏差		
	优等品	一等品	合格品
12～15	±1.0	±2.0	±3.0
16～24	±2.0	±3.0	±4.0
25～30	±3.0	±4.0	±5.0

表 2 平均厚度偏差 单位为微米

公称厚度	平均厚度偏差		
	优等品	一等品	合格品
12～30	±1.0	±2.0	±3.0

4.3 外观

产品外观要求见表3。

表 3 外观质量要求

项目	要求		
	优等品	一等品	合格品
皱纹	允许有轻微的纵向皱纹		允许少量皱纹
端面不整齐度	≤2.0 mm		≤5.0 mm
折皱、颗粒、暴筋、气泡	不允许		
端面划痕	不允许		
杂质污染	不允许		
膜卷纸芯	不允许有凹凸和影响使用的崩口		

4.4 物理机械性能

产品物理机械性能见表4。

表 4 物理机械性能要求

项目		指标要求			
		12 μm～15 μm	16 μm～19 μm	20 μm～24 μm	25 μm～30 μm
拉伸强度/MPa ≥	纵向	120	110	100	95
	横向	110	100	95	90
断裂伸长率（纵、横向）/(%) ≥		95	95	95	95
直角撕裂负荷（纵、横向）/N ≥		0.6	0.8	1.0	1.2
热收缩率（纵、横向，120℃）/(%) ≥		55.0	50.0	48.0	45.0
雾度/(%) ≤		3.0	3.5	4.0	4.2
动摩擦系数 ≤		0.50		0.45	
热合强度/(N/15 mm) ≥		9.0			

4.5 卫生性能

直接用于食品、药品等包装的薄膜，其卫生性能指标应符合 GB 9688 的要求。

5 试验方法

5.1 取样方法

去掉缩膜表面 5 层，沿薄膜横向割开，取 15 层作外观、规格尺寸、物理机械性能及卫生性能试验。

5.2 试样状态调节和试验的标准环境

在 GB/T 2918 规定的 23℃±2℃，相对湿度 50%±10%的标准环境中进行样品状态调节，时间不少于 4 h，并在此环境条件下进行试验。

5.3 厚度

按 GB/T 6672 的规定进行。测量仪器的最小分度值应不大于 0.2 μm。用最大值、最小值计算厚度极限偏差。平均厚度偏差为平均厚度和公称厚度之差。

5.4 宽度

按 GB/T 6673 的规定进行。

5.5 外观

在 40 W 的日光灯下或自然光线下，目测检验。

5.6 拉伸强度及断裂伸长率

按 GB/T 13022 规定进行。采用长条型试样，试样长 150 mm，宽 15 mm±0.1mm，夹具间距为 100 mm，拉伸速度为 250 mm/min±50 mm/min。结果取平均值，保留整数。

5.7 直角撕裂负荷

按 QB/T 1130 的规定进行。结果取平均值，保留一位小数。

5.8 热收缩率

5.8.1 试验装置

试验装置包括恒温浴槽、液体传热介质、试样框架等部分。恒温浴槽用于盛装液体传热介质，其容积应足以容纳试样框架。液体传热介质的选择，以对试样无影响为原则，一般选用甘油。试样框架是嵌有金属网的框架，其尺寸略大于试样，两金属网间距离为 1 mm～3 mm，应不影响试样的自由收缩。

5.8.2 试验样品

裁取 100 mm×100 mm(±0.1 mm)的试样 3 块，在试样纵、横向上各画一条标线，并标明纵、横向。

5.8.3 试验步骤

将试样平放入金属框架上，迅速浸入 120℃±2℃的恒温介质中，10 s 后取出，浸入备用的常温水浴中，待试样冷却后取出，水平静置。然后测量纵、横向标线尺寸，精确到 0.5 mm。

5.8.4 计算

按式(1)计算：

$$T = 100\,(L_0 - L)/L_0 \qquad \cdots\cdots(1)$$

式中：

T——热收缩率，%；

L_0——加热前试样标线的长度，单位为毫米(mm)；

L——加热后试样标线的长度，单位为毫米(mm)。

试验结果，以 3 块试样试验结果的算术平均值表示，保留一位小数。

5.9 热合强度

将纵、横向一致的样品进行热合。热合条件：温度为 140℃±5℃，压力为 0.18 MPa，时间为 1 s。按照 QB/T 2358 标准进行热合强度试验，采用长条型试样，试样宽 15 mm±0.1 mm，拉伸速度为 250 mm/min±50 mm/min。结果取平均值，保留一位小数。

5.10 动摩擦系数

按照 GB/T 10006 进行。

5.11 雾度

按照 GB/T 2410 进行。

5.12 卫生性能

按照 GB/T 5009.60 进行。

6 检验规则

6.1 组批与抽样

6.1.1 组批

薄膜验收以批为单位。同一批号的原料、同一配方、同一工艺条件连续生产的同一规格的产品不大于 5 t 为一批。

6.1.2 抽样

规格和外观按 GB/T 2828.1 规定的正常检验二次抽样方案，检验水平为Ⅱ，接收质量限(AQL)为 6.5，按照表 5 规定抽样进行检验。

物理机械性能及卫生性能项目，从每批产品中任取一卷薄膜进行检验。

表 5 规格及外观检验抽样及判定方案

样本量字码	批量 N	样本	样本量 n	累计样本量	接收质量限(AQL) 6.5 接收数 Ac	接收质量限(AQL) 6.5 拒收数 Re
D	26～50	第一	5	5	0	2
		第二	5	10	1	2
E	51～90	第一	8	8	0	3
		第二	8	16	3	4
F	91～150	第一	13	13	1	3
		第二	13	26	4	5
G	151～280	第一	20	20	2	5
		第二	20	40	6	7
H	281～500	第一	32	32	3	6
		第二	32	64	9	10
J	501～1 200	第一	50	50	5	9
		第二	50	100	12	13
K	1 201～3 200	第一	80	80	7	11
		第二	80	160	18	19
L	3 201～10 000	第一	125	125	11	16
		第二	125	250	26	27

6.2 出厂检验

出厂检验项目包括 4.1、4.2 及表 4 中的拉伸强度、断裂伸长率、直角撕裂负荷、热收缩率。

6.3 型式检验

型式检验包括本标准的全部技术要求。

型式检验每年至少进行一次，但有下列情况之一时亦应进行型式检验：

a） 当生产工艺、原材料改变，可能影响到产品质量时；

b） 停产半年，恢复生产时；

c） 出厂检验结果与上次型式检验结果有较大差别时；

d） 当国家质量监督检验机构提出进行型式检验要求时。

6.4 判定规则

6.4.1 薄膜外观及规格尺寸检验结果有一项不符合本标准规定，则判该卷产品不合格。合格批的判定按表5进行。

6.4.2 物理机械性能检验结果，若有不合格项，应在原批产品中抽取双倍样对不合格项目进行复验，若复验仍不合格，则判批产品不合格。

6.4.3 卫生性能指标有一项不合格时，则该批产品不合格。

6.4.4 当产品按6.4.1、6.4.2、6.4.3判定均合格时，则判该批产品合格。

7 标志、包装、运输、储存

7.1 标志

薄膜的外包装上应有合格证，注明产品名称、标准编号、规格、净重、生产日期、批号、等级、检验章、生产单位及地址，以及"怕湿、怕热、防冲击"等标志。

7.2 包装

每卷薄膜用塑料薄膜包装好，两端用夹板支撑保护，用塑料塞头塞紧，纸箱包装。特殊包装由供需双方商定。

7.3 运输

运输时应小心轻放，防止机械碰撞和日晒雨淋。

7.4 储存

薄膜应保存在整洁、干燥、通风的库房内，妥善堆放，距离热源2 m以上，不能受强光直射。储存环境温度不得高于30℃。储存期限从生产之日起，不应超过半年。超过储存期时，可按本标准进行检验，如果质量符合要求，产品仍可使用。

ICS 65.160
X 87

中华人民共和国国家标准

GB 5606.2—2005
代替 GB/T 5606.2—1996

卷烟 第2部分:包装标识

Cigarettes—Part 2:Mark

2005-06-17 发布 2006-01-01 实施

中华人民共和国国家质量监督检验检疫总局
中国国家标准化管理委员会 发布

卷烟 第2部分:包装标识

1 范围

GB 5606的本部分规定了卷烟包装标识的要求、试验方法及检验规则。

本部分适用于卷烟。

2 规范性引用文件

下列文件中的条款通过GB 5606的本部分的引用而成为本部分的条款。凡是注日期的引用文件,其随后所有的修改单(不包括勘误的内容)或修订版均不适用于本部分,然而,鼓励根据本部分达成协议的各方研究是否可使用这些文件的最新版本。凡是不注日期的引用文件,其最新版本适用于本部分。

GB/T 5606.1 卷烟 第1部分:抽样

GB 12904 商品条码

YC/T 28.1 卷烟物理性能的测定 第1部分:包装

3 术语和定义

下列术语和定义适用于本部分。

3.1

警句 warnings

《中华人民共和国烟草专卖法》第十八条中规定的"吸烟有害健康"的句子。

3.2

包装标识 mark

包装体上用于识别产品及其质量、数量、特征、特性和使用方法所做的各种标识的统称。包装标识可以用文字、符号、数字、图案以及其他形式表示。

4 要求

4.1 通用条件

4.1.1 卷烟商标应符合《中华人民共和国商标法》的规定,包装标识所使用的中文文字应符合规范汉字的要求,在使用汉字的同时可使用汉语拼音或者外文。

4.1.2 卷烟包装体上应注明省(市)名和企业名称或直接注明企业名称,生产企业的名称应是依法登记注册的,能承担产品质量责任的生产企业的名称。按照合同或者协议的约定相互协作,但又各自独立经营的企业,在其合作生产的卷烟产品包装上,应当注明具有该卷烟产品商标所有权企业,亦可同时标注产品生产企业的名称。

4.1.3 获得国家认可的质量标志的产品,可以在有效期内标注质量标志。

4.1.4 在卷烟包装体上及内附说明中不得使用"保健"、"疗效"、"安全"、"环保"等卷烟成分的功效说明,以及"淡味"、"柔和"等卷烟品质说明。

4.1.5 商品条码应符合GB 12904的要求,能够准确识读。

4.1.6 各类标识应当清晰、牢固,易于识别。

4.2 箱

箱体上应明示以下内容。

4.2.1 卷烟数量,以支计。

4.2.2 箱体规格,标识为(长×宽×高)mm或长mm×宽mm×高mm。

4.2.3 卷烟规格，标识为卷烟长度(滤嘴长＋烟支长)mm×圆周 mm。

4.2.4 卷烟牌号符合 4.1.2 规定的企业名称、生产企业地址、生产日期、价类、商品条码。

4.2.5 符合国家规定的商品贮运安全标志。

4.2.6 执行标准的编号及生产许可证编号。

4.2.7 包装膜包装应附有符合以上要求的说明。

4.3 条、盒

条、盒上应注明以下内容，包装膜条包上注明的内容由生产企业自定。

4.3.1 商标及注册标记。

4.3.2 符合 4.1.2 规定的企业名称。

4.3.3 卷烟数量(支)、商品条码。

4.3.4 焦油量，表示为××mg 或×mg；烟气烟碱量，表示为×.×mg；烟气一氧化碳量，表示为××mg或×mg；标注应与背景色对比明显，其中文字体高度不得小于 2.0 mm。

4.3.5 应注明警句，且中文警句字体高度不得小于 2.0 mm。

5 试验方法

5.1 按 GB/T 5606.1 抽取实验室样品，制备试样。

5.2 按 YC/T 28.1 进行试验。

6 检验规则

6.1 包装标识质量缺陷分为 A、B 两类，其中不符合 4.1.1、4.1.2、4.1.5、4.3.4、4.3.5 要求之一的为 A 类质量缺陷项，不符合其他要求之一的为 B 类质量缺陷项。

6.2 若出现任何一个 A 类质量缺陷项，则判该批卷烟不合格，包装标识得分以零分计。

6.3 箱、条、盒 B 类质量缺陷项的单位扣分值由表 1 给出。各项质量缺陷数乘以单位扣分值等于该项质量缺陷扣分数。卷烟包装标识考核采用百分制表示，其得分为 100 减去各项质量缺陷扣分数总和，得负分时以零分计。

表 1 箱、条、盒 B 类质量缺陷项单位扣分值

包装体	箱	条	盒
B 类质量缺陷项单位扣分值	5	5	5

ICS 65.160
X 87

中华人民共和国国家标准

GB 5606.3—2005
代替 GB 5606.3—1996

卷烟 第3部分：包装、卷制技术要求及贮运

Cigarettes—Part 3：Technical requirements for packing，making，storage and transport

2005-06-17 发布 2006-01-01 实施

中华人民共和国国家质量监督检验检疫总局
中国国家标准化管理委员会 发布

卷烟　第3部分：包装、卷制技术要求及贮运

1　范围

GB 5606 的本部分规定了卷烟包装、卷制技术要求、试验方法、检验规则及贮运。

本部分适用于卷烟。

2　规范性引用文件

下列文件中的条款通过 GB 5606 的本部分的引用而成为本部分的条款。凡是注日期的引用文件，其随后所有的修改单(不包括勘误的内容)或修订版均不适用于本部分，然而，鼓励根据本部分达成协议的各方研究是否可使用这些文件的最新版本。凡是不注日期的引用文件，其最新版本适用于本部分。

GB/T 5606.1—2004　卷烟　第1部分：抽样

GB/T 16447　烟草及烟草制品　调节和测试的大气环境(GB/T 16447—2004,ISO 3402:1999,IDT)

GB/T 19610　卷烟　通风的测定　定义和测量原理(GB/T 19610—2004,ISO 9512:2002,IDT)

YC/T 28(所有部分)　卷烟物理性能的测定

YC/T 151.2　卷烟　端部掉落烟丝的测定　第2部分：旋转箱法(YC/T 151.2—2001,idt ISO 3550-2:1997)

3　术语和定义

下列术语和定义适用于本部分。

3.1

吸阻　draw resistance

卷烟抽吸时的阻力。在一定大气环境下，以一定流量的气流通过卷烟时，卷烟两端的静压力差表示。

3.2

硬度　hardness

在一定大气环境下，烟支在径向上抗变形的能力。以一定面积的测头，一定的压力，施加于烟支一定时间后，该处直径方向上长度与原直径之比的百分数表示。

3.3

含末率　dust content

烟丝中一定大小的烟末所占烟丝质量的百分比。

3.4

空头　loose ends

卷烟端头因烟丝未填充而形成的一定面积和深度的空陷。

3.5

爆口　seam open

烟支搭口爆开的裂口。

3.6

熄火　extinguish

卷烟点燃后，停止阴燃的现象。

3.7

总通风率　degree of total ventilation

滤嘴通风率与纸通风率之和。

3.8

端部落丝量　content of loss of tobacco from the ends

在一定条件下，一定数量的试样在翻转过程中从试样端部掉落的烟丝量，以毫克/支表示。

4　产品分类

卷烟按卷制方式分为滤嘴卷烟和无嘴卷烟。

5　要求

5.1　卷烟包装与卷制质量缺陷分类

卷烟包装与卷制质量缺陷分为A、B、C类。其中A类为严重质量缺陷，B类为较严重质量缺陷，C类为一般质量缺陷。

5.2　卷烟包装

5.2.1　箱装

卷烟箱装的各项指标由表1给出。

表1　卷烟箱装的指标要求

序号	指　标　要　求	质量缺陷分类
1	箱内不应错装。	A
2	箱内烟条应排列整齐，不应少装。	
3	箱体包装应完整、牢固，不应破损露出卷烟条盒。	B
4	箱体内壁与条盒或条包不应粘连而破损。	C
5	箱装应有产品质量合格标识。	

5.2.2　条装

卷烟条装的各项指标由表2给出。

5.2.3　盒装

卷烟盒装的各项指标由表3给出。

表2　卷烟条装的指标要求

序号	指　标　要　求	质量缺陷分类
1	条内不应错包。	A
2	条盒、条包不应少装。	
3	条盒、条包及其透明纸包装应完整，不应破损。	B
4	条盒、条包及其透明纸应粘贴牢固、表面洁净无皱折。	C
5	条盒、条包内壁与小盒不应粘连而破损。	
6	条装拉带应完整良好，不应拉不开、拉断或拉开后透明纸散开。	
7	条装表面不应有长度大于等于5.0 mm的污渍。	

表 3　卷烟盒装的指标要求

序号	指　标　要　求	质量缺陷分类
1	盒内不应错支、缺支。	A
2	盒内不应有虫或虫蛀烟支。	
3	盒内不应多支,不应有滤嘴脱落或卷烟长度小于设计值 5 mm 或破损大于 5 mm 的断残烟支。	
4	小盒及其透明纸包装应完整,不应破损或露出烟支。	B
5	盒内烟支不应倒装,盒内不应有与卷烟材料无关的杂物。	
6	小盒拉带应完整良好,不应拉不开、拉断或拉开后透明纸散开。	
7	硬盒内舌不应脱落,内衬纸撕片不应撕不开或撕开后内衬纸整体被拉出。	
8	小盒表面应洁净无皱折,不应有长度大于 3.0 mm 的污渍。	C
9	盒装外包透明纸应粘贴牢固,表面应洁净无折皱。	
10	软盒粘贴应整齐,错位不应大于 1.0 mm;硬盒斜角不应有宽度大于 2.0 mm 的露底。	
11	盒装不应有长度大于 3.0mm 的叠角损伤。	
12	盒装应粘贴牢固,不应翘(翻)边。	
13	软盒封签应粘贴牢固,居中贴正,左右或前后两端偏离中心应小于 1.5 mm。封签不应破损、不应漏贴、反贴、多贴或错贴封签,商标纸针眼不应外露。	

5.3　卷烟卷制

5.3.1　卷烟的各项物理指标由表 4 给出。

5.3.2　卷烟外观的各项指标由表 5 给出,判定卷烟的空头条件见表 6。

表 4　卷烟的各项物理指标要求

项　目	单位	指标要求		质量缺陷分类
		滤嘴卷烟	无嘴卷烟	
熄　火	—	卷烟不应熄火,即卷烟点燃后,烟支连续阴燃的长度不应小于 40 mm。		A
端部落丝量	mg/支	≤8.0	≤10.0	B
吸　阻	Pa	设计标准值±200		
圆　周	mm	设计标准值±0.20		C
硬　度	%	设计标准值±10.0		
质　量	g	设计标准值±0.080		
长　度	mm	设计标准值±0.5		
总通风率[a](流量分数)	%	设计标准值±10		
含末率(质量分数)	%	<3.50	<4.00	
含水率(质量分数)	%	10.50～13.50		

a　仅指采用滤嘴通风技术的卷烟。

表 5　卷烟外观的指标要求

序号	指　标　要　求	质量缺陷分类
1	卷烟不应漏气，即卷烟不应因滤嘴与烟支相接处部分无胶或胶粘不牢而产生漏气。	A
2	卷烟不应爆口，即卷烟经 90°扭转，烟支搭口处爆开长度不应大于烟支长度的四分之一。	
3	卷烟端头不应空松，即其端头不应同时出现表 6 规定的空陷深度和空陷截面比两种条件。	
4	卷烟应完整无破损，表面不应有长度大于 1.0 mm 的刺破或孔洞。	B
5	卷烟表面应洁净，不应有长度大于 2.0 mm 的油渍、黄斑、污点。	
6	卷烟表面不应有长度大于 2.0 mm 的夹末。	C
7	卷烟表面应无皱纹，不应有环绕卷烟一周的皱纹或多于两条的三分之一周以上的皱纹或多于五点的皱纹。	
8	卷烟两端切口应平齐，滤嘴缩头不应大于 0.5 mm，烟支端面触头不应大于其三分之一圆周，且触点深度不应大于 2.0 mm。	
9	卷烟搭口应匀贴牢固整齐，不应翘边。	
10	卷烟滤嘴不应有泡皱或挤压变形。	
11	接装纸粘贴不齐不应大于 0.5 mm。	
12	卷烟接装纸颜色、图案应均匀一致，不应有明显色差。	
13	卷烟标志应清晰完整，不应模糊、重叠、残缺不全；卷烟标志不应倒置。	

表 6　判定卷烟空头条件

卷制方式	空陷深度/mm	空陷截面比
滤嘴卷烟	>1.0	>2/3
无嘴卷烟	>1.5	>2/3

6　试验方法

6.1　抽样

按 GB/T 5606.1 抽取实验室样品。

6.2　包装

按 YC/T 28.1 进行箱装、条装、盒装试验。

6.3　卷制

从实验室样品中制备试样。除含水率、外观、熄火外，测试前试样应在 GB/T 16447 规定的条件下进行调节和测试。

6.3.1　吸阻

从试样中随机抽取 30 支作为试料，按 YC/T 28.5 的规定逐支进行试验。

6.3.2　端部落丝量

按 YC/T 151.2 的规定进行试验，共试验五组。

6.3.3　圆周

从试样中随机抽取 30 支作为试料，按 YC/T 28.3 的规定逐支进行试验。

6.3.4　硬度

从试样中随机抽取 30 支作为试料，按 YC/T 28.6 的规定逐支进行试验。

6.3.5 含水率

按 GB/T 5606.1—2004 的 5.1.4.2 取得试样，按 YC/T 28.8 进行试验。

6.3.6 质量

从试样中随机抽取 30 支作为试料，按 YC/T 28.4 的规定逐支进行试验。

6.3.7 长度

从试样中随机抽取 30 支作为试料，按 YC/T 28.2 的规定逐支进行试验。

6.3.8 总通风率

从试样中随机抽取 30 支作为试料，按 GB/T 19610 的规定逐支进行试验。

6.3.9 含末率

从试样中随机抽取 20 支作为试料，按 YC/T 28.7 的规定进行试验。

6.4 熄火

从试样中随机抽取 10 支卷烟作为试料，按 YC/T 28.11 逐支进行试验。

6.5 外观

6.5.1 按 GB/T 5606.1—2004 的 5.1.4 取得试料，剔除有包装缺陷的烟支后，按 YC/T 28.9 逐支进行空头试验。

6.5.2 用 6.5.1 剔除空头烟支后的试料，按 YC/T 28.12 逐支进行其他外观的试验。

6.5.3 从 6.5.2 剔除有缺陷的试样中，随机抽取 10 支作为试料，按 YC/T 28.10 逐支进行爆口的试验。

7 检验规则

7.1 按第 5 章的要求判定第 6 章的各项试验结果的各类质量缺陷数。

7.2 各项中各类质量缺陷数乘以相应单位扣分值的总和等于该项目质量缺陷扣分数。

7.3 卷烟包装与卷制质量中 A 类质量缺陷单位扣分值由表 7 给出。

表 7 卷烟包装与卷制质量中 A 类质量缺陷单位扣分值

项目名称	包装								卷烟			
	箱装		条装		盒装							
	错装/条	少装/条	错装/盒	少装/盒	错支或缺支/盒	滤嘴脱落或短支/盒	断残或多支/盒	盒内有虫或虫蛀烟/盒	熄火/支	漏气/支	爆口/支	空头/支
单位扣分值	5	5	4	8	15	15	15	25	15	2.0	15	2.0

7.4 卷烟包装与卷制质量中 B 类和 C 类质量缺陷单位扣分值由表 8 给出。

表 8 卷烟包装与卷制质量中 B 类和 C 类质量缺陷单位扣分值

项目名称		包装			吸阻/支	端部落丝量/组	圆周/支	硬度/支	质量/支	长度/支	总通风率/支	含末率/次	含水率/次	外观/支
		箱	条	盒										
单位扣分值	B	1.0	1.0	1.5	1	8	—	—	—	—	—	—	—	0.5
	C	0.5	0.5	1.0	—	—	0.5	0.5	0.2	0.2	0.2	4	6	0.2

7.5 卷烟包装与卷制质量考核采用百分制表示，其质量得分为100减去各项质量缺陷扣分数总和，得分为负分时以零分计。

7.6 若卷烟包装与卷制质量得分小于60分时，则判该批卷烟不合格。

8 贮运

8.1 贮存卷烟的仓库应清洁、无异味，库内宜有保持卷烟质量的温湿度条件和消防设施。

8.2 卷烟不应与有毒、易燃等化学品一起贮存。

8.3 库内存放的烟箱与地面的距离应不小于120 mm，与墙壁的距离不宜少于300 mm，库内应留有适当通道。烟箱堆放高度不应超过五箱。

8.4 库内卷烟应先进先出。

8.5 卷烟不应与易腐烂、有异味、有毒和潮湿的物品放在一起运输。

8.6 运输卷烟的工具应干燥、清洁、无异味。运输途中应防雨、防潮、防曝晒、防挤压、防剧烈振动。

8.7 装卸卷烟时应轻拿轻放，不应损坏烟箱。

ICS 55.020
A 83

中华人民共和国国家标准

GB/T 19785—2005

拉伸缠绕包装

Stretch packaging

2005-05-25 发布　　2005-11-01 实施

中华人民共和国国家质量监督检验检疫总局
中国国家标准化管理委员会 发布

拉伸缠绕包装

1 范围

本标准规定了拉伸缠绕包装(简称拉伸包装)的分类、要求、包装方法和标志。

本标准适用于采用拉伸缠绕的方式将单件、散件或组合好的产品缠绕裹包或固定在托盘上形成搬运单元整体的货物包装。

2 规范性引用文件

下列文件中的条款通过本标准的引用而成为本标准的条款。凡是注日期的引用文件,其随后所有的修改单(不包括勘误的内容)或修订版均不适用于本标准,然而,鼓励根据本标准达成协议的各方研究是否可使用这些文件的最新版本。凡是不注日期的引用文件,其最新版本适用于本标准。

GB/T 191 包装储运图示标志

GB/T 4122.1 包装术语 基础

GB/T 4768 防霉包装

GB/T 4857.22 包装 运输包装件 单元货物稳定性试验方法

GB/T 4879 防锈包装

GB/T 5048 防潮包装

GB/T 7350 防水包装

GB/T 16470 托盘包装

GB/T 16716 包装废弃物的处理与利用 通则

GB/T 18928 托盘缠绕裹包机

BB/T 0023 运输包装用拉伸缠绕膜

3 术语和定义

GB/T 4122.1 确立的以及下列术语和定义适用于本标准。

3.1

拉伸缠绕膜

以线性低密度聚乙烯为主要原料,在一定温度及拉伸比的条件下经过纵、横两个方向拉伸取向、定型、冷却等处理所制得的薄膜,它具有优良的拉伸强度,伸长率、撕裂强度和抗刺穿强度是用于拉伸缠绕包装的理想薄膜。

3.2

阻尼拉伸 tension control

被包装物与薄膜之间利用阻尼方式产生的薄膜拉伸。拉伸数值一般增加60%左右为标准拉伸,调节范围为40%~80%。

3.3

预拉伸 pre-stretch

薄膜受到一个恒定的拉伸力后,再裹包货物的方式为预拉伸。拉伸数值一般增加200%左右为标准拉伸,调节范围为100%~300%。

4 拉伸包装分类

4.1 产品需要进行拉伸包装时,应在产品技术文件中规定产品包装的拉伸包装类别要求。

4.2 拉伸包装的分类应根据被包装物的性质、质量、体积、形状、流通环境等综合因素来确定。

4.3 拉伸包装分为：手动式拉伸包装、阻尼拉伸包装、预拉伸包装。

表1 拉伸包装分类

分类	薄膜规格	拉伸率	调节范围	要求
手动式	厚度 17 μm～20 μm 宽度 450 mm～500 mm	60%	40%～80%	选用手工膜，用来裹包批量不大、较零碎的一般货物，可用人工或仅托盘转的机械慢速裹包。
阻拉伸	厚度 15 μm～25 μm 宽度 500 mm	100%	90%～120%	选用机用膜，但不允许高度拉伸，以免导致被包装物勒坏、或产生位移。
预拉伸		200%	180%～300%	选用高性能机用拉伸薄膜，用以裹包形状异形、质量较重、或易产生位移的货物，通常用有预拉伸机构的拉伸机裹包。

5 要求

5.1 一般要求

5.1.1 按拉伸包装分类要求选购薄膜和设备进行包装，以达到拉伸包装的预定效果。

5.1.2 拉伸包装应用在外包装上，应用时根据产品的储运要求选择防水包装、防潮包装、防锈包装、防霉包装和缓冲包装，并符合 GB/T 7350、GB/T 5048、GB/T 4879、GB/T 4768 的有关规定。

5.1.3 拉伸包装应保证被包装物在运输过程中不产生破裂散失或损坏。

5.2 材料要求

5.2.1 根据所包装产品的要求确定拉伸缠绕膜的拉断力、裂断伸长率、粘性、永久变形、弹性恢复、拉力保持、F 力值、抗刺穿、单位面积质量偏差、透光率、雾度、水蒸气透过量等，其物理机械性能应符合 BB/T 0023的有关规定。

5.2.2 用于直接接触食品的拉伸缠绕膜应符合相关的卫生标准。

5.2.3 使用具有合格证书的拉伸缠绕膜包装，尺寸、规格、偏差、外观应符合 BB/T 0023 的有关规定。

5.2.4 拉伸包装材料使用包后属于包装废弃物，在材料的处理方面应符合 GB/T 16716 的有关规定。

5.3 环境要求

5.3.1 温度

拉伸包装的环境温度应控制在－20℃到 40℃之间。

5.3.2 湿度

拉伸包装的环境湿度应控制在小于 80%。

5.3.3 清洁

拉伸包装场所的环境应无污物及有害物质。

5.4 设备

托盘缠绕裹包机，应符合 GB/T 18928 的有关规定。

6 拉伸包装方法

6.1 拉伸包装准备

6.1.1 被裹包产品对化学品、光、热、湿气、污物的敏感性对拉伸缠绕膜应相容。保证包装后产品及产品包装品质及标志和外观不受损。

6.1.2 根据货物的形状、稳定性、易碎性、耐挤压性以及质量选择薄膜拉伸力和用量。

6.1.3 进行试验性拉伸包装以对所选薄膜进行全面的性能综合试验，以确定批量包装时所用的包装材料。

6.1.4 对产品进行两个以上(含两个)的拉伸包装，并进行包装和运输的试验，以确定最终的包装方式。

6.2 托盘缠绕包装

选用可拉伸的薄膜及能达到要求的设备，将散件货物包装成整体并固定在标准的托盘上。托盘缠绕包装分螺旋裹包(即用窄幅薄膜裹包产品)和整幅裹包(即用宽幅薄膜裹包产品)，包装后的性能应符合 GB/T 16470 的有关规定。

6.3 水平缠绕包装

选用可拉伸的薄膜及能达到要求的设备，将任意长度的货物在直线传输的过程中，将拉伸薄膜缠绕在货物上。

6.4 卷筒缠绕包装

选用可拉伸的薄膜及能达到要求的设备，将圆柱状货物置于两个旋转滚筒上，将拉伸薄膜进行纵向或横向缠绕在货物上。

6.5 环形缠绕包装

选用可拉伸的薄膜及能达到要求的设备，将环状货物置于旋转滚筒上，将薄膜穿过环状货物旋转缠绕在货物上。

7 试验方法

根据产品的运输环境按 GB/T 4857 有关规定选择运输包装件试验。

8 标志

在拉伸包装外部的包装储运标志应符合 GB/T 191 的有关规定。

ICS 55.160
A 82

中华人民共和国国家标准

GB/T 19786—2005

木质包装容器检测规程

Inspection code for wooden containers

2005-05-25 发布　　2005-11-01 实施

中华人民共和国国家质量监督检验检疫总局
中国国家标准化管理委员会　发布

木质包装容器检测规程

1 范围

本标准规定了木质包装容器的检验分类,以及检验项目、检验方法和检验内容,给出了抽样及合格判定的一般规定。

本标准适用于木质包装容器的质量检验。

2 规范性引用文件

下列文件中的条款通过本标准的引用而成为本标准的条款。凡是注日期的引用文件,其随后所有的修改单(不包括勘误的内容)或修订版均不适用于本标准。然而,鼓励根据本标准达成协议的各方研究是否可使用这些文件的最新版本。凡是不注日期的引用文件,其最新版本适用于本标准。

GB/T 191 包装储运图示标志

GB/T 1931 木材含水率测定方法

GB/T 2828.1 计数抽样检验程序 第1部分:按接收质量限(AQL)检索的逐批检验抽样计划

GB/T 4857.1 包装 运输包装件 试验时各部位的标示方法

GB/T 4857.2 包装 运输包装件 温湿度调节处理

GB/T 4857.3 包装 运输包装件 静载荷堆码试验方法

GB/T 4857.4 包装 运输包装件 压力试验方法

GB/T 4857.5 包装 运输包装件 跌落试验方法

GB/T 4857.6 包装 运输包装件 滚动试验方法

GB/T 4857.7 包装 运输包装件 正弦定频振动试验方法

GB/T 4857.9 包装 运输包装件 喷淋试验方法

GB/T 4857.10 包装 运输包装件 正弦变频振动试验方法

GB/T 4857.11 包装 运输包装件 水平冲击试验方法

GB/T 4857.12 包装 运输包装件 浸水试验方法

GB/T 4857.14 包装 运输包装件 倾翻试验方法

GB/T 4857.15 包装 运输包装件 可控水平冲击试验方法

GB/T 4857.16 包装 运输包装件 采用压力试验机的堆码试验方法

GB/T 4857.17 包装 运输包装件 编制性能大纲的一般原理

GB/T 4857.18 包装 运输包装件 编制性能大纲的定量数据

GB/T 4857.20 包装 运输包装件 碰撞试验方法

GB/T 4857.23 包装 运输包装件 随机垂直振动试验方法

GB/T 5398 大型运输包装件试验方法

GB/T 6388 运输包装收发货标志

GB/T 7284 框架木箱

GB/T 9846.4 胶合板 普通胶合板通用技术条件

GB/T 10819 木制底盘

GB/T 12464 普通木箱

GB/T 12626.2 硬质纤维板 技术要求

GB/T 13123 竹编胶合板

GB/T 13144 包装容器 竹胶合板箱

GB/T 18924　钢丝捆扎箱
GB/T 18925　滑木箱
GB/T 18927　包装容器　金属辅件

3 检验分类

木质包装容器的检验分为一般性检验和性能检验。

一般性检验主要是对木质包装容器的材料、结构和尺寸、加工工艺按标准或设计图的规定进行检验。

性能检验主要是对木质包装容器构成的包装件在流通过程中可能受到损坏和危害进行模拟并按标准或合同的规定进行检验。

4 一般性检验

木质包装容器的一般性检验项目包括：材料、结构和尺寸及加工工艺。

除非另有规定，一般性检验的抽样按附录 A 的规定。

4.1 材料

4.1.1 木材含水率

木材含水率的测定方法按 GB/T 1931 的规定，或使用木材水分测定仪对容器各构件的含水率进行测定。

滑木和枕木的含水率不大于 25%，其他构件不大于 20%。

4.1.2 材质

木质包装容器材质的检验项目、检验内容和检验方法见表 1 和表 2。

表 1　木质包装容器用木材的检验项目、检验内容和检验方法

检验项目	检验内容	检验方法
树皮	全部木构件不应带有树皮。	目测
虫眼	允许直径小于 3 mm 的虫眼，（受力构件允许每 1 m 长中不多于 4 个，一般构件不多于 10 个）。必要时，按定货方的要求进行除虫害处理，参见附录 B。	测量
腐朽[a]	受力构件不允许任何腐朽，一般构件允许轻微的腐朽（仅有污斑和变色，硬度无明显下降）。	目测
裂纹	允许不贯通的纵向裂纹（受力构件不大于 10%，一般构件不大于 15%）。	测量
节	受力构件的危险截面不允许任何节，其他部位允许每 1 m 长中不多于 5 个直径不大于材料宽度 20% 的节，死节应修补。直径小于 5 mm的节不计。 一般构件允许直径不大于材料宽度 40%的活节和直径不大于材料宽度 25%的死节。直径小于 5 mm 的节不计。	测量
斜纹	允许沿长度方向的斜纹（受力构件在宽度上不大于 20%，一般构件不大于 30%）。	测量
钝棱	受力构件允许缺角宽度不大于材料宽度的 30%，厚度的 33%，一般构件允许材料宽度的 40%，厚度的 50%。	测量
变形	允许纵向和横向的弯曲变形（受力构件不大于 1%，一般构件不大于 2%）。	测量
a)　用刀或凿子插入有污斑和变色的可疑部位，比较材料良好的部位，若明显硬度下降，可判定为腐朽。		

表 2 木质包装容器用人造加工板材的检验项目和检验方法

检验项目	检验方法
胶合板	按 GB/T 9846.4 的规定
硬质纤维板	按 GB/T 12626.2 的规定
竹编胶合板	按 GB/T 13123 的规定

4.2 结构和尺寸

木质包装容器结构和尺寸的检验项目、检验内容和检验方法见表 3。

表 3 木质包装容器结构和尺寸的检验项目、检验内容和检验方法

<table>
<tr><th>检验项目</th><th colspan="2">检验内容</th><th>检验方法</th></tr>
<tr><td>普通木箱</td><td colspan="2">按 GB/T 12464 的规定</td><td rowspan="11">目测和测量</td></tr>
<tr><td>框架木箱</td><td colspan="2">按 GB/T 7284 的规定</td></tr>
<tr><td>滑木箱</td><td colspan="2">按 GB/T 18925 的规定</td></tr>
<tr><td>钢丝捆扎箱</td><td colspan="2">按 GB/T 18924 的规定</td></tr>
<tr><td>竹胶合板箱</td><td colspan="2">按 GB/T 13144 的规定</td></tr>
<tr><td>木质底盘</td><td colspan="2">按 GB/T 10819 的规定</td></tr>
<tr><td>非标准木箱</td><td colspan="2">按设计图的规定</td></tr>
<tr><td rowspan="4">结构件尺寸</td><td>尺寸范围/mm</td><td>允许偏差/mm</td></tr>
<tr><td><20</td><td>−1～+2</td></tr>
<tr><td>20～100</td><td>±2</td></tr>
<tr><td>>100</td><td>±3</td></tr>
</table>

4.3 加工工艺

木质包装容器加工工艺的检验项目、检验内容和检验方法见表 4。

表 4 木质包装容器的检验项目、检验内容和检验方法

<table>
<tr><th>检验项目</th><th colspan="2">检验内容</th><th>检验方法</th></tr>
<tr><td>箱板拼接</td><td colspan="2">缝隙不大于 3 mm，拼接的形式按设计图的规定。</td><td>测量</td></tr>
<tr><td>构件对接</td><td colspan="2">对接的形式和对接位置错开按标准或设计图的规定。</td><td>目测</td></tr>
<tr><td>装配</td><td colspan="2">钉合缝隙不大于 3 mm。对角尺寸和方正度按设计图的规定，箱表面不露钉头、钉尖，钢钉不应钉在箱板接缝处。</td><td>测量</td></tr>
<tr><td>布钉</td><td colspan="2">按标准或设计图的规定。</td><td>目测</td></tr>
<tr><td>金属辅件</td><td colspan="2">按 GB/T 18927 或设计图的规定。</td><td>测量</td></tr>
<tr><td>通风、防水</td><td colspan="2">按 GB/T 7284 的规定。</td><td>目测</td></tr>
<tr><td>表面加工</td><td colspan="2">表面应经过适当的加工处理，无污物和油渍等缺陷。</td><td>目测</td></tr>
<tr><td rowspan="4">印刷标记</td><td rowspan="4">准确
清晰
无污染</td><td>储运图示标志按 GB/T 191 的规定。</td><td rowspan="4">目测</td></tr>
<tr><td>收发货标志按 GB/T 6388 的规定。</td></tr>
<tr><td>产品标签按设计图或合同的规定。</td></tr>
<tr><td>技术文件方位标志按设计图的规定。</td></tr>
</table>

5 性能检验

木质包装容器性能检验项目包括必检项目和选择项目。必检项目和选择项目主要依据木质包装容器及包装件的特性和流通环境条件而确定。

木质包装容器性能检验项目和检验方法见表5。

表5 木质包装容器性能检验项目和检验方法

检验项目	检验方法	滑木箱、竹胶合板箱 非标准木箱 (内装物质量/kg)			框架木箱	普通木箱、 钢丝捆扎箱 (内装物质量/kg)		木制底盘
		<100	100~500	>500		<100	>100	
堆码试验	GB/T 4857.3	√	√			√	√	
	GB/T 4857.16							
	GB/T 5398			√	√			
压力试验	GB/T 4857.4	+	+			+	+	
跌落试验	GB/T 4857.5	√	√			√	√	
	GB/T 5398			√	√			√
水平冲击试验	GB/T 4857.11	+	+			+	+	
	GB/T 4857.15							
碰撞试验	GB/T 4857.20	+	+	+	+	+	+	
起吊试验	GB/T 5398		√	√	√		√	√
喷淋试验	GB/T 4857.9	+	+	+	+	+	+	+
浸水试验	GB/T 4857.12	+	+			+	+	
振动试验	GB/T 4857.7	+	+			+	+	
	GB/T 4857.10							
	GB/T 4857.23							
滚动试验	GB/T 4857.6	+	+			+	+	
倾翻试验	GB/T 4857.14	+	+	+	+	+	+	

注1：√为必检项目，+为按需要选择的项目。

注2：木质包装容器性能检验前的准备：

a) 按GB/T 4857.18编制的试验大纲或按合同的规定准备试验样品；

b) 按GB/T 4857.1的规定，对试验样品各部位进行编号；

c) 根据包装容器的特性和流通过程的环境条件，按GB/T 4857.2选定适当的温湿度条件进行预处理。大型运输包装件的起吊和搬运试验条件按合同的规定。

注3：堆码试验为必检项目，如不采用GB/T 4857.3，则可选择GB/T 4857.16替代。

注4：当容器底面尺寸相对高度较小，最长边与最短边之比不小于3∶1时，倾翻试验为必检项目。

6 抽样与合格判定

按检验依据的标准或合同的规定，如标准或合同未作规定时，按附录A的规定。

附 录 A
（规范性附录）
抽样与合格判定

A.1 导言

检测依据的标准或合同中未规定抽样数量和方法时，按以下的规定。

A.2 抽样

外观检验的抽样方法按 GB/T 2828.1 中不固定抽样方案的一般检验水平的规定。抽样数量见表 A.1。

性能检验抽样数量一般不少于 3 件。

表 A.1 木质包装容器外观检验抽样数量

批 量	样 本 量		
	Ⅰ	Ⅱ	Ⅲ
2～8	2	2	3
9～15	2	2	5
16～25	3	5	8
26～50	5	8	13
51～90	5	13	20
91～150	8	20	32
151～280	13	32	50
281～500	20	50	80
501～1 200	32	80	125

注：样本量Ⅰ，适用于内装物不易破损，或价值较低的产品；样本量Ⅱ，适用于一般情况；样本量Ⅲ，适用于内装物破损后污染环境，或价值较高的产品。

A.3 外观检验不可接收的判定

A.3.1 不符合标准或设计图的规定，不能满足使用要求和质量一致性要求。

A.3.2 主要受力构件的危险截面（部位）存在不允许的缺陷，且直接影响木质包装容器的基本功能。

A.3.3 不符合合同的规定。

A.4 性能检验可接收的判定

A.4.1 按表 A.1 第Ⅰ组抽样的试验样品，内装物无破损、无泄漏，包装容器允许损伤。

A.4.2 按表 A.1 第Ⅱ组抽样的试验样品，内装物无损伤、无泄漏，包装容器允许轻微损伤。

A.4.3 按表 A.1 第Ⅲ组抽样的试验样品，内装物完好、无泄漏，包装容器不允许损伤。

附 录 B
（资料性附录）
木质包装容器预处理方法和要求

B.1 导言

本附录给出了木质包装容器预处理的方法和要求。

胶合板、刨花板、碎料板等材料作为木质包装容器用材料，无需进行处理，但应使用近期生产的，一般规定为3个月之内。

作为包装材料的木材首先应经过去皮，然后进行杀虫、灭菌处理或永久性处理。

B.2 临时性处理

包括热处理和熏蒸处理。木材作临时性处理应在离岸前21天之内，因为临时性处理虽然可以杀灭木材内已有的害虫，但不能防止木材的二次污染。

B.2.1 熏蒸处理

应使用对环境无害的熏蒸剂。如使用溴甲烷处理木材，应符合表B.1规定。

表 B.1 溴甲烷熏蒸处理木材的要求

熏蒸温度/℃	熏蒸剂量/(g/m^3)	熏蒸时间/h
21	48	24
16～20	56	24
11～15	64	24
6～10	72	24

注1：熏蒸温度5℃以下时，则不予认可。

注2：熏蒸时间24 h为一般规定，特殊情况应按定货方的要求。

B.2.2 热消毒处理

木材应首先进行干燥（加速干燥，即：气干或窑干），使木材的含水率降至12%以下，然后进行木材的高温处理，见表B.2。热消毒处理必须在密闭容器中进行，温度不低于74℃，温差不超过2℃。

表 B.2 热处理的要求

木材厚度/mm	处理时间/h
25	4
50	6
75	8
100	10
150	14
200	18
250	22
300	26

B.2.3 永久性处理

永久性处理可在集装箱或木制品（包括木包装）的使用寿命内防止害虫对木材的浸染。这种处理可长期防止害虫对木材的侵害。适用于可重复使用或需要长期贮存的包装。

永久性处理所使用的防腐剂必须是经过认证的，必须是那些能在木材中固定，且化学成分不发生变化的防腐剂，既是抗流失的。

符合要求的防腐剂可划分为两类：水溶性防腐剂和非水溶性防腐剂。水溶性防腐剂主要包括铜铬砷(CCA)防腐剂、氨溶液铵盐(ACQ)防腐剂、铜唑(CuAz)防腐剂。

B.3 应注意的事项

木材处理涉及到SPS协议，世界各国对此高度重视，但具体方法和要求存在差异，在具体的贸易实践中应根据定货方的要求，并取得检疫部门的认证。

ICS 55.020
A 83

中华人民共和国国家标准

GB/T 19784—2005

收 缩 包 装

Shrink packaging

2005-05-25 发布 2005-11-01 实施

中华人民共和国国家质量监督检验检疫总局
中国国家标准化管理委员会 发布

收 缩 包 装

1 范围

本标准规定了收缩薄膜包装(简称收缩包装)的分类与形式、要求、包装方法和标志。

本标准适用于采用收缩包装的各类产品的销售包装和运输包装。

2 规范性引用文件

下列文件中的条款通过本标准的引用而成为本标准的条款。凡是注日期的引用文件,其随后所有的修改单(不包括勘误的内容)或修订版均不适用于本标准,然而,鼓励根据本标准达成协议的各方研究是否可使用这些文件的最新版本。凡是不注日期的引用文件,其最新版本适用于本标准。

GB/T 191 包装储运图示标志

GB/T 4122.1 包装术语 基础

GB/T 4768 防霉包装

GB/T 4857.22 包装 运输包装件 单元货物稳定性试验方法

GB/T 4879 防锈包装

GB/T 5048 防潮包装

GB/T 7350 防水包装

GB/T 13519 聚乙烯热收缩薄膜

GB/T 16716 包装废弃物的处理与利用 通则

GJB 145A 防护包装规范

3 术语和定义

GB/T 4122.1 确立的以及下列术语和定义适用于本标准。

3.1

收缩率

在控制温度下,将薄膜收缩后尺寸变化的百分比(%)。

3.2

收缩比

在控制温度下,将薄膜收缩后,纵横向最大收缩率之比。

3.3

收缩张力

收缩张力是指薄膜收缩后施加给被包装物的张力。

3.4

收缩温度

收缩薄膜加热到一定温度开始收缩,温度升到一定高度又停止收缩,在此范围内的温度称为收缩温度。

4 收缩包装形式

4.1 产品需要进行收缩包装时,应在产品技术文件中规定产品收缩包装的形式。

4.2 收缩包装的形式应根据产品的性质、质量、体积、形状、流通环境等综合因素来确定。

4.3 收缩包装形式分为:L型、套筒式、枕式、四方式、托盘式和套标式(见表1)。

表 1 收缩包装形式

<table>
<tr><th>包装形式</th><th>适用包装材料</th><th>收缩膜取向</th><th>封切方法</th><th>收缩方式</th></tr>
<tr><td>L型</td><td>PVC、PP、PE</td><td>双向收缩</td><td>脉冲线、直热刀</td><td rowspan="6">辐射加热
热风加热
热水加热
蒸汽加热</td></tr>
<tr><td rowspan="2">套筒式</td><td>PVC、PE</td><td rowspan="2">单向(纵)收缩</td><td>脉冲线、直热刀</td></tr>
<tr><td>PE</td><td>冷切搭接热粘合</td></tr>
<tr><td rowspan="2">枕式</td><td>PP</td><td rowspan="2">双向收缩</td><td rowspan="2">直热刀、脉冲线、热滚刀、静电、超声波搭接热粘合</td></tr>
<tr><td>PE</td></tr>
<tr><td>四方式</td><td>PVC、PP、PE</td><td>双向收缩</td><td>直热刀、脉冲线、热滚刀、静电、超声波</td></tr>
<tr><td>托盘式</td><td>PE</td><td>双向收缩</td><td>套罩</td><td>热风加热
火焰加热</td></tr>
<tr><td>套标式</td><td>PVC</td><td>单向(横)收缩</td><td>套标</td><td>热风加热
蒸汽加热
热水加热</td></tr>
</table>

4.4 收缩包装形式选择原则

销售包装,可选用L型收缩包装。

包装异形物,选用L型收缩包装和套罩式包装。

集合包装,可选用L型或套筒式收缩包装。

由消费者开封的包装,可选用L型、枕式或套筒式收缩包装。

要求经过充分固定内装物,在运输中有缓冲性能、抗震动、抗冲击的运输包装,可选用枕式、四方式收缩包装。

用于保存生鲜食品,要求低温储藏的商品(食品、药品等),可选用L型或枕式收缩包装。

为固定托盘重物货品,保证运输中不散落损坏,防雨,可选用托盘式收缩包装。

为容器贴标,可选用套标式收缩包装机。

5 要求

5.1 一般要求

5.1.1 确定收缩包装形式,并按形式要求合理包装且达预定效果。

5.1.2 有防水要求的收缩包装,应符合GB/T 7350的有关规定。

5.1.3 收缩包装应用在外包装,应用时根据产品的储运要求选择防潮包装、防锈包装、防霉包装和缓冲包装,并符合GB/T 5048、GB/T 4879、GB/T 4768的有关规定。

5.1.4 收缩包装应保证经包装后在运输过程中不产生破裂造成散失或损坏。

5.1.5 收缩包装后应保持原产品包装有关标志清晰无损。

5.2 材料要求

5.2.1 收缩包装材料应具有良好的热收缩和封切强度性能。

5.2.2 收缩薄膜的厚度应均匀,尺寸、规格及收缩温度应于被包装物相适应。

5.2.3 收缩薄膜纵横向收缩率一般要求相等,约为50%;单项收缩膜的收缩率为25%~50%。收缩率、收缩比等指标应符合GB/T 13519的有关规定。

5.2.4 收缩温度与收缩率的关系可参照附录A选择包装材料。

5.2.5 根据所包装产品的要求选择材料时应确定材料的收缩强度、断裂伸长率、润湿张力、摩擦系数以及光泽度、透过率和雾度等，其物理机械性能应符合GB/T 13519的有关规定。

5.2.6 用于直接对食品，药品进行收缩包装的材料应符合相关的卫生

5.2.7 收缩包装材料在使用后属于包装废弃物，在材料的处理方面应符合GB/T 16716的有关规定。

5.3 环境要求

5.3.1 操作环境

包装操作环境应清洁、通风、无污染。

5.3.2 卫生环境

收缩包装卫生安全应符合相关规定。

6 收缩包装方法

6.1 收缩包装准备

6.1.1 产品

确定所包装产品在被包装时对温度的敏感性以及对包装材料的相容性。

6.1.2 材料

对选用的材料进行收缩包装试验，并考查收缩力、温度以及包装材料对产品的影响。

6.1.3 设备

选择适宜产品进行收缩包装的封切包装机和热收缩包装机。

6.1.4 收缩热源

根据产品的适应性和材料选择好收缩热源，可选热源有：电热、气热、水热和火焰，并根据热源性质调整温度、时间和传输速度。

6.2 L型收缩包装

采用对折的PVC、PE、PP双向收缩薄膜，一次完成横封和纵封后，通过热收缩包装机完成收缩包装。包装后薄膜收缩均匀、平整、无皱、无破损、裹紧物品。

6.3 套筒式收缩包装

采用上、下两卷PVC、PE单幅薄膜，物品通过后，形成筒状，然后横向封切或搭接，通过热收缩包装机完成收缩包装。包装后薄膜收缩均匀、平整、无皱、无破损、两端收紧、封切线或搭接部分牢固。

6.4 枕式收缩包装

较小的物品采用一卷单幅PP薄膜通过成形器后进行纵封和横封，将物品裹入其中，通过热收缩包装机完成收缩包装，包装后薄膜收缩均匀、无破损、平整、无皱、封切部分牢固。

较大的物品采用一卷折幅PE薄膜通过成形器将物品裹入其中后进行横封，通过热收缩包装机完成收缩包装、包装后薄膜收缩均匀、无破损、平整、封切或搭接部分牢固。

6.5 四方式收缩包装

用上、下两张薄膜裹包，四周进行封切，形成封闭包装，通过热收缩包装机完成收缩包装。包装后薄膜收缩均匀、平整、无破损、封切部分牢固。

6.6 托盘收缩包装

将托盘货物放置传送器上，套上PE薄膜罩，通过热收缩包装机完成收缩包装。包装后薄膜收缩均匀、平整、无破损、底端裹紧托盘。

6.7 套标收缩包装

采用人工或机械将事先印制好的筒状标签套在瓶类物体上，通过热收缩包装机完成收缩包装。包装后薄膜收缩均匀、平整、无皱、标位准确并紧贴物体表面。

7 试验方法

7.1 收缩包装动态性能试验

7.1.1 振动和摇摆试验

根据产品的运输环境选择包装件试验。试验后，收缩包装及被包装物应完整无损。

7.1.2 冲击力试验

根据产品的运输环境选择包装件试验。试验后，收缩包装及被包装物应完整无损。

7.1.3 托盘包装稳定性试验

托盘包装应按 GB/T 4857.22 有关规定试验，并符合相关要求。

7.2 收缩薄膜的静态性能试验

7.2.1 封口封合强度试验

按 GJB 145A 中的热焊封试验进行，并符合有关规定。

8 标志

在收缩包装外部的标志应符合 GB/T 191 的有关规定。

附 录 A
（资料性附录）
塑料薄膜的性能

A.1 收缩包装各种薄膜性能可参照表 A.1。

表 A.1 各种薄膜性能

性 质	单 位	聚氯乙烯 PVC	聚丙烯 PP	聚乙烯 PE
标准厚度	mm	0.019	0.013	0.025～0.254
拉伸强度	MPa	42～130	110～190	56～130
收缩率	%	50～70	70～80	70～80
收缩应力	MPa	1.1～2.1	2.1～4.2	0.4～3.5
薄膜收缩温度范围	℃	65～150	105～175	90～150
烘道空气温度	℃	105～155	110～235	105～315
热封温度	℃	135～175	175～205	120～260

A.2 收缩包装选用包装材料收缩温度与收缩率的关系可参照图的关系可参照图 A.1 选择。

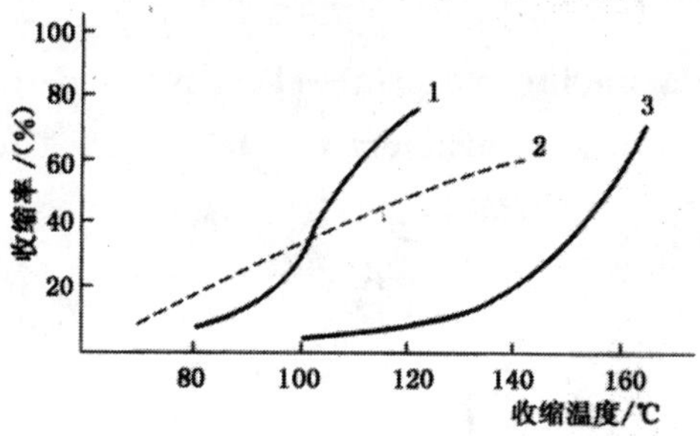

1——聚乙烯；

2——聚氯乙烯；

3——聚丙烯。

图 A.1 常用收缩薄膜的收缩温度-收缩率的关系曲线

ICS 55.040
A 83

中华人民共和国国家标准

GB/T 19789—2005

包装材料　塑料薄膜和薄片氧气透过性试验　库仑计检测法

Packaging material—Test method for oxygen gas permeability characteristics of plastic film and sheeting—Coulometric sensor

2005-05-25 发布　　2005-11-01 实施

中华人民共和国国家质量监督检验检疫总局
中国国家标准化管理委员会　发布

包装材料　塑料薄膜和薄片氧气透过性试验　库仑计检测法

1　范围

本标准规定了在稳态下包装材料氧气透过性试验方法——库仑计检测法。

本标准适用于塑料薄膜、薄片、复合材料、塑料复合纸、塑料涂覆织物等包装材料的氧气透过性的测试，可以测定包装材料的氧气透过率、氧气透过量、氧气透过常数等。

2　规范性引用文件

下列文件中的条款通过本标准的引用而成为本标准的条款。凡是注日期的引用文件，其随后所有的修改单（不包括勘误的内容）或修订版均不适用于本标准，然而，鼓励根据本标准达成协议的各方研究是否可使用这些文件的最新版本。凡是不注日期的引用文件，其最新版本适用于本标准。

GB/T 2918　塑料试样状态调节和试验的标准环境

GB/T 6672　塑料薄膜和薄片厚度的测定　机械测量法

3　术语和定义

下列术语和定义适用于本标准。

3.1

稳态　steady-state

当试样吸收的气体数量与透过试样的气体数量达到平衡时的状态。

3.2

氧气透过率　oxygen transmission rate，O_2GTR

在试验条件下，在单位时间内透过单位面积试样的氧气数量。国际单位是 mol/(m^2·s)。

在 1 个标准大气压下（1 atm），常使用的氧气透过率单位是 cm^3/(m^2·24 h)。

在标准温度和压力下（Standard Temperature and Pressure，STP）1 atm＝0.1 013 MPa，1 cm^3(STR)＝44.62 μmol，24 h＝86.4×10^3 s，则 1 cm^3(STP)/(m^2·24 h)＝5.160×10^{-10} mol/(m^2·s)。

3.3

氧气透过量　oxygen permeance，PO_2

氧气透过率与试样两侧氧气分压之差的比值。国际单位是 mol/(m^2·s·Pa)。

常用的氧气透过量单位是 cm^3/(m^2·24 h·0.1 MPa)。

3.4

氧气透过常数　oxygen permeability coefficient，$\bar{P}O_2$

氧气透过量与试样厚度之积，国际单位为 mol/(m·s·Pa)。

常用的氧气透过常数单位是 cm^3/(m·24 h·0.1 MPa)。

氧气透过常数是材料的一种特性，仅对均质材料才有意义。

4　试验原理

试样将透气室分成两部分。试样的一侧通氧气，另一侧通氮气载气。透过试样的氧气随氮气载气一起进入库仑计中进行化学反应并产生电压，该电压与单位时间内通过库仑计的氧气数量成正比。

5 试样

5.1 试样应具有代表性，应厚度均匀，无皱折、折缝、针孔及其他缺陷。试样应裁成与试验仪器相匹配的尺寸。

5.2 用符合 GB/T 6672 标准要求的测厚仪，在整个试样上至少测 5 点，记录最大值、最小值，并计算平均值。

5.3 如果试样是不对称结构的，应当标记试样的两个表面，注明面向试验气体的表面。

6 样品状态调节和试验环境

6.1 将样品放到装有无水氯化钙或其它干燥剂的干燥器中进行试样状态调节，时间不少于 48 h。

6.2 实验室环境条件为 23℃±2℃，相对湿度为 50%±10%。

7 仪器

7.1 仪器构成简图

氧气透过性测试仪构成简图见图 1。

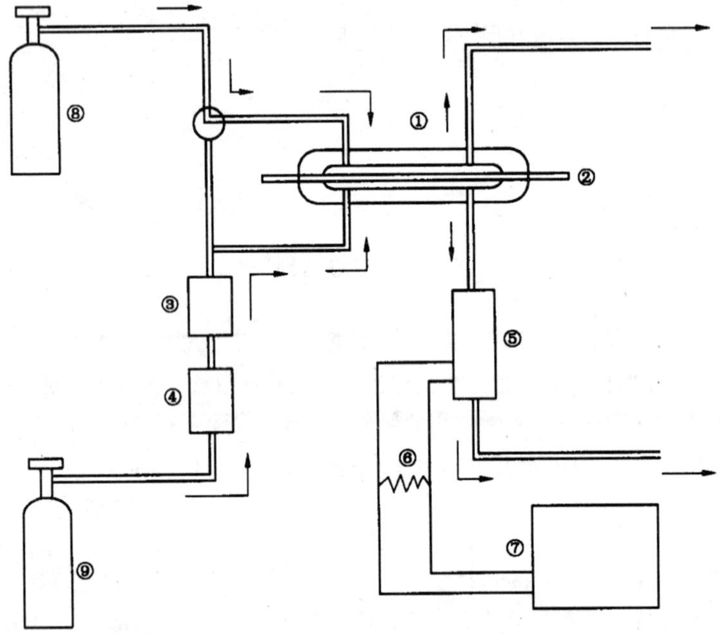

1——透气室；
2——试样；
3——催化装置；
4——流量计；
5——库仑计；
6——负载电阻器；
7——记录仪；
8——氧气钢瓶；
9——氮气钢瓶。

图 1 氧气透过性测试仪简图

7.2 仪器各部件

7.2.1 透气室

透气室由上下两部分构成，透气室上应配有测温装置。

a) 透气室的氧气侧(试验气体侧)和氮气侧(载气侧)的加工表面应平滑、无任何划痕，并能用氯丁橡胶"O"形圈密封试样。

b) 透气室的两个部分应配有合适的密封件，当气体进入或排出时，无泄漏。

c) 透气室上应配有温度控制装置。

d) 试验仪器上可装配多个透气室，这样每次可以测试多个试样。

7.2.2 催化装置

催化装置由一个金属管构成，并配有适当接口。金属管中装有 3 g～5 g 含 0.5%铂或钯的氧化铝固载催化剂，用以产生纯正的无氧的氮气载气。

7.2.3 流量计

量程为 5 mL/min～100 mL/min，用来测量氮气载气的流速。

7.2.4 流速调节阀门

用来调节氧气和氮气的流速。

7.2.5 库仑计

库仑计对氧气敏感，其运行特性恒定，用来检测透过的氧气量。

7.2.6 负载电阻器

由库仑计检测器产生的电流通过一个负载电阻器，并由负载电阻器测量输出的电压。

7.2.7 电压记录仪

用一台多量程记录仪来记录负载电阻器上产生的电压，该记录仪应能够记录满量程电压为50 mV，最低至 0.100 mV，具有至小为 10 μV 的分度值。其阻抗至小应为 5 000 Ω。

7.3 试剂和材料

7.3.1 氮气载气

由氮气和氢气混合物组成，其中氢气的体积百分比含量为 0.5%～3.0%。载气应干燥，氧气的体积百分比含量不得高于 0.01%。

7.3.2 氧气试验气体

应干燥，含量不低于 99.5%。

7.3.3 密封脂

活塞用高粘度的有机硅油脂或高级的真空油脂，用来密封透气室内的试样。

8 试验步骤

8.1 打开透气室，沿透气室下半部分的凸边上涂一薄层密封油脂。从干燥器中取出样品，裁成合适尺寸的试样。将试样小心地放到油脂上，避免使试样皱折，盖上透气室盖，紧固密封好。

8.2 打开透气室的氮气载气开关，打开氮气载气阀门，以 50 mL/min～60 mL/min 的流速将透气室的上下两部分中的空气吹净，3 min～4 min 后，将流速降低至 5 mL/min～15 mL/min，维持此流速 30 min。

8.3 向系统通了 30 min 的氮气后，将阀门打到库仑计位置上，通过透气室两侧的氮气进入库仑计中。当记录仪上得到一个稳定的低数值电压时，此时的电压值即为零电压 E_0。

8.4 E_0 确定后，关掉开关，使氮气不能进入透气室的试验气体一侧(氧气侧)，将试验气体(氧气)导入透气室的氧气侧。

8.5 库仑计上输出的电压值应逐渐增加，最终达到一个恒定值，此值即为测试电压值，以 E_e 表示。

8.6 记录透气室两侧的温度。

8.7 每个样品至少测试 3 个试样。

9 结果计算

9.1 氧气透过率

$$R_{O_2} = (E_e - E_0)Q/(A \cdot R)$$

式中：

R_{O_2}——氧气透过率，$cm^3/(m^2 \cdot 24\ h)$；

E_e——稳态时测试电压，mV；

E_0——试验前零电压，mV；

A——试样面积，m^2；

Q——仪器测试常数，$cm^3 \cdot \Omega/(mV \cdot 24\ h)$；

R——负载电阻值，Ω。

9.2 氧气透过量

$$P_{O_2} = R_{O_2}/P$$

式中：

P_{O_2}——氧气透过量，$cm^3/(m^2 \cdot 24\ h \cdot 0.1\ MPa)$；

R_{O_2}——氧气透过率，$cm^3/(m^2 \cdot 24\ h)$；

P——透气室中试验气体侧的氧气分压，单位为 MPa；即氧气的摩尔份数乘以总压力（通常为 1 个大气压）。载气侧的氧气分压视为零。

9.3 氧气透过常数

$$\overline{P}_{O_2} = P_{O_2} \cdot t$$

式中：

$\overline{P}_{O_2}$——氧气透过常数，$cm^3/(m \cdot 24\ h \cdot 0.1\ MPa)$；

P_{O_2}——氧气透过量，$cm^3/(m^2 \cdot 24\ h \cdot 0.1\ MPa)$；

t——试样的平均厚度，m。

9.4 试验结果

试验结果取平均值，保留三位有效数字。

10 试验报告

试验报告应包括如下内容：

a) 所用的试验方法；

b) 所用的试验气体；

c) 试样厚度的最大值、最小值和平均值；

d) 试验结果；

e) 试验条件；

f) 试验人员及试验日期；

g) 其他有必要说明的事项等。

ICS 11.080
C 30

中华人民共和国国家标准

GB/T 19633—2005/ISO 11607:2003

最终灭菌医疗器械的包装

Packaging for terminally sterilized medical devices

(ISO 11607:2003,IDT)

2005-01-24 发布　　2005-05-01 实施

中华人民共和国国家质量监督检验检疫总局
中国国家标准化管理委员会　发布

最终灭菌医疗器械的包装

1 范围

1.1 本标准规定了用于最终灭菌医疗器械包装(或是在工厂中生产,或是在医疗保健机构中生产)的一次性使用材料和可再次使用的容器的要求(见第6章)。

1.2 本标准概述了最终灭菌医疗器械制造者对包装过程开发和确认的主要要求(见第7章)。成型和密封被认为是最关键的过程,但其他过程操作也能最终包装有影响,对此本文也有阐述。本标准为最通用的操作和技术提供了指南。

1.3 本标准规定了评价无菌医疗器械包装性能的基本要求(见第7章)。其目的是为医疗器械设计者和制造者对包装在加工、运输和贮存过程中对器械部件保护的全性能的鉴定提供出试验和评价框架。

1.4 本标准不包括在无菌状态下生产的产品的包装;在这些情况下,应有附加要求确保包装和包装过程不会形成产品污染源。

1.5 本标准不包括抽样方案的确定或平行试验组的数量和时间。

注:本标准把包装医疗器械的医院或其他组织视为制造者。

2 规范性引用文件

下列文件中的条款通过本标准的引用而成为本标准的条款。凡是注日期的引用文件,其随后所有的修改单(不包括勘误的内容)或修订版均不适用于本标准,然而,鼓励根据本标准达成协议的各方研究是否可使用这些文件的最新版本。凡是不注日期的引用文件,其最新版本适用于本标准。

GB/T 5402:1986 纸和纸板 透气性的测定(中等范围) 第5部分:葛尔莱(Gurley)法(ISO 5636-5,MOD)

GB 18282.1—2000 医疗保健产品的灭菌 化学指示物 第1部分:通则(idt ISO 11140-1:1995)

3 术语和定义

下列术语和定义适用于本标准。

3.1

生物负载 bioburden

某一项目上存活微生物的数量。

3.2

闭合 closure

用于关闭包装而没有形成密封的方法。

例如,反复折叠,以形成一弯曲路径。

3.3

闭合完好性 closure integrity

闭合条件能确保该闭合至少与包装上的其他部分具有相同的阻碍微生物进入的程度。

注:在EN 868-1中这一定义有显著差异。

3.4

适合性鉴定 compliance qualification

按商定的材料规范所规定的方法检验后,包装符合最终灭菌医疗器械的包装要求的书面证据。

3.5

开发 development

对原设计或工艺进行改进或使其满足产品标准的过程。

3.6

失败 failure

在规定条件下,包装的某个组成部分的一个或多个所需功能不在规定的限度内的事件。

3.7

失败分析 failure analysis

对某一项目进行推断和系统的检查,并分析潜在失败和已经发生的失败的可能性、原因和后果。

3.8

最终包装 final package

产品装入其中后灭菌的初包装系统(不包括隔板纸箱和运输容器),可使其内装物在规定的时间内保持在预期水平上。

参见初包装 3.18

注 1:预期水平可以是:如,对物理、微生物和化学破坏起屏障作用。

注 2:EN 868-1 中术语“初包装”与上述定义相同。EN 868-1 中术语“pack”与 ISO 11607 中所用的术语“package”相同。

3.9

标签系统 labeling system

包装标签和提供的任何使用信息(包括在最终包装内或贴在最终包装上)的集合。

3.10

制造者 manufacturer

对医疗器械包装和/或灭菌负责的自然人或法人,个体或组织。

3.11

医疗器械 medical device

由制造者专门设计或主要设计成为下列目的应用于人的,不论是单独使用还是组合使用的,包括使用所需软件在内的任何仪器、设备、器具、材料或其他物品。包括使用,这些目的是:

——疾病的诊断、预防、监护、治疗或缓解;

——伤残的诊断、监护、治疗缓解或代偿;

——人体结构或生理过程的研究、替代或修复;

——妊娠的控制。

其对于人体内或人体上的主要预期作用不是用药理学、免疫学或代谢的手段获得,但可能有这些手段参与并起一定辅助作用。

3.12

微生物屏障 microbial barrier

包装系统在规定条件下防止微生物进入的特性。

注:在 EN 868-1 中这一定义有显著差异。

3.13

包装完好性 package integrity

最终包装未受物理损坏的状态。

3.14

包装适应性 package compatibility

包装材料和/或系统在不对医疗器械产生有害反应的前提下达到所要求的特性。

3.15

包装材料　package material

用于制造或密封包装系统或初包装的任何材料。

3.16

包装系统　package system

由一种或多种包装材料组合成一个独立的单元，用于部分或全部的初包装。

3.17

性能鉴定　performance qualification

按本标准适用要求，在对特定包装材料进行试验的基础上，包装满足无菌包装要求的书面证据。

3.18

初包装　primary package

封装一件医疗器械、形成微生物屏障的密封的或闭合的包装系统。

3.19

生产者　producer

对生产包装材料和/或系统负责的自然人或法人，个体或组织。

3.20

产品　product

医疗器械和/或附件及最终包装的组合。

3.21

鉴定　qualification

所有规定的设计和性能要求被满足的书面证据。

3.22

再确认　revalidation

对已确立的确认进行再确定的形成文件的程序。

3.23

密封　seal

包装层间连接的结果。

注：密封可以采用诸如粘合剂或热熔法。

3.24

密封完好性　seal integrity

密封条件确保至少与包装上的其他部分具有相同的微生物屏障。

注：在 EN 868-1 中这一定义有显著差异。

3.25

密封强度　seal strength

密封的机械强度。

3.26

无菌　sterile

无存活微生物。

注：EN 868-1 使用 EN 556 中的"无菌"定义。

3.27

无菌液路包装　sterile fluid path package

设计成使医疗器械与液体接触部分保持无菌的进出口保护盖系统和/或包装。

3.28

灭菌适应性 sterilization compatibility

包装材料和/或系统能经受灭菌过程并达到最终包装内灭菌所需的条件的特性。

3.29

最终灭菌 terminally sterilized

医疗器械至少在初包装内被完全密封或封闭后进行灭菌。

3.30

使用者 user

对产品使用负责的自然人或法人,个体或组织。

3.31

确认 validation

通过获取、记录和解释所需的结果,来证明某个过程一贯能生产出符合预先确定规范的产品的形成文件的程序。

注:一般认为确认是一个包括以下方面的全过程。包括书面方案、安装的设备符合设计指标和规范的证据(设备鉴定)、使用校准过的仪器收集数据、在确定的操作条件下设备能在规定的公差内运行、通过反复运转和过程测试验证设备是可重现的证据(过程性能鉴定)。

4 通用要求

4.1 质量体系

本标准所描述的活动应在一正式的质量体系下运行。

注1:GB/T 19001(ISO 9001)给出了适用的质量体系的要求。满足本标准的要求不一定要取得质量体系的第三方认证。

注2:医疗保健机构可以使用适合于我国的质量体系。

4.2 抽样

用于选择和测试包装材料和/或系统的抽样方案应由生产者和制造者间协商选择,例如符合GB/T 2828或GB/T 450的可接受质量限(AQL)或统计过程控制(SPC)。对每一种所选方案,应以文件的形式予以说明。

4.3 试验方法

4.3.1 所有用于表明符合本标准的试验方法应得到确认。试验方法的选择原理,被测参数和接收准则应形成文件。

4.3.2 对有些要求,目前国际上可能有可接受的标准化的试验方法。建议使用这些方法。如果使用其他方法,应经过确认并形成文件。

除非在材料试验方法中已有规定,试验样品宜按照GB/T 10739中的方法在(23±1)℃和(50±2)%的相对湿度下进行状态调节。

注1:要符合EN 868-1,以上便成为一项要求(EN 868-1:1997,5.2)。

注2:本标准附录B和附录C中所列的试验方法既不排除需要确认,也不排除其他确认过的试验方法。

4.4 包装确认、合格鉴定和性能鉴定的职责

4.4.1 制造者应对确保最终包装按本标准进行确认负有职责。

4.4.2 生产者应对材料进行合格鉴定试验负有职责。

注:这不排除制造者自愿承担这一职责。

4.4.3 制造者应对性能鉴定试验负有职责。

4.5 形成文件

所有步骤和用于证实是否符合本标准要求所获得的结果都应形成文件,并按照一个正式的质量体

系妥善保留至一个规定的时间，该时间的长短取决于很多因素，如包装材料和/或系统的失效日期和可追溯性等。

注：当希望同时符合 EN 868-1 时，还需要形成其他的文件（EN 868-1:1997，第 6 章）。

5 包装材料

5.1 通用要求

5.1.1 最终灭菌医疗器械包装的目的是使产品在预期的使用、贮存寿命、运输和贮存条件中保持产品的无菌性。应确立、控制包装材料和/或系统的生产、贮存、运输和处置条件，并形成文件，以确保：

——这些条件与包装材料和/或系统的使用相适应；

——能保持包装材料和/或系统的特性。

包装材料和/或系统至少应考虑下列方面：

——温度范围；

——压力范围；

——湿度范围；

——上述三项的最大变化程度（必要时）；

——暴露于阳光或紫外光；

——洁净度；

——生物负载。

注：确定灭菌过程参数时宜考虑包装材料和/或系统的生物负载。

5.1.2 生产包装材料用的原材料可以是初次使用的材料也可是回收材料，但前提是应了解所有这些原材料特别是回收材料的来源、历史和可追溯性。并能对它们加以控制，以确保最终产品完全符合本标准的要求。

注：使用当今的工业生产技术，除生产回料以外的回收材料，不可能很好地控制使其安全地用于医疗器械包装。

5.1.3 应针对所选材料对包装设计与加工要求进行评审。这宜包括灭菌过程的影响，本标准第 6 章、第 7 章给出了有关性能准则。

5.1.4 应按照生产者和制造者共同约定的方法评价材料的下列特性：

a) 微生物屏障；

b) 毒理学特性；

c) 物理和化学特性；

d) 与材料预期所用的灭菌过程的适应性；

e) 与成型和密封过程的适应性（见第 6 章）；

f) 包装材料灭菌前和灭菌后的贮存寿命限度。

5.1.5 对最终灭菌医疗器械的包装，应考虑 5.1.6 至 5.1.9 列出的基本性能要求。制造者应根据每一具体应用确定必要的材料特性。有些材料具有第 5 章中没有列出的特性，可用第 6 章、第 7 章中给出的性能准则进行评价。

5.1.6 一般包装材料，例如包裹材料、纸、塑料薄膜或非织造高密度聚乙烯（HDPE），应符合下列要求：

a) 材料不应有足以影响其性能和安全性的释放物和异味。对与之接触的医疗器械也不应产生不良影响；

b) 材料上不应有穿孔、裂缝、开裂、皱褶或局部厚薄不均等影响材料功能的缺陷；

c) 质量应与生产者的标称值一致；

d) 材料应具有可接受的清洁度水平；

e) 应确立最低物理特性，如拉伸强度、厚度变化、抗撕裂、气体渗入和胀破强度，以满足医疗器械、包装和灭菌过程或最终包装的要求；

f) 应确立各化学性能的特性值，如 pH 值，氯和硫的含量，以满足医疗器械、包装和灭菌过程的要求；

g) 在使用条件下，不论是在灭菌前、灭菌中或灭菌后，包装材料和/或系统不应释放出足以损害健康的毒性物质；

注：为满足该项要求，宜具有包装构料和/或系统不会释放出足以损害健康的毒性物质的充分证据。

h) 如有必要，应结合医疗器械的预定使用来评价包装材料和/或系统的生物相容性。

注：生物相容性试验方法的选择见 GB/T 16886.1(ISO 10993-1)。

5.1.7 除了 5.1.6 给出的要求，涂粘合层的材料还应满足下列要求：

a) 涂层应是连续的，不应出现空白或裂纹以免导致在密封处形成间断；

b) 涂布量应与生产者标示值一致；

c) 材料所规定的最小密封强度应得到证实。

5.1.8 成型包装应符合下列要求：

a) 在灭菌前、灭菌中和灭菌后，材料、粘接剂涂层、印墨或化学指示物等成分不应与产品发生反应、污染产品、向产品迁移或对产品产生副作用；

b) 除满足 5.1.6 和 5.1.7(如适用)中给出的要求，成型包装(如纸袋、热封袋和筒)还应满足下列要求：

1) 包装应满足生产者和制造者对密封宽度、胀破和/或密封强度所提出的技术规范；

2) 印于包装上的过程指示物应符合 GB 18282.1(ISO 11140-1)；

3) 具有可剥开特性的包装，其剥开层应连续、均匀，不应使材料剥离或撕裂而影响内装物的无菌性。

注：纸袋、可热封的袋和筒除具有性能要求外，还具有结构和包装设计要求。

5.1.9 可重复使用容器除了 5.1.6 和 5.1.7(如适用)中给出的通用材料要求，还应满足下列要求：

a) 每一容器应有一指示系统，当闭合完好性被破坏时，能提供清晰的指示；

b) 在从灭菌器内取出、运输和贮存过程中灭菌剂的释放口应具有微生物屏障(见 5.1.4)；

c) 密封垫/圈应具有 5.2.4 中规定的微生物屏障；

d) 容器的结构应易于目力检测所有基本部件。在重新使用之前，生产者应规定用目力检测的接收准则；

e) 生产者应规定服务、清洁过程以及检测、维护和部件更换方式。

5.2 确认要求

5.2.1 包装材料和系统应符合下列的灭菌过程适应性的要求。

5.2.1.1 应有办法确保常规生产中所用所有包装材料都在适合于灭菌过程的规定限度内。

5.2.1.2 在需进行多次灭菌循环的特殊情况下，应评价包装材料的性能，确保材料性能仍在规定的限度内。这应是制造者的职责。

5.2.1.3 对预定目的适应性的确定，应包括考虑日常供应中的材料将发生的变化。

若产品是包封在多层包装内，可分别对内、外层包装材料特性设定不同的限度。

适宜性的确定可与所要用的灭菌过程的确认同时进行。

材料试验宜评价基本特性的随机变化(如厚度和/或多孔材料的孔径)会对材料性能有影响。

5.2.1.4 宜证实包装材料和/或系统是否适合于制造者预定使用的灭菌过程，并形成书面文件(例如对 EO 灭菌，包括 EO 气体、水蒸气和空气穿透性)。必要时，还包括验证在规定的灭菌器内装载形式下，包装材料和/或系统对空气和灭菌剂具有良好的穿透性，以使达到灭菌所要求的条件，并在灭菌后易于释放出灭菌剂。此外，在整个灭菌过程时间内，材料的物理特性不应受到有害影响。

注：若要符合 EN 868-1 时，宜使用按有关欧洲标准(如 EN 285、EN 550、EN 552、EN 554 和 EN 1422)设计、制造和操作的灭菌器来确定灭菌适应性。这些欧洲标准与国际标准正在协调中。

5.2.1.5 当没有规定灭菌过程或当确定了要使用的灭菌过程而没有规定包装材料和/或系统时，应确立包装材料和/或系统与灭菌过程的适应性。这应在灭菌过程中对最终包装确认中进行。

5.2.2 与被包装产品的适应性应符合下列要求：

a) 制造者应确定包装材料和/或系统与其所包装的医疗器械的适应性。这应包括医疗器械和在灭菌及随后的运输和贮存中施加的应力在内的物理特性的极限值；

b) 应考虑的因素包括：

1) 被包装的医疗器械的重量和构形；

2) 有锐边或突出物；

3) 物理或其他保护的需要；

4) 医疗器械敏感性所致的特殊风险（如射线、水分、机械振动、静电）。

注：对以往使用满意的包装材料和/或系统可使用形成文件的史料证据。

c) 制造者应确保包装材料在规定的灭菌及包装过程中不会影响医疗器械的安全性和有效性。

d) 制造者应确定用于保护特定医疗器械的包装的适宜性。

5.2.3 与标签系统的适应性应符合下列要求。

标签系统应：

a) 不对包装材料和/或系统与所用灭菌过程的适应性有不利影响；

b) 不会因所用的灭菌过程而导致难以辨认；

c) 不使用会引起墨迹向医疗器械迁移、与包装材料和/或系统发生反应从而损害包装材料的墨打印或书写。

固定在包装材料和/或系统表面的标鉴，其粘接系统应能经得起灭菌过程和制造者规定的贮存和运输条件。

注：标鉴可采用多种形式，例如直接打印或书写在包装材料和/或系统上，或用粘合、熔接或其他方法将一层材料贴于包装材料和/或系统上。

5.2.4 应符合下列微生物屏障特性的要求

包装材料的微生物屏障特性对保障包装完好性和产品的安全性是十分重要的。评价微生物屏障特性的方法可分两类：适用于不渗透材料的方法和适用于多孔材料的方法。

a) 材料的不渗透性应按附录A进行测定。材料不渗透性的证实活动应满足微生物屏障要求；

b) 多孔材料应符合下列要求：

1) 多孔材料应能提供适宜的微生物屏障，以保障无菌包装的完好性和产品的安全性；

注：尚无通用的证实微生物屏障特性的方法。多孔材料的微生物屏障特性评价，通常是在规定流速的细菌芽胞或微粒汽溶胶流经材料、样品阻止微生物透过和试验时间等试验条件下对样品进行检验。在这些规定的试验条件下，穿过材料的细菌和微粒与原始对照材料进行比较来测定材料的微生物屏障特性。这些方法可用于给材料进行排序，但不表明其他条件的材料性能。

2) 材料的生产者应测定材料的微生物屏障是否适合于预定用途的无菌包装；

3) 制造者应测定给定材料的微生物屏障是否能达到包装设计所要求的指标；

c) 微生物屏障试验方法应满足下列要求：

首先应制定方案，对测定微生物屏障特性的微生物测试方法进行确认，证实方法的可重现性及识别包装材料的能力。在国家药典和国家标准中有这些方法。

注1：现已有若干测定微生物屏障特性的试验方法，但都处于研究阶段，在本标准出版时，尚无一个可接受的标准化的方法。

注2：如果发现确认过的物理试验方法与一确认过的微生物测试方法等效，就可用物理试验方法中的数据测试微生物屏障特性。

注3：若有了确认过的材料和最终包装(如，可再用容器)的微生物测试方法，则考虑收录到本标准将来的版本中。

注 4：本标准采用的方法与 EN 868-1 中关于微生物屏障试验方法之间有差异，见 EN 868-1:1997.4.2。

5.3 贮存和运输

5.3.1 在规定条件下(如果适用)贮存和运输过程中，包装材料和/或系统的包装应能为保持其特性提供必要的保护。

5.3.2 因包装材料在贮存过程中可能会变质，所以制造者应通过下列两个方法之一确保包装材料的特性保持在规定的限度内(见 5.1 和 5.2)：

a) 在制造者规定的贮存条件下，证实这些特性得到保持；或

b) 确保贮存条件保持在规定的限度内。这些限度和条件由生产者确定。

5.4 设计考虑

5.4.1 包装材料和/或系统的设计，应使在特定使用条件下对使用者或患者所造成的安全危害降至最低。

5.4.2 一旦选定了适当的包装材料，对最终包装的设计应至少考虑到以下几点：

a) 包装材料和/或系统与医疗器械的相适应性，〔即，包装对医疗器械或医疗器械对包装不应有有害影响(见 5.2.2)〕；

b) 包装材料和/或系统与灭菌过程的相适应性(见 5.2.1)；

c) 包装材料和/或系统与标签系统的相适应性(见 5.2.3)；

d) 包装材料和/或系统所提供的物理、化学和微生物保护；

e) 包装材料和/或系统与使用者使用时的要求(如无菌开启)相适应性。

注：第 7 章给出了包装设计性能的评价要求。

6 包装成形和密封

6.1 设备鉴定

在启动最终过程开发前，应证实加工设备和辅助系统能始终在确立的设计和操作限度及公差下运行。包括：

a) 监视关键参数的能力；

b) 所有相关仪器、传感器、显示器和控制器等的书面较准规程和检定(certified calibration)计划表；

c) 成形/密封或其他闭合系统、夹具(工具)的形成文件的检验；

d) 书面维护保养计划和清洁程序；

e) 软件确认(如适用)；和

f) 形成文件的操作人员培训。

6.2 过程开发

6.2.1 制造者应通过过程评价，建立适当且必要的过程上下限。前提是材料是按本标准第 5 章的要求进行选择的；且经鉴定包装设计符合第 7 章，并与预定灭菌过程相适应。

6.2.2 下列材料适应性要求适用：

a) 制造者有责任确保所有成形和密封用包装符合预定要求或规范(包括第 5 章中的要求)；选择经评价有能力持续生产出符合设计要求的材料的生产者；

b) 尽管都是合格材料批，但仍然有批间差异，这会影响生产出的包装的质量。在过程开发中制造者应考虑到这些差异。

6.2.3 下列过程设计要求适用：

a) 应对材料特性进行评价，确定哪些特性对最终包装有影响；

b) 应对基本过程参数进行评价，这包括，但不仅限于：

1) 温度；

2） 压力/真空，包括变化速率；

3） 加工停留时间(线速度)；

4） 能量大小/频率(射频/超声波)；

5） 盖闭合系统的力矩极限。

c） 这些选定的基本参数应能使过程生产出符合预定设计规范的最终包装。

建议进行包装失败分析，从中得出导致不合格包装的操作过程条件。该分析可确保操作过程的上下限离开临界和失败条件。

6.2.4 下列过程验证要求适用：

a） 过程验证应在过程极限处进行；

b） 包装应在上、下两个参数极限内进行生产，并应具备制造者规定的最终包装(见第7章)特性。应考虑下列质量特性：

1） 对成形/组装：

——包装成形/组装完整；

——产品装入包装适宜；

——基本尺寸符合。

2） 对密封：

——完整连续的密封宽度；

——穿孔或撕开；

——材料剥离或分离；

——通道或打开密封。

3） 对其他闭合系统：

——连续闭合；

——穿孔或撕开；

——材料剥离或分离。

c） 应对在过程上限或过程下限处或在最坏条件下生产的包装进行包装的物理性能试验(见7.5)。

6.3 过程性能鉴定

6.3.1 过程性能鉴定应是在规定的操作条件下对多个生产运行过程进行鉴定，应证实过程的有效性和稳定性。

注：过程开发结果为过程性能鉴定提供支持性文件。

6.3.2 应建立包装操作的过程控制要素的形成文件的程序和规范，并将其结合到过程性能鉴定中。对机械系统，这些程序和规范应包括：

a） 机器设置程序；

b） 温度、压力、转矩和停留时间等的密封和成型过程参数，包括设置和公差；

c） 密封宽度、连续性和完好性等包装质量特性的有效试验方法；

d） 过程启动(start-up)程序。

6.3.3 形成文件的方案中应规定试验样品的适当数量并重复进行过程运转，以证实不同过程运转间的重现性和变异性。应监视并记录基本过程变量。

6.4 过程控制

6.4.1 在过程确认中或过程确认之后，制造者应建立起确保包装过程在常规操作下受控的程序。

6.4.2 制造者应对过程控制方法进行充分证实并形成文件。

6.4.3 包装和密封的过程文件，包括包装材料的选择，应按照一份文件的形成、验证、批准更改程序进行。

6.5 过程出证和再确认

6.5.1 作为该确认程序的最后一步，过程出证是一个形成文件的评审和批准过程。在技术总结中应包括下列支持性文件：

a) 已完成开发和/或鉴定工作的总结；

b) 定性、定量和/或具有统计意义的结果；

c) 技术数据背景资料的参考文献；

d) 主要问题的讨论及解决问题所采取的纠正措施。

6.5.2 如果设备、产品、包装材料或包装过程发生改变会影响到最初确认和无菌医疗器械的无菌性、安全性和有效性，则应对过程进行再确认。

7 最终(产品)包装

7.1 试验选择和抽样

7.1.1 医疗器械制造者应依据制造者的要求(如 AQL，SPC)，选择用于试验单位的抽样方案。应对每一所选择试验方法进行说明，并形成文件。

7.1.2 对于最终包装可接受性的每项试验选择，不能作为一个孤立的程序来考虑，应综合考虑全部试验，以确保包装系统得到确认。

注：对特殊器械可能需要其他附加试验(如：对电子部件的抗静电性能)。

7.1.3 当供试包装不是在确认过的生产线上进行装配时，包装所用的装配系统和过程应尽可能与所预期的生产条件相近似。

7.2 无菌包装完好性的目力检测

7.2.1 包装完好性目力评价的通用要求

7.2.1.1 任何目力评价应由具有正常视力(或矫正视力)的检验人员在规定的距离、照度、光源、时间和放大(如果需要)条件下进行。

7.2.1.2 制造者应对所有检出的缺陷进行分类，并明确一旦在正常生产运转过程中检出此类缺陷所应采取的措施。

7.2.2 检测方法

7.2.2.1 对最终包装的外表面，应检测是否有下列缺陷：

a) 无菌屏障材料的不规整性，如开裂、裂缝、穿孔或破碎；

b) 有外来物质；

c) 尺寸精度；

d) 密封完好性(开封或密封不完整)；

e) 有湿气、水分或水印。

7.2.2.2 对开启后的包装样品，应检验下列缺陷：

a) 外来物质，特别是在器械部件上的外来物质；

b) 无菌屏障材料内表面的不规整性，包括开裂、裂缝、穿孔或破碎；

c) 密封特性(不规则、不均一、不连续的密封)；

d) 有不可接受的湿气、水分或水印。

7.3 密封/闭合评价

7.3.1 应按 7.3.2 至 7.3.5 评价包装样品的闭合性或密封性。

7.3.2 关于密封完好性，应用物理试验来证实密封的不渗透性和连续性。密封与材料的微生物屏障试验(5.1.4)构件成了无菌包装完好性试验。

7.3.3 关于密封强度的下列要求适用：

7.3.3.1 应在规定的密封过程关键参数变量的上、下限处测定密封强度，并应证实是否满足预期目的。

注：通过查看密封强度值的变化有助于评价包装密封过程是否受控。

7.3.3.2 在确定密封强度的所需限度时，应考虑材料的强度和在无菌状态下取出产品时，是否要剥开密封。

可用多种方法测定密封强度，如用拉伸试验和胀破/蠕变压力试验。这些试验包括：

a) 拉伸密封强度试验(ASTM F-88，ASTM D-903 或其他等效方法)

该试验通过拉伸测试一段密封部分来测量包装密封的强度。该法不能用来测量接合处的连续性或其他密封性能，只能测量两材料间密封的撕开力。

b) 胀破/蠕变压力试验(ASTM F-1140 或其他等效方法)

最终包装压力试验是通过向整个包装内加压至破裂点(胀破)或加压至一已知的临界值并保持一段时间(蠕变)来评价包装的总体最小密封强度。

注：拉伸强度试验和胀破/蠕变试验间并无相互关系，它们是两个独立的试验，就包装/密封强度而言，两项试验所得出的结果具有完全不同的含义。

7.3.4 关于闭合完好性的下列要求适用。

7.3.4.1 如果包装不是经密封闭合的(例如，但不仅限于，灭菌包裹、无菌液路产品的包装和可再次使用的容器)，应证实包装系统能提供可接受的微生物屏障特性。

7.3.4.2 对本标准中给出的任何闭合性能要求，应是能充分向使用者证实闭合是严格按照制造者的操作说明形成的。

7.3.5 关于可剥开密封的下列要求适用：

应证实密封是均匀的。还应证实，在剥开密封时，包装材料的纤维脱落和裂开或破裂都在制造者规定的限度内，以确保不影响医疗器械的使用。

7.4 无菌包装完好性的物理试验

7.4.1 下列包装完好性试验的要求适用：

7.4.1.1 制造者应通过测试包装来证实无菌包装的完好性。这可通过物理试验来完成。

注：当评价包装完好性时，假定包装设计已经满足了7.5的要求，就证明包装具有保护内装物不受损害和确保无菌包装的完好性的能力。

7.4.1.2 制造者应针对具体的包装材料、设计和医疗器械，确定具体的试验方法和试验值。

7.4.1.3 每一试验方法应有说明、详细的试验方案、步骤和良好的数据采集。

这些物理试验方法的举例如下：

a) 内压试验：将无菌包装浸入水中，同时向包装内加压，记录任何漏出的气泡；

b) 染色渗透试验：向包装内充入含有渗透染色剂的液体，观察密封区域处是否有通道或包装材料上是否有穿孔；

c) 气体感应试验：使用具有可追踪的气体向无菌包装内加压，随后用相应的气体传感器或其他测量仪器检测材料上是否有穿孔或密封处是否有通道；

d) 真空泄漏试验：将密封好的包装浸入试验溶液中并抽真空。当释放真空时，压差会迫使试验溶液通过包装上的任何孔隙。

7.4.2 下列灭菌适应性试验的要求适用：

7.4.2.1 应测试最终包装与灭菌过程的相适应性。这宜包括证实包装内能否达到灭菌条件、证实灭菌过程后包装的完好性及性能两方面。

7.4.2.2 在允许多次灭菌的情况下，例如灭菌循环不符合规范和/或纠正包装缺陷等，制造者应确保最终包装最后仍适合于使用。

注：重新处理过的包装可能需要对残留灭菌剂水平进行进一步确认，重新处理后的包装还可能要求提高检查水平，以检验对医疗器械或灭菌过程对包装、密封或闭合所造成的不利影响。

7.4.3 下列包装完好性维持程序的要求适用：

7.4.3.1 可使用用于测试包装材料的微生物屏障特性试验(5.1.4)、密封/闭合完好性试验(7.3.2 和 7.3.4)和整体包装的完好性试验(7.4.1)以及其他具有同等效能的试验，评价最终包装在规定时间内保持其完好性的能力。

注：通常认为最终包装失去其完好性与事件有关，而不与时间有关。

7.4.3.2 制造者应证实在最坏的运输、贮存、处理和老化条件下，只要包装未被损坏或未被打开，在制造者规定的贮存条件下，最终包装的完好性应至少保持至医疗器械的贮存寿命期的终点。

7.4.3.3 应评价最终包装受到预期的环境应力后包装的微生物屏障特性。

这应包括证实包装内能否达到灭菌条件和证实灭菌过程后包装的完好性。

在包装的成形、灭菌、处置和贮存期间都会受到各种环境应力的作用。

注：对整个包装进行微生物屏障试验通常不好操作。可结合包装组成材料、密封等的试验数据来获取等效的证据。

7.4.3.4 对规定了贮存寿命的医疗器械，制造者应具有形成文件的证据，证明在规定的条件下和在不少于医疗器械贮存寿命的时间内，贮存不会对包装的性能产生不利影响。

这应通过实际时间老化试验来得到证实。除了进行实际时间贮存老化试验外，还可在加严条件下进行加速老化试验。如果进行加速老化试验，应确立加速老化条件和选择试验期的原理，并形成文件。用于包装新产品时，加速老化试验被认为可足以证明所宣称的贮存寿命。但这并不排除进行实际时间老化试验。

这些老化试验可在装有或未装有医疗器械的最终包装上进行；要注意，装有医疗器械时，可能会使包装处于受力状态，导致其性能发生变化。

7.4.3.5 应证实在经受灭菌过程后以及灭菌后在制造者规定的条件下贮存时，5.1 中给出的材料特性仍处于确认过的性能规范限度内。

7.4.3.6 材料形成包装之前或形成包装之后的贮存条件会影响材料的性质和损坏率。制造者应规定灭菌过的产品在包装内的贮存和运输条件。

所有包装都应考虑下列条件：

a) 温度范围；

b) 压力范围；

c) 湿度范围；

d) 适用时，条件 a)、b)和 c)的最大变化率(需要时)；

e) 暴露于光照。

注 1：空气通过透气性屏障包装材料的流速，受材料的孔隙率、温度和压力的变化率、孔隙表面积与包装容积之比和包装柔软性的影响。

注 2：医疗器械制造者制定的产品贮存条件可能要严于包装自身所需的贮存条件。

7.5 包装性能的物理试验

7.5.1 应评价包装在处置、发送和贮存过程中对医疗器械提供适宜保护的性能。

7.5.2 包装系统还应确保产品总是能以正确的方向从包装中无菌取出。

7.5.3 制造者应规定处置、发送和贮存的限制条件。

7.5.4 制造者应选择适宜的试验方法，测定处置、发送和贮存是否会对包装性能产生不利影响。

注：附录 B 中给出了可用于评价在处置、贮存和发送系统过程中的包装性能的方法示例。

7.6 试验的文件形成

7.6.1 性能试验开始之前，试验方案应形成文件。试验方案应包括：

a) 待鉴定的设计构型；

b) 待进行的试验；

c) 试验顺序；

d) 待鉴定的产品信息，如重量、易碎水平、将采用的运输方法和产品销售单元构型的界定(如无菌屏障包装、多包装容器、集装箱)。

7.6.2 该方案还应包括每一被评价特性的通过/失败准则。

试验方案还宜包括所期望的贮存条件和有关生产系统和方法的信息。

附 录 A
（规范性附录）
不渗透材料透气性试验方法

A.1 应按 GB/T 5402(ISO 5636-5)测试不渗透材料的透气性。

试验指标：在不少于 1 h 之后，内圆筒应无在±1 mm 的公差范围内的可见移动。

A.2 可用其他试验方法作为常规监视和生产试验。这些方法应经过上述材料的基准试验方法进行确认。这些方法如本标准附录 C 中描述的染色渗透试验和 GB/T 458—1989(ISO 5636-2)中描述的测试透气性的肖伯尔法。

注：ISO 5636-1 中给出了用于测定透气性的各种试验方法所用的不同类型仪器的转换系数。

附 录 B
（资料性附录）
在发送、贮存和处置系统中包装性能的评价

B.1 包装在发送系统中的性能评价

用于评价包装设计在发送环境中的性能的方法有多种。这些方法最为常用，从而为工程师在根据制造者发送环境设计与之相适应的最终试验方式时提供了灵活性。它们包括：

a) 对运输容器和系统，ASTM D-4169；

b) 对指定在原产地以内运输的包装产品，ISTA 程序 1 和 1A；

c) 对指定在原产地以外出口运输的包装产品，ISTA 程序 2 和 2A。

B.2 评价包装在贮存系统中的性能

下列方法有助于设计具体试验方案：

ASTM D-4332 容器、包装或包装组件试验的状态调节。

其他方法正处在研究和形成文件中，也可考虑用这些方法来评价包装在贮存系统中的性能。

B.3 评价包装在处置系统中的性能

B.3.1 制造包装的方法宜形成文件，应对所确定的关键加工和处置步骤是否对成品有不利影响进行评价。这些步骤可能包括：

a) 清洗；

b) 成型/密封/闭合操作；

c) 灭菌/随后的过程；

d) 材料处置和包装组件中间体的贮存。

B.3.2 目前尚无这些特定条件件的已形成文件的试验方法，围绕这一加工系统制定出具体条件是制造者的职责。了解各生产系统间的相互影响，对于以重现那些具有典型生产能力、装备、加工和工序的系统，并评价这些系统对包装的影响至关重要。

附 录 C
（资料性附录）
染色渗透试验

C.1 仪器和试剂

进行染色渗透试验的必要设备：

C.1.1 经称量的海绵，由公称尺寸为 100 mm×75 mm×82 mm 的纤维素海绵制成，用防水粘结剂将其连接到一 110 mm×75 mm 的钢板上，总质量为(800±50)g。

C.1.2 浅盘，深度不小于 15 mm，最小尺寸为 130 mm×95 mm。

C.1.3 吸水纸，白色，中速或中/快速吸收滤纸，或气相色谱纸。

C.1.4 平板玻璃。

C.1.5 染色溶液，每 100 mL 含作为浸润剂的 0.005％的溴棕三甲铵（溴化十二烷基、十四烷基和十六烷基三甲铵的混合物）的水溶液中含 1 g 苋紫红。

C.2 抽样

取 5 个状态调节过的试验样品，每个面积不小于 250 mm×105 mm。标识出作为最终包装的内表面。

C.3 试验步骤

将与试验样品大小相同的吸水纸(C.1.3)放置于平玻璃板(C.1.4)上，让试验样品的内表面与吸水纸相接触。

将染色溶液(C.1.5)倒入浅盘(C.1.2)后，将海绵(C.1.1)放入其内 1 min。取出海绵，吸干浅盘边缘上剩余的液体。

将海绵置于试验样品上，确保海绵边缘离开试验样品边缘至少 15 mm，放置 2 min。

取下海绵和试验样品，检查吸水纸是否因染色溶液透过试验样品而被染色。对其余试验样品重复该步骤。

C.4 试验报告

标识试验样品的来源。

报告吸水纸被发生污染的样品数量。